Diether Röth/Walter Kahn (Hrsg.)
Märchen und Märchenforschung in Europa

Märchen und Märchenforschung in Europa

Ein Handbuch

Im Auftrag der Märchen-Stiftung Walter Kahn, Braunschweig, herausgegeben von Diether Röth und Walter Kahn

Haag + Herchen

Die Deutsche Bibliothek – CIP-Einheitsaufnahme

Märchen und Märchenforschung in Europa :
ein Handbuch / im Auftr. der Märchen-Stiftung
Walter Kahn, Braunschweig, hrsg. von Diether
Röth und Walter Kahn. – Frankfurt am Main :
Haag und Herchen, 1993
ISBN 3-86137-057-3
NE: Röth, Diether [Hrsg.]

ISBN 3-86137-057-3

Produktion: Herchen KG, Frankfurt am Main
Satz: W. Niederland, Frankfurt am Main
Herstellung: Difo-Druck GmbH, Bamberg
Printed in Germany

Verlagsnummer 2057

INHALTSVERZEICHNIS

VORWORT

Mit dem Zusammenwachsen Europas wächst auch die Notwendigkeit, die Nachbarn mit ihren Eigenheiten und Bedingungen besser zu verstehen, über noch bestehende Barrieren hinweg Gemeinsamkeiten zu finden und zu vertiefen, Vorurteile abzubauen. Gerade die Märchen können dabei hilfreich sein. Sie sind nicht Alleinbesitz eines einzelnen Volkes; ihre Stoffe sind im besten Sinne international und damit Gemeingut der Menschen vieler Völker. Sie trennen nicht, sondern sie einen – darin liegt ihre völkerverbindende Kraft. Zugleich weisen die vertrauten Muster von Region zu Region, von Land zu Land unterschiedliche Färbungen auf, werden unterschiedliche Themen bevorzugt, weichen Vortragsweisen voneinander ab. Schon die Fülle der Varianten in vielerlei Sprachen macht eine Zusammenarbeit über die Grenzen hinweg und die gegenseitige Befruchtung nötig. Die Erforschung der Märchen kann daher nie eine nur nationale Wissenschaft sein.

Die in den Völkern überlieferten Märchen, Resultat ständigen Gebens und Nehmens, sind uns in Übersetzungen zugänglich wie auch die unseren bei ihnen. Aber kein Volk weiß vom anderen, wie mit ihnen umgegangen wird, wie weit sie noch lebendig sind und wie sie in die Zukunft getragen werden.

Märchenkunde ist schon längst nicht mehr ausschließliches Arbeitsfeld von Volkskundlern und Gelehrten; in breiten Bevölkerungsschichten, insbesondere bei Eltern und Erziehern, ist ein starkes Informationsbedürfnis erwacht, das nicht nur die Märchen des eigenen Landes betrifft. Hierzu möchte das vorliegende Handbuch Auskünfte und Anregungen bieten.

In kurzen historischen Überblicken werden Forschungseinrichtungen, Trends und Ziele in den einzelnen Ländern vorgestellt. Der Leser erhält wertvolle Informationen über bedeutende Sammler, Interpreten und Fachgelehrte, ihre Publikationen und Publikationsreihen. Die Vorstellung der wichtigsten in- und ausländischen Archive, Forschungseinrichtungen und Institutionen gibt Einblick in Märchenschätze, deren Betreuung und fachgerechte Erschließung. Es wird berichtet, welche Pflege und Förderung Märchen und Märchenerzählen in den anderen Ländern erfahren, wie man sie in Erziehung und Erwachsenenbildung nutzt und welche Möglichkeiten die neuen Medien bieten.

Die Idee dazu wurde im Frühjahr 1988 bei einer Märchentagung in Blaubeuren von Märchenwissenschaftlern, -kennern und -liebhabern lebhaft begrüßt. Der Volkskundler Rainer Wehse übernahm es, geeignete Fachkenner möglichst aus allen Ländern Europas für Beiträge zu gewinnen. Nach seinem Ausscheiden übernahmen die Herausgeber Redaktion und Fertigstellung, was mit nicht unerheblichen Schwierigkeiten verbunden war. So ließen sich für einige

Länder vorerst keine Mitarbeiter finden; der bulgarische Folklorist Petur Dinekov verstarb, ehe er beginnen, die ungarische Märchenkennerin Ágnes Kovács, ehe sie die begonnene Arbeit abschließen konnte. Und es kamen noch andere Verzögerungen hinzu.

Die Herausgeber sind sich der Problematik und einer gewissen Vorläufigkeit ihres Unternehmens durchaus bewußt. Zu umfangreich und vielschichtig ist das Forschungsgebiet »Märchen«, selbst wenn es auf die europäischen beschränkt wird; zu unterschiedlich sind die Auffassungen, Interessen, Schwerpunkte und Arbeitsweisen der gewonnenen Autoren, noch dazu aus Ländern mit unterschiedlichen Lebensverhältnissen, Forschungsbedingungen und sonstigen Möglichkeiten. Auch wenn jeder von ihnen seine persönliche Meinung vertritt, war es doch unumgänglich, eine gemeinsame Basis zu finden.

Die Märchen-Stiftung Walter Kahn und die Herausgeber sind allen Autoren für ihre Mitarbeit, ihr Verständnis bei erforderlichen Angleichungen und ihre Geduld sehr zum Dank verpflichtet.

Diether Röth Walter Kahn

Lutz Röhrich

MÄRCHEN UND MÄRCHENFORSCHUNG HEUTE

Das Märchen ist diejenige Form von Dichtung, mit der der Mensch am frühesten in seinem Leben in Berührung kommt. Für die meisten von uns gehört es zu den tiefsten und nachhaltigsten Kindheitseindrücken. Selbst wer als Erwachsener keine Märchen mehr hört oder liest, kennt doch Begriffe wie *Dornröschenschlaf*; er spricht vom *Aschenputteldasein* der Armen und von einem *Tischlein-deck-dich-Dasein* der Wohlhabenden, oder er bezeichnet einen Erfolgreichen als einen *Hans im Glück* – alles Wendungen, die in jeder Bildungsschicht verstanden werden und die zeigen, wie tief Märchenvorstellungen mehr als jede andere Lektüre-Erinnerung in unser Allgemeinbewußtsein eingedrungen sind.

Märchen sind freilich von Haus aus keine Kindergeschichten, sondern Erzählgut von Erwachsenen, insbesondere in analphabetischen Gesellschaften. Dort ersetzte die erzählte Geschichte den Menschen das Buch, die Zeitung, den Rundfunk, das Fernsehen. Das Märchen befriedigte das Informationsbedürfnis, das Traditionsbedürfnis, das Unterhaltungsbedürfnis, die Lachlust, die Klatschsucht und den Sensationshunger. Erst im 18. Jahrhundert, als das Märchen von der Aufklärung als *Ammengeschichte* diskriminiert wurde, eroberte es sich die Kinderstube. Die Entwicklung in der Gegenwart läuft eher wieder rückläufig. Man kann derzeit von einer *Wiederkehr des Märchens* sprechen.

Warum aber geschieht die *Wiederbelebung* gerade in unserem Jahrzehnt? Dies muß Gründe haben, die ebenso in der gesellschaftlichen Entwicklung wie auch im Märchen selbst liegen. Vielleicht drängt unsere Kultur vom Fließband mit Verflachung, Überreizung, Anonymität, Vereinsamung wieder zu einfacheren, vielschichtigeren und schöpferischen Lebensformen. Doch signalisiert diese Erscheinung nicht nur einfach eine Flucht aus einer technisch-rationalen Welt in einen neuen Irrationalismus. Eher möchte man behaupten: immer mehr Menschen erkennen, daß Märchen sehr wesentliche und substantielle Erzählungen sind, die paradigmatisch Beispiele von gelungenen und mißlungenen Konfliktlösungen in entscheidenden Lebenssituationen zeigen.

Alle Dichtung beschreibt auf die eine oder die andere Art menschliche Verhältnisse. Das Märchen macht da keine Ausnahme. Im Märchen gibt es ein ganzes Spektrum von menschlichen Gefühlen, Wünschen und Eigenschaften. Märchen erzählen von Weisheit und Dummheit, von Geiz und Freigiebigkeit, Liebe und Haß, Bosheit und Güte, Armut und Reichtum. Das Märchen straft den Ungerechten, belohnt den guten Menschen, bewundert den Mutigen, treibt Scherz mit der Dummheit, geißelt den Geizigen, huldigt der Treue und Charakterstärke und läßt das Aschenputtel aus seiner Herdecke zu hohen Ehren kommen. Dabei gehen Märchen den Konflikten nicht aus dem Weg. Diese werden vielmehr in der Geschichte selbst ausgetragen. Märchen enthalten die große Hoffnung aller Menschen, daß das Böse aus der Welt verschwindet, der Gute belohnt wird und daß auch der Arme zu seinem Recht und Glück kommt. Märchen rühren an alte Sehnsüchte und Wünsche, die in jedem Menschen lebendig sind. In ihnen steckt der Glaube an eine letzte Gerechtigkeit. Sie wissen viel besser als die angeblichen Realisten um die Wirklichkeit übersinnlicher Dinge und Wahrnehmungen unserer Seele. In ihnen finden sich jahrhundertealte Weisheiten, versteckte Botschaften; sie vermitteln Grunderfahrungen unseres Lebens. Und sie tun dies in einer durch die Jahrhunderte stabilisierten Form. Gleichwohl schildern Märchen nicht nostalgisch stehengebliebene Vorzeit. Im Gegenteil: Märchen sind immer ein Spiegelbild der Gesellschaft, in der sie erzählt werden. Das gilt für historische Texte wie für zeitgenössische. Im vergangenen Jahrzehnt hat uns insbesondere die Frauenbewegung den Blick geschärft für die Rolle des Weiblichen im Märchen. Auf diesem Gebiet haben sich völlig neue Perspektiven ergeben. Es fällt schon auf, daß im Zentrum des Märchens überwiegend weibliche Figuren stehen. Sie sind ebenso wichtig in der Rahmenerzählung von Tausendundeinernacht wie in den Spinnstubenmärchen der europäischen Völker. Sozio-psychologische Begriffe wie *Cinderella-Komplex* oder *Dornröschen-Syndrom* haben sich schon generell durchgesetzt. Und in der Tat gibt es im Verhältnis der Geschlechter erstaunliche Relikte und Rollenzwänge aus der patriarchalischen Welt: während der Mann Heldentaten zu vollbringen hat, spielt die Frau meist eine dienende Rolle. Als Gänsemagd wird sie erniedrigt, oder sie führt ein Aschenputtel-Dasein am häuslichen Herd; als Dienstmädchen der Frau Holle wird sie für fleißige und hingebungsvolle Hausarbeit, wie Betten ausschütteln und Wohnung sauber fegen belohnt, oder sie führt den Haushalt der sieben Zwerge, während diese als Männer zur Arbeit morgens das Haus verlassen. Negative Frauenstereotype zeigen sich erst recht in den weiblichen Gegenspieler-Rollen der bösen Stiefmutter oder der Hexe. Können Erzählungen, die so etwas tradieren, in der modernen Welt noch einen Platz beanspruchen? Durch die Analyse der geschlechts-spezifischen Frauenrollen sind ebenso auch die männlichen Helden-Rollen infrage gestellt worden und müssen neu durchdacht werden.

In seinen Sozialisationsprozessen ist das Märchen jedoch nicht eigentlich rückwärts gewandt, pädagogisch autoritär oder repressiv. Es schildert vielmehr Reifungsvorgänge und Wege der Emanzipation. Fast jedes Märchen beginnt mit einem Familienkonflikt – und jeder Mensch hat zunächst in seinem Leben Familienkonflikte zu bestehen. Doch die Märchenhelden machen sich selbständig: sie verlassen das Elternhaus. Die Gründe hierfür wechseln, aber der Aufbruch, das Hinausgehen in die Welt des Abenteuers ist immer das gleiche. Es geht dem Märchen darum, die Bewährung des Menschen in einer anderen als der heimischen Umwelt zu schildern. Auch im sozialen Bereich ist das Märchen weniger *herrschaftsstabilisierend* als vielmehr *strukturbrechend*

– es verändert die gesellschaftlichen Verhältnisse, denn zuletzt wird oft genug der Arme zum König. Der König ist im Märchen jedoch nicht nur der Feudalherr, ein mittelalterliches Relikt. Er ist auch nicht nur eine patriarchalische Vaterfigur. Er ist in der Symbolsprache des Märchens überhaupt ein Hochwertbegriff im Sinne einer psychischen Höherentwicklung. Gerade weil es bei uns keine realen Könige mehr gibt, konnte der König eine Symbolfigur werden; Symbol für ein höchstes erstrebenswertes Ziel. Der glänzende Märchenschluß in Reichtum und Glanz, mit einem Leben in Hülle und Fülle birgt im Märchen noch mehr als nur eine Befriedigung materieller Wünsche. Über dieses Äußerliche hinaus bringt der Märchenschluß auch eine innere Befriedigung. Daß es im Grunde noch auf einen anderen Reichtum als auf den bloß materiellen ankommt, das weiß gerade das Märchen sehr genau und läßt es oft genug durchblicken, und es ist eine tiefe Wahrheit, die das Märchen ausspricht, daß der wahre Reichtum erst über die Stufe der Armut zu erreichen ist.

Es gibt kaum ein Märchen, das nicht einen Reifungsprozeß offenbarte, denn das Märchen erzählt in seiner Bildersprache vom inneren Schicksal des Menschen. Im Jüngsten und für dumm gehaltenen oder in den Auseinandersetzungen Aschenputtels mit seinen bösen und eifersüchtigen Schwestern oder der Stiefmutter erkennt das Kind Probleme des Verkanntwerdens, des sich nicht Geliebtfühlens, wie es jedes Kind als eine elementare Negativerfahrung erleben kann. So hilft das Märchen dem Kind, ein reiferes Bewußtsein zu erlangen. Es zeigt ihm, daß auch der Riese durch den Kleinen, aber Listigen überwindbar ist, und es sensibilisiert gegen Unrecht und Gewalt. Vor allem dort identifiziert sich das Kind mit den Figuren des Märchens, wo diese selbst Kinder – oder auch Tierkinder – sind. Darum ist es kein Zufall, daß Märchen wie »Hänsel und Gretel«, »Brüderchen und Schwesterchen«, »Sterntaler«, »Rotkäppchen« oder »Der Wolf und die sieben jungen Geißlein« die beliebtesten Kindermärchen sind.

Das Hören und Nachvollziehen von bestandenen Abenteuern gibt ein Gefühl von Selbstvertrauen. Was immer im Märchen passiert – das Vertrauen in das gute Ende bleibt unerschütterlich. Der gute Märchenausgang ist deshalb eine Notwendigkeit im wörtlichen Sinne einer Wendung der Not. Märchenglück bedeutet oft eine Befreiung im weitesten Sinne: eine Befreiung von dem Drachen, Riesen, von der Hexe, Befreiung von jedem überlegenen Gegner. Das Thema der Glücksverwirklichung aber ist es, was das Märchen als Erzählung selbst so beglückend macht. Reichtum und langes Leben bilden nur den äußerlichen Abschluß des Märchens, dessen innere Befriedigung in der Beilegung von Konfliktsituationen liegt. Wenn man die Märchen aus der Kinderstube weglassen würde, müßten die Kinder sie neu erfinden.

Wie groß das heutige Interesse am Märchen ist, läßt sich an der Entwicklung der 1965 gegründeten »Europäischen Märchengesellschaft« ablesen, die mit über 2.000 Mitgliedern zur zweitgrößten literarischen Gesellschaft im deutschsprachigen Raum herangewachsen ist. Das mittlerweile weltweit wiedererwachte Interesse am Märchen dokumentiert auch die auf 12 Bände berechnete und in 7 Bänden immerhin schon vorliegende »Enzyklopädie des Märchens«. Dabei haben sich die Akzente der Märchenforschung im vergangenen Jahrzehnt merklich verschoben. Zu den traditionellen kulturhistorischen, philologisch-literaturwissenschaftlichen oder auch komparatistischen Forschungen haben sich immer mehr solche der Gegenwartsvolkskunde, soziologische, psychologische, pädagogische, funktionalistische und strukturalistische gesellt:

die Frage nach der Wirklichkeit und die Frage nach den kulturhistorischen Hintergründen des Märchens;

die Frage, welche gesellschaftlichen Modelle Märchen den Menschen und insbesondere den Kindern von heute vermitteln sollen;

die Frage nach den Erzählern, etwa auch nach den autobiographischen Reminiszenzen, die sie – bewußt oder unbewußt – in ihre phantastischen Erzählungen verpacken. Hier ist Kontextforschung gefragt, die weniger auf die Erzählung selbst abzielt, als auf den Menschen, der sie produziert oder reproduziert. Aber auch die Frage nach dem Erzählvorgang selbst, als einem sozialen Kommunikationsakt.

Wichtig geblieben sind definitorische Fragen wie die der Abgrenzung der Gattung »Märchen« zum Kunstmärchen, zur Sage, zum Mythos etc. Die moderne Erzählforschung trägt dem Rechnung, daß sich die traditionellen Gattungen selbst verändert haben. So ist das mündlich erzählte Märchen heutzutage großenteils zum Buchmärchen geworden.

Monographien und Fallstudien zu einzelnen Märchen erfreuen sich großer Beliebtheit, insbesondere wenn sie die eigenen ethnischen Grenzen überschreiten und sich nicht in bloßer Stoffhuberei erschöpfen oder auf der Suche nach einer ohnehin fragwürdigen Urform.

Hinzu kommt die Wiederentdeckung des Märchens von den hermeneutischen Interpretationswissenschaften. »The Quest of Meaning« war das Thema eines der letzten großen internationalen Erzählforscherkongresse. Aber auf welche Texte dürfen sich Deutungen und Interpretationen Überhaupt stützen? Und ist es statthaft, eine Interpretation auf nur eine einzige Version zu stützen? Für wen schließlich sind diese Deutungen bedeutungsvoll; für den Erzähler, für den Sammler und Herausgeber, für das Volk oder nur für den Interpreten selbst?

Wenn Volkserzählungen sich bei so vielen Völkern in ähnlicher und gleicher Weise finden, beweist dies, daß sie – über Sprachgrenzen hinweg – auch eine gemeinsame Bedeutung haben. Und wenn Märchen nicht Modelle zur Lösung von Problemen anbieten würden, hätten sie nicht diese Durchschlagskraft über Jahrhunderte und Jahrtausende hinweg gezeigt. Nur was wichtig ist und den Menschen unmittelbar berührt, wird weitererzählt. Nur das, was etwas *bedeutet*, wird tradiert. Und mit Sicherheit entsprechen Märchen solchen elementar-archetypischen, anthropologischen Modellen. Das Märchen betrifft jeden, weil es Jedermanns-Wirklichkeit und Jedermanns-Wunschbild wiedergibt.

Ludwig Denecke

MÄRCHEN VERBINDEN DIE VÖLKER

Im Sommersemester des Jahres 1834 begann Jacob Grimm in Göttingen seine Vorlesung über deutsche Literaturgeschichte mit den Worten: »Die Literatur eines Volkes besteht nicht allein in Büchern. ... Das im Munde des Volkes Lebende gehört zur Literatur.« Und er fuhr fort: »Unter den Serben gibt es tradierte Epik, aber erst jetzt wird sie gesammelt.«[1]

Damit war zweierlei gesagt und bezeugt: die mündlich überlieferte Literatur darf in ihrer Bedeutung keinesfalls übersehen werden; und sie gehört nicht nur den Zeiten vor dem Gebrauch von Schrift und Buch an, sondern ist auch in den vom Buch beherrschten Zeiten noch auffindbar und nach ihren eigenen Gesetzen zu berücksichtigen. Das gilt bei allen Völkern in gleicher Weise.

Das Märchen ist ein Teil, ja wohl der bedeutendste Teil dessen, was wir *Volkserzählung* nennen. Mit dieser Bezeichnung *Erzählung* ist zugleich gesagt, daß es recht eigentlich der mündlich überlieferten Literatur angehört, deren Weitergabe und Ausbreitung sich zunächst nur schwer erkennen und verfolgen läßt. Erst durch den Übergang des Erzählten in die Schrift und später den Druck lassen sich Ursprünge, Wandlungen und Wanderungen andeutungsweise ermitteln oder erschließen und lassen sich Folgerungen daraus ziehen sowie zur Anschauung bringen.

Das griechische Altertum hatte seine Heldengesänge und Schiffermärchen, die unter dem Namen des Homer in Ilias und Odyssee einen Platz fanden. Wir kennen Überlieferungen aus Ägypten und die in der Bibel enthaltenen Erzählungen. Die uns näher liegende Aufzeichnung von Volkserzählungen, die wir *Märchen* nennen, beginnt im 16. und 17. Jahrhundert mit den bekannten Namen Straparola und Basile in Italien sowie Charles Perrault und Cathérine d'Aulnoy in Frankreich. Von Frankreich aus geschah im 18. Jahrhundert auch die europäische Aneignung der orientalischen Märchen der Tausendundeinen Nacht – als eine Art Leckerbissen für ein durchaus begrenztes Lesepublikum. Die Anreicherung des etwas steril gewordenen literarischen Marktes durch Themen *aus dem Volke* setzte sich, immer lebhafter werdend, auch in Deutschland fort – zunächst mit Karl August Musäus, dem Wieland-Freund, und seinen »Volksmährchen der Deutschen« (1782-1787), mit Albert Ludwig Grimm (»Kindermährchen«, 1808; »Linas Mährchenbuch«, 1816) und Johann Gustav Büsching (»Volks-Sagen, Märchen und Legenden«, 1812). In allen diesen Versuchen steckt – wie in »Des Knaben Wunderhorn« – ein literarisches Bestreben; unsicher noch, teils auf das Thema *deutsch*, teils auf *Kind* anspielend, im ganzen nur begrenzt und zum Teil unselbständig in der Auffassung und Darbietung. Wilhelm Grimm zählt in seinen »Anmerkungen« 1822 ein Dutzend solcher, sehr unterschiedlicher Veröffentlichungen aus diesem Zeitraum auf mit entsprechender Beurteilung. Was damals sonst als *Mährchen* geboten wurde, war vielfach nur das, was Heinrich von Kleist so reizvoll als *Rittergeschichten* persiflierte[2]. Es blieb Unterhaltungsliteratur und verging mit ihr.

Musäus setzte *Phantasie* des Märchens gegen kalten Rationalismus und *empfindsames Gewinsel, deutsches Volksmärchen*, »auf dessen Kultur bisher noch kein deutscher Skribent verfallen war«, gegen orientalische und französische Provenienzen; »doch hat sich der Verfasser erlaubt«, – so sagte er – »das Vage dieser Erzählungen zu lokalisieren und sie in Zeiten und Örter zu versetzen, die sich zu ihrem Inhalt zu passen schienen. Ganz in ihrer eigentümlichen Gestalt waren sie nicht wohl zu produzieren.« Ein echtes Experiment in der *schönen Literatur* und ihres gesellschaftlich bestimmten Pulikumsgeschmacks.

Entscheidend anderes geschah mit dem Erscheinen der »Kinder- und Hausmärchen, gesammelt durch die Brüder Grimm« im Jahre 1812. Man kann es nicht deutlicher und nicht schöner sagen als mit ihren eigenen Worten. So heißt es in der Vorrede zu dem – noch ohne Zählung, das heißt: als einem Versuch erschienenen – ersten Band:

> Wir haben uns bemüht, diese Märchen so rein als möglich war aufzufassen … Kein Umstand ist hinzugedichtet oder verschönert und abgeändert worden … In diesem Sinne existirt noch keine Sammlung in Deutschland, man hat sie fast immer nur als Stoff benutzt, um größere Erzählungen daraus zu machen, die willkührlich erweitert, verändert, was sie auch sonst werth seyn konnten, doch immer den Kindern das Ihrige aus den Händen rissen, und ihnen nichts dafür gaben[3].

Hat man es später auch Wilhelm Grimm zum Teil verübelt, daß er die Texte von Auflage zu Auflage verfeinerte, so steht diese Überführung in eine gedruckte Erzählform, die den Ton und die Geste des Erzählers ersetzen mußte, doch in keinem Verhältnis zu dem, was sonst – etwa bei Musäus und noch bei Bechstein – mit den Märchentexten geschah. Die bleibende Treue zum Kern der Erzählung, auch wenn der Wortlaut sich wandelte, wurde verlangt und berücksichtigt:

> So erscheint uns das Wesen dieser Dichtungen; in ihrer äußeren Natur gleichen sie aller volks- und sagenmäßigen [das heißt: mündlich überlieferten L.D.]: nirgends feststehend, in jeder Gegend, fast in jedem Munde, sich umwandelnd, bewahren sie treu denselben Grund[4].

Am liebsten hätte man die Märchen in der Mundart des Erzählers gebracht – im Gegensatz zu der gewählten Sprache der *musischen* Literatur:

> Wären wir so glücklich gewesen, sie [diese Märchen] in einem recht bestimmten Dialect erzählen zu können, so zweifeln wir nicht, würden sie

> viel gewonnen haben; es ist hier ein Fall, wo alle erlangte Bildung, Feinheit und Kunst der Sprache zu Schanden wird ...[5]

Es war bei dem Zustand der den Brüdern zugekommenen Beiträge nur in beschränktem Maße, dafür aber besonders eindrucksvoll möglich. Aber auch inhaltlich wurde die Volkserzählung bewußt und deutlich von einer ätherisierten Literatur abgesetzt:

> Wir mögten lieber dem Gespräch der Sterne mit einem armen verlassenen Kind im Wald, als dem Klang der Sphären zuhören[6].

Das ist der eine, wirklich neue Gesichts- und Leitpunkt, der den Volkston in seinem Inhalt wie in seiner Form ernst nahm, und dem Wilhelm Grimm auch bei der Weiterentwicklung der Erzählungen verbunden geblieben ist. Der andere Leitgedanke aber war, daß die Vorstellungen von einer *Volkspoesie* über die deutsche Heimat hinaus auf alle anderen Völker Anwendung fand:

> Weil diese Poesie dem ersten und einfachsten Leben so nah liegt, so sehen wir darin den Grund ihrer allgemeinen Verbreitung, denn es giebt wohl kein Volk, welches sie ganz entbehrt. Selbst die Neger im westlichen Afrika vergnügen ihre Kinder mit Erzählungen ...[7]

Und es wird verwiesen auf die weiteren alten Zeugnisse, »welche beweisen, wie sehr diejenigen, die gewußt, was eine solche unmittelbar zum Herzen redende Stimme werth ist, solche Märchen geschätzt haben.«[8] Weiter heißt es:

> Noch ein anderer höchst merkwürdiger Umstand erklärt sich daraus, nämlich die große Ausbreitung [das heißt: Verbreitung L.D.] dieser deutschen ... indem wir sie, und genau dieselben, durch ganz Europa verbreitet finden, so daß sich in ihnen eine Verwandtschaft der edelsten Völker offenbart[9].

Das soll besagen: Nicht nur *daß* überall erzählt wird, sondern auch *was* erzählt wird, führt auf eine Gemeinsamkeit der Völker. In der Vorrede von 1812 werden bereits genannt: England; Wallis, Schottland und Irland; Norwegen, Schweden und Dänemark; Spanien, Frankreich und Italien. Und dabei heißt es:

> Wir denken es [das Pentameron des Basile] indessen in dem zweiten Band der vorliegenden Sammlung zu verdeutschen, worin auch alles andere, was fremde Quellen gewähren, seinen Platz finden soll[10].

Es war also von vorn herein eine grenzüberschreitende Betrachtung geplant, wie sie dann der Bruder Ferdinand in seinen »Volkssagen und Mährchen der

Deutschen und Ausländer« 1820 (unter dem Pseudonym *Lothar*) geboten hat[11]. In der Vorrede zur zweiten Ausgabe der Kinder- und Hausmärchen vermehrte sich die Aufzählung außerdeutscher Erzählungen um »serbisch, morgenländisch, persisch, indisch«, und im Anmerkungsband von 1822 erschienen außer der angekündigten Basile-Übersetzung auch ein chinesisches und ein japanisches Märchen[12]. In Wilhelm Grimms »allgemeinen Betrachtungen« (zuerst in der 6. Auflage der KHM, 1850) wurden hinzugefügt: Araber, Indien, Bornu, Betschuanen, Nordamerika, Tibet.

Was bei diesen Aufzählungen gemeint ist, sagte Wilhelm Grimm in den genannten »allgemeinen Betrachtungen«:

> Es gibt aber Zustände, die so einfach und natürlich sind, daß sie überall wieder kehren, wie es Gedanken gibt, die sich von selbst einfinden; es konnten sich daher in den verschiedensten Ländern dieselben oder doch sehr ähnliche Märchen unabhängig von einander erzeugen: sie sind den einzelnen Wörtern vergleichbar ...[13]

wobei er darauf anspielt, daß der Bruder Jacob in seiner Grammatik sprachliche Urverwandtschaften deutlich machte. Dieser selbst sprach davon noch 1859 in seiner Vorrede zu des Freundes Vuk Karadžić »Volksmärchen der Serben«:

> diese stoffe ... die von volk zu volk, jedem sich anschmiegend, fortgetragen, wichtigen aufschlusz darbieten können über die verwandtschaft zahlloser sagengebilde und fabeln, welche Europa unter sich und mit Asien gemein hat[14].

War das alles ein lebenslänglich verfolgtes wissenschaftliches Programm, so wirkte gleichzeitig das praktische Beispiel, die Sammlung der Kinder- und Hausmärchen selbst, alsbald und in stets zunehmendem Maße über alle Grenzen hinaus. Zunächst in einzelnen oder auswählenden Übersetzungen – 1816 in Dänemark, 1820 in den Niederlanden[15], 1823/26 in England[16], 1824 und 1837/38 in Schweden[17], 1830 in Frankreich. Waren dies nur Anfänge, die dem tätigen Interesse Einzelner zu verdanken sind, so nahm die Übersetzungstätigkeit im Laufe der Zeit und bis zur Gegenwart in solchem Maße zu, daß Grimmsche Märchen in über 70 Sprachen in der ganzen Welt in hohem Maße bekannt sind. Auch da, wo eigene Volkserzählungen inzwischen aufgesammelt und zugänglich gemacht wurden.

Das führt auf das andere Ergebnis des Grimmschen Wirkens: das Interesse an diesem geistigen Gut wurde wirksam angeregt und auch da, wo es etwa schon vorhanden war, gestärkt und geleitet. Wissenschaft und Leserschaft sind in gleichem Maße daran beteiligt, daß die Volkserzählung, das Märchen und die Sage, überall wieder ein geachtetes und geliebtes Gemeingut wurde – so wie sie es schon in den frühsten Zeiten gewesen ist.

Märchen verbinden die Völker. – Wie konnte, wie kann es in unserer Zeit der Gegnerschaften und Kriege geschehen?

Gewiß ist es zuerst der Inhalt, die Motivik der Märchen, die nicht nur in der Handlung, sondern in besonderem Maße in den handelnden Personen und Gestalten anschaulich und einprägsam sind[18]. Es kommt hinzu, daß diese einfachen Motive sich überall in gleicher oder ähnlicher Weise finden, so daß auch das über die Grenze gekommene Märchen eine Begegnung im Heimischen hat. Auch die Irrealität der Handlung erleichtert die Aufnahme, gerade da, wo ein Bedürfnis nach Vorstellungen einer farbigen Phantasie vorhanden ist. Die Einsträngigkeit der Handlung erleichtert das Mitgehen, die Selbstidentifizierung und die bleibende Gegenwärtigkeit in der Erinnerung bis zur leichten Zitierbarkeit. Schließlich: das gute Ende nach allen Gefährdungen und Prüfungen wird immer und überall gern, ja freudig angenommen. Nicht umsonst ist gerade nach den Schrecken der Kriege die Märchenlektüre überall sichtbar stark angewachsen.

Alles dies sind im besonderen verständliche Gründe dafür, daß das Märchen immer mehr zur Kinderlektüre geworden ist – weil es dem Anschauungsvermögen, der Aufnahmefähigkeit und der Phantasiefreude des Kindes entgegenkommt. Im Gefolge davon eignen sich Märchen auch im besonderen Maß für das Schulbuch sowie als Gegenstand für den Fremdsprachenunterricht. Aber welcher Erwachsene möchte nicht auch die gleiche Freude erleben?

Für die grenzüberschreitende Ausbreitung kommt noch einiges erleichternd hinzu. Dem Märchen fehlen zeitlich bestimmte Personen und feste Orte. Nur spaßeshalber bleibt im deutschen Märchen ein solches Geschehen in Bremen und in Buxtehude lokalisiert – womit eben nicht die Handlung örtlich festgelegt wird, sondern beide Städte zu Märchenstätten geworden sind; und das in aller Welt!

Zum andern: der Märchentext bleibt wandelbar, wie zur Zeit der nur mündlichen Weitergabe. Der Übersetzer hat die Möglichkeit, nicht nur auszuwählen, sondern auch den Text dem heimischen Horizont und Geschmack gegebenenfalls anzugleichen.

Kürzende Umarbeitungen bis zum knappen Bildbegleittext gehen in großen Auflagen überall in die Kinderwelt. Aber auch das vollständige Märchen kehrt in die Mündlichkeit zurück – was sich zum Beispiel in Sardinien, Italien, Bulgarien, Rumänien und Rußland belegen läßt[19]. Auch die Weitergabe von Illustrationen tut das Ihre für Gemeinsamkeiten über die Grenzen.

Es kann nicht zweifelhaft sein, daß alles das von dem bewußten Wirken der Brüder Jacob und Wilhelm Grimm und ihrer Freunde und Helfer ausgegangen ist. Sie haben die absterbende Erzählkunst mit dem, was ihnen noch erreichbar war – und wie vieles muß im Lauf der Zeiten verlorengegangen sein! – in das Buch hinübergerettet und ihm, nicht ohne Mühe und Hindernisse, eine gänzlich neue Geltung verschafft. Deutlich in ihrem Gefolge ist in den europäischen Ländern nicht nur die Übersetzung der in Deutschland gesammelten Märchen geschehen, sondern auch die umfassende und bis heute andauernde, weltweite Sammlung und weitere Ausbreitung aller einheimischen[20].

Gerade auf diese Weise hat sich in erhöhtem Maße bestätigt, was schon zu Beginn deutlich gemacht wurde: die vielfache, gewiß zum Teil lange zurückliegende Verwandtschaft in den Märchenbeständen, sei sie nun bedingt durch gleichartige Entstehung oder durch sympathisierend auswählende Rezeption. So sollte man statt von *deutschen* Märchen (was z.B. die Brüder Grimm vermieden haben!) eher von *Märchen in Deutschland* sprechen – und so auch bei allen anderen Ländern. Damit wäre das Heimische und zugleich das Verbindende in der schönsten Weise ausgedrückt.

Wir sind in der Gegenwart zum Bewußtsein eines im Geben und Nehmen gemeinsamen Besitzes gekommen, einer innerlich tragfähigen Gemeinsamkeit – nach dem Wort Jacob Grimms »von Volk zu Volk, jedem sich anschmiegend, fortgetragen«; Räume überdeckend und Zeiten überdauernd.

Märchen verbinden die Völker. Eine beglückende Feststellung und eine ebenso beglückende Aufgabe.

Lutz Röhrich

MAX LÜTHI – EIN EUROPÄISCHER MÄRCHENFORSCHER

Max Lüthi wurde am 11. März 1909 in Bern geboren; er studierte Germanistik, Anglistik und Geschichte in Bern, London und Berlin, war von 1936 bin 1968 Deutschlehrer in Zürich, um dann bis 1979 den neu geschaffenen Lehrstuhl für Europäische Volksliteratur zu übernehmen. Der langjährig Gelähmte hielt noch vom Krankenlager enge Verbindung mit der wissenschaftlichen Welt, erhielt im Einvernehmen mit der Europäischen Märchengesellschaft e.V. den Märchenpreis der Stiftung Walter Kahn und starb am 20. Juni 1991 in einem Zürcher Pflegeheim.

Max Lüthis Buch »Das europäische Volksmärchen« war sein größter Wurf – ein Buch, das zu den Grundwerken der Literaturwissenschaft im 20. Jahrhundert gehört. Es wurde u.a. ins Japanische, Italienische und Englische übersetzt. Die von Max Lüthi formulierten und auf das Märchen angewandten Begriffe *Flächenhaftigkeit*, *Abstrakter Stil*, *Isolation* und *Allverbundenheit*, *Sublimation*, und *Welthaltigkeit*, *Eindimensionalität* und *Mehrdimensionalität* sind bestimmend für die folgende Generation von Märchenforschern geworden. Mit den Kriterien des Volksmärchens hat Max Lüthi auch Nähe und Abstand zu anderen Gattungen gemessen, zur Sage, zur Legende und zum Schwank. Am eindrucksvollsten wird dies, wo er die Funktion des Wunderbaren in den einzelnen Erzählgenres gegeneinander abhebt: »Das Besondere am Märcheninhalt ist seine Verwobenheit mit dem Wunderbaren. In der Legende wird das Wunder begriffen und verehrt als eine Offenbarung des alles beherrschenden Gottes. In der Sage ist es verwirrendes und schwer deutbares Zeichen einer gewichtigen und gefährlichen Jenseitswelt; es reizt oder ängstigt den Menschen. Im Märchen aber ist das Wunder ein Element der Handlung und hat in ihr seinen bestimmten Sinn; deshalb wird es ohne Staunen und Erregung hingenommen, als ob es selbstverständlich wäre.«

Seit der 4. Auflage enthält das Buch ein zusätzliches Kapitel über die strukturalistische Märchenforschung, insbesondere über das Werk von Wladimir Propp. Lüthi sieht das Trennende, aber auch das Verbindende zu seiner eigenen Methode, wenn er feststellt: »Propps Strukturanalyse und meine Stilanalyse ergänzen einander.«

Heimatverbundenheit schließt Internationalität nicht aus. Schon der Titel »Das europäische Volksmärchen« war ein Programm, und so hat Max Lüthi Märchenforschung nicht als eine Angelegenheit bloß des deutschen Sprachgebiets aufgefaßt. Das Märchen bedeutet für ihn eine europäische Gattung, in der neben den Brüdern Grimm auch Basile und Perrault oder Afanasjew ihren Platz haben. Max Lüthi ist Herausgeber einer Internationalen Märchen-Anthologie, und da sind ihm die schwedischen wie die französischen, die bretonischen wie die maltesischen Märchen gleich vertraut. Das Grimmsche Rapunzelmärchen wird mit seinem französischen Gegenstück, der »Persinette« aus den Feengeschichten der Mlle. de la Force parallel gestellt, ein Märchen aus der Gascogne wird mit Shakespeares Hamlet verglichen. Auch die Beziehung zum Kunstmärchen ist stets parat, zu Goethe, Musäus und Brentano, insbesondere auch zu Novalis und seiner Auffassung vom Märchen. So werden allenthalben Brücken zur Literatur geschlagen, zu Lessing, zu Schiller, zu Jeremias Gotthelf oder zu Kafka.

Ist das Buch über das europäische Volksmärchen ein genialer Wurf des Autors, so zeigt das Büchlein »Märchen« in der Sammlung Metzler den Systematiker, Theoretiker und insbesondere auch den Hochschullehrer Max Lüthi. Während das »Europäische Volksmärchen« mehr eine synchrone Phänomenologie des Märchens darstellt, bietet das Metzlerbändchen eine konzentrierte Geschichte des Märchens, eine Geschichte der Märchenaufzeichnungen und -sammlungen, einen Abriß der Geschichte der Märchenforschung, kritischen Forschungsbericht, Definitionen, Etymologie, eine Einführung in das System Aarne-Thompsons und in den Motiv-Index und daneben wieder Gattungsbeschreibung und -abgrenzung nicht nur gegenüber Sage und Legende, sondern auch gegenüber Mythos und Fabel, jeweils mit reichen Literaturangaben. Das Metzlerbändchen gehört nicht nur zu den frühesten und mit an die 50.000 verkauften Exemplaren auch zu den auflagestärksten und erfolgreichsten Bänden der Serie. Es ist das beste Lehrbuch, die instruktivste Einführung in die Märchenforschung überhaupt, unerläßliches Rüstzeug für jeden Studenten.

Noch eine andere Seite Max Lüthis gilt es hervorzukehren, nämlich die des feinsinnigen Interpreten. Meisterwerke der Interpretation sind seine Deutungen einzelner Märchen, wie sie in den beiden Taschenbüchern »Es war einmal« und »So leben sie noch heute« (beide im Verlag Vandenhoeck und Ruprecht, Göttingen) abgedruckt sind. Die beiden Bändchen enthalten Betrachtungen zu einzelnen Märchen, Sagen und Legenden, wobei sie immer vom konkreten Text ausgehen. Entstanden sind diese Märcheninterpretationen aus Radiovorträgen, und sie wenden sich dementsprechend an einen größeren Zuhörerkreis. An mannigfachen Beispielen demonstriert der Autor, daß es nicht statthaft ist, ein Motiv aus seinem Zusammenhang herauszubrechen, sondern daß ein und dasselbe Motiv in Sage, Mythos, Legende, Märchen oder Schwank jeweils eine andere Funktion haben kann. An Tiergeschichten kontrastiert der Autor die europäischen mit außereuropäischen Tiererzählungen. Er zeigt, daß das Geheimnis des Märchens nicht in den Motiven ruht, die es verwendet, sondern in der Art, *wie* es sie verwendet.

Die zahlreichen Aufsätze, die Max Lüthi zu Problemen der Volksdichtung verfaßt hat, sind größtenteils zusammengefaßt in den beiden im Francke Verlag, Bern, erschienenen Sammelbänden »Volksmärchen und Volkssage« und »Volksliteratur und Hochliteratur«. Max Lüthi ist von der Literaturwissenschaft zur Erzählforschung gelangt, nicht von der Volkskunde und auch nicht von der ethnologischen Feldforschung. Er betrachtet das Märchen nicht als *einfache Form*, sondern als ein sehr kunstvolles Gebilde, das bestimmten Regeln der Bauform folgt. Kein Wunder, daß Max Lüthi von »Volksliteratur« spricht. Damit meint er nicht *Volkslesestoff*, triviale Literatur, sondern er meint durchaus gesprochene, mündliche Überlieferung, die er aber als gesprochene Dichtung auffaßt. Für Lüthi ist das Märchen eine »dichterische Endform«, und er hat deutlich gemacht, daß die Stilisierung des Märchens nicht Armut oder Nichtkönnen dokumentiert, sondern im Gegenteil hohe Formkraft verrät: »Das Volk ist Märchenträger und Märchenpfleger, aber kaum Märchenschöpfer.« Nicht zufällig heißt der Titel des nächsten Buches: »Volksmärchen als Dichtung. Ästhetik und Anthropologie«. Max Lüthi sieht hier die Gattungen in ihrer anthropologischen Bedingtheit. Er bleibt nicht bei einer Phänomenologie des Märchens stehen, sondern folgert daraus dessen Menschenbild. Hinsichtlich des Menschenbildes kontrastiert Lüthi das Märchen mit der Sage. Er hat herausgearbeitet, daß es im Märchen die numinose Angst wie in der Sage nicht gibt; und dies ist nicht nur eine stilistisch-formale Feststellung, sondern bereits eine anthropologische Aussage: »Im Märchen wird die Welt dichterisch bewältigt. Was in der Wirklichkeit schwer ist und vielschichtig, wird im Märchen leicht und durchsichtig.« Max Lüthi kennzeichnet den Menschen des Märchens aber auch als Dulder, als Erlösungsbedürftigen, als einen Einsamen und Isolierten, als einen Wanderer oder gar als ein Fluchtwesen, kurz: den Menschen in seiner Gefährdung und Bedrohung. Und so kommt er zu dem Ergebnis: das Märchen schenkt nicht nur Unterhaltung, es ist nicht nur Wunschdichtung, Utopie, sondern es gibt ein Wesensbild der Welt.

Es ist faszinierend zu beobachten, wie Max Lüthi – in erster Linie doch Philologe und unbestechlicher Literaturkritiker – sich von der modernen Psychologie hat inspirieren lassen. An vielen Stellen seines Werkes hat Max Lüthi die Grenzen von Volkskunde und Literaturwissenschaft in Richtung Psychologie überschritten. Der Deutung des Rapunzel-Märchens etwa als Darstellung eines Reifungsprozesses hat er sich nicht entzogen. Aber er sieht auch die Begrenztheit der psychologischen Deutungen. »Märchen«, so schreibt er, »sind deutbar. Aber jede Einzeldeutung bedeutet Verarmung und geht am Wesentlichen vorbei ... Jede einseitige Märchendeutung ist willkürlich.« Trotz aller Skepsis gegen spezielle Deutungen, die ihm oft zu gewagt erscheinen, sagt er aber auch: »Es leuchtet doch ein, daß es sich für das Gefühl des Märchendichters und des Märchenhörers nicht nur um äußere Vorgänge handelt, wenn das Märchen erzählt, daß der Held den Drachen überwindet, daß er die Prinzessin heiratet, daß er König wird ...«. Doch sind weder *Deutungen* noch *Symbolik* Lüthis Ziel, sondern er versucht, »von der Fülle der Volksmärchen zu lesen, was unmittelbar evident ist.«

Eine Reihe von Ausdrücken hat Max Lüthi in die Erzählforschung eingeführt, die heute so selbstverständlich benutzt werden, daß man den Autor oft gar nicht mehr zitiert. Viele dieser Märchentermini haben wir schon aufgeführt. Dazu gehören aber auch Begriffe wie *Warnbild und Leitbild* oder die *Li-*

nienklarheit, worunter die Vorliebe des Märchens für Linienhaftes verstanden wird, insbesondere aber auch der Terminus *Zielform*. Gemeint ist damit die volle Entfaltung eines Erzähltyps aus einem zunächst unscheinbaren Kern. Erzählformen werden nicht nur von einer Urform, von einem Archetyp her immer mehr zersagt und zersprochen. Es gibt auch den umgekehrten Weg, daß die Normalform nicht am Anfang steht, sondern sich erst im Verlaufe einer Entwicklung ergibt und zu einer Zielform hinstrebt. Überlieferungen können sich also auch korrigieren und berichtigen. Das Märchen als Ganzes ist im Grunde auch eine Zielform, zu der die Gattung immer unterwegs ist.

Die letzten aktiven Forschungsjahre Max Lüthis waren vorwiegend geprägt von seiner verantwortungsvollen Tätigkeit als Mitherausgeber der »Enzyklopädie des Märchens«. Nicht nur hat er hierbei seine eigene Märchenterminologie nochmals exakt definiert und erläutert; hinzu kommt eine Reihe von Artikeln, die die Form des Märchens betreffen, aber auch andere Artikel, die sich auf das Menschenbild des Märchens beziehen: *Alter*, *Dummheit*, *Dummling*, *Bruder*, *Demut*, *Hochmut*, *Abenteuer*, *Ethik*, *Bosheit*. Über die eigenen Beiträge hinaus hat Max Lüthi der Märchenenzyklopädie mit Rat und Tat über die mühsamen Runden der ersten vier Bände geholfen und sie durch konstruktive Kritik auf ihrem hohen Stand gehalten.

Was uns Max Lüthi geschenkt hat, ist ein Werk von großer Vielfalt und innerer Konsequenz. Im Zentrum steht die Gattungsmorphologie. Hier verdanken wir ihm neue Einsichten in das Wesen der Volksdichtung, insbesondere neue Erkenntnisse hinsichtlich der Eigenart des Stils und der formalen Mittel des Märchens. Keine Frage, daß von Max Lüthis Beschreibungskategorien eine ungeheure Faszination ausging. Gleichwohl ist es kein vermeintlich zeitloses Märchen, das Max Lüthi beschreibt, denn er vernachlässigt auch die historische und gesellschaftliche Differenzierung nicht. Stets war Max Lüthi dem Neuen aufgeschlossen und hat sich als Lehrer und Forscher auch um die Vermittlung des Neuen bemüht. Doch hat er sich nie in die ungelösten Hypothesen vom Märchenursprung eingemischt oder sich in unbeweisbare Spekulationen verirrt. Verläßlich ist sein abwägendes Urteil, die Art und Weise, wie er den verschiedensten Erzählweisen, aber auch den mannigfachen Forschungsrichtungen gerecht wird. So hat er das Ansehen der Märchenforschung als einer international anerkannten Disziplin gemehrt. Gleichzeitig hat er es stets vorbildlich verstanden, wissenschaftlichen Anspruch mit einer leicht verständlichen, klaren Darstellungsform zu verbinden. Er sagt einmal, und das haftet als Zitat, daß die Bilder, in denen die Märchen uns ansprechen, »weit kraftvoller in die Seele des Hörers wirken als moralische Lehrsätze. So hat er viele zum Märchen geführt, weil er wie kein anderer bewußtmachen konnte, worin eigentlich die besondere Wirkungskraft des Märchens auf Jung und Alt beruht.

Yordanka Kočeva

MÄRCHEN UND MÄRCHENFORSCHUNG IN BULGARIEN

1.

Das Sammeln und Herausgeben der bulgarischen Volksmärchen setzt in der zweiten Hälfte des 19. Jahrhunderts ein[1]. Es sind vor allem die Ideale der nationalen Befreiungsbewegung, der romantische Drang, die Vergangenheit der Nation kennenzulernen, sowie die Verbreitung der Vorstellung, daß »die Volksdichtung das treueste Abbild der Volksseele« sei, die dieser Tätigkeit zugrunde liegen. Seit der Mitte des 19. Jahrhunderts erscheinen in der Periodika von hervorragenden bulgarischen Schriftstellern und Aufklärern (Petko R. Slavejkov, Georgi S. Rakovski, Marin St. Drinov, Ljuben Karavelov) verfaßte und an die bulgarische Intelligenz – an erster Stelle an die Lehrer und die Mitarbeiter der sog. Lesestuben – gerichtete Programme und Aufrufe zum Sammeln der bulgarischen Überlieferung, worunter vor allem die in allen Gebieten Bulgariens verbreiteten Lieder und Märchen gemeint sind. Ca. 60 Prosatexte[2], die um diese Zeit in der Periodika und in einigen Sammelbänden bulgarischer Folkloristen erscheinen, geben eine erste Vorstellung vom Reichtum dieses Teils der bulgarischen Folklore. Unter den ersten Sammlern bulgarischer Volksmärchen heben sich am deutlichsten die Namen von Konstantin Miladinov, Vassil Čolakov[3], Ljuben Karavelov[4], Ilija R. Blŭskov[5], Marko Zepenkov und Kuzman Šapkarev ab. Die erste selbständige Sammlung, die eine bedeutende Anzahl von Märchen (81) enthält, wird von K. Šapkarev 1885[6] veröffentlicht. In den Jahren 1892-1894 folgt darauf der Band »Sbornik za bŭlgarski narodni Umotworenija (Sammlung bulgarischen Volksschaffens)[7], in dem Šapkarev bereits 289 Märchen von 24 Gewährsleuten veröffentlicht. Sein Umfang, die vielen darin vorgestellten Gebiete und die reiche Auswahl, in der die Hauptgruppen des bulgarischen Erzählguts erscheinen, machen Šapkarevs Band zu einem der wertvollsten Denkmäler der bulgarischen Märchentradition im 19. Jahrhundert. 1889 wird die Reihe »Sbornik za narodni umotvorenija, nauka i knižnina« (Sammlung für Volksdichtung, Wissenschaft und Schrifttum) gegründet, die bis 1901 von ihrem Gründer Ivan D. Šišmanov (1862-1928) redigiert wird. Dadurch wird das Sammeln, das Herausgeben und die Erforschung der bulgarischen Volksmärchen auf eine ernsthafte wissenschaftliche Grundlage gestellt. Diese Reihe, die bis heute erscheint, ist das größte und wertvollste nationale wissenschaftliche Archiv für Volksdichtung, in dem die Märchen einen bedeutenden Teil darstellen. In ihr (Bd. 1-58, 1889-1985) erscheint das bulgarische Volksmärchen (wenn auch, was die Erfassung verschiedener Gebiete Bulgariens betrifft, nicht immer regelmäßig und systematisch) in seinem ganzen Reichtum an Stoffen, in der Vielfalt der Versionen und Varianten der Märchentypen, in den verschiedenartigen regionalen und individuellen Stilmerkmalen des Erzählens, in den verschiedenen Methoden, durch die eine wahrheitstreue Wiedergabe des gesprochenen Textes durch seine gedruckte Version angestrebt wird (von den handschriftlichen oder stenografierten Aufzeichnungen bis zu den Tonbandaufnahmen, die in Bulgarien erst in den 70-er Jahren allgemein zugänglich werden). Unter den Sammlern sind Marko Zepenkov (Prilep-Gebiet), Stoju Šiškov (Rhodopen-Gebiet), Dimiter Stojkov (die Umgebung von Sofia), Dimiter Ikonomov (die Umgebung von Samokov), Dimiter Marinov (Nordwestbulgarien), Zani Ginčev, Alexander Burmov (Tŭrnovo-Gebiet), Yordan Zachariev (Kjustendil-Gebiet), Dimiter und Konstantin Molerov (die Umgebung von Basko und Razlog), Alexander Martinov (Graovo-Gebiet), Ivan Džurenov (Dazardžik-Gebiet), Goro Gorov (Strandža-Gebiet) und viele andere zu nennen.

Auch ausländische Slawisten haben Anteil am Sammeln bulgarischer Märchen. Zu den Pionieren auf diesem Gebiet gehört Stefan Verkovič[8], dessen reiche Sammlung uns den Zustand des Märchens in Südmazedonien bis zur Mitte des 19. Jahrhunderts beschreibt. Durch einzelne Belege ist das bulgarische Volksmärchen auch in den Sammelbänden von V. Grigorovič, A. Dozon und V. Kačanovskij vertreten[9]. Im Anfang des 20. Jahrhunderts werden Texte bulgarischer Volksmärchen in den Beilagen der philologischen Forschungen von N.S. Deržavin, A. Mason[10] u.a. aufgenommen.

Die zeitgenössische bulgarische Folkloristik wendet sich in den letzten Dekaden dem planmäßigen und systematischen Sammeln von Volksmärchen mit erhöhter Aufmerksamkeit zu. Besonders wichtig war es, die »weißen Flecke« im Kartographieren der Märchenstoffe auszufüllen. Als Ergebnis der besonders nach den sechziger Jahren aktivisierten Sammeltätigkeit werden in den Hauptarchiven für Folklore (des Ethnographischen Instituts und Museums und des vom Institut für Folklore der Bulgarischen Akademie der Wissenschaften) reichhaltige Sammlungen von Volksprosa aus verschiedenen Gebieten angelegt. Als besonders wertvoll erweist sich die Dokumentation der Prosaüberlieferung Nordostbulgariens, die bis zu den fünfziger Jahren fast unerforscht war, sowie auch diejenige Thrakiens, Südwestbulgariens, des Sakargebiets (Südostbulgarien), der Rhodopen u.a.

In den letzten Jahren drückt sich das wachsende Interesse für das Volksmärchen ebenfalls in einer aktivisierten Herausgebertätigkeit aus. Im Band »Narodna Prosa ot Pazardžiško« (Volksprosa aus dem Pazardjikgebiet: SbNU 56, 1980) wird, zum ersten Mal in Bulgarien, eine vollständigere Untersuchung der Repertoires *eines* Erzählers durchgeführt. SbnU 57 (1983) enthält Folklore aus dem Strandžagebiet in Südostbulgarien; die Volksprosa wird darin mit 151 Märchen und Schwänken vorgestellt, wobei die Anmerkungen zu den einzelnen Texten auch ihre Typologie nach AT miteinschließen. Dieses für die Veröffentlichungen von Volksmärchen in Bulgarien neue Verfahren wird nach den achtziger Jahren allgemein üblich. Im Band »Narodna Proza ot Blagoevgradski okrŭg« (Volksprosa aus dem Blagoievgrad-Gebiet, SbNU 58,

1985) wird die erste grundsätzliche Regionaluntersuchung der Erzählertradition in unserer Gegenwart durchgeführt. Die auf Tonband aufgenommenen Texte dokumentieren den heutigen Zustand der Kunst des Erzählens. Seit Jahren stehen auch andere Märchensammlungen (darunter ein Doppelband mit Märchen aus dem Rhodopengebiet u.a.) zur Veröffentlichung an.

Das erhöhte Interesse an dem Märchen führt auch zum Herausgeben von Anthologien, die für einen breiteren Leserkreis bestimmt sind. Sehr bekannt ist die Reihe »Bŭlgarsko narodno tvorčestvo« (Bulgarisches Volksschaffen, 1961-1963) und insbesondere die Bände 9.-11.[11]. Bedeutend erneuert in der Textauswahl und der entsprechenden Klassifikation nach AT ist die Anthologie »Bŭlgarska narodna poezija i proza« (Bulgarische Volkspoesie und -prosa, Bd. 6, 1982 und teilweise Bd. 7, 1985)[12]. In letzter Zeit erscheinen auch Übersetzungen bulgarischer Märchen in deutscher Sprache von Kyrill Haralampieff und Elena Ognjanova[13]. Von besonderem Interesse sind die Sammelbände und die pädagogische Tätigkeit von Hilde Fey[14], deren Verdienst es ist, daß bulgarische Volksmärchen durch ihre Vorträge und Sendungen weiteren Kreisen bekannt geworden sind.

Die Erforschung des Volksmärchens gehört zum Programm der bulgarischen Folkloristik noch zu ihren Anfängen, die mit zwei besonders wichtigen Ereignissen zusammenhängen: der Gründung der Sofioter Universität (1888) und der der Reihe »Sbornik za narodni umotvorenija, nauka i knižnina« (1889). Das erste wissenschaftliche Programm zur Veröffentlichung des »Nachlaß unserer Ahnen« sowie das erste Programm zur Erforschung der bulgarischen Volksprosa sind auf der vergleichenden Grundlage von Ivan D. Šišmanov im Aufsatz »Značenieto i zadačite na našata etnografija« (Die Bedeutung und die Aufgaben unserer Ethnographie. In: SbNU 1, 1898) aufgestellt. Ihm verdanken wir auch die erste Systematisierung der bulgarischen Volksprosa. Seine Anforderungen an das Verfahren beim Sammeln der Volksmärchen, an die Aufstellung eines allgemeinen Sachregisters der Märchenstoffe, an eine auf den Methoden der Linguistik und Psychologie gegründete Märchenforschung, sind für uns von prinzipieller Bedeutung.

Ende des 19. und Anfang des 20. Jahrhunderts überwiegen die konkreten vergleichenden Untersuchungen auf dem Gebiet der Märchenstoffe, die vorwiegend von der Migrationstheorie ausgehen. Über das Material slawischer ethischer Legenden und Legendenmärchen schreibt der ukrainische Wissenschaftler M. Dragomanov[15], Professor an der Universität Sofia von 1889 bis 1895, 5 umfangreiche vergleichende Studien, die zur Klassik der bulgarischen Folkloristik gehören. Zu der Schule M. Dragomanovs gehören die besten Kenner der bulgarischen narrativen Tradition: Ivan D. Šišmanov, Dimiter Matov[16], Yordan Ivanov[17], Anton Stoilov, Michail Arnaudov. Wichtig ist auch der Beitrag des tschechischen Wissenschaftlers Jiří Polívka[18] sowohl zur Erforschung bestimmter Märchentypen als auch zum Aufzeigen der Stelle, welche das bulgarische Märchen in der slawischen, Balkan- und allgemeineuropäischen narrativen Tradition einnimmt. In den Studien »Poteklo i srodstvo na narodnite prikazki« (Ursprung und Verwandtschaft der Volksmärchen)[19] und »Narodnata prikazka. Obšt charakter, proizchod, technika i widow« (Das Volksmärchen. Allgemeiner Charakter, Ursprung, Technik und Typen)[20] werden von M. Arnaudov grundsätzliche Probleme der Märchentheorie untersucht. Arnaudovs Klassifikation der bulgarischen Volksmärchen auf Grund der bis 1905 veröffentlichten Zaubermärchen, Tiermärchen und Legenden (SbNU 21, 1905, 1-110) erschien 6 Jahre früher als die Veröffentlichung von Antti Aarnes Typenkatalog und beruht auf ähnlichen Kriterien. Mit dem Werk M. Arnaudovs endet die erste Entwicklungsphase der Erforschung der bulgarischen Volksmärchen. Ein bedeutender Teil der in dieser Periode aufgestellten Probleme haben ihre Aktualität bis heute nicht verloren: z.B. der Ursprung der Gattung »Volksmärchen« und verschiedener einzelner Märchenstoffe; die Dialektik des Nationalen und des Internationalen im Märchen; die Wechselbeziehungen zwischen den Märchen und den anderen Gattungen im System der bulgarischen Folklore usw.

Nach einiger Unterbrechung werden die Untersuchungen über die bulgarische Volksprosa in der Mitte des 20. Jahrhunderts wieder aufgenommen. Ihre Erforschung gehört zu den Grundproblemen im Forschungsprogramm der zeitgenössischen bulgarischen Folkloristik. Dabei wird die theoretische Erforschung der Prosa mit der Feldforschung bzw. mit den unmittelbaren Beobachtungen über die in den Prosagenres vorgehenden Änderungsprozesse verbunden. Nicht zufällig stellt die Feldforschung ein wichtiges Moment in der wissenschaftlichen Biographie der bedeutendsten Vertreter der heutigen bulgarischen Narrativistik dar.

Betont wird die Orientierung zur Erforschung der einzelnen Prosagenres, wobei Untersuchungen über die Märchen überwiegen. Besonders ›privilegiert‹ ist nach wie vor das Zaubermärchen, das nach der in der bulgarischen Folkloristik bestehenden Tradition als das ›eigentliche Märchen‹ angesehen wird. Dessen Stoffe, Struktur und Poetik[21], Semantik[22], Helden[23] werden zum Gegenstand von Untersuchungen, denen verschiedenartige methodologische Verfahren zugrunde liegen. Es werden im Märchen enthaltene Relikte archaischen Weltbildes untersucht[24]. Märchenmaterial wird auch zur Rekonstruierung der bulgarischen und slawischen Mythologie herangezogen[25]. Auch eine originelle Untersuchung über die Kategorie des Komischen in der Folklore wurde vom Blickwinkel der Märchenpoetik aus vorgelegt[26].

Die Katalogisierung der bulgarischen Märchen nach AT wurde 1986 zu Ende geführt[27].

Seit den 60er Jahren führt das erhöhte Interesse für den gegenwärtigen Zustand der Prosagenres im nationalen und regionalen Bestand[28] zu Untersuchungen auf dem Gebiet der »Biologie des Märchens«. Ein bedeutender Beitrag in dieser Richtung ist Rossitza Angelova[29] zu verdanken.

Dem Problem »Volksdichtung und Kunstliteratur« wenden sich Spezialisten auf verschiedenen Gebieten zu[30]. Die von Y. Ivanov begonnenen Untersuchungen der Beziehungen zwischen der Volksprosa und der altbulgarischen

Literatur werden weitergeführt[31]. Es werden die Fragen zur Bereicherung der Volksüberlieferung durch die in ihr aufgenommenen Literaturwerke untersucht und die nacherzählten Märchen analysiert[32]. Als erster betont P. Dinekov[33], wie notwendig es ist, die Grenzerscheinungen zu untersuchen – z.B. die »Jahrmarktsliteratur«, deren Rolle im Leben des bulgarischen Märchens um die Jahrhundertwende keineswegs gering gewesen ist. Damit gibt er einen schöpferischen Impuls, der zu präzisen Untersuchungen über die Genres der bulgarischen populären Literatur und der Lage des Märchens zwischen der schriftlichen und der oralen Überlieferung geführt hat[34].

2.

Um die Jahrhundertwende hat das Märchenerzählen den betonten Charakter einer künstlerischen Tätigkeit, die »der Arbeit untergeordnet und von den Möglichkeiten und Bedingungen unter denen sie stattfindet, abhängig ist« (Linda Degh). Mit ihrer überwiegend ästhetischen Funktion stellen die Märchen eine eigenartige ungeschriebene Volksbelletristik dar (P. Dinekov). Das Märchenerzählen ästhetisiert und stimuliert bestimmte Arbeitsprozesse auf seine spezifische Weise, es kann auch zur Unterhaltung, Zerstreuung und Belehrung während der Ruhepausen dienen. Erzählt wurde am Herd in den Winternächten, abends am Tor, in den Arbeitspausen bei der Feldarbeit, bei den »sedenki« (abendliche Treffen der Dorfjugend, wobei man Maiskolben abschält oder die Mädchen Handarbeit machen), beim Tabakauffädeln, beim Leinwandbleichen, während man in der Mühle wartete, in der Kaffeestube, in den Werkstätten, in der Dorfschenke, auf dem Jahrmarkt. Die »Säcke voll Märchen« nahm man beim Kriegsdienst mit, man band sie auf den langen Reisen auf, wenn man in der Fremde Arbeit suchte oder zu den heiligen Stätten fuhr. Märchen zur Belehrung oder als Protestausdruck wurden in der Schule und der Lesestube erzählt und in die Predigt eingeflochten. Das Märchenerzählen gehörte unbedingt zur Familienatmosphäre; der Familienkreis war und bleibt bis heute noch das grundsätzliche Mikrokollektiv, in dem die narrative Überlieferung erhalten und weitergegeben wird. Erzählen war auch im Familien- und Kalenderbrauchtum wichtig. Manchen Angaben nach wurde es ebenfalls in der Volksmedizin verwendet. Es ist kein Zufall, daß man auch heute noch unter den Dorfheilern (Kräuterfrauen u.a.) Erzähler und Erzählerinnen mit umfangreichem Märchenrepertoire entdeckt.

Heute ist die Rolle des Märchens im Bereich der unmittelbaren ästhetischen Kommunikation stark reduziert. Die gesellschaftlichen, ökonomischen und kulturellen Änderungen sowie die Zerstörung des klassischen Folkloresystems (die in Bulgarien verhältnismäßig spät geschieht: manche sehen das Ende dieses lang andauernden Prozesses erst in den 60er Jahren des 20. Jahrhunderts), das Vorherrschen der verschiedenen Massenmedien (Presse, Kino, Radio, Fernsehen) engen mehr und mehr das Bedürfnis der älteren und jüngeren Generationen ein, einander Märchen zu erzählen. Natürlich entwickeln sich diese Prozesse im Dorf und in der Stadt sowie in den verschiedenen Teilen des bulgarischen ethnischen Raumes mit verschiedener Intensivität. Was das Märchenerzählen betrifft, verläuft der allgemeine Prozeß des »Abklingens« in einer spezifischen Weise. Das epische Gedächtnis erweist sich als besonders resistent. Es ist immerhin kein Zufall, daß in das Archiv des Instituts für Folklore in Sofia über 14.000 in den letzten Jahren aufgenommene Prosatexte eingebracht worden sind.

Die allgemeinen Angaben, welche die Feldforschung vor allem aus den Dörfern einbrachte, lassen folgende Vorstellung zu: auch in den letzten 20 Jahren begegnet man einer bedeutenden Anzahl von Märchenerzählern, wobei die meisten davon Bauern sind. Nur einzelne Märchen bekam man von Angehörigen der Intelligenz, die dann meistens auch Beziehungen zum Dorfmilieu hatten. Die Differenzierung unter den Erzählern nach Geschlecht und Alter zeichnet sich heute klarer ab. Es überwiegen die Frauen und dementsprechend ist die Anzahl der von Erzählerinnen aufgenommenen Märchen größer. Die Gewährsleute sind überwiegend lese- und schreibkundig (Grundschulbildung bis zur 4. Klasse), Gewährsleute ohne Grundschulbildung sind nur ausnahmsweise anzutreffen: meistenteils sind das Frauen über 80. Gewährsleute mit Ober- und Hochschulbildung kommen gleichfalls selten vor. Von einem Erzähler wurden selten mehr als 10 Märchen aufgezeichnet, wozu jedoch bemerkt werden muß, daß das Repertoire der Gewährsleute aus verschiedenen Gründen nicht immer vollständig fixiert werden kann. Sehr gute Ergebnisse zeigten die experimentellen Untersuchungen mit Schulkindern (7-13) als Märchenerzählern[35]. Die Analysen ihres Repertoires zeigen, daß die meisten Märchen auf mündlichem Weg und zwar im Familienkreis gelernt wurden – von den Großeltern, Eltern u.a. Die Anzahl der Märchen, die von der Schul- und Kindergartenlehrerin, von den Altersgenossen, aus den Schul- oder Märchenbüchern (die Volksmärchen gehören zum Lehrplan der 1. bis 3. Klasse), von Film, Theater und Fernsehen angenommen wurden, ist verhältnismäßig gering.

Die Angaben zeigen, daß der Familienkreis auch heute noch der wichtigste Bereich ist, in dem das Volksmärchen weiterlebt und tradiert wird – eigentlich der fast einzige Kreis. Es gibt jedoch auch hier bedeutende Neuerungen, die in vielem durch die Veränderung der Familie unter der Einwirkung der komplizierten kultur-transformatorischen Prozesse des 20. Jahrhunderts bedingt sind. Die weiblichen narrativen Äußerungen werden durch das Absterben des Märchenerzählens nicht so stark betroffen, denn sie sind traditionsgemäß mit dem Heim und mit der Kindererziehung verbunden. Dagegen ist die Anzahl der Männer als Märchenerzähler in der Gegenwart stark gesunken. Der Mann ist heute entweder ein Erzähler ohne Publikum, dessen Gedächtnis Märchenstoffe in latentem Zustand aufbewahrt hat, oder er hat sich liebevoll mit einem Kammerauditorium von Kindern und Enkeln zu begnügen. In der Weinstube, beim Hochzeitsmahl oder bei anderen gesellschaftlichen Anlässen ist es nicht mehr das Märchenrepertoire, das einem Erzähler zum Ansehen verhelfen kann. Es kommen freilich auch Ausnahmen vor: noch in den 70er Jahren wurde Erzählen von Zaubermärchen im Zug unter reisenden Männern festgestellt. Was das erotisch gefärbte Zauber- oder Novellenmärchen vom Dekameron-Typ betrifft, so ist es auch heute in Männergesellschaften (in der Armee, in der Arbeitsgruppe, im Club der Rentner usw.) beliebt. Märchen diesen Typs gehören auch in Frauengesellschaften zur Unterhaltung; sie werden heute in krassem Widerspruch zu der Tradition auch in gemischter Gesellschaft erzählt.

Es sollten auch Gegenwartserscheinungen angeführt werden wie z.B. die Rentnerclubs in den Dörfern und Kleinstädten (in denen an bestimmten Tagen die Männer und an bestimmten Tagen die Frauen zusammenkommen), bei welchen eigenartige Gemeinschaften von sekundärem Typ entstehen. Nicht zu übergehen sind gleichfalls Gruppen zur Pflege und Aufführung authentischer Volkskunst. Bei diesen werden Märchen unter Zuhilfenahme von Sammelbänden ins Gedächtnis zurückgerufen und bei Proben, die von Spezialisten geleitet werden, aufgefrischt. Klassische narrative Situationen entstehen dabei oft von selbst. Eine spezifische Zwischenform sind die Frauen-»Sedenki« (Beisammenarbeit): unformelle Gruppen aus 5 bis 15 Frauen, die regelmäßig mit ihren Handarbeiten zur Unterhaltung zusammenkommen. Bei solchen Zusammenkünften werden oft Märchen und Schwänke spontan erzählt, wobei jede etwas zu erzählen weiß und alle miteinander um die Wette reden. In den letzten Jahren sind einige Tonband- und Videoaufnahmen von solchen Sitzungen in das Archiv des Instituts für Folklore eingebracht worden.

Im allgemeinen können wir also Veränderungen im Kontext des Erzählens, in der Funktion der Märchen und in dem Gesamtprozeß ihrer Existenz feststellen. Es sind immer tiefere Störungen in der Kontinuität der Märchenüberlieferung zu beobachten. Von Jahr zu Jahr wird die Anzahl der Erzähler kleiner; es verändern sich der Umfang und der Inhalt des Repertoires, der Bestand des Auditoriums, die Häufigkeit der Fälle, bei denen man zum Erzählen kommt, das Verhältnis der Erzähler und der Zuhörer zu den Märchen selbst. Es bleibt jedoch auch Unverändertes bei diesem dynamischen Prozeß: in großen Linien bewährt sich die traditionelle Aufführungsweise, so der Tonfall und die »Ikonographie« der Erzähler (z.B. die für die Erzählerinnen klassische Körperhaltung der Spinnfrau). Im allgemeinen sind auch die Veränderungen im Bereich der Stoffe verhältnismäßig gering: der Kern des nationalen narrativen Repertoires wird nicht davon betroffen. Zu diesen konstanten Elementen gehören auch die Märchenstruktur, die Helden, stilspezifischen Merkmale (Formeln u.a.).

3.

Das erneute Interesse für die Märchen, für deren Gedrucktwerden und deren Popularisierung, gehört seit den 60er Jahren zur allgemeinen Bewegung für die Erhaltung der Folklore als geistiges Gut, kulturelles Erbe und notwendiger Bestandteil der nationalen Kultur der Gegenwart. Die seit den 60er Jahren in Koprivštiza jedes fünfte Jahr veranstalteten nationalen Festspiele der Volkskunst werden als bedeutungsvollsten Ausdruck dieser Bewegung angesehen. Die Festspiele diesen Typs sind eine der verbreitetsten Formen zur organisierten Einbeziehung der noch immer lebendigen traditionellen Folklore in die gegenwärtige Kultur. Sie wurden bis unlängst unter der Schirmherrschaft eines Zentrums für künstlerische Selbstbetätigung organisiert, wobei Wissenschaftler vom Ethnographischen Institut, vom Institut für Folklore und vom Institut für Musikwissenschaft als Konsultanten herangezogen wurden. In der Periode der Vorbereitung für die Festspiele werden die aktiven Teilnehmer aufgesucht, es wird ihr Repertoire restauriert und dokumentiert, es werden zahlreiche Proben sowie kleinere Gemeinde- und regionale Festspiele durchgeführt, bei welchen aus Spezialisten bestehende Jurys die Teilnehmer an den nationalen Festspielen bestimmen. Es ist nur natürlich, daß das Märchen seiner Spezifik nach der Bühnenaufführung widersteht (die Lieder, die Tänze, sogar auch die Bräuche lassen sich viel leichter dazu adaptieren). Märchenerzähler sind nicht häufig auf der Festspielbühne zu sehen und meistens gehören Märchenaufführungen nicht zu dem Gelungensten, was man bei den Festspielen erleben kann. Die Schwänke u.a. Genres der komischen Prosa erweisen sich dabei als am besten für die Bühne geeignet. Am erfolgreichsten erscheinen die Erzähler auf der für die Inszenierung von Bräuchen bestimmten Bühne. Dort treten sie in einem Kontext auf, der dem natürlichen nähersteht, indem sie im Laufe der Vorstellung eines Brauches oder eines Spinnstubenabends das Wort ergreifen. So wird bei der Vorstellung eines Brauches aus dem Winterzyklus das für die Gegend typische Märchen »Das Mädchen in der Mühle« (AT 480) erzählt: ein Märchen, das in der Tradition den bösen Kräften, die um diese Jahreszeit ihr Unwesen treiben, Angst einjagen soll. Für den Märchenforscher sind übrigens die kleineren lokalen Festspiele interessanter, bei denen die Erzähler nicht von strikten Zeitvorgaben eingeschränkt werden, (bei den nationalen Festspielen darf die Aufführung nicht länger als 3 Minuten dauern, so daß man nur kurze Geschichten vortragen kann), sondern ruhiger und in einer längeren Zeitspanne ihre Märchen zur Geltung bringen können. Bei diesen lokalen Anlässen sind auch die Situationen zu beobachten, in welchen die Bühnenaufführung auch das Publikum zum Mitsingen, Mittanzen oder Wett-Erzählen anspornt (das geschieht am häufigsten in den Nächten um die Lagerfeuer).

Seit 1985 beginnen bei uns auch nationale Treffen von Wett-Erzählern aus ganz Bulgarien durchgeführt zu werden. Sie werden jedes zweite Jahr in der »Hauptstadt des bulgarischen Humors«, dem durch den Witz seiner Bewohner berühmten Gabrovo, durchgeführt. Die Bühnenaufführung der Erzähler umfaßt vor allem die komische Prosa, doch damit ist nicht immer das ganze Repertoire des einzelnen Erzählers ausgeschöpft. Auf diese Weise wird durch das Wett-Erzählen bei den eigenartigen Festen des Märchens, des Schwankes und des Witzes (im Jahre 1991 wurde z.B. ein »Witzmarathon« durchgeführt), eine reiche Dokumentation zusammengestellt, sowie auch die Möglichkeit geschaffen, gute Erzähler zu entdecken und anzuregen.

Abende des Märchens, bei denen Kinder mit Märchenschriftstellern und Folkloristen zusammentreffen, werden auch anläßlich des Internationalen Kindertags (1. Juni), der Woche der Literatur für Kinder u.a. durchgeführt. In letzter Zeit (seit 1991) begann auch die Veröffentlichung der Zeitschrift für Kinder »Prikazka« (Märchen), das eine besondere Spalte für authentische Märchen enthält: »Großmutters und Großvaters Märchen«.

In Bulgarien kommt das Volksmärchen in den 70er bis 80er Jahren des 19. Jahrhunderts zum Buchdruck. Außer zu wissenschaftlichen Veröffentlichungen (siehe 1; in dieser Anfangsetappe ist jedoch die Differenzierung zwischen den beiden Typen der Veröffentlichung nicht streng gezogen) gelangt es auch in die Volksbücher, durch die es den literarischen Bedürfnissen des breiten Leser- und Hörerkreises entgegenkommt. Am öftesten ist es in Büchlein gemischten Inhaltes anzutreffen, die für Erwachsene bestimmt sind[36]. In derselben Periode erscheinen außerdem noch nacherzählte Volksmärchen mit einer beschränkten Anzahl von Sujets, die zur didaktischen Umarbeitung geeignet erscheinen, so »Das goldene Mädchen«, »Das Mädchen und die Monate«, »Warum die alten Leute nicht getötet werden«, »Der Hahn und der Edelstein« u.a. in den Schulbüchern (Fibeln, Lesebüchern, für Schüler u.a. bestimmte Anthologien). Dieser Prozeß geht auch im 20. Jahrhundert weiter, doch ohne besondere Bemühungen zu einer Erweiterung der Sujettypen, die sich bereits als klassisch in unserer Schulliteratur eingebürgert hatten.

Das durch Schriftsteller nacherzählte Volksmärchen ist schon zur Zeit der sog. bulgarischen Wiedergeburt (19. Jahrhundert) zu finden. So geht aus dem mündlich überlieferten Volksmärchen das dichterische Kindermärchen als eine der wichtigen Gattungen der bulgarischen Literatur für Kinder hervor. Die besten Leistungen auf diesem Gebiet werden von Elin Pelin (1879-1949); Ran Bossilek (1886-1958), Nikolaj Rajnov (1889-1954), Angel Karalijčev (1889-1954) erbracht. Diese Autoren bestimmen vor allem das Märchenrepertoire des zeitgenössischen Bulgarien. Ihre Märchenbücher liegen in fast jedem Hause vor. Manche der Grundsujets, die jeder Bulgare kennt, sind von der Bearbeitung dieser Autoren her bekannt: »Die drei Brüder und der goldene Apfel« (AT 300, 301) durch A. Karalijčev, »Die Werwolfbraut« und »Kuškundalevo« (AT 425) von N. Rajnov. Sogar die Gestalt des Märchenerzählers in der bulgarischen Kultur kennen wir nicht durch das folkloristische Porträt, den Film oder das Fernsehen, durch Schallplatten- und Tonwiedergabe, sondern durch die Kunst des Schriftstellers. Elin Pelins Held »Blagolaž«[37] wird zum Sammelbegriff des Erzählers schlechthin. Diesen Namen erhalten die Sieger später beim Wetterzählen als Ehrentitel.

Das Sujet des Volksmärchens ist auch bereits in den Anfängen des bulgarischen Theaters vertreten, doch in der Geschichte des Theaters nur spärlich dokumentiert. Daher auch der Wert der Erzählungen von Repräsentanten der Generation der 20er und 30er Jahre für die Geschichte der Narrativistik und die Theatergeschichte, wenn über solche Inszenierungen der Märchen von Schneewittchen, Aschenbrödel, der faulen Frau u.a. in der Schule oder im Kulturhaus berichtet wird. Und man bekommt auf der Dorfstraße diese schon weißhaarigen Schneewittchen, Königssöhne, Aschenbrödel gezeigt, die auf der Bühne in Staniolschuhen und von türkischen Nachbarinnen geliehenen Seidenkleidern aufgetreten sind. Die Geschichten, die dabei erzählt werden, scheinen aus den Märchen von den drei Dummköpfen zu stammen: wie die Kuh auf die Schulbühne geführt wurde (die Mutter von Aschenbrödel wurde doch in der bulgarischen Volksmärchenversion in eine Kuh verwandelt). Die Informantinnen, die versuchen, die Dramatisierung der Vorstellung nachzuerzählen (am häufigsten vom Dorfschullehrer auf Grund des gehörten oder gelesenen Märchens verfaßt), gehen auch heute noch unbemerkt zum Nacherzählen dieses Märchens über. In späterer Zeit verschwindet das Märchensujet aus dem Repertoire der theatralischen Laienkunst auf den Dörfern. Heute treten häufig Gruppen für authentische Folklore auf. Sie füllen ihr Repertoire mit Vorstellungen von Bräuchen, Spinnstubenabenden u.a. Familien- und Kalenderbräuchen aus.

Seit den 30er Jahren des 20. Jahrhunderts kann man das Volksmärchen auch im bulgarischen Rundfunk hören[38]. Am häufigsten geschieht dies in den Kindersendungen, wobei das nacherzählte Autorenmärchen in der Interpretation von Schauspielern (in der Form von einer Dramatisierung oder Erzählung) bevorzugt wird. Auch heute werden Kindersendungen des Radios und Fernsehens nach Märchengestalten benannt. Seit der Mitte der 80er Jahre wird im Radio auch ein erfolgreiches Experiment durchgeführt: man bekommt zum ersten Mal die Stimmen von echten Volkserzählern zu hören (z.B. der alten Korna aus Sovoljano, Kjustendigebiet, der Erzähler aus Momtschilovzi in den Rhodopen u.a.). Es gibt auch einige erste Versuche, Kenntnisse aus dem Gebiet der Märchenforschung in populärer Form an die Hörer zu bringen (Sendungsreihe »Am Herd«).

Seit den 60er Jahren erreicht das Volksmärchen auch das Publikum des bulgarischen Fernsehens. Dabei wurden allerdings die Volksmärchen didaktisch umerzählt und deren soziale Seite plump hervorgehoben. Dadurch kommt es eher zur Agonie des Märchens als zu seiner Neubelebung. Es sind allerdings auch gelungene Vorstellungen, wenn auch selten, zu vermerken. Diese sind vorwiegend dem Animationsfilm, dem Puppentheater und dem musikalischen Märchen zu verdanken.

Seit Anfang des 20. Jahrhunderts wird auch der bulgarische Film vom Märchen angeregt. Doch geschieht dies indirekt. Es gibt nur wenige Ausnahmen (beispielsweise der Film vom Listigen Peter und dem Hodja Nasreddin, 1937), in denen das Sujet eines bulgarischen Märchens verfilmt wurde. Andererseits ist es aber gerade der Film, welcher (der bulgarischen Memoireliteratur und Essayistik nach) am meisten dazu beiträgt, daß das Interesse für das Märchen und das Verlangen nach dem Märchenhaften besonders in der Stadt wiederauflebt. Diese Wirkung wird durch die in den 30er und 40er Jahren bei uns gezeigten Filmmärchen »Schneewittchen und die sieben Zwerge« von Walt Disney, »Die schöne Wassilissa«, »König Drosselbart« und »Dornröschen« angeregt.

Schallplatten und Tonbandaufnahmen von Volksmärchen erscheinen seit den 70er und 80er Jahren. Von dieser Zeit an werden sie auch als Ersatz für das lebendige Erzählen in der Familie und im Kindergarten benutzt. Der Themenkreis und der Stil der Schallplatten und Tonbandkassetten wird von der literarischen Bearbeitung bulgarischer Volksmärchen, sowie auch von Übersetzungen aus der Weltklassik des Märchens (Brüder Grimm, Charles Perrault, Wilhelm Hauff u.a.) bestimmt. Die bevorzugte Form ist eine musikalische Dramatisierung, seltener auch ein Zusammenschnitt aus Volksmärchen, Liedern, Rätseln usw.

Märchenstoffe wurden, wenn auch nicht häufig, in der bulgarischen Oper und Operette verarbeitet. Viel Erfolg bei Kindern wie auch bei Erwachsenen hatte das witzige Musical »Der Wolf und die sieben Geißlein« von Alexander Wladigerov.

Lutz Röhrich

MÄRCHENSAMMLUNG UND MÄRCHENFORSCHUNG IN DEUTSCHLAND

Über die Geschichte der Märchensammlung und Märchenforschung in Deutschland liegen aus den vergangenen Jahrzehnten mehrere Forschungsberichte vor, u.a. von Friedrich von der Leyen ([4]1958) Lutz Röhrich (1955-1957), Max Lüthi (1962, [8]1990), Felix Karlinger ([2]1982), Dietz-Rüdiger Moser (1980), Siegfried Becker (1990).

Am aktuellsten – knapp und prägnant – informiert der 1981 erschienene, auf mehrere Autoren verteilte Artikel »Deutschland« in der »Enzyklopädie des Märchens«, dem der Autor dieser Zeilen auf weite Strecken und auch in Details verpflichtet ist. Die Geschichte der Märchenforschung und -aufzeichnungen in Deutschland läßt sich selbstverständlich nicht von der internationalen Entwicklung abkoppeln. Aber auch eine andere Tatsache läßt sich nicht bestreiten: von der Romantik bis zur unmittelbaren Gegenwart, von den Grimms bis zur »Enzyklopädie des Märchens« sind viele Trends der folkloristischen Erzählforschung in Deutschland entwickelt worden und haben von hier aus in die internationale Wissenschaft eingewirkt. Begreiflicherweise konnte auf viele, auch auf manche wichtige Studien, Sammlungen und Beiträge nicht im einzelnen eingegangen werden. Aus Platzgründen werden außerdem viele Abhandlungen nur im laufenden Text mit dem Namen der Autoren und dem Jahr des Erscheinens, aber nicht mit dem vollen Titel aufgeführt. Für alle wichtigen Arbeiten wird auf die Bibliographie verwiesen.

Die ältesten Aufzeichnungen märchenhafter Erzählungen auf deutschem Boden setzten bereits mit der lateinischen Dichtung ums Jahr 1000 ein. Notker Balbulus (840-912) bietet in seinen »Gesta Karoli Magni« mehrere Klostermärlein aus St. Gallen, die freilich eher der Kategorie des Schwankes, der Lügengeschichte zugehören als dem Zaubermärchen. Das gleiche gilt für die kurzen, zwischen 1000 und 1030 entstandenen beiden lateinischen Schwankdichtungen, den »Modus Florum« und den »Modus Liebinc«. Es handelt sich um rein weltliche Dichtungen, Aufschneidereien, Schwabenstreiche, denn – vielleicht nicht zufällig – ist in beiden Kurzdichtungen ein Schwabe die Hauptperson. Schon zur Kategorie der Spielmannsdichtung gehört eine ausgedehntere Verserzählung aus dem 11. Jahrhundert, die »Versus de Unibove«, die Erzählung vom Bauern Einochs (Unibos, AT 1535), die dem Grimm'schen Märchen vom »Bürle« (KHM 61), bzw. H.Ch. Andersen's Märchen vom »Großen Klaus und dem kleinen Klaus« entspricht. Die um 1200 entstandene mittellateinische Versnovelle vom Eselsprinzen, der »Asinarius« bringt eine Vorform des Märchens vom »Eselein« (AT 430, KHM 144). Früh kommen – ebenfalls in lateinischer Sprache – auch Tiererzählungen und Fabeln antiker

Tradition (Babrios, Romulus) in die deutsche Literatur, weil sie als didaktische Stoffe im Schulunterricht gut zu gebrauchen waren, so die Fabel vom Eselsherz und vom kranken Löwen.

In der spielmännischen Tradition überwiegen die nicht geistlichen Märlein und Schwänke. So bringt die rheinfränkische Allegorie vom Lob Salomons (12. Jahrhundert) das Schwankmotiv vom trinkfreudigen Drachen, der die Brunnen Jerusalems leer gesoffen hat. Salomo läßt sie mit Wein füllen, das Untier betrinkt sich, wird gebunden und verrät nun kostbare Geheimnisse (Kurt Ranke, EM III, 458). Mittelalterliche, höfische wie heroische Epen verwenden zwar Märchenmotive, doch sind sie keine Märchen. Jedoch weisen sie vielfach die gleiche märchenhafte Struktur auf, wenn sie von Auszug und Heimkehr eines Helden, von Brautwerbung, Auseinandersetzungen mit übernatürlichen Gegnern (Riesen, Drachen, Zwergen) etc. berichten. Auf die vieldiskutierten Zusammenhänge des höfischen Epos, insbesondere der Artusepik mit keltisch-altirischem Erzählgut kann hier nicht eingegangen werden (s. Ehrismann, 1905). Zumindest kommen in der mittelhochdeutschen Epik eine große Zahl international verbreiteter Märchenmotive vor. So findet sich beispielsweise die Motivik des dankbaren Tieres im »Iwein« Hartmanns von Aue. Zahlreiche Epen berichten von Drachenkämpfen ihrer Helden (Siegfried, Artus, Wolfdietrich, Lanzelot, Dietrich von Bern, Wigalois, Tristan). Immer geht es – wie im Märchen – dabei auch um Liebesgeschichten, d.h. um die Befreiung einer Jungfrau aus der Gewalt eines dämonischen Wesens. Das Tristan-Epos des Gottfried von Straßburg kennt das Motiv der als Beweismittel ausgeschnittenen Drachenzungen, das auch dem Märchen (z.B. KHM 60) ganz geläufig ist. Die Brangänen-Motivik im »Tristan« entspricht der Erzählstruktur von der »unterschobenen Braut«. Das Motiv vom »Schlangenkuß«, das zahlreiche Schatz- und Erlösungssagen noch des 19. und 20. Jahrhunderts beherrscht, taucht erstmalig in Ulrich von Zatzikhofens »Lanzelet« auf. Der Vogel Greif trägt den in eine Tierhaut gehüllten Helden davon; die Köpfe der glücklosen Freier werden auf Zinnen gesteckt. Diese und viele andere wohlbekannte Erzählmotive kommen in der Epik um Wolfdietrich vor. Die Dichtung vom guten Gerhard (ca. 1220) und ebenso die Novelle »Rittertreue« bringen erstmalig die Motivik vom »dankbaren Toten« (AT 505-506, KHM 217). Zu den mittelalterlichen Märchenstoffen gehören ferner »Die verschenkten Lebensjahre« (14. Jahrhundert), »Der Räuber und seine Söhne« (Dolopathos, 1213; AT 1337, KHM 191a). Aber auch die historiographische Literatur steckt voll von populären Erzählstoffen, wie z.B. die »Kaiserchronik« (ca. 1150).

Mit dem 13. Jahrhundert setzt eine umfangreichere deutschsprachige Novellistik ein, in der Märchenstoffe häufig begegnen. Die Heinrich von Freiberg zugeschriebene Versnovelle »Schrätel und Wasserbär« bringt eine Erzählung, wie sie exakt motivgleich noch heute bis ins 20. Jahrhundert weiter tradiert worden ist (AT 1161). Der bedeutendste Verfasser von mittelhochdeutschen Mären nannte sich »Der Stricker« (um 1230). Ihm ist auch der erste deutsche Schwankzyklus vom »Pfaffen Amis« zu verdanken, aus dem mehrere Stoffe später ins Eulenspiegel-Volksbuch übernommen wurden (so »Kaiser und Abt«, »Einem Esel das Lesen beibringen«, AT 922 – »Nur der ehelich Geborene kann das nicht gemalte Bild sehen«, »Des Kaisers neue Kleider«, AT 1620– »Bettler als Pfand«, AT 1526). Insbesondere in der didaktischen Literatur des späten Mittelalters finden sich viele Exempel und Mären. In dem Lehrgedicht Hugos von Trimberg »Der Renner« finden sich u.a. die Stoffe von »Fuchs und Kranich« (AT 60), »der Esel in der Löwenhaut« (AT 214), »der Magen und die Glieder« (AT 293), »Rabe und Käse« (AT 57). Der lateinische »Dialogus miraculorum« des Zisterziensermönchs Caesarius von Heisterbach (um 1200) enthält für zahlreiche Sagen, Legenden und Exempel die Frühbelege. Die Versnovelle des Egenolf von Staufenberg »Peter von Staufenberg« bringt – wohl in Anlehnung an die französische Melusinenüberlieferung – erstmals eine Version der »gestörten Mahrtenehe«, die Liebe eines sterblichen Menschen zu einer übernatürlichen Frau. Spätmittelalterliche Märendichtungen weiterer, meist anonymer Autoren, enthalten Frühbelege von mancherlei Märchen, wie z.B. »Die drei Schlangenblätter« (AT 612), »Großvater und Enkel« (AT 980 A), »Meisterdieb« (AT 950), »Redekampf mit der Prinzessin« (AT 853). Lutz Röhrich (1962 und 1967) bringt thematische Längsschnitte von spätmittelalterlichen Quellen bis zu rezenten Aufzeichnungen aus der mündlichen Überlieferung des 19. und 20. Jahrhunderts, und zwar sowohl die Texte wie einen eingehenden Kommentar dazu.

In der Reformationszeit haben sowohl protestantische wie katholische Prediger unterhaltsame Märlein in ihre Predigten eingebaut. Bei Martin Luther zum Beispiel findet man das »Aschenputtel« (KHM 21, AT 510). Ebenso kannte er das »Tapfere Schneiderlein« (KHM 20, AT 1052). Zahlreiche Märchen und andere Volkserzählungen bilden die stoffliche Grundlage der Verserzählungen von Hans Sachs: »Die Rabe« (KHM 93, AT 400, 530), »Der Ranzen, das Hütlein und das Hörnlein« (KHM 54, AT 566), »Der Schneider im Himmel« (KHM 35, AT 507), »Gevatter Tod« (KHM 44, AT 332), »Die ungleichen Kinder Evas« (KHM 180, AT 758), »Die sieben Schwaben« (KHM 119). In der Frühzeit des Buchdrucks sind es vor allem die sog. Volksbücher, also die bürgerliche Unterhaltungsliteratur des 16. Jahrhunderts, die beliebte Erzählstoffe des Mittelalters in prosaischer Form weitertransportierten. Sehr beliebt waren besonders Erzählungen von unschuldig verleumdeten und verfolgten oder auf ihre Geduld hin geprüften Frauen (Crescentia, Griseldis, Genovefa, (EM III, 476). Im »Fortunatus« (1509) findet sich das Motiv vom Wunschhütlein (KHM 54) und das vom »Krautesel« (KHM 122, AT 566, 567; vgl. H. Kreutzer, 1977). Schwankkompilationen bieten das Lale- bzw. Schildbürgerbuch sowie das Volksbuch von Till Eulenspiegel. Auch in der weiteren Unterhaltungsliteratur des 16. Jahrhunderts gibt es Märchenfrühbelege. Genannt seien Jörg Wickrams »Rollwagenbüchlein«, Hans Freys »Gartengesellschaft«, Hans Wilhelm Kirchhofs »Wendunmuth«, Johannes Paulis »Schimpf und Ernst«, Valentin Schumanns »Nachtbüchlein«, Martin Montanus »Gartengesellschaft« und »Wegkürzer«, Michael Lindeners »Rastbüchlein«. In diesen Unterhaltungsbüchern finden sich Frühbelege für »Wie Kinder Schlachtens miteinander gespielt haben« (AT 2401), »Der Schneider im Himmel« (AT 800), »Die Boten des Todes« (AT 335), »Die beiden Wanderer« (AT 613), »Tapferes Schneiderlein« (AT 1640), »Einäuglein, Zweiäuglein, Dreiäuglein« (AT 511).

Das Repertoire der Kuriositäten- und Prodigien-Literatur des 16. und 17. Jahrhunderts speist sich zu einem nicht geringen Teil aus Volkserzählungsstoffen. Hervorgehoben seien Autoren wie Caspar Goltwurm, Heinrich Kornmann, Georg Philipp Harsdörffer, Johannes Praetorius. Die meisten dieser Autoren waren übrigens schon den Brüdern Grimm bekannt, und sie schöpften vor allem für ihre Sammlung »Deutscher Sagen« daraus. Die barocken Kanzelredner wie Andreas Strobl, Abraham a Santa Clara, Ignatius Ertl, Wolfgang Rauscher u.a. machen in ihren Predigten reichlichen Gebrauch von Märlein, Schwänken und Anekdoten. Elfriede Moser-Rath hat in mehreren Büchern und zahlreichen Aufsätzen die barocken Prediger als Quelle für Erzählstoffe überprüft. Analog untersuchte Ernst Rehermann die protestantischen Erzähler auf der Kanzel (1977). Es bleibt auch hier das Prinzip, daß Märchenfrühbelege nur in literarisch verarbeiteter Form greifbar werden. Die meisten Märchen, die für das 17. Jahrhundert nachgewiesen werden können, sind in Romanen verarbeitet, so von Johann Balthasar Schupp, Johann Michael Moscherosch und anderen. Johann Jakob Christoph von Grimmelshausen, der bedeutendste Erzähler der Barockzeit, hat in seinen zahlreichen Werken nicht wenige Märchenstoffe so behandelt; so bringt er den ersten Beleg für das Märchen vom »Bärenhäuter« (AT 361, KHM 101).

Die Literaturästhetik der Aufklärung stand dem Wunderbaren kritisch gegenüber und tolerierte das Märchen nur insoweit, als es erzieherische Funktionen beinhaltete. »Altweibermärchen« galten eines Dichters für unwürdig. Man sprach generell von »Ammenmärchen«. Der Begriff des »Volksmärchens« war noch ungebräuchlich (M. Grätz, EM III, 499). Das Märchen-Interesse kommt erst auf durch Übersetzungen französischer Märchensammlungen der »Blauen Bibliothek« (seit 1790) und der Märchen von Tausend und einer Nacht. Die novellistisch ausgeschmückten »Volksmärchen der Deutschen« des Weimarer Professors Johann Karl August Musäus boten eher Sagen- als Märchenstoffe und waren auch nicht primär für Kinder bestimmt, stammten auch nur zum Teil aus mündlicher Überlieferung. Immerhin behandelt Musäus nicht nur den (sagenhaften) Rübezahl, sondern auch Schneewittchen (»Richildis«), das Märchen von dem, der auszog, das Fürchten zu lernen und die Geschichte von den Tierschwägern, vom Riesen ohne Seele, Tischleindeckdich, den Goldesel, den Ranzen, Hütlein und Hörnlein, Aschenputtel, Frau Holle und Allerleirauh (Rölleke, 1985, 20). Die Stoffe seiner stark literarisierten Märchen entstammen durchaus der Mündlichkeit. Insofern bleibt Musäus der wichtigste Vertreter des Märchens vor Grimm.

Die Sammlung der »Kinder- und Hausmärchen« durch die Brüder Jacob und Wilhelm Grimm steht vielfach für das deutsche Märchen schlechthin. Entsprechend der Bedeutung der berühmten Sammlung hat sich die Forschung auch intensiv mit ihr befaßt. Über das Zustandekommen, das Wachsen der Sammlung, die Quellentreue und die Bearbeitungstechnik der Brüder Grimm sind wir vor allem durch die Arbeiten von Heinz Rölleke, dem führenden Grimm-Philologen der Gegenwart, bestens unterrichtet. Die Tatbestände lassen sich relativ zuverlässig ermitteln, weil die älteste Aufzeichnung der KHM in der sog. Oelenberger Handschrift erhalten geblieben ist. Sie gelangte auf dem Weg über den Nachlaß von Clemens Brentano, für den die Grimm-Brüder zuerst gesammelt hatten, in das elsässische Kloster Oelenberg und wurde erst in den 20er Jahren unseres Jahrhunderts erstmals ediert. Die Bezeichnung »Urfassung« für die Oelenberger Handschrift trifft allerdings nicht die volle Wahrheit. Zwar sind es die ältesten Niederschriften der Grimms, aber doch meist nur kurze Inhaltswiedergaben ohne jede Ausschmückung. Als Muster-Texte galten den Grimms selbst die in den KHM als Nr. 19 und 47 wiedergegebenen Märchen »Von dem Fischer und syner Fru« und »Von dem Machandelboom« des romantischen Malers Philipp Otto Runge. In diesen beiden plattdeutschen Erzählungen sahen die Grimms die Ansprüche an ein »Volksmärchen« fast idealtypisch erfüllt. Diese beiden Stücke sind allerdings auch Beweise dafür, daß die Dialektwiedergabe einer Erzählung nicht notwendigerweise ein Beweis ihrer Authentizität ist, denn Runge hat die beiden Erzählungen zumindest umerzählt und literarisch überformt (vgl. Rölleke, 1985, 54f.). Es ist übrigens nicht so – wie lange Zeit angenommen wurde –, daß die Bearbeitung der gesammelten Volkserzählungen zu romantisch-biedermeierlicher Kunstprosa nur auf Wilhelm Grimm zurückgeht, während Jacob Grimm mehr auf »buchstabengetreuer« Aufzeichnung von seinen Korrespondenten bestanden hätte. Vielmehr haben beide Brüder, wie Gunhild Ginschel (1963) nachgewiesen hat, den »Grimmstil« entwickelt, der die Volkserzählungen literaturfähig gemacht hat. So sind die KHM nicht nur ein Dokument der Volksprosa. Sie gehören wegen ihrer stilistischen Überarbeitung wie andere Kunstmärchen zum Beispiel von E.T.A. Hoffmann, Wilhelm Hauff, Eduard Mörike, Theodor Storm zur Literatur. In jedem Fall wurden die KHM ein einmaliger Bucherfolg. Sie sind bis heute das am häufigsten nachgedruckte und meistübersetzte Buch deutscher Sprache.

Allenthalben in Europa, aber schließlich auf der ganzen Welt entstanden nach dem Vorbild und Muster der KHM nationale Märchensammlungen. Und die Märchen der Grimmsammlung haben auch allenthalben im Ausland das Bild von Deutschland und den Deutschen geprägt. So boten die beiden Grimm-Jubiläumsjahre 1985 und 1986 (200. Geburtstag) nicht nur im deutschsprachigen Raum, sondern international einen vor allem im angelsächsischen Raum vielbenutzten Anlaß, sich mit den KHM zu befassen (Maria Tatar, Ruth Bottigheimer, Jack Zipes, Charlotte Oberfeld und Peter Assion). Unter den Zeitgenossen selbst fand das Werk der Brüder Grimm nicht nur Zustimmung. So wurde in Wien sogar ein Nachdruck der Märchen mit der kuriosen Begründung verboten, es sei ›zuviel Aberglaube‹ darin enthalten. Von der Gattung her gesehen, umfassen die KHM nicht nur Zaubermärchen, Kettenmärchen, Novellenmärchen, sondern auch Schwankhaftes, Sagen und legendenartige Stücke. Neben Aufzeichnungen aus der mündlichen hessischen Überlieferung arbeiteten die beiden Brüder mit Korrespondenten. 1815 versandten sie von Wien aus ein »Circular wegen Aufsammlung der Volkspoesie«; und sie scheuten sich auch nicht, literarische Fassungen zu bearbeiten und in die KHM aufzunehmen (z.B. »Bärenhäuter«, KHM 101, »Boten des Todes«, KHM 177, »Evas ungleiche Kinder«, KHM 180 u.a.). Den mannigfachen literarischen Beziehungen der Grimmschen Märchen zur älteren deutschen, französischen und italienischen Literatur ist in jüngster Zeit vor allem Heinz Rölleke nachgegangen. Außer ihm hat auch Felix Karlinger auf die engen Verflechtungen deutscher und romanischer Märchen hingewiesen. Unbestreitbar hat vor allem Charles Perrault stark auf das deutsche Märchen gewirkt: »La belle au bois dormant« (Dornröschen, KHM 50, AT 410), »Le petit Chaperon Rouge« (Rotkäppchen, KHM 256, AT 333), »Le Barbe Bleue« (Blaubart, KHM 46, AT 312), »Le Chat botté« (Der gestiefelte Kater, KHM 33a, AT 545), »Les Fées« (Frau Holle, KHM 24, AT 480), »Cendrillon« (Aschenputtel, KHM 21, AT 510) und »Le Petit Poucet« (Däumling, aber auch: Hänsel und Gretel) sind auch Märchen der Grimm-Sammlung geworden und konnten in Deutschland umso leichter Fuß fassen, als sie auch schon vor Perrault orale Tradition waren. Der Grimmsche Rapunzel-Text (KHM 12) geht auf das Feenmärchen »Persinette« der Mlle de la Force zurück (M. Lüthi, Fabula 3, 1960). Die älteste »Rumpelstilzchen«-Version erzählt Mlle L'Héritier 1705 unter der Überschrift »Ricdin Ricdon« (Röhrich, 1976, 283f.). Eine Reihe der Grimmschen Märchen zeigt auch Verwandtschaft mit orientalischen Texten, vor allem der »Geist im Glas« (KHM 99) und »Simeliberg« (KHM 142), aber auch »Sechse kommen durch die ganze Welt« (KHM 71), »Der König vom goldenen Berge« (KHM 92), »Das Wasser des Lebens« (KHM 97) u.a.

Auf der Grundlage einer universellen Quellenkenntnis entstand das fünfbändige Werk Johannes Boltes und Georg Polívkas »Anmerkungen zu den Kinder- und Hausmärchen der Brüder Grimm«. Jahrzehntelang galt und im Grunde gilt es noch heute als eine Art ›Bibel‹ der vergleichenden Märchenforschung. Zu jedem Grimmschen Märchen werden hier die Quellen und alle (bis 1918) bekannten Varianten aus aller Welt nachgewiesen. Das Standardwerk bildet bis heute die Grundlage jeglicher komparatistischen Erzählforschung (Elfriede Moser-Rath, EM III, 533). Eine sehr nützliche Fortsetzung und Erweiterung des Bolte-Polívka sind die Variantenlisten zu einzelnen Märchentypen, die Kurt Ranke in seinem dreibändigen Werk »Schleswig-holsteinische Volksmärchen« (1955-1962) beigegeben hat. Sie ersetzen sozusagen einen Deutschen Märchentypenkatalog, den es bis heute noch nicht gibt.

Die Beliebtheit und die schnelle Verbreitung der Grimm-Sammlung verhinderte zunächst weitere Sammelbemühungen. Die Grimm-Sammlung hat dann aber insbesondere seit der 2. Hälfte des 19. Jahrhunderts eine Fülle von weiteren nach ihrem Vorbild angelegte Märchensammlungen hervorgebracht. Dabei war der Norden Deutschlands entschieden produktiver als der (katholisch geprägte) Süden. Einige dieser Sammlungen müssen namentlich aufgeführt werden, wie z.B. Karl Müllenhoff (Schleswig-Holstein, 1845), Ernst Meier (Schwaben, 1852), Ignaz und Josef Zingerle (Tirol, 1852), Georg Schambach und Wilhelm Müller (Niedersachsen, 1855), Joseph Haltrich (Siebenbürgen, 1856), Karl Bartsch (Mecklenburg, 1879), Ulrich Jahn (Pommern, 1891). Wegen ihrer langen und starken Breitenwirkung seien die Märchen von Ludwig Bechstein (1801-1860) gesondert erwähnt. Bis um die Jahrhundertwende erfreuten sich Bechsteins Märchenbücher einer größeren Beliebtheit und weiteren Verbreitung als die Grimmschen KHM, wobei zum großen Erfolg sicher auch die Illustrationen durch Ludwig Richter beigetragen haben. 1965 sind sie von Walther Scherf bestens ediert und kommentiert worden.

Aus dem 19. Jahrhundert gibt es sicher über 500 Sammlungen von Märchen und Sagen des deutschsprachigen Raumes, was einer Gesamtzahl von ca. 20.000 Einzeltexten entsprechen mag. So läßt sich dann im 20. Jahrhundert kaum noch eine Volkserzählung finden, die nicht schon im 19. Jahrhundert in einem Buch vorgegeben gewesen wäre (Schenda). In unserem Jahrhundert erhob sich dabei immer mehr die Forderung nach authentischen, d.h. wortgetreu in Mundart aufgezeichneten Märchen im Gegensatz zu den bearbeiteten Texten des 19. Jahrhunderts. Meilensteine auf diesem Weg waren die Märchen-Veröffentlichungen von Johann Reinhard Bünker (Burgenland, 1906), Adolf Schullerus (Siebenbürgen, 1930), Wilhelm Wisser (Schleswig-Holstein, 1914, 1927) und Hertha Grudde (Ostpreußen, 1931). Ihnen folgten Will-Erich Peuckert (Schlesien, 1932), Gottfried Henssen (Westfalen, 1935), Angelika Merkelbach-Pinck (Lothringen, 1936), Nikolaus Fox (Saargebiet, 1942), Heinrich Dittmaier (Untere Sieg, 1950), Ulrich Benzel (Sudetenland, 1957 und 1962), Charlotte Oberfeld (Hessen, 1962), Siegfried Neumann (aufgrund eigener Aufzeichnungen sowie mit dem Feldmaterial von Richard Wossidlo, Mecklenburg, 1971), Elfriede Zenker-Starzacher (Ungarisches Schildgebirge, 1957), Alfred Cammann und Alfred Karasek (im Bereich der Sprachinselforschung und Heimatvertriebenen-Volkskunde). Als editorische Innovation hervorzuheben sind die Schallplatten-Aufnahmen von Johannes Künzig und Waltraut Werner-Künzig, die erstmalig Situationen lebendigen Märchenerzählens festhielten (Ungarndeutsche Märchenerzähler I und II, 1969/1971).

Immer bedeutsamer wurde der Kontext der Erzähler. Die Forschungsrichtung begründete Mark Asadowskij mit seiner in deutscher Sprache veröffentlichten Untersuchung über »Eine sibirische Märchenerzählerin« (1926, FFC 68). Nach seinem Vorbild entstanden auch im deutschsprachigen Gebiet Monographien über einzelne besonders begabte Märchenerzähler und Märchenerzählerinnen sowie Repertoire-Studien, aus denen hervorgeht, wie sehr die

Biographie eines Erzählers sich auch in seinem Erzählschatz widerspiegelt. Solche Erzählerpersönlichkeiten haben Gottfried Henssen (1951), Elfriede Zenker-Starzacher (1941), Waltraut Werner (1966), Siegfried Neumann (1968 und 1974), Leza Uffer und Ulrich Tolksdorf (1972) vorgestellt. Dabei finden sich gute Erzähler sowohl unter Männern wie unter Frauen, sowie unter den Angehörigen der unterschiedlichsten Berufe: vom Wanderhandwerker bis zum entlassenen Soldaten, vom Fischer bis zum Straßenkehrer. Die schöpferische Einzelpersönlichkeit eines Erzählers herauszustellen, nach seiner sozialen Stellung und Kreativität zu fragen, kann sozusagen als Gegenthese zur Anonymität von Folklore verstanden werden. Neuere Erzählforschung versucht, dabei auch die Erzählvorgänge selbst in den Griff zu bekommen und zu analysieren: in der familiären Kinderstube, in der dörflichen Spinnstube, in der Kaserne, im Krankenhaus oder in der Eisenbahn, im Wartezimmer – überall ist ein Austausch von Geschichten möglich. Interesse fand auch die Beziehung zwischen den einzelnen Erzählern und ihrem Publikum. Repertoire-Studien beweisen mitunter das phänomenale Gedächtnis von Gewährsleuten im Gegensatz zu lediglich passiven Traditionsträgern.

Auch in anderen Sprachräumen wurden derartige Feldforschungen von deutschen Gelehrten betrieben. Unter den älteren Sammlungen genannt seien nur Johann Georg von Hahn (Griechische und albanesische Märchen, 1864), Laura Gonzenbach (Sicilianische Märchen, 1870) und Enno Littmann (Tausendundeine Nacht, Arabische Märchen, 1953, 1957). In unserer Zeit ragen hervor: Marianne Klaar mit ihren Aufzeichnungen auf griechischen Inseln, veröffentlicht in mehreren Büchern, sowie Felix Karlinger mit seinen Aufzeichnungen in der Romania. Seine Feldbeobachtungen räumen mit so manchen liebgewordenen Klischee-Vorstellungen auf, wie z.B. dem Image der Märchen erzählenden Großmutter (1968).

Zuerst in deutscher Sprache erschien Linda Déghs berühmtes Buch »Märchen, Erzähler und Erzählgemeinschaft« (Berlin, 1962). Aus diesen Arbeiten ergibt sich eine neue Perspektive dessen, was man im deutschen Sprachraum zunächst als ›Märchenbiologie‹ bezeichnet hat – lange bevor sich im angelsächsischen Raum die Ausdrücke ›Performanz‹ und ›Kontext‹ durchgesetzt haben. Moderne Folkloristik erforscht ebenso das Erzählte wie das Erzählen. Dabei hat die Hinwendung vom Objekt zum Subjekt, vom Text zur Performanz die neuere Erzählforschung besonders fasziniert. Von einer Märchensammlung verlangt man heutzutage authentische, d.h. wortgetreu und in der (meist mundartlichen) individuellen Diktion der Gewährsleute notierte Texte. Man verlangt darüber hinaus die Angaben von Namen, Alter und Beruf der Gewährsleute, zusätzlich eine Erhebung von Kontext, d.h. der Lebensumstände der Erzähler, möglichst ihrer Einstellung zum Erzählten usw. Dabei fragt man nicht nur ›Wo?‹ und ›Wem wird erzählt?‹, sondern man versucht auch, den Erzähler selbst genauer zu charakterisieren. Für die Beurteilung des jeweiligen Märchens kann es von erheblichem Gewicht sein, die persönliche und umweltgeforderte Disposition des Erzählers zu kennen, sich ein Bild von seiner Erlebniswelt und Erlebnisfähigkeit auch außerhalb seiner erzählerischen Tätigkeit machen zu können (Felix Karlinger, 1968).

Da nun freilich das Märchen kaum mehr in lebendigen authentischen Situationen beobachtet werden kann und immer mehr zum Buch- und Vorlesemärchen geworden ist, hat man sich in der volkskundlichen Erzählforschung weithin neueren Formen, aber auch anderen weniger erforschten Gattungen, wie dem Exempel, der Legende etc. zugewandt. Zeitgenössische Erzählforschung entdeckte die Erzählformen der Gegenwart, die Alltagserzählungen (Bausinger), Arbeitserinnerungen, Reiseberichte, Krankheits- und Krankenhauserlebnisse, Kriegserinnerungen (A. Lehmann), die Familienerinnerungsgeschichte, das autobiographische Erzählgut im weitesten Sinne und insbesondere die Zeitungssagen, Großstadtmythen, die sog. ›Urban legends‹ und vor allem den Witz. Besonders erfolgreich waren in der Aufzeichnung von Erzählgut der Gegenwart Helmut Fischer (1978 und 1981), Bengt af Klintberg (1986, dt. ²1992) und Rolf Wilhelm Brednich (1990 und 1991). Dies schloß selbstverständlich nicht aus, daß auch das traditionelle Volksmärchen, insbesondere das anderer Länder und Erdteile in Übersetzungen dem deutschsprachigen Leser in fast unübersehbarer Quantität erschlossen wurde, wodurch eine fast unglaubliche Horizonterweiterung und Internationalisierung des Märchens stattfand. Schließlich erschienen in deutscher Sprache mehrere internationale Märchenreihen, wie »Die Märchen der Weltliteratur« (MdW., ›Diederichs-Reihe‹), herausgegeben von Friedrich v.d. Leyen, später von Felix Karlinger und Kurt Schier, jetzt von Hans-Jörg Uther (1912 ff.), »Atlantis« Volksmärchen und Volksdichtungen Afrikas, hrsg. von Leo Frobenius (1921 ff.), »Das Gesicht der Völker« herausgegeben von Dieter Röth (Röth-Verlag, Eisenach, später Kassel, heute Regensburg, 1950 ff.), »Die Welt der Märchen« (Fischer-Taschenbuch, Frankfurt a.M., 1969 ff.). (S. gesonderten Artikel Diether Röth »Zwei deutsche Märchenreihen«, Seite 68).

Aber kehren wir zur Theorie und Forschungsgeschichte des Märchens zurück. Es war ja keineswegs die primäre Absicht der Brüder Grimm, mit ihren Märchen ein Kinderbuch für das bürgerliche Haus zu liefern, wiewohl der Titel und auch die tatsächliche Wirkung dies vermuten ließen. Dahinter standen vielmehr gravierende theoretische Ansichten. Ebenso wie die weit weniger erfolgreiche Sammlung der »Deutschen Sagen« sollten die Märchen vielmehr ein Quellenbuch für die vorzeitliche Glaubenswelt bieten. Die Grimms sahen in den Märchen Restbestände eines verlorenen ›urdeutschen Mythus‹ (Wilhelm Grimm), der sich aus den oralen Überlieferungen noch der Neuzeit wieder rekonstruieren lassen müßte. Eine Zusammenfassung dieser theoretischen Überlegungen bot Jacob Grimms »Deutsche Mythologie« (1835, mehrere Nachdrucke). Die Übereinstimmung von Erzählgut im eurasischen Raum erklärte sich für die Grimms aus einem gemeinsamen mythischen Erbe der Indogermanen, obwohl sie auch die Wanderung von Erzählstoffen von einem Volk zum anderen nicht ausschlossen (Elfriede Moser-Rath, EM III, 523). Mit dieser Meinung gaben die Brüder Grimm den theoretischen Anstoß zu den mannigfachen sog. mythologischen Schulen des 19. Jahrhunderts. Gestalten aus den KHM wurden kühn mit germanischen Göttern, besonders mit Odin/Wotan und Donar gleichgesetzt, und man vermutete in den Märchen und Sagen gar die Spuren einer noch älteren, indogermanischen Glaubenswelt. Die Mythenkunde führte die Forschung im 19. Jahrhundert auf manch weitere bedenkliche Irrwege. Aus der an sich richtigen Erkenntnis, daß Märchen und Mythos aus dem selben stofflichen Motivgut schöpften, schloß man schließlich, alle Märchen müßten aus Mythen hervorgegangen sein. Manche Mythenforscher unter den Grimm-Epigonen in der 2. Hälfte des 19. Jahrhunderts sahen in den Märchen die bildhaft-symbolischen Beschreibungen von konkreten kosmischen Naturvorgängen: Drachen zum Beispiel galten als mythische Bilder für Gewitter und Blitz. Die Solar- und Astralmythologen sahen etwa in Rotkäppchen eine Verkörperung der Morgenröte, beim Dornröschen-Märchen im König die Sonne, in der Königin den Mond, im Dornröschen selbst die Erde. Verbunden sind diese Theorien mit den Namen zu ihrer Zeit berühmter Gelehrter und Forscher wie Adalbert Kuhn, Wilhelm Schwartz, Karl Simrock und Fr. Max Müller. Die mythologische Forschungsrichtung reicht bis weit ins 20. Jahrhundert, bis zu Karl von Spieß, Ludwig Schellhorn und bis zu den Anfängen des bekannten Ethnologen Leo Frobenius, des Sammlers afrikanischer Märchen. Ein gewisser Umschwung setzte mit Wilhelm Mannhardt ein, der – wiewohl selbst noch ein Vertreter einer mythologischen Methode – es als einen Irrtum Jacob Grimms bezeichnete, »alles Mythische unter den Bevölkerungen der Jetztzeit für Niederschlag, Verkleidung, Abschwächung oder Vergröberung einer einstigen heidnischen Mythologie zu halten.«

Auch in der weiteren Entwicklung des 19. Jahrhunderts blieb Deutschland ein Zentrum der Märchentheorien. Zu einem Hauptvertreter der Wandertheorie wurde der Göttinger Sanskritist Theodor Benfey, der aufgrund seiner Studien zum »Pantschatantra« (1859) Indien als Urheimat des Märchens nachzuweisen suchte, von wo es durch literarische Vermittlung über Perser, Araber und Juden nach dem Westen gekommen sei. Seine ›Indische Theorie‹ als monokausale Wandertheorie trat später in der Hintergrund, weil man auch andere alte Kulturen, wie z.B. Ägypten, Griechenland, aber auch die Kelten als Ausgangspunkte von Märchenwanderungen ausgemacht hat. Schließlich gab es auch für viele europäische Erzähltypen keinerlei indische Parallelen. Als konsequente und logische Gegenthese zur Wandertheorie wurde die Idee der Polygenese, wonach einfache Erzählzusammenhänge unabhängig voneinander überall entstehen können. Doch auch zu diesem theoretischen Ansatz hatte im Grunde schon Wilhelm Grimm die Wurzel gelegt. Adolf Bastian war es dann, der den Begriff des ›Elementargedankens‹ prägte, der sowohl die Erb- als auch die Wandertheorien in Frage stellte (Moser-Rath, EM III, 530f.). Die Idee, daß Märchen sich aus Mythen entwickelt haben müßten, bleibt auch im 20. Jahrhundert eine wiederkehrende Vorstellung deutscher Gelehrter. Der

Völkerpsychologe Wilhelm Wundt betrachtete die ›Mythenmärchen‹ als die ursprünglichste Form jeglichen Erzählens und sah auch im höher entwickelten Zaubermärchen der Kulturvölker durchaus noch primitive Züge vor allem hinsichtlich der darin enthaltenen magischen Elemente (Moser-Rath, EM III, 531). Diese Gedanken korrespondieren mit den Vertretern der englischen anthropologischen Märchenforschung eines Andrew Lang oder Edward B. Taylor.

Seit 1910 erschienen in Helsinki die »Folklore Fellows Communications«. Die Serie ist bis heute auf mehr als 250 (!) Bände angewachsen. Es wäre jedoch ganz falsch anzunehmen, die Autoren dieser Reihe und die Vertreter der sog. Finnischen Schule seien überwiegend Finnen. Diese sind aufs Ganze gesehen eher in der Minderzahl. Finnische Gelehrte traten eigentlich nur in der ersten Zeit dieser Serie hervor, in der die Namen von Karle Krohn und Antti Aarne dominierten. An der damit einsetzenden Internationalisierung der Märchenforschung hat Deutschland einen wesentlichen Anteil, und die »Folklore Fellows Communications« verdanken eine Reihe ihrer besten Monographien deutschsprachigen Autoren, wie z.B. Lutz Mackensen über den »singenden Knochen« (FFC 49), Johannes Bolte (»Name und Merkmale des Märchens«, FFC 36), Walter Anderson (»Kaiser und Abt«, FFC 42), »Ein volkskundliches Experiment« (FFC 141), Ernst Philippson (»König Drosselbart«, FFC 50), Erich Rösch (»Der getreue Johannes«, FFC 77), Kurt Ranke (»Die zwei Brüder«, FFC 114), Will-Erich Peuckert (»Lenore«, FFC 158). Noch in den letzten Jahrzehnten kamen aus Deutschland u.a. die Arbeiten von Marianne Rumpf (»Warn- und Schreckmärchen«, FFC 160), Rolf W. Brednich (»Volkserzählungen und Volksglaube von den Schicksalsfrauen«, FFC 193), Leander Petzoldt (»Der Tote als Gast«, FFC 200). In deutscher Sprache erschienen Antti Aarnes »Leitfaden der vergleichenden Märchenforschung« (FFC 13) und Karle Krohns »Übersicht über einige Resultate der Märchenforschung« (FFC 96). Referiert wurde darin über die Arbeiten, die in Anwendung der geographisch-historischen Methode Urform, Entstehungszeit und Wanderwege der betreffenden Märchentypen zu erforschen suchten. Die Ergebnisse dieser Forschungen sind heute umstritten. Außer Betracht blieb dabei nämlich der gesamte Komplex der Überlieferungspsychologie, der Dynamik und Fluktuation historisch-gesellschaftlicher Vorgänge, d.h. das Prozeßhafte des Überlieferungsvorgangs. Das Archiv war wichtiger als die Feldbeobachtung. Von Wert bleiben jedoch in jedem Fall Variantennachweise und Verbreitungskarte als ein konkretes Ergebnis der sog. geographisch-historischen Schule.

Der heutigen Forschung geht es weniger darum, Mündlichkeit gegen Schriftlichkeit auszuspielen, sondern beide in ihrem jeweils spezifischen Quellenwert zu erfassen und das Spannungsfeld zwischen beiden auszuloten, wobei die Prozesse meist wechselläufig sind. Antipode der geographisch-historischen Methode war über Jahre Albert Wesselski, der literarische Zusammenhänge und hochkulturelle Abhängigkeiten höher einschätzte als die mündliche Überlieferung und die umstrittene Konstruktion von ›Urfassungen‹ und ›Archetypen‹. Für viele Märchen hat er selbst mittelalterliche Frühbelege ermittelt (»Mönchslatein«, 1909, »Märchen des Mittelalters«, 1925). Er bevorzugte die These, daß nur mit Hilfe literarischer Quellen Inhalte und Funktionen der Märchen im Mittelalter erschließbar seien. Seine Ansichten gipfeln in dem »Versuch einer Theorie des Märchens« (1931).

Vorzugsweise befaßte sich die deutsche Forschung allerdings auch weiterhin mit Problemen der Altersbestimmung. Nach und trotz Wesselski haben Forscher immer wieder versucht, das Märchen aufgrund seiner magischen Gehalte auf eine Urzeit zurückzuführen und insbesondere das Zaubermärchen bereits dem Neolithikum zuzurechnen (Otto Huth: »Märchen und Megalith-Religion«, 1950, 1961). Heino Gehrts hat in mehreren Arbeiten (1967 u.a.) die Nähe des Märchens zu Glaubensvorstellungen des Schamanismus nachzuweisen versucht. Leopold Schmidt sah in der Knochenflöte im Märchen vom »Singenden Knochen« (KHM 28, AaTh 780) ein prähistorisches Indiz. Aufgrund einer ähnlichen Methodik glaubte der Historiker August Nitschke, Märchen, die erst in den letzten anderthalb Jahrhunderten aufgezeichnet wurden, wie den »Machandelboom« (KHM 47, AT 720) dem Jungpaläolithikum, »Aschenputtel« (KHM 21, AT 510 A) und »Allerleirauh« (KHM 65, AT 510 B) sowie »Brüderchen und Schwesterchen« (KHM 11, AT 450) den Jägern und Hirten nach der letzten Eiszeit, »Hänsel und Gretel« aber (KHM 15, AT 337 A) den Bauern und Fischern im Mesolithikum zuweisen zu können (Dietz-Rüdiger Moser, Märchenforschung, 49). Solche Ansichten werden heutzutage kaum noch von ernsthaften Wissenschaftlern vertreten. Archaisch Anmutendes braucht nämlich nicht notwendig ein Kulturindikator für das absolute Alter eines Märchens zu sein, und schon gar nicht ein einzeln herausgegriffenes Motiv. Auf diesem Boden aber wuchsen die Versuche, Märchen als Zeugnisse nordisch-germanischer Weltanschauung, als deutsches ›Ahnenerbe‹ zu deklarieren und sie ideologisch für die Ziele des Nationalsozialismus und seiner Rassenlehre auszuwerten. Das Ende des 2. Weltkriegs beendete Spekulationen dieser Art, die höchstens nur noch wissenschaftsgeschichtliches Interesse verdienen. Aber in der ehemaligen DDR stand dann Märchenforschung auch wieder vorzugsweise unter ideologischen Prämissen. Aus sozialgeschichtlicher Sicht wurde das Märchen nunmehr lediglich als utopische Wunscherfüllungsdichtung beschrieben. Die Gegensätze von ›arm‹ und ›reich‹ wurden gesucht und gefunden (Waltraud Woeller, 1955) wobei sich die Erzählauswahl auf »Deutsche Volksmärchen von arm und reich« (1959) beschränkte.

In den gleichen Jahren versuchte Lutz Röhrich mit seiner Mainzer Habilitationsschrift »Märchen und Wirklichkeit« (1954, ^{4}1979) neue Wege zu beschreiten. ›Wirklichkeit‹ wird dabei mehrschichtig verstanden: zum einen ist die Wirklichkeitseinstellung einer Erzählung – ›geglaubt – nicht geglaubt‹ ein wichtiges Kriterium bei der Gattungsbestimmung. So lassen sich Sage und Märchen mit ihren Gemeinsamkeiten, Unterschieden und Überschneidungen aufgrund ihrer Wirklichkeitseinstellung differenzieren. Sodann wird das Märchen als Spiegelbild des magischen Weltbildes analysiert. An Beispielen des Verhältnisses Mensch – Tier Verwandlung und Erlösung, sowie an einer Reihe von archaisch anmutenden Bräuchen wird die Frage erörtert, ob solche Züge für die Altersbestimmung des Märchens sich als tragfähig erweisen. Erstmalig werden sodann die Hintergründe und die psychologische Funktion der Grausamkeit im Märchen hinterfragt. Naturvölker-Erzählungen und europäische Märchen werden in ihrer unterschiedlichen Wirklichkeitsauffassung einander gegenübergestellt. Und schließlich wird erörtert, wie sehr Märchenaufzeichnungen der Neuzeit, noch des 19. und 20. Jahrhunderts das soziale Milieu ihrer Erzähler widerspiegeln. Neben der äußeren Wirklichkeit wird die ›innere Wirklichkeit‹ des Märchens zur Diskussion gestellt, d.h. die psychologischen Hintergründe von Traditionsfestigkeit.

Neben den kulturhistorischen Methoden wurde die morphologische Forschung vor allem von Gelehrten wie Walter A. Berendsohn (1921) und André Jolles (1956^{8}) vorangetrieben. Das von ihm geprägte Schlagwort von den ›einfachen Formen‹ beherrscht noch heute die Diskussion. Grundsätzlich zu Fragen der Gattungsbestimmung äußerte sich auch Albert Wesselski (Begriff des ›Märleins‹). Einen Höhepunkt erreichte die literaturwissenschaftliche Märchenforschung mit dem Schweizer Max Lüthi (s. bes. Artikel). Seine Begrifflichkeit der Märchenphänomenologie (›Eindimensionalität‹, ›Flächenhaftigkeit‹, ›Isolation‹, ›Abstraktheit‹, ›Sublimation‹ etc.) blieb zwar nicht unwidersprochen, hat sich aber doch als wissenschaftliches Allgemeingut durchgesetzt. Bei ihm findet sich auch eine interessante Zusammenstellung von Definitionen und Begriffsbestimmungen des Märchens (Max Lüthi, 1990, 3f.) Inzwischen hat Dietz-Rüdiger Moser den bemerkenswerten Versuch einer ›merkmalorientierten Märchen-Definition‹ unternommen (1980, 61). Er formuliert: »Das Märchen ist eine in sich abgeschlossene, tradierte und deshalb konservative erzählende Dichtung mit typischen Figuren, Requisiten, Situationen und Handlungszügen, die auf der Grundlage fester Moralvorstellungen der Darlegung von Konfliktlösungen dient. Die in ihm geschilderten Vorgänge können den unmittelbaren Erfahrungsbereich verlassen, doch bleibt der Konflikt, den es behandelt, stets in diesem Bereich verankert.«

In der Sekundärliteratur zum Märchen sind Typen- und Motivuntersuchungen, Arbeiten zu Alter, Ursprung und Verbreitung einzelner Erzähltypen zurückgetreten zugunsten von Deutungen, Interpretationen und sog. ›Fallstudien‹, denen es darauf ankommt, die Entwicklung eines Erzählstoffes darzustellen, das Konkret-Wissbare herauszuarbeiten ohne sich in abwegige Spekulationen dogmatisch festzubeißen. So gibt es für »Aschenputtel« ((Hermann Bausinger, 1955; Alan Dundes, 1983), »Rotkäppchen« (Hans Ritz 1981; Jack Zipes 1982; Alan Dundes 1989), »Blaubart« (Hartwig Suhrbier 1984), »Schlaraffenland« (Dieter Richter, 1984), »Hänsel und Gretel« (Helmut Brackert 1980), »Froschkönig« (Lutz Röhrich, 1987) Einzelstudien, in denen höchst unterschiedliche Interpretationsansätze nebeneinandergereiht werden und Konstanz und Wandel der betr. Märchen deutlich machen. Viele Deutungen bleiben freilich im Subjektiven, zumal ein gedrucktes Buchmärchen im Grunde kaum ›interpretiert‹ werden kann, weil der Leser keine Vorstellung von der konkreten Situation und Funktion des primär-authentischen Erzählaktes besitzt (Karlinger, 3). Nichts desto weniger war die Sinnfrage, ›Quest of Meaning‹ das Thema der Volkserzählungsforscher auf ihrem internationalen Kongress in Bergen (1984).

Die Einfachheit, Gradlinigkeit und Eindimensionalität des Märchens hat die Überzeugung gefördert, daß das Märchen ›in Wirklichkeit‹ noch etwas ganz anderes meine, als der Text vordergründig und direkt aussagt. Hier liegt der Grund dafür, warum das Märchen so deutungsanfällig ist, und darum gestatten Märchenmotive und -figuren auch so vielfältige Deutungen. Dabei können Märchen Deutungen erfahren, die mit ihrem kulturhistorischen Ursprung nichts zu tun haben. So ist die Sinnfrage gegenüber den Alters- und Ursprungsfragen in den Vordergrund gerückt. Die historische Frage nach dem ›Woher?‹ ist durch die psychologische ›Warum-Frage‹ abgelöst worden: Warum wird oral tradiert? Warum wird überhaupt erzählt? Und warum wird über Jahrhunderte hinweg Traditionelles bewahrt? Die Fragestellung läßt sich ebenso umkehren und an den Forscher und Märchenliebhaber richten: würde sich der moderne Mensch überhaupt mit Märchen befassen, wenn sie ihm nicht eine Lebenshilfe und eine Bewältigung seiner persönlichen Probleme bedeuten könnten?

Märchen und Sagen haben ohne Zweifel etwas zu tun mit psychischen Befindlichkeiten, mit Glück und Unglück, mit Angst und Hoffnung. Diese Gefühle beherrschen auch die Symbolik der Märchenfiguren und -handlungen, die von hierher deutbar erscheinen. Wenn z.B. das Märchen als Glücks- und Wunscherfüllungsdichtung den Tod verdrängt hat, könnten dann einige Märchenmotive nicht gerade Tod ›bedeuten‹, wie z.B. Verwandlung, Versteinerung, Verirren im Wald, der Ritt auf den Glasberg, Sieben Jahre nicht sprechen dürfen, Jenseitswanderungen, der Stich an der Spindel, der zu hundertjährigem Zauberschlaf führt etc.? Das Glücksverlangen als ein zentrales Thema des Märchens hat sicher zu einem nicht geringen Grad etwas zu tun mit den äußeren sozialen Verhältnissen der Märchenträger. In der utopischen Wunschwelt des Märchens mögen die Erzähler zuweilen wohl einen Ersatz für ihre prosaische Lebenswirklichkeit gefunden haben. Märchen sind Utopien mit kompensatorischer Funktion, die ihre Tradierung konkreten sozialen und ökonomischen Verhältnissen verdanken. Märchen erzählen Phantasiegeschichten als Kompensation für die erbärmliche Realität des täglichen Lebens.

Aber was sind die Botschaften, die das Märchen vermitteln kann? In der Beantwortung dieser Frage scheiden sich die Geister. Schon zu Beginn des 20. Jahrhunderts entdeckte die Psychologie, Psychoanalyse und Tiefenpsychologie das Märchen als ein reiches Reservoir unbewußter Phantasie-Hervorbringungen. Schon früh hat man auch über die Beziehungen von Märchen und Traum nachgedacht (Ludwig Laistner, Fr. v.d. Leyen). Für Freudianer wie Jungianer gleichermaßen sind die Märchen aus dem gleichen Stoff, aus dem die Träume sind, sind Märchen Phantasieprodukte aus dem Un(ter)bewußten. Sowohl die Väter der Psychoanalyse wie der Tiefenpsychologie, Siegmund Freud wie Carl Gustav Jung haben selbst Märchen und Märchenmotive psychologisch gedeutet. Und ihnen folgten ihre Schüler (Franz Ricklin, Otto Rank, Bruno Jöckel, Josephine Bilz, Wilhelm Laiblin, Ottokar Graf Wittgenstein, Bruno Bettelheim und andere.). Wirft man als Folklorist einen Blick auf die Literaturlisten solcher Veröffentlichungen, so ist der volkskundliche Erzählforscher oft enttäuscht angesichts der Mißachtung der von ihm geleisteten philologischen und komparatistischen Arbeit, über die geringe Kenntnisnahme von Variantenmaterial und die Beschränkung der Autoren nur auf das Grimm-Korpus. Es überrascht ebenso der mangelnde Konsenz und die geringe Kongruenz der Deutungsergebnisse bei einem und demselben Märchen. Oftmals stand jedenfalls Willkür und Einseitigkeit bei der Auswahl der gedeuteten Texte und die Doktrin einzelner psychologischer Schulen der Objektivität solcher Deutungen hinderlich im Wege. Und vielfach vermißt man darum die Beweiskraft der vorgelegten Interpretationskonstrukte. Bei aller nur zu berechtigten Kritik volkskundlicher Erzählforschung an psychologischen Märchendeutungen sollte man indessen stets berücksichtigen, daß der Psychoanalytiker mehr die therapeutische Anwendung des Märchens als die Philologie, Ethnologie oder Anthropologie eines Märchens im Auge hat. D.h. sein Primär-Material sind zumeist die Aussagen seiner Patienten, zu denen die Märchentexte erst amplifizierend und erläuternd hinzutreten.

Für die Freudianer verraten die Märchen eine verdrängte erotische Bildersprache. Für die C.G. Jung-Schule (Hedwig von Beit, Marie-Louise von Franz, Hans Dieckmann, Erich Neumann, Verena Kast, Riedel, Birkhäuser, Gotthilf Isler) sind die wichtigen Märchenfiguren Verkörperungen von ›Archetypen‹, z.B. der ›anima‹ bzw. des ›animus‹. In nützlicher Weise faßt der Sammelband von Wilhelm Laiblin »Märchenforschung und Tiefenpsychologie« (1969) wichtige Beiträge zusammen. Die relativ größte Einbeziehung volkskundlichen Materials brachte das dreibändige Werk von Hedwig von Beit (zusammen mit Marie Louise von Franz) »Symbolik des Märchens« (1952-57), das eine konsequente Anwendung der C.G. Jungschen Psychologie auf das Gebiet des Märchens bedeutet – allerdings ein Monstrum von Buch darstellt, das zwar aufgrund seines detaillierten Registers viel nachgeschlagen, aber wohl kaum wirklich ganz gelesen wird.

Vielleicht gibt es trotz so vieler subjektiver Stellungnahmen aber doch eine Art von Minimalkonsenz, auf dem man sich verständigen können sollte. Einverständnis herrscht zum Beispiel darüber, daß das Märchen Reifungserlebnisse verarbeitet und von menschlichen Grundsituationen berichtet (Karlinger 13, Hans Göppert, 1963 und 1967). Auch für Anthroposophen ist das Märchen ein Abbild einer Höherentwicklung, Symbol eines inneren und höheren Zieles des menschlichen Lebens (Friedel Lenz, 1972; Rudolf Geiger, 1968;

Rudolf Meyer, 1969). Wenn im Märchen – was kaum jemand bestreiten wird – Äußeres für Inneres steht, dann wäre z.B. auch der Weg zur Königsherrschaft, der in so vielen Zaubermärchen den Hauptinhalt darstellt, Abbild einer psychischen Höherentwicklung: der König ist Symbol für ein höchstes Ziel, die Abenteuerserie des Helden eine Auseinandersetzung mit dem magischen Bereich der eigenen Seele. Immer wieder hat man auch darauf hingewiesen, daß die häufig vorkommende Stiefmutter im Märchen nicht allzuviel mit realen Stiefmüttern zu tun hat, sondern generell einen negativen Mutteraspekt offenbare, der zum Doppelaspekt des Wesens Mutter gehöre. Die Stiefmutter ist eine Art zweiter Gestalt der leiblichen Mutter, die im Augenblick der Reife dem Kind ihren bergenden Schutz entzieht und es in die eigene Welt, in die der Gefahren und Abenteuer verstößt. Für Psychologen und Pädagogen gibt es darum kaum ein Zaubermärchen, in dem sich nicht Reifungsprozesse widerspiegeln. Nicht zufällig hat man das Zaubermärchen als das ›eigentliche‹ Märchen oder auch als ›Glücksmärchen‹ bezeichnet. Das happy ending ist geradezu ein Merkmal der Gattung. Allerdings wird das Glück des Märchenausgangs erst nach vielen Bewährungsproben, oft erst nach schwerem Leid, noch langen und frustrierenden Suchwanderungen erreicht. Aber diese elementare Struktur läßt das Märchen auch zur Lösung von mancherlei Konflikten und Problemkrisen geeignet erscheinen, und nicht zuletzt deshalb hat es eine so starke Stellung innerhalb der Psychotherapie erlangt. Wenn Märchen nicht Modelle zur Lebensbewältigung und zur Lösung von Problemen anbieten würden, hätten sie nicht diese Tradition über Jahrhunderte oder gar Jahrtausende entwickelt. Denn nur was Menschen unmittelbar berührt und was als wichtig empfunden wird, wird auch weitererzählt. Nur das, was etwas ›bedeutet‹, wird tradiert. Darin liegt zum Beispiel auch die Bedeutung und Wirkung des Märchens für die Erwachsenen, die zunehmend die Welt des Märchens wieder entdecken.

Konsequent noch einen Schritt weiter als nur bis zu einer psychologischen Analyse gehen jene Autoren, die auf dem Weg über das Märchen direkte Lebenshilfe für Erwachsene vermitteln möchten (Ulla Wittmann: »Lebenshilfe für Erwachsene«, 1985; Hans Dieckmann: »Gelebte Märchen«, 1991). Der Kreuz-Verlag gibt eine auf über 20 Bände angewachsene Reihe heraus, die unter dem Titel »Weisheit im Märchen« steht (Herausgeber Theodor Seifert, Zürich und Stuttgart 1983 ff.). Sie geht davon aus, daß Märchen typische, allgemein menschliche Situationen und Schicksale widerspiegeln. In den einzelnen Bänden werden verschiedene Erzählstoffe (wie z.B. Blaubart, Froschkönig, der Gestiefelte Kater, Hans im Glück, Dornröschen, Der Teufel mit den drei goldenen Haaren, Das tapfere Schneiderlein u.a.) so interpretiert, daß jeder Leser sich in ihnen auf die eine oder andere Weise wiederfinden kann. In dieselbe Richtung gehen die Arbeiten von Verena Kast (»Märchen als Therapie«, »Wege zur Autonomie. Märchen psychologisch gedeutet«, 1986-1988) und Eugen Drewermann (1984 ff.). Die hohen Auflagezahlen dieser Erfolgsbücher beweisen das Bedürfnis eines breiten Publikums am Märchen. Sie verkörpern eine Art esoterischer Gegenströmung zu einer rationalistischen und materialistischen Lebenshaltung. Die Lebenshilfe-Bücher setzen dagegen die Bildersprache und die Zauberkräfte des Märchens, seine ›innere Wahrheit‹, die von den Entwicklungsprozessen der Seele jedes Menschen erzählt und ihnen helfen kann, zur Selbstverwirklichung zu gelangen.

Mit einer ähnlichen Blickrichtung widmet sich die »Europäische Märchengesellschaft e.V.« der Aufgabe, Volksmärchen zu bewahren und neu ins Bewußtsein des heutigen Menschen zu heben. 1956 in Schloß Bentlage bei Rheine in Westfalen gegründet als »Gesellschaft zur Pflege des Märchengutes der europäischen Völker e.V.«, hat sie das Anliegen der Völkerverständigung ausgeweitet auf ein weitgespanntes internationales Engagement, indem sie ihren Mitgliedern Sinndeutungen des Lebens auf dem Wege über die Märchen vermitteln will. Die Gesellschaft zählt zur Zeit mehr als 2000 Mitglieder. Erzähler, Liebhaber, Feldforscher und Gelehrte aus vielen Fächern wie auch bildende Künstler finden sich in der Gesellschaft zusammen und tauschen in Seminaren und Kongressen ihre Erfahrungen mit dem Märchen aus. Alljährlich veranstaltet die »Europäische Märchengesellschaft« einen Kongreß unter einem speziellen Thema. Kongreßbände erschienen (unter unterschiedlichen Herausgebern) im Erich Röth-Verlag zu folgenden Themen: »Vom Menschenbild im Märchen« (1980), »Gott im Märchen« (1982), »Märchenerzähler und Erzählgemeinschaft« (1983), »Antiker Mythos in unseren Märchen« (1984), »Hessen – Märchenland der Brüder Grimm« (1984), »Die Frau im Märchen« (1985), »Märchen in Erziehung und Unterricht« (1986), »Schamanentum und Zaubermärchen« (1986), »Märchen in der Dritten Welt« (1987), »Liebe und Eros im Märchen« (1988), »Zeit im Märchen« (1989), »Tod und Wandel im Märchen« (1990), »Tiere und Tiergestaltige im Märchen« (1991), »Das Märchen und das Lachen« (1993). Einen vorrangigen Platz in der Pflege der Märchen durch die EMG nehmen die Erzählerinnen und Erzähler ein, denn: »Nur ein erzähltes Märchen ist ein lebendiges Märchen!« Durch eigens von ihr veranstaltete Seminare zur Ausbildung und Förderung für Märchenerzählerinnen und -erzähler ist das Erzählen wieder mächtig angeregt und in Gang gesetzt worden. Man muß allerdings dagegenhalten, daß die dabei auftretenden sog. Märchenerzähler selten Märchen wirklich ›erzählen‹; vielmehr rezitieren sie zumeist auswendig gelernte Buchmärchen (zum Problem des Nacherzählens von Buchmärchen vgl. Vilma Mönckeberg, 1972; Charlotte Rougemont, 1977). Einer der erfolgreichsten, selbst kreativen Erzähler und Nacherzähler ist Folke Tegetthoff (1954 in Graz geboren). Von ihm sind ca. 25 Bücher erschienen. Er tritt international als Erzähler in Gastspielen auf und ist der Initiator eines eigenen regelmäßigen Märchenerzähler-Festivals.

Als eine gewichtige Antriebskraft für das Märchenerzählen und die Märchenforschung hat sich in den vergangenen Jahren die »Märchenstiftung Walter Kahn« erwiesen. Sie wurde 1985 zur Pflege und Förderung des überlieferten europäischen Märchengutes gestiftet und trägt den Namen ihres Mäzens. Sie unterstützt wissenschaftliche und künstlerische Arbeiten zum Märchen, veranstaltet Erzähl-Wettbewerbe, fördert Märchenerzählerinnen und -erzähler, vergibt Förderpreise an junge Wissenschaftler, die sich mit dem Märchen beschäftigen, bringt für Sehbehinderte eine eigene Großdruckreihe europäischer Märchen heraus sowie ein mehrmals im Jahr erscheinendes Informationsblatt »Der Märchenspiegel«. Als Ergänzung zu diesem Handbuch hat sie je ein Taschenbuch mit Märchenbeispielen aus allen europäischen Völkern und über Weiterleben und Bedeutung der Märchen in unserer heutigen Kultur veröffentlicht. Vor allem vergibt sie den mit 10.000 DM dotierten angesehenen Märchenpreis, mit dem jeweils das dem Märchen gewidmete Lebenswerk eines Forschers, Sammlers oder Erzählers alljährlich gewürdigt werden soll. Seither wurden ausgezeichnet: Marianne Klaar (1985), Otto Betz (1987), Max Lüthi (1988), Isidor Levin (1989), Rudolf Geiger (1990), Lutz Röhrich (1991), Franz Vonessen (1992), Wolfdietrich Siegmund (1993). Seit 1994 tritt hinzu der Lutz Röhrich-Preis. Er wird in Höhe von 5000 DM alljährlich für die beste studienabschließende Arbeit (Dissertation, Magisterarbeit, Diplom-Arbeit) auf dem Gebiet der deutschen oder vergleichenden Erzählforschung zuerkannt.

Forschungszentren für die volkskundliche Erzählforschung in Deutschland sind heute:

1. die von der Göttinger Akademie der Wissenschaft getragene »Arbeitsstelle für die Enzyklopädie des Märchens« im volkskundlichen Seminar der Universität Göttingen. Vielerlei Aktivitäten gingen von ihr aus. Kurt Ranke (Universität Göttingen) war der Gründer und erste Präsident der »International Society of Folk-Narrative Research«, der Begründer der »Enzyklopädie des Märchens« und der erste Herausgeber der Fachzeitschrift »Fabula« (seit 1958). Schon unter Kurt Rankes Vorgänger Will-Erich Peuckert, sind in Göttingen und später auch unter Ranke eine Reihe von Märchenmonographien als Dissertationen vorgelegt worden: Marianne Rumpf (Rotkäppchen, 1951), Ingrid Hartmann (Das Meerhäschen, 1953), Fritz Harkort (Die Schein- und Schattenbußen, 1956), Günther Petschel (Freunde in Leben und Tod, AaTh 470, 1968), Michael Meraklis (Das Basilikummädchen, AaTh 879, 1970), Rolf Hagen (Der Einfluß der Perraultschen Contes auf das volkstümliche deutsche Erzählgut, 1954).

2. Das Institut für Volkskunde der Universität Freiburg, mit Sagen- und Witzarchiv, verbunden mit dem Sonderforschungsbereich 321 der Deutschen Forschungsgemeinschaft »Spannungsfelder zwischen Mündlichkeit und Schriftlichkeit«. Unter der Anleitung von Lutz Röhrich sind zuerst in Mainz, später in Freiburg mehrere Dissertationen und Magisterarbeiten vorgelegt worden, die monographisch Typen und Motivkreise des Volksmärchens behandeln. Sie erschienen entweder in der Reihe »Artes Populares. Acta Ethnographica et Folkloristica« oder in der Serie »Freiburger Folkloristische Forschungen«: Valentin Merkelbach: Der Grabhügel

(1964), Rolf Wilhelm Brednich: Volkserzählungen und Volksglaube von den Schicksalsfrauen (1964), Leander Petzoldt: Der Tote als Gast (1968), Hanjost Lixfeld: Gott und Teufel als Weltschöpfer (1969), Manfred Reinartz: Blindfüttern aus Untreue (AT 1380, 1969), Ursula Nowak: Typologie des arabischen Volksmärchens (1969), Paul Schwarz: Die neue Eva (AaTh 1416, 1972), Irmgard Schuth: Christliche Einflüsse in den KHM (1973), Ulrike Webers: Der Geist in der Flasche (KHM 99, 1975), Mechthild Niederwestberg: Jenseitsfahrten im europäischen Volksmärchen (1975), Klaus Roth: Ehebruchsschwänke (1977), Michael Belgrader: Das Märchen von dem Machandelboom (KHM 47, 1980), Anneliese Veith: Der Drache in der Kinder- und Jugendliteratur (1981), Charlotte Wehr: Der Wald in Dichtung und Märchen (1983), Christina Schlegelmilch: Blaubart (1983), Regina Böhm: Hänsel und Gretel (1985), Toshi Yamada: Deutsche und japanische Versionen des Typs AaTh 480 (Frau Holle, 1987), Friederike Pott: Das Mädchen ohne Hände (KHM 31, 1988).

3. Das Johannes Künzig Institut für Ostdeutsche Volkskunde, das auch Schallplatten von Erzählern veröffentlicht hat.

4. Das sog. ›Zentralarchiv der Deutschen Volkserzählung‹ wurde – auf Anregung von Walter Anderson und Oskar Loorits – 1936 in Berlin gegründet. Mit der Konzeption und Organisation wurde Gottfried Henssen (1890-1966) betraut. 1948 gingen die Bestände an die Universität Marburg, wo sie heute von Siegfried Becker betreut werden. Das archivalische, noch vielfach unveröffentlichte Quellenmaterial wird ergänzt durch eine umfangreiche Bibliothek am Institut für Europäische Ethnologie und Kulturforschung, dem das Zentralarchiv angegliedert ist. In dieser für die vergleichende Märchenforschung einzigartigen Büchersammlung ist u.a. der Nachlaß des berühmten Berliner Märchenforschers Johannes Bolte (s.o.) aufgegangen. So sind hier ideale Arbeitsmöglichkeiten für künftige vergleichende Forschungen gegeben, die auch zu neuen Perspektiven genutzt werden sollten.

5. Das Wossidlo-Archiv in Rostock (Leitung Dr. Siegfried Neumann).
   Die Archive sind zumeist auch mit Forschungsbibliotheken verbunden, in denen Quellen und Sekundärliteratur zum Märchen und anderen Volkserzählungen systematisch gesammelt wurden. Um jedem Interessenten eine Hilfestellung zu geben, welches möglicherweise sehr entlegene Buch er an welcher Stelle finden kann, hat Hans-Jörg Uther (1987) hierfür ein zweibändiges äußerst nützliches Nachschlagewerk herausgebracht: den »Katalog zur Volkserzählung«.

Die Akzente der Märchenforschung haben sich im vergangenen Jahrzehnt merklich verschoben. Gegenüber den literaturwissenschaftlichen Forschungen haben sich immer mehr Fragestellungen der Gegenwartsvolkskunde, soziologische, psychologische, pädagogische und funktionalistische in den Vordergrund geschoben. Immer kommt es jedoch darauf an, das Märchen in seinem gesamten gesellschaftlich-sozialen Umfeld zu verstehen. Den vollen Fazettenreichtum der gegenwärtigen Märchenforschung zeigt am deutlichsten die in deutscher Sprache erscheinende »Enzyklopädie des Märchens«, begründet und herausgegeben von Kurt Ranke (seit 1987 herausgegeben von Rolf W. Brednich) zusammen mit Hermann Bausinger, Wolfgang Brückner, Max Lüthi (bis 1984) Lutz Röhrich, Klaus Roth (seit 1993), Rudolf Schenda (bis 1993). Mittlerweile ist das Lexikon auf 7 von insgesamt 12 geplanten Bänden angewachsen. Es wird betreut von einem tatkräftigen und kenntnisreichen Redaktionsteam in Göttingen (Ines Köhler-Zülch, Elfriede Moser-Rath (bis 1993), Ulrich Marzolph, Christine (Schmidt-) Shojaei Kawan und Hans-Jörg Uther, Rainer Wehse (bis 1984). Der 1. Band erschien 1977. Vorausgegangen waren der Aufbau eines umfangreichen Archivs von Texten, die Auswertung von Quellen und Sammlungen aus aller Welt und die Aufarbeitung aller erreichbaren Sekundärliteratur. Diese Vorarbeiten nahmen ca. 20 Jahre in Anspruch. Vorläufer der EM war das nur in zwei Bänden als Fragment im Krieg abgebrochene »Handwörterbuch des deutschen Märchen« (herausgegeben von Lutz Mackensen, 1930-1940), das – wie der Name schon sagt – stark deutsch – d.i. Grimm-lastig erscheint gegenüber dem international-komparatistischen Anspruch der späteren Enzyklopädie. Die EM ist auch gattungsmäßig sehr viel breiter konzipiert als das alte HdM. Ihre Artikel sind nicht nur auf das Märchen bezogen, sondern schließen auch Tiergeschichten, Fabeln, Legenden, Ätiologien, Mythen, Sagen, Novellen-, Epen- und Balladenstoffe, sowie Schwänke und Witze mit ein. Auch in methodischer Hinsicht versteht sich das Werk, wie sein Untertitel deutlich zum Ausdruck bringt, als ein »Handwörterbuch zur historischen und vergleichenden Erzählforschung«. Die mehrfach ergänzte und berichtigte Stichwortliste der EM erschien zuletzt 1990 (2. Auflage) und gibt Aufschluß darüber, welche Stichworte die künftigen Bände der EM noch berücksichtigen werden. Ziel des Unternehmens ist es, die reichen Sammelbestände mündlich und schriftlich überlieferten Erzählguts aus den verschiedensten Ethnien zu vergleichen und ihre sozialen, historischen, psychischen und religiösen Hintergründe aufzuzeigen. Das Werk erfaßt schwerpunktmäßig die oralen und literalen Erzählformen Europas und der europäisch beeinflußten Kulturen wie auch die des mediterranen und asiatischen Raums. Das Erzählgut der bis vor kurzem schriftlosen Völker ist in den zuständigen regionalen Forschungsberichten berücksichtigt. Darüber hinaus werden die Vermittlungswege von Stoffen und Motiven anhand literarischer Quellen wie Exempel-, Legenden-, Predigt-, Historien- und Volksbücher und der mit der mündlichen Überlieferung in Zusammenhang stehenden Dichtung verfolgt und damit die beständigen Wechselwirkungen zwischen Literatur und Volksüberlieferung deutlich gemacht. Das Werk berichtet über den jeweiligen Forschungsstand, macht auf Forschungsdesiderate aufmerksam und will zu neuen Untersuchungen anregen. Das Team der Autoren, Herausgeber und Redaktoren ist bemüht, übersichtliche, allgemeinverständliche Artikel vorzulegen, die auch einen großen Kreis interessierter Laien ansprechen können. Während die EM mittlerweile erst bei der Halbzeit des Unternehmens angekommen ist, liegt ein kleineres, aber dafür vollständiges Märchenlexikon von Walter Scherf vor (1982) und sieht seiner beträchtlich vermehrten Neuauflage entgegen. Hier findet man verläßliche Kurzinformationen über alle Zaubermärchen mit Hinweisen auf die einschlägige, auch neueste Literatur.

Immer wieder sind von deutschsprachigen Autoren auch die pädagogischen Funktionen des Märchens diskutiert worden. Ältere Autoren auf diesem Gebiet waren Charlotte Bühler und Josephine Bilz (»Das Märchen und die Phantasie des Kindes«, ^{4}1977) und Agnes Gutter (»Märchen und Märe. Psychologische Deutung und pädagogische Wertung«, 1968). Mit den Möglichkeiten von Instituten sind in neuer Zeit Walter Scherf (als Direktor der Internationalen Jugendbibliothek in München) und Klaus Doderer (als Direktor des Instituts für Jugendliteratur an der Universität Frankfurt a.M.) als wichtige Autoren hervorgetreten, desgleichen Dieter Richter (von der Universität Bremen). Hingewiesen sei auch auf die Dissertation von Ulrike Bastian (»Das Märchen in der pädagogischen Diskussion«, 1981). Märchen eroberten nicht nur das Kinderbuch, sondern auch das Theater, insbesondere das Puppentheater (Franz von Gozzi, Ludwig Tieck, »Ritter Blaubart«, »Gestiefelter Kater«) und die bürgerliche Opernbühne (Engelbert Humperdinck: »Hänsel und Gretel«). Wirkungen des Märchens auf Theater, Oper und Film reichen von Gerhart Hauptmann bis Carl Orff. Schließlich förderte auch die Bilderbogenproduktion (Neuruppin, München, Stuttgart, Epinal) das Märcheninteresse, besonders in der 2. Hälfte des 19. Jahrhunderts. Außer Betracht bleiben hier die kommerzielle Verwertung des Märchens, die zahllosen Märchenschallplatten, das Weihnachtsmärchen, die Märchengärten, Freilichtgehege mit lebenden Bildern aus bekannten Volksmärchen wie sie in allen deutschsprachigen Regionen aus dem Boden schossen, sowie die Märchencomics und Cartoons als neue Jugendlektüre.

Tatsache ist und bleibt, daß das Märchen das Leben der Menschen in der Gegenwart, in einer Zeit der Verdrängung der oralen Texttradierung durch die Massenmedien, noch in vielfacher Weise begleitet, teils indem es sich auch modernen Kulturphänomenen anpaßt, teils indem es sich ihnen gegenüber als eine aus der Vergangenheit lebende konstante und starke Kraft widersetzt.

Kristin Wardetzky

MÄRCHENFORSCHUNG IN DER DDR

1.

Die wissenschaftliche Beschäftigung mit dem deutschen Volksgut – also auch mit dem Märchen – setzte in der DDR mit einiger Verzögerung ein. Die Gründe dafür liegen auf der Hand, hatte doch die faschistische Ideologie ihren chauvinistischen Herrschaftsanspruch u.a. wesentlich über das tradierte deutsche Volksgut und über die germanische Mythologie legitimiert.

So standen erste Versuche, einen neuerlichen Zugang zu diesen kulturellen Zeugnissen der Vergangenheit zu gewinnen, unter dem Verdacht des Rückfalls in arische, völkische oder rassistische Ideologeme.

Es ist insbesondere dem Wirken von Wolfgang Steinitz zu danken, solche – historisch begreiflichen – Vorurteile entkräftet zu haben und der Volkskunde nicht nur einen Platz im Kanon der Geisteswissenschaften gesichert, sondern ihr auch eine eigene Forschungsstätte geschaffen zu haben: das Institut für Volkskunde an der Akademie der Wissenschaften der DDR.

Daß die ab 1951 begonnene wissenschaftliche Auseinandersetzung mit dem Volksgut ausschließlich von den Positionen des dialektischen Materialismus und des Marxismus aus geführt wurden, wird niemanden verwundern, der nur ein wenig mit der Wissenschaftsgeschichte der DDR vertraut ist. Die Hegemonie der marxistischen Philosophie schloß kategorisch eine pluralistische Welt-, Geschichts- und Literaturbetrachtung aus. Diese eingeschränkten Bedingungen brachten jedoch nicht notwendigerweise nur wissenschaftlichen Zwergwuchs hervor, sondern durchaus auch innovative Leistungen.

Das zahlenmäßig kleine Mitarbeiterteam des Instituts für Volkskunde focussierte sein Interesse insbesondere auf die Erforschung der Trägerschichten der Volksdichtung und deren Stellung im historischen Prozeß. Dabei ging es zunächst einmal um eine Neubestimmung des Begriffes »Volk« in Abgrenzung zur völkischen Terminologie des Nationalsozialismus und zu *vulgus* als diskriminierende Abwertung der sog. »Unterschicht«. Mit dem Begriff »Volk« definierte die marxistische Volkskunde die *werktätige Klasse* im Gegensatz zur *herrschenden Klasse* – beides, so zumindest anfangs intendiert – wertneutrale Begriffe. »Nach marxistischer Auffassung beschäftigt sich also die deutsche Volkskunde mit der Erforschung des werktätigen deutschen Volkes in seiner materiellen und geistigen Kultur, wobei die sehr verschiedenartigen Erscheinungsformen dieser Kultur im allseitigen Zusammenhang, in ihrer gegenseitigen Bedingtheit und in ihrer historischen Entwicklung betrachtet werden müssen, und insbesondere der Beitrag der Werktätigen zur deutschen Nationalkultur zu erforschen ist« (Steinitz, 1953, 42/42).

Ihre geistigen Traditionen sah sie bei Herder, den Brüdern Grimm, bei Vertretern des Vormärz wie Uhland oder Hoffmann v. Fallersleben, aber auch bei Marx und Engels. Marx hatte sich bekanntlich intensiv mit griechischer, germanischer und altnordischer Mythologie beschäftigt, auch hatte er für seine Braut Jenny von Westphalen eine handschriftliche Sammlung mit 46 deutschen und 30 europäischen Volksliedern zusammengestellt. Engels diente als Kronzeuge für die sich neu etablierende marxistische Volkskunde insbesondere durch seinen Aufsatz »Die deutschen Volksbücher«, in dem er dem Volksbuch »Die Geschichte vom Gehörnten Siegfried« hohen literarischen und geistig-kulturellen Wert bescheinigte.

Die Anknüpfungspunkte im 20. Jahrhundert lagen bei Adolf Spamer, der seit 1926 und auch nach den Zweiten Weltkrieg als Volkskundler an der TH Dresden lehrte und 1946 eine Kommission für Volkskunde an der Akademie der Wissenschaften ins Leben rief, und bei dem renommierten Volksliedforscher John Meier, dem wir den Aufbau des Freiburger Volksliedarchivs zu danken haben.

Unter dem Titel »Der soziale Gehalt und die soziale Funktion der deutschen Volksmärchen« legte Waltraut Woeller 1955 die erste umfangreiche Forschungsarbeit zum deutschen Volksmärchen vor. Diese Untersuchung gilt bis heute als ein Standardwerk in der internationalen Volkskundeforschung. Ihr Titel ist gleichzeitig auch konzeptionelles Programm: gefragt wird, durch welche soziale Schicht das Volksmärchen seit der Aufklärung tradiert wurde und welche sozialhistorischen Erfahrungen darin ihren poetischen Ausdruck gefunden haben. Anhand ihrer gründliche Durchsicht der in der Grimm-Nachfolge herausgegebenen Sammlungen und der darin enthaltenen Mitteilungen über die Gewährsleute (u.a. die berühmten Sammlungen von Kuhn, Schwarz, Jahn, Wisser, Wossidlo, Henßen) kann Waltraut Woeller belegen, daß die lebendige Überlieferung gebunden ist an die »niederen Leute«, an die Angehörigen der Dorfarmut, an Bauern, Fischer, Tagelöhner, wandernde Handwerker und an einige wenige Dorflehrer. »Die beigebrachten Belege haben den Märchenerzähler eindeutig den unterdrückten werktätigen Volksschichten zugewiesen, gleichzeitig haben sie aber auch die soziale Differenziertheit dieser Schichten dargestellt« (Woeller 1961, 412). Diese Differenziertheit nun macht sie zum Ausgangspunkt für die Untersuchung einzelner Märchentypen. »... die Analyse des einzelnen Märchens (muß) davon ausgehen, welcher besonderen sozialen Position sein jeweiliger Erzähler angehörte. Auf diese Weise kann der Variantenreichtum einzelner Märchentypen aufgegliedert werden« (Woeller 1961, 412). Die unterschiedlichen sozialen Erfahrungen der Gewährsleute – so ihre Hypothese – muß sich in Akzentverschiebungen bei der Wiedergabe des gleichen Sujets widerspiegeln, oder umgekehrt formuliert: die Differenziertheit der Varianten läßt sich aus der Differenziertheit der sozialen Position ihrer Erzähler herleiten (vgl. 414). Die auf dieser Hypothese aufgebaute Untersuchung sozialkritischer Märchentypen (Der starke Hans, Kaiser und Abt, Die kluge Bauerntochter, Gevatter Tod) in ihrem Variantenreichtum stellt den bis heute gültigen Wert dieser Arbeit dar. Dabei gilt das besondere Interesse der Autorin den Varianten aus den ostelbischen Gebieten, wo die Landbevölkerung aufgrund der »Zweiten Leibeigenschaft« unter drückender Armut zu leiden hatte. Im regionalen Variantenvergleich gelingt ihr der Nachweis, daß »die hervortretenden Unterschiede zwischen den Märchen des mecklenburgisch-pommerschen und preußischen Gebietes und den Märchen des nordwest-, west- und süddeutschen Gebietes deutscher Sammlungen ... von den differenzierten ökonomischen und sozialen Verhältnissen der Gebiete (herrühren)« und daß »die soziale Herkunft und die damit zusammenhängenden sozialen Belange der Erzähler bestimmend auf die Varianten-Bildungen einwirken« (Woeller 1961, 427/428).

Die Bedeutung dieser Arbeit war zunächst auch eine politische: es ging um die Rehabilitierung eines verachteten Standes (dessen Vertreter nun den Staat zu lenken hatten), und um den Nachweis, daß dieser Stand über eine reiche und entfaltete Kultur in Gestalt des Märchens verfügt.

Bei der Interpretation der untersuchten Märchen geht Woeller nicht über die Herausarbeitung ihres sozialkritischen Gehalts hinaus. Er bildet den Rahmen und das Wahrnehmungsraster in ihrer Vorgehensweise. Anhand einer Vielzahl von Belegen stellt sie dar, wie in den von ihr untersuchten Volksmärchen versteckt oder mit unverblümter Offenheit Machtmißbrauch oder die moralische Verkommenheit der Mächtigen gegeißelt und der Glücksanspruch der sozial Unterprivilegierten formuliert werden.

Daß im Märchen allerdings auch revolutionäre Elemente, Formen des Klassenbewußtseins und Solidaritätsgefühle angelegt seien oder »die Träger der deutschen Volksmärchen die Wesensmerkmale des Absolutismus erkannt und gestaltet ... haben« – für solche Einschätzungen hat man heute wohl kein Verständnis mehr; sie sind ideologische Projektionen.

Die von Woeller eingeschlagene Richtung der sozialgeschichtlichen Märchenforschung blieb in der DDR bestimmend. Das Märchen – wie alle anderen Bereiche der Volksdichtung – galten als Bestandteil der »zweiten Kultur« (Lenin), mit der, im Gegensatz zur herrschenden Kultur, das werktätige Volk seine kulturelle Identität stiftete und bewahrte.

So hatten eher relativierende Positionen, wie sie ebenfalls bereits 1955 von Friedrich Sieber vorgetragen wurden, keine Entwicklungschancen. Sieber untersucht das deutsche Zaubermärchen als Wunschdichtung und wählt einen psychologischen und literaturwissenschaftlichen Zugang. Zwar sieht auch er (zurecht) im Märchen vornehmlich eine Poesie der sozial Entrechteten, in der sie ihren Glückstraum von der »erhöhten Niedrigkeit« (Tegethoff) träumen, aber darin allein geht s.E. das Märchen nicht auf. Sieber unterstreicht zum einen den individualistischen Glücksanspruch des Helden (Abenteuer, Kämpfe, Prüfungen, Brautgewinnung dienen seiner individuellen Erhöhung), zum anderen betont er das konservative, eben nicht demokratische Gesellschaftsverständnis des Märchens. »Die Hindernisse, die in immer neuer Auftürmung überwunden werden müssen, und der schließlich doch glückliche Ausgang zeigen, daß es diesen Märchen auf die Erhöhung der Niedrigkeit, nicht auf eine demokratische Aufhebung der Standesunterschiede ankommt ... an keiner Stelle unternimmt das Märchen in seinem Felde den Versuch, den Klassencharakter der Märchengesellschaft zu verändern« (Sieber 21/28).

Auch Sieber fragt nach der Funktion des Märchens für dessen Trägerschicht. Er sieht das Märchen insbesondere als Unterhaltung, die keinen Anspruch auf Einmischung in die Wirklichkeit erhebt. »Unser Märchen verwirklicht illusionistisch Wunschintentionen in überlieferter Form ... Kein Märchenhörer faßt das Märchen als exemplum, als Beispielerzählung, keiner als Aufforderung zur Imitation, nur Nacheiferung. Alle gehen nach der Erzählung an ihre Arbeit« (29). Im Eskapismus, den das Märchen seinem Erzähler, Hörer, Leser gewährt, sieht er mehr als bloße Zerstreuung oder Zeitvertreib; das Herausheben aus dem Alltag und die fiktive »Erfüllungsbefriedigung haben für den seelischen Haushalt tiefgreifende therapeutische Funktion« (28).

In den 70er Jahren erfuhr der sozialkritische und -historische Ansatz eine Erweiterung ums Ästhetische. Hermann Strobach fragt, ausgehend von einer streng historischen Betrachtung der Volksdichtung, nach den ästhetischen Gesetzen ihres Werdens und ihrer Wandlung. Deren Besonderheit sieht er im dialektischen Verhältnis von Variabilität und Stabilität, von Produktivität und Begrenztheit. Die Balance zwischen beharrenden und variierenden Teilen eines Textes regelt sich – so Strobach – in erster Linie über ihr Verhältnis zur Sinn- und Formstruktur. »Danach erscheint die Variabilität umgekehrt proportional zur Bedeutung, die den Wörtern, Bauteilen, Formeln, Motiven und Motivkomplexen ... für die Sinn- beziehungsweise für die Formstruktur zukommt. So sind die für die Aussage nebensächlichsten, unbedeutenden Teile am variabelsten. Innerhalb des Sinnbezugs ist die Variabilität dort am stärksten, wo leicht auswechselbare Synonyme ... sowie austauschbare Personen und Ortsbezeichnungen zur Verfügung stehen. Relativ fest bewahren sich die wichtigsten Wörter, Wortgruppen, Aussage- und Motivkomplexe, die den Sinn des Textes tragen oder in denen sein spezifischer Charakter und seine Funktion zum Ausdruck kommen. Fixierende Momente sind ferner die konstitutiven Formelemente wie Metrik und Reim, Versanfang und Versschluß, Parallelismus, Formeln, Formelreihen, Gestaltungs- und Strukturschemata und andere« (9/10). Bedingungen für das Entstehen einzelner Varianten sieht er – wie schon Woeller – in der sozialen Differenzierung ihrer Trägerschichten, aber Strobach bezieht nun auch des Wirken regionaler und lokaler Traditionen sowie landschaftlich oder örtlich geprägte Stileigentümlichkeiten als formbildende Determinanten in die Betrachtung mit ein. Die Volksüberlieferung schmiegt sich gleichsam den wechselnden und verändernden historischen Bedingungen an, wohingegen die Tendenz zur Stabilität der Auflösung, dem Zerfall des Tradierten entgegenarbeitet. So stellt die Überlieferung eine Art »aktive, ständig um- und weiterformende Reproduktion im Rahmen der Vorstellungswelt und der Formensprache des tradierenden Kollektivs« dar, die jedoch in sich begrenzt bleibt und nicht an den großen künstlerischen Entwicklungen der Dichtung und Dramatik der Neuzeit partizipiert. Noch für das Mittelalter hingegen verweist Strobach auf die wechselnde Beeinflussung von höfischer, patrizisch-städtebürgerlicher und klerikaler Dichtung einerseits sowie der Volkstradition andererseits. Das gilt ihm als Beleg für die sprachlich-künstlerische und geistige Produktivität des werktätigen Volkes. Seine Teilnahme am Tradierungsprozeß ist aktive Bewährung und Veränderung, Aktualisierung, Um- und Neuformung, schöpferische Lebensäußerung also. »Dieses Element des Schöpferischen ist meines Erachtens das wesentlichste Kriterium für die Bestimmung von Wesen und Begriff der Volksdichtung« (19).

In den 70er und 80er Jahren beschränkte sich die volkskundliche Forschung in der DDR im wesentlichen auf editorische Aktivitäten. Wolfgang Steinitz und Gyula Ortutay hatten eine, im renommierten Akademie-Verlag erscheinende Reihe internationaler Märchenausgaben gegründet (später weiter betreut von Gisela Burde-Schneidewind). Die jeweiligen Herausgeber versahen die Textsammlungen mit einem sehr praktikablen textkritischen Apparat und ausführlichem Kommentar. Die Spannbreite der Editionen reichte von deutschen, slawischen, nordischen, baltischen, arabischen, türkischen, afrikanischen Märchen bis zur Erstausgabe einer durch Feldforschung zusammengetragenen Sammlung tuwinischer Märchen.

2.

Weder die volkskundliche noch die germanistische Forschung der DDR nahm sich der KHM in besonderer Weise an. Das Interesse an den Brüdern Grimm konzentrierte sich vor allem auf deren Leistung als Sprachwissenschaftler und auf die Weiterarbeit am Grimmschen Wörterbuch.

Während der Grimm-Jubiläumen 1965 referierte Waltraut Woeller über die Bedeutung der Brüder Grimm für die Märchen- und Sagenforschung und 1985 referierte Siegfried Neumann über die Entstehungsgeschichte und den Charakter der Kinder- und Hausmärchen. Beide Beiträge sind wissenschaftlich gut fundiert, gehen aber nicht wesentlich über den jeweils aktuellen Stand der KHM-Forschung hinaus. Während der internationalen Humboldt-Grimm-Konferenz der Humboldt-Universität Berlin von 1985 gab es nicht einmal eine Handvoll Beiträge zur Märchenforschung der Brüder. Einer davon kam von Wulfhild Ziel aus dem Berliner Institut für Volkskunde. Anhand einer Synopse der Urfassung von 1810 und des Erstdruckes von 1812 der KHM fragte sie darin nach der Funktion des Erzählers als wirkungsästhetischer Determinante im Verhältnis von Volkserzählung und Rezipientengruppe.

Eine Ausnahme innerhalb dieses Desiderats stellt die ausgezeichnete Monografie von Gunhild Ginschel »Der junge Jacob Grimm. 1805-1819« dar. Es gibt mittlerweile keine ernstzunehmende Arbeit auf dem Gebiet der internationalen KHM- oder der Grimm-Forschung, die an dieser Publikation vorbeigeht bzw. vorbeigehen könnte. Ginschel weist anhand akribisch genauer Quellenstudien nach, daß der Mitbegründer der Germanistik bereits in seiner ersten (vorgrammatischen) Schaffensperiode die Grundlagen seiner historisch-kritischen und vergleichenden Methodik sowie seines historischen Denkens profiliert hatte. Damit korrigiert sie das bis dahin herrschende Grimm-Bild, betrachtet in Einheit den Sprach- und Rechtswissenschaftler, den Literaturgeschichtler, den Volkskundler und Mythenforscher, um die Grundzüge seiner späteren, reifen Wissenschafts- und Kunstauffassung herauszuarbeiten.

Ein eigenes Kapitel widmet sie der Aufzeichnung und der Bearbeitung der KHM. Bereits 1963 hatte die Autorin in einem Aufsatz zum Märchenstil von Jacob Grimm die These angezweifelt, daß es zwischen den Brüdern tiefgreifende Differenzen in bezug auf die Märchenbearbeitungen bestanden hätten (eine bereits 1913 von Friedrich Panzer aufgestellte, ebenso zählebige wie anfechtbare These). In diesem Aufsatz faßt sie zunächst zusammen, in welche Richtungen die stilistischen Eingriffe Wilhelms in die Urfassungen oder die literarischen Vorlagen der KHM gingen (z.B. Zerlegen des Handlungsablaufs in seine einzelnen Phasen; Vermeiden sprunghafter Übergänge, Einführung direkter Rede, psychologische Motivierung, strenge motivische Verknüpfung der einzelnen Partien, Literarisierung der Sprache, Umwandlung des Präsens ins Präteritum u.a.), um dann anhand der Übersetzung, die Jacob von dem Basile-Märchen »Lo serpe« (Die Schlange) anfertigte, zu überprüfen, inwiefern sein Stil mit dem des Bruders korrespondiert oder nicht. Im Ergebnis dieser ungemein genauen Vergleichsuntersuchung gelingt ihr der Nachweis einer erstaunlich hohen Übereinstimmung, wie z.B. bei der vorsichtig mildernden und verhüllenden Behandlung geschlechtlicher Verhältnisse, der Milderung derber und allzu offener Ausdrücke, der Vermeidung ironischer Formulierungen, beim Versuch einer psychologischen Durchdringung und Vertiefung des Stoffes, der motivischen Verknüpfung, bei der stilistischen Entfaltung und Glättung, der Wahrung des zeitlichen Nacheinander, der kausalen Beziehungen, der inneren Kohäsion, der Verstärkung archaisierender Tendenzen, der Verwendung von Diminutivformen, bildhaften Redewendungen, formelhaften und sprichworthaften Sentenzen, von stab- und endreimenden Wendungen. In all diesen stilistischen Aspekten weicht Jacob von Basile ab und nähert sich Wilhelms Märchenstil derart an, daß er kaum von diesem zu unterscheiden ist.

In der genannten Monografie fragt sie nun, wie sich solche Eingriffe in das vorhandene Textmaterial mit Jacobs Forderung nach »historischer Achtung«, nach »Treue und Wahrheit« der Wiedergabe vertragen und auf welche Argumente sich die These von der »streng wissenschaftlichen« Haltung Jacobs und der grundsätzlich verschiedenen Einstellung der Brüder zur Form der Überlieferung aufbaut. Dabei stützt sie sich auf vier Materialbereiche: auf den Text der Erstausgabe von 1812 im Vergleich zu den Vorlagen oder Urfassungen, auf die von den Brüdern aufgezeichneten handschriftlichen Fassungen, auf die späteren, von Wilhelm edierten Ausgaben im Vergleich zur Erstausgabe, die beide noch gemeinsam betreut hatten, sowie auf die zahlreichen theoretischen Äußerungen der Brüder zur Märchenredaktion.

Allein diese Aufzählung verweist auf die Breite des Untersuchungskonzeptes, und die Präzision, mit der es durchgeführt wird, ist (auch methodisch) beispielhaft. Daß die Autorin ›nebenbei‹ auch die bis dahin wesentliche Sekundärliteratur referiert, unterstreicht ihre profunde Kenntnis des Gegenstandes.

Im Ergebnis kann sie überzeugend nachweisen, daß »eine tiefgreifende Analyse, die jedoch erst noch geleistet werden müßte und zugleich weit über eine Betrachtung der Märchen hinauszugehen hätte, ... vielleicht in den Märchen beider Brüder Unterschiede ihrer Diktion und bei aller Gemeinsamkeit leise Differenzierungen ihres Stils auffinden (könnte). Aber diese individuellen, im Grunde selbstverständlichen Verschiedenheiten berühren in keiner Weise die grundsätzliche Gleichgerichtetheit ihrer Bestrebungen: die nachweisbare Gemeinsamkeit ihrer Bearbeitungs*tendenzen*« (Ginschel 1989, 235/236, Hervorhebg. im Original). Jacobs Strenge und Unerbittlichkeit, mit der er bei den mittelhochdeutschen Denkmälern nicht einmal die leiseste Normalisierung der überlieferten Laut- und Schriftform zugesteht, macht er in bezug auf die KHM nicht geltend. Hier hält er Veränderungen und Kontaminationen für selbstverständlich. Unzulässig ist für ihn lediglich das Hineintragen subjektiver Erfindungen in den überlieferten Stoff, was er z.B. an Brentanos und Tiecks Märchenbearbeitungen tadelt.

»Jacobs Berufung auf die ›Treue‹ bedeutet ... also nicht Überlieferungstreue im philologischen Sinn.« Den Begriff der Treue macht er lediglich gegenüber dem Stoff, der Handlungsführung, den ›thatumständen‹ geltend, während nach seiner Theorie die äußere Gestalt des Märchens keineswegs starr und unbeweglich ist; die Sprache muß ›ungesucht‹, ›ungezwungen‹ sein und aus dem Innern hervorquellen: »Die Sachen, nicht die Worte sind zu überlegen ... Die Maxime Jacob Grimms, ›ganz einfach‹ so zu schreiben, ›wie man kann und getrieben wird‹, läuft auf die gleiche, relativ freie Behandlung der Form hinaus, die man so oft Wilhelm allein zuschreiben möchte (Ginschel 1989, 247/248). Diese Schlüsse bezieht Ginschel aus ihrem subtilen Umgang mit dem sehr umfänglichen Quellenmaterial, was hier im einzelnen nicht referiert werden kann.

Ein weiteres, in der Grimm- bzw. der KHM-Forschung immer wieder vorgebrachtes Argument für die Differenzen zwischen den Brüdern bezüglich der Märchenredaktion bezieht sich auf die Adressaten der Sammlung: ob diese primär bei den Erwachsenen oder bei Kindern zu suchen seien. Auch hier befragt Ginschel wiederum sehr genau die Quellen (insbesondere den Briefwechsel Jacobs) und zerstört die landläufige Legende, daß Jacob die Märchen nicht für Kinder geeignet betrachtet wissen wollte. Sie stellt dem die – erstaunlich moderne – Ansicht Jacobs gegenüber, daß man seiner Meinung nach überhaupt nichts Eigenes für Kinder einrichten müsse, denn, »was wir an offenbarten und traditionellen Lehren und Vorschriften besitzen, das ertragen

Alte wie Junge, und was diese daran nicht begreifen, über das gleitet das Gemüth weg, bis daß sie es lernen« (Jacob Grimm, in: Ginschel 1989, 249). (Dieser Passus aus einem Brief Jacobs an Achim von Arnim könnte als Motto über den aktuellen Kinderliteratur-Debatten stehen!) Jacob bezieht diese Haltung aus seiner Auffassung über das Wesen des Märchens. Sie gehören s.E. der Kindheit der Völker an, weshalb Kinder auch am empfänglichsten für sie sind. Durch ihr »inneres wesen« seien sie nach Meinung Jacobs dazu bestimmt, »den reinen gedanken der kindlichen weltbetrachtung zu fassen« (Jacob Grimm, in: Ginschel 1989, 250). Daß wir dem kindlichen Gemüt die Erhaltung des Märchens danken, darin hat Jacob bis heute recht behalten.

Insgesamt nimmt dieses Kapitel über die KHM nur einen relativ kleinen Raum in der Gesamtuntersuchung der wissenschaftlichen Leistung Jacob Grimms ein, einer Untersuchung, die einen Meilenstein in der Grimmrezeption und der Märchenforschung der DDR darstellt.

3.

Eine weitere bemerkenswerte Leistung auf dem Gebiet der Märchenforschung kam aus dem Norden der DDR. Der Leiter der Rostocker Wossidlo-Forschungsstelle, Siegfried Neumann, konnte sich internationale Reputation durch seine Feldforschung in Mecklenburg erwerben.

Er setzt mit seiner umfangreichen Arbeit zwei Traditionslinien fort: in der 2. Hälfte des 19. Jahrhunderts hatte der russische Gelehrte N.A. Dobroljubow gefordert, nicht nur Volks-Erzählungen zu sammeln, sondern das Erzählen als gemeinschaftliches Ereignis selbst zu untersuchen (Woeller 1987, 125). 1926 legte Mark Asadowski denn auch in seinem Buch »Eine russische Märchenerzählerin« zum ersten Mal eine eingehende Schilderung einer begabten Erzählerin und ihres Repertoire vor. Weiter ging Alexander Isaakowitsch Nikoforow, der im russischen Norden sammelte und die These vertrat, man müsse alles, was erzählt wird, aufzeichnen, denn nur so erhielte man eine objektive, richtige Vorstellung von der Erzählkunst des Volkes (Propp, 104).

Die 2. Traditionslinie, an die Siegfried Neumann anschließt, ist die Sammeltätigkeit des Warener Gymnasiallehrers Richard Wossidlo, mit der dieser kurz vor der Jahrhundertwende in Mecklenburg begann. Wossidlo war nicht nur selbst eifriger Sammler, insbesondere volksliterarischer Kleinformen, sondern auch Anreger und Initiator für viele Beiträger, die ihm ihre Aufzeichnungen übermittelten. So finden sich im Rostocker Wossidlo-Archiv neben den eigenen Aufzeichnungen Wossidlos etwa 20.000 handschriftliche Folioseiten im sog. »Beiträger-Schrank«. Insgesamt haben Wossidlo und seine Helfer über 30.000 Sagen, rund 8.000 Schwänke und mehr als 2.000 Märchen zusammengetragen, die ihnen Tagelöhner, Knechte, Kleinbauern, Dorfhandwerker in Platt vor und nach der Jahrhundertwende erzählt hatten (Neumann 1980 a).

Es ist das Verdienst Siegfried Neumanns, einen Gutteil dieser Zeugnisse für die Öffentlichkeit zugänglich gemacht zu haben (s. Auswahlbibliografie).

Darüber hinaus aber liegt die Bedeutung Neumanns vor allem in seinem eigenen Beitrag zur lebendigen Erzählforschung. Er vereint in sich die Begabung, den Leuten »aufs Maul zu schauen«, ihnen ihre »Läuschen« zu entlocken und dabei begabte Erzähler und Erzählerinnen aufzuspüren, wie auch die Fähigkeit, das Gesammelte wissenschaftlich zu systematisieren, zu reflektieren und zu publizieren. Insbesondere in den 60er und 70er Jahren, als Radio, Film, Illustrierte und das Fernsehen dem traditionellen Erzählen schon weitestgehend den Boden entzogen hatten (Neumann 1969), konnte er in Mecklenburg noch immer aktuelles Erzählgut und traditionelle Gattungen aufzeichnen.

Vor allem aber entdeckte er zwei überdurchschnittlich begabte Erzählerpersönlichkeiten: August Rust aus Cammin, der ihm vor allem altüberlieferte Schwankerzählungen vermittelte, und Bertha Peters aus Warin, eine hervorragende Märchenerzählerin. Beiden widmete er eine je eigene Erzählermonografie (1968 und 1974), in denen er deren Repertoir vorstellt, die Persönlichkeit und den Lebensweg dieser beiden Gewährsleute sehr lebendig schildert, ihre jeweilige persönliche Haltung zum Erzählrepertoir kommentiert. Im Anmerkungsteil teilt er mit, wie oft und in welchen zeitlichen Abständen die einzelnen Texte aufgezeichnet wurden, außerdem fügt er persönliche Äußerungen der Erzähler über ihre betreffenden Stoffe bei. Bei Bertha Peters gibt er, da viele ihrer Märchen Varianten der Grimmschen Märchen sind, auch die jeweiligen KHM-Nummern an. Angaben der Typennummern nach Aarne-Thompson ermöglichen dem fremdsprachigen Forscher eine rasche Orientierung. Da die Texte in Mundart publiziert sind, fügt er ein Wörterverzeichnis an, in dem man Unbekanntes nachschlagen kann. Das ist – auch methodisch – beste volkskundliche Feldforschung.

Durch seine sammlerischen und wissenschaftlich-publizistischen Bemühungen konnte Neumann den differenzierten, vielschichtigen Prozeß der Tradierung und Wandlung des Märchens in Mecklenburg über mehr als ein halbes Jahrhundert dokumentieren.

Noch in den 60er und 70er Jahren traf er auf mehr als hundert Gewährsleute, die ihm kaum Märchen, aber viele Schwänke, Schnurren, Anekdoten mitteilten. Eine Ausnahme bildete die bereits erwähnte Bertha Peters, die ihm, in Platt, eine Fülle von Grimmschen Märchen erzählte, jeweils in eigener Fassung. Sie stellte ihre Erzählungen bewußt auf ihre kindlichen Zuhörer ab, ließ eigene Lebenserfahrungen einfließen und bettete das Geschehen in die heimische, lokale Lebenssphäre ein. Die von Neumann publizierten Texte sind ungemein lebendig, voller Humor und gediegen erzählt.

Die Lebenswirklichkeit des Märchens, wie sie Neumann in Mecklenburg aufspüren konnte, beweist, daß sich das Märchen jeder starren Fixierung oder normativen Tradierung entzieht:

»Tatsächlich zeigt selbst die Überlieferung eines so poetischen, inhaltlich stark dem Wunderbaren verhafteten Erzählgenres, wie es das Märchen darstellt, in welchem Maße mündliches Erzählen tradierter Inhalte von den jeweiligen sozialen und kulturellen Verhältnissen, von den Lebensumständen,

Erlebnissen und Ansichten der Erzähler und Hörer einer bestimmten Zeit geprägt war und ist. Wer wann wo was erzählt, ist nicht zufällig, das gilt auch hier. Dabei ist der Wandel unübersehbar: Während das Märchenerzählen um die Jahrhundertwende in Kreisen der Landbevölkerung sichtlich von sozialen Akzenten geprägt war, weisen die heute im Zeichen des Buches daheim für die Kinder erzählten Märchen eher kindgemäß-didaktische oder ganz individuell-persönliche Züge auf« (Neumann 1990, 114).

4.

Dem Phänomen der Beliebtheit des Märchens bei Kindern ging eine Untersuchung nach, die die Autorin dieses Beitrages 1986 in der DDR begann und 1990, noch vor dem (politischen) Ende der DDR, beendete. Darin wurde versucht, die weitestgehend unbewußten psychologisch relevanten Gründe für die Affinität zwischen der Welt- und Lebensdarstelllung des Märchens und der sozialpsychologischen Befindlichkeit heutiger, in der DDR sozialisierter Kinder dadurch zu erhellen, daß eine repräsentative Anzahl von Kindern – mehr als 1500 8- bis 10jährige aus allen Gebieten der DDR – selbst Märchen erfand und aufschrieb. Die strukturelle, semantische, stilistische und psychologische Analyse dieses umfangreichen Materials ergab nicht nur einen sehr differenzierten Einblick in die Phantasiewelt der Kinder und in ihre Erzählkompetenz, sie überraschte vor allem wegen der (nicht vermuteten) hohen Vertrautheit der Kinder mit den Sujets, Motivkomplexen, der Ikonografie, Struktur und Sprache des deutschen wie auch des russischen Zaubermärchens. Ein Großteil der Kinder erwies sich als begabte Märchenerfinder; in der Kühnheit der märchenhaften Erfindungen, in der Schönheit der Bilder und der Abgründigkeit des erfundenen Geschehens steht ein Teil der kindlichen Märchen dem tradierten Märchengut in keiner Weise nach.

Darüber hinaus erhellte die Untersuchung die psychologische Funktion des Märchens für Kinder und stellte damit einen ersten Versuch dar, psychologische und tiefenpsychologische Interpretamente empirisch zu hinterfragen. Es zeigte sich, daß die Relevanz des Märchens für Kinder im Bereich des emotionalen Lernens zu suchen ist. Man kann die von den Kindern geschriebenen Märchen als eine Art mentaler Trainingsprogramme lesen, in denen Strategien der emotionalen Stressbewältigung durchgespielt werden. Von den Kindern wird im Prozeß der Märchenaneignung offenbar problemlos ein homogenes, praktikables Regelsystem für solche Trainingsprogramme internalisiert, das sie beim Schreiben wie auch beim Rezipieren aktualisieren.

Dieses Regelsystem ist ein emotionales Schema, das auf dem permanenten Aufbau von Spannungsbögen, auf dem Wechsel von Spannung und Lösung beruht. Die psychologischen Inhalte dieser Spannungsbögen korrespondieren mit existentiellen Grunderfahrungen der Kinder (Bedrohung durch Verlassenheit, Liebesentzug, Gewalt, Undurchschaubares, Tabuisiertes, Überforderung) und dem Bedürfnis ihrer Bewältigung. Der psychologische Gewinn, der vom Durchspielen solcher Trainingsprogramme ausgeht, resultiert aus der Kopplung von Angstbewältigung und Selbstvergewisserung. Die fiktive Bedrohung wird beschworen, um sich durch ihre Überwindung der eigenen Stärke zu versichern. Angst und Selbstvergewisserung sind die beiden Seiten der gleiche Medaille.

Mittels dieses über die Märchenaneignung internalisierten Regelsystems lernt das Kind, mit Konflikten umzugehen, die es auf rationaler Ebene noch nicht lösen kann. Es bietet dem Kinde – wie in seinen Symbolspielen – symbolische Formeln, um Gegensätze zu vereinen, Erfahrungswidersprüche zu lösen. Die märchenhafte Handlung wird dem Kind zur Projektionsfläche seiner subjektiven, inneren Befindlichkeit und deren nicht rationalen, sondern intuitiv-bildhaften Bewältigung.

Die Behauptung eines strukturalistischen und psychologischen Forschungsansatzes, wie er in dieser Untersuchung gesucht wurde, war das letzte Kind auf dem Gebiet der Märchenforschung in der DDR.

Resumee

Die Märchenforschung war im Rahmen der DDR-Wissenschaft immer ein Stiefkind. Während es in anderen Wissenschaftsgebieten aufgeblähte Forschungseinrichtungen gab, mußte sie sich mit vergleichsweise bescheidenen Bedingungen begnügen. Dazu kam die Schwierigkeit, an internationalen Debatten und Entwicklungen direkt zu partizipieren bzw. auf diese Einfluß zu nehmen. Erinnert sei lediglich an die Unmöglichkeit oder Schwierigkeit, an Kongressen im ›westlichen Ausland‹ teilzunehmen, an einschlägige aktuelle Literatur heranzukommen oder in westlichen Publikationen zu veröffentlichen, an die bürokratischen Behinderungen im Ausleih-, insbesondere im Fernleihverkehr. Die politische Isolation der DDR blieb nicht ohne Wirkung auf ihre geistige Entwicklung.

Auch wenn damit manches entstanden ist, was heute zurecht in Vergessenheit gerät (auf ideologisch verbohrte Merkwürdigkeiten in der Märchenforschung bin ich deshalb hier nicht eingegangen), so hat sich in diesem knappen Überblick gezeigt, daß die DDR dennoch auch Gültiges hervorbrachte, nämlich solide, gediegene, gründliche Forschungsarbeiten. Das war ihre Stärke. Wenn diese – wie z.B. in gewisser Weise bei der Arbeit von Waltraud Woeller – ideologisch determiniert waren, so muß man dies im historischen Kontext begreifen und werten: so, wie die DDR ihre Legitimität als Staatsgebilde unter historisch komplizierten Bedingungen zu verteidigen suchte, so versuchten vor allem die Geisteswissenschaften, ihr eigenständiges, marxistisches Profil zu gewinnen. (Daß dies nicht ohne den souveränen Streit mit Gegenpositionen erfolgreich sein konnte, ist vielfach bitter zu spüren gewesen.)

Auch die Märchenforschung hat – wie alle anderen Bereiche geisteswissenschaftlicher Forschung – nicht mit spektakulären Publikationen brilliert, die provokatorisch zugespitzte Betrachtung einer wissenschaftlichen Fragestellung war nicht ihre Denkungsart; ebenso war ihr der rasche, flexible Zugriff zu aktuellen, durch Trends und Moden hochgespielten Phänomenen fremd. Stattdessen übte sie sich in Akribie, in gründlichen Recherchen, im soliden Umgang mit Quellen. Diese wissenschaftliche Mentalität, die sich seit Jahrhunderten bewährt hat und Anerkennung verdient, sollte durchaus als stärkendes geistiges Potential im vereinigten Deutschland ihren angemessenen Platz finden.

Diether Röth

»DIE MÄRCHEN DER WELTLITERATUR« UND »DAS GESICHT DER VÖLKER«

Zwei deutsche Märchenreihen

Wer im deutschen Sprachraum nach wissenschaftlich zuverlässigen, sprachlich gediegenen und doch im besten Sinne populären Ausgaben von Märchen anderer Völker fragt, der wird (auch in den wichtigsten Handbüchern) vor allem auf die beiden großangelegten Reihen »Märchen der Weltliteratur« (MdW) des Eugen Diederichs Verlags und »Das Gesicht der Völker« (GdV) des Erich Röth Verlags verwiesen. Beide Reihen mit unterschiedlicher Absicht und Zielrichtung sind unverzichtbar für Forschung und Liebhaberbibliothek.

Eugen Diederichs (1867-1930), der 1896 seinen Verlag in Florenz und Leipzig gegründet hatte, siedelte 1904 nach Jena über, wo er weltweites Ansehen errang. 1949 wurde der Verlag nachkriegsbedingt nach Düsseldorf und Köln verlegt, 1982 der Sitz in Düsseldorf aufgegeben. 1988 übernahm Heinrich Hugendubel in München das Unternehmen und führt es seitdem unter dem alten Namen fort.

1909 hatte der Marburger Sagen- und Märchenspezialist Paul Zaunert dem Verleger seinen Plan »Deutsche Märchen seit Grimm« vorgetragen, im Folgejahr Richard Wilhelm (Tsingtau) einen Band mit chinesischen Literaturmärchen angeregt. Aus beiden Angeboten entstand im Herbst 1910 in einem Gespräch mit dem Münchener Germanisten Friedrich von der Leyen die Idee, »ohne Vorbild oder Nachahmung bei anderen europäischen Völkern« eine ganze Reihe von Märchenbänden herauszugeben. In Unterabteilungen sollte sie Volksmärchen, Kunstmärchen und 12 Bände »Orient und primitive Völker« enthalten, als Herausgeber würden von der Leyen und Zaunert tätig sein.

Zum hundertsten Gedenktag der Erstausgabe der KHM der Brüder Grimm erschien 1912 der erste Band mit deren Märchen (allerdings nach der Ausgabe letzter Hand von 1857 und nach ihrem damals vermuteten Alter neu geordnet). Noch im gleichen Jahr kamen die beiden Bände »Volksmärchen der Deutschen« von Musäus (ed. Zaunert) und der erste Band von Zaunerts »Deutsche Märchen seit Grimm« heraus. 1914 folgten »Plattdeutsche Märchen« mit Wilhelm Wissers Feldforschungsmaterial, die von Richard Wilhelm aus literarischen Quellen übersetzten »Chinesischen Märchen« und die »Russischen Märchen« von August von Löwis of Menar. Trotz der erschwerenden Kriegsjahre wurde die Reihe (mit zeitweiligem Schwergewicht bei fernöstlichen und exotischen Völkern) kontinuierlich fortgeführt – nach 15 Jahren waren bereits 35 Bände erschienen, war die Sammlung »Märchen der Weltliteratur« bei Kennern und Liebhabern ein fester Begriff.

1927 schied der besonders für den deutschen Sprachraum zuständige Mitherausgeber Zaunert aus und widmete sich fortan der Serie »Deutsche Volkheit« und der von ihm inspirierten Sagenreihe »Stammeskunde deutscher Landschaften« (die später unter neuer Bezeichnung und mit neuen Bandherausgebern wieder aufgegriffen wurde und die noch heute fortgesetzt wird). Nach dem Tode von der Leyens (1966) wurden die Bände der MdW von 1967 bis 1980 von dem Salzburger Romanisten und Märchenkenner Felix Karlinger und dem Münchener Nordisten Kurt Schier betreut, danach vom Märchenlektorat des Verlags (Claudia Henn-Schmölders); seit 1989 ist der Erzählforscher Hans-Jörg Uther, wissenschaftlicher Mitarbeiter der »Enzyklopädie des Märchens« (Arbeitsstelle der Akademie der Wissenschaften zu Göttingen), neuer Herausgeber.

Die »Märchen der Weltliteratur« stellen den größten und vielfältigsten Märchenschatz der Völker dar, der jemals in Buchform sowohl dem Wissenschaftler wie dem Märchenfreund zugänglich gemacht worden ist. Zu den bewährten älteren Ausgaben, die teilweise mehrfach und in beträchtlichen Auflagen aufgelegt worden sind, ist inzwischen eine Fülle neuer, immer anregender Bände hinzugekommen, so daß nunmehr die Länder, Regionen und Sprachräume Europas nahezu lückenlos vertreten sind, von denen der anderen Kontinente zumindest die wichtigsten. Nach Ulf Diederichs' Zählung sind bis heute 138 Bände in bibliophiler Ausstattung erschienen:

1912 – 1930	35 Bände
1931 – 1973	44 Bände
1974 – 1989	49 Bände
1989 – 1992	10 Bände

Die frühere Editionspraxis, nach der von jedem Land jeweils nur ein Band erscheinen sollte, ist jetzt aufgegeben, so daß bspw. neben der Ausgabe »Italienische Märchen« des Schweizer Romanisten Walter Keller (mit Texten vom 13. bis zum 18. Jahrhundert) die ganz vortreffliche neue von Felix Karlinger steht und außerdem Pitrès »Märchen aus Sizilien« (ed. Rudolf Schenda und Doris Senn). Der erstmals 1917 erschienene Sammelband »Afrikanische Märchen« von Carl Meinhof, der Texte von mehr als 50 afrikanischen Sprachgemeinschaften enthält, ist inzwischen mit Nachwort und Anmerkungen von Herrmann Jungraithmayr wieder aufgelegt, und Bände mit altägyptischen, äthiopischen, westafrikanischen Märchen, solchen der Berber, der Kabylen, der Bantu, Märchen aus dem Tschad, aus Namibia und Madagaskar sind ihm gefolgt und zeugen von der inzwischen erreichten Vielfalt der Reihe.

Die Auswahl der Texte, von kompetenten Sachkennern vorgenommen, bietet *repräsentative* Querschnitte aus dem Erzählschatz der Völker und läßt deren Eigenart erkennen. Dabei werden nicht nur Märchen berücksichtigt, sondern – der Auffassung der Brüder Grimm entsprechend – auch alle anderen Formen mündlichen Erzählens. Klassische Sammlungen, die freilich überwiegend bearbeitete Texte enthalten, stehen neben jüngsten Aufzeichnungen der Feldforschung und häufig erstmals ins Deutsche übersetzten Geschichten. Auswahlbände mit dem Erzählgut alter Kulturen wie dem altägyptischen, dem altindischen, dem der Atzteken, Inka und Maya sind ebenso vertreten wie solche mit jüngsten Erhebungen (Jemen, Nubien u.a.). Jedem Bande, den jüngeren mehr als den älteren, sind instruktive Nachworte beigegeben, die über Geschichte und kulturelles Milieu, Forschungsstand und Auswahlkriterien, über Stoffe und ihre Erzähler informieren. Und immer folgen reichhaltige Literaturhinweise, Anmerkungen zu den einzelnen Texten mit Worterklärungen, Typen und Motivregistern. So wird auf glückliche Weise sowohl dem Unterhaltungsanspruch wie wissenschaftlicher Solidität Genüge getan.

Es zeichnet den wirklich großen Verleger aus, daß er »in Reihen denkt« und mitschöpferisch bedeutende Fachkräfte für seine Planungen zu gewinnen versteht. Eugen Diederichs hat mit Weitsicht und Wagemut seit dem gleichen Jahr 1912 seine »Märchen der Weltliteratur« wie die großartige Sammlung »Thule« mit den nordischen Sagas erscheinen lassen. Ihnen ließ er ab 1921 die zwölfbändige Serie »Atlantis. Volksmärchen und Volksdichtungen Afrikas« von Leo Frobenius folgen, 1925 und 1927 die beiden Bände »Insulinde« von Hans Overbeck, »Die schönsten Märchen für 365 und einen Tag« der Erzählerin Lisa Tetzner (1926/27) und andere mehr. Er schuf damit seinen in der Welt einzig dastehenden »Märchenverlag«, der mit weiteren Reihen (so die Serie »Kabinett«) und zahllosen Einzelbänden aus dem Erzählschatz vieler Völker und zu deren Kulturen bis heute besteht. 1975 gab Max Lüthi sein Alterswerk »Volksmärchen als Dichtung. Ästhetik und Anthropologie« bei Diederichs heraus, und 1982 fanden die beiden Bände der »Kinder- und Hausmärchen« in der Ausgabe von 1819, von Heinz Rölleke kritisch ediert, in den MdW ihren würdigen Platz.
(vgl. »Märchenspiegel« Oktober 1992 und Mai 1993).

Erich Röth (1895-1971) hatte 1921 seinen Verlag in Mühlhausen/Thür. gegründet; 1926 verlegte er ihn nach Flarchheim am Hainich, 1934 nach Eisenach. Die Reihe »Gesicht der Völker« begann er 1928 mit völkerpsychologischen Reiseskizzen; sie sollte Verständnis für die Eigenarten anderer Völker wecken. Da dies zur Zeit des Nationalsozialismus unerwünscht war, konnte sie nicht fortgeführt werden.

Nach dem verlorenen Krieg griff Röth 1949 die Idee wieder auf und publizierte zunächst Erzählungen volksnaher Autoren (Verga, Eftaliotis, Patursson u.a.). Im Dezember 1950 folgte der erste Märchenband: »Der gefrorene Pfad. Mythen und Märchen, Legenden und Ahnengeschichten der Eskimo«, die der Heidelberger Ethnologe Hans Himmelheber in Alaska und auf der Insel Nunivak gesammelt hatte. Diese erste Publikation mit Originalaufnahmen war beispielgebend für die ganze künftige Reihe – von den bis 1991 erschienenen 56

Bänden enthalten 9 Erzählungen, 34 Originalaufzeichnungen der jeweiligen Herausgeber, 27 sind Erstveröffentlichungen überhaupt. Dadurch wurde zugleich Absicht und Richtung der Reihe bestimmt: nicht repräsentative Anthologien aus dem Erzählschatz der Völker sollten geboten werden wie bei den Bänden der MdW, sondern (wenn auch nicht ausschließlich) erste und in vielen Fällen letztmögliche Aufnahmen unmittelbar aus dem Erzählermund. Rettung unschätzbaren Erzählgutes vor dem Vergessenwerden stand damit im Vordergrund. Da die lebendige orale Überlieferung in Europa bereits weitgehend erloschen ist, mußte das Schwergewicht bei außereuropäischen Völkern liegen. Und da es sich vornehmlich um Feldforschungen handelt, sollte bewußt nicht großräumig aufgenommenes Erzählgut geboten werden, sondern das einer überschaubaren Region bzw. eines einzelnen Volkes oder Stammes. Das ließ zudem speziellere Hintergrundsinformationen zu.

In der damaligen DDR war es nahezu unmöglich, überhaupt Kontakte zu im Ausland lebenden Mitarbeitern zu knüpfen. Gleichwohl gelang es, so bedeutende Forscher wie Ludwig Kohl-Larsen, Andree Eckart, Hans Kähler, den Direktor des Berliner Völkerkundemuseums Hans Nevermann und sogar Matthias Hermanns-Bombay, Herbert Baldus-Sao Paulo und zahlreiche andere zu gewinnen. Dadurch erhielt der Verlag ein solches Ansehen, daß ihm (einmalig in der Buchhandelsgeschichte der Nachkriegszeit) 1955 eine Zweigniederlassung in Kassel genehmigt wurde. Doch bereits im Sommer 1956 wurde Erich Röth, der in der Nazizeit Verleger von 5 Widerstandsgruppen und von der Gestapo inhaftiert gewesen war, aufgrund absurder Verleumdungen örtlicher SED-Funktionäre jede verlegerische Tätigkeit untersagt. Bis dahin waren 20 Bände der Reihe erschienen, 8 weitere konnten noch fertiggestellt werden, Robert Bleichsteiners »Georgische Märchen« gelangten nur bis zum Satz und konnten erst 1991 erscheinen. Bereits bestehende Kontakte zu so namhaften künftigen Herausgebern wie Paul Delarue (Frankreich), Antonio Tovar (Basken), Wolfgang Steinitz (Ostjaken), Walter Krickeberg (Schwarzfußindianer), Hermann Trimborn (Khetschua) und vielen anderen mußten abgebrochen werden.

1960 übernahm der Sohn Diether Röth nach abgeschlossenem Studium den Kasseler Restverlag. Da finanzielle Mittel fehlten, versuchte er durch Aufbau einer Verlagsauslieferung (Sinwel-Verlag Bern, Corvina-Verlag Budapest) und ständige Vertreterbesuche beim Sortiment einen neuen Start. Am 20.12.1962 erschien der erste neue Band seiner Reihe: reich kommentierte neugriechische Legenmärchen von Marianne Klaar, die er zum Sammeln angeregt hatte und der in der Folgezeit die Aufnahme einiger hundert Märchen, vornehmlich auf ägäischen Inseln, gelang. Weitere gewichtige Sammler wie Felix Karlinger, Martin Gusinde, Waldemar Liungman, Isidor Levin, Ágnes Kovács und andere konnten gewonnen werden. Da die Mehrzahl von ihnen ihr Material im Stenogramm oder mit dem Tonbandgerät aufgezeichnet hatte und es selbst übersetzte, wurden äußerst sprechnahe Texte erreicht. Mit Ausnahme der finnischen Märchen von Eero Salmelainen und Kaarle Krohn und einiger slowenischen gehören alle (stärker als bei MdW nach Erzählgattungen unterschieden) diesem Jahrhundert an; bei einigen sind es die ersten Märchenausgaben in deutscher Sprache (Afghanistan, Nepal, Torres-Straße u.a.). Seit 1960 betreute Diether Röth seine Reihe als Herausgeber selbst. Er hatte bei Will-Erich Peuckert in Göttingen Märchenkunde studiert und vermochte dadurch aus dem Feldforschungsmaterial sachkundig auszuwählen, die Typen und Motive nach den internationalen Katalogen zu bestimmen, Varianten und Vergleichsliteratur beizutragen. In die nun reichere Kommentierung brachte er erzählkundliche Anmerkungen und Einstiegshilfen ein; auch die künstlerische Ausstattung der Bände nach Volkskunstmotiven wurde von ihm besorgt. Um Mißverständnissen vorzubeugen, wurde ab Band 41 die nähere Bestimmung »Dokumentation des Märchens« (bzw. des Schwanks, der Legende) dem Serientitel beigegeben.

Bis zum Sommer 1991 lagen 19 Bände mit europäischen Texten (darunter 3 Bände erstmals publizierter Volkserzählungen aus Lappland, 4 erstmals veröffentlichter aus Griechenland, sardische Märchen und Legenden), 11 mit solchen aus Afrika (Elfenbeinküste und Tansania, sämtlich erstmals publiziert), 13 aus Asien und Ozeanien (die aus Afghanistan, Tibet, Nepal, Nordindien, Indonesien, Neu-Guinea, Torres-Straße erstmals publiziert) und 4 aus Nord- und Südamerika vor; 9 Bände enthalten Erzählungen.

Auch das Profil des Erich Röth Verlags wird durch thematisch anschließende Reihen, die der Verleger als Teil einer »geistigen Architektur« versteht, sichtbar bestimmt. So wurden seit 1970 die illustrierten »Erdkreisbücher« mit ungarischen, indonesischen, polynesischen, australischen Märchen und Mythen sowie mit Selbstzeugnissen grönländischer Eskimo fortgesetzt. Seit 1976 erschienen als Co-Produktion mit dem Leipziger Gustav Kiepenheuer Verlag »Die Morgenlandbücher« (mit korsischen, indischen, afghanischen und anderen Märchen). Seit dem Jahre 1980 publiziert die »Europäische Märchengesellschaft« mit Beiträgen in- und ausländischer Autoren ihre Reihe »Veröffentlichungen« im Röth Verlag, wobei der Verleger weitgehend als Editor fungiert. Schließlich ist eine von Diether Röth begonnene Reihe »Deutsche Sagen« zu nennen, die zum größten Teil erst in jüngster Zeit (und ebenfalls in letzter Stunde) aufgezeichnete Sagentexte enthält.

Da der Verleger keine leiblichen Erben hat, wird der Verlag am 1.7.1990 von Manfred Kaiser in Regensburg übernommen und mit der bisherigen Bezeichnung fortgeführt.
(vgl. »Märchenspiegel« Oktober 1992)

Pille Kippar

DIE ESTNISCHEN VOLKSMÄRCHEN

Volksmärchen der Esten wurden, soweit bekannt ist, erstmals bereits vor rund zweihundert Jahren aufgezeichnet. Die aktive Sammeltätigkeit und die Anlage geordneter Materialsammlungen können auf eine mehr als hundertjährige Geschichte zurückblicken.

Eine der führenden Persönlichkeiten des nationalen Erwachens in Estland war Jakob Hurt (1839-1907). Die umfangreiche Folkloresammlung, die er in den Jahren 1860-1907 handschriftlich niederlegte, umfaßt nahezu 17.000 Volkserzählungen. Bei der Organisation seiner Tätigkeit bediente sich Hurt eines Netzes von Sammlern. Zur Instruktion seiner – fast eineinhalbtausend – Mitarbeiter veröffentlichte er in Tageszeitungen Mitteilungen und Erläuterungen. Auch persönlich stand er mit den Sammlern in Verbindung. Matthias Johann Eisen (1857-1934) legte ebenfalls eine umfangreiche Folkloresammlung an, die fast 30.000 Volkserzählungen enthält.

Nachdem Estland die Unabhängigkeit erlangt hatte, konnte 1927 in Tartu (Dorpat) das Estnische Folklorearchiv (EFA) gegründet werden. In dieses Archiv wurden auch die älteren Handschriftensammlungen einbezogen. Zugleich bemühte man sich um den Wiederaufbau des Sammlernetzes, das Jakob Hurt einst geschaffen und erfolgreich erweitert und ausgebaut hatte. In Übereinstimmung mit den von Hurt entwickelten Prinzipien hat sich das Kreutzwald-Literaturmuseum bis in unsere Tage dem Sammeln der Volksüberlieferung gewidmet[1]. Die Anzahl der Volkserzählungen in den Archivsammlungen ist kontinuierlich gestiegen. Lag sie 1937 bei rund 67.000, so wurde sie Ende 1985 bereits auf 106.000 geschätzt.

Die Register zu den estnischen Märchen

Der finnische Forscher Antti Aarne klassifizierte die Volksmärchen der Sammlungen von Jakob Hurt nach seinem eigenen Typenverzeichnis. Die Angaben über estnische Märchen im internationalen Typenverzeichnis von Aarne-Thompson gehen auf dieses 1918 erschienene Nachschlagewerk zurück. Das Verzeichnis von Aarne erfaßt jedoch nur ein Zehntel aller in den Handschriften enthaltenen Märchen.

Zu den estnischen Tiermärchen hat Pille Kippar ein neues Typenverzeichnis erstellt (1986). Hierfür wurden sowohl handschriftliches Material als auch im Druck vorliegende Tiermärchen, insgesamt über 4.000 Texte, ausgewertet.

Auch zu Schwänken und Anekdoten liegen Register vor. Das Verzeichnis »Antiklerikale estnische Schwänke« (1969) stammt von L. Raudsep. Erschöpfende Angaben über die sonstige Erzählfolklore bieten vorläufig nur die Kataloge des Literaturmuseums in Tartu (Dorpat).

Veröffentlichungen von Volksmärchen

Mit Publikationen von Volksmärchen traten als erste Fr. W. Willmann (1782) und J.H. Rosenplänter (1817, 1824) hervor. Aus den Veröffentlichungen des letzteren fanden estnische Märchen den Weg in das Werk »Reinhart Fuchs« (1834) von Jacob Grimm und in die finnischsprachige Märchenanthologie von Eero Salmelainen (1852-1866). Einen besonders großen und anhaltenden Bekanntheitsgrad im Ausland erreichten estnische Volkserzählungen, darunter auch dem Volksglauben zugehörige Texte, durch die Werke »Müütilised muistendid« (in deutscher Sprache 1840 und 1852 erschienen) von Fr. R. Faehlmann und »Eesti rahva ennemuistsed jutud« (Estnische Volksmärchen 1866, deutsche und englische Übersetzung 1869) von Friedrich Kreutzwald. Dank der Vermittlung des finnischen Folkloristen Kaarle Krohn wurden estnische Märchen aus den Sammlungen von Jakob Hurt in den dritten und vierten Band das Werkes »Natursagen« (1910, 1912) von Oskar Dähnhardt aufgenommen.

Wissenschaftlich wertvolle und zuverlässige Publikationen estnischer Volksmärchen wurden von Oskar Loorits (1934, 1959) und Richard Viidalepp (1934, 1967) herausgegeben. Die deutsche Ausgabe der jüngeren Anthologie »Eesti muinaisjutud« von Richard Viidalepp erreichte zwei Auflagen (»Estnische Volksmärchen«, 1980, 1990). Das Nachwort zur deutschen Ausgabe bildet den bisher umfassendsten Überblick über das Sammeln, die Archivierung, Veröffentlichung und Erforschung estnischer Volksmärchen. Darüberhinaus enthält es auf die Untersuchungen von Viidalepp zurückgehende Angaben über die Aufzeichner der Märchen, über Sammelbedingungen und -techniken und über die Volkserzähler.

Pille Kippar hat unter dem Titel »Tere, tere, Tiipaljalga!« (Guten Tag, Gans!, 1976) estnische Tiermärchen und unter dem Titel »Antsu torupill« (Dudelsack von Ants, 1987) Teufelsmärchen herausgegeben. An ein internationales Publikum wendet sich der Band »The Piper« (1987, deutsch 1989) mit einer Auswahl von Volksmärchen in Bearbeitung von estnischen Schriftstellern[2].

Untersuchungen zu den estnischen Volksmärchen

In den Jahrzehnten nach dem Ersten Weltkrieg hatte Walter Anderson (1885-1962), Professor an der Universität Tartu (Dorpat), vielfältigen Einfluß auf die Erforschung der estnischen Erzähltradition. Neben seinen zahlreichen Forschungsarbeiten (1923, 1931, 1940) typologisierte er am Estnischen Folklorearchiv die Volksmärchen und war auch an der Herausgabe des »Handwörterbuchs des Deutschen Märchens« (1934-1940) beteiligt.

Eine weitere herausragende Persönlichkeit der estnischen Folkloristik war Oskar Loorits (1900-1961), der Leiter des Folklorearchivs. Die von ihm entwickelte Gattungsklassifikation der Volkserzählungen wird auch heute noch verwendet.

Richard Viidalepp (1904-1987) hat u.a. Märchenerzähler und Erzählweisen sowie die Aufzeichnung von Volksmärchen untersucht (1937, 1965, 1985). Daneben ist er als Verfasser einer Gesamtdarstellung über die estnischen Märchen (1959) und als Herausgeber einer wissenschaftlichen, auch für ein internationales Publikum bestimmten Märchenanthologie (1967) hervorgetreten.

Mehrere estnische Folkloristen haben sich nach dem Zweiten Weltkrieg mit den Schwänken befaßt, die die sozialen Verhältnisse zum Gegenstand haben[3]. Die Tiermärchen wurden in den letzten Jahrzehnten von Pille Kippar untersucht. Von ihren Forschungsarbeiten seien die Studien »Konna öpetuset« (Des Frosches Ratschläge – AT 150*, 1975) und »Varese naisevött« (Die Krähe heiratet – AT 243*, 1985) erwähnt, die sich mit ostseefinnisch-baltischen Märchen befassen. In ihrer Dissertation (1990) erläutert Kipper den internationalen Hintergrund des gesamten estnischen Tiermärchenmaterials. Sie hat ferner eine im Druck befindliche Sammlung von Märchen der kleinen ostseefinnischen Völker herausgegeben. Diese Anthologie, »Muinasjutuvestja«, enthält einen Überblick über die Märchen der ostseefinnischen Völker.

In der entlegenen Region Setumaa in Estland sind zahlreiche Märchen mit Melodien aufgezeichnet worden. In dem hervorragenden Werk »Setu lauludega muinasjutud« (1987) haben Kristi Salve und Vaike Sarv diese Texte publiziert[4]. Zugleich werden die Geschichte der Aufzeichnung der überlieferten Erzählungen in Setumaa, die Volkserzählungen und eine musikalische Analyse der mit ihnen verbundenen Lieder vorgestellt.

Die mündliche Märchenerzählung heute

Die lebendige Märchentradition der estnischen Dörfer verlor in der zweiten Hälfte das 19. Jahrhunderts an Boden. Der Grund ist in der massiven Volksbildungsarbeit zu sehen, die von zahlreichen Kulturgesellschaften und -vereinen betrieben wurde. Um die gleiche Zeit wandelte sich die Berufsstruktur der dörflichen Gemeinschaften und die Urbanisierung verstärkte sich[5]. Der Erste Weltkrieg und die ihm folgenden Veränderungen versetzten der Erzähltradition den endgültigen Stoß. Der von der Herrschaft der Gutsherren befreite und auf seinem eigenen Streifen Land isolierte Bauer der Republik Estland konzentrierte seine ganze Kraft auf die Arbeit. Das Erzählen von Märchen und Geschichten bewahrte seine Lebenskraft nur an der Peripherie: auf der Insel Kihnu, an der Küste von Kuusalu und besonders in der orthodoxen Region Setumaa in Südostestland. Noch in den Jahrzehnten der Tonbandaufzeichnung, also in den 60er-90er Jahren, waren in Setumaa gute Erzähler zu finden[6]. Abgesehen von einigen wenigen Erzählern in Setumna ist das traditionelle Märchenerzählen heute in Estland nicht mehr anzutreffen.

Das als Text veröffentlichte Volksmärchen geriet im 20. Jahrhundert mehr oder weniger in die gleiche Lage wie Kinderbücher und andere belletristische Werke: unter Umständen erzählt man weiter, was man in einem Buch gelesen hat. Märchen gelten nur als geistige Nahrung für Kinder, ihr Funktionskreis ist also geschrumpft. Zugleich verringert sich auch die Auswahl der Märchenhandlungen: zahlreiche Märchentypen gehen verloren und geraten in Vergessenheit.

Die heutige Verwendung von Märchen

Die volkstümliche Märchentradition wird heute von einigen Folklorebands und Amateurgruppen fortgeführt, die eigene Traditionsprogramme aufführen und Traditionsabende veranstalten. Ihr Programm ist aus Büchern und aus dem Folklorearchiv entnommen, in einigen Fällen stammt es auch von noch lebenden setukesischen Erzählern. Die Muster der Volksmärchen dienen den Schulen gelegentlich als Grundlage für Improvisationen. Erzählungen von tatsächlichen oder fiktiven Ereignissen sind für die Kinder auch im Familienkreis faszinierende Stegreifschöpfungen.

Beginnend mit Friedrich R. Kreutzwald haben estnische Schriftsteller in ihren Werken die alte volkstümliche Märchentradition verwertet. August Annist hat die von Kreutzwald literarisch bearbeiteten Märchen quellenkritisch untersucht (1966). Sie wurden beispielsweise in dem Nachschlagewerk von Johannes Bolte und Georg Polívka als Vertreter das estnischen Volksmärchens behandelt. Auch zahlreiche andere Schriftsteller haben in ihre Märchenbücher Texte aufgenommen, die auf die Tradition der Volksmärchen zurückgehen. Erwähnt seien hier die Märchen von Johann Kunder (1885), J. Parijoe (1935) und A. Jakobson (1947, 1964); die kreative Tätigkeit des Autors hat in diesen Texten stellenweise einen erheblichen Anteil. Unverkennbare Spuren einer starken Bearbeitung zeigen auch die zahlreichen Märchenpublikationen von Matthias Johann Eisen (1881-1934), die auf Originalaufzeichnungen aus dem Besitz des Verfassers basieren.

In estnischen Schulbüchern, Bilderbüchern und Kalendern wurden spätestens seit den sechziger Jahren des 19. Jahrhunderts Märchen veröffentlicht. Dabei wurde nicht immer zwischen estnischen und anderen Volksmärchen unterschieden. In der Schule haben heute leider nur die Kleinsten Gelegenheit, Märchen kennenzulernen.

Das Schultheater hat, besonders in den zwanziger und dreissiger Jahren, häufig Märchenmotive verwendet. Märchenaufführungen stehen bis heute auf dem Programm der Theater. Die Theaterstücke von H. Raudsepp und P.E. Rummo greifen Themen von Volksmärchen auf.

Die Filmbearbeitung des Jugendromans »Nukitsamees« (1920) von O. Luts vermittelt die geheimnisvolle Stimmung der Volksmärchen. Der gesellschaftskritische Roman »Pörgupõhja uus vanapagan« (1939) von A.H. Tammsaare und seine Verfilmung (J. Müür 1964) verwenden das aus den Volksmärchen bekannte Motiv vom dummen Teufel.

Im Radio, im Fernsehen und auf Schallplatten werden Märchen gelesen. Ein gelungenes Programm des Estnischen Fernsehens war über Jahre hinweg jeweils am Sonntagabend eine von jungen Schauspielern gestaltete Märchenstunde. Kleidung, Bühnenbild und kleine Details erleichterten es den Kindern, sich in die Märchen und die Lebensweise fremder Völker hineinzuversetzen und vermittelten sogar Kenntnisse über die Verhältnisse in fremden Ländern. Erfolgreich waren auch Programme, die die Märchen von Kreutzwald vorstellten.

Im Puppenfilmstudium von Tallinn (Reval) entstanden zahlreiche Zeichentrickfilme, die allgemein mit Begeisterung aufgenommen wurden. Für eine weite Verbreitung von Kassetten und Videos fehlen in Estland jetzt noch die technischen Voraussetzungen.

Andere finnisch-ugrische Märchentraditionen

Bisher wurden die Märchen der Finnen, Karelier und Esten, d.h. der ostseefinnischen Völker, vorgestellt. In der einstmaligen Sowjetunion leben des weiteren mehrere ethnische Gruppen, die eine finnisch-ugrische Sprache sprechen, so die wolgafinnischen (Mordwinen und Tscheremissen oder Mari) und die permischen Völker (Komi-Permjaken, Syrjänen, Wotjaken oder Udmurten). Vertreter der ugrischen Völker sind die Ostjaken oder Chanten und die Wogulen oder Mansen. Grundlegende Informationen über die Märchen dieser Völker enthält der von István Kecskemeti und Heikki Paasonen verfasste Überblick »Die Märchentypen in den Publikationen der Finnisch-ugrischen Gesellschaft« (1974)[7]. Heute wird die Folklore dieser Völker auch von einheimischen, muttersprachlichen Forschern analysiert. Ihre Arbeit ist allerdings in internationalen Publikationen und Registern noch nicht erfaßt.

Die Märchen der Mordwinen

Über die Märchen der Mordwinen und Tscheremissen liegen bisher die meisten Angaben vor. Mordwinische Märchen wurden bereits vor der Schaffung der mordwinischen Schriftsprache aufgezeichnet, und zwar von finnischen und russischen Sprachwissenschaftlern und von Heimatkundlern. Die frühesten Texte veröffentlichten August Ahlqvist und D.N. Orlov in den sechziger Jahren des 19. Jahrhunderts[8]. Im Jahre 1883 erschien ein Band mit 28 mordwinischen Märchen im Original und in russischer Übersetzung. Die Auswahl wurde später (1909) nur in russischer Sprache neu aufgelegt, und diese Märchen wurden allgemein als Beispiele der mordwinischen Wortkunst und zugleich als ethnographische Schilderungen angeführt.

Außerordentlich sorgfältig hat Heikki Paasonen 39 mordwinische Märchen aufgezeichnet. Den Texten ist eine deutsche Übersetzung beigefügt (1894; 1941, 1947). In mordwinischer und russischer Sprache liegen mehrere Auswahlbände vor[9]. Märchentexte finden sich auch in Publikationen über die mordwinischen Dialekte; die wichtigste Anthologie ist jedoch »Mordvan folklore«. Zwei der acht Bände enthalten Märchen; sie wurden von A. Maskajew herausgegeben (1961, 1967). Insgesamt werden 96 Märchen im Original und in russischer Übersetzung vorgestellt. Die Anthologie vermittelt dem Leser ferner Informationen über das Sammeln der Märchen und über frühere Publikationen sowie über die Nummern des Typenverzeichnisses der russischen Märchen von Aarne-Andrejev (1929).

A. Maskajew hebt hervor, daß es in der mordwinischen Folklore schwierig ist, die Grenze zwischen Märchen und Sage zu ziehen. Das mordwinische Märchen ist nämlich eng mit den örtlichen Verhältnissen und den volkstümlichen Glaubensvorstellungen verknüpft. In den Passagen, in denen die gesprochene Sprache nachgeahmt wird, ist der starke Einfluß des Russischen zu erkennen.

Die russischsprachige Ausgabe »Mordwinische Volksmärchen« von A. Maskajew (1947) bietet einen systematischen Gesamtüberblick über die damals noch sehr vitale Volksmärchentradition. Auch dieser Band enthält Hinweise auf die Typenklassifikation von Aarne-Andrejev.

Aufgrund der in den letzten Jahrzehnten zu beobachtenden weitreichenden Veränderungen der Lebensbedingungen der Mordwinen, insbesondere durch das Dorfsterben, hat auch die reiche Märchentradition ihre Lebenskraft verloren.

Die Wundermärchen der Tscheremissen (Mari)

Zur Zeit der Zarenherrschaft wurde 1879 in Kasan der Verein für Archäologie, Geschichte und Ethnographie gegründet. Er richtete das Augenmerk auf die geistige Kultur der Völker Rußlands, unter anderem auch auf die Überlieferung der Tscheremissen. Einen bedeutenden Anteil am Sammeln der tscheremissischen Volkserzählungen leisteten finnische, ungarische und deutsche Wissenschaftler[10]. Während des Ersten Weltkriegs zeichneten Ödön Beke und Ernst Levi Märchen von 29 tscheremissischen Kriegsgefangenen auf[11].

In den zwanziger und dreissiger Jahren erschienen tscheremissische Märchen auch im Heimatland der Tscheremissen, vor allem in Lehrbüchern und Zeitungen. Sie wurden sowohl in tscheremissischer als auch in russischer Sprache veröffentlicht. K.A. Tschetkarjow, einer der ersten Erforscher der tscheremissischen Märchen, gab in den vierziger und fünfziger Jahren rund ein Dutzend Textsammlungen in tscheremissischer und russischer Sprache heraus.

Heute werden die handschriftlichen Aufzeichnungen tscheremissischer Märchen in Joskar-Ola am Tscheremissischen wissenschaftlichen Forschungsinstitut und an der Tscheremissischen Universität aufbewahrt.

Die russischsprachige Kandidatendissertation »Tscheremissische Märchen«, die der Folklorist Silanti Satejewits Sabitow 1985 in Tallinn vorlegte, vermittelt ein Gesamtbild des tscheremissischen Märchenschatzes. Sabitow hat die Wundermärchen der Tscheremissen in 90 Typen klassifiziert; die Typenbestimmungen orientieren sich an den Typenverzeichnissen von N.P. Andrejev für die russischen (1929) und die ostslawischen Märchen (1979). Sabitow macht keine Angaben über die Zahl der Varianten der einzelnen Typen oder über Typenkontaminationen. Dagegen hat er die Handlungen (11 Typen) der tscheremissischen Wundermärchen bestimmt und analysiert, Personen und Besonderheiten der Märchen charakterisiert und die Märchen zu den anderen Gattungen der Volksdichtung in Beziehung gesetzt.

Syrjänische und *wotjakische* Märchen liegen in einigen Auswahlbänden in russischer Übersetzung und in den Originalsprachen vor. Eine genauere Untersuchung steht bis auf weiteres aus. Die eingehendsten Informationen über die Wundermärchen dieser Völker vermittelt das zu Beginn dieses Überblicks genannte Verzeichnis von I. Kecskemeti und H. Paunonen.

Übersetzung von Gabriele Schreg-Vasara

Satu Apo

DIE FINNISCHE MÄRCHENTRADITION

Die Märchen im Schatten des Kalevala

Erste literarische Formen erhielt das finnische Volksmärchen im 18. Jahrhundert. Den Gelehrten der Aufklärung galt die Fabel dank ihres belehrenden Charakters als besonders wertvoll. Diese Erzählungen wollte man auch der Erziehung der finnischsprachigen Jugend dienstbar machen. Der westfinnische (ostbottnische) Pfarrer Christfrid Ganander übersetzte und bearbeitete klassische literarische Fabeln; in seine 1783 erschienene Sammlung nahm er auch zwei finnische Volksmärchen auf: »Sika ja kettu« (Das Schwein und der Fuchs; AT 120) und »Kiiski ja lohi« (Der Kaulbarsch und der Lachs; AT 250)[1].

In der Epoche der Romantik wurden Sammlung, Veröffentlichung und Erforschung der Volksüberlieferung durch den Wunsch inspiriert, nachzuweisen, daß auch die kulturell peripheren Völker Europas eine würdige Vergangenheit besaßen, also historisch älter waren als bisher vermutet und zudem einen faszinierenden alten Volksglauben vorweisen konnten. Die jungen Romantiker in Finnland standen in den ersten Jahrzehnten des 19. Jahrhunderts unter dem Einfluß von Johann Gottfried Herder. A.J. Sjögren, der spätere Sprachforscher und Sammler von Volksdichtung, berichtet in seinem Tagebuch von der feierlichen Verpflichtung, die er gemeinsam mit einem Freund 1814 einging: »Wir vereinbarten untereinander und versprachen uns mit Handschlag und mit Worten, daß wir Herders Idee folgen wollten, indem wir ... alles sammeln, was wir finden können, Volksmärchen und dergleichen, was auf irgendeine Weise zur Erforschung unserer Ahnen genutzt werden kann«[2].

Die ersten größeren Volksmärchensammlungen stammen denn auch aus jener Epoche. Als Sammler war der junge K.A. Gottlund tätig, der 1815 in Savo die Märchen eines ostfinnischen Erzählers und 1817 in den Einödwäldern Schwedens Märchen der dort lebenden Finnen aufzeichnete.

In Skandinavien und Deutschland gewannen Märchen, Sagen und Balladen in den ersten Jahrzehnten des 19. Jahrhunderts im Geist der Nationalromantik eine bemerkenswerte kulturelle Bedeutung. In Finnland dagegen galt das Interesse vorrangig den alten epischen Gedichten, den Quellen des Kalevala-Epos (1835, 1841). Man erhoffte sich von diesen Gedichten wesentlich umfassenderen Aufschluß über die Welt der alten Finnen als von den Märchen. Daher wurde der Aufzeichnung von Märchen in der ersten Hälfte des 19. Jahrhunderts deutlich weniger Aufmerksamkeit gewidmet als dem Sammeln von Gedichten im alten Versmaß. Es herrschte zudem die Auffassung, das Märchenerzählen sei so allgemein verbreitet, daß es nicht notwendig sei, die Märchen durch baldiges Sammeln vor dem Vergessen zu bewahren.

Bereits in den vierziger Jahren des 19. Jahrhunderts sprach man jedoch in Finnland mit Besorgnis vom Schwinden der Volksmärchentradition. Ein in Ostfinnland tätiger Sammler klagte, es entstünden keine neuen Märchen mehr und es sei schwierig, noch Großmütter zu finden, die zur Unterhaltung der Kinder Märchen erzählten[3]. Dabei handelte es sich allerdings um eine für Sammler typische Täuschung. Als nämlich der führende Folklorist Kaarle Krohn in den achtziger und neunziger Jahren des 19. Jahrhunderts den Anstoß zur umfassenden und systematischen Aufzeichnung gab, erhielt das Folklorearchiv der Finnischen Literaturgesellschaft tausende von Märchen[4].

Wie stiefmütterlich die Märchen behandelt wurden, wird daran ersichtlich, daß die erste finnische Märchensammlung nur unter großen Mühen zustande kam. Die Sammlung »Suomen kansan satuja ja tarinoita« (Märchen und Sagen des finnischen Volkes; 1852-1866) von Eero Salmelainen erschien 40 Jahre nach den Grimmschen Märchen, 30 Jahre nach der ersten dänischen und norwegischen und 13 Jahre nach der schwedischen Märchenanthologie von Arvid August Afzelius.

Die unbekannten Erzähler

Über Leben und Gebräuchlichkeit der Märchen in der finnischen Volkskultur des 19. Jahrhunderts ist den Angaben der im Feld tätigen Sammler bedauerlicherweise nur wenig zu entnehmen. Bei der Aufzeichnung von Märchen bemühte man sich vorrangig darum, eine möglichst große Auswahl von Handlungsverläufen und Motiven für Archiv und Forschung zu gewinnen. Ein reichhaltiges Korpus war notwendig, wenn es darum ging, die Entwicklungsgeschichte der Erzählungen zu erforschen oder Motive zu suchen, die Licht auf den alten Volksglauben und die Mythologie werfen konnten. Märchen galten nicht als Wortkunst, ihre Erzähler nicht als Künstler. Der Erzähler war ein halbautomatischer Vermittler, ein Traditionsreservoir, in dessen Gedächtnis das geistige Erbe seiner weitaus wertvolleren und interessanteren Vorväter gespeichert war.

Die Sammler suchten nicht nach authentischen Erzählsituationen, in denen ein guter Märchenerzähler vor einem interessierten, ihn inspirierenden Publikum auftrat. Ein Teil der Sammeltätigkeit wurde zudem von folkloristisch interessierten Amateuren auf dem Land und in den Kleinstädten ausgeführt. Die Finnische Literaturgesellschaft forderte durch Aufrufe und Wettbewerbe in der Presse Laiensammler auf, die örtliche Märchenüberlieferung aufzuzeichnen. Infolgedessen haben die meisten Aufzeichnungen finnischer Volksmärchen kein überragendes Niveau. Friedrich von der Leyen charakterisierte die in einer deutschsprachigen Anthologiereihe enthaltenen finnischen Märchen mit den Worten: »Manche Märchen sind nur Auszüge, Inhaltsangaben, Aktenstücke.«[5] Meistererzähler und ihre Erzählkunst waren mit den Sammelmethoden des 19. und frühen 20. Jahrhunderts außerordentlich schwer erfaßbar. Quantitativ erreichte man dagegen glänzende Ergebnisse. Die Zahl der Märchenaufzeichnungen stieg bereits Ende des 19. Jahrhunderts auf 23.000.

Aus den knappen Angaben zum Kontext der Märchen ergibt sich dennoch ein gewisses Bild der Erzähler und ihres Publikums. Es zeigt sich, daß in allen Altersgruppen Märchen erzählt wurden. Wo eine lebendige Tradition des mündlichen Erzählens herrscht, beginnt man bereits als Kind, aktiv daran teilzunehmen. Die Untersuchung der Altersstruktur der Märchenerzähler in den achtziger und neunziger Jahren des 19. Jahrhunderts zeigt einen bemerkenswerten Anteil von Kindern und Jugendlichen unter den Erzählern[6]. Relativ gesehen stellte die Altersgruppe der Erwachsenen (die 25-59jährigen) den geringsten Anteil an den Märchenerzählern. Auch unter den Meistererzählern gab es junge Leute – als Beispiel sei ein westfinnischer 22jähriger Mann, Kalle Björkström (geb. 1882), angeführt, der seinen vermutlich männlichen Kollegen in einem Dampfsägewerk Märchen vortrug. Überwiegend handelte es sich bei den Meistererzählern natürlich um ältere Erwachsene.

Die Geschlechtsstruktur der südwestfinnischen Märchenerzähler entsprach der Situation in Dänemark. Die überwiegende Mehrheit der Erzähler waren Männer (80%)[7]. Man hat jedoch die Vermutung geäußert, daß die Sammelmethoden der 19. Jahrhunderts den Zugang zum intimen, im Familienkreis stattfindenden Märchenerzählen der Frauen kaum erlaubten. Das Handschriftenmaterial legt den Schluß nahe, daß Männer und Frauen eine unterschiedliche Beziehung zu der in der Gemeinschaft bekannten Märchenauswahl hatten. Die Frauen erzählten sowohl Märchen über einen männlichen Helden (z.B. »Der Drachentöter«), als auch sog. feminine, junge Frauen schildernde Märchen (z.B. »Aschenputtel«). Vor den letzteren scheuten die männlichen Erzähler offensichtlich zurück.

Die meisten westfinnischen Erzähler gehörten Ende des 19. Jahrhunderte der untersten Gesellschaftsschicht an[8]. Die wohlhabenderen Bevölkerungsgruppen waren damals bereits zu schriftlichen, literarischen Formen der Unterhaltung übergegangen; sie konsumierten populäre Zeitschriften und Zeitungen sowie durch Bibliotheken und Wanderhändler verbreitete Unterhaltungsliteratur.

Obwohl sich die volkstümliche Unterhaltungsliteratur in Finnland relativ spät, seit den vierziger Jahren des 19. Jahrhunderts, durchsetzte, beeinflußte sie die orale Märchentradition. Große Beliebtheit erlangten vor allem die Übersetzungen Grimmscher Märchen. Sie wurden durch sog. fliegende Blätter und in kleinen Anthologien verbreitet. Auch die Zeitungen veröffentlichten Märchen. Um die Mitte des 19. Jahrhunderte bildeten unterhaltende Texte einen deutlichen inhaltlichen Schwerpunkt in der Presse, nicht zuletzt deshalb, weil die vom Zaren erlassene Zensurvorschrift die Verbreitung sozialer und politischer Informationen einschränkte[9].

Die Volksbildungsbewegung mit ihren Volksschulen und Volksbüchereien, die von den sechziger Jahren des 19. Jahrhunderts an zunehmend an Boden gewann, verdrängte bereits anfangs des 20. Jahrhunderts das Märchenerzählen als Zeitvertreib für Erwachsene. Am längsten erhielt sich die orale Märchentradition in Ostfinnland und jenseits der Landesgrenzen in Russisch-Karelien.

Die Märchenforschung

Die ersten Untersuchungen zu finnischen Volksmärchen gingen von der Frage aus, wie sich die eigene Überlieferung zur Tradition anderer Kulturen verhielt. Enttäuscht stellte man fest, daß sich in den Märchen – vielleicht mit Ausnahme einiger Tiermärchen – kaum eine urfinnische oder finnisch-ugrische Schicht beobachten ließ. Die ostfinnischen (karelischen) Märchen hatten ihren Ursprung in Nordrußland, während die westfinnischen Märchen deutliche Ähnlichkeiten zu skandinavischen Erzählungen aufwiesen. Die Märchen boten also nicht in gleichem Maße Elemente für die Konstruktion einer nationalen Identität wie die einzigartig scheinenden Gedichte des Kalevala. Die Vergleiche erbrachten jedoch auch das Selbstgefühl stärkende Ergebnisse. Pendants zu den finnischen Volkserzählungen fand man nämlich nicht nur in den wenig interessanten Nachbarländern, sondern auch in den mediterranen und asiatischen Hochkulturen. Die Beobachtung, daß die finnischen Tiermärchen ähnliche Züge aufwiesen wie die Fabeln der Antike, gab 1847 Anlaß zu dem zufriedenen Kommentar: »Es ist keine Kleinigkeit, die Finnen den Griechen an die Seite zu stellen.«[10]

Internationales Niveau erreichte die finnische Märchenforschung durch die sogenannte geographisch-historische Schule. Pionierarbeit leistete hier Kaarle Krohn (1863-1933) mit seiner Tiermärchen behandelnden, ursprünglich als Dissertation veröffentlichten Untersuchung »Bär (Wolf) und Fuchs. Eine nordische Tiermärchenkette« (1888).

Die Forschungsrichtung erforderte den internationalen Märchenvergleich – ihr Ziel war es, die ursprüngliche Form, den Entstehungsort und die Entwicklungsgeschichte einzelner europäischer Märchen zu erhellen. Um das Auffinden des Untersuchungsmaterials zu erleichtern, verfasste man Nachschlagewerke. Das bekannteste dieser Werke ist auch heute noch das von dem Finnen Antti Aarne erstellte sog. Typenverzeichnis (1910), das hauptsächlich nordwesteuropäische Märchenhandlungen definiert und klassifiziert. Die erweiterte englische Version dieses Verzeichnisses ist als Märchentyp-Index von Aarne-Thompson bekannt »The Types of the Folktale« 1962)[11].

Nach dem goldenen Zeitalter der komparatistischen Forschung geriet die finnische Märchenforschung in eine langanhaltende Flaute. In den sechziger und siebziger Jahren untersuchte Pirkko-Liisa Rausmaa die Beziehungen zwischen den Märchen und den Gedichten im Kalevala-Versmaß; sie fixierte auch die Verbreitungsgebiete der östlichen, russisch beeinflussten und der westlichen, auf skandinavischen Ursprung zurückgehenden Märchentradition in Finnland (1973).

Erst Ende der sechziger Jahre begann die bis dahin textzentrierte und traditionsgeschichtlich orientierte Märchenforschung nach neuen Wegen zu suchen. Nun trat der Märchenerzähler in den Vordergrund. Pertti Virtaranta veröffentlichte 1969 die Märchen der südwestfinnischen Meistererzählerin Anna Christina Korkeemäki (1831-1906). Ebenfalls eine weibliche Märchenerzählerin stellte Juhani Pentikäinen in seiner Monographie »Oral Repertoire and World View. An Anthropological Study of Marina Takalo's Life-History« (1972, engl. 1978) vor. Marina Takalo (1890-1970) war eine analphabetische Emigrantin, die aus Russisch-Karelien nach Finnland geflohen war. Da sie eine Zeitgenossin des Forschers war, konnte sich Pentikäinen in seiner Untersuchung auf umfangreiches Interviewmaterial stützen.

Erzählerforschung kann auch historisch orientiert sein. Auf der Grundlage reichhaltigen Archivmaterials hat Gun Herranen das Repertoire und die Erzähltechnik des im schwedischsprachigen Küstengebiet Finnlands beheimateten blinden Meistererzählers Berndt Leonard Strömberg (1822-1910) analysiert[12].

Neben der Erzählerforschung stieß bei den finnischen Folkloristen die Textuntersuchung auf Interesse. Ein Beispiel für diese Richtung ist die als Dissertation veröffentlichte Untersuchung von Satu Apo über die Handlungstypen, die Handlungsstrukturen und die fiktive Welt der südwestfinnischen Wundermärchen vom Ende des 19. Jahrhunderts (1986a).

Bruno Bettelheims »The Uses of Enchantment« (1975) lenkte auch in Finnland die Aufmerksamkeit von Psychologen und Psychiatern auf die alten Volksmärchen[13]. Die Folkloristen standen der psychoanalytischen Deutung von Märchentexten dagegen reserviert gegenüber, dies vor allem aus methodischen Gründen: man hielt die Begründungen der Interpretationen nicht für überzeugend genug.

Das Märchenerzählen heute

Man nimmt an, daß der Brauch, vor einem erwachsenen oder altersmäßig gemischten Publikum Märchen zu erzählen, in Finnland in den ersten Jahrzehnten des 20. Jahrhunderts aufgegeben wurde. Am längsten erhielt er sich offenbar unter den Waldarbeitern in den entlegeneren Gebieten des Landes[14]. Über das Märchenerzählen im Familienkreis liegen nur wenige Angaben aus Finnland vor. Wahrscheinlich wurden den Kindern noch traditionelle Volksmärchen erzählt, nachdem diese ihr erwachsenes Publikum verloren hatten. Mehrere Privatpersonen haben jedoch angegeben, sie erzählten ihren eigenen Kindern teils improvisierte, teils auf traditionelle Märchen zurückgehende »eigene Märchen«, wobei Ereignisse aus dem Leben der Familie und des zuhörenden Kindes eingeflochten werden konnten. Noch weniger als über das Erzählen im Familienkreis weiß die Forschung über das Märchenerzählen bei Kindern, sei es zur Unterhaltung anderer Kinder oder in Verbindung mit einem Spiel.

Jenseits der finnischen Grenze, in Sowjetkarelien (Archangelsk), hat man bis in unsere Tage Erzähler angetroffen, die Volksmärchen kannten. Je mehr man sich der jüngsten Zeit nähert, desto stärker erscheint die karelische Märchentradition als Domäne der Frauen. Nach Angaben von Unelma Konkka gab es noch in den dreißiger Jahren des 20. Jahrhunderts mehrere männliche Märchenerzähler. In den sechziger Jahren bereitete es bereits Schwierigkeiten, einen männlichen Erzähler zu finden; typischer Vertreter der Disziplin waren 50-80jährige Frauen. Meist trugen sie ihre Märchen in Gesellschaft von Frauen oder Kindern vor[15].

Archivschätze und Märchenveröffentlichungen

Eine genaue Zählung der archivierten finnischen und karelischen Märchentexte steht noch aus. Die Zahl der Märchen und Schwänke im Folklorearchiv der Finnischen Literaturgesellschaft in Helsinki wird auf wenigstens 90.000 Aufzeichnungen geschätzt. Zu einigen Märchengattungen lassen sich genauere Angaben machen. In der Gruppe der Tiermärchen sind etwa 130 verschiedene Handlungsverläufe (Märchentypen) und nahezu 4.000 Textvarianten erhalten. Bei den Wundermärchen finden sich rund 140 Handlungsverläufe und rund 7.000 Texte. 61 Handlungsverläufe (rund 1.400 Texte) sind der Gruppe der Legendenmärchen zuzuordnen, 97 (rund 2.300 Texte) den Novellenmärchen. Anfang der siebziger Jahre wurden etwa 500 Bandaufnahmen von Märchen in das Archiv aufgenommen.

Aus diesem Märchenschatz schöpfen mehrere wissenschaftliche Anthologien. In jeweils eigenen Auswahlbänden wurden Tier-, Wunder-, Legenden- und Novellenmärchen sowie Märchen vom dummen Teufel publiziert[16]. Anthologien finnischer Volksmärchen sind in mehreren Fremdsprachen erschienen, u.a. in deutscher, englischer, französischer, italienischer, schwedischer, norwegischer, russischer, ungarischer und japanischer Sprache. Als Quelle diente vielen Herausgebern von Auswahlbänden die alte Märchenpublikation von Eero Salmelainen. Bei den Texten, die Salmelainen veröffentlichte, handelte es sich jedoch um überarbeitete Erzählungen, nicht um Texte von Volkserzählern. Zudem gründen sie sich auf den ostfinnischen Märchenschatz und vermitteln daher keinen Eindruck von der Haupttradition der finnischen Volksmärchen, der westlichen und auf skandinavischen Ursprung zurückblickenden Erzählung[17]. Auf Archivmaterial basierte die von den finnischen Folkloristen Lauri Simonsuuri und Pirkko-Liisa Rausmaa herausgegebene Anthologie »Finnische Volkserzählungen« (Berlin 1968). Pirkko-Liisa Rausmaa bereitet zur Zeit eine neue deutschsprachige Anthologie finnischer Volksmärchen vor.

Das literarische Märchen entstand in Finnland erst um die Mitte des 19. Jahrhunderts, im Vergleich zu vielen anderen europäischen Ländern also sehr spät. Die ersten Verfasser von Kunstmärchen, Zacharias Topelius (1818-1898) und Tyko Hagman (1849-1914), stützten sich einerseits auf die europäische Kunst- und Volksmärchentradition, andererseits auf die finnisch- und schwedischsprachige orale Erzähltradition. Diese Vorbilder sind auch im Werk der wichtigsten Märchenverfasserin des frühen 20. Jahrhunderts, Anni Swan (1875-1958), zu erkennen. Topelius hatte in seinen Kinderbüchern einige Volksmärchen veröffentlicht. Dadurch fanden diese Märchen ihren Weg in die Schulbücher und wurden zahlreichen Schülergenerationen vertraut.

Einige Märchenschriftsteller des 20. Jahrhunderts waren der mündlichen Erzähltradition enger verhaftet als die oben erwähnten Klassiker. Sie veröffentlichten literarische Bearbeitungen von Volksmärchen. Die bekanntesten dieser Werke sind »Tarulinna« (Das Märchenschloß, 1906) und »Ilvolan juttuja« (Geschichten von Ilvola, 1910) von Joel Lehtonen und »Suomen kansan suuri satukirja« (Das große Märchenbuch des finnischen Volkes, 1952) von Raul Roine. Der Folklorist und Dichter Martti Haavio brachte in seinen Büchern »Kultaomena« (Goldapfel, 1955) und »Tuhkimus« (Aschenbrödel, 1955) alte Volksmärchen in Gedichtform.

Die Literatur der sechziger Jahre zeigte wenig Interesse für die Märchentradition: man wollte den Kindern ein realistisches Weltbild vermitteln. Andererseits wurde die Kunst politisiert. In Finnland wurden linke Künstler auf die Volksüberlieferung aufmerksam. Man war der Auffassung, die Tradition könne die Grundlage einer »eigenen«, einheimischen Kultur bilden, die ein Gegengewicht zur »fremden«, vor allem angloamerikanischen Massenkultur darstellen sollte. In den siebziger Jahren wurde denn auch u.a. eine illustrierte Auswahl aus der alten Volksmärchenanthologie von Eero Salmelainen veröffentlicht. Nach dem Märchen »Antii Puuhaara« (AT 461: Drei Haare vom Bart des Teufels) aus der Sammlung von Salmelainen entstand ein Film, der sich an erwachsene Zuschauer richtete[18].

Auch die wissenschaftliche Anthologie »Suomalaiset kansansadut I. Ihmesadut« (Die finnischen Volksmärchen I. Die Wundermärchen), die Pirkko-Liisa Rausmaa 1972 veröffentlichte, beeinflußte einzelne Schriftsteller, darunter Kaarina Helakisa, eine bekannte Verfasserin von Kunstmärchen. Sie erweiterte den Text »Die Suche nach der lebendigen Harfe« (AT 465 B) aus der Anthologie von Rausmaa zu dem Kurzroman »Olena ja Vassuska« (Olena und Vassuska, 1979). Obwohl sich Helakisa in der Handlung und in den Details sehr eng an das Volksmärchen anlehnte, verlieh sie der Erzählung eine neue Bedeutung. Im Mittelpunkt ihres Werken stehen Pazifismus, Ehrfurcht vor der Natur, Gleichberechtigung und Harmonie der Geschlechter sowie der Wert künstlerischen Schaffens.

In den achtziger Jahren ließen sich zahlreiche Schriftsteller von den finnischen Volksmärchen inspirieren. Nahezu ausnahmslos handelte es sich dabei um Frauen. Sie wandelten die Tradition erheblich ab und modernisierten ihre Thematik. Immer wieder ging es in ihren Werken um Naturschutz, Gleichberechtigung oder Hervorhebung der Bedeutung der Frauen.

Stellvertretend seien Leena Laulajainen (»Vesilinnun sydän«, Das Herz des Wasservogels, 1983) und Eeva Tikka (»Virranhaltian salaisuus«, Das Geheimnis des Flußgeistes, 1987; »Yön lintu ja siivetön«, Der Vogel der Nacht und der Flügellose, 1989) genannt. Eeva Tikka flicht in ihre Märchen auch existentielle Fragen ein: ausgehend von den Themen der Volksmärchen erörtert sie Probleme der Liebe, des Todes und der individuellen Entwicklung. Raija Oranen hat einen anderen Zugang zur alten Märchentradition gefunden. Mit ihrem Buch »Isokiero ja Tummanruskea« (1988) führte sie die karnevalistische Seite – die üppige Sinnlichkeit und den Humor – der oralen Volksmärchenüberlieferung in die Kinderliteratur ein.

Als herausragende Reverenz vor der oralen Märchentradition darf die Veröffentlichung einer vierbändigen Anthologie der finnischen Märchen aller Zeiten gelten. Der erste Band der Reihe (»Kuningas Rastasnokka«, König Drosselbart, 1988) enthält 29 Volksmärchen, die von der Schriftstellerin Tiina Kaila nach Archivaufzeichnungen neu erzählt wurden.

Die Film-, Fernseh- und Videoproduktion hat sich nur in Ausnahmefällen mit finnischen Volksmärchen befaßt. Der Film »Antti Puuhaara« (1976) wurde bereits erwähnt; zwei der Mitarbeiter an diesem Film, Heikki Partanen und Riitta Rautoma, produzierten Anfang der siebziger Jahre drei Trickfilme, die auf von Kaarle Krohn veröffentlichte Tiermärchen zurückgingen.

Das finnische »Nationalmärchen« Antti Puuhaara (Antti Birkenast) lieferte ferner den Stoff für einen Comic, der in den Jahren 1938-1954 in der Zeitschrift »Yhteishyvä« erschien. Aus diesen Comics wurden insgesamt 11 Bücher (1939-1956) zusammengestellt[19].

Einige finnische Volksmärchen sind auch als Tonaufnahmen, hauptsächlich auf Kassetten, veröffentlicht worden. Neben den internationalen Märchen bilden sie jedoch lediglich eine kleine Minderheit. Bei den gelesenen Texten handelt es sich um literarische Bearbeitungen von Volksmärchen; die meisten stammen aus den klassischen Anthologien von Eero Salmelainen und J. Lehtonen. Verallgemeinernd kann man sagen, daß die finnischen Volksmärchen in der modernen Massen- und Kinderkultur keine Rolle spielen. Die Volksmärchen leben im Schatten der Märchen sowie der literarischen Märchen – etwa der Mumintrolle von Tove Jansson.

Übersetzung von Gabriele Schreg-Vasara

Nicole Belmont

MÄRCHENFORSCHUNG IN FRANKREICH

Im Hinblick auf die Märchenforschung befindet sich Frankreich in einer paradoxen Situation. Es ist zwar das erste Land in Europa, das ein Projekt zur Erforschung der volkstümlichen Überlieferung, den Fragebogen der Académie celtique (1805), verwirklicht hat, wie überhaupt die Existenz der Märchen seit der literarischen Modewelle der »contes de fées«, die am Ende des 17. Jahrhunderts hauptsächlich durch Charles Perrault eingeführt wurde und fast ein Jahrhundert lang anhielt, von der Gelehrtenkultur nicht ignoriert worden konnte. »Aber dennoch«, so stellt Paul Delarue fest, »besitzt Frankreich bis etwa 1870 keine einzige Märchensammlung, die mit einem Minimum an wissenschaftlicher Gewähr zusammengestellt worden wäre, während fast alle anderen Länder ihre eigenen nationalen Sammlungen besitzen und in Deutschland die beiden Bände der Brüder Grimm bereits in sieben aufeinanderfolgende Auflagen erschienen sind.«[1]

Zur Erklärung dieser paradoxen Situation kann man die Hypothese aufstellen, daß mit Perraults Sammlung in einem einzigen Buch alle französischen Märchen festgehalten sind. Diese Anthologie sowie diejenigen der Mademoiselle L'Héritier, Madame d'Aulnoye u.a. war für ein Lesepublikum bestimmt und kümmerte sich recht wenig um die Authentizität der Märchen. So hat die auf Perrault zurückgehende Tradition das Märchen in ein literarisches Genre eingeschlossen, das von der Lebenswirklichkeit und Echtheit der Volkes weit entfernt war. Die Aneignung der Märchen durch die Gebildeten hatte gravierende Folgen, die vom ersten Sammelversuch der Volksüberlieferungen durch die Académie celtique (zwischen 1805 und 1814) bedauerlicherweise nicht mehr behoben werden konnte. Ihr Fragebogen, der ein nicht unbedeutendes volkskundliches Wissen zu erkennen gibt, behandelt die (fiktiven) Volkserzählungen lediglich an zweiter Stelle. In der Hauptsache wurde nämlich nach Sagen gefragt. Der Begriff »conte de fées« taucht erst bei der Frage Nr. 30 auf: »Welche Feenmärchen, Märchen mit übernatürlichen Wesen gibt es? Welche Stätten und Denkmäler sind den Feen gewidmet oder tragen deren Namen?« Danach wird rasch zu den Orten übergegangen, an denen Feen spuken, während sich die nächste Frage ausschließlich mit Sagen befaßt (Zwerge, Geister, Drachen, Wiedergänger, Werwölfe, Hexensabbat, nächtliche Erscheinungen etc.). Das Sammelergebnis spiegelt dann das Desinteresse am Märchen. So sind in den »Mémoires« der Académie celtique zahlreiche Ortssagen und historischen Sagen zu finden, dagegen nur ein einziges Tiermärchen, und zwar »Nachtigall und Blindschleiche« (in Versform). Dieses Märchen wurde von den Brüdern Grimm in die erste Auflage ihrer Sammlung aufgenommen, in den späteren jedoch weggelassen.

Es ist bedauerlich, daß Frankreich damals die Dokumentation seiner Märchentradition, die zu jener Zeit wohl noch recht lebendig war, versäumt hat – und dies umso mehr als Jacob Grimm 1811 zum korrespondierenden Mitglied der Académie celtique ernannt wurde (Wilhelm Grimm wurde erst 1817 gewählt, nachdem die Société royale des Antiquaires die Académie celtique abgelöst hatte). Dazu bemerkt Henri Gaidoz: »Das Bindeglied zwischen unserer Académie celtique und dem Werk J. Grimms ist unverkennbar, wenn man bedenkt, daß J. Grimm einige Jahre später eine ähnliche Gesellschaft gründen wollte. In der Tat hat er im Frühling 1815 von Wien aus ein Zirkular versandt, in dem er seine Korrespondenten ersuchte, in den deutschsprachigen Ländern eine Gesellschaft zur Sammlung von Volksliedern, Märchen, Sprichwörtern, Bräuchen und Aberglauben zu gründen.«[2] Sein Fragebogen hat bereits die gesamte volkstümliche Literatur einbezogen, aber Frankreich ignorierte noch fünfzig Jahre lang seine Märchen.

Das »goldene Zeitalter« des französischen Volksmärchens – so der Ausdruck von Paul Delarue – erstreckt sich etwa von 1870 bis zum Weltkrieg 1914-18. Charakteristisch für die Anfangszeit dieser Epoche ist die Gründung wissenschaftliche Zeitschriften, in denen Sprachwissenschaftler, Keltologen, Romanisten, die an dieser Art von Veröffentlichung interessiert waren, zu Wort kamen. Zu nennen sind die »Revue celtique« und die »Revue des langues romanes«, beide 1870 gegründet, sowie die »Romania« (seit 1872).

Der Zeitschrift »Mélusine« die 1877 von Henri Gaidoz und E. Rolland gegründet wurde, ist ein besonderer Stellenwert einzuräumen. Das Vorwort, das lediglich mit dem Titel der Zeitschrift unterzeichnet ist, stellt eine Verbindung zum frühen 19. Jahrhundert her. »Mélusine« hat sich nämlich das Ziel gesetzt, das Repertorium der volkstümlichen Literatur und Traditionen der französischen Provinzen zu werden, »das am Anfang des Jahrhunderts die Mémoires der Académie celtique wohl waren.« Im Leitartikel, den Gaston Paris, der große Spezialist der mittelalterlichen Literatur, unterzeichnet, wird der Rückstand Frankreichs bei der Erforschung und Veröffentlichung der Volksdichtung bedauert. Gaston Paris hebt hervor, daß er Volksdichtung im weitesten Sinn meint: Lieder, Erzählungen, Reime, Sprichwörter und selbst den Aberglauben. Die Entstehungsprozesse dieser Poesie, so sonderbar sie auch erscheinen, seien nicht willkürlich.

Die Zeitschrift wurde ein Jahr nach ihrer Gründung eingestellt und erschien erst 1884 nach einer sechsjährigen Unterbrechung wieder. Das Vorwort ist nun von Henri Gaidoz und E. Rolland unterzeichnet, die von ihrer Zeitschrift eine führende Rolle in der volkskundlichen Forschung Frankreichs erhoffen, so daß man geradezu von einer »Mélusine-Schule« reden kann. Aber 1884 ist die Zielsetzung eine andere: nun heißt es, sich mit der wissenschaftlichen Aufarbeitung der Folklore zu befassen, d.h. mit historischen Faktoren und vor allem mit ihrer anthropologischen Bedeutung, und auf diesem Gebiet ging England mit gutem Beispiel voran. Das Studium des Menschen, und das ist die Anthropologie, konnte sich nicht länger auf Frankreich beschränken, sondern mußte alle fünf Erdteile einbeziehen. In der Zeit von 1877 bis 1884 wurde ein entscheidender Schritt getan von der Empfehlung der Académie celtique, die die Märchen fast ganz ignorierte, und einer veralteten Auffassung, nämlich die der »Volksdichtung«, zu wissenschaftlichen Bestrebungen unter Mithilfe der impliziten Schule. Eine theoretische Begründung erlaubte von nun an die Erforschung der Schöpfungen des Volkes, so seltsam sie auch sein mögen.

Diese Rechtfertigung hat François-Marie Luzel in der Bretagne nicht erst abgewartet, um sich der Bedeutung, welche die Sammlung der Volkskultur besitzt, bewußt zu sein. Zwischen 1869 und 1872 schuf er als offizieller Beauftragter eine reiche Sammlung an bretonischen Liedern, Sagen und Märchen, und zwar vor allem aus dem Trégor (der nordöstliche Teil der Bretagne zwischen Lannion, Tréguier und Paimpol). Er veröffentlichte hauptsächlich zwei größere Sammlungen, die »Légendes chrétiennes de la Basse-Bretagne« (1881), in der auch Zaubermärchen zu finden sind, und die »Contes populaires de Basse-Bretagne« (1887). Der Unterschied, den er zwischen den beiden Erzählgattungen macht, kommt seiner Meinung nach von den beiden kontroversen Strömungen, die sich wohl auch kreuzen und vermischen können: die eine christlich, aber »zweifellos heidnischen« Ursprungs, und im Lauf der Zeit aber »verändert und verdorben«; die andere rein »heidnisch« und »Alltagsmythologie«.

Die größere Bedeutung von Luzels Werk liegt darin, daß hier zweifellos zum ersten Mal in Frankreich Märchentexte aus der mündlichen Tradition mit großer Genauigkeit aus dem Munde von Erzählern und Erzählerinnen aufgezeichnet wurden. Luzel berichtet selbst über seine Arbeitsweise. Danach hat er meistens in den Abendstunden, an denen er unter Umständen bekannte Erzähler und Sänger einlud, »auf der Stelle« alles notiert, was er hörte, »die Lieder buchstäblich, die Märchen so genau wie ich konnte und immer auf bretonisch.« In seinen französischen Übersetzungen habe er manchmal leichte formale Änderungen vornehmen und einigen »holprigen« Sätzen und Gedankengängen »auf die Beine helfen« müssen. Die Brüder Grimm hätten ebenso gehandelt und mit weniger Taktgefühl, und dennoch werden sie als Vorbild hingestellt, fügt er hinzu. Im übrigen zieht er es eher vor, die Varianten wiederzugeben als mehrere Versionen zu einer einzigen zusammenzufügen[3].

Im Vorwort der »Contes populaires de Basse-Bretagne« gibt er eine kurze Darstellung seiner theoretischen Ansichten. Seiner Meinung nach liegt die Herkunft der Märchen sehr weit zurück und ist nur schwer genauer zu bestimmen, aber er glaubt nicht an einen gemeinsamen indoeuropäischen Stoff und ebensowenig an die These vom indischen Ursprung der europäischen Märchen, die Emmanuel Cosquin vertreten hat. Die Verwandtschaft der Erzählungen ließe sich hinreichend durch dieselbe Veranlagung (der Völker) erklären, kosmische und metereologische Vorgänge zu deuten sowie das Wunderbare zu begreifen und moralische Wertvorstellungen zu entwickeln. Als Gegner jeglicher Art von Dogmatismus glaubt er, daß in jeder Theorie etwas an Wahrheit und auch etwas an Irrtümern steckt.

Luzel erweist einem »resoluten Forscher« Ehre, und zwar Paul Sébillot, dessen Beispiel, hätte es Schule gemacht, Frankreich mit einem ebenso großen kulturellen Erbe wie Deutschland und England beschert hätte. Während ihn seine Feldforschungen in die französischsprachige Bretagne, »le pays gallo« (früher der amtliche Landesteil der Bretagne) führten, wurde seine wissenschaftliche Tätigkeit bahnbrechend für die französische Folkloristik. Er hat nämlich 1886 die Société des Traditions populaires und 1888 deren Sprachorgan, die »Revue des Traditions populaires«, gegründet, die bis 1918 erschien und ein reges Forschungs- und Studienzentrum war. Bereits 1881 hatte er die Reihe »Littératures populaires de toutes les nations« geschaffen, die bis 1903 insgesamt 41 Bände veröffentlicht hat und von denen einige von ihm selbst verfaßt sind.

1913 schlägt er in seinem Werk »Le Folklore. Littérature orale et ethnographie« eine Definition für die mündliche Literatur vor, in der für das Volk, das keine literarischen Werke liest, das gesprochene Wort oder das Lied stehen, für die eine relative Festigkeit in der Form charakteristisch seien. Er betont, daß es notwendig sei, die Erzählungen wortgetreu und ohne Verbesserungen aufzuzeichnen, selbst wenn sie sinnlos oder rätselhaft scheinen; denn »sie reichen möglicherweise bis zu den Wurzeln der Menschheitsgeschichte zurück und können mit antiken Sitten zusammenhängen.«[4] Er fragt auch nach der Möglichkeit einer vernünftigen Klassifikation der Märchen und kommt zu dem Schluß, daß sie letzten Endes nur empirischer Art sein könne, zumal jeder Sammler seine Erzählungen nach inhaltlichen Schwerpunkten in einige umfassende Rubriken einteilt. So hat Luzel sechs Erzählungen unter dem generellen Titel »Mythe de Psyche« (Mythos von der Psyche) und sieben andere unter der Überschrift »Voyages vers le soleil« (Reisen zur Sonne) zusammengestellt. Es sei jedoch zu unterscheiden zwischen den Erzählungen, die von Ereignissen außerhalb der Realität, in die übernatürliche Wesen eingreifen, handeln – so daß man sie als *Zaubermärchen* bezeichnen könne – und den Erzählungen, deren Hauptgestalten (Werwölfe, Wiedergänger, Teufel) keine reinen Phantasiegestalten sind. »Während das Wundermärchen ein Anteilnahme erweckendes Drama ist, ist die Erzählung dieser Art ein Melodrama, das Schrecken hervorruft und das über den Erzählvorgang hinaus einen nachhaltigen Eindruck hinterläßt.«[5] Der Begriff »conte merveilleux« (Wunder- bzw. Zaubermärchen), der im Untertitel der Sammlung »Le Cabinet des Fées« erscheint, ging durch Paul Sébillot in den allgemeinen Sprachgebrauch der französischen Märchenforscher über, um die Erzählungen Nr. 300 bis Nr. 749 des internationalen Verzeichnisses von Aarne und Thompson zu bezeichnen. Sébillot behauptet von sich, als erster die Bezeichnung »littérature orale« (mündliche Literatur) in die volkskundliche Terminologie eingeführt zu haben, und zwar mit dem Titel seines Buches »Littérature orale de la Haute-Bretagne«, das 1881 erschien. In Wahrheit ist der Begriff schon in einer Schrift von George Sand – im Vorwort der »Légende rustique« (1856) – zu finden, in dem davon die Rede ist, daß die

»wunderbaren Überlieferungen« notwendigerweise gesammelt werden müssen: »Man kann die Forschenden nicht genug darauf hinweisen, daß die Fassungen ein- und derselben Sage zahllos sind und daß jedes Kirchspiel, jede Familie, jede Hütte ihre eigene Version besitzt. Diese Vielfalt ist charakteristisch für die mündliche Literatur. Die ländliche Dichtung wie die Bauernmusik zählt ebenso viele Bearbeiter wie Individuen.«[6]

Es können hier nicht alle lokalen Forscher genannt werden, die sich bewußt waren, welchen Nutzen das Sammeln von Märchen und der Überlieferungen des Volkes überhaupt hatte, und die in diesen vierzig Jahren ausgezeichnete Sammlungen veröffentlichten, jedoch sind Namen wie Jean-François Bladé, Antonin Perbosc und Achille Millien zu erwähnen. Der erstere, der aus der Gascogne stammte, erinnerte sich an die Märchen, die ihm die Dienstmädchen in der Kindheit erzählten. Als Richter beim Gericht in Lectoure, seine Heimatstadt (Departement Gers), begann er mit der Sammlung von Erzählungen, jedoch nicht ohne sich nach älteren Arbeiten, zuerst aus Deutschland, erkundigt zu haben. Von 1855 an zeichnete er als »einfacher Stenograph und wortgetreuer Übersetzer« Märchen auf, wobei er weder den Namen des Erzählers, noch seinen Geburtsort, das Alter und den Bildungsstand vergaß. Diese geduldige Arbeit führte 1886 zur Veröffentlichung der drei Bände »Contes populaires de Gascogne« in der von Sébillot herausgegebenen Reihe, denen Reinhold Köhler vergleichende Anmerkungen hinzufügen wollte – diese Aufgabe hat er aber leider nicht bis zum Schluß durchgeführt. Bladé, der behutsam im Umgang mit seinen Gewährspersonen war, lieferte fesselnde Personenbeschreibungen von ihnen, vor allem von seinem wichtigsten Erzähler, der ihm erklärt hatte: »Monsieur Bladé, Sie wünschen keine erfundenen Geschichten.« Dazu muß man anmerken, daß dieser Gewährsmann nicht in der herkömmlichen Situation erzählte, beispielsweise in den geselligen Abendstunden, sondern im vertraulichen Gespräch. Bladé bezeichnet als *contes proprement dits* (eigentliche Märchen) die Erzählungen, die mehr oder weniger vom Wunderbaren geprägt sind, deren Unwahrhaftigkeit weder vom Erzähler noch vom Zuhörer angezweifelt wird und für die formelhafte Wendungen am Anfang und am Schluß der Geschichte charakteristisch sind.

Ebenfalls aus der Region des Languedoc muß man einen einzigartigen Versuch hervorheben, und dies besonders in einer Zeit, in der die einheimischen Sprachidiome von der staatlichen Schule verbannt waren: Antonin Perbosc, 1894 Lehrer in der kleinen Gemeinde Comberouger, sammelte dort mit seinen Schülern Erzählungen, Sprichwörter, Rätsel aus dem Munde ihrer Eltern und Großeltern. Dieser bedeutende Fundus, der in Schulheften niedergeschrieben und in der Schulbibliothek aufbewahrt ist, wurde nur teilweise veröffentlicht (»Contes de la vallée du Lambon«, 1914; »Contes de Gascogne«, 1954). Perbosc hatte mit seinen Schülern sogar einen Verein zur Traditionspflege gegründet, dessen Präsidentin und Vizepräsidentin, zwei »ausgezeichnete Erzählerinnen« von erst zwölf Jahren waren.

Achille Millien, der 1838 im Nivernais geboren wurde, begann 1877 mit der Sammlung der Märchen, die er in seiner Kindheit gehört hatte. 1882 dehnte er sein Forschungsgebiet bis in die Gegend der Amognes (Waldgebiet östlich von Nevers) aus und machte bei vier Geschwistern, seinen Cousins und Cousinen, einfache Bauern, eine reiche Ernte, die teilweise auf mütterlichem Erbe beruhte. Sie konnten lesen und schreiben und zeichneten ihre Erzählungen sogar selbst auf – ebenfalls in Schulhefte. Achille Millien hat wenig veröffentlicht, aber Paul Delarue, der ebenfalls aus dem Nivernais kam, hat diese umfangreiche Sammlung sorgfältig untersucht, konnte aber nur einen Teil daraus publizieren (vgl. insbesondere »Contes du Nivernais et du Morvan«, 1953).

Während die meisten Sammler vom dringenden Wunsch beseelt waren, die im Untergang begriffene Überlieferung zu retten, war Emmanuel Cosquin ein Theoretiker. Als Schüler von Theodor Benfey besteht eines seiner Hauptanliegen darin, die indischen Quellen der europäischen Märchen nachzuweisen. Er sammelte von 1876 an Märchen in Lothringen, genauer in einem kleinen Dorf im Grenzgebiet zwischen Lothringen und der Champagne, und veröffentlichte 1887 seine schöne Sammlung »Contes populaires de Lorraine«. Nach Stith Thompson kommt dieser Anthologie eine vergleichbare Stellung in Frankreich zu wie den Kinder- und Hausmärchen der Brüder Grimm. Cosquin hat zu jedem Märchen seiner Sammlung vergleichende Kommentare zusammengestellt, die seine umfassenden Kenntnisse der mündlichen Literatur in Europa sowie seine wissenschaftliche Exaktheit bekunden.

Sein Tod im Jahre 1921, dem der Tod von Paul Sébillot 1918 und die Einstellung der »Revue des traditions populaires« 1919 vorangehen, bedeutet das Ende dieser großen Epoche, und dies nicht nur im Hinblick auf das Sammeln von Märchen, sondern vorübergehend auch hinsichtlich des Interesses, wenn nicht der Begeisterung, welche die mündliche Tradition hervorgerufen hatte und womit Frankreich seinen Rückstand im Verhältnis zu den anderen europäischen Ländern aufgeholt hatte.

In der Zeit zwischen den beiden Weltkriegen (1918-1939) wurde dieses Interesse nämlich immer geringer. Die »Revue du folklore français et colonial«, die 1930 gegründet wurde und bis 1942 erschien, ließ den Bereich der mündlichen Literatur weitgehend außer acht. Eine Sonderstellung ist jedoch dem Werk »Les Contes de Perrault et les récits parallèles« von Paul Saintyves (Pseudonym für den Schriftsteller und Verleger Paul Nourry), das 1923 erschien, einzuräumen. In diesem Buch stützt sich Saintyves auf die Arbeiten der englischen anthropologischen Schule und insbesondere auf Andrew Lang, nach dem die Märchenmotive zu einst weltweit verbreiteten und heute noch bei den Naturvölkern vorhandenen Sitten in Beziehung stehen. Diese Bräuche und Gewohnheiten, die in unseren Märchen weiterleben, sind nach Saintyves liturgischer (d.h. ritueller) Art. Diese Hypothese gestattet ihm die Einteilung von Perraults Märchen, denen er zahlreiche Varianten hinzufügt, in drei Gruppen: Die erste, die Jahreszeitenriten, enthält *Les Fées* (deutsch: »Frau Holle«

1. Januar, Rücksichtnahme auf die Feen), *La Belle au bois dormant* (»Dornröschen«, Spinnverbot während der zwölf Rauhnächte), *Cendrillon* (»Aschenputtel«, die Aschenkönigin) und schließlich *Le Petit Chaperon rouge* (»Rotkäppchen«, die Maikönigin). Die zweite Gruppe besteht aus Märchen, die aus Initiationsriten abgeleitet sind und die »schwieriger und weniger sicher zu interpretieren sind« (Saintyves): *Le Petit Poucet* (»Der Jüngling beim Menschenfresser«) behandelt die Initiation der Jungen im Wald, *Barbe-Bleue* (»Blaubart«) betrifft die Initiation der heiratsfähigen Mädchen, *Riquet à la Houppe* (»Riquet mit dem Schopf«) macht mit den Ehegesetzen bekannt, und *Le Chat botté* (»Der gestiefelte Kater«) lehrt das künftige Oberhaupt, seine Verpflichtungen zufriedenstellend zu erfüllen. Die Lehrfabeln oder Fabeln schließlich – *Griseldis; Les Souheits ridicules* (»Die törichten Wünsche«) – enthalten nach Saintyves religiöse Gebote.

Abgesehen von seinen unbestreitbaren poetischen Qualitäten ist Saintyves Werk ein Bahnbrecher für die Strömung, die 1946 zu der Arbeit »Die historischen Wurzeln des Zaubermärchens« von Wladimir Propp führt, welchen ein trauriges Geschick erst lange nach seiner wissenschaftlichen Tätigkeit bekannt werden ließ (deutsch 1987).

In dieser Zeit haben die französischen Märchenforscher die zahlreichen Arbeiten über das Märchen, die aus anderen Ländern hervorgegangen sind, allen voran die Existenz des internationalen Typenverzeichnisses der Folklore Follows, anscheinend fast ganz ignoriert. Durch den internationalen Folklorekongreß, der 1937 in Paris stattfand, wurden sie sich der Lücken auf diesem Gebiet bewußt, aber der Krieg verhinderte einen Forschungsauftrieb. Seit 1947 steuern das Musée national des arts et traditions populaires und die Société d'ethnographie française wesentlich zur Entwicklung der französischen Märchenforschung auf wissenschaftlicher Basis bei. Die entscheidenden Impulse hat hier Paul Delarue mit der Gründung des französischen Märchenkataloges geliefert, aber der erste Band, den er selbst verfaßt hat, erschien erst 1957, wenige Monate nach seinem Tod. Zur Nachfolgerin gewählt hatte er zuvor Marie-Louise Tenèze, die mit Hilfe von Delarues Kartei drei weitere Bände veröffentlichen konnte. Delarue hatte den Katalog wohlüberlegt mit den Zaubermärchen begonnen. Er erklärte: »Meine Vorliebe unter den Märchen gilt den Zaubermärchen, für das die Deutschen den Begriff *Märchen* gewählt haben. Es ist für mich die vollkommenste Ausdrucksart aller mündlichen Erzählungen«, denn es enthülle die »sentimentale und poetische Seite der Volksseele«.[7]

Der französische Märchenkatalog hat einen beispielhaften Aufbau. Man findet darin zu jedem Märchentyp die Nummer der internationalen Klassifikation sowie die Titel der Fassungen – soweit vorhanden – bei Straparola, Basile und den Brüdern Grimm; eine charakteristische gedruckte bzw. ungedruckte Fassung; die Differenzierung in Episoden und Motive; Variantenverweise mit Angabe der Ordnungsnummer dieser Gliederung; Bemerkungen zum Märchentyp (Alter, Verbreitung, Charakteristik der französischen Fassungen etc.).

Darüber hinaus enthält der erste Band – die Zaubermärchen füllen zwei dicke Bände – eine lange Einführung von Paul Delarue und eine nahezu erschöpfende Bibliographie, die später von Marie-Louise Tenèze ergänzt wurde.

Kurt Ranke sagte zu Paul Delarue: »Der erstaunliche und unerwartete Schatz des französischen Märchens wird nicht nur Erstaunen bei den Folkloristen hervorrufen, sondern man wird auch alle Fragen, mit denen sich die Märchenforschung befaßt, neu überdenken müssen« (Rückübersetzung). An Delarues Beitrag zur internationalen Klassifikation hebt Marie-Louise Tenèze die Einführung zweier Märchentypen hervor, und zwar 317, *Le Petit berger et les trois géants* (»Der kleine Schäfer und die drei Riesen«) und 713, *Brigitte, la maman qui m'a pas fait, mais m'a nourri* (»Brigitte, die Mutter, die mich nicht geboren, aber ernährt hat«), sowie die Unterteilung von AT 312, *Barbe-Bleue* (»Blaubart«) aufgrund einer lokalen christianisierten Fassung, die Paul Delarue entdeckt hat. Er hat jedoch auch die Erforschung von Märchenzyklen besonders empfohlen, nachdem er festgestellt hat, daß beispielsweise AT 517, 671 und 725 einen Komplex bilden, und zwar den »Kreis der wahr gewordenen Prophezeihung«, oder daß AT 327 A, B und C und 328 derart verwandte Züge aufweisen, daß sich hier die Frage der Kontamination stellt.

Eines der Hauptinteressen Delarues waren die Wechselbeziehungen zwischen Mündlichkeit und Schriftlichkeit. In seinen Kommentaren zu den einzelnen Märchentypen liefert er Hinweise auf mögliche gedruckte Quellen, und bekannt ist eine Reihe Artikel über die Märchen Perraults, die er 1951 bis 1953 verfaßt hat und in denen er diesen doppelseitigen Aspekt behandelt: zum einen die Wirkung Perraults auf die Volksdichtung und zum anderen seine Abhängigkeit von der mündlichen Literatur. Marc Soriano hat bekanntlich ein bemerkenswertes Buch zum »Fall« Perrault verfaßt, in dem er diese Problematik aufgreift. Man kann die Bedeutung des Werkes von Paul Delarue eigentlich nicht genug betonen, muß ihm aber die Schriften von Marie-Louise Tenèze hinzufügen, ohne die seine Impulse zum Scheitern verurteilt gewesen wären.

In der Zeit, in der er mit der Erstellung des Märchenkatalogs begann, förderte Delarue Feldforschungen, die noch möglich waren. Für diese Epoche sind zwei beachtenswerte Namen, Geneviève Massignon und Ariane de Félice zu nennen. Die erstere ist Sprachwissenschaftlerin und erforscht vor allem die französischen Mundarten in Akadien (Kanada und Mississipi); 1945 wird ihr die Betreuung des Sprachatlas für Westfrankreich (»Atlas linguistique de l'ouest de la France«) aufgetragen, wodurch sie zahlreiche Märchenvarianten aus der Gegend von Tréguier, dem ehemaligen Arbeitsgebiet Luzels, aus dem Poitou, der Charente und der Vendée sammeln konnte. Aber auch auf Korsika machte sie eine reiche Ernte. Ein Teil ihrer Feldforschungen wurde veröffentlicht, aber es existiert auch noch ungedrucktes Material.

In der gleichen Zeit sammelte Ariane de Félice im Haut-Berry, in der Vendée, dem Poitou und im Departement Loire-Atlantique Märchen (schriftliche Aufzeichnungen und Tonaufnahmen), die im Musée des arts et traditions populaires aufbewahrt sind. Sie interessierte sich in erster Linie für den Erzählstil. Seit 1951 schließlich sammelte Charles Joisten zahlreiche Erzählungen, zunächst in den Hautes-Alpes, dann im Dauphiné. Diese Sammlung mündete in die sehr schöne zweibändige Publikation »Contes populaires du Dauphiné«. Paul Delarue selbst hatte zudem beim Ersame-Verlag eine Reihe geschaffen, in der für jede Provinz die Publikation der besten unveröffentlichten Märchen aus alten und neuen Feldforschungen vorgesehen war, aber er konnte bedauerlicherweise nur sieben Bände herausgeben.

In den sechziger Jahren, in denen man in Frankreich glauben konnte, die Märchentradition sei untergegangen, stellten Daniel Fabre und Jacques Lacroix eine beachtliche Sammlung in den Pyrenées audoises (Flußlandschaft in den nordöstlichen Pyrenäen) zusammen. Ihr Werk – »La Tradition orale du conte occitan« (1974) – enthält schöne und weitgehend bekannte französische Zaubermärchen in okzitanischer Mundart und in französischer Übertragung. Es sind hier aber auch Varianten von AT 400, 530 und 597 zu finden, die in Frankreich und im okzitanischen Gebiet wenig oder überhaupt nicht verbreitet sind sowie die hier nicht zu erwartende Fassung von AT 931 mit dem Titel »C'est l'histoire d'un jeune homme qui a tué son père et qui s'est marié avec sa mère et qui ne le savait pas« (Geschichte eines jungen Mannes, der unwissentlich seinen Vater getötet und seine Mutter geheiratet hat). Fabre und Lacroix begnügten sich nicht allein damit, diese Texte bekannt zu machen, so interessant sie auch sein mögen, sondern sie fragten auch nach der pädagogischen, moralischen und spielerischen Funktion der Märchen sowie nach sozialen Kommunikationsfaktoren (*Traditionsmodus*). Zum Glück hatten diese beiden um den sozialen Kontext besorgten Ethnologen eine Situation vorgefunden, in der die Märchen noch lebendig und sogar tief eingewurzelt in der mündlichen Überlieferung waren.

Die Resultate der Feldforschung, die Marie-Louise Tenèze aufgrund einer größeren Kollektivuntersuchung um 1965 in der Gegend des Aubrac (Zentralmassiv) 1975 veröffentlicht hat, bezeugen eine eher in die Vergangenheit gewandte Situation. Sie hat Varianten der bekannten Typen AT 300, 313, 330 gesammelt, und im Zusammenhang mit AT 327, der in dieser Gegend verbreitet ist, bestätigt sie den Strom der französischen Tradierung in die beiden entgegengesetzten Richtungen, d.h. zum einen Selbständigkeit mancher Fassungen gegenüber der Märchen Perraults und zum andern Abhängigkeit der mündlichen Überlieferung von Perrault. Marie-Louise Tenèze beobachtet, mit welch »sicherem Geschmack« eine gute Erzählerin »das zurückwies, was unmittelbar einer Lektüre nacherzählt war, und mit welch gutem Unterscheidungsvermögen sie sich nur die mündlich tradierten Märchen merkte.«[9] Sie hat mit dieser Arbeit neben den schwierigen Fortsetzungsarbeiten am französischen Märchenkatalog und neben der Publikation der umfangreichen Sammlung von Victor Smith – ein Freund von Emmanuel Cosquin, der am Ende des 19. Jahrhunderts im Haute-Loire gesammelt hat – Bedeutendes geleistet. Die französischen Ethnologen, die sich mit der mündlichen Literatur befassen, schulden ihr Anerkennung und Dank. Sie hat das engagierte Werk Paul Delarues fortgesetzt und sie garantiert die Kontinuität, die Frankreich auf diesem Forschungsgebiet nicht immer gekannt hat.

In diesem Zusammenhang sind auch die drei wichtigsten Studienzentren, in denen das Märchen in mehrfacher Hinsicht erforscht wird, zu nennen, und zwar das »Centre alpin et rhodanien d'Ethnologie« in Grenoble; das »Centre de recherche bretonne et celtique« unter der Leitung von Donatien Laurent in Brest; die Forschergruppe um Daniel Fabre in Toulouse und die »Groupe de recherche audois d'ethnologie« in Carcassonne, die eine Anthologie unveröffentlichter mündlicher Erzählungen herausgibt. Ferner hat J. Cuisenier unter dem Titel »Récits et contes populaires« in der Zeit von 1978 bis 1981 bei Gallimard eine interessante Reihe herausgegeben, die leider nach etwa dreißig Bänden eingestellt wurde und in der das Zaubermärchen neben den Sagen, Erzählungen, Rätseln, Liedern usw. erscheint. Als geographischer Rahmen war der Raum gesteckt, den man im Französischen als *pays* bezeichnet, d.h. eine kleinere Region, die eine folkloristische und ethnologische Einheit bildet.

In theoretischer Hinsicht sind für die sechziger Jahre die semiotischen Arbeiten über das Märchen charakteristisch, vor allem die Arbeiten von Claude Brémond, Algirdas Julien Greimas und Joseph Courtès, die sich an Wladimir Propp, Alan Dundes und Claude Lévi-Strauss anlehnen. Claude Brémond wählt als Untersuchungsmaterial die Zaubermärchen aus dem Katalog Delarue-Tenèze und schlägt ein Sechs-Funktionen-Modell vor (Erniedrigung/Erhebung, Verdienst/Belohnung, Schuld/Bestrafung). Für Greimas ist das Zaubermärchen mit dem Mythos vergleichbar, was die strukturalistische Untersuchungsmethode von Lévi-Strauss rechtfertige. Ausgehend von Propps Schema hebt er ein Aktantenmodell mit ebenfalls sechs Funktionen hervor: Sender – Objekt – Empfänger; Helfer – Subjekt – Gegenspieler. Dieses Modell benutzt J. Courtès dann schließlich bei der Analyse der französischen Zaubermärchen.

Eine weitere Arbeitsweise, die man als ethnologisch bezeichnen kann, läßt die Märchen und allgemeiner alle Erzählungen mündlicher Überlieferung in den Gesamtkomplex der sozialen Faktoren, die man in den traditionellen Kulturen kennt, einfließen und behandelt sie gleichwertig als Symbole, die zum einen in diesem Kontext zu untersuchen und zum andern bei seiner Erhellung behilflich sein können. Charakteristisch für diese Untersuchungsmethode, zu der Daniel Fabre und seine Arbeitsgruppe in Toulouse wesentlich beigetragen haben, ist die Arbeit über Rotkäppchen von Yvonne Verdier. Fabre spricht von einer »Ethnologie, die das Märchen als Rohmaterial benutzt, d.h. die es zum Verständnis eines einzelnen Phänomens in Beziehung zu anderen Dialogformen, aber auch Techniken, Praktiken, Riten setzt.«[10]

In Frankreich sind nur wenige Märchenmonographien entstanden. Genannt sei jedoch eine Nummer der »Cahiers de littérature orale« – Zeitschrift zur Erforschung aller Werke, die mit Mündlichkeit zu tun haben –, die Cendrillon (»Aschenputtel«) gewidmet und unter der Leitung von Nicole Belmont entstanden ist.

Zusammenfassend kann man sagen, daß die Geschichte der französischen Märchenforschung widersprüchlich ist. Nachdem Frankreich bereits am Ende des 17. Jahrhunderts eine Sammlung von Märchen hervorgebracht hatte, die vorwiegend aus der mündlichen Tradition stammten, folgte aufgrund der überhandnehmenden (literarischen) Modewelle ein starkes Desinteresse. Es dauerte dann noch ein weiteres Jahrhundert, bis fundierte Feldforschungsprojekte durchgeführt wurden. Paradox ist auch die gegenwärtige Situation, in der ausgezeichnete Arbeiten erscheinen, um mit dem französischen Märchenkatalog nur eine davon zu nennen, und in der eine gewisse Gleichgültigkeit, wenn nicht Unwissenheit der Allgemeinheit zu beobachten ist. In der Tat sind die Zaubermärchen – wenn man von Perraults Märchen einmal absieht, aber hier handelt es sich um eine gedruckte Sammlung – eigentlich niemals in den allgemeinen Kulturbesitz der Franzosen eingedrungen. Und daher haben die beiden Filme, der eine – »La Belle et la Bête« von Jean Cocteau – älteren, der andre – »Peau d'Ane« von Jacques Demy – jüngeren Datums, als Vorlage gedruckte Märchen genommen und sie mit ästhetischer Voreingenommenheit behandelt. Es existiert sozusagen ein französischer Widerstand gegen das Wunderbare, was wohl auf eine rationalistische Tradition, die aus dem Geist der Aufklärung hervorgegangen ist, zurückgeführt werden kann. Spätestens seit dem 17. Jahrhundert gibt es keine gegenseitige Durchdringung mehr von Gelehrtenkultur und Volkskultur wie im Mittelalter, in dem Motive aus der mündlichen Überlieferung die literarischen Schöpfungen bereichert haben. Paul Delarue stellte fest, daß diese Tendenz zum Rationalismus selbst in der Behandlung des mündlich überlieferten Erzählgutes zum Ausdruck kommt: »Das Zauberhafte unserer Märchen scheint im Vergleich zu den Märchen unserer Nachbarländer ganz verkürzt, diszipliniert, vertraut, vereinfacht, fast vernünftig.«[11] Aber trotz dieses »disziplinierten Zauberhaften« stellen die Märchen einen großen Erzählschatz dar, den die zeitgenössische Märchenforschung bekannt macht und den sie mit wissenschaftlicher Genauigkeit erforscht.

Übersetzt von Waltraud Linder-Beroud

Michael G. Meraklis

MÄRCHEN IN GRIECHENLAND

Es mag vielleicht nicht unbedingt ein Paradox darstellen, daß in einem kleinen Land wie Griechenland, das seine Unabhängigkeit (mit vielen bleibenden Abhängigkeiten) erst um die Mitte des vorigen Jahrhunderts nach langen Jahrhunderten der Türkenherrschaft (seit 1453) errungen hat, es zuerst die Fremden gewesen sind, die mit der Erforschung der Märchen (sowie anderer Bereiche sowohl der Volkskultur wie der Hochkultur) begonnen haben. Den Anfang bildete der Österreicher Johann Georg von Hahn, Konsul in Ioannina (einer für die geschichtliche und kulturelle Tradition in Nordwestgriechenland bedeutenden Stadt nahe der heutigen griechisch-albanischen Grenze) und später in Syra (einer Ägäisinsel); aus beiden Gebieten sammelte er Märchen, und ein Teil davon kam in deutscher Übersetzung in seiner veröffentlichten Sammlung von 1864 zum Druck[1]. Seine handschriftlichen Aufzeichnungen kamen später in den Besitz des dänischen Gräzisten Jean Pio, der ihre Publikation mit französischem Titel und griechischen Texten vornahm (die französischen Anmerkungen am Ende sind grammatikalischer und lexikalischer Natur)[2]. Inzwischen hatte der deutsche klassische Philologe Bernhard Schmidt ein Buch mit Märchenmaterial vorgelegt, das er selbst auf Zante (einer Insel im Jonischen Meer) aufgezeichnet hatte[3]. Das Ziel dieses Unterfangens ist im Vorwort deutlich umrissen: es geht um die Feststellung, ob und in welchem Ausmaße die altgriechischen Mythen im neugriechischen Märchen weiterleben. Schmidt war, wie übrigens auch Hahn, der eine Art Klassifizierung der Märchen nach Helden der altgriechischen Mythologie vorgenommen hatte, Anhänger der Kontinuitätstheorie. Das führte dazu, daß die veröffentlichten Märchen zahlenmäßig wenige waren (25): nur solche wurden berücksichtigt, die, nach dem Dafürhalten des Editors, Reminiszenzen aus dem Altertum enthielten. Der griechische Märchenforscher Georgios A. Megas hat später diese Übertreibungen von Schmidt kritisiert, allerdings nicht seine Grundauffassung bezüglich der Kontinuität. Als Beweis dafür mag dienen, daß er selbst (der systematischste Erforscher der neugriechischen Märchen)[4] wiederholt den Brückenschlag zwischen altgriechischen Mythen und neugriechischen Märchen unternommen hat. Diesbezüglich sei an dieser Stelle nur seine letzte umfangreiche Arbeit angeführt, über Eros und Psyche, wo er aufgrund von 442 griechischen Varianten (gegenüber 35 von Swahn) den Nachweis des griechischen Ursprungs des Märchens, wie es uns bei Apuleius erhalten ist, zu führen unternimmt[5]. Arbeiten bezüglich des Weiterlebens altgriechischer Motive hat auch der klassische Philologe und bekannte Homer-Forscher Ioannis Kakridis vorgelegt[6].

Einen unterschiedlichen, zeitgenössischeren methodischen Ansatz in der griechischen Märchenforschung hat der englische Archäologe Richard Mac-

Gillivray Dawkins eingeführt, der 1916 seine intensive editorische und kommentierende Märchenarbeit beginnt, die er bis zu seinem Tode, ohne wesentliche Unterbrechung, weiterführen sollte[7]. Auch ihn haben die Fragen der Tradierungswege aus dem Altertum beschäftigt, doch stärker richtet er sein Augenmerk auf die gegenwärtige Komparation, indem er vor allem wesentliche Unterschiede zwischen den griechischen und türkischen sowie zwischen den griechischen und italienischen Märchen herausgearbeitet hat. Die Türkei und Italien sind nicht bloß Nachbarländer, sondern historisch vielfach mit Griechenland verbunden (es sei nur an die Jahrhunderte währende Türkenherrschaft erinnert, sowie an die vorausgehende Lateinerherrschaft in vielen hellenophonen Gebieten, und später an die Italienerherrschaft auf den Inseln der Dodekanes, die erst 1947 zu Griechenland gekommen sind). Dies bedeutet grundsätzlich auch beidseitige kulturelle Einflußnahme, die Dawkins auch keineswegs unberücksichtigt ließ. Nur besteht er darauf, daß Griechenland in jedem Fall der gebende Teil gewesen sei[8].

Bezüglich der Märchen von der Dodekanes konnte Dawkins eine fortgeschrittene Säkularisierung feststellen, sowie Inhalte, die sich an ein Publikum richten, das gesättigt scheint von den wunderbaren Abenteuern in einem Land der Lügen und von den herkömmlichen Erzählungen, bereit, einen kultivierteren Erzählstil gerne aufzunehmen[9]. Ähnliches durfte auch der Verfasser dieser Zeilen feststellen, freilich wesentlich später, bei der Untersuchung von Märchen aus Lesbos[10] und Thessalien[11]. Hier wird im neugriechischen Märchen eine realistische Vernünftigkeit manifest, die Ergebnis der schwierigen historischen, sozialen und geographischen Umstände zu sein scheint, mit denen das griechische Volk jahrhundertelang zu leben hatte. Diese grundlegende Rationalität hat auch eine Klarheit der Erzählstrukturen zur Folge, die sich häufig zu einem leicht erkennbaren »Oikotyp« entwickeln.

Zu den herausragenden Versuchen der griechischen Märchenforschung sind auch die Arbeiten von Dimitrios Lukatos zu zählen (obwohl das Sprichwort sein eigentliches Hauptgebiet ist), der sich mit Fragen der »Biologie« des Märchens beschäftigt, z.B. mit dem Auftreten verschiedener Varianten (und zwar nicht nur in Form von Aufzeichnung, sondern der Klassifizierung nach Subtypen) eines Märchentyps in einer bestimmten Region (etwa der Insel Kefallonia)[12].

Im Rückblick auf die Anfänge der griechischen Märchenforschung bleibt festzuhalten, daß die grundlegende Motivation der griechischen Gelehrten, die sich seit der Jahrhundertmitte (ab 1850 in der Zeitschrift »Pandora«) mit der Kollektion und Publikation von volkskundlichem Material beschäftigen, darauf hinauslief, dieses Material »vor dem Vergessen zu bewahren«[13]. Es ist Tatsache, daß in dieser ersten Phase der Sammeltätigkeit das Volkslied bei weitem den größten Anteil hatte. Aber das Material begann rasch anzuschwellen (ab 1856 schon auch mit staatlicher Unterstützung, vor allem durch dienstliche Empfehlungen und Erlasse an die Volksschullehrer), so daß der Anteil der Märchen auch bedeutend zunahm. Und dies war erst der Anfang.

Das gesammelte Material begann Georgios Megas, schon während seiner Studienzeit, als Schüler des Begründers der griechischen wissenschaftlichen Volkskunde, Nikolaos Politis (1852-1921), unter seiner Anleitung systematisch auszuwerten, mit dem Ziel, einen griechischen Märchenkatalog nach dem Vorbild von Antti Aarne aufzubauen. Doch vielfältige anderweitige Verpflichtungen sowie die Tatsache, daß sich die Intelligenz des Landes wie auch der Staatsapparat erst mit großer Verspätung entschieden der eigenen Volkskultur zuwandte (der Hauptfaktor dieser Verzögerung waren die vorherrschenden neoklassizistischen Tendenzen in Griechenland), trugen letztlich dazu bei, daß Megas bis zu seinem Tode 1976 von dem geplanten Katalog nur einen kleinen Teil in veröffentlichter Form vorlegen konnte: die Tierfabeln[14].

Megas hatte in den letzten Jahren seiner Lehrtätigkeit für Philologen und in der Weiterbildung für Lehrer (1957-1963) die Angewohnheit, von seinen Studenten und Hörern Märchenaufzeichnungen aus ihrer engeren Heimat zu verlangen. (Es bleibt darauf hinzuweisen, daß es bis zum Jahre 1963 in Griechenland nur zwei Universitäten gab: die von Thessaloniki in Nordgriechenland und die von Athen, die auch das Hauptkontigent der Studenten zu betreuen hatte). Diese Initiative stellte sich als erfolgreich heraus, was dadurch zu erklären ist, daß Griechenland erst in den 60er Jahren seinen Charakter als vorwiegendes Agrarland zu ändern begann. In seinem derart aufgebauten Archiv (das sich heute in der Griechischen Volkskundlichen Gesellschaft befindet) sind unter anderem 4.000 Märchen aufgezeichnet und nach dem System von Aarne-Thompson geordnet.

Man könnte meinen, daß nach den 60er und 70er Jahren, in denen Erscheinungen intensiver, oder genauer gewaltsamer kultureller Änderungen in der griechischen Gesellschaft an den Tag getreten sind, mit dem hervorstechenden Kennzeichen der Verbürgerlichung der Agrargruppen in allen Gebieten, daß derart tiefgehende Mutationsprozesse den volkstümlichen Quellenbereich, aus dem Megas noch 1963 schöpfen konnte, völlig zum Versiegen gebracht hätten. Doch die eigene Erfahrung straft diese Vermutung Lügen: während meiner Lehrtätigkeit am Lehrstuhl für Volkskunde an der Universität Ioannina 1975-1989 zeigte der Versuch der Wiederholung des Experiments von Megas, daß eine in gewisser Weise organische Wiederbelebung der Tradition festzustellen ist, wenn auch altersbedingt, nur latent und oft verborgen: der verbürgerlichte Bauer, vor allem aber die verbürgerlichte Bäuerin, ist, ab einer gewissen Altersstufe, bereit, nach der entsprechenden Aufforderung, Märchen zu erzählen.

Unabhängig von diesem bemerkenswerten Phänomen des zumindest erinnerungsmäßigen Funktionierens der Märchentradierung auf dem Lande ist auch ein anderes, ebenso bemerkenswertes Phänomen, etwa ab der Mitte der 70er Jahre, zu beobachten. (Es sei darauf hingewiesen, daß 1974 die siebenjährige Diktatur zum Erliegen kam und eine freiere Zirkulation von Ideen möglich wurde, geistige, künstlerische und andere Gärungsprozesse begünstigt waren). Es kommt, für die griechische Verlagstätigkeit zum erstenmal in diesem Umfang und in dieser Intensität, zur Herausgabe einer ganzen Anzahl von Märchensammlungen, sowohl in Form von Reprints als auch direkte dem »Volksmund« abgelauscht, die sich von vornherein nicht unbedingt an ein Kinderpublikum wenden, sondern als Volksliteraturprodukt an literarisch interessierte Leser. Nach meinem Dafürhalten hat dieses Phänomen die in jedem Fall engen und konventionellen Grenzen des Märchenfolklorismus bereits hinter sich gelassen bzw. es geht nicht nur um einen solchen. Bis zu einem gewissen Grad markiert diese Präferenz eine Sättigung des Leserpublikums von einer Literaturproduktion, die eine Periode vielfacher und verschiedenster Nachahmungen ausländischer Modernismen bzw. einheimischer Experimente auf diesem Gebiet durchgemacht hat. Eine Art Wende des Leserpublikums zu klassischen Formen und einfacheren Strukturen läßt sich verzeichnen. Bemerkenswerte Auflagezahlen erreichen Werke der romantischen und nachromantischen Prosaliteratur des 19. Jahrhunderts, denen nicht einmal eine zweite Auflage gegönnt war; viele von ihnen verzeichnen nun zum ersten Mal einen Verkauferfolg, zum ersten Mal werden sie von einem größeren Publikum gelesen. Genau die gleiche Beobachtung läßt sich bei den veröffentlichten Volksmärchen machen. Einer der bedeutendsten zeitgenössischen Prosaschriftsteller Griechenlands, Georgios Ioannu (als Absolvent eines Philologiestudiums hatte er enge Beziehungen zur sprachlichen Volkskunde)[15] hält im Prolog eines von ihm edierten Märchenbandes[16] programmatisch fest: »Die Märchen sind nicht nur für die Kinder, dies ist ein Fehler. Sie haben unendliches Interesse für die Gebildeten wie auch für das einfache Volk. Die geistig Verdorbenen haben freilich ihre Einwände. Es sind nicht wenige, doch sind sie, glücklicherweise, nicht so gewichtig (...). Ich meine – und erhoffe auch keine – nicht eine Art von literarischer Wende oder Wiederbelebung. Solche Dinge geschehen nicht. Wir haben jetzt andere Probleme. Von diesen volkstümlichen Texten allerdings geht unser geistiges Leben aus, und dann sind sie aus für sich selbst bewundernswerte Leistungen in ihrer Art. Der Gewinn ist vor allem ethisch, psychologisch und sprachlich. Und das ist sicherlich nicht wenig.«

Neuere Philologen, ebenfalls Herausgeber von Märchen, nehmen noch weitere, mehr oder weniger gewagte Querverbindungen und Komparationen vor, oder kommen zu allgemeineren Feststellungen, die diese bisher in Griechenland unbekannte Rolle des Volksmärchens aufzeigt: es soll Gegenstand ästhetischen Genusses oder auch anthropologischer, ja sogar philosophischer Beschäftigung eines gebildeten Publikums sein. Ich gebe hier ein solches Beispiel: es handelt sich um einen ausführlichen Passus einer zweibändigen Sammlung[17] von insgesamt 277 Texten (sie enthält nicht nur Zaubermärchen, sondern auch Märchennovellen, Schwänke und Fabeln): »In den Märchen träumt das Volk von Brotwecken. In jedem Märchen entwickelt sich ein Drama, das Drama des Lebens. Es gibt drei Zyklen im Märchen. Wenn es beginnt, befindet sich der Held im ersten, der die Hölle darstellt: Armut, Kinderlosigkeit, Schlechtigkeit der Mitmenschen usw. Sowie die Erzählung fortschreitet, tritt er in den zweiten ein, das Purgatorium: Abenteuer, Schwierigkeiten, Entbehrungen, Kämpfe. Am Ende des Märchens langt er, nach der Purifikation, im dritten an, dem Paradies. Diese Purifikation, die nicht nur den Helden betrifft, sondern auch den Märchenerzähler und sein Publikum, hat Ähnlichkeiten, könnte man sagen, mit der Katharsis der altgriechischen Tragödie. Das Erzählen des Märchenerzählers entspräche hier einer theatralischen Vorstellung, wo der Erzähler, der mit besonderen und hervorstechenden Talenten begabt sein muß, alle Personen des Märchens darzustellen hat, und im besonderen der altgriechischen theatralischen Vorstellung, wo, wie wir uns erinnern, im Beginn zumindest, ein Schauspieler alle Rollen dargestellt hat. Die Beziehung zwischen Märchen und altgriechischer Tragödie ist größer und vielfältiger ...«

Neben dieser neuen Kategorie von Lesepublikum, das das Märchen rezipiert (Erwachsene, Bildungsbürger, Literaturfreunde) existiert freilich das traditionelle Kinderpublikum, mit dem sich – schon von früher her – Pädagogen und vor allem Schriftsteller der Kinderliteratur befassen (die Anzahl der letzteren hat seit 1974 eindrucksvoll zugenommen, seit sich das Kinderbuch zu einem auch für die Produzenten finanziell einträglichen Konsumgut entwikkelt hat)[18]. Dieser Personenkreis gibt auch Bücher mit traditionellen Märchen heraus. In diesen ist allerdings ganz klar festgehalten, daß sie sich an ein Kinderpublikum wenden. Darauf weist auch die Bebilderung und die ganze editorische Aufmachung, allerdings auch die Eingriffe der Schriftsteller, die sich nicht nur auf die Selektion der »pädagogischen« Texte und dem Ausschluß anderer beschränkt, sondern auch zur Neutralisierung oder zum Fortlassen von »gewagten« Details in den veröffentlichten Texten schreitet. (Diese mehr oder weniger tiefgehenden Eingriffe haben die Voraussetzungen für das massive Auftreten von neugeschaffenen »Märchen« geschaffen, die immer mehr von den traditionellen Vorbildern abweichen und sich der gewöhnlichen Erzählung annähern). Die Ausgaben, die sich an einem Erwachsenenpublikum orientieren, bringen dagegen die Texte ohne Veränderungen. Zu dieser Frage bemerkt auch der Schriftsteller Ioannu: »Die Fachleute sind der Meinung, es sei zulässig, ein Märchen, das große sprachliche Schwierigkeiten aufgrund von Dialektgebrauch (wie etwa das Pontische usw.) aufweist, Wort für Wort in das Gemeingriechische zu übertragen, damit es einem breiteren Leserpublikum zugänglich werde. Auf diese Weise ist es natürlich unmöglich, daß nichts von seinem anfänglichen Zauber verlorengeht. Außer dieser Sprachangleichung darf aber keine andere Veränderung vorgenommen werden. Die Episoden, die Syntax, die Atmosphäre, sogar idiomatische Schattierungen müssen beibehalten und herübergerettet werden«[19].

Die Mehrzahl der Personen, die sich mit Märchenbüchern beschäftigen, die für ein Kinderpublikum gedacht sind, sind Frauen. Eine Frau war es auch, die diesbezüglich als Bahnbrecher fungierte, zu Beginn der 50er Jahre und im Rahmen von allgemeinen Kindersendungen systematisch Märchen im Rundfunk ausstrahlen ließ. Es ist dies Antigone Metaxa-Krontira (1905-1971). Ihr

Publikum bestand vorwiegend aus Kindern im Vorschulalter. Sie selbst war Schauspielerin, hatte schon den Beginn einer erfolgreichen Theaterkarriere hinter sich, als sie sich, sehr früh schon, ausschließlich den Kindern widmete. 1933 gründete sie das »Theater der Kinder«. Im Rundfunk hatte sie jahrzehntelang hindurch ein tägliches Programm als »Tante Lena«. So scheint die folgende Beurteilung, die der vielleicht zuständigste Historiker der Kinderliteratur in Griechenland vornimmt, durchaus gerechtfertigt: »Was Metaxa von allen anderen, die sich mit unserer Kinderliteratur beschäftigen, unterscheidet und sie einzigartig erscheinen läßt, ist folgendes: sie hat sich nicht nur auf das geschriebene Literaturwort beschränkt, was sie allein für sich schon unter die bedeutendsten Kinderschriftsteller eingereiht hätte, sondern sie unternahm es, ihre Werke lebendiger und direkter dem Kind vorzustellen, indem sie sie selbst als Schauspiel oder als Hörspiel vortrug. Die Erziehung des Kindes und die Kultivierung künstlerischer Neigungen kann sicherlich nicht nur durch bloßes Lesen erzielt werden. Dazu bedarf es des theatralischen und allgemeiner des mündlichen Wortes (...). Dies hatte Metaxa nicht bloß erkannt, sondern auch richtig gelebt« (in der Folge wird auf ihr Schauspieltalent hingewiesen; ihre Stimme kannten im Jahrzehnt 1950-60 ohne Übertreibung alle Griechen)[20].-»Tante Lena« hat über 50 Bücher mit theatralischen Sketchen herausgegeben, über 200 Bücher insgesamt. Darunter fehlten freilich die Märchen nicht. Man könnte sie in drei Hauptkategorien teilen: zuerst die märchenhaften Bearbeitungen von Teilen der griechischen Mythologie (»Die Märchen der Götter vom Olymp«); sodann griechische Märchen (»Die Märchen der Tante Lena«, bearbeitete Volksmärchen), unter die man auch die Äsopischen Fabeln wird einreihen dürfen (»Fabeln des Äsop«)[21], die in Griechenland eine erstaunliche, über Jahrhunderte reichende mündliche Tradierung aufweisen[22]; und zuletzt ausländische Märchen (»Guten Tag, Kinder! Märchen aus allen Ländern«). Was die letzte Kategorie betrifft, bleibt anzumerken, daß die Produzenten und Editoren des Kinderbuches erst sehr spät auf die Existenz der griechischen Märchen aufmerksam geworden sind. Für lange Zeit wurden die griechischen Kinder nur mit fremden Märchen versorgt, vor allem aus den Sammlungen von Grimm[23] und Andersen[24]. Unter diesem Gesichtspunkt ist der Kommentar des Illustrators des Märchenbandes von Ioannu, Rallis Kopsidis, einer der bekanntesten griechischen Maler, vor allem Ikonenmaler, der in seinem Werk die byzantinische Tradition mit der neugriechischen Volksmaltradition verbindet, charakteristisch: »Da die vorliegenden Märchen griechische Produkte sind, dürfen bei ihrer Bebilderung die heimischen Elemente nicht vergessen werden. Wir haben es satt, die westliche Formgebung zu sehen, mit der der griechischen Seele fremden äußeren Erscheinung, den gotischen Burgen, der nebelverhangenen Konzeption der Zeichnungen für die im Ausland spielenden Märchen. Wir wollen von den Quellen unseres eigenen Landes trinken. Wir pilgern zu unseren eigenen Heiligenstätten. Heimische Wurzeln wollen wir in unseren malerischen Konzeptionen. Es ist dies ein Kriterium der Aufrichtigkeit. Märchen sind Nostalgie.

Nach dem früheren heroischen Fortschreiten der Griechen auf der freudvollen Straße der Kunst«[25]. (Kopsidis nicht der erste Fall, daß das griechische Volksmärchen zur Ausgangsbasis und zum Anlaß für apologetische Äußerungen oder auch Appelle zur Entdeckung der nationalen Identität und zur nationalen Selbsterkenntnis von seiten hellenozentrischer Intellektueller genommen wird. Ein hervorstechendes Beispiel aus der Vergangenheit bildete hier Ion Dragumis, 1878-1920.)

So ist es kein Fehler zu behaupten, daß sich in der ersten Hälfte des 20. Jahrhunderts mit genügender Deutlichkeit bezüglich des Märchens zwei Kategorien von Kinderpublikum unterscheiden lassen. Es gibt die Kinder der bäuerlichen Siedlungen, die Volksmärchen hören, und es gibt die Kinder vor allem der großen Städte, die übersetzte ausländische Märchen hören (oder lesen). Es ist bezeichnend, daß die Sammlung von Volksmärchen von Megas, die 1927 erschienen ist, bis 1950 keine Wiederauflage verzeichnen konnte (in der ersten Hälfte des Jahrzehnts der 50er Jahre kam es zu zwei oder drei Neuauflagen; 1962 erschien dann auch ein zweiter Band der Sammlung).

In unseren Tagen wird das Märchen (für Kinder) in allen zeitgnössischen technologischen Medien angeboten: vor allem durch den Rundfunk, das Fernsehen, auf Schallplatten, auf Tonbandkassetten, und vor allem als Buch, sowie auch auf den Bühnen der Kindertheater (allerdings nicht in diesem Ausmaß)[26]. Besonders bescheiden (fast inexistent) ist die Produktion von Kinofilmen und Videofilmen. In all diesen Fällen – mit Ausnahme einiger Bücher, die ihren Inhalt aus der mündlichen Überlieferung schöpfen – wird gewöhnlich zwischen ausländischen und einheimischen Märchen nicht unterschieden. So erscheinen heimische Elemente (Bartlose, Gorgonen, Fischer, Draken-Menschen usw.)[27] neben Zwergen, Riesen, Prinzen und Prinzessinnen usw. westlicher Herkunft.

Juliette Wood

VOLKSMÄRCHEN UND VOLKSMÄRCHENFORSCHUNG IN GROSSBRITANNIEN UND IRLAND

Für Viele weckt die Entwicklung der Volkskunde in Großbritannien Erinnerungen an kulturelle Pionierarbeit und an den großen Schwung viktorianischer Theoriebildung. Wenn man sich nun speziell mit der Volkserzählforschung näher befaßt, gewinnt man bald ein anderes Bild, nämlich das einer faszinierenden Vielfalt ethnischer Gruppen, jede mit ihrer spezifischen Art von Tradition und Identität. Nirgendwo ist die Beziehung zwischen diesen Gruppen klarer gekennzeichnet als in ihren Volkserzählungen. Es gibt zwei Hauptgruppen auf den britischen Inseln, die englische, zahlenmäßig die größte, und die keltische. Letztere ist zweifellos eine der bekanntesten Minderheiten in Europa. Die Kelten werden oft als kulturelle Einheit betrachtet; tatsächlich bestehen aber nicht unerhebliche kulturelle Unterschiede. Die Iren, die Schotten und das Volk der Isle of Man sprechen verschiedene, wenn auch untereinander nah verwandte keltische Sprachen, nämlich das Irische, das Schottisch-Gälische und das Manx-Gälische. Alle zusammen bilden den sog. goidelischen oder gaelischen Zweig der keltischen Sprachfamilie. Englisch ist zur Hauptsprache geworden. Die größten keltischen Sprachgebiete befinden sich im Westen von Irland und auf den westschottischen Inseln. Manx-gälisch erfreut sich zur Zeit einer gewissen Wiederbelebung. Trotz der heutzutage relativ dürftigen Sprachsituation hat das goidelisch-keltische Element dieser Regionen einen starken Einfluß auf die Überlieferung des volkstümlichen Erzählgutes gehabt. Tatsächlich sind Schottland und Irland die einzigen Regionen der britischen Inseln, in denen Märchen heute noch häufig erzählt werden und vermutlich auch immer erzählt worden sind.

Die Menschen in Wales und Cornwall sprechen also keltische Sprachen. Diese sind nahe miteinander verwandt und bilden den britischen Zweig der keltischen Sprachfamilie. Das Walisische hingegen konzentriert sich auf den Westen und Norden des Landes. Das Kornische ist als eigene Sprache im 18. Jahrhundert ausgestorben. Es sind aber Versuche im Gange, es wiederzubeleben. In beiden Gebieten ist natürlich Englisch heute die vorherrschende Sprache. Trotzdem hat es, anders als das sog. brythonische Keltisch, auf die Erzähltradition dieser Gegenden nur einen ziemlich geringen Einfluß gehabt. Der überraschende Unterschied beider Zweige keltischer Kultur in England ist das völlige Fehlen der Gattung *Märchen* in den nachmittelalterlichen Volkserzählungen von Wales. Das ist keineswegs gleichbedeutend mit einem Mangel an Themen. Vermutlich haben aber Sagen, Legenden und sonstige Erzählgenres die Gattung Märchen in den Hintergrund gedrängt. In dieser Beziehung folgt Wales ganz den Überlieferungsgesetzen des übrigen England und stimmt durchaus mit jenen gälischen Regionen überein, wo es *Märchen* im Überfluß gibt. Obgleich die politischen Beziehungen zwischen England und seinen keltischen Nachbarn nicht immer ganz einfach waren, hat die gegenseitige kulturelle Befruchtung doch extrem reichhaltige Ergebnisse gezeitigt. Einen weiteren bedeutenden Einfluß auf die britische Erzähltradition hatte andererseits die skandinavische Kultur sowohl in englischen als auch in keltischen Gebieten des Landes. In letzter Zeit haben auch neue ethnische Gruppen aus der Karibik und Indien etliche Elemente ihrer Tradition in das vielfältige und reiche Erbe britischer Überlieferung eingebracht.

Zur besseren Übersicht, und um die wichtigen kulturellen Unterschiede klarer zu charakterisieren, wird im Folgenden jedes Gebiet für sich behandelt werden[1], auch wenn dieses Vorgehen gelegentliche Wiederholungen unvermeidlich macht. Ein vehementes Interesse an der frühen Vergangenheit darf als kontinuierliches Merkmal der Entwicklung englischer und irischer Erzählforschung gelten. Nicht zuletzt ist diese Wißbegier natürlich auch Resultat einer nachromantischen Einstellung, die ursprünglich durch die Brüder Grimm nach England kam. In deren Nachfolge erkannten viele Gelehrte in den überlieferten Volkserzählungen ein kostbares und einzigartiges geistiges Vermächtnis.

England und Wales sind – mit Ausnahme der gälischen Gebiete – eigentlich keine reichhaltigen Märchengründe. Ein möglicher Grund dafür mag nicht zuletzt in der industriellen Revolution liegen, die hier ihren Anfang nahm. Eine urbane, auf technischem Fortschritt basierende Kultur ist dem Märchenerzählen nicht gerade förderlich. Trotzdem, andere Formen der Volkserzählung existieren immerhin im Überfluß. Unsere Märchenbetrachtung muß sich daher im Kontext einer weiter gefaßten Narrativistik bewegen.

England

Die Begründer der englischen Volkskunde konzentrierten ihre ersten Untersuchungen hauptsächlich auf Brauchtumsforschung. Die einzige Textgattung, für die man sich daneben noch interessierte, war die Ballade. Der Anstoß zur Beschäftigung mit *Märchen* kam zwar aus dem Ausland, wurde in England aber schnell in bereits bestehende Kulturtheorien integriert. Der Einfluß der Brüder Grimm war dabei in genau dem gleichen Maße spürbar, wie andernorts. Die erste Übersetzung der Grimmschen Märchen war versehen mit einer Einleitung des Erzählforschers Andrew Lang. Lang wandte hiermit erstmals seine allgemeinen Survival-Theorien auf die Gattung *Märchen* an. Seine Auffassung über *Märchen* als Relikte aus Vorzeiten deckte sich weitgehend mit der der Brüder Grimm. Trotzdem wurde im Anschluß an diesen Auftakt eine erhebliche Anzahl märchenartiger Erzählungen nicht veröffentlicht, obwohl es solche Geschichten, etwa von Feen, Hexen, übernatürlichen Wesen und Lokalheroen im Überfluß gab. Nichtsdestoweniger ist insbesondere die Entwicklung der Märchenforschung für die Geschichte der allgemeinen Volkserzählforschung in England von großer Bedeutung. Trotz aller Faszination, die davon ausgeht, kann aber leider der Komplexität wegen in diesem beschränkten Rahmen auf die Gesamtentwicklung nicht eingegangen werden. Das Folgende ist daher nur eine stark vereinfachende Darstellung der Gesamtentwicklung.

Nun, die bereits genannte Brauchtumsforschung bereitete die Märchenmode auf ihre Art gewissermaßen vor. Es war beispielsweise kein Zufall, daß W.J. Thoms mit seiner inzwischen berühmt gewordenen Definition vorschlug, den Terminus »Folklore« also *Lehre vom Volk*, durch »popular antiquity« populare Altertumsforschung gewissermaßen, zu ersetzen. Die englische Volkskunde segmentierte ihr Interesse an allen Arten von Überlieferungen, vom Brauchtum allgemein bis hin zu den einzelnen rituellen Abläufen, aber keineswegs. Man sah jetzt vielmehr alles in einem großen Zusammenhang. Viele Phänomene waren durch unsere religiös determinierten Vorfahren und deren angeblichen Mangel an Rationalität ideologisch verklammert. Interessanterweise dürften nun aber gerade die liberaleren Protestanten als Hauptinteressentengruppe am Althergebrachten gelten. Die Forscher hielten ihre Traditionen als römisch-katholische Relikte zwar für antiaufklärerisch und freiheitsfeindlich, machten aber andererseits deswegen auch interpretatorische Fehler. So enthalten beispielsweise auch jene Quellen, die Brand für sein Mammutwerk zusammenstellte, ein Kompilat aller bis dato erbrachten sammlerischen und forscherischen Leistungen, sehr viele Übersetzungsfehler aus Vulgarismen etc. (Brand 1813). Oft genug implizierte diese Art rückwärtsgewandter Forschung ein negatives Bild der jeweiligen Relikte. Die englische Theoriebildung hatte deshalb von Anfang an eine eher negative Tendenz: alles erschien zunächst einmal fortschrittsfeindlich und antirationalistisch.

Hinzu kam nun die *Märchen*forschung als die eigentlich treibende Kraft hinter der bisherigen allgemeinen Erzählforschung, die das Sammeln und Bewahren zum Ziel gehabt hatte. Man sah nun, daß auch in England international verbreitete Erzählstoffe kursierten. Der angelsächsische *Beowulf* zum Beispiel enthält eine ganze Reihe allgemein verbreiteter, typischer Märchenelemente und -strukturen. Auch Shakespeare verwandte solche Elemente, etwa *Mr. Fox* oder *Childe Roland* (AT 471), Stoffe und Motive, die heute noch kursieren. Letzterem Motiv begegnet man auch in Peeles *Old Wives Tale*, wo sich außerdem Referenzen zum *Dankbaren Toten* (AT 506) und zum *Brunnen am Ende der Welt* finden. Etliche Elemente kommen auch in Chaucers *Canterbury Tales* und in anderen mittelenglischen Quellen wie *Gawein and the Green Knight* oder in den *Chronicles* des William of Newburgh[2] vor. Thomas Wright und Sabine Baring-Gould haben solche Materialien herausgegeben und dabei diese und andere Volkserzählelemente identifiziert (Wright 1846, Baring-Gould 1868). Damit leisteten beide Autoren einen bedeutenden Beitrag zur Erforschung volkstümlicher und literarischer Traditionen in der mittelenglischen Erzählkultur.

Auch unter den Nachfahren englischer Immigranten in Nordamerika waren diese *Märchen*stoffe verbreitet. Wenn man aber die Einflüsse aus England mit denen aus Irland und Schottland vergleicht, sieht man, daß erstere doch verhältnismäßig spärlich waren. Hinzu kommt die industrielle Revolution, die ja ausgerechnet in England ihren Anfang nahm. Sie hatte insgesamt auf die englische Überlieferungssituation einen großen Einfluß, denn gerade *Märchen* scheinen in ländlichen Gegenden und nicht in städtischen am beliebtesten gewesen zu sein. Die Trägerschicht und der soziale Kontext gerade für *Märchen* war offensichtlich durch die industrielle Revolution deshalb am meisten betroffen. Landflucht, relativ hohe Mobilität, das Entstehen einer neuen Schicht von »Städtern« und das allgemeine Anwachsen der Literalität – all diese Faktoren wirkten sich auf die Volkskultur im Allgemeinen und auf den Rückgang der Märchen im Besonderen aus. Allerdings gab es Ausnahmen. Das waren zumeist solche Stoffe, die an lokale Heroen gebunden waren, an weise und tapfere Helden, mit denen der Ort sich identifizieren konnte (AT 1000-1199). In diesen Sagen und Märchen geht es zumeist um den Sieg über das Böse, über Ungeheuer, Teufel und ungerechte Machthaber. Viele dieser Erzählungen waren zudem mit über den großen Teich gewandert. Sie wurden noch in den zwanziger Jahren unter den Nachfahren schottischer und irischer Siedler in den Appalachen erzählt. Das bekannteste Beispiel sind wohl die Geschichten von Jack, dem Riesentöter. An diesen Stoffen gab es auch auf den britischen Inseln bis in unsere Tage hinein keinen Mangel: Feldforschungen ergaben noch für die dreißiger Jahre eine reiche Ernte (Ashton 1934).

Die zahlenmäßig größte Gruppe unter den Erzählgenres stellen die Sagen dar. Zumeist handelt es sich um Memorate und um Lokalsagen von übernatürlichen Wesen. Systematische Forschungen zu diesem Gebiet sind allerdings erst jüngeren Datums. Trotzdem: einer bestimmten Gruppe von Erzählungen wurde stets gleichbleibende Aufmerksamkeit geschenkt, und das sind all jene, in denen Elfen vorkommen. Eine der ersten Sammlungen zu diesem Themenkreis war Keightleys *Fairy Mythology* (Keithley 1828), und die letzte Übersicht stammt aus der Feder von Katherine Briggs (Briggs 1959 und 1962). Obwohl mehr als 150 Jahre dazwischen liegen, blieb die Perspektive annähernd die gleiche: es ging und geht noch um die mögliche Beziehung von Elfenmärchen zu älteren, mythologischen Kulturschichten. Selbst Katherine Briggs, die über eine profunde wissenschaftliche Bildung verfügt, postuliert eine solche Abhängigkeit.

Englische Volkskunde im 19. Jahrhundert ist gleichwohl durch eine insgesamt große theoretische Bandbreite gekennzeichnet, ein Phänomen, das man in Bezug setzen muß zur relativ geringen Reputation des Faches in akademischen Kreisen. Die Geschichte des Faches im 19. Jahrhundert ist sehr kompetent durch den amerikanischen Folkloristen Richard Dorson beschrieben worden (Dorson 1968). Danach bildetet das Interesse an Volkserzählungen nur einen untergeordneten Aspekt innerhalb wesentlich weiter gefaßter, allgemeinerer Kulturtheorien. Trotzdem bedienten sich die Theoretiker aller Fachrichtungen von damals eifrig des gesamten traditionellen Volkserzählgutes, um ihre jeweiligen Thesen zu stützen. Eine der seinerzeit einflußreichsten Schulen war die neue philologische Disziplin der systematischen Spracherforschung. Der in Deutschland gebürtige Max Müller, Dozent in Oxford, vertrat die Überzeugung, alle indo-europäischen Sprachfamilien (Arier) hätten ursprünglich einem einheitlichen »mytholopoetischen Zeitalter« angehört, in dem gemeinsame Sprache und Gottesidee noch rein und hehr gewesen seien. Die Abkömmlinge jener Arier, namentlich die der ehemals indo-europäischen Sprachfamilie, hätten nun das Zusammengehörigkeitsgefühl für ihre ehemals einheitliche Sprache verloren. Untergegangen sei auch der Sinn für Begriffe aus der Götterwelt, eine Dekadenzerscheinung, die Müller als »Sprachkrankheit« bezeichnet. Mythen und Volkserzählungen seien Versuche, verlorengegangene, vage erinnerte Naturmythologien mit Inhalten zu füllen. Zu Müllers Zeit waren mythologische Analysen gleichbedeutend mit Versuchen, mittels der Märchen und Sagen Originalmythen aus vorgriechischer und vorbiblischer Zeit zu rekonstruieren (Müller 1904). Nicht wenig litten solche Theorien unter der ätzenden Kritik eines Andrew Lang, der zwar nicht über Müllers Gelahrtheit, wohl aber über einen größeren, komparatistischen Fundus verfügte. Die vergleichende Mythologie gewann auch besonders unter George Dumezil wieder an Boden. Müllers Theorien hatten ganz offensichtlich einen Schwachpunkt, und das war die ausschließliche Konzentration auf sprachliche Gegebenheiten. Moderne, komparatistische Mythenforschung kombiniert jedoch linguistische mit archäologischen Befunden. Solchermaßen wurde sie zum entscheidenden, wenngleich auch heute noch kontrovers diskutierten Forschungsinstrument, das sich besonders im Fach Keltologie durchsetzte (Mallory 1989).

Den wichtigsten Einfluß auf die britische Volkskunde des 19. Jahrhunderts hatten aber wohl die Schriften von Edward Tylor, besonders seine Doktrin vom *cultural survival* (Tylor 1871). Tylor stand unter dem Einfluß von Darwins Evolutionstheorie: wie die einzelne Spezies, so sei auch die Kultur von einer wilden, primitiven Stufe Schritt für Schritt zu ihrem jetzigen rationalen, zivilisierten Status empormutiert. Heutige Bräuche, Aberglauben und Volkserzählungen seien demzufolge *survivals*, Resulate eines langen Evolutionsprozesses. Dorson spricht in diesem Zusammenhang von einem *Great Team*, das damals in diesem Sinne in der Folklore Society den Ton angegeben habe, darunter seien Namen wie Andrew Lang, George Lawrence Gomme, Alfred Nutt, Edwin Sidney Hartland, Edward Clodd und William Alexander Clouston. Zweifellos produzierten alle diese Forscher große Mengen an äußerst interessantem und heute noch kontroversem Schrifttum, indem sie auch über die nationalen Grenzen hinausblickten. Dorsons Akzentuierung ihrer Verdienste schmälert jedoch auf unzulässige Weise weniger anthropologische, aber gleichwohl wichtige andere Ansätze. Zu dieser Kategorie zählen auch Arbeiten zur *Märchen*forschung.

Andrew Lang hatte über schottische und englische Märchen gearbeitet, war allerdings nie zu einer wirklichen Systematik vorgedrungen. Gomme hatte dagegen zwei Bände über das englische *Chapbook*, das Volksbuch, beigesteuert: *The History of Thomas Hickathrift* (Gomme 1883, 1885), von denen der über das Repertoire eines schottischen Analphabeten noch heute als grundlegende Studie über das Zusammenspiel von mündlicher und schriftlicher Tradierung gelten darf. Er war es wohl auch, der von Dorsons *Great Team* am intensivsten über die Erzählkultur in England geforscht hatte. Er propagierte als deren Grundlage verschiedene ethnische Schichten: die präindoeuropäische, die indoeuropäische, die romanische, die keltische und die angelsächsische. Außerdem wandte er anthropologische Methoden an. Die Idee, in der Mythenforschung bestimmte Überlieferungen verschiedenen Kulturphasen zuzuordnen, war gewissermaßen bahnbrechend für die moderne Komparatistik. Nutt hingegen repräsentiert vor allem die Keltologie. Kommentator eher als Sammler, war doch eigentlich er es, der die Grundlagen lieferte (s.u. Irland). Hartland und Clodd arbeiteten über englisches Erzählgut. Hartlands *English Fairy and Other Folk Tales* basierte jedoch größtenteils auf bereits gedruckten Quellen (Hartland 1890). Clodd konzentrierte sich dafür mehr auf seine Heimat Suffolk, als er seine Studie zum Rumpelstielzchen-Zyklus veröffentlichte (Clodd 1898).

Unter all diesen einflußreichen Volkskundlern war Clouston der erste, der die sog. »Diffusionstheorie« ernst nahm, die in der Märchenforschung des 20. Jahrhunderts so stark dominierte. Sein *Popular Tales and Fictions, Their Migrations and Transformations* ist ein besonders vielseitiger Beitrag zur Geschichte des europäischen Volksmärchens und handelt in erster Linie von Zaubermärchen (Clouston 1887). Das Aufkommen der Diffusionstheorie leitete ein neues Kapitel in der Volkserzählforschung ein. Sie besagt, daß ein Märchen irgendwann an einem bestimmten Ort entsteht und sich von dort aus verbreitet. Seine einzelnen Bauelemente (Motive) verändern sich bei diesem Prozeß, die Grundstruktur (der Typ) bleibt indessen dieselbe.

In seinen beiden Büchern über Volksmärchen, die ursprünglich für Kinder gedacht waren, nahm auch Joseph Jacobs Vergleichsmaterialien auf. So leistete auch er der Diffusionstheorie erheblichen Vorschub (Jacobs 1890, 1894). Bemerkenswert ist daneben sicher auch Marian Roalfe Cox' großangelegte Monographie zum Cinderella-Zyklus (Cox 1893). Gegen Ende des 19. Jahrhunderts wandte sich dann das allgemeine Interesse der Feldforschung zu, und – wenngleich noch als zufälliger, oberflächlicher Modetrend – eher anderen Gattungen als ausgerechnet den Märchen[3].

Die gegenwärtige Volkserzählforschung hat sich fast vollständig von den Märchen wegbewegt. Man konzentriert sich vielmehr auf Lokalsagen, »Oral History«, autobiographisches Erzählen und auf die sog. »modernen Stadtsagen« (Westwood 1987). Trotzdem: systematisches Sammeln gibt es bisher ebensowenig wie ein nationales Archiv, obgleich individuelle Sammler Hervorragendes geleistet haben. Das *Centre for English Dialect Studies* an der Universität Sheffield ist nach wie vor das einzige Archiv auf universitärer

Ebene. Es enthält große Mengen von Erzählungen aller Art, darunter Sagen, Anekdoten, Autobiographien und Stadtsagen. Märchen aus mündlicher Überlieferung gibt es dagegen fast keine, aber, – und das dürfte besonders interessant sein – eine große Anzahl von Anekdoten und Schwänken, die auf ein Vorhandensein von Märchen schließen lassen. Ein anderes Problem ist der Mangel an volkskundlichen Lehrinhalten. Man unterrichtet nicht mehr so wie früher z.B. das wissenschaftliche Sammeln (Widdowson 1987). Die Folklore Society bemüht sich indessen, das akademische Interesse zu wecken, (Porter 1980) und das Institut in Sheffield bietet entsprechende Kurse an. Aber ein zweites Institut gab es lediglich bis in die frühen 80er Jahre in Leeds – es fiel den allgemeinen Sparmaßnahmen zum Opfer. Unter den annähernd dreihundert dort angebotenen Veranstaltungen hatte sich eine kleine Anzahl auch mit englischen Erzähltraditionen beschäftigt (Sanderson 1971). Ein wichtiger und relativ neuer Einfluß auf das Märchen geht allerdings von den verschiedenen Ethnien aus, die zunehmend auch in England Fuß fassen. Einwanderer aus der Karibik und vom indischen Subkontinent haben neue Traditionen mitgebracht, darunter nicht zuletzt fremdes Erzählgut. Auch zu dieser Entwicklung gibt es mittlerweile Untersuchungen (Newall 1975).

Das Interesse an Volkserzählungen hält an. Märchen bleiben auch als Kinderliteratur eine konstante Größe, obgleich es sich dabei meist um Varianten Grimmscher Märchen handelt. Großen Einfluß haben dabei vor allem die Disney-Verfilmungen. Versuchsweise hat man Märchen auch im Grundschulunterricht eingesetzt, aber hier mangelt es meist an authentischem Material[4]. Dabei gibt es große Unterschiede zu ehemals keltischen Gebieten: in England müssen die Geschichten möglichst exotisch sein. Briggs' *Hobberdy Dick* oder *Kate Crackernuts* bilden die Ausnahme. Ziel dieser Erziehung ist es, die Jugend zu Toleranz im Sinne multikultureller Wertvorstellungen heranzubilden, eine an sich lobenswerte Absicht. Im Gegensatz dazu haben walisische und schottische Märchen für Kinder dort einen relativ hohen Marktanteil. Der gälische »Book Council« produziert bewußt Bücher, die auf jugendliche Leser abzielen. Diese Literatur erfüllt einen doppelten Zweck: einmal will sie die Kinder in deren ureigenster Sprache mit spannender Lektüre versorgen, zum anderen soll sie sie mit ihrer eigenen Kulturtradition vertraut machen (Storey 1975, Leabhraichean 1981, s.u. Schottland).

Wales

1946 wurde das *Departement of Folk-life* nach St. Fagans Castle transloziert, wo man ein walisisches Volkskundemuseum begründete. Es folgte dem Modell der schwedischen Freilandmuseen und war und ist der systematischen Erfassung walisischer Volkskultur gewidmet. Nach den Worten seines ersten Leiters Iorweth Peate sollte es »die Welt über Wales und die Waliser über ihr eigenes Vaterland unterrichten« (Peate 1948). Die Abteilung für mündliche Überlieferung war auch für die Sammlung von Volksmärchen zuständig, aber anders als ähnliche Institutionen in Schottland und Irland verfügte es weder über nennenswerte Zuschüsse noch über genügend Sammler. Im Endeffekt waren die Resultate hier also vergleichsweise gering. Und während man die Bänder mit den Aufzeichnungen im Museum archiviert und durch Karteikarten zugänglich macht, gäbe es draußen im Feld noch unendlich viel zu erforschen und aufzuzeichnen (Wood FFC fortlaufend). Trotzdem repräsentieren die Bestände des walisischen Museums eine extensive und immer noch vitale Erzählgemeinschaft, in der Sagen, ätiologische Erzählungen, lokale Heroengeschichten, Anekdoten und Schwänke neben autobiographischen Erzählungen dominieren.

Es gibt in Wales seit dem Mittelalter eine Hauptquelle für alle Erzählungen, und das ist das *Mabinogion* (Jones 1966), das im 14. Jahrhundert kompiliert wurde, dessen Erzählungen aber weiter zurückreichen. Diese Gruppe, bestehend aus insgesamt elf Erzählungen, wurde lange Zeit als die wichtigste Quelle für sämtliche Märchen der Gegend betrachtet, ohne daß diese These je durch eine erzählforscherische Untersuchung bestätigt worden wäre. In den Sechzigern nahm sich dann schließlich Jackson der Sache an (Jackson 1961). Andere Studien zum mittelenglischen Wales, insbesondere ein Kompilat oraler, erlernter und literarischer Erzählstoffe, die sogenannten »Triads« (Bromwich 1978), beziehen sich auf eine Anzahl von Erzählungen, die einstmals im Umlauf waren, heute aber verschwunden sind. Sowohl bei den Volkskundlern als auch bei den Literaturwissenschaftlern hat es immer die gemeinsame Tendenz gegeben, das walisische Landeserbe mit dem aus Irland und Schottland zu verknüpfen. Das scheint schon allein deshalb plausibel, weil beide Kulturen Keltisch sprachen und ein gemeinsames linguistisches Erbe auch einen gewissen Grad an gemeinsamen Vorstellungen impliziert. Dergleichen kann aber auch einen künstlichen Sinn für Kontinuitäten wecken. Die Thesen des großen walisischen Literaturwissenschaftlers Sir Ifor Williams z.B. legen nahe, die heroische Dichtung von Wales habe einstmals eine narrative Vorphase durchlaufen, genauso wie die irische, die zwar hauptsächlich in Prosa notiert, wohl aber in Versen vorgetragen worden sei (Williams 1970). Proinsias MacCana wies nach, daß eines der Mabinogion-Märchen, Branwen, hauptsächlich in Irland spiele und beeinflußt gewesen sei von ganz bestimmten irischen Volksmärchen (MacCana 1958). Sir John Rhys hatte gehofft, in diesem Sinne Spuren jener Erzählungen zu finden, die John Campbell of Islay in den Highlands aufgezeichnet hatte. Diese Forschungsrichtung, die in Wales nach keltischen Rudimenten suchte, welche aus Irland und Schottland bereits bekannt waren, hatte nicht nur zu einer fieberhaften Suche nach »verlorenen« walisischen Erzählungen geführt, sondern auch zu der weitverbreiteten Ansicht, die mittelalterliche Überlieferung von Wales habe deutliche Kontinuitäten und Parallelen zum Irischen. Diese Thesen sind in den letzten Jahren mehrfach in Frage gestellt worden (Sims-Williams 1986), vor allem, weil für jene Frühphasen nicht von einer einheitlich keltischen Kultur ausgegangen werden könne. Selbst ein so engagierter und für seine Zeit umfassend gebildeter

Sprachkenner wie Gerald von Wales, ein halb normannischer und halb walisischer Kleriker, der Reisebeschreibungen beider Gebiete aus dem 12. Jahrhundert hinterließ, gab keinerlei Hinweise auf Sprachgemeinsamkeiten zwischen dem Walisischen und dem Irischen (Bartlett 1982). Die Idee von einer verlorenen Einheit hatte – obgleich ohne jede historische Beweismöglichkeit – enorme Wirkung auf Literaturwissenschaftler, Schriftsteller und natürlich auch Volkskundler. So gilt noch heute, außer bei einer Handvoll Spezialisten, als popularwissenschaftlicher Allgemeinplatz: keltische Kultur war homogen und ist kontinuierlich überliefert.

Auch bei den Wales-Forschern interessierte man sich zunächst eher für Brauchtum als für Volkserzählungen, so z.B. Edward Lhuyd (1660-1709), Leiter des damals neubegründeten Asmolea-Museums, der die walisische Kulturtradition durchaus schon mit den Augen des Wissenschaftlers betrachtete. 1697 unternahm er eine ausgedehnte Reise nach Wales, um Material zu sammeln, das in die leider unvollständig gebliebene *Archäologia Britannica* Eingang fand. Obgleich Lhuyd eher philologisch interessiert war, fanden sich einige Märchennotationen unter seinem Nachlaß, darunter die Geschichte der *Ältesten Tiere* (AT 80A) (Ifans 1970/72) und einige ätiologische Sagen, die prähistorische Phänomene zu erklären suchen.

Der Morris-Zirkel um die drei Brüder Richard, Lewis und William hatte ebenfalls einigen Einfluß, besonders auf die Gelehrten-Korrespondenz des 18. Jahrhunderts. Auch wenn sich dieser Briefwechsel nicht in erster Linie auf Volkserzählungen bezieht, so eröffnet er doch Einblicke in das Zusammenwirken englischen und walisischen Geisteslebens jener Zeit, und – Percy, Hurd und Thomas Gray waren unter den Korrespondenten – in die Richtung, in die sich die Walesforschung im folgenden 18. Jahrhundert entwickeln sollte. Archäologen hatten außerdem gleichzeitig begonnen, die antiken Funde keltischer Kultur mit dem Druidentum in Verbindung zu bringen. So hegte William Morris die Vorstellung, die walisische Bardentradition reiche ungebrochen zurück bis zu den vorromanischen Druiden. In Verbindung mit der im 18. Jahrhundert besonders populären augustischen Ästhetik, die den Nationalstolz in der Literatur zu propagieren suchte, beeinflußte diese Vorstellung Lewis Morris' und anderer Forscher Gesamtkonzept in erheblichem Maße (Thomas 1975).

Die originellste Gestalt, die man mit der walisischen Bardentradition assoziiert, ist zweifellos Edward Williams (1848-1818), besser bekannt unter seinem Pseudonym Iolo Morganwg. Dieser extrem eklektizistische Wissenschaftler, der auch als früher Vertreter sog. »fingierter Mündlichkeit« gelten darf, schlägt im Hinblick auf Romantizismus und Intellektualismus eine Brücke vom 18. zum 19. Jahrhundert. Der wacker kreative und völlig unmethodische Ansatz wirkte sich natürlich auch auf seine Produktivität aus. Von seinen zahlreichen Werken basieren einige auf authentischen Überlieferungen, obgleich Iolo »geschönt« hat und viele druidische Spekulationen anstellte. Denn auch er ging von einer ungebrochenen Kontinuität zwischen den vorromanischen und heutigen britischen Kelten aus.

All diese Aktivitäten bildeten den Rahmen für das allgemeine Interesse an den Volkserzählungen in Wales. Es ist keine leichte Aufgabe, sich der walisischen Volkskunde ausgerechnet über den Weg des Märchens zu nähern, weil das Genre dort so gut wie gar nicht existiert. Noch komplizierter wird das Problem, wenn man bedenkt, daß es der walisischen Volkserzählforschung immer schon an einer einheitlichen Methodik mangelte, über die man zeitgleich bei dem weitgehend anthropologischen Ansatz im übrigen England durchaus schon verfügte. Trotzdem war ein großes Maß an Interesse für Feen und Geisterüberlieferungen da, und dieses zog sich auch letztlich wie ein roter Faden durch die Geschichte der walisischen Volkskunde. Narrative Formen bildeten indessen immer nur einen Teil der volkskundlichen Sammlungen, wie beispielsweise William Howells *Cambrian Superstitions* beweist (Howells 1831). Die meisten Sammlungen liegen zeitlich ohnehin später, und die Quellen- und Informatenproblematik war mittlerweile zur Frage von Treu und Glauben degeneriert, wobei sich die walisische Sprache ebenfalls durch eine gewisse Beliebigkeit auszeichnete. Etliches über Geister, Hexen, Elfen und Heilige findet sich auch in Elias Owen (Owen 1896), Marie Trevelyan (Trevelyan 1909) und Jonathan Cereding Davies (Davies 1911). Richtig gelesen bieten diese Werke einen relativ guten Überblick über Volkserzählungen und andere Genres. Außerdem gibt es eine Anzahl von sprachgeschichtlichen Werken, in denen die Dokumente in der Originaldiktion des Sprechers belassen sind. Leider basiert das meiste davon auf gedruckten Quellen, exzellente Beispiele aus der Mündlichkeit findet man dagegen bei Silvan Evans und John Jones *Ystem Sioned* (Evans 1882). Auch Isaac *Coelion Cymrn* (Isaac 1938) und Myrddin Fardd *Llen Gwerin Sir Gaernarvon* (Myrddin 1908) sind ergiebig.

Der einzige walisische Forscher, der ausführlich über Märchen in Wales handelte, war Sir John Rhys, der erste Keltologe in Oxford und Präsident der Folklore Society. Rhys war überzeugt, er könne ebenso wie in den anderen gälischen Regionen auch in Wales ein deutliches Märchenerbe feststellen. Seine Sammeltätigkeit und die Zusammenarbeit mit Kennern vor Ort ergab äußerst interessante Daten, aber – mit Ausnahme des *Königs mit den Eselsohren* (AT 782) – kein einziges Märchen (Rhys 1979). Rhys ist in vielerlei Hinsicht eine erstaunliche Persönlichkeit, einer der wenigen, die selbst aus einer bestimmten Kultur stammen und diese gleichzeitig distanziert analysieren können, und er war, wie er offen zugab, schließlich über den Mangel an Märchen auch nicht allzu erstaunt. Rhys wollte die walisische Tradition im gesamteuropäischen Kontext sehen und betonte deshalb die philologischen und die ethnologischen Verbindungen zur gesamteuropäischen Überlieferung, ein positiver Ansatz bei einer manchmal bislang allzu engstirnigen Haltung, die den Rest der Welt von der überlegenen Schönheit und Einzigartigkeit des walisischen Erbes überzeugen wollte.

Was den heutigen Stand der Märchenforschung in Wales anbelangt, so ist ein entsprechender Motivindex in Vorbereitung, der die gedruckten Quellen seit dem Mittelalter und auch die Tonbandaufzeichnungen aus dem Folkloremuseum von Wales einbeziehen wird. Der Index bestätigt, was man immer schon gewußt hatte: nur neunzig Beispiele von Märchen oder märchenartigen, romantischen Erzählungen konnten identifiziert werden, darunter allein etwa ein Dutzend Zigeunermärchen, eine selbständige Gruppe mit Eigengesetzlichkeit (Sampson 1984). Etwa einundzwanzig sind Märchen von dümmlichen Riesen, gebunden zumeist an Lokalheroen von Arthur bis zu zahlreichen Zauberern neueren Datums. Von dieser Art gibt es viele Varianten. Verglichen mit den Befunden in Irland und Schottland sind die Resultate relativ mager. Die analytische Seite der walisischen Volkskunde war überhaupt vergleichsweise bescheiden (Gwyndaf 1970, 1988; Jones 1979). Dies ist zum Teil auf die Konzentration auf das Sammeln und Bewahren zurückzuführen, insbesondere in den vom Aussterben der Sprache bedrohten Gebieten, zum Teil aber auch auf die bedauernswerte Tatsache, daß der Mitarbeiterstab relativ klein ist. Nicht zuletzt mag auch mitspielen, daß sich Volkskunde in Wales nie als universitäre Disziplin etablieren konnte[5].

Cornwall

Das Interesse an der cornischen Sprache ist relativ neu, und das frühe Aussterben derjenigen Personen, die sie noch beherrschten, hatte zur Folge gehabt, daß man weder authentisches Material noch die Chance wissenschaftlicher Erfassung hatte. Ohnehin hatte sich das Englische in Cornwall bereits seit dem ersten Auftauchen der Angelsachsen im 8. Jahrhundert dort rasch verbreitet. Zur Zeit der normannischen Eroberung war Cornwall praktisch ein Teil Englands und hatte sich mit dessen Volkskultur vermischt. Jüngere Arbeiten über das, was von altcornischer Literatur noch übrig geblieben war, legt nahe, daß die Volkserzählungen im Rahmen der Gesamtkultur einen relativ großen Stellenwert hatten und bis etwa in das 17. Jahrhundert hineinragten. Hauptquelle für cornische Erzählstoffe sind eine Reihe von Mysterienspielen und mittelalterlichen Heiligenviten. Daneben gibt es vereinzelte Prosaüberlieferungen (Padel 1975), darunter eine Version der *Drei weisen Ratgeber* (AT 910B), die vermutlich auf mündlicher Überlieferung basiert, obwohl die auf uns gekommene Fassung eine Art Sprachübung für einen in London ansässigen cornischen Juristen darstellt (Padel 1975, Mulhausen 1938). Die Vorstellung, die wir uns von der frühen cornischen Erzählkultur machen können, muß leider sehr fragmentarisch bleiben. Daneben ist eine Tendenz zu beobachten, Cornwall als Teil eines Gebietes anzusehen, den man vereinheitlichend mit »The West Country« bezeichnet, indem man auch den großen Teil von Devon miteinbezieht. Die Sammelergebnisse aus der Feldforschung scheinen darüberhinaus zu beweisen, daß die Mehrheit der heutigen cornischen Erzählungen aus Wandersagen besteht, die sich um Riesen, Feen, Geister, Nixen, Hexen und Heilige drehen. Davon sind die meisten mit bestimmten Ortsnamen, heiligen Quellen oder Megalithsteinen assoziiert (Hunt 1865).

Mit der Geschichte vom *König mit den Eselsohren* (AT 782) in der Tristansage verbindet sich eine faszinierende Vorstellung: die mittelalterliche Prosaversion der Geschichte von Tristan und Isolde von Beroul; geschrieben in Französisch, enthält diese Episode. Man hat vorgeschlagen, die dort vorkommenden Ortsnamen mit denen von Cornwall in Beziehung zu setzen, schon allein, weil Onomasiologien in der keltischen Kultur gewissermaßen ein eigenes Genre darstellen. Wenn nun diese Ortsnamen lokale Bezüge aufweisen, dann wäre es auch möglich, daß der Stoff hier einstmals als mündliches Erzählgut kursierte (Padel 1981).

Schottland

Die vielleicht früheste, einigermaßen repräsentative Auswahl schottischer Volkserzählstoffe enthält das Werk von Robert Kirk *The Secret Commonwealth of Elves, Fauns and Fairies* (Kirk 1691), obgleich es erst im 19. Jahrhundert veröffentlicht wurde. Kirk war Geistlicher in Aberfoyle (Perthshire), als diese Gegend noch Teil des gälisch sprechenden Schottland war. Sein Buch gehört zu einem damals beliebten und weitverbreiteten Genre, das übernatürliche Erscheinungen wie Elfen und Geister wissenschaftlich zu erklären suchte, um damit die Existenz Gottes zu beweisen. Im einzelnen war die Berufung auf Volkserzählgut eher willkürlich und auf Sagen – nicht auf Märchen – begrenzt. Immerhin verstand Kirk soviel vom Gälischen, daß sein Werk erstmals auch sprachgeschichtliche Argumentationen in die schottische Erzählforschung einführte.

Die schottische Volkskunde kann sich außerdem so glücklich schätzen, in Chambers' *The Traditions of Edinburgh* ein frühes Standardwerk über urbane Traditionen zu besitzen. Eine Sammlung eben dieses Autors *Scottish Jests and Anecdotes* stellt mit ihren Sagen außerdem die lokalen Helden heraus (Chambers 1826). Chambers' Werk *Rhymes of Scotland* (Chambers 1826) ortet außerdem internationale Erzählstoffe in der Überlieferung der schottischen Lowlands, wo man traditionell Schottisch anstatt Gälisch sprach. Diese Volkserzählungen wurden lange Zeit als die einzigen betrachtet, die man in außergälischen Gebieten Schottlands finden konnte. Dies änderte sich erst, als die School of Scottish Studies damit begann, Erzählungen ehemaliger schottischer Kesselflicker zu sammeln und zu systematisieren (Bruford 1982). Die zentrale Persönlichkeit der schottischen Volkskunde war und ist jedoch John Francis Campbell of Islay (1822-1885). Seine Sammlung von Volkserzählungen, die hauptsächlich aus Märchen bestand, belief sich auf insgesamt vier Bände, die noch zu seinen Lebzeiten veröffentlicht werden konnten (Campbell 1883). Campbell hatte außerdem enormen Einfluß auf die irische Volkserzählforschung. Durch seine Arbeiten wurde erstmals die enge Verbindung zwischen irischem und schottisch-gälischem Volkserzählgut artikuliert (Bruford 1969). Er beeinflußte außerdem John Rhys, der zwar seinerseits mit der Suche nach walisischen Entsprechungen kein Glück hatte, dafür aber das reiche Erbe an Sagen zugänglich machte, über die die walisische Region verfügte (siehe Wales).

Als Mann großer Ressourcen verfügte Campbell über ein Netz lokaler, des Gälischen mächtiger Sammler, die außerdem mit den jeweiligen Ortstraditionen vertraut waren. Die veröffentlichten Texte trugen in einer Legende den Namen der Gewährsperson und des Sammlers, sowie der Angaben über Ort und Zeitpunkt der Aufnahme, solchermaßen die späteren Techniken der Irish Folklore Society und der School of Scottish Studies vorwegnehmend. Campbell sprach selbst fließend Gälisch. Er erkannte nicht nur den intrinsischen Wert der Überlieferungen, es ging ihm vielmehr auch um die Entwicklung der Sprache. In seiner Einführung zu den *Popular Tales* beschrieb er jene Faktoren, die – speziell in den Highlands und auf den Inseln – entscheidenden Einfluß auf die ländliche Entwicklung hatten, also dort, wo die Märchentradition noch am intensivsten war. Campbells Theorien waren stark von den Brüdern Grimm beeinflußt. Er und seine Sammler konzentrierten sich deshalb auf Märchen, welche auch im Überfluß vorhanden waren. Als es jedoch an die Veröffentlichung ging, mußte auch er sich gewissen narrativen Kategorien beugen. Die meisten seiner englischen und gälischen Märchen gehörten zur Gruppe der sog. *romantic tales*, die den eigentlichen Märchen und Novellenmärchen (AT 300-999) entspricht. Es gibt aber auch eine Anzahl sog. »fenianischer« Erzählungen. Das sind die Abenteuer des Finn und seiner Begleiter. Diese Gruppe ist sowohl in Irland als auch in Schottland sehr verbreitet und hat interessanterweise sehr viele typische Märchenmotive adaptiert. Campbell erkannte bald, daß diese Erzählungen eine eigene Kategorie bilden, eine These, die erst durch jüngere Forschungen gestützt wird (Nagy 1985; O Hogain 1988). Campbells Klassifikationsentwurf zeigt sein tiefes Verständnis der Einzigartigkeit gälischer Überlieferung, ist es doch ungemein schwierig, diese Regionalismen selbst zu einem so weitgefaßten System, wie es die Grimmschen Sammlungen und die darauf fußenden Systematisierungen darstellen, in Beziehung zu setzen. Campbells *Popular tales* enthalten 86 reine Märchen, viele davon mit mehreren Varianten. Eine Liste von weiteren 800 englischen und gälischen Erzählungen ist beigegeben. Ein Großteil des gälischen Materials erscheint in den beiden Bänden *More West Highland Tales*, herausgegeben von John McKay (1940 und 1960), aber auch darin blieben etliche von Campbells Märchen unberücksichtigt.

Campbells Erfolg inspirierte andere Sammler, und ein bemerkenswertes Resultat ist die fünfbändige Reihe *Waifs and Strays of Celtic Tradition* veröffentlicht durch Alfred Nutt unter der Ägide von Lord Archibald Campbell. Die einzelnen Bände enthalten weniger Märchen, welche ja bereits zahlreich in Campbell of Islays Sammlung vetreten waren, als vielmehr eine Vielzahl verschiedenster Sagen, die ebenfalls für die schottische Tradition charakteristisch sind. Zwei Bände enthalten *Folk and Hero Tales* und einer dreht sich um Finn-Überlieferungen (MacInness 1890, MacDougall 1891, Campbell 1891).

Der unermüdliche Schriftsteller Walter Scott (1771-1832) versäumte keine Gelegenheit, die Reputation Schottlands und seines Erbgutes zu mehren. Dabei war er sehr an der Folklore des Landes interessiert, besonders an dessen Balladen und Volkserzählungen. Deswegen liebte er auch ganz besonders jene Alten, die sie noch selbst erinnerten. Seine Bücher sind voll von volkstümlichen Elementen aller Art (Scott 1802-3, 1814-17). Es war ziemlich ungewöhnlich für die damalige Zeit, daß Schriftsteller ihre Vorlagen aus direkten Gesprächen mit den Leuten gewannen, aber unter Folkloristen war sein Ruf umstritten, weil er seine Informationen stark bearbeitete. Scott nahm unter den Intellektuellen seiner Zeit einen hohen Stellenwert ein, den gebührend zu würdigen in einem Aufsatz wie diesem der Rahmen fehlt. Immer schon hatten schottische Schriftsteller ähnlich wie ihre irischen Kollegen fleißig Anleihen bei ihrer jeweiligen volkstümlichen Überlieferung gemacht, besonders wenn es darum ging, ihre nationale Identität zu definieren. Walter Scott und der Dichter Robert Burns sind darunter nur die bekanntesten Vertreter. Es gibt viele andere, darunter auch etliche zeitgenössische Schriftsteller wie George Mackay Brown oder Neil Gunn, die sich speziell der schottischen Volksmärchentraditionen bedienen[6]. In der erzählerischen Fiktion fungieren diese Texte oft als Metaphern für schottischen Lebensstil und schottische Kultur. Dies führt insbesondere im Falle der Highlands und der gälischen Kultur gelegentlich zu Romantisierungen (Chapman 1978), muß aber schließlich wohl als Teil eines Minoritätenproblems gesehen werden: man muß sich kulturell definieren, seine Identität finden und diese gegen den Druck von außen abgrenzen.

Das Sammeln und Erforschen von Volkserzählungen gehört zum Programm der School of Scottish Studies an der Universität Edinburgh. Als dieses Institut im Jahre 1951, vor vierzig Jahren also, begründet wurde, war eines seiner Ziele, endlich eine Institution zu schaffen, von der aus man Schottland als Ganzes betrachten könne (Orr 1957). Vordringlich wurde dort die Sammeltätigkeit vorangetrieben. Man recherierte in allen Teilen Schottlands und baute ein Folklorearchiv auf. Die Feldforschung, die durch ein technisch gut ausgestattetes Team unterstützt wurde, hat reiches Material zutage gebracht, das allerdings der analytischen Aufbereitung zumeist noch harrt. Außerdem wurden zwei wissenschaftliche Zeitschriften ins Leben gerufen, die *Scottish Studies* (1957) und der etwas popularwissenschaftlichere *Tocher* (1971), deren Herausgeber stets bereit sind, auch Studien über schottische Volkserzählungen zu publizieren. All dies gewährleistet einen ständigen Zufluß an Erzählmaterialien (Buchan 1984; Williamson 1983, 1985, 1987).

In den Jahren zwischen 1945 und 1957 hat man hauptsächlich auf den westlichen Inseln etwa 130 Aarne-Thompson-Typen, viele davon mit Varianten, sammeln können (Maclean 1958). Eine Sammlung von Erzählungen aus den Beständen des Instituts erscheint regelmäßig im *Tocher*. Sie werden mit einem Minimum an korrigierenden Eingriffen transkribiert und die Übersetzungen sind meist sehr angemessen. Außerdem produziert das Institut Schallplatten und Kassetten, die jeweils in den Zeitschriften annonciert werden (*Tocher* 1979-80). Die vielleicht treffendste Zusammenfassung der Ziele des Instituts für Scottish Studies stammt von seinem gegenwärtigen Archivar. Dieser sagte in einem neulich veröffentlichten Interview: »Wir versuchen den Teil der Kulturgeschichte zu sammeln, den Schriftsteller und Künstler ausgeklammert haben ... wir sammeln, was unsere Informanten selbst für aufzeichnungswürdig halten, und nicht das, was wir mit unseren eigenen Fragen für wichtig befinden« (Bruford: *Tocher* 1981).

Irland

In Irland begann die systematische Sammeltätigkeit im Jahre 1935 mit der Gründung der Irish Folklore Commission. Das Interesse für Volkserzählungen innerhalb der gesamten irischen Volkskunde war allerdings schon vorher immer sehr lebhaft. Tatsächlich hatte man sich – anders als in den übrigen Teilen Großbritanniens, wo zunächst das Brauchtum im Vordergrund stand – in Irland immer schon für die narrative Überlieferung, speziell für die Zaubermärchen begeistert, und dieser Umstand hatte schon früh zu entsprechender Forschungstätigkeit geführt. Einer der Pioniere auf diesem Gebiet war T. Crofton Croker mit seiner Studie über die Elfensagen und -überlieferungen von Südirland (Croker 1825). Diesem Werk ließ Croker zwei weitere Bände über die irische Folklore folgen, die schottische, walisische, englische und kontinentale Quellen mit einbezogen, so daß man Ähnlichkeiten und Entsprechungen erkennen konnte. Crokers Methoden entsprachen denen eines viktorianischen Sammlers und Autors, und seine Materialien bestanden eher aus Sagen denn aus Märchen (O Casaide 1940). Nichtsdestoweniger erweckte sein Werk ein generelles Interesse an Volkserzählungen, das bis heute anhält. Ein anderer wichtiger Wegbereiter war Patrick Kennedy, Dubliner Buchhändler, geboren und aufgewachsen in Wexford. Unter seinen vielen Veröffentlichungen zur irischen Volksüberlieferung ragen drei Titel besonders hervor: *Legendary Fictions of the Irish Celts; The Fireside Stories of Ireland* und *The Bardic Stories of Ireland* (Kennedy 1866, 1870, 1871). Die Bandbreite dieser Werke ist groß, sie umschließt Sagen über die in Großbritannien so verbreiteten Feen, Geister und Hexen, sowie irische Varianten internationaler Erzähltypen, wie sie die Grimms erstmals definiert hatten, einschließlich authochtoner Überlieferungen, mündlicher Versionen von mythologischen – und von Finnsagen, wie sie erstmals von Campbell of Islay in Schottland aufgezeichnet worden waren (Delaney 1964). Kennedy sammelte viele Erzählungen von noch lebenden Informanten, allerdings – und das ist signifikant: in englischer Sprache.

Die Sprachfrage beleuchtet ein zentrales Problem, dem sich annähernd alle Sammler in keltischen Regionen konfrontiert sahen. In der Zeit, als man mit seriöser Sammeltätigkeit begann, waren die keltischen Sprachen bereits unter dem wachsenden Druck des Englischen nahezu völlig verschwunden. Andererseits erwies es sich oft als gar zu vorschnell, das völlige Aussterben anzuprangern, und ähnlich verhielt es sich mit den irischen Volkserzählungen. Im Jahre 1890 veröffentlichte Jeremiah Curtin sein *Myths and Folklore of Ireland*, das etwa zwanzig Erzählungen eines gälisch sprechenden Informanten enthielt (Curtin 1890). Er war so ungefähr einer der Ersten, die die Auffassung vertraten, irische Volkserzählungen enthielten Relikte von Mythen, die bis auf die Kelten und sogar auf die Indo-Europäer zurückgingen. 1944 gab Séamus O Duilearga eine Auswahl von Erzählungen heraus, die sich aus seinen Zeitungsartikeln zusammensetzten (Curtin 1944). Curtin ist eine außerordentlich interessante Figur in der irischen Folklore-Bewegung. Er war von Geburt Amerikaner, allerdings mit irischem Hintergrund, und darf als ein immens gebildeter und alle Kultur- und Linguistiktheorien seiner Zeit beherrschender Gelehrter gelten. Seine Untersuchungen darüber, wo Keltisch gesprochen wurde und noch wird, reflektieren aber auch gleichzeitig, welche Triebkraft nationale Interessen für die Volkskunde darstellen können. Curtin selbst identifizierte sich mit dem Irischen, vielleicht nicht so sehr mit seinen politischen Objektivationen, als vielmehr mit der überlieferten Volkstradition. So fand er eine irische Identität eigener Art und fand dafür in den Vereinigten Staaten einen aufnahmebereiten Markt.

Die Bedeutung des Nationalgefühls wurde auch von nicht-irischen Autoren erkannt. Joseph Jacobs gab eine zweibändige Sammlung von märchenartigen Erzählungen für Kinder heraus, die heute noch sehr populär ist: *Celtic Fairy tales* und *More Celtic Fairy Tales* (Jacobs 1892, 1894). Sie schließt irische, walisische und schottische Märchen mit ein und suggeriert bewußt einen Eindruck von kultureller Einheit. Jacobs begeisterte sich für das entstehende Nationalgefühl und sah darin eine Triebfeder der Sammel- und Forschungstätigkeit. Ein anderer wichtiger Zweig der Keltologie wird repräsentiert durch die Person von Alfred Nutt, der – obschon selbst kein Sammler – einflußreiche Kommentare und Analysen beisteuerte. Nutt unterstrich die Homogenität der keltischen Grundlagen und sah in ihnen eine von klassischen Einflüssen fast verschont gebliebene, unberührte indoeuropäische Zivilisationsstufe, an der man folglich ein relativ unverfälschtes Bild der Survivals vorchristlichen Paganismus studieren könne. Für Nutt enthalten die volkskundlichen Materialien frühkeltische Kosmologien und Vorstellungen in Reinform. Diese Sicht beeinflußt noch heute viele popularwissenschaftliche Ansätze eher romantisierender Art, nach denen die Kelten über eine einheitliche, nicht durch politische, sprachliche oder soziale Barrieren aufgespaltene Kultur verfügten.

Den Übergang zu moderner Sammeltätigkeit in Irland bildete zweifellos das Werk von Douglas Hyde. Seine beiden Bände *Leabhar Sgeylaigheachta* und *Beside the Fire* (Hyde 1889, 1890) zeichnen sich durch einen hohen Standard an textlicher Genauigkeit und Kontextinformation aus. Seine Stellung als Gelehrter und Sammler einerseits, möglicher Präsident Irlands andererseits und schließlich als Professor für Irisch an der Universität in Dublin, zeigt letztlich, welche Bedeutung staatliche Anerkennung und universitäre Unterstützung für volkskundliche Arbeit haben können. Beidem mangelt es in England vollständig. Hyde beeinflußte eine Anzahl irischer Sammler, unter ihnen Séamus O Duilearga, den ersten Herausgeber der *Béaloideas*, des Publikationsorgans der Irish Folklore Society, der später auch Hydes Nachfolger auf dem Lehrstuhl des University College in Dublin und Direktor der Irish Folklore Commission wurde.

Das Department für Irische Folklore schloß sich seit 1971 an die Arbeiten der Irish Folklore Commission an. Zusätzlich zur Sammel-, Archivier- und Publikationstätigkeit unterrichtet man hier das Fach auf allen Schwierigkeitsstufen. Derzeit enthalten die Archive des Departments über anderthalb Millionen Seiten mit Materialien, größtenteils in Irisch. Das Hauptkontingent stammt von Sammlern der Irish Folklore Commission, obgleich ein Großteil auch von einem eigenen Informantennetz des Instituts zwischen 1937-38 zur Verfügung gestellt wurde. Dieses Informantennetz war insofern innovativ, als es aus Kindern bestand, die nach spezifischen Fragebogen in sechsundzwanzig Counties Material sammelten. Ein weiteres, ebenfalls in seiner Art neues System stellte das sog. *Urban Folklore Projekt* (1980-81) dar, in dessen Rahmen ein bislang vernachlässigtes Areal, nämlich die Stadt Dublin und ihre Vororte berücksichtigt wurden (Ni Dhuibhne 1983). Volkserzählungen, speziell Märchen, nehmen in diesen urbanen Sammlungen einen großen Anteil in Anspruch[7]. Der Typenindex irischer Volkserzählungen (*The Types of the Irish Folktale*) (O Súilleabhain und Christiansen 1963) weist alle Details der Varianten von rund 900 Zaubermärchen auf, die in Irland bekannt sind. Es gibt außerdem einen eigenen Index für Finn-Sagen, die andere, große und spezifisch gälische Gruppe von Volkserzählungen, und daneben nicht zuletzt auch Filme und Videos von Erzählsituationen nebst diverser Tonträger (O Danachair 1951).

Als man im Jahre 1977 das fünfzigste Jubiläum der Folklore-of-Ireland-Society zu feiern hatte, würdigte Professor Bo Almquist dessen beachtliche Leistungen (Almquist 1977). Irland besitzt reiche erzählerische Quellen aus dem hibernolateinischen, mittelirischen und modernem irischen Bestand, und diese waren der Fundus für Forschungen aller Art. Man hat das ganze 19. Jahrhundert hindurch gesammelt und dabei das Hauptaugenmerk auf Erzählungen und vor allem Märchen gelenkt. Die Suche nach wirklichen Zaubermärchen war den frühen Sammlern ein vordringliches Anliegen, aber es war stets auch im Interesse der Institutionen wie der Folklore of Ireland Society, den Blickwinkel außerhalb der oralen Überlieferung auch auf Dokumente der materiellen Volkskultur auszuweiten. Weitere Bände zur Volkserzählung erschienen fortlaufend, und weil man schon während der Pionierzeiten des Instituts beim Sammeln großen Wert auf die Authentizität der Aufzeichnung auch bei langen Erzählungen (Seanchas) gelegt hatte, konnten sie mit großer Akkuratesse auch in Hinblick auf den Dialekt transkribiert werden. Dies ist gegenüber früherer Arbeitsweisen, bei denen man Erzählungen abschrieb oder sie Karikaturen von ›typischen‹ Iren nach vorgefaßten Stereotypen in den Mund legte, ein wirklich entscheidender Fortschritt. Séan O Súilebháin erstellte Handbücher zur Feldforschung, deren substantielle Abschnitte speziell über Volkserzählweisen einen ausgezeichneten Überblick über die irische Tradierung geben (O Súileabháin 1963). Etwa 800 der internationalen Typen sind in Irland bisher erfaßt worden, eingeschlossen die zahllosen Geschichten über gälische Helden wie Finn MacCumail und seine Mannen (die *fenianischen* Erzählungen), Geschichten über Ulster-Helden wie Cuchulain und religiöse Legenden. Über 43 000 Varianten waren in die *Types of the Irish Folktales* eingearbeitet, als das Werk 1956 erschien, und immer noch kommen neue hinzu. Ein reicher Fundus an Märchen wird durch einen ebensolchen an Sagen, Anekdoten, Schwänken und anderen historischen Geschichten ergänzt, ein derart umfangreicher Bestand, daß Séan O Súileabháin behaupten konnte: »noch 1935 hat die Gemeinde von Carna in West Galway über mehr unaufgezeichnete Volkserzählungen verfügt, als der Rest von ganz Westeuropa zusammengenommen«[8]. Ein weiterer, wichtiger Aspekt der irischen Volkserzählforschung ist das Interesse am Repertoire und am Stil einzelner Erzähler, über die man nur Aussagen machen kann, wenn man über eine ganze Menge von Daten verfügt. Der Wandel des Lebensstils hat auch die Erzählgemeinschaft nicht unberührt gelassen, aber ausgestorben ist sie ganz und gar nicht. Als man im Jahre 1927 die *Folklore of Ireland Society* zusammen mit dem Organ *Béaloideas* ins Leben rief, entwickelte der Herausgeber Séamus O Duilearga gewisse Standards des Sammelns und Edierens. Er hatte gespürt, daß vieles, das mittlerweile publiziert war, nicht in Wirklichkeit die irische Volksüberlieferung repräsentierte. In diesem Punkt irrte er zweifellos nicht, dennoch haben aber gerade die romantisierenden Frühwerke einen Einfluß auf die Geschichte der irischen Volkskunde gehabt, den man nicht ignorieren sollte.

Die Partnerschaft von W.B. Yeats und Lady Augusta Gregory hatte nicht nur einen immensen Einfluß auf die Entwicklung der irischen Volksliteratur, sondern insbesondere auf Hochliteratur, Theater und Gebildetenkultur gehabt. Man nennt das spezifische Gefühl für die irische Identität nach einem Buchtitel von Yeats auch »Celtic Twilight«. In dieses Werk hat er viele volkstümliche Elemente eingearbeitet, die er selbst eher erfühlt als regelrecht gesammelt hat. Im Einklang mit seinen Reflexionen über die Bedeutung der Folklore für sein nationales Konzept von Irland (Yeats 1892) spürte Yeats leidenschaftlich, daß eine Nation sich schon durchsetzen werde, habe sie einmal ihre eigene Kultur gefunden. Er betonte dabei immer die Bedeutung der traditionellen irischen Erzählstoffe, die seiner Meinung nach die tiefsten und wichtigsten Werte der irischen Kultur in sich trügen (Thuente 1980). Der Effekt des *Celtic Twilight* auf die Volkserzählforschung war auch jenseits der Grenzen spürbar und trug mit bei zu einer pan-keltischen Welle, innerhalb derer man Geschichten sämtlicher, vormals keltischer Gebiete als Zeugnisse naturmystischer, imaginativer Schwingungen interpretierte.

Die irische Tradition ist reich an Geschichten, die moderne Erzählforscher als Märchen definieren[9]. Desohngeachtet hatten die ursprünglichen Erzähler natürlich ihr eigenes Klassifikationssystem, und so befindet sich die irische Erzählforschung im Besitz sehr früher Listen und Inhaltsverzeichnisse (Dillon 1969). Individuelle Geschichten sind manchmal unter mehreren Rubriken zu finden. Trotzdem vermitteln sie uns eine klare Vorstellung davon, was die Erzähler selbst als entscheidende Kriterien ansahen. Die *echtrae* und die *immramma* zum Beispiel, in denen es um Abenteuer in Anderswelten geht, enthalten beide übernatürliche, zaubrische Wunder. Die *echtrae* sind jedoch romantische Aventüren von Heroen und Heroinen, die Ähnliches erleben wie die bekannten Märchenhelden, während die *immramma* speziell weitschweifige Seereisen sind, die zu zahllosen Inseln der Anderswelten führen, ein in der irischen Volkserzählung sehr beliebter Zug. Die Fülle dieser Volkserzählungen und die Häufigkeit, mit der sie kommentiert wurden, legt den Gedanken nahe, daß man mit modernen analytischen Kategorien nicht notwendigerweise auch alle Aspekte einer so komplexen Erzähltradition erfaßt.

Entsprechend ist die ganze Entwicklung der Volkskunde in Irland, speziell die der Volkserzählforschung, sehr intensiv und sehr komplex. Man kennt die irische Überlieferung in aller Welt fast so gut, wie die der Brüder Grimm. Sie hat, genau wie ihre deutschen Entsprechungen, einen unauslöschlichen Eindruck auf die Rezeption irischer Märchen ausgeübt.

The Isle of Man

Die Erforschung oraler Traditionen auf der Isle of Man ist eng an die der Sprache gebunden. Wie anderswo, wurde auch hier das meiste Material im 19. Jahrhundert gesammelt. Eine der ergiebigsten sprachlichen Quellen für Manx ist das Werk von Edward Fargher. Fargher präsentiert seine Quellen in einem Manx-Gälisch, das die gesprochene Sprache der Jahrhundertmitte genau wiedergibt, und seine Geschichten sind genau so notiert, wie er sie hörte. Seine Sammlung enthält Versionen von AT 1791 (Sexton carries Parson), AT 1785 (Parson put to Flight During Sermon), AT 1149 (Children Desires Ogre's Flesh), AT 1133 (Making the Ogre Strong), AT 1735 (Who Gives His Own/Putting the Devil into Hell) und ein Bericht über einen Besucher des Feenlandes, der nach seiner Rückkehr feststellt, daß in Wirklichkeit Jahre verstrichen sind, verschiedene Finn-Geschichten und einen Schwank J 1732.3 (Broderick 1981, 1982). Von den einheimischen Manx-Sprechern gibt es noch Tonaufnahmen. Erst im Jahre 1974 starb die letzte Gewährsperson. Sie bevorzugten Geschichten über Feen und Gespenster, über das Manx-Ungeheuer, den Wasserhengst und den Wasserstier, aber leider ist keine der Geschichten von Faragher darunter (Broderick 1984,1986).

Folklore hatte auf die Erforschung der Sprachgeschichte einen entscheidenden Einfluß, und die *Manx Language Society* bedient sich der Geschichten, wenn auch nicht unbedingt rein Manx'scher Quellen, um das öffentliche

Interesse an der Sprache zu erwecken (Skeealaght 1976). Ein Volkslied aus Manx bildete die Grundlage zu einem Kurzfilm in Manx mit dem Titel *Ny Kirree fo Niaghtey* (Schafe unter dem Schnee) (1983, Foillan Film, Laxey).

Die Renaissance des Erzählens und Trends in den Medien

In den letzten zehn Jahren etwa gab es in Großbritannien eine regelrechte Wiederbelebung alter Erzähltraditionen und bei diesem ›revival‹ spielt das Märchen eine herausragende Rolle. So ein Trend zeigt die Bedeutung von Geschichtenerzählen als linguistischer Stimulus, der sich auch als sinnvolle Hilfskonstruktion beim Erwerb der Literalität (besonders, wenn das Erzählen in die Kindererziehung eingebunden ist), und bei jeder Art multikultureller Kommunikation erweist. Das in London ansässige »College for Storytellers« meint: »Es ist das aktive Ausüben, und nicht die passive Theorie der Folklore zum Selbstzweck, dem sich das College verschrieben hat. Es steht und fällt mit diesen Geschichten, die so oft wertvolle menschliche Wahrnehmungen weitergeben und Teil des humanen Weisheitsschatzes sind«[10]. Das neue Geschichtenerzählen führte zu Gründungen von Erzähler-Vereinigungen, die durch Anzeigen die verschiedensten Aktivitäten ihrer Mitglieder koordinieren (Douglas 1987). Diese Bewegung gibt sich offen als Erneuerer aus und ist nicht selten durch bestimmte ethnische oder soziale Bindungen gekennzeichnet. Europäische Märchen mit Anklängen an keltische Mythen sind immer beliebt. Trotzdem konzentriert sich eine ständig wachsende Gruppe heutiger Erzähler auch auf außereuropäische Ethnien, besonders auf die Karibik und Indien. Andere wiederum spezialisieren sich bewußt auf bestimmte Genres und begrenzen ihr Repertoire z.B. auf weibliche Volkshelden. Man organisiert Erzählerfestivals und Wettbewerbe, die meistens in Museen oder Kulturzentren stattfinden. Nicht selten sind diese Veranstaltungen an lokale Überlieferungen oder bestimmte regionale Projekte angelehnt und zielen darauf ab, auch die Kinder mit den jeweiligen Traditionen und ethnischen Besonderheiten ihrer Heimat vertraut zu machen. Die Teilnehmer bei dieser Art von Veranstaltungen setzen sich zusammen aus traditionellen Erzählern, die ihre Talente zum Beruf gemacht haben und professionellen Erzählern, deren Repertoire aus traditionellen, auswendig gelernten Überlieferungen besteht.

Zwischenzeitlich gab es in London am Middlesex-Polytechnikum ein *National Folktale and Storytelling Centre*, dessen Aufgaben auf dem erzieherischen und kommunalen Sektor bestanden. De facto war dies Zentrum Kontaktstelle für Geschichtenerzähler und Sammler oder Herausgeber auf der einen, und für Lehrer, Kommunalpolitiker, Bibliothekare und andere potentielle Benutzer auf der anderen Seite. Man bekam dort auch praktische Hilfestellung in Form von Informationspaketen über Projektmöglichkeiten, Kursangebote und Festivals etc. Daneben etablierte sich ein Archiv für internationale Märchen- und Volkserzählungen, das Material in Buchform, auf Tonträgern oder Videos anbot. Sie veröffentlichten außerdem eine Liste von Erzählern, die in regelmäßigen Abständen aktualisiert wurde (Cotterill 1990).

Die Sprache dieses *storytelling revival* ist meistenteils Englisch, aber die Ausnahmen sind signifikant und interessant. So gibt es z.B. ein jährliches Treffen traditioneller gälischer Erzähler (*seanchaidhean*) in Schottland, das unter dem Namen *Comhdhail nan Seanchaidh* bekannt geworden ist. Ähnliche Aktivitäten gibt es auch in Irland, und es ist eigentlich nicht überraschend, daß diese Dinge in jenen Gegenden geschehen, in denen es einheimische Märchentraditionen gab. Beim jährlichen Erzähler-Festival in Ulster, zu dem man sich im dortigen Volkskunde- und Verkehrsmuseum trifft, kann man Geschichten in Irisch und in Englisch hören, zum größten Teil jedoch in Englisch. Traditionelle walisische Kultur spielt auch im modernen Leben in Wales eine integrative Rolle, besonders durch das sog. *eisteddfod movement*, eine Bewegung, die sich bereits im letzten Jahrhundert konstituierte. Höhepunkt eines *eisteddfod*-Treffens ist jedoch nicht das Erzählen, sondern ein Gedichte-Wettbewerb. Das *National Eisteddfod* wird alljährlich im August für vierzehn Tage abgehalten und stellt eine Möglichkeit für walisisch Sprechende dar, sich zu treffen und auszutauschen. Der Wert der *eisteddfod*-Bewegung für den Erhalt der walisischen Sprache und der ihr verbundenen Kultur ist nicht hoch genug zu veranschlagen. Eine Anzahl bedeutender Erzähl-Anthologien für diese Treffen entstanden bereits in der letzten Hälfte des 19. Jahrhunderts, trotzdem war das Programm des *eisteddfod* nie direkt auf das Geschichtenerzählen angelegt. Kunstzentren in Wales hielten gelegentlich ebenfalls Erzähler-Festivals ab, obwohl auch dort eigentlich wenig Geschichten in Walisisch erzählt wurden. Walisischsprachige, aber auch englische Schulen sind bemüht, den Sinn für die einheimischen Überlieferungen zu wecken. Was dabei jedoch das traditionelle Erzählgut anbelangt, so geht man meist über das Mabinogion nicht hinaus.

Es gibt daneben noch durchaus traditionelle Kontexte, in denen erzählt wird, z.B. eine Institution, die sich für Schottland, Irland und die Isle of Man als *céilidh* einen Namen gemacht hat. Aus diesen Gegenden sind Viele nach Nordengland und nach Amerika emigiriert. Die *ceilidb* bietet nicht nur Gelegenheiten zum Geschichtenerzählen, sie ist auch eine wichtige soziale Institution. Die walisische Entsprechung ist das *noson lawen*, wörtlich »ein fröhlicher Abend«. Hier hat man Gelegenheit, sich mit Gleichgesinnten zu treffen bei Gesang, Tanz, Volksmusik und natürlich auch beim Geschichtenerzählen. Weder *ceilidb* noch *nosen lawen* sind an bestimmte Anlässe gebunden. Manchmal finden sie allerdings im Zusammenhang mit Hochzeiten oder Geburtstagsfeiern statt. Sie haben den Übergang vom ländlichen zum städtischen Lebensstil relativ gut überstanden und bieten – nach ihrer Selbstdefinition – eine Gelegenheit, Geselligkeit mit der Pflege traditioneller Überlieferungen zu verbinden. In England gibt es nichts direkt Entsprechendes, aber bei formellen und informellen Feiern bietet sich stets auch Gelegenheit zum Erzählen. Der Mangel an klar definierten Erzähler-Unternehmungen darf daher nicht suggerieren, es gäbe in England keine narrative Kultur.

Die Medien, sowohl TV als auch Radio, spielen in der Übermittlung der Erzählstoffe heutzutage eine entscheidende Rolle. Die Sprache der Programme ist größtenteils Englisch, immerhin hat man aber auch walisische, schottisch-gälische und irische Sendezeiten reserviert.

Schlußfolgerung

Über den gegenwärtigen Status der Märchen und der Märchenforschung auf den Britischen Inseln läßt sich im Sinne der vorausgegangenen Darlegungen Folgendes zusammenfassen: wirkliche Märchen existieren im Überfluß nur in Irland und Schottland, obgleich es aus dem Mittelalter noch viele Belege aus Wales gibt. Die Aufnahmen aus Wales und von der Isle of Man sind zu spärlich, um verbindliche Aussagen machen zu können, aber es scheint so, als sei ihre Volkserzähltradition ähnlich wie die der anderen, ehemals keltischen Gebiete gewesen. Ob Wales und Cornwall eine wirklich blühende, eigene Märchenkultur hatten, ist mit Sicherheit nicht zu sagen. Die signifikanteste Quelle für Märchen in England ist zum gegenwärtigen Zeitpunkt das Erzählgut der schottischen *tinker*, der ehemaligen Kesselflicker[11]. Erzählgemeinschaften existieren im gälisch sprechenden Schottland und in Irland, obgleich sie heute viel weniger Furore machen, als früher. Irland, Schottland und Wales erhalten für ihre wissenschaftlichen Bemühungen staatliche und institutionelle Unterstützung, und haben sämtlich Institute, die das Sammeln und Bewahren sowie ihre jeweiligen Forschungen koordinieren. Bei der Erzählforschung speziell geht der Trend eher hinweg vom Märchen in Richtung auf die modernen (Stadt)-Sagen und die sog. *Oral History*. Als eine jüngere Entwicklung kann man außerdem die Wiederbelebung der Erzähltradition bezeichnen, und viele Geschichtenerzähler tragen selbst ihren Teil zu dieser Bewegung bei.

Wie uns viele Anspielungen in der Literatur des Mittelalters und der Renaissance beweisen, kursierten im Volk ausgesprochene Märchenerzählungen in großer Zahl. Dies zeigt sich auch im Repertoire der Nachkommen englischer Immigranten im Ausland. Märchen gehören jedoch, sieht man einmal von den künstlichen Wiederbelebungsversuchen ab, der Vergangenheit an. Anders ist es mit den Schwänken. Schwänke (Anekdoten, Heldengeschichten, Witze und verwandte Formen) sind heute noch überall populär. Leider gibt es trotz der weiten Verbreitung in England und in Irland für diese Genres bislang noch keine systematische Sammel- und Klassifizierungstätigkeit. Der zweifellos ergiebigste Zweig der Erzählkultur sind jedoch derzeit die Sagen. In dieser Hinsicht bieten die britischen Inseln ein sehr viel geschlosseneres Bild, als man zunächst vermuten mag. Obgleich Feengeschichten heute noch eigentlich nur noch in einigen Teilen von Irland kursieren, kennt man die Erzählungen immerhin in nahezu allen ländlichen Gebieten, und die Tradition ist trotz vieler Regionalismen verhältnismäßig kontinuierlich.

Während des gesamten 19. Jahrhunderts war die volkskundliche Forschung in England immer sehr extensiv, andererseits aber auch durchweg spekulativ, während man sich in Schottland, Irland und Wales schon früh auf das Sammeln verlegte und die Materialien eher als in England im Sinne nationaler Identitätsfindung analysierte. Dieser Unterschied entspricht auch dem linguistischen Befund innerhalb der Britischen Inseln. Zweifellos haben ein Gefühl für die ›verlorene Nationalität‹ und ein Streben nach kultureller Integration die Sammeltätigkeit und die Forschung in Irland, Wales und Schottland insgesamt beflügelt, und es ist bezeichnend, daß man nur in diesen Gebieten auch die politische Bedeutung der Volkskunde erkannte. Die Suche nach nationaler Identität ist jedoch immer ein zweischneidiges Schwert; ein zu enggefaßter nationaler Ansatz kann auch eine gewisse Überbetonung der Einzigartigkeit einer bestimmten Kultur zur Folge haben, und – wie im Falle Wales und Irland – dazu führen, daß man englischsprachige Quellen ignoriert und sich unter Nichtbeachtung zeitgenössischer Formen nur auf die Rettung der älteren Schichten konzentriert. Solche Probleme werden in der gegenwärtigen Volkserzählforschung lebhaft diskutiert, indem man sich eher von den Märchen ab- und neueren narrativen Genres zuwendet.

Was ist also mit England, der Quelle von so viel fruchtbarer Spekulation am Ende des 19. Jahrhunderts, aus dessen schier unerschöpflichem Fundus an Theorien man sich noch bis vor kurzem bediente? Vielleicht war es gerade die Bandbreite der Perspektiven, die eine wirklich grundlegende Forschung verhinderte. Auf der anderen Seite kann man Unterschiede auch überbetonen; Großbritannien und Irland sollten endlich beide auch als Teil eines gemeinsamen, erzählerischen Kontinuums gesehen werden. Englische Volkskundler haben keltologische Studien betrieben, und keltische Volkskundler haben sich ihrer Theorien bedient. Der Standard der englischen Volkserzählforschung ist trotz des Mangels an institutioneller Unterstützung überraschend hoch und erfreut sich sogar einer bescheidenen Erweiterung. Das Interesse an den Märchen aus älterer Überlieferung ist groß, obwohl sich die Literaturwissenschaftler der Angelegenheit intensiver angenommen haben als die Volkserzählforscher. Das Hauptforschungsinteresse liegt momentan auf dem Gebiet der zeitgenössischen Erzählformen, wobei man sich endlich auch auf urbane Regionen und neuzugewanderte Ethnien besinnt, die lange Zeit von der Forschung vernachlässigt wurden.

Der Einsatz von Volkserzählungen in den Medien ist wahrscheinlich der problematischste Faktor bei der modernen Feldforschung. Es wäre in diesem Zusammenhang wohl angemessen zu sagen, daß weder das Fernsehen, noch der Film oder das Radio die wirkliche Durchschlagskraft der einheimischen Traditionen voll erkannt oder diese Erkenntnis umgesetzt hätten. Man verläßt sich in den Medien stattdessen immer noch auf Überarbeitungen der Grimmschen Märchen. Trotzdem wäre es irreführend, nur negative Schlußfolgerungen zu ziehen. Prophezeihungen über das baldige Aussterben der Volkserzählungen gehen schließlich einher mit der Erkenntnis ihrer Attraktivität und der darausfolgenden Beschäftigung mit ihnen. Ein berühmter englischer Altertumsforscher hat einst die zunehmende Literalität für das Aussterben der Märchen verantwortlich gemacht: »Bevor man den Druck kannte, waren die Ammenmärchen genial ... die gewöhnlichen Menschen wurden nicht im Lesen unterrichtet ... Heutzutage sind aber die Bücher gewöhnlich und die göttliche Kunst ihres Druckes und das Schießpulver haben Robin Goodfellow und die Elfen in Angst und Schrecken versetzt und in die Flucht getrieben«[12].

Wie sich aber herausgestellt hat, warten Robin Goodfellow und seine Freunde lediglich auf Jemanden, der sich für sie interessiert. Die Volkserzählforscher haben dem beigepflichtet, und es sieht nicht so aus, als ob die Märchen und Sagen oder unsere Versuche, sie zu verstehen, im Schwinden begriffen seien.

Übersetzung von Sabine Wienker-Piepho

Giovanni Battista Bronzini

MÄRCHEN IN ITALIEN

Johann Gottfried Herders »Stimmen der Völker in Liedern« übten sogleich bei ihrem Erscheinen einen entscheidenden Einfluß auf die italienische Romantik aus, weil man darin das Gedankengut von Giovanni Battista Vico wiedererkannte, auf das Herder selbst zurückgegriffen hatte. Auf dieser Basis entwickelte sich in Italien der Mythos der Volksdichtung, die sich jedoch gesellschaftlich auf das mittlere Bürgertum bezog und Bestandteil jeder romantischen Poetik wurde. In seinem »Halb-ernsten Brief von Chrysostomos« forderte das Haupt der romantischen Schule, der Mailänder Giovanni Berchet, 1816 die italienischen Dichter auf, eine Literatur zu schaffen, die vom Volk rezipierbar wäre, und setzte dabei seine Auffassung von Volksliteratur als Literatur *für* das Volk durch; eben dadurch aber wurde die Literatur *des* Volkes ins Abseits geschoben oder verfälscht. Die Grimmschen »Kinder- und Hausmärchen« bestätigten den Veredlungseffekt, den das mündlich tradierte Erzählgut durch die Kunstgriffe eines gebildeten Autors erfährt. Erst in der zweiten Hälfte des 19. Jahrhunderts erschienen in Italien die ersten, von Deutschen veranstalteten Sammlungen italienischer Volkserzählungen (Widter und Wolf 1866, Knust 1866, Köhler 1867, Schneller 1867, Gonzenbach 1870); den deutschen Forschern folgten kurz darauf die ersten systematischen Sammlungen italienischer Forscher (Imbriani 1871 und 1871/72, Bernoni 1873, Pitrè 1875). Der Erfolg echter, mündlich überlieferter Volkstexte aus den italienischen Staaten vor der Vereinigung war jedoch wegen der schwachen Nachfrage seitens der bürgerlichen Leser gering. Aber die Hauptvertreter des italienischen Naturalismus (Giovanni Verga in Sizilien, C. Percoto in Friaul, Grazia Deledda in Sardinien) achteten aufmerksam auf Themen und Motive des mündlichen Kulturguts und bemühten sich um ihre kluge und ausgewogene literarische Aufwertung. Eine weitere Verwendung findet die Volksliteratur in der Pädagogik; es entsteht eine Kinder- und Schulliteratur, die das Märchen als Anregung der Abenteuerlust und als Mittel zur Flucht aus den Bedrängnissen der Wirklichkeit benutzt. Hierher gehören der »Saggio di letture varie per i giovani« von Temistocle Gradi (1865), die »Racconti de le fate voltati in italiano« von Carlo Collodi (es handelt sich um Märchen von Perrault, Mme d'Aulnoy und Mme Leprince de Beaumont; 1876), die »Letture italiane scelte ed annotate a uso delle scuole secondarie inferiori« von Giosuè Carducci und Ugo Brilli (1889). Zu erwähnen sind in diesem Kontext auch die »Novellaja milanese« von Vittorio Imbriani (1872) und die »Fiabe e canzoni popolari del contado di Maglie in Terra d'Otranto« von Pietro Pellizzari (1881); die transkribierten Märchen sind mit einem Kommentar versehen. Mit gleicher didaktischer Zielsetzung publizierte F. Del Torre in 38 Heften des Almanachs »El contadinel« (1886-1893) seine Sammlung friaulianischer Märchen. Die Volksmärchen erwiesen sich als besonders ergiebig für die komparatistischen Arbeiten, wie sie Domenico Comparetti in »Edipo e la mitologia comparata« (1867), »Virgilio e il Medio Evo« (1872) und dem »Kalevala o la poesia tradizionale dei Finni« (1891) vorlegte.

Dem gewachsenen Interesse für die Volksliteratur (*narrativa popolare*) folgte kein Zuwachs an Material: die Sammlungen blieben auf wenige Regionen beschränkt. Größere Vorhaben auf nationaler Ebene wurden von einzelnen Wissenschaftlern zwar begonnen, aber nicht zu Ende gebracht. Immerhin brachte Guiseppe Pitrè die »Biblioteca delle tradizioni popolari siciliane« zustande, zu deren Bestand die vier Bände der »Fiabe, novelle e racconti popolari siciliani« (1875) gehören. In der Novellistik überschritt Pitrè die Grenzen Siziliens und wandte sich der reichen Tradition der Toskana zu; 1888 veröffentlichte er die »Novelle popolari toscane« in einem Band.

In den ersten Jahrzehnten des 20. Jahrhunderts verdrängte die idealistische Ästhetik allmählich die komparatistische Forschung; das Volksmärchen wurde kaum beachtet. Letterìo di Francia hatte in den zwei Bänden seiner »Novellistica« (1924-1925) das Problem des Volksmärchens erörtert und die anonymen Vers- und Prosaerzählungen vom 15. bis zum 17. Jahrhundert behandelt (»La novella del Grasso legnaiuolo«, »Bussotto acquarotto«, »Uno Villano inspiritato«, »Grillo medico« etc.); zwischen 1929 und 1931 bot er in den Heften »Pallante« ein vorzügliches Sammel- und Analysemuster für die kalabresischen Märchen und Novellen mit Verweisen auf Themen und Motive der Volksnovellen. Gleichzeitig aber brachte Benedetto Croce das Märchen und jede andere Form der Volkserzählung (*espressione del popolare*) in die entsprechende Kunstgattung zurück (»Poesia popolare e poesia d'arte«, 1929-1933). Einige Jahre zuvor (1925) hatte er den erzneapolitanischen »Cunto« von Giambattista Basile ins Italienische übersetzt und mit dem neuen Titel »Pentamerone« der Nationalliteratur übergeben.

Croces Vorgehen war am besten geeignet, das Volksmärchen zu rehabilitieren. Dessen Aufwertung durch die literarische Aneignung entsprach dem historischen Entwicklungsprozeß der italienischen Volksmärchen, der nicht zu trennen ist von dem der literarischen Novelle. Und tatsächlich stützte sich die vorzügliche erste Erfassung von Themen und Motiven im internationalen Index von Aarne-Thompson auf literarisches Material (freilich unter Auslassung sexueller Thematik), nicht auf das der mündlichen Tradition (Rotunda 1942). Lückenhaft dagegen und nicht immer genau, obwohl sehr nützlich sind die regionalen Verzeichnisse der mündlich überlieferten Volksmärchen.

Die Übersetzung von Croce ist sehr treu und ausdruckstark, wie der Vergleich mit dem Original zeigt und wie ihn die zweisprachigen Ausgaben von Petrini (1976) und Michele Rak (1987) ermöglichen: das funkelnde Barocke von Basile ist beibehalten, verloren ist aber wohl die Aufschichtung der Bedeutungen, die die Weltanschauung und der Stil von Basile ausmachen. Croce war sich der Tatsache bewußt, daß das Werk Basiles auf einer zum größten Teil mündlich überlieferten Volksliteratur beruhte, aber dieser Tatbestand war für sein ästhetisches Urteil nicht ausschlaggebend. Für die Philologen hingegen verschleierte Basiles gelehrte Überarbeitung die Volkstümlichkeit, die als kraftvolle Form der Tradition galt.

Italo Calvino, der Grimm der zeitgenössischen italienischen Literatur, zeigt in seinen Untersuchungen, wie verschieden groß der Beitrag der verschiedenen Regionen in der Überlieferung der italienischen Volksmärchen ist.

An erste Stelle setzt er *Sizilien*, voll Anerkennung für die Leistung des Sammlers Pitrè und für die Begabung seiner Haupterzählerin, Agatuzza Messia, deren einzigartige Erzählkunst immer vom Realen zum Wunderbaren führte und deren erfinderische Sprache den gesunden Menschenverstand und die alte Weisheit der Sprichwörter erkennen läßt. Aus der Antike fließen Personen aus dem homerischen Epos (so der Cyclop Polyphem) und Motive aus dem klassischen Mythos von Amor und Psyche in das sizilianische Märchen ein.

Auf der doppelten Spur des *Realistischen* und des *Wunderbaren* vergleicht Calvino Sizilien mit der *Toskana*, die beiden Geburtsstätten der italienischen Sprache und Literatur. Während das sizilianische Märchen die Eigentümlichkeiten der vielen Kulturen und der Völker, die auf der Insel aufeinander folgten, artikuliert, bezieht sich das toskanische Märchen mehr auf schriftliche Vorbilder. Das Wunderbare ist nach dem literarischen Muster der Ritterromane und -epen gestaltet; andere Einflüsse stammen aus der reichen Produktion der Volksdichtungen, die vom 14. bis zum 19. Jahrhundert in der Toskana blühten. »Il figliolo del re di Portogallo« ist eine Nachdichtung von der »Istoria di Ottinello e Giulia«, die von Alessandro D'Ancona untersucht wurde (1889, 391-451). »Uliva« verwendet die aus Asien stammende Geschichte von dem Mädchen mit der abgehackten Hand, eine Nachahmung der »Rappresentazione di Santa Uliva« und der »Istoria de la regina Uliva«. Die Anklänge an »Tausend und eine Nacht« lassen sich zurückführen auf die französische Übersetzung des Orientalisten Antoine Galland (1646-1715). Das typischste Merkmal, das die toskanischen Märchen auszeichnet, ist der Handelsgeist, aber auch die Übernahme von Elementen aus Boccaccio.

In dem Märchen des »Figliolo minore del mercante di Milano« entspräche der Held dem Archetyp des prädestinierten jungen Mannes, der Schweres überwindet oder der Prinzessin ein Rätsel aufgibt und dafür ihre Hand gewinnt; aber in der Version, die Calvino überarbeitet (Nerucci 1880, Nr. 19), bevorzugt der Held den ökonomischen Vorteil anstelle der Vermählung mit der Prinzessin. In einer Geschichte wie »Paolino da Perugia« erkennt man leicht die entsprechende Erzählung Boccaccios (Dec. II 5).

Es ist bezeichnend, daß Calvino seine Charakterisierung des italienischen Märchens mit dem Vergleich beschließt, wie die Sizilianer und die Toskaner, anhand ihrer unterschiedlichen historischen Erfahrungen, den König beschreiben. Für die Sizilianer sind König, Hof, Adel, ihre Hierarchie, Etikette und ihr Moralkodex bekannte, konkrete Realitäten und jede Erzählerin, wenn auch Analphabetin, beweist in deren Beschreibung eine minutiöse Kompetenz. Typisch für das sizilianische Märchen ist, daß kein König eine Entscheidung trifft, ohne seine Minister zu konsultieren. Das geschieht nicht in der Toskana, wo trotz größerer Allgemeinkenntnisse das Wort König kein erlebter Begriff ist, sondern nur ein abstraktes Symbol für Macht und Reichtum. So kann es in einem toskanischen Märchen geschehen, daß zwei Könige als Nachbarn zusammenleben, sich vom Fenster aus sehen und sich gegenseitig besuchen wie zwei normale Bürger (Calvino, 1956, XLVI)

Calvino setzt *Venetien* an die dritte Stelle. Tatsächlich bieten die zwischen dem 18. und 19. Jahrhundert entstandenen Sammlungen von Domenico Guiseppe Bernoni, A. Balladoro, P. Mazzucchi, L. Marson ein breites Repertoire, dessen Mannigfaltigkeit sich in der Vielfalt der in der Region befindlichen Dialekte widerspiegelt. Schon 1866 hatten Georg Widter und Adolf Wolf eine Sammlung venezianischer Märchen herausgebracht, zwei Jahre später nach ihrer bekannteren Volksliedersammlung. Von den von Bernoni zusammengetragenen Märchen hob Calvino (1956, XXXIV) die große Klarheit und die poetische Meisterschaft hervor; trotz der Wiederholung bekannter Muster spürt man in ihnen Venedig, sein Licht, das Meer, die Kanäle, die Ferne, die Schiffe, den Osten. Anders, bemerkt Calvino weiter, ist der Geist der *trientinischen* Märchen, die zum Grotesken, zum Schaurigen und manchmal zum Sinnreich-Moralistischen neigen. In *Friaul* scheint das Märchen vor der Legende zurückzuweichen; die Sammler, sowohl die Älteren wie die Percoto, wie auch die Modernen wie Dolfo Zorzùt in seinen 1924-1927 gesammelten Märchen verleihen dem Dialekt einen beschwörenden literarischen Charakter (Calvino, 1956 XXXV).

Wie Calvino in seinen Vorwort bemerkt, verdankt die *Bologneser* Novellistik des 19. Jahrhunderts sehr viel der Sammlerin Carolina Coronedi-Berti: saftiger Dialekt, guterzählte und reiche Fassungen, phantastische, traumhafte Atmosphäre, vermischt mit der altbekannten ländlichen Wirklichkeit. Kurze, aber essentielle kritische Anmerkungen Calvinos gelten der *römischen* Sammlung von Giggi Zanazzo, den zwei *abruzzesischen* Sammlungen von Gennaro Finamore und Antonio De Nino, den acht vorzüglich erzählten *apulischen* Märchen von Pietro Pellizzari und der gelehrten Sammlung von Letterìo Di Francia für den *kalabresischen* Raum. Die anderen Regionen boten ein zu knappes Material für eine erschöpfende Charakterisierung der Themen und Stilarten.

Die »Fiabe italiane« von Calvino wurden 1956 in der Reihe »Millenni« des Turiner Verlages Einaudi veröffentlicht, in dem in den fünfziger bis siebziger Jahren auch verschiedene Anthologien europäischer Märchen erschienen sind.

Das nationale Schallplattenarchiv gab Ende der sechziger, Anfang der siebziger Jahre den Anstoß zu einer weitangelegten Erhebung und Inventarisierung der Märchentypen und -motive, die in der noch lebendigen mündlichen Überlieferung vorhanden waren. Regionalbeiträge kamen z.B. aus der Lombardei, und die Forschungsergebnisse erschienen in den Bänden »Mondo popolare italiano«; seit 1968 druckt die »Società filologica friulana« das dort gesammelte Material. Vereinzelte Forschungsvorhaben sind an den Lehrstühlen der »Storia delle tradizioni popolari« vertreten, die nicht viele, aber doch nützliche Klassifizierungen und auch gute anthropologische und linguistische Untersuchungen neuer Materialien hervorgebracht haben. Die besten Ergebnisse der italienischen Forscher sind in den Akten eines Kongresses vom Jahre 1980 und in dem monographischen Heft der Zeitschrift »La ricerca folklorica« (1985) enthalten, sie können es aber mit dem Stand der internationalen Forschung nicht aufnehmen. Dasselbe gilt für den Band »Da spazi e tempi lontani. La fiaba nelle tradizioni etniche«, den das Institut »Suor Orsola Benincasa« in Neapel als Ergebnis einer Seminarreihe von 1988-1989 herausbrachte.

Überzeugender und stichhaltiger ist die Arbeit der Literaturkritiker über die Märchen literarischer Herkunft, die seit der Einführung der historischen Methode und auch nach den literaturästhetischen Theorien Croces immer ein größeres Ansehen hatten als die mündlich tradierten Märchen. Die Anwendung der strukturalistischen (Aarne-Thompson) und der morphologischen Methode (Propp) auf das literarische Märchen hat aber überraschende Analogien und thematische und strukturelle Übereinstimmungen mit den Volksmärchen gezeigt.

In den achtziger Jahren hat der Mailänder Verlag Mondadori auf regionaler Ebene versucht zu wiederholen, was Calvino mit seinen »Fiabe italiane« in den fünfziger Jahren nach Grimmschem Muster auf nationaler Ebene erfolgreich geleistet hatte. Bis jetzt sind 16 Bände erschienen; jeder Band wird von zwei Autoren herausgegeben: dem Forscher, der das Material auswählt und in es einführt, und dem Schriftsteller, der die mundartlichen Texte übersetzt und die schriftsprachigen neu schreibt. Trotz der Arbeitsteilung wirkt die wissenschaftliche Annäherung an das vielseitige Material und die stilistische Lösung der Übersetzungen durch die enge Zusammenarbeit der zwei Autoren erfreulich einheitlich.

Comparetti und später Bartoli und Graf beklagten die Armut des italienischen Mittelalters an Märchenschöpfungen. Die literarische Strömung, die von den mittelalterlichen *cantari* bis zum »*Orlando Furioso*« reicht, setzt jedoch ein Substrat voraus, aus dem der volkstümliche Stoff zu neueren Kunstschöpfungen verarbeitet wurde. Das größte Reservoir an Novellenstoffen ist zweifelsohne im Mittelalter zu finden, und das gotische Frankreich, wo die Osmose zwischen der Welt der Volksmärchen und der Welt der Ritterromane sich vollzog, ist der Raum, aus dem das unterschichtige, das bürgerliche, das höfische Märchen sich nach Italien absetzte. Das geschah in Phasen, die zugleich progressiv und regressiv waren. Die erste Region, die von Frankreich direkt beeinflußt wurde, war die Poebene. Die erste Fusion zwischen Märchenmotiven und Formen der lyrisch-prosaischen Dichtung vollzieht sich in den fränkisch-italienischen Kurzepen und in den *cantari* vor allem in der Toskana, von wo aus die erfolgreichsten Gattungen und Erzählmotive in die Volks- und Kunstliteratur in Mittelitalien wanderten.

Norditalien ist empfänglicher für die abenteuerlichsten Themen der europäischen Märchen, wie das des in See stechenden Schiffes (Beccaria 1982, 16), das dem »Fliegenden Schiff« von Afanasev entspricht. In den östlichen Regionen Italiens wiegt der germanische Einfluß denjenigen des slawischen und balkanischen Raums auf. Durch die Kreuzzüge, die Reisen der Kaufleute (Marco Polo) und die Handelsbeziehungen mit dem Vorderen Orient gelangen viele orientalische Motive und Themen in Erzählsammlungen (»Novellino«, »Decamerone«) wie auch in die mündlich überlieferten Erzählungen. Eine der Hauptquellen der Novellistik in den ersten vier Jahrhunderten der italienischen Literatur ist nicht zufällig die Sammlung von »Tausend und eine Nacht«; und in der modernen Zeit ist dieser Einfluß durch die französische Übersetzung von Antoine Galland erneut verstärkt worden. Das arabische Element ist im ganzen Mittelmeerraum nachweisbar, insbesonders in der Lyrik und Prosa Siziliens. Orientalischer Import sind die Lebensbeschreibungen von Heiligen und ihren Wundertaten, die zusammen mit ihren kühn entwendeten Reliquien nach Italien gelangten, so der beachtenswerte Legendenzyklus des Hl. Nikolaus (Nicola), der in Apulien starke Verbreitung fand.

In groben Zügen könnte man auf die Teilung in zwei Zonen zurückgreifen, die Constantino Nigra (1888) für die italienische Volksdichtung intuitiv erkannte und formulierte: danach gäbe es eine nordische Dichtung keltischen Ursprungs, die einen abenteuerlichen Charakter hat, und eine mittel- bis südliche Dichtung, die offen für alle Einflüsse aus dem Mittelmeerraum ist und die Haus- und Liebesthemen bevorzugt. Der Austausch zwischen den beiden Zonen ist bei den Prosaerzählungen intensiver und kontinuierlicher gewesen als bei den Volksliedern. Tatsache ist, daß die Märchen (viel mehr als die Lieder) zwischen dem 17. und dem 19. Jahrhundert einem schnellen Modernisierungsprozeß unterlagen und außerordentlich hohe literarische Leistungen zeitigten, die das volkstümlich Element keineswegs gemindert, sondern eher verstärkt und populärer gemacht haben. Stilelemente wie ein besserer Rhythmus, größeres Ebenmaß und strengere Logik haben zum Beispiel dem Märchen von den drei Zedern (Basile) oder den drei Orangen (Gozzi) oder den drei Granatäpfeln (Calvino) gerade durch die dreifache literarische Bearbeitung eine neue Lebendigkeit verliehen.

Das reichere Belegmaterial der einzelnen Regionen und eine genauere Analyse erlauben heute eine in Detail deutlichere Charakterisierung der italienischen Regionalmärchen als sie Calvino geben konnte.

In den mündlich überlieferten Erzählungen Norditaliens verspürt man die Einwirkung der Aufklärung und der Romantik. In der Lombardei versuchte Carlo Cattaneo (1801-1869) konkrete Anforderungen in der volktümlichen

Mundart-Literatur zu verankern. Carlo Tenca (1816-1883) und Cesare Correnti (1815-1888) vertraten in ihren Werken die Notwendigkeit einer demokratischeren Literatur, die dem Volk auch verständlich wäre, und zwar durch Einbeziehung der Bräuche, der Lieder, der Volksmärchen und auch der Sprichwörter und der Dialekte.

Aus der germanischen Welt kamen die Grimmschen Märchen, deren nordische Spitzen weggefeilt wurden zugunsten einer Italianisierung der Motive; unabhängig von ihnen, und schon vor ihrer Verbreitung in Italien zirkulierten Märchentypen und Motive aus dem Norden auch in mündlicher Überlieferung. Eine Sonderstellung haben die Märchen und Legenden aus den Alpen, die zu der besonderen Kategorie der Bergliteratur gehören.

Aus Hauptstädten wie Turin, Mailand, Venedig gingen starke Einflüsse auf die Randgebiete der Region aus, besonders nachdem die Oralität der Bänkelsänger und der fahrenden Erzähler, die ihre Volkslieder in Form von fliegenden Blättern verbreiteten, durch die Kontrolle und Zensur der bürgerlichen Verlage aufgelöst wurde und die Lieder, pädagogisch verwertet, in Almanachen zirkulierten.

Es ist schwer, wenn nicht unmöglich, das Eigentümliche der *piemontesischen* Märchen zu definieren, weil, wie Beccaria (1982, 13) sagt, die »großen thematischen Gebiete weder den linguistischen noch den ethnischen oder kulturellen Gebieten entsprechen.« Als Beweis führt er (bezugnehmend auf das Aarne-Thompson-Typen-Verzeichnis) die Präsenz von allgemein-europäischen Themen und Motiven in Piemont an, und gar die Beibehaltung von typischen, aber fremden Details. Das Mädchen mit den abgeschlagenen Händen (AT 706) ist weltweit verbreitet; das Märchen von dem Schiff, das über Land und Meer fährt (AT 513B), ist sowohl in Piemont wie in Rußland und anderswo belegt. Das Märchen vom dummen Sohn, der die Sprache der Vögel versteht (AT 671) und das Motiv des Vogels, der ihm seine baldige Wahl zum Papst voraussagt, kommt im Orient vor, besonders aber in Europa (und auch in Italien). Das Motiv von der Fliege, die im Tribunal auf der Nase des Richters getötet wird, hat seinen Ursprung in buddhistischen Quellen (AT 1586), wurde dann in den mittelalterlichen Sammlungen bekannt und ist in Island wie auch in Indochina zu finden.

Kennzeichnend für die piemontesischen Märchen sind nicht so sehr die Anfangsformeln, (»es war einmal«: wann? wo?) wie manche Formulierungen am Schluß, die auf eine plötzliche Umkehrung der Situation oder der gesellschaftlichen Lage der Helden deuten, aus der der Erzähler sich ausdrücklich ausschließt (»sie wurden alle zu Prinzen, zu Herrschern vieler Staaten, ich aber blieb arm und elendig«). Um sich glaubhaft zu machen, unterstreicht der Erzähler vielmehr seine Erzählung mit Formeln wie: »und wer es nicht glauben will, gehe hin und schaue«, und »wenn du sie noch finden willst, gehe hin«, »geht wohl und schaut, der Ball hat begonnen«, »und falls einer dorthin geht, wird er ihn noch da finden und ihm meine Grüße ausrichten«, »in jenem Land, wo sie waren, leben sie heute noch« und so weiter (vgl. Beccaria 37).

Dieser Schluß, mit dem der Autor sich aus dem Erzählten ausschließt und die Geschichte beendet, wird auch von den literarischen Erzählern angewendet, wenn sie auf Volksmuster zurückgreifen; so schließt Calvino, wie Beccaria bemerkt (ibid., 38), seinen »Visconte dimezzato« (1952) mit den Worten: »Die Schiffe verschwanden schon hinter dem Horizont und ich blieb hier, in dieser unserer Welt, voller Verantwortung und Irrlichtern.« Ähnliche Schlußwendungen kann man in den »Malavoglia« (1881) von Giovanni Verga und in »Cristo s'è fermato ad Eboli« (1945) von Carlo Levi finden.

Was die Frauen betrifft, so hat das Durchdringen von religiösen und märchenhaften Motiven Texte hervorgebracht, in denen Heldinnen bewundert werden, »nicht so sehr für das, was sie tun, vielmehr für das, was sie leiden« (Burke 1978, 160). So wird die Barberina in einem *lombardischen* Märchen, obwohl oder gerade weil sie eine gehorsame Frau und Mutter gewesen ist, zu Tode verurteilt – »wovor sie im letzten Augenblick gerettet wird, als sie schon unter dem Galgen steht, vor einer Menge, die neugierig und grausam auf ihr Hängen harrt« (Beduschi 1986, XXI). Die untergeordnete Rolle der Frau ist Grund für den Traum der Prinzessin in »Sei milioni sui rami« (ibid. 91): der Traum von der Verwandlung in einen Mann. Die Frau-Mann, die Frau, die den Mann an der Spitze einer Familie (oder einer ganzen Gemeinschaft) ersetzt, gehört zu den Bildern der verkehrten Welt, zu den Unmöglichkeiten, die ausnahmsweise in Karnevalzeiten zum Erscheinen kommen, um sofort wieder zu verschwinden. »Die patriarchalisch organisierte bäuerliche Familie ist eher eine Arbeits- als eine Liebesgemeinschaft und verlangt notwendigerweise, daß jeder seine Rolle ohne Protest einhält; und die Rolle der Frau ist unveränderlich untergeordnet« (ibid. XXIII). Darin unterschied sich die präindustrielle Lombardei nicht von dem Sizilien eines Verga oder eines Pitrè.

Männliche Handlungsträger in den lombardischen Märchen sind manchmal Helden, die weder Wissen noch Geld haben, wie Cicasa e Sbadilone, »bekannte Vertreter eines bäuerlichen Lumpenproletariats, Tagelöhner, die als Arbeitswerkzeuge nur ihre Arme besitzen (oder wie Badilone nur einen Spaten), die umherziehen, um dem Bestanbietenden ihre Arbeit zu verkaufen, bereit alle Angebote anzunehmen, um nicht Hungers zu sterben« (ibid. XIV). Dann gibt es den Typ des Prahlhans wie Pirimpilo, der ein Beispiel ist für »die Unfähigkeit der untergeordneten bäuerlichen Klassen, ihre Zukunft zu planen und eine Kampfstrategie gegen ihre Ausbeutung zu entwerfen; man sucht Zuflucht im Traum eines unverhofften Glücks, als Preis einer verzweifelten Mutprobe« (Pirimpilo nimmt den Kampf mit dem geheimnisvollen Tier an; ibid. XIX-XX).

Ein sehr gutes Beispiel für die *ligurische* Erzählart bietet das Märchen »De varia fortuna Antiochi« (1469) des Ordensbruders und Humanisten Lorenzo Guglielmo Traversagni aus Savona, das vor kurzem entdeckt und 1972 herausgegeben wurde. Sein Schema bietet, wie P. Boero feststellt (1982, 9), die Hauptfunktionen, die Propp in seiner Morphologie auflistet: »Die Handlung entwickelt sich in drei Episoden: 1. Der schlaue Alte 2. Die Nymphe 3. Der

König, der nicht lacht. In der ersten Episode wird der naive Held getäuscht, in der zweiten wird er auf die Probe gestellt, verhält sich aber negativ. In der dritten erfährt er von einer schwierigen Aufgabe, die er nicht auszuführen vermag. Endlich gelingt unerwarteterweise die Tat. Der Held bekommt als Belohnung die Prinzessin als Braut und erbt das Königreich.«

In der Erzählung spiegelt sich u.a. die Spannung zwischen zwei Wirtschafts- und Gesellschaftsformen der ligurischen Bevölkerung wider: eine üppige Agrarwirtschaft im Landesinnern, die eine feudale Aristokratie hervorgebracht hat, und eine Handelswirtschaft an der Küste mit ihrer merkantilen und kapitalistischen Aristokratie, die über Reedereien und Meere herrscht.

In *Venedig* ist die literarische Produktion des 16. Jahrhunderts (Straparola, Calmo, Ruzzante) so hervorragend, daß sie noch heute die mündliche Volksüberlieferung beeinflußt, wie das Märchen »L'uccellino belvederee« zeigt (Coltro 1987, Nr. 16). Man muß natürlich zwischen der Kultur Venedigs und der seiner Region unterscheiden; dies hat nichts mit dem Glanz der Serenissima zu tun und spiegelt das bäuerliche Leben des Landes wider. In ihren Märchen schwirren Teufel und kleinere Gottheiten durch Täler, Wälder und Sümpfe, wie der *Salbanelo-Massariol*, der in der Toskana *linchetto* und in Sizilien *farfareddu* heißt. Wunderhelfer greifen ein, man kämpft gegen Schlangen und siebenköpfige Ungeheuer; Hexereien und die Vorsehung sorgen für die erlösenden Verwandlungen.

Der *Trentino-Alto Adige* ist eine Region mit einer Sonderverfassung; er ist in zwei Gebiete unterteilt, in denen drei Ethnien (Deutsche, Italiener und Ladiner) leben. In den Erzählungen der italienischen Volksgruppe kommen Legenden weiblicher Heiligen vor (s. »Le tre sante« Dal Lago/Rigoni Stern 1989, 8), die den Kult einer weiblichen Trinität bezeugen, deren Spuren man schon im 11. Jahrhundert in Köln findet. Bei der deutschen Volksgruppe verweist die Milieuschilderung auf ihren Ursprung aus dem Norden (Doktor Faust in Innsbruck (ibid., 180). Die ladinischen Märchen, in denen Naturgeister, wie die Venediger, die Hirten erschrecken, dann aber (wie die *monachicchi* in Süditalien) bei der Schatzsuche behilflich sind, sind voller Magie. Die thematische Abgrenzung ist aber nicht immer so klar. Wundertätige Heilige wie die heilige Juliana, Beschützerin des Fassatals, kommen auch in ladinischen Geschichten vor und deutsche Heilige, wie die Hl. Kümmernis, im deutschen Sprachraum. Auffallend ist bei den Ladinern die Bearbeitung bekannter Märchen: in der Maria del Zender erkennt man leicht Aschenputtel (AT 510A), und in der »Invidia castigata« lebt der Märchentyp von »La Bella e la Bestia« weiter, der seinerseits eine Verarbeitung des Mythos von Amor und Psyche ist (AT 425).

1968 plante die Società Filologica Friulana die Herausgabe des ganzen Corpus *friaulischer* Märchen; zur Zeit sind vierzehn Bände erschienen, eine umfangreiche und vielfältige Mustersammlung, die das keltische Gepräge der Bewohner Friauls, die »wesentlich romanisierte Kelten sind, in deren Adern sich slawisches und seit dem frühen Mittelalter germanisches Blut vermischt hat« (ibid. IX) beweist. Wegen seiner geographischen Lage und seiner Geschichte ist Friaul der Schnittpunkt von mindestens vier Kulturen geworden, und das karnische Substrat, die romanischen, germanischen und slowenischen Elemente sind im Erzählschatz leicht erkennbar.

Romanische Märchen, die von Zaubereien handeln, finden großen Anklang in Friaul und treten in verschiedenen Varianten auf, so auch die Märchen, in denen die Hauptperson der Tod ist (AT 330 und 332).

Literarischen Ursprungs ist die Erzählung von Smeralda und Varnieri (Faggin 1982, 91), eine Verarbeitung des Stoffes von Lenore (AT 365), der Bürger zu der gleichnamigen Ballade inspirierte, »in der der tote Ritter aus dem Grab steigt und zu seiner Verlobten reitet, um sie mit in den Tod zu reißen« (Faggin 1982, XXIII).

Das Resiatal ist reich an Tiermärchen, die hauptsächlich aus der slawischen Welt kommen, und die nach Milko Matićetov älter sind als die mittelalterlichen galloromanischen Tiermärchen. Ihre Verwurzelung in der Lokalkultur könnte der Grund sein für die ständige Modernisierung, die diese Geschichten erleben. So erzählen die Resiatalbewohner vom »Wolf, der sich ein Motorrad gekauft hat und Gevatter Fuchs zu einer Tour einlädt« oder von den »Grashüpfern, die Fahrrad fahren«; in dieser Weise wirkt die volkstümliche Überlieferung als stärkster Faktor kultureller Identität.

Die Menschen der *Toskana* zeichnet ein freudig-ironischer Realismus aus, der den großen Kunstproduktionen des Mittelalters und der Renaissance zu verdanken ist. Das umfangreichste Belegmaterial dafür bieten ihre Märchensammlungen: die »Novellaja fiorentina« von Vittorio Imbriani (1871 und 1877), die »Sessanta novelle popolari montalesi« von G. Nerucci (1880 und 1890) und die »Novelle popolari toscane« von Giuseppe Pitrè (1885). Was die Originalität dieser Geschichten betrifft, so sind es nicht so sehr die Typen und die Motive, die geographisch überall zugegen sind, als vielmehr deren Aufbau in Erzählschemata, bei denen das literarische Muster erkennbar ist, so bei der Erzählung »Paolino da Perugia« (Nerucci 1891, 367-370), die auf Boccaccio zurückgeht (Dec. II 5). Vielschichtiger ist die Erzählung »Il figliolo del mercante di Milano« (ibid. 177-195), in der das Anfangsmotiv mit dem Rätsel, das die Prinzessin gegen eine Zauberformel eintauscht, durch höfische und merkantile Ablagerungen überdeckt wird: der junge Held wird nach einem glücklich bestandenem Turnier vor die Wahl zwischen Heirat mit der Prinzessin und Geld gestellt, entscheidet sich für das letztere, bis er durch unglückliche Wechselfälle tölpelhaft naiv schließlich Armut und Tod findet.

Wichtig für das Verständnis sowohl literarischer wie auch volkstümlicher Toskanität sind die Sammlungen »Scherzi e aneddoti« (ibid. 113 ff.) und manche religiöse Kurzgeschichten, die mit den Geschichten in Zusammenhang zu stehen scheinen, die im 15. Jahrhundert als exempla in den vulgaritalienischen Predigten verwendet wurden.

Die mündliche Überlieferung aus *Latium*, insbesondere die römische, zeigt große Ähnlichkeiten mit der aus Mittel- und Süditalien. So findet man die Verflechtung märchenhafter und realistischer Elemente in der Darstellung der römischen Plebs, die Giuseppe Gioacchino Belli in seinen Sonetten wiedergab; diese wurden zwischen 1830 und 1849 verfaßt, aber erst nach seinem Tode herausgegeben. Aus diesem Grunde gilt Bellis Werk als die wichtigste Quelle der römischen Novellistik und ist der »Folk-Lore of Rome« von Rachel Henriette Busk (1874) vorzuziehen, einer Sammlung, die 94 Stücke enthält, »darunter Märchen, exempla und anderen Plunder.« »Reich und von großem literarischen Wert« sind laut Calvino (1956, XXXV-XXXVI) die »Novelle, favolel leggende romanesche« von Giggi Zanazzo (1907), in denen »das Märchen Anlaß gibt für ein sprachliches Divertimento mit witzigen und zwinkernden Redensarten.« In den Sammlungen des Hinterlandes, wie bei Giovanni Targioni Tozzetti für die Ciociaria (1891) und bei C. Vignoli für das Gebiet von Castro dei Volsci, wird die obengenannte Verquickung von objektiver Dokumentation und literarischer Kreativität vermieden.

Stellvertretend für ganz *Süditalien* steht Neapel und seine Kultur, die im »Pentamerone« ihren bedeutendsten Anhaltspunkt für eine literarisch-volkskundliche Analyse hat. Aus einer solchen könnte man entnehmen, daß die Märchen von Basile eine engagiertere Volkstümlichkeit vertreten als die entsprechenden mündlich überlieferten Versionen Süditaliens. Basiles Barockstil ist mehr als eine persönliche Eigentümlichkeit; er drückt auch Fastnachtselemente (*›carnevalesco‹ bachtiniano*) Rabelaisscher Art aus, die in dem mündlich überlieferten Volksmärchen nur als potentielle Kraft zu vermuten sind. Am Beispiel Basiles kann man den Einfluß ermessen, den die schriftliche Überlieferung auf die mündliche, volkstümliche ausüben kann.

1674 gab der gelehrte Geistliche Pompeo Sarnelli den »Cunto« von Basile heraus, und 1684 nahm er ihn als Vorbild für seine eigene Sammlung volkstümlicher Erzählungen; er ließ sie im symbolträchtigen Stadtteil Posillipo spielen und verjüngte den Kreis der erzählenden Frauen und der Zuhörer, für die er als Hintergrund ein Festmahl wählte, in einer Zeit aber, in der das Fest ein Privileg von wenigen war und sich der kulturelle Abstand zwischen dem Volkstümlichen und Literarischen vergrößert hatte. Kein Wunder also, daß das Experiment mißlang; die »Posilicheata« wurde kühl aufgenommen und nur von jenen gelehrten Lesern geschätzt, die im Märchen eine literarische Gattung sahen. Hinzukommt die Vorliebe des gelehrten Sarnelli für das Legendäre zum Nachteil des Märchenhaften; die Legenden verbürgten für ihn eine größere Geschichtsnähe (Rak 1987). Andererseits waren diese Legenden, die man für das mittelalterliche Neapel zurückgewinnen wollte, zu gelehrtem und touristischem Zierat geworden; und das Märchen, in dessen Namen das Experiment versucht wurde, litt unter dem Verlust der Napolinität und des Dialekts, die seine Lebendigkeit ausmachten.

Die Aufklärung erweiterte in Europa und in Italien die universalistische

Sicht des Märchens und leistete dadurch dem Verfall des Dialekts und des Volkstümlichen Vorschub, also der Form und der Substanz des Volksmärchens. Dieser Auflösungsprozeß erreicht den tiefsten Punkt in der Romantik, als der bürgerliche Intellektuelle die Volksüberlieferung der verschiedenen Regionen entdeckte und ihnen im Zuge der politischen Einigung Italiens eine nationale Homogenität aufzwang. Anstelle des Märchens entstand eine an Lokalkolorit reiche historische Erzählung wie etwa die Feuilletonromane von F. Mastriani und anderen. Die Volksmärchen Süditaliens hingegen traten in der Fassung anerkannter Schriftsteller auf und wurden 1847 in einer ersten Gesamtdarstellung in den »Tradizioni italiane« von Angelo Brofferio herausgegeben. Erst in den letzten zwei Jahrzehnten des 19. Jahrhunderts versuchte man wieder, die mündlich überlieferten Märchen unverändert zu erhalten – zunächst durch die komparatistische Methode, neuerdings werden sie durch diffusionistische und morphologische Analysen mit der Tradition des neapoletanischen Kunstmärchens und mit europäischen Themen und Motiven der mündlichen und schriftlichen Überlieferung in Verbindung gebracht. Als Beispiel sei hier angeführt »'O cunto de l'auciello verde«, in Neapel gesammelt und im »Giambattista Basile« publiziert (1 (1883), Nr. 10, 77-79). Darin erscheinen das bekannte Märchen von der Prinzessin (Nesmejana), die nicht lacht (AT 559, 571), und das Motiv des Ölbrunnens, das Propp auf eine weit zurückliegende Zeit zurückgehen läßt; das Motiv ist schon an herausragender Stelle im »Pentamerone« (V,10) zu finden. Eine weitere Erzählung aus dem 19. Jahrhundert »'O cunto d'e duie mercante« (in: »Giambattista Basile«, 1 (1883), Nr. 1, 2-3) weicht in der unbarmherzigen Lösung der Handlung von ihrem Vorbild im »Pentamerone« (III, 6) ab. In manchen Fällen geht das mündlich überlieferte Märchen direkt auf Hefte, die auf den Jahrmärkten verkauft wurden, oder auf Produkte der volks- oder kleinbürgerlichen Presse zurück (Almanache, »'nferte«, Zeitschriften, populäre Romane). Das gilt für die Erzählung »'O cunte 'e Catucce« (in: »Giambattista Basile« 3, (1885) Nr. 8, 59-63), wie auch für »La figlia del pescatore« (ibid. 4, (1886) Nr. 9, 68-70, und Nr. 10, 73-77); die Erzählung ist das Bindeglied zur literarischen und journalistischen Publizistik des 19. Jahrhunderts und aus einer »geduldigen Collagearbeit von Märchenmotiven entstanden, dazu bestimmt, gelesen und nicht erzählt zu werden, weit entfernt nun von den Erzählzeiten, die so genau vom Text und von den näheren Umständen des Cunto vorausgesehen waren« (Rak 1984, 41).

Daß zwischen den mündlich überlieferten Texten der ehemaligen Provinzen des Königsreichs Neapel und den neapoletanischen Basiles Wechselbeziehungen bestehen, ist klar erwiesen. Schwieriger ist es aber, die Richtung und den Zeitpunkt dieser Beziehungen festzustellen. In den meisten Fällen handelt es sich um Erzähltypen, die schon *vor* der Bearbeitung durch Basile im Umlauf waren; in einigen Fällen erkennt man aber das Thema, das von Basile für den »Pentamerone« gewählt wurde (so im Falle des Märchens »L'amore delle tre melarance« von Gozzi, 1761). Man kann natürlich eine mögliche Überlagerung der beiden Prozesse nicht ausschließen, und die zeitlichen Abgrenzungen sind nicht leicht zu fixieren. Es handelt sich um eine vertikale Beziehung zwischen zwei Kommunikationskanälen, dem mündlichen und dem schriftlichen, und zwischen zwei Schöpfungsebenen, der volkstümlichen und der literarischen. Infolgedessen kann die Definition dieser Beziehung nicht nach romantischer oder positivistischer Sicht im Sinne eines Auf- und Abstieges, oder umgekehrt, geschehen. Gerade durch die Geschmeidigkeit und Pracht seines Stils bereicherte Basile stärker als die Brüder Grimm das Märchenmaterial um eine größere ideologische Prägnanz, die nur potentiell und fragmentarisch im mündlichen Volksgut steckte.

Man beachte auch die Stärke der Fastnachtselemente, die das Märchen der »Due figli del mercante« enthält, und die die entsprechende apulische Version der »Due figli di pescatore a palazzo reale« (La Sorsa III, p. XXII, 99-105) weit überholt. Dieses letzte Märchen verbindet allerdings, in Übereinstimmung mit der europäischen Überlieferung, das Thema des Drachentöters mit dem der zwei Brüder (AT 300 + 303).

In I,9 erfährt, im Gegensatz zu den entsprechenden Volksmärchen, das Wunder eine phantastische Steigerung: Basile dehnt das wunderbare Geschehen der Geburt (Empfängnis durch Geruch eines gekochten Drachenherzens) auf die materiellen Dinge aus: das Bett gebiert ein Bettchen, der Schrein ein Schreinchen, die Stühle einige Stühlchen, der Nachttopf ein Töpfchen u.s.w.

Literarisch und linguistisch verwandt ist ein großer Teil der sizilianischen, kalabresischen, salentinischen Produktion. Ein Beispiel dafür ist ein Lied, vermutlich aus Kalabrien stammend, das in Apulien dichterisch sehr schön neugestaltet wurde; sein Beginn in doppelten Siebensilblern – bei dem der Wechsel von »settenari piani« mit »settenari sdruccioli« Abwechslung bringt – ist nach der alten sizilianischen Metrik verfaßt. Von diesem Lied existiert auch eine Prosa-Version mit dem Titel »U calabrese ingannatore« (La Sorsa 1927, 281); die Geschichte enthält das sehr verbreitete Märchenmotiv von der vertauschten Braut: die jüngere und schönere Schwester wird durch die ältere und häßlichere ersetzt, ein Motiv, das die Achtung eines biblischen und auch süditalienischen Ehevorrechts widerspiegelt.

Die Abhängigkeit von den Kunstmärchen Basiles gilt auch für *Kalabrien*. Die Heldin von »A musculu du fusu« heißt Talia wie die Heldin der Erzählung »Sole, Luna e Talia« (V,5), aus der sie hergeleitet ist; das Märchen ist bestimmend für die ganze italienische Tradition des Typs von der »Schlafenden Schönen« (AT 410 Dornröschen, vgl. Calvino 1956, 1015). Das Märchen von »Re Pipi« (Di Francia 1929, V, 87 ff.) ist eine Ableitung von »Pinto smaluto« (Pent. V, 3); »U figghiu serpenti« entspricht dem Muster eines sehr lebenskräftigen und in Italien stark verbreiteten Märchens; diese Version mit dem Protagonisten in Schlangengestalt, wie in Basiles »Lo serpe« (II, 5), herrscht in Süditalien und Teilen Mittel- und Norditaliens vor in Konkurrenz mit dem »Re Porco« (Imbriani 1877, XII), besitzt aber, wie Di Francia feststellte

(1929, 50), »manche Eigentümlichkeiten, die in keiner der anderen Fassungen in ihrer Ganzheit wiederzufinden sind«.

Beachtlich ist das mündlich überlieferte Volksgut der arbreshen Gemeinde (communità arbreshe), die sich in Kalabrien wie auch in Molise in Apulien, in der Basilicata und in Sizilien zwischen dem 15. und dem 16. Jahrhundert niedergelassen hat. In den sechziger Jahren wurde eine systematische Erhebung durchgeführt, und in Frascineto, Eianina, Civita, Plataci, Castroregio und Farneta wurden sehr viele Texte gesammelt, die in das internationale Verzeichnis von Aarne-Thompson aufgenommen wurden. Es handelt sich dabei um Tiergeschichten, Märchen, Schwänke und Anekdoten, Kinderreime.

Anklänge an die Kulturen der alten italischen Völker findet man in den *abruzzesischen* Märchen. Von den Marsen, die Plinius und Vergil erwähnen, stammt der Schlangenkult, der am 1. Mai beim Fest des Hl. Domenikus in christianisierter Form wiederbegegnet und der auch im Märchen »La Serpucce« gegenwärtig ist (Finamore 1882, 101; Gatto Trocchi und Limentari 1982, 148: »Il serpentello«). Dieser Kult steht mit dem klassischen Mythos der Göttin Angizia in Zusammenhang; in einer Erzählung lebt sie in Gestalt einer wunderschönen Zauberin weiter, die in den Vollmondnächten zum Himmel aufsteigt und dann in das Wasser des Fucino-Sees hinuntertaucht; seitdem der See durch die Familie Torlonia trockengelegt wurde, verfiel die Zauberin in Melancholie, und so lebt sie in der Vorstellung des Volkes weiter.

Sehr bedeutend ist der Strom der antiken Mythen, Legenden, Märchen, die während des ganzen Mittelalters in das abruzzesische Kulturgut übernommen wurden; die Anregungen durch die Lektüre der Klassiker und ihre oft falsche Deutung vermengten sich mit geographischen Gegebenheiten der Region und ethnischen Neigungen. Das geschah im 13. und 14. Jahrhundert in der Phase des Frühhumanismus, deutbar als Kontrast und Reaktion auf die offizielle Kultur. Man kann sogar behaupten, daß die Renaissance der Höfe die Antirenaissance des Volkes hervorrief. Irgendwann zwischen Mittelalter und Moderne entstand die abruzzesische Legende von Vergil als Zauberer, die große Übereinstimmung mit der neapoletanischen Legende zeigt. Diese pseudopopuläre Verwandlung des Dichters zum Magier verstärkte den ohnehin in dem mündlich überlieferten Volksmärchen der Abruzzen schon vorhandenen Hang zum Wunderbaren, Magischen, Diabolischen.

Mittelalterlichen Ursprungs ist die Erzählung »Gli intoccabili« (Bronzini und Cassieri 1983, 10); sie ist, wie eine ähnliche Erzählung, die vor ungefähr 60 Jahren bei Bauern aus Avigliano (Basilicata) gesammelt wurde, eine Wiederbelebung des Mythos Ovids (nach Herodot makedonischen Ursprungs) von König Midas (AT 782), der seinen Barbier mit dem Tod bestrafte, weil er das Geheimnis der Eselsohren seines Königs verraten hatte. Diese Geschichte findet man in ganz Europa in immer neuen Anpassungen an die jeweiligen historischen Personen, wobei immer ein geschichtlich auffälliges Gebäude Ausgangspunkt ist. In Apulien und in der Basilicata sind es die staufischen Burgen von Friedrich II.

Die Tatsache, daß *Sizilien* (vielleicht mehr als die Toskana) über die reichste, wissenschaftlich am besten aufbereitete Märchensammlung verfügt, ist Verdienst engagierter Intellektueller, die am Ende des 19. Jahrhunderts ihre Erhebungen oft gemeinsam anstellten: Giuseppe Pitrè, Salvatore Salomone-Marino, A. Guastella, Gaetano Di Giovanni. Was ihre Sammlung von allen anderen abhebt, ist aber die starke Persönlichkeit der Erzählerinnen Rosa Brusca und Elisabetta Sanfratello und vor allem Agatuzza Messia, die aktiv im Prozeß der Schöpfung und der Vermittlung der Märchen mitwirkten, jede mit ihrer eigentümlichen Erzählgabe versehen, die Pitrè eigens beschrieb und zu würdigen wußte. Es fehlt bisher eine systematische Überprüfung, die uns sagen könnte, wieviel von diesem Volksgut in der mündlichen Überlieferung noch heute lebt und wieviel Neues hinzugekommen ist. Das augenfälligste Merkmal der Sammlung ist der realistische Zug, auf den Calvino (1956) und Lo Nigro (1957) hinwiesen; dieser bestätigt ihre Verwandtschaft mit der literarischen Strömung des Verismus, der sich in den letzten zwei Jahrzehnten des 19. Jahrhunderts mit Verga und Capuana in Sizilien durchsetzte. Abgesehen von dieser stilistischen Entsprechung, findet man auf beiden Ebenen die gleichen existenziellen Themen, die gleiche fatalistische Ergebenheit, den gleichen unlöschbaren Wunsch nach Gerechtigkeit, die die Bedingungen der arbeitenden Klasse widerspiegeln, wie die großen Untersuchungen der Zeit sie schilderten (Sonnino und Franchetti 1877).

Sizilien besitzt auch die beste regionale Klassifizierung von Märchentypen und -motiven (Lo Nigro 1957; vgl. Bronzini 1986), die mit einer klaren Einführung und mit ausführlichen Zusammenfassungen der Erzählungen versehen ist; aus ihnen treten die Besonderheiten der mündlich überlieferten sizilianischen Märchen klar hervor. Weiteres bieten Nachwort und Anmerkungen von Rudolf Schenda und Doris Senn in der deutschen Ausgabe von Pitrè.

In *Sardinien* setzte das Sammeln von Volkserzählungen erst verhältnismäßig spät ein, und das linguistische Interesse überwog zunächst auch das volkskundliche. Da das Sardische nie eine eigene Kunstprosa entwickelt hat, stellen die Märchen den größten Schatz im Bereich dieser archaischen Sprache dar, der zudem hinsichtlich Thematik und Stil unbeeinflußt von literarischer Prosa blieb. Erst 1883 erschienen in der Zeitschrift »Archivio per lo studio delle tradizioni popolari« einige Märchen, die P.E. Guarnerio gesammelt hatte, und 1890 folgten Francesco Mangos Märchen aus dem Campidano als selbständiger Band. Gino Bottiglioni hat 1922 seine »Leggende e tradizioni di Sardegna«, seinen ethnographisch-linguistischen Kriterien entsprechend, in phonetischer Schrift und im Dialekt wiedergegeben und sie geographisch geordnet. Die 125 Texte haben jedoch keine Entsprechung im internationalen Katalog von AT, da neben einigen Mischtypen mit märchenhaften Elementen fast nur Sagen und Legenden enthalten sind.

In den Jahren zwischen 1951 und 1955 hat dann der Salzburger Romanist Felix Karlinger eine größere Anzahl vortrefflich erzählter Märchen mit dem

Tonbandgerät unmittelbar aus dem Erzählermunde aufgezeichnet und sie 1973 in Auswahl unter dem Titel »Das Feigenkörbchen« publiziert. Die abgedruckten 24 Texte (2 jüngere sind Legenden, die Karlingers Schülerin Thordis von Seuß-Wirwitz in sardischen Frauenklöstern aufgenommen hat) wurden, soweit angängig, typologisch nach AT und mit gelegentlichen Verweisen auf KHM fixiert. Zu jedem sind gewissenhaft die Gewährsleute und die Aufnahmeorte notiert, außerdem gibt Karlinger Hinweise auf Motive und Stoffe, auf die eigentümliche sardische Erzählart, er beschreibt Erzählsituationen und Aufnahmemöglichkeiten.

In den letzten drei Jahrzehnten haben die systematischen Erhebungen von Enrica Delitala und C. Rapalla weitere Materialien bedeutenden Umfangs erbracht, aus denen hervorgeht, daß noch immer Zauber- und Novellenmärchen »die Kategorie des Volksmärchens mit der größten Verbreitung und der stärksten Frequenz darstellen« (Delitala 1985, 12). Auch Beobachtungen zur Märchenbiologie wurden bei diesen Erhebungen bedacht. Differenzierender hatte Karlinger, der als einer der besten Kenner der Volksliteratur im romanischen Sprachraum gelten darf, festgestellt, daß ihm während seiner Streifzüge durch die Insel Märchen fast ausschließlich von wandernden Handwerkern, älteren Hirten und sonstigen Erzählern zugeflossen sind, während die Bauern vornehmlich Sagen und Schwänke wußten. Er unterscheidet außerdem zwischen eigentlichen Erzählern, die völlig frei improvisieren und im Vortrag von der eigenen Stimmung wie der des Hörerkreises abhängig sind, von bloßen Nacherzählern mit einem kleinen, festen Repertoire. Von Frauen hatte er insbesondere Kettenmärchen gehört (Karlinger 12f.).

Nach der Verbreitung von Rundfunk und Fernsehen haben erzählte Geschichten jedoch ihre eigentliche Funktion verloren, und mit dem Verfall der sardischen Sprache erlischt auch die Überlieferung.

Die hohe Tradition des Kunstmärchens, die zu ihren Vertretern Boccaccio, Basile, Grossi, Verga, Calvino (um nur die bekanntesten zu nennen) zählt, hat schließlich in jüngerer Zeit, besonders durch Calvino, das Volksmärchen absorbiert. Die gewonnene Würde hat das eigentliche Volksmärchen jedoch entwurzelt, hat ihm den Zugang in die Schulprogramme und in die Kinderliteratur verwehrt, ebenso die Verbreitung durch die Massenmedien. Radio und Fernsehen senden fast nie Märchen; Schallplattenaufnahmen mit Märchen gibt es nicht, man findet nur Aufnahmen von mehr oder weniger echten Volksweisen oder -liedern. In den comics überwiegen Krimi- und Kriegsgeschichten; die Volksmärchen, die so erfolgreich wie Mikimaus und erzieherisch wirkungsvoll sein könnten, fehlen. Nur für Kinder im Vorschulalter sind bebilderte Ausgaben der bekanntesten Märchen von Perrault und von den Brüdern Grimm auf dem Büchermarkt. Für die gebildeten und anspruchsvollen Leser eignen sich die Bände, die der Verlag Mondadori in den achtziger Jahren herausgegeben hat.

So bleibt dem italienischen Volksmärchen nichts anderes übrig, als in die

Literatur zu münden, von wo aus die mündlich überlieferte Erzählung in einer anderen Gestalt, in einer neuen Umwandlung wieder aufkommen wird, wie die vorzügliche theatralische Umsetzung der »Gatta Cenerentola« von Basile (I,6) in der Inszenierung der »Compagnia di canto popolare« des Ethnomusikologen Roberto De Simone erfolgreich beweist.

An der Schwelle des neuen Jahrtausends ist es notwendig, die stilistischen Werte auszumachen, die sich aus der mündlichen in die schriftliche Tradition retten lassen. Die Prinzipien hierfür hat Calvino in seiner Bearbeitung der italienischen Märchen geliefert, und er hat sie neu formuliert in den postum edierten »Amerikanischen Vorlesungen« (1988) – die Merkmale der von ihm behandelten Leichtigkeit, Schnelligkeit, Genauigkeit, Anschaulichkeit, Vielfalt und Kohärenz können als anthropologisch fundierte Richtlinien dienen.

Übersetzung von Rosamaria Brandt

Maja Bošković-Stulli – Milko Matičetov – Aleksandra Popvasileva

MÄRCHEN AUS JUGOSLAWIEN (bis zum Jahre 1991)

Während dieser Abriß über die Märchen aus dem Raum des bisherigen Jugoslawiens niedergeschrieben wird (am Jahreswechsel 1990/91), sind Gespräche über die Zukunft dieses multinationalen Staates in Vorbereitung. Es ist jedoch nicht abzusehen, ob dieser Staat überhaupt und in welcher möglichen Form er vielleicht noch bestehen wird, wenn dieser Artikel erscheint.

Bisher gab es in Jugoslawien sechs Teilstaaten: Slowenien, Kroatien, Bosnien und Hercegowina, Serbien, Montenegro und Mazedonien. Die Namen der Völker, die darin leben bzw. ihre dominante Mehrheit ausmachen – Slowenen, Kroaten, Muslime, Serben, Montenegriner, Mazedonier – entsprechen diesen Republiken, außer, daß Bosnien und Hercegowina von Muslimen, Serben und Kroaten bewohnt werden. Doch auch die anderen Republiken sind ethnisch nicht einheitlich: in jeder leben in geringerer Zahl auch Angehörige der übrigen jugoslawischen Völker und nationale Minderheiten, Menschen aus den Nachbarländern oder Gruppen eingewanderter Völker (von denen aus Platzmangel hier nicht die Rede sein soll). Die Slowenen und die Mazedonier haben ihre eigenständigen, unterschiedlichen slawischen Sprachen. In diesem Aufsatz bekamen sie gesonderte Kapitel über ihre Märchen. Die Kroaten, Muslime, Serben und Montenegriner besitzen in der Mehrzahl ebenfalls jeweils eine eigene Literatursprache oder einen eigenen Sprachtypus, doch gehören sie zum selben sprachlichen System, was auch zu einer Verflechtung ihrer Volkserzählungen beigetragen hat; demzufolge werden sie hier in einem gemeinsamen Kapitel dargestellt, es sei jedoch betont, daß zwischen ihnen nicht geringe Unterschiede bestehen.

Milko Matičetov: Die Märchen der Slowenen

Unter den slowenischen Predigten des Franziskaners Janez Svetokriški (in saeculo T. Lionelli: Sacrum promptuarium Bd. 3, 1695, 60, 62-64, 69-70) finden wir auch drei oder vier Schwankmärchen. Bis zu den nächstfolgenden Märchenveröffentlichungen müssen wir jedoch ein ganzes Jahrhundert überspringen. Zu Beginn des 19. Jahrhunderts wurde eine Vers-Variante des internationalen Märchentypus AaTh 315, »treulose Schwester«, registriert und 1832 publiziert. In die Mitte des vorigen Jahrhunderts fallen die ersten Veröffentlichungen von Märchen aus der Feder der Schriftsteller M. Valjavec, J. Trdina, J. Jurčič und anderer. Erst die 70er Jahre brachten das erste selbständige Bändchen slowenischer Märchen, die der Autodidakt G. Križnik-Podšavniški im Dialekt niederschrieb (trotz zahlreicher Veröffentlichungen in Periodika liegt etliches von ihm noch in Manuskriptform vor).

Eine intensive Sammlertätigkeit im Westen Sloweniens ging von dem polnischen Linguisten J. Baudouin de Courtenay aus, der nicht nur selber schrieb (»Unter den Slowenen in Italien«, s. Slavj. sbornik 3 [Slawischer Sammelband 3], 1876; einige Auszüge in russisch; »Materialien zur südslavischen Dialektologie und Ethnographie« Bd. 1-4. Resiatal 1895 / Ter [Torre] 1903 / Nadiža [Natisone] 1988), sondern zu dieser Tätigkeit auch Schüler aus den Gymnasien anregte (Archiv für slavische Philologie 8 [1885]). Weiteres liegt noch ungedruckt in der Akademie der Wissenschaften in Petersburg. Die erste gesamtslowenische Märchenauswahl (B. Krek) entstand in der Mitte der 80er Jahre des vorigen Jahrhunderts. In den 80er und 90er Jahren veröffentlichte F. Nedeljko-Dominicus einige Märchen aus der Untersteiermark in mehreren Heften (als »Volksbüchlein«). Im Rahmen einer breitgefächerten Folklore-Sammelaktion übernahm die »Slovenska Matica« gegen Ende des vorigen Jahrhunderts unter anderem auch viele Märchen, die jedoch durch den frühen Tod des Redakteurs K. Štrekelj in den Archiven liegenblieben. An slowenischen Versuchen von Märchen-Interpretationen in der 2. Hälfte des 19. Jahrhunderts ist jedoch die »Einleitung in die slavische Literaturgeschichte (1887) von G. Krek erwähnenswert. Als Sammler und Herausgeber an der Wende vom 19. zum 20. Jahrhundert bewährte sich A. Gabrščček mit drei Bänden Volksmärchen aus dem oberen Soška-Tal (Gorica [Görz] 1894-96, vervollständigte Ausgabe ^{2}1910).

Im 20. Jahrhundert wurde der Kreis der Gebiete, aus denen neue Sammlungen ans Licht kamen, ständig größer: Bela Krajina (Weiße Mark; I. Šašelj: »Bisernice« [Perlenmuscheln] 1-2, 1906-9), Koroško (Südkärnten; T. Gaspari und P. Košir: »Gor čez izaro« [Hinauf über die Isara] 1923), Prekmurje (Übermur-Gebiet; Kontler u. Kompoljski 1-2, 1923-28), Tolminsko (Tolmin-Gebiet; C. Drekonja, 1932), Dobro Polje in Dolensko (Unterkrain; T. Ljubič, 1944).

Gegen Mitte des Jahrhunderts kam es zu einer Veränderung sowohl in der Art des Niederschreibens der Märchen wie auch in ihrer Beurteilung. Das Märchen galt forthin nicht mehr nur als ein anonymes, kollektives Erzeugnis, man behandelte es nicht mehr als ganz simplen ethnographischen Stoff, als linguistische *Sprachprobe*, als Quelle für das Kennenlernen der alten nationalen Mythologie o.ä., sondern es trat nun die literarische Schöpfung in den Vordergrund, die ästhetische Wertigkeit, das mehr oder weniger bewußte Engagement von Wortformern, von Märchenerzählern. Am Oberlauf des Flusses Ter (italienisch Torre) widmete ein Autor dieser Art einen vollen Monat dem Studium der Landschaft, die einzelne Erzähler in den traditionellen Stoff persönlich einbrachten. In dem Dorf Podbarden (Cesariis) lernte er im August 1940 eine Wortkünstlerin kennen, die Märchenerzählerin Regina Krámara, und er stellte sie in der Triester Zeitschrift »Razgledi« (Ausblicke; 3 [1948]) als Bewahrerin und Verbreiterin von Volksüberlieferung vor. Seitdem bemühte er sich, so sorgfältig wie möglich das Erzählrepertoire der slowenischen Märchenerzähler festzuhalten, wann immer er ihnen begegnete. Das gesammelte Material wird (teilweise noch unabgeschrieben) im »Narodnopisni institut« (Volkskundeinstitut) an der »Slovenska akademija znanosti in umetnosti« (Slowenische Akademie der Wissenschaften und Künste) aufbewahrt. Die Resultate für die Zeit bis 1970 sind, auf einen minimalen Nenner gebracht, im Organ der Schriftsteller »Le livre slovène« 8, 4 abgedruckt, zusammen mit einigen ausgewählten Textbeispielen in französischer Übersetzung. Im Jahre 1973 erschienen in einer Anthologie von Matičetov 60 Tiermärchen aus dem Tal Rezija. In diesem Tal, einem einstigen Eldorado für Märchen, zeichneten wir unmittelbar aus dem Mund der Gewährsleute etwa 3.000 Erzähleinheiten auf; mehr als ein drittel der registrierten Texte sind Märchen. Gleichzeitig mit den *speziellen* Märchenerzählern (so für Tiermärchen, Sagen, Schwänke oder andere Gattungen) fanden sich auch allseitig offene, *universelle* Meister. So war es beispielsweise in Dolensko (Unterkrain) Anton Dremelj-Resnik (1910-1960), der bis zu seinem frühen Tod 63 Märchen erzählte, und in Rezija war es Tina Pielich-Wájzawa (1900-1984). In deren Repertoire, das nicht weniger als 400 Erzähleinheiten umfaßte, befand sich unter anderem die berühmte Geschichte von »Barlaam und Josaphat«. Das Marchen von Pielich-Wájtawa von den »zwölf Oheimen« (= Monaten) wurde 1974 auch als Bilderbuch für Kinder gedruckt.

Nach dem zweiten Weltkrieg entwickelten sich mehr als je zuvor auch theoretische Arbeiten über die Tätigkeit der Sammler. I. Grafenauer behandelte Märchen in der »Narodopisje Slovencev« (Ethnographie der Slowenen; Heft 2 [1952]; als separate Ausgabe bereits 1945). In der Zeitschrift »Slovenski Etnograf« (Der slowenische Ethnograph, Heft 8 [1955] erschien ein Artikel über die Zugehörigkeit eines zeitgenössischen Märchens aus Prekmurje (Obermur-Gebiet) zu einer Episode aus dem mittelalterlichen Zyklus »Salomo und Markolf«. Im amerikanischen Sammelband »Humaniora« (Festschrift für Archer Taylor, 1960) wurde der Aufsatz »Das slowenische Kettenmärchen vom Mäuslein ...« von I. Grafenauer abgedruckt. Milko Matičetov unterwarf die Sage AaTh 788 (»Der verbrannte und wiedergeborene Mensch«, Fabula 2 [1958], als Buch 1961) einer monographischen Analyse. Mit einem Artikel über die 1965 aufgezeichnete Variante des Märchens AaTh 756B machte er darauf aufmerksam, daß die in dem landschaftlich abgekapselten Tal Rezija aufgezeichnete Geschichte in erstaunlicher Weise mit dem Archetypus übereinstimmt, wie ihn der russische Folklorist N.P. Andreew auf der Grundlage jener 245 Varianten rekonstruiert hatte, über die er im Jahre 1927 beim Verfassen der Studie FFC 69 verfügte (Schweizerisches Archiv für Volkskunde 61 [1965]).

Noch immer wird neues Märchenmaterial aufgenommen: bei den Slowenen in Ungarn (F. Krajca: Slovenske pravljice iz Porabja [Slowenische Märchen aus dem Rab-Gebiet]. Budapest 1984) und in Italien (A. Tomazetič: Pravce mojga tat an moje mame [Märchen von meinem Papa und meiner Mama]; P. Merkù: Ljudsko izročilo Slovencev v Italiji [Volksüberlieferung der Slowenen in Italien] / Le tradizioni popolari degli sloveni in Italia, Triest

1976). Seit dem Beginn der 20er Jahre unseres Jahrhunderts bis heute gab es eine Reihe von Autoren (I. Albrecht, F. Kotnik, V. Möderndorfer, L. Zupanc, J. Šašel, F. Černigoj, M. Tomašič u.a.m.) etliche Sammlungen mit Erzählungsmaterial heraus, das jedoch fast ausschließlich aus Sagen besteht. Es muß aber die Sammlung slowenischer Märchen (ausschließlich aus gedruckten Quellen) erwähnt werden, die Alojezij Bolhar im Jahre 1953 für den Kinderbuchverlag »Mladinska knjiga« in Ljubljana vorbereitet hat und die, da sie ohne Konkurrenz war, mehrere Auflagen erlebte. Auf diese Sammlung stützte sich vor allem Else Byhan bei ihrer Übersetzung »Wunderbaum und goldener Vogel« (Eisenach/Kassel 1956).

Maja Bošković-Stulli: Märchen der Kroaten, Serben, Muslime und Montenegriner

Diese Völker unterscheiden sich in ihren Kultursphären durch geographische Lage und verschiedene Staaten, unter deren Hoheit sie standen, wie auch durch die unterschiedlichen Religionen. Die Kroaten sind Katholiken, sie gehörten – in relativer Selbständigkeit – zum Gefüge von Österreich-Ungarn, während die Küstenstreifen von Venedig beeinflußt waren. Noch früher standen auch etliche Gebiete unter osmanischer Herrschaft. Die Serben sind orthodoxen Glaubens. Sie gehörten dem osmanischen Imperium an und blieben noch nach den Aufständen am Anfang des 19. Jahrhunderts bis zum Jahre 1878 unter formaler türkischer Oberhoheit. Mit den Montenegrinern, ebenfalls orthodoxen Christen, verhielt es sich in gewisser Weise ähnlich, nur besaßen sie eine entwickelte Stammesorganisation und behielten auch unter den Türken ihre Autonomie. Die Muslime sind Slawen islamischen Glaubens. Sie unterstanden dem osmanischen Reich und gehörten auch beträchtlich zu seinem Kulturkreis.

Die historische Grenzlinie zwischen Osten und Westen ist auch in den Erzählungen dieser Völker und in ihren kulturellen Merkmalen erkennbar. Wie auch sonst zwischen Märchen verschiedener Ethnien, gibt es zwischen ihnen keine exakten Grenzen, die Besonderheiten aber sind deutlich sichtbar. Die kroatischen Märchen aus dem nordwestlichen Teil, der mundartlich zum Kajkawischen gehört, sind denen in Slowenien und allgemein in Mitteleuropa ähnlich, während die aus dem Küstenbereich dem mediterranen Kreis näherstehen. Die Märchen aus Bosnien und aus der Hercegowina haben ein ausgesprochen orientalisches Kolorit; das gilt in erster Linie für die muslimischen, in diesem Gebiet teilweise aber auch für die serbischen und kroatischen. Orientalische Züge, besonders in der Lexik und bei einigen Figuren, sind im gesamten Balkanraum zu beobachten, so auch im serbischen und im montenegrinischen Erzählgut, bei zugleich einer gewissen Verwandtschaft mit den griechischen und den albanischen Märchen.

Im südslawischen Raum gab es keine älteren Sammlungen von Fazetien, Schwänken, Novellen oder Märchen, doch ihre Stoffe fanden – vor allem in der kroatischen Literatur – seit dem 14. und 15. Jahrhundert Eingang in geistliche Texte ebenso wie in die weltliche Literatur (beispielsweise der Stoff von Ödipus, vom Mädchen ohne Hände, vom Paradiesvogel, von der Mutter, die um ihr totes Kind weint, vom Jüngling, der sich Mädchen wünscht, wobei er sie für Gänse hält, vom Freunde in Leben und Tod usw.). In einer kroatischen Handschrift aus dem 15. Jahrhundert wurde die älteste Version der dualistischen Erzählung von der Entstehung des Bären (Wolfes) gefunden; und Straparolas Renaissance-Novelle »Malgherita Spolatina« (= Hero und Leander) siedelte nicht nur der Autor in die Nähe von Dubrovnik an – es findet sich dort auch eine lokalisierte Aufzeichnung, die älter ist als die Novelle Straparolas.

In der älteren serbischen Literatur finden sich in einer Handschrift vermutlich aus dem 16. Jahrhundert zwei Märchenstoffe, die später in der Sammlung von Vuk Karadžić wie auch im internationalen Repertoire bekannt wurden: die Reise eines Dieners zu einem Wahrsager, dem er Fragen wegen seiner Armut stellt, zusammen mit weiteren Fragen, die ihm unterwegs andere aufgetragen haben, sowie die Geschichte vom Kampf der wilden und der ihnen unbekannten Tiere. In einer Handschrift aus dem 17. Jahrhundert begegnet man dem Motiv von der Seele, die dem Teufel verkauft wird.

Über die Märchensammlungen aus dem südslawischen Raum informiert ausführlich der 5. Band der »Anmerkungen zu den Kinder- und Hausmärchen der Brüder Grimm« (BP) von Johannes Bolte und Georg Polívka. Hier nur ganz kurz dazu: die Herausgabe von Volksmärchen-Sammlungen im heutigen Sinne begann im Jahre 1821 mit dem serbischen Bändchen von Vuk Karadžić und dessen erweiterter Form im Jahre 1853, die unter Einfluß von Jacob Grimm auf entstand. Bereits 1854 gab Vuks Tochter Wilhelmine die deutsche Übersetzung der väterlichen Sammlung mit einem Vorwort von Jacob Grimm heraus. Wie es damals allgemein üblich war, redigierte Vuk die Märchen und überformte sie stilistisch, besonders auch deshalb, weil sie als Muster für die Schaffung der serbischen Literatursprache dienten. Eine umfangreiche Sammlung Vuks wurde 1870 postum gedruckt. 1988 erschien eine wissenschaftlich ausgestattete Edition, redigiert von M. Pantić. Von den übrigen serbischen Sammlungen aus dem 19. Jahrhundert seien erwähnt die von A. Nikolić, J.B. Vojinović, Dj.K. Stefanović, sowie im nördlichen Raum, in der heutigen Vojvodina, die Sammlungen von M. Ristić und V. Lončarski, außerdem jene von M. Bajić (vom Beginn dieses Jahrhunderts). Aus der ersten Hälfte des 20. Jahrhunderts stammt die bedeutendste serbische Sammlung von V. Čaikanović (1927), herausgegeben nach handschriftlichen Aufzeichnungen, daneben die 1988 erschienene Sammlung aus Ostserbien von D.M. Djordjevič mit wissenschaftlichen Kommentaren von N. Milošević-Djordjević.

Die erste kroatische Märchensammlung erschien im Jahre 1858 aus der Feder von M. Valjavec (einem gebürtigen Slowenen); zum Unterschied von Vuks anthologischer Art handelt es sich hier um eine regionale Zusammenstellung von Texten aus dem nordwestlichen Kroatien, die getreu nach mündlicher Erzählung im Dialekt aufgeschrieben worden sind. Auf ähnliche Weise wurden auch die späteren Sammlungen von R.F. Plohl Herdvigov und R. Strohal angefertigt. Diese Sammlungen hatten nicht die Aufgabe, als Muster für die Literatursprache zu dienen, sondern sie orientierten sich unmittelbar an dem Erzählten selbst. Die Sammlung von F. Mikuličić aus dem kroatischen Küstengebiet ist ebenfalls im Dialekt niedergeschrieben, doch wurden Stil und Sprache dabei vom Autor bearbeitet. Ähnlich verhält es sich auch mit den Sammlungen einiger Autoren in der Serie »Zbornik za narodni život i običaje« (Sammelband für Volksleben und -bräuche). Die Texte der kroatischen Sammlungen von B. Vujkov aus der Vojvodina wurden in diesem Jahrhundert im Dialekt niedergeschrieben und literarisch stilisiert. Derselbe Autor veröffentlichte auch Märchen der Kroaten aus den Nachbarländern wie Ungarn, Österreich usw. Von den Kroaten des Burgenlandes in Österreich wurden durch K. Gaál und G. Neweklowsky zwei Bände Märchen herausgegeben. Neben der Sammlung von M. Stojanović aus dem vorigen Jahrhundert und denen von F.S. Krauss in deutscher Sprache aus dem vorigen und vom Beginn dieses Jahrhunderts (aus Kroatien und Bosnien) seien schließlich noch die eigenen Arbeiten erwähnt: außer einigen Anthologien und einer Reihe von Regionalsammlungen aus mehreren kroatischen Gebieten in eigenen Büchern und in der Zeitschrift »Narodna umjetnost« (Volkskunst) zählt als nichtigstes für die deutschsprachigen Leser meine Sammlung »Kroatische Volksmärchen« in der Reihe »Märchen der Weltliteratur« mit umfangreichem Nachwort und Anmerkungen (Düsseldorf/Köln 1975, ^{2}1993).

Die Märchensammlungen aus Bosnien und der Hercegovina entstammen allen drei bereits erwähnten dort ansässigen Völkern, und oft ist nicht verläßlich bekannt, welches Volk die Erzähler stellte. Zum wesentlichen Teil sind die Märchen entweder direkt von Muslimen oder unter ihrem Einfluß erzählt. In der Sammlung von N. Tordinac zum Beispiel erfuhr der Herausgeber eine Geschichte mit orientalischem Gepräge von einer Kroatin, die sie wiederum von muslimischen Frauen gehört hatte. In den 40er Jahren des 19. Jahrhunderts trug als erster der bosnische Frater F. Jukić Märchen zusammen und veröffentlichte sie in Zeitschriften. Wichtige Märchenbände des vorigen Jahrhunderts sind: »Bosanske narodne pripovijedke« (Bosnische Volksmärchen) aus dem Jahre 1870, weiterhin die von N. Tordinac und K. Blagajić. Vom Anfang dieses Jahrhunderts stammen die Sammlungen kürzerer serbischer Schwänke von J. Pamućina und L. Grdjić Bjelokosić sowie in deutscher Sprache ein Band stark stilisierter bosnischer Märchen von M. Preindlsberger-Mrazović. Aus der jüngsten Zeit ist die muslimische Sammlung von A. Nametak (1975) wichtig. Die bedeutendsten Zeitschriften sind »Bosanska vila« (Die bosnische Vila) und »Behar« (Obstbaumblüte) sowie in letzter Zeit »Bilten Instituta za proučavanje folklora« (Bulletin des Instituts zur Erforschung der Folklore) und »Glasnik Zemaljskog muzeja u Sarajevu« (Kurier des Landesmuseums in Sarajevo).

Märchen aus Boka Kotorska, das heute zum Küstenland von Montenegro gehört, schickte V. Vrčević an Vuk Karadžić, der sie zum großen Teil in seine

Sammlung einbrachte. Vrčević veröffentlichte auch selbst mehrere Bände meist kurzer Schwänke, die er »in Boka Kotorska, Montenegro, Dalmatien und hauptsächlich in der Hercegovina« gesammelt hatte. Eine Anzahl montenegrinischer Märchen in russischer Sprache veröffentlichte P.A. Rovinskij in seiner Beschreibung Montenegros (1901). Die bedeutendsten montenegrinischen Sammlungen in unserem Jahrhundert stammen von N. Šaulić und von S. Dučić; zu den wichtigsten Zeitschriften gehören »Prosvjeta« (Aufklärung), »Luča« (Der Strahl) und »Nova Zeta« (Neu-Zeta). Die Anthologien »Potopno vrijeme« (Zeit der Sintflut) und »Vatra samotvora« (etwa: Naturfeuer) von D. und R. Radojević (1976 und 1982), bringen eine Auswahl der wichtigsten Texte montenegrinischer Volksmärchen.

Die Typen der Erzählungen entsprechen in ihrer Grundsubstanz den übrigen europäischen Märchen, die wir im Katalog von Aarne-Thompson (AaTh) finden, aber an vielen Details zeigen sich ihre Eigenheiten. Beispielsweise gesellt sich der Hahn in Čajakanovićs Sammlung (von 1927) den Heiducken zu, oder er geht zum Kaiser »zum Diwan« (türkische kaiserliche Ratsversammlung), und der Wolf oder der Kater gehen auf *ćaba* (muslimische Pilgerwallfahrt). In den Märchen vom Typus »Hänsel und Gretel« werden die Kinder von Fabelwesen namens *Pasoglavci* [Hundsköpfe] gejagt. In dem Märchen vom »Teufel mit den drei goldenen Haaren« aus dem Gebiet der einstigen österreichischen Militärgrenze verlangt der Soldat vom Hauptmann *urlab* (Urlaub), auf der Stadtmauer steht *šiljbot* (die Schildwache) mit geschultertem *štuk* (Gewehr, vermutlich von Stutzen), und der Soldat wird erlöst, indem er auf Anweisung des Teufels einem Vorübergehenden zuruft: »Ablez« (ablösen). Die häufigsten Fabelwesen in den Märchen sind Vilen (Feen) und Drachen; bisweilen stehen die Märchen auch unter sichtlichem Einfluß von epischen Liedern. In den serbischen und montenegrinischen Erzählungen wurden Begriffe wie der Taufname, die Paten- und Blutsbrüderschaft aus den Volksbräuchen übernommen. In den kroatischen Märchen aus dem Adria-Gebiet ist die Verflechtung zwischen mediterraner und Festlandstradition sichtbar. Charakteristisch sind hier auch historische Reminiszenzen: in den drei Versionen des Märchens vom Typus »Kaiser und Abt« müssen Dubrovniker Patrizier auf schwierige Fragen antworten, einmal dem venezianischen Dogen, ein andermal dem türkischen Sultan oder sogar Napoleon, d.h. allemal einem fremden Machthaber, der die Selbständigkeit dieses Stadtstaates bedrohte. In dem Märchen von Miho Pracat – der reich wurde durch den Verkauf von Katzen in ein fernes Land überm Meer, das vor Mäusen wimmelte – wurde eine international bekannte Erzählung auf einen geschichtlich realen reichen und angesehenen zur See handelnden Kaufmann aus dem Dubrovnik des 16. Jahrhunderts übertragen.

Aleksandra Popvasileva: Mazedonische Märchen

Wir knüpfen an die Ausführungen über die mazedonischen Volksmärchen bis zum Jahre 1932 an, die im 5. Band der »Anmerkungen zu den Kinder- und Hausmärchen der Brüder Grimm« von Johannes Bolte und Georg Polívka gemacht wurden.

Seit 1892 sammelten die Brüder K. und D. Moler mazedonisches Volksgut in Razloško (Pirin-Mazedonien, heute Bulgarien). Ihre Märchen (85 Texte, von Nr. 46-85 Zaubermärchen) wurden im »Sbornik za narodni umotvorenija i narodopis« (Sammelband für Volksdichtung und Volkskunde) 48, Sofia 1954 publiziert. Der Band 58 ist der Volksprosa von Pirin-Mazedonien gewidmet und trägt den Titel: »Narodnata proza od Blagoevgradski Okrg (Die Volksprosa aus dem Gebiet von Blagoevgrad [ehemals Dupnička Džumaja]). Folgende Mitarbeiter am »Institutot za folklor« (Folklore-Institut) in Sofia haben das Material erforscht und zusammengestellt: L. Daskalova, D. Dobreva, Î. Koceva, E. Miceva. Der Sammelband enthält 299 Märchen (von Nr. 18-78 Zaubermärchen).

Die größte Anzahl mazedonischer Märchen, aufgeschrieben Ende des 19. Jahrhunderts von Marko Cepenkov (1820-1920), veröffentlichte das Folklore-Institut »Marko Cepenkov« in Skopje unter der Redaktion von Kiril Penušliski 1972 in der Reihe »Makedonski narodni umotvorbi« (Mazedonische Volksdichtung und -märchen) in zehn Bänden. Die Märchen sind in den Bänden 2-6 untergebracht (Band 2 und 3 enthalten die Zaubermärchen, 138 Texte). Eine Monographie über den Erzähler Dimo Stenkovski aus dem Dorf Peštani im Ohrider Gebiet (Bd. 1-2, Skopje 1979-84, enthält 74 Märchen (Nr. 4-34 Zaubermärchen, AaTh 310-893).

Umfassende wissenschaftliche Forschungs- und Sammeltätigkeit für mazedonische Märchen wurde in der zweiten Hälfte des 20. Jahrhunderts systematisch betrieben. 1950 ist das Gründungsjahr des Folklore-Instituts, das 1968-74 eine durchgreifende Sammelaktivität unter Leitung seines Direktors B. Ristovski entwickelte. Dabei wurden durch Außenmitarbeiter – Philologen, Historiker, Ökonomen usw. – Volksmärchen aufgenommen. Als Ergebnis konnten im Archiv des Instituts ca. 9.000 Texte deponiert werden. 1990 betrug der Gesamtbestand des Archivs 12.412 Märchen. Diese Zahl schließt auch die Forschungen der Mitarbeiter des Instituts selbst seit dem Jahre 1967 ein. Aus dem Archivmaterial wurden Sammelbände erstellt: »Narodni prikazni za životni« (Tiermärchen; Skopje 1977, 60 Texte) und »Makedonski volšebni prikazni« (Mazedonische Zaubermärchen; Skopje 1986, 40 Texte, zusammengestellt von T. Vražinovski). Auch in polnischer Übersetzung kam ein solcher Sammelband unter dem Titel »Samowiły i pasterze, Bajki z Socjalistycznej Republiki Macedonii« (Villen und Hirten, Märchen aus der Sozialistischen Republik Mazedonien. Warschau 1981) heraus. Eine Auswahl von A. Popvasileva und T. Vražinovski enthält 50 Märchen (20 Zaubermärchen, AaTh 300-875). Einige Texte stammen von einer Erzählerin aus Vodensko

(Ägäisch-Mazedonien, Griechenland). Als Manuskriptsammlungen werden im Archiv Monographien einzelner Erzähler mit einer beträchtlichen Anzahl Märchen aufbewahrt: von der Märchenerzählerin T. Mladenova (geb. 1916) aus dem Dorfe Konče, Gebiet Radoviško, wurden 1976-79 106 Märchen, von B. Spasov (geb. 1914), Stadt Kratovo, 1989-90 100 Texte aufgezeichnet. Es gibt zahlreiche Erzähler mit einem Repertoire von 50-60 Märchen.

Eine größere Anzahl der Märchen entspricht internationalen Märchenstoffen; die mazedonische Erzähltradition kommt jedoch derjenigen der Slawen vom Balkan am nächsten. Nicht zu leugnen sind der griechische und der türkische Einfluß, worauf einige Märchentitel, Namen und stereotype Phrasen hinweisen. Dennoch bildeten die Sprache und die Religion (die Mazedonier sind orthodox) ein großes Hindernis für einen breiteren Einfluß türkischer Tradition auf das mazedonische Erzählgut.

Häufig werden in den Märchen die Abenteuer von Kindern im Wald erzählt, und zwar sind es gezeichnete Kinder bzw. solche, die von grausamen Eltern davongejagt werden. So findet man beispielsweise folgende Typen vor: »Das gute und das schlechte Mädchen« (AaTh 480), »Halbhähnchen« (AaTh 715), »Amor und Psyche« (AaTh 425), »Die Tiersprachen« (AaTh 670); letzterer wurde auch von Branislav Rusik' (Skopje 1954) monographisch bearbeitet.

Vilen, Drachen, Menschenfresser, Hexenmeister und böse Geister trifft man oft in den mazedonischen Märchen, ebenso auch Zaren, Zarensöhne, Kaufleute mit viel Geld, Arme und Reiche. In den Stoff der Märchen sind öfter auch verschiedenartige neue Elemente aus der historischen Realität dieser Gegend eingebunden.

Eine wichtige Zeitschrift ist »Makedonski folklor« (Mazedonische Folklore, seit 1968), das Organ des Folklore-Instituts, in der neben wissenschaftlichen Artikeln auch Märchen abgedruckt werden.

Jurjen van der Kooi

DAS ZAUBERMÄRCHEN IM NIEDERLÄNDISCHEN (EINSCHLIESSLICH FLÄMISCHEN) UND WESTFRIESISCHEN SPRACHBEREICH

I

Auf der Schwelle zur Neuzeit brachten die Habsburger schrittweise die Niederlande in ihre Gewalt, zuletzt, 1543, das Herzogtum Geldern. Einige Jahrzehnte später bereits begann ein nicht nur religiös, sondern auch politisch und wirtschaftlich motivierter Freiheitskampf, der nach 80 Jahren damit endete, daß die nördlichen Niederlande als die Republik der Sieben Vereinigten Niederlande unabhängig wurden (auch vom Deutschen Reich) und die südlichen Niederlande den Habsburgern (erst den spanischen, später den österreichischen) zugehörig blieben. Der südliche Teil Westflanderns fiel Frankreich zu. Nach dem napoleonischen Zeitalter wurden die beiden Niederlande vorübergehend zum Königreich der Niederlande vereint, bis der südliche Teil sich 1830 erhob und eine bis heute andauernde politische Trennung zwischen den Niederlanden und Belgien entstand.

Das Niederländische ist die Landes- und Kultursprache der Niederlande wie der nördlichen Hälfte des dreisprachigen Belgiens. Dort wird es meistens das Flämische genannt. Im 19. Jahrhundert drohte dieses von der oft auch von der eigenen Elite bevorzugten französischen Sprache (dem Wallonischen) überrannt zu werden. Eine starke »Vlämische Bewegung« wußte dem jedoch vorzubeugen und konnte überdies die offizielle Position des Vlämischen sichern. In Französisch-Flandern ist die Lage des Niederländischen weniger aussichtsreich; es sank hier auf ein dialektales Niveau hinab und scheint trotz gewisser aktueller Bestrebungen zur Erhaltung und Pflege zum Verschwinden verurteilt zu sein.

Entlang der niederländischen und deutschen Küste bis hin zum heutigen Dänemark wurde im Mittelalter die friesische Sprache gesprochen. Sie hat sich hier infolge der politischen Zersplitterung dieses Gebietes und des stetigen Druckes des Niederländischen, Nieder- und Hochdeutschen nur in Restgebieten erhalten können: in der niederländischen Provinz Friesland (deutsch: Westfriesland; zur Zeit etwa 350.000 Friesischsprechenden), wo in den 40er Jahren des 19. Jahrhunderts eine »Friesische Bewegung« sich entfaltete und die Wiederbelebung des Friesischen (auch) als Kultursprache durchsetzte; im Saterland (ein ehemals von Ostfriesland aus besiedeltes Gebiet im oldenburgischen Landkreis Cloppenburg; noch etwa 1000) sowie im dialektal sehr zersplitterten Nordfriesland (Festland und Inseln; zirka 8000).

II

Die Vorstellung, die wir vom historischen und gegenwärtigen Zaubermärchenbestand dieses Gesamtgebietes haben, ist nicht eine auch nur annähernd objektive, sondern bestimmt vom Sammel- und Forschungsstand. Und das ist, da hier nie länger überregional intensiv und wissenschaftlich, sondern stets nur entweder kurz, oder sprachlich, geographisch bzw. ideologisch bedingt Märchen gesammelt worden sind, leider ein recht dürftiger. Besonders im niederländischsprachigen Teil der Niederlande, wo die kulturellen Eliten eher von der Blütezeit des 17. Jahrhunderts als von der germanischen Vorzeit und vom Mittelalter, eher von der Weltliteratur als von der eigenen älteren Schrift- und Volksliteratur angeregt wurden, waren Volkskunde, Volkskultur und Oralliteratur nie von großer Bedeutung. Am ehesten wandten sie sich hier noch der Sage zu. Es wundert dann auch nicht, daß sich bei ihnen schon früh die Meinung festsetzte, daß das Zaubermärchen schon längst aufgehört habe, das Interesse der Erwachsenen zu wecken, und daß sowieso die Niederländer (mit den Engländern) von allen europäischen Völkern am wenigsten Sinn für das Märchen hatten und haben.

In Westfriesland (hinfort Friesland) und Flandern ist die Lage ein wenig bzw. relativ viel besser. Hier weckte besonders die Romantik nationalistische, sich gegen die vorherrschende niederländische bzw. französische Kultur und Sprache sträubende Impulse und schuf einen besseren Nährboden für Studium und Pflege der Sprache und Literatur der Landbewohner. Märchen wurden hier als wichtiger und alter Kulturbesitz betrachtet. Sie wurden nicht nur als historische, soziokulturelle und/oder literarische Dokumente gesammelt und herausgegeben, sondern auch als Lesestoff verwendet, als ein Mittel, das Interesse weiter Kreise an der bedrohten eigenen Sprache, Kultur und Geschichte zu wecken und verstärken.

Wenn wir gelegentliche ältere Märchenaufzeichnungen außer acht lassen, wie das erst 1927 herausgegebene, geheimnisumwitterte Schreibheft, in das 1804 in der Provinz Groningen der elfjährige Gerrit Arends die Erzählungen der Näherin Trijntje Soldaats aufzeichnete (»Het boek van Trijntje Soldaats«), begann die mehr systematische Sammlung von Zaubermärchen in unserem Gebiet erst nach 1840. Frühe Aufrufe von Jacob Grimm aus den Jahren 1811 und 1812 fanden keinen Widerhall. Doch kamen die ersten Anstöße aus Deutschland, besonders von Johann Wilhelm Wolf (1817-1855), der von 1840 bis 1847 in Flandern weilte, um herauszufinden, ob hier »jedes Urwaldandenken so ganz ... untergegangen sei.« Er freundete sich mit Mitgliedern der jungen Vlämischen Bewegung an, die ihm viele Texte lieferten, und er sammelte auch selbst. Seine Bücher »Niederländische Sagen« (1843) und »Deutsche [d.h. Vlämische; er war von pangermanischem Gedankengut durchdrungen] Märchen und Sagen« (1845) inspirierten zusammen mit den Arbeiten der Brüder Grimm sowie Karl Müllenhoffs (1818-1884) »Sagen, Märchen und Lieder der Herzogthümer Schleswig Holstein und Lauenburg« (1845) auch die ersten friesischen Märchensammler. 1844 gründeten drei junge Männer, Tiede Roelofs Dykstra (1820-1862), Harmen Sytstra (1817-1862) und Jacobus van Loon (1821-1903) eine »Gesellschaft für friesische Sprache und Literaturkenntnis«, die erste Organisation der Friesischen Bewegung und der Durchbruch der friesisch-nationalen Romantik. Für eine »Friesische Mythologie« sammelten sie viele Märchen und Sagen, die leider nur zum Teil, meist in der Zeitschrift »Iduna« (1845-1870), herausgegeben wurden. In den übrigen Niederlanden regte sich zu jener Zeit noch nichts.

Nach dem guten Anfang in den 40er Jahren ging das Märchensammeln zunächst wieder zurück. Es dauerte bis 1868 ehe die erste flämische Sammlung erschien: Adolf Lootens (1835-1902) »Oude Kindervertelsels in den Brugschen Tongval«. Es war zwar vom Umfang her nur eine Mini-Sammlung (83 Seiten), jedoch, da der Herausgeber als erster (und für längere Zeit auch als einziger) einer dialektgetreuen Wiedergabe der Sprache der Erzähler nachstrebte, zugleich eine für die spätere Forschung sehr wichtige. In den 80er Jahren begann in Flandern das Sammeln dann wieder aktiver zu werden. Eine ins Auge fallende Rolle spielten hierbei mehrere meistens zu jener Zeit gegründete und, die das niederländischsprachige Gesamtgebiet erreichende »Volkskunde« (1888-) ausgenommen, regional orientierte Zeitschriften wie »Rond den Heerd« (Westflandern: 1866-1890), »'t Daget in den Oosten« (Limburg: 1885-1907), »Volk en Taal« (Ostflandern: 1888-1895), »Ons Volksleven« (Antwerpen: 1889-1900) und »Biekorf« (Westflandern: 1890-). Diese Sammelwelle hielt bis in die 30er Jahre des 20. Jahrhunderts an und brachte auch eine Menge Buchpublikationen mit sich, insbesondere von Alfons de Cock (1850-1921), Amaat Joos (1855-1937), H. Henot (?), Antoon Jozef Witteryck (1865-1934) und Victor de Meyere (1873-1938). Letzterer trug auf eine für seine Zeit vorzügliche Weise in vier Bänden »De Vlaamsche Vertelselschat« (1925-1933) zusammen. Gustaaf Emiel Lamerant (1863-1953) muß genannt werden, weil er fast als einziger in Französisch-Flandern arbeitete und als erster das Märchenrepertoire eines einzigen Erzählers, des Brettsägers Fideel Roussez (1835-1908), herausbrachte.

Auch in Friesland flaute nach der Blütezeit der nationalen Romantik in den 40er und 50er Jahren das Interesse an Märchen ab, doch gab es auch hier am Ende des 19. Jahrhunderts eine zweite Phase der Romantik und eine (bescheidene) neue Zuwendung zur Volkserzählung. Auch hier spielten Zeitschriften eine wichtige Rolle. Die erste friesischsprachige Märchensammlung brachte Sake Knilles Feitsma (1850-1918) heraus: »Dêr wier ris ... Fryske Mearkes« (Es war einmal ... Friesische Märchen, 1893). Eine leider niederländischsprachige Gesamtschau besorgte Waling Dykstra (1821-1914) in seinem zweibändigen »Uit Frieslands Volksleven« (1895-96). Er hatte seit etwa 1845 gesammelt und schon vieles, oft literarisch überarbeitet, in volkstümlichen Zeitschriften wie den von ihm betreuten »De Frîske Hûsfrieun« (1851-1869) und »Sljucht en Rjucht« (1890-1941) veröffentlicht.

In den übrigen Niederlanden führte anfangs auch die zweite Phase der Romantik nicht zum Zaubermärchensammeln. Ein wachsendes Interesse für Volkserzählungen fand sich im allgemeinen nur in den Landprovinzen, wo der konservativere Teil einer neuen, aus der Mittelschicht stammenden kulturellen Elite die eigene regionale Volkskultur und Sprache entdeckte und als Gegengewicht gegen das, was sie als gesellschaftliche Verfallserscheinungen betrachtete, zu verwenden suchte. Sie konzentrierte sich jedoch auf die Sage. Rein wissenschaftlich und überregional war das Interesse Gerrit Jan Boekenoogens (1868-1930). Er sammelte seit 1893 über Zeitungsaufrufe auch manches Märchen, das er in »Volkskunde« veröffentlichte. Er durchstöberte zu diesem Zweck auch die ältere Volksliteratur. Besonders in der Provinz Groningen, wo die Sammlerin E.J. Huizenga-Onnekes (1883-1956) sich mit ihren Büchern »Het boek van Trijntje Soldaats« (1928) und »Het boek van Minne Koning« (1929) hervortat, fand er Anklang.

Nach 1940 wähnte man das Zaubermärchen so gut wie ausgestorben. Gesammelt wurden, in den Niederlanden wie in Flandern, wo das bisher Vorgefundene von Jacques R.W. Sinninghe (1943) und Maurits de Meyer (1968) mittels Typenverzeichnissen und Anthologien (Sinninghe: »Vijftig Nederlandse Sprookjes« 1942; De Meyer: »Het Vlaamse Sprookjesboek«, erstmals 1951; deutsch: »Vlämische Märchen« 1967) zugänglich gemacht wurde, fast nur noch Sagen, und zwar sehr viele. Nur noch gelegentlich wurden hier in Zeitschriften Märchenaufzeichnungen veröffentlicht. Eine überraschende Ausnahme sind die von A. Tinneveld (1907-1977) in der Provinz Geldern gesammelten Texte: »Vertellers uit de Liemers« (1977). In Friesland jedoch zeigten dann zwei überragende Sammler, Adam Aukes (Dam) Jaarsma (1914-1991), erst in Alleingang, später sammelnd für das P.J. Meertens-Institut der Königlichen Niederländischen Akademie der Wissenschaften, und Ype Poortinga (1910-1985), Leiter der Volkskundeabteilung der Fryske Akademy, daß jedenfalls bei älteren Friesen noch viele Märchen, auch Zaubermärchen, bekannt waren. Jaarsma veröffentlichte vieles in den Zeitschriften »It Heitelân« (1919-1962) und »De Strikel« (1958-), Poortinga legte eine stattliche siebenbändige Reihe, »Fryske Folksferhalen« (1976-1982) vor. Gegenwärtig wird auch in Friesland nicht mehr gesammelt.

III

Die Qualität der zwischen 1840 und 1980 in Flandern, den Niederlanden und Friesland gesammelten Zaubermärchentexte ist sehr unterschiedlich. Die Sammler waren vorwiegend inhaltsorientiert. Dennoch gingen sie, besonders die älteren, oft sehr frei mit dem Gehörten oder Gelesenen um. Sie modellierten ihre Märchen nach den Maßstäben der Brüder Grimm, kombinierten ohne Gewissensbisse mehrere Varianten zu einem Idealtext und überarbeiteten (besonders in Flandern und Friesland, wo öfters sprachideologische Ansätze mitspielten) Sprache und Stil der Erzähler in Richtung Standartnorm. Eine getreue Wiedergabe des Dialekts der Erzähler war vor 1940 eine Ausnahme, und auch später noch nicht die Regel. Nur wenige jüngere Sammler (wie Tinneveld und vor allem Poortinga) benutzten ein Tonbandgerät, doch auch sie überarbeiteten im Falle einer Publikation ihre Texte mehr oder weniger, aus ideologischen Erwägungen oder weil sie, wohl aus gutem Grund, meinten, das Lesepublikum wünsche und erwarte dies. Für fast alle Märchenausgeber war dieses Publikum keine primär wissenschaftlich-volkskundlich orientierte Leserschaft, sondern entweder eine breitere volkskulturell interessierte Gruppe oder, besonders in Friesland und Flandern, die große Volksmasse, der sie mit dem eigenen kulturellen Erbe die Liebe zur sprachlichen und kulturellen Identität zu Bewußtsein bringen wie auch moralisch vertretbare Lesestoffe anbieten wollten. Letztere Position brachte es auch mit sich, daß sie fast alles, was sie für erotisch oder sonstwie unanständig hielten, verharmlosten oder ausmerzten. Insbesondere war dies der Fall bei den vielen Märchenpublikationen, die, besonders in Flandern, für die Kinder bestimmt waren und dort z.B. als Preise an Schüler ausgegeben wurden.

Nicht jeder Sammler trat persönlich an die Erzähler heran. Ein Sammler wie Boekenoogen z.B. sammelte nur brieflich, andere schrieben erst viele Jahre nach der Jugendzeit damals Gehörtes nieder und wieder andere wie der Geistliche und Schullehrer Joos (Vertreter dieser beiden Berufe traten besonders als Sammler und Herausgeber hervor) ließen ihre Informanten (Schüler) schriftliche Arbeiten mit Erzählungen einreichen. Die eigentlichen Erzähler waren ihnen öfters nicht (mehr) bekannt. Sie waren meistens auch nicht an ihnen interessiert. Es ging ihnen ja um den Stoff, nicht um die anonymen individuellen Träger der Überlieferung. Bestenfalls wurde die Lokalisation der Erzählungen notiert.

Im Laufe des 20. Jahrhunderts besserte sich diese Lage, wenn auch recht langsam, unter dem Einfluß der neueren internationalen theoretischen Ansichten in der Erzählforschung, die mehr und mehr die Bedeutung von Träger, Tradierung und Kontext hervorhoben. Zwar blieb der Stoff die Hauptsache, aber die Daten über den Erzähler und das Erzählen mehrten sich. Dennoch dauerte es bis zu den Jahren nach dem Zweiten Weltkrieg, bis die Mehrzahl der Sammler davon durchdrungen war, daß die moderne Erzählforschung nur noch Wert auf von diesbezüglichen Daten versehene Texte legt. Da allerdings, wie schon erwähnt, zu der Zeit nur noch in kleineren Teilen unseres Gebietes, namentlich in Friesland, länger und systematisch auch Zaubermärchen gesammelt wurden, besitzen wir leider nur wenige zuverlässige, auf direkte Feldforschung gestützte märchenbiologische, erzähler- und repertoireorientierte Untersuchungen. So gab Poortinga in seiner genannten Reihe große Teile der Riesenrepertoire der zwei friesischen Meistererzähler Roel Piters de Jong (1905-1989) und des 1921 geborenen Steven de Bruin heraus. – Ersterer reproduzierte über 1000 Erzählungen, letzterer einige Hunderte weniger; beide kannten viele Zaubermärchen. Auch schilderte Poortinga in Nachworten ausgiebig beide Männer, deren Umwelt, Quellen, Stil und Erzählweisen.

IV

Das klassische Zaubermärchen spielt in unserem Gebiet in der Erzählpraxis außerhalb des Kinderzimmers fast keine Rolle mehr. Was bisher gesammelt wurde, wird also kaum mehr ergänzt, ist jedoch der Forschung zum größten Teil zugänglich. Wie zersplittert und in historischer, geographischer und qualitativer Hinsicht disparat dieser Bestand auch sein mag, er ist doch unsere einzige Möglichkeit, ein Bild vom hiesigen Zaubermärchenbestand im 19. und 20. Jahrhundert zu skizzieren. Daß dieses Bild nur ein verschwommenes und ungefähres sein kann, bedarf keiner weiteren Erläuterung. Doch sollte ein Versuch gemacht werden, wozu eine quantitative Analyse und ein Vergleich mit dem internationalen Märchenverzeichnis von Aarne und Thompson (AaTh) am besten geeignet wären.

Letzterer (siehe die Tabelle) zeigt, daß die niederländisch-flämisch-friesische Märchenüberlieferung voll in die allgemein-westeuropäische eingebettet ist. Der Löwenanteil der hier aufgezeichneten Märchentexte läßt sich unter Zuhilfenahme von AaTh mühelos klassifizieren. Nur ein geringer Anteil paßt nicht in diesen Rahmen. Meistens handelt es sich dabei um Erzählungen ohne weitere Parallelen, eher individuelle Kreationen fantasiereicher Erzähler als Varianten bisher noch nicht erkannter Erzähltypen. Je nach Gebiet jedoch ist dieses Bild stark unterschiedlich. Das eine Gebiet hat viel mehr Typen und Varianten geliefert als ein anderes und in diesem ist der Märchenanteil am gesamten Typenbestand viel größer als in jenem. Bei AaTh gehören 39% aller Typen der Gattung Märchen an, in Flandern 42% und in Friesland nur 28% (die übrigen Niederlande lasse ich hier außer Acht, weil die entsprechende Dokumentation besonders hinsichtlich des Schwanks so lückenhaft ist, daß ein anteilmäßiger Vergleich der Gattungen keinen Sinn hat). Diese prozentualen Unterschiede lassen sich zum Teil aus spezifisch regionalen, kulturell, konfessionell oder soziologisch ausgeprägten Präferenzen bzw. Abneigungen erklären – der südliche Teil unseres Gebietes z.B. zeigt sich tatsächlich etwas märchenfreundlicher als der nördliche – doch sind sie hauptsächlich die Folge der räumlich und zeitlich unterschiedlichen Sammelaktivitäten und der sich daraus ergebenden differenzierten Forschungslage. Die flandrischen Texte z.B. entstammen namentlich dem 19. und den ersten Jahrzehnten des 20. Jahrhunderts, als die Sammler wesentlich das Märchen bevorzugten. Die friesischen dagegen wurden zum größten Teil nach 1940 aufgezeichnet, als die Sammler zwar noch immer dem Märchen den Vorzug gaben, jedoch auch je länger je mehr ihr Augenmerk dem Schwank zuwandten. Infolgedessen ist der Prozentsatz für Schwanktypen in Friesland 57, in Flandern (nur) 42.

Innerhalb der Gattung Märchen spielt überall das Zaubermärchen die Hauptrolle, am stärksten in Flandern, wo es 61% aller Märchen ausmacht. In Friesland hingegen erreicht es nur 35%. Tatsache ist, daß die Erzähler der nördlichen Niederlande sich mehr als die der südlichen eher dem Spannenden und Abenteuerlichen ohne ausgesprochene Zauber- und Wundermotive zugewandt haben. Im Süden tritt vor allem das Fantastische, das Zaubermärchen hervor; im Norden hat, jedenfalls was die Variantenzahl betrifft, das Novellenmärchen das Übergewicht. In Friesland ist der Prozentsatz für Zaubermärchentypen 35, für Varianten 29, für Novellenmärchentypen 32, für Varianten jedoch 36.

Diese Übersicht stützt sich auf insgesamt 1289 Zaubermärchenvarianten: 749 flämische, 373 friesische und 167 niederländische. Alle von AaTh unterschiedenen Kategorien (AaTh 300-400: Übernatürliche Gegner, AaTh 400-460: Übernatürlicher oder verzauberter Gatte oder Gattin; usw., siehe die Tabelle) sind vertreten. Die Prozentsätze nähern sich denen von AaTh, jedenfalls bei einer Gesamtschau. Eine Ausnahme bildet die Kernkategorie Übernatürliche Gegner. Diese Kategorie ist hier in jedem der Einzelgebiete beliebter als es auf Grund des gesamteuropäischen Bildes zu erwarten wäre. Für letzteres sind 25% errechnet worden, in unserem Untersuchungsgebiet sind es 33%, (Flandern 34%, die Niederlande 38%, Friesland 33%). Die Variantenzahl für diese Kategorie ist hier ebenfalls überdurchschnittlich: 38% aller Zaubermärchenvarianten gehören dieser Kategorie an (respektive 38, 46 und 33%).

Gut ein Viertel der AaTh-Zaubermärchentypen ist für unser Gebiet belegt. Das ist eine ziemlich große Zahl, wenn man bedenkt, wie viele AaTh-Typen bis jetzt nur in Ländern und Gebieten außerhalb Westeuropas vorgefunden worden sind. Der Hauptteil der westeuropäischen Märchenüberlieferung hat auch bei uns irgendwann und irgendwo einmal zur oralen und/oder literarischen Tradition gehört. Die Restriktion ›irgendwann, irgendwo‹ muß jedoch gemacht werden, denn nur für einen Teil dieser Typen, sogar nur einen relativ kleinen Teil, läßt sich zeigen, daß sie längere Zeit in einem größeren Teil unseres Gebiets bekannt bzw. beliebt waren. Die Durchschnittzahl der Varianten pro Typ (8 bis 9) verzerrt das Bild stark. Viele Typen (50, d.h. 34%) sind im Gesamtgebiet nur einmal vorgefunden worden, 42 (32%) fanden sich nur einmal in Flandern, 16 (31%) nur einmal in den Niederlanden und 28 (31%) nur einmal in Friesland. Bei diesen Typen, und auch bei den vielen Typen, die in diesem doch ziemlich großen Raum nur zwei- oder dreimal aufgezeichnet worden sind, bleibt es eine offene Frage, ob diese wenigen Belege Spitzen unentdeckter Eisberge sind, oder nur zufällige Aufzeichnungen eines gelegentlichen Märchenniederschlags oraler oder literarischer Provenienz innerhalb eines Volksmärchenbestandes, in dem diese Typen sich nie wirklich haben festsetzen können.

Der relativ hohe Variantendurchschnitt pro Typ wird durch eine ziemlich kleine Gruppe von Typen hervorgerufen, die es hier, jeder Typ aus eigenen spezifischen Gründen, zu einer überdurchschnittlichen Popularität gebracht haben. Es handelt sich um nur 27 Typen (18%), die in mindestens einem der drei Gebiete häufiger als 10 mal notiert worden sind. Die 19 wichtigsten mit jeweils insgesamt über 20 Belegen sind:

	AaTh	Grimm Nr.	Kurztitel	Fland.	Nied.	Friesl.	Ges.
1.	330 (A-D)	81, 82	Schmied und Teufel	50	11	5	66
2.	555	19	Fischer und seine Frau	25	5	33	63
3.	326	4	Fürchtenlernen	28	7	16	61
4.	301 (A-B)	91	Die 3 geraubten Prinzessinnen	40	8	6	54
5.	366	211	Mann vom Galgen	9	12	27	48
6.	503	182	Gaben des kleinen Volkes	30	7	8	45
7.	700	37, 45	Däumling	16	9	16	41
8.	480	24	Das gute u. das schlechte Mädchen	32	-	4	36
9.	513 (A-B)	71, 134, 224	Sechse kommen durch d. ganze Welt	19	5	6	30
10.	563	36	Tischleindeckdich	19	4	6	29
11.	720	47	Totenvogel	5	16	7	28
12.	660	118	Die 3 Doktoren	5	-	21	26
13.	327C	-	Junge im Sack der Hexe	13	8	3	24
14.	676	142	Ali Baba	14	6	4	24
15.	300	-	Drachentöter	18	2	4	24
16.	327 (A-B)	15	Hänsel u. Gretel/Däumling	12	4	7	23
17.	506 (A-B)	-	Dankbarer Toter	16	2	5	23
18.	613	107	Die beiden Wanderer	18	1	4	23
19.	470A	-	Don Juan	12	-	9	21

Diese Liste zeigt nicht nur, wie sehr das Zaubermärchen hier in die Hauptströme der westeuropäischen Märchentradition eingebettet ist, sie erhellt auch, daß Märchentypen es hier gerade dann zu einer größeren Beliebtheit gebracht haben, wenn sie das Zauberische und das Wunder mit Tendenzen zum Schwankhaften verbinden (Nr. 1: AaTh 330; Nr. 3: AaTh 326; Nr. 9: AaTh 513; Nr. 12: AaTh 660), wenn sie besonders für Kinder geeignet sind (Nr. 7: AaTh 700; Nr 13: AaTh 327C; Nr. 16: AaTh 327A-B)), eher moralistisch-didaktische Erzählung als Zaubermärchen sind (Nr. 2: AaTh 555, Nr. 8: AaTh 480; Nr. 18: AaTh 613) oder/und zur Sage tendieren (Nr. 6: AaTh 503; Nr. 11: AaTh 720; Nr. 20: AaTh 470A). Abgesehen von einer relativ kleinen Reihe ›echter‹ Zaubermärchen, insbesondere aus der Kategorie Übernatürliche Gegner, die diese Tendenzen und Funktionen weniger stark aufweisen und primär phantastische Abenteuer bieten (vgl. nur die Nr. 4: AaTh 301; 14: AaTh 676; 17: AaTh 506; 15: AaTh 300; auch Typen wie AaTh 302: Herz des Unholdes im Ei – nur in Flandern, 10 Varianten; AaTh 303: Die zwei Brüder, 19 Varianten, und AaTh 313: Magische Flucht, 15 Varianten, treten hervor), besteht der Kern des hiesigen Zaubermärchens in erster Linie nicht aus Typen, die das Zauberische an sich akzentuieren, sondern aus Typen, denen bei Anwendung der Proppschen oder Lüthischen Kriterien die Bezeichnung Eigentliches Zaubermärchen kaum oder nur zum Teil zusteht. Dies gilt für jedes der drei Gebiete, jedoch am stärksten für das niederländische, einschließlich des friesischen.

Die flämisch-niederländisch-friesische Märchenlandschaft ist, bedingt durch die geografische Lage wie auch die literarischen Kanäle, eine ausgesprochene Übergangsregion zwischen einerseits den romanischen, insbesondere den französischen, anderseits den nördlichen und östlichen, namentlich den (nieder)deutschen Märchenlandschaften. Es überrascht denn auch nicht, daß hierbei Flandern und die südlichen Niederlande im großen und ganzen mehr auf Frankreich, die nördlichen und östlichen Niederlande wie auch Friesland mehr auf (Nieder)deutschland orientiert sind. Zwar gehören weitaus die meisten hier vorgefundenen Erzähltypen in beiden Bereichen zum Märchenbestand, dennoch stellt offenbar die friesische Landschaft die Westgrenze einiger mehr (nord)östlichen Typen dar wie etwa AaTh 363: Der Vampir und AaTh 519: Brunhilde, während für andere Typen (z.B. AaTh 653A: Das Seltenste in der Welt, oder AaTh 715: Halbhähnchen) die flämische mehr oder weniger, jedenfalls im westeuropäischen Rahmen, eine Nordgrenze zu markieren scheint. Der friesische Zaubermärchenbestand zeigt denn auch mehr Ähnlichkeiten mit dem (von Ranke erschlossenen) schleswig-holsteinischen als mit dem französischen, während umgekehrt der flämische Bestand sich etwas mehr der letzteren Tradition annähert. Viel stärker jedoch als im Typenbestand zeigen sich diese östliche Orientiertheit des friesischen Repertoires, die mehr südliche des flämischen, sowie gewissermaßen die Zwischenstellung des niederländischen in mehr spezifischen Redaktionen und/oder Motiven oder Motivgruppen wie auch in individuellen Varianten von Typen, welche sowohl eine germanische als auch eine romanische Streuung aufweisen können. Dort, wo man bei dieser Gruppe von Erzähltypen *germanische* oder *romanische* Redaktionen, Motive oder Motivkomplexe nachweisen kann, ist es allgemein gesprochen ersichtlich, daß bei den friesischen Varianten die germanischen Elemente die Oberhand haben (wenn auch durchweg mehr romanisch ausgerichtete keineswegs fehlen), während bei den flämischen insofern die Lage komplexer ist, als je nach Typ bald eine mehr germanische Ausrichtung (z.B. bei AaTh 301, 330, 555), dann eine mehr romanische (z.B. bei AaTh 303, 1535, 1696), oder auch (z.B. bei AaTh 425, 503, 563) eine Zwischenstellung nachgewiesen werden kann. Die niederländischen Varianten dieser Typen geben sich im allgemeinen doch eher wie die friesischen: mehr germanisch als romanisch. Bei AaTh 555, Fischer und seine Frau z.B., bei dem im Bereich der Germania ein Fisch als Glückspender-Redaktion und in Bereich der Romania eine Himmelhoher Baum/Gott bzw. Petrus als Glückspender-Redaktion die Oberhand hat, gehören 32 der friesischen Varianten zur ersteren Redaktion und nähert nur eine sich der letzteren an. Bei den 25 flämischen Varianten ist das Verhältnis 20 zu 5. Beim Zwei-, Dreibrüdermärchen, AaTh 303, jedoch zeichnen fast alle flämischen Varianten sich durch romanische Charakteristika aus, wie etwa durch die Motive Der Vater des Helden ist ein Fischer, Die magischen Gegenstände entstehen aus einem gefangenen Fisch und Baum oder Pflanze sind sympathetische Zeichen. Letzteres Zeichen ist im germanischen Bereich fast immer ein Messer in einem Baum. Zwei der drei friesischen Varianten dieses Typs enthalten die ersten zwei romanischen Motive, alle drei schließen sich jedoch hinsichtlich des letzteren

Motivs (sowie auch bezüglich einiger anderer Motive) der germanischen Tradition an.

Aus dem Vorhergehenden erhellt, daß das Zaubermärchen in unserem Gebiet keinen monolythischen Block mit einer festen, in eigener Überlieferung eingebetteten, kaum von außen beeinflußten Tradition darstellt, sondern ein vom Typen- und Motivbestand her äußerst variabeles, vielen oralen und literarischen Einflüssen ausgesetztes fließendes Konglomerat. Das zeigt auch ihre (bisher allerdings noch sehr dürftig bekannte) Geschichte. Vor 1850 ist das Zaubermärchen hier fast nur in der literarischen Tradition greifbar. Im Mittelalter finden sich Zaubermärchenstrukturen und -motive in einigen Ritterromanen des Arthurzyklus, besonders im »Walewein« (ca. 1200) und im »Torec« (um 1262?), die sich mit AaTh 550, Der goldene Vogel, bzw. mit AaTh 301, Die drei geraubten Prinzessinnen, vergleichen lassen. Um 1500 taucht AaTh 330, Schmied und Teufel, dramatisiert im »Esbatement van de Appelboom« auf. Und so gibt es aus älteren Zeiten noch einiges, zu wenig aber, um auch nur annähernd ein zuverlässiges Bild skizzieren zu können.

In der zweiten Hälfte des 18. Jahrhunderts wird der literarische Märchenstrom breiter, und von der zweiten Hälfte des 19. Jahrhunderts an entstehen dann so viele ergiebige Sammelaktivitäten bezüglich der mündlichen Überlieferung, daß sich gewisse historische Entwicklungslinien aufzeigen lassen. Es zeigt sich dann, daß die ohnehin schon sehr vielschichtige Märchentradition immer vielschichtiger wird, daß Kontinuität sich eher als Ausnahme denn als Regel erweist, und daß nicht nur fortlaufend neue Typen, Redaktionen und Motive auftauchen, die sich gegenseitig wie auch die ältere Tradition ständig beeinflussen und abwechseln, sondern daß sich auch Einflüsse der literarischen Überlieferung immer stärker erkennen lassen. Vieles ist noch nicht recht deutlich, da die letztgenannte, sehr reiche Überlieferung bisher von der Forschung sehr vernachlässigt wurde und ihre Erschließung aus volkskundlicher Sicht noch zu erwarten ist. Sie läßt sich jedoch bei vielen Erzählern aus dem 20. Jahrhundert deutlich nachweisen, und es wird je länger desto deutlicher sichtbar, daß ihre Rolle auch in früheren Zeiten keineswegs unterschätzt werden darf. Sie hat eine ältere und kontemporäre orale Tradition nicht verdrängt, existierte auch nicht neben dieser, sondern stand mit ihr in einer ständigen Wechselbeziehung. Manche Erzähler mögen sie abgelehnt haben, vielen jedoch war es offenbar gleichgültig, aus welcher Quelle ihre Stoffe stammten. Der durch die Romantik postulierte Unterschied zwischen echter und unechter, gehörter oder angelesener Tradition gab es für diese Erzähler nicht. Wenn eine Erzählung zu ihnen, ihrem Publikum und ihrer Umwelt paßte, nahmen sie sie an, woher sie auch kam, und solange sie in diesem Sinne paßte, setzte sie sich für längere oder kürzere Zeit in der heimischen Tradition fest.

Über diese Erzähler, ihre Erzählweisen, ihr Repertoire und ihr Publikum sowie über die Tradierung und Biologie des Zaubermärchens ist, von einigen Ausnahmen abgesehen, wenig bekannt, und so hat es, solange noch weitere systematische, größere Untersuchungen ausstehen, wenig Sinn, darüber allzu explizite Aussagen zu wagen. Ich muß mich daher auf einige Vorbemerkungen beschränken. Es wurde nicht nur für Kinder erzählt, sondern auch für Erwachsene, nicht nur im Winter beim Herd oder Ofen, sondern auch im Sommer, drinnen wie draußen. Es gab mehr männliche als weibliche Erzähler. Frauen erzählten meistens für Kinder und im häuslichen Kreis, Männer auch schon einmal und vielleicht sogar vorwiegend in größeren, mehr öffentlichen Runden, wobei sie sich manchmal nach Absprache zum Erzählen zusammensetzten. Folgerichtig hatten die Frauen häufig andere Repertoires als die Männer. Diese brillierten in Schwank- und Abenteuermärchen, jene konzentrierten sich mehr auf Kindermärchen, Märchen mit einer Moral sowie auf Erzähltypen wie AaTh 311, Der Mädchenmörder Blaubart (es kann kaum Zufall sein, daß drei der fünf friesischen Varianten dieses Typs von Frauen erzählt wurden). Die guten Erzähler waren geographisch gesehen und sozial keine Hinterwäldler, sondern intelligente und weltoffene Männer und Frauen. Sie stammten, sicherlich im 20. Jahrhundert, aus allen Ständen und Berufen. In den Vordergrund treten Landbewohner – es wurde fast ausschließlich bei ihnen gesammelt – sowie in zweiter Linie Vertreter der kulturellen und gesellschaftlichen Eliten, die das in der Jugendzeit Gehörte gerne wiederbelebten. In unserem Jahrhundert sind es öfters diese Art Erzähler, die zu Wort kommen, Erzähler, die nur deshalb in den Vordergrund treten, weil der Sammler sie dazu auffordert. Sie sind meistens schon über sechzig. Im 19. Jahrhundert jedoch fänden sich auch viele jugendliche Erzähler. Das Erzählen hatte damals zweifellos eine bedeutendere Stellung im kulturellen Gefüge als später. Die Sammler konnten zu der Zeit leichter das aktuelle Erzählen zeitgenössischen Erzählgutes einfangen; später mußten sie vor allem Erinnerungen heraufbeschwören.

Gute Erzähler waren gefragt (im 19. Jahrhundert wählten sogar bestimmte Bauern offenbar ihre Knechte nach deren Erzählqualitäten aus), aber dennoch nahmen Erzähler und Erzählungen hierzulande keine besondere Position ein. Das Erzählen war ein relativ unauffälliger, dennoch geschätzter Aspekt der Dorfkultur und hatte eine feste Position im häuslichen und dörflichen Leben. Erst in den letzten Jahrzehnten wurden bestimmte Meistererzähler als letzte Hüter einer geschätzten kulturellen Tradition mehr in die Öffentlichkeit gezogen. Den typisch friesischen, flämischen, niederländischen Erzähler gab es nicht. Jeder Erzähler hatte sein eigenes, eher von seiner Persönlichkeit als von der lokalen Tradition bestimmtes Repertoire. Das war, jedenfalls was das Zaubermärchen betrifft, meistens wenig umfangreich. Der eine Erzähler hielt treu am einmal Gehörten fest, während ein anderer es individuell fast bis zur Unkenntlichkeit überarbeitete. Der eine novellisierte das Zaubermärchen, ein anderer gab hauptsächlich Erlesenes weiter oder historisierte die orale Tradition nach dem Es-war-einmal der Brüder Grimm. Wieder andere Erzähler waren Meister darin, internationale Wanderstoffe in die eigene Zeit und den eigenen Raum zu projezieren. Die meisten erzählten ziemlich ökonomisch, sehr lang sind die Texte in der Regel denn auch nicht. Es gab jedoch auch ausgesprochen weitschweifige Erzähler, die im Stande waren, Stunden hintereinander zu erzählen und dabei hin und wieder ganze Reihen von Typen und Motivkomplexe verketteten. Absolute Spitzenklasse in dieser Hinsicht war ein alter flämischer Erzähler aus dem Land van Waas, der um 1890 imstande war, ein Märchen, das er etwa 1840 als Soldat in Wallonien gehört hatte, so zu reproduzieren, daß es im Druck 140 Seiten füllte!

V

Das Erzählen von Zaubermärchen aus der eigenen lokalen Überlieferung wird jetzt fast überall ein Ende gefunden haben. Jedermann kennt natürlich einige Märchen, aber er wird sie meistens gelesen haben, oder sie sind ihm vorgelesen worden, oder er kennt sie vom (Disney-)Film, Fernsehen, Rundfunk oder von der Schallplatte. Es gab hierzulande schon seit dem Ende des 18. Jahrhunderts eine rege Märchenkulturindustrie für Kinder wie Erwachsene, doch stützte diese sich nur ausnahmsweise auf die eigene Tradition, sondern verwertete meistens ausländisches Material: französisches (besonders im 18. und 19. Jahrhundert, Perrault z.B.), deutsches (das Grimmsche Märchen ist sehr beliebt, jedoch erst seit ca. 1870), orientalisches. Besonders in den letzten Jahrzehnten kam osteuropäisches hinzu, das durch billig produzierte, für den internationalen Markt bestimmte Märchenbücher, oder auch über (manchmal von deutschen Sendern ausgestrahlte) Fernsehfilme bekannt wird. Zur Zeit wird Märchenmaterial aus aller Welt popularisiert. So laufen gegenwärtig zwei internationale Märchenreihen im Fernsehen: »Many voices, one world« (die Niederlande) und »Storybook International« (Flandern). Das für Kinder produzierte und meistens nur ein oder einige Märchen enthaltende, schön illustrierte Kinderbuch ist sehr beliebt und ein fester und wesentlicher Bestandteil des Kinderbuchmarktes. Auch Märchenplatten sowie von Versandhäusern in Umlauf gebrachte Märchenkassetten spielen eine wichtige Rolle. Ein Unterschied zwischen Kunst- und Volksmärchen wird hierbei fast nie gemacht. Bekannter noch als individuelle Märchentypen sind Märchenfiguren wie Aschenputtel, Hänsel und Gretel, Rotkäppchen, der gestiefelte Kater oder Blaubart. Die Erzähltypen, in denen sie ihre Rollen spielen, werden nur noch für die kleinsten Kinder nacherzählt, den Erwachsenen sind sie sprichwörtliche Symbolfiguren geworden, nur noch in neuen Sinngefügen, z.B. pervertiert oder parodiert, verwendbar. Genauso bekannt sind Märchengestalten wie Zwerge, Riesen, Zauberer, Hexen und sprechende Tiere, ferner Kulissen, Attribute und Requisiten wie fliegender Teppich, Siebenmeilenstiefel, verzauberte Wälder und märchenhafte Paläste. Auch diese werden häufig und auf sehr unterschiedliche Weise verwendet und aktualisiert. So bestimmen sie z.B. weitgehend das Dekor des populärsten niederländischen (Europas größten) Freizeitpark De Efteling im brabantischen Kaatsheuvel, Nachfolger der vor einigen Jahrzehnten beliebten, jetzt offenbar verkümmernden Märchengärten.

Hiergegen sticht die Kenntnis des (ehemaligen) eigenen Zaubermärchens scharf ab. Die Sammler mit ausgesprochen regio- oder sprachkultureller Zielsetzung hatten insoweit Erfolg, als besonders in jenen Teilen unseres Gebietes, in denen diese Zielsetzungen einigermaßen Anklang fanden, jetzt auch das Zaubermärchen als eine außergewöhnliche, sehr alte und also wichtige kulturelle (sprachliche und literarische) Errungenschaft der eigenen Volkskultur angesehen wird. Es gelang den Sammlern jedoch nicht, damit auch beim allgemeinen, beim sogenannten großen Publikum sowie bei den wissenschaftlichen und kulturellen Eliten ein tieferes und bleibendes Interesse für die heimische Tradition dieser Gattung zu erwecken. Nur wenn gesellschaftliche Entwicklungen mit außerordentlich Sammelaktivitäten und -resultaten zusammentrafen, wie etwa am Ende der 70er Jahre dieses Jahrhunderts, als Poortinga gerade auf der Höhe einer nostalgischen grünen Welle die ersten Teile seiner Reihe friesischer Volkserzählungen herausbrachte, entstand zeitweilig so etwas wie ein mehr allgemeiner National- oder Regionalstolz auf die eigensprachliche Überlieferung. Gelegentliche Versuche, um aus mehr wissenschaftlichen oder kulturellen Gründen den identitätsorientierten Rahmen zu sprengen und den eigenen Märchenschatz als Teil einer weltweiten erzählenden Volksüberlieferung zu vermarkten, hatten weniger Erfolg. So mußte die Restauflage der an sich interessanten, von Tjaard W.R. de Haan und Willem de Blécourt betreuten, nach Provinzen geordneten 14-teiligen Reihe »Onze Volksverhalen« (1979-1982) schließlich verramscht werden.

Es gibt nur wenige Forscher in den Niederlanden und in Belgien, und die Resultate der modernen Erzählforschung finden an den Universitäten (nur in Gent, Leuven und Groningen wird sie gelehrt), im Schulunterricht und in der Presse nur wenig Beachtung. Wenn das breite Publikum heutzutage schon einmal Interesse am Märchen zeigt, ist es ein besonders von alten romantischen, von psychologischen oder theosophischen Prämissen gehegtes Interesse. Es hält es entweder für sehr kindergerecht oder gerade auch nicht, schätzt es als exotische Abenteurgeschichte oder literarisches Phänomen oder findet es beachtenswert als eine uralte Quelle esoterischer Weisheit und archetypischer Verhaltensweisen, oder, der letzte Schrei, als therapeutisches Mittel, um der individuellen Verfremdung in der ›wurzellosen‹ technisierten postmodernen Gesellschaft vorzubeugen. Im letzten Fall zählen eher die Kunst des Erzählens, der Erzählakt und die Erzählgemeinschaft als die Erzählungen selbst. Es gibt jetzt denn auch verschiedene Erzählkurse, die jedoch weniger auf das Zaubermärchen als auf das alltägliche Erzählen ausgerichtet sind, auf ›oral history‹ sowie, besonders im multikulturellen Westen der Niederlande, auf das autochthone Erzählgut der außereuropäischen ethnischen und religiösen Minoritäten. Letzteres wird auch mehr und mehr von Verlegern entdeckt. So erscheint zur Zeit eine thematische (Feste, Tiere, Zauber, Drachen usw.) 6-teilige Reihe »Volksverhalen uit kleurrijk Nederland« (Volkserzählungen aus den farbenreichen Niederlanden), mit Texten aus der chinesischen, surinamischen, türkischen, indonesischen, marokkanischen, indischen, jüdischen sowie der eigenen niederländischen Tradition. Auch das Zaubermärchen ist mit dabei.

ZAUBERMÄRCHEN IN FLANDERN, DEN NIEDERLANDEN UND FRIESLAND

				TYPENZAHL				VARIANTENZAHL			
		AaTh	AaTh	Fl.	Ndl.	Fr.	Ges.	Fl.	Ndl.	Fr.	Ges.
A	ZAUBERMÄRCHEN	300-700	531	133	52	91	147	749	167	373	1289
B											
S	Übernatürlicher Gegner	300-400	133	45	20	30	48	283	77	124	484
O	Ü. oder verzauberter Gatte/in	400-460	98	13	4	9	15	38	4	19	61
L	Ü. Aufgaben	460-500	38	7	1	5	8	55	1	26	82
U	Ü. Helfer	500-560	91	24	8	19	27	140	26	84	250
T	Ü. Gegenstände	560-650	65	20	8	12	21	128	16	39	183
	Ü. Können oder Wissen	650-700	54	13	5	7	13	61	13	36	110
	Andere ü. Momente	700-750	59	11	6	9	15	44	30	45	119
P	ZAUBERMÄRCHEN	300-750	100	100	100	100	100	100	100	100	100
R											
O											
Z	Übernatürlicher Gegner	300-400	25	34	38	33	33	38	46	33	38
E	Ü. oder verzauberter Gatte/in	400-460	18	10	8	10	10	5	2	6	5
N	Ü. Aufgaben	460-500	7	5	2	5	5	7	0,6	7	6
T	Ü. Helfer	500-560	17	18	15	21	18	19	16	23	19
U	Ü. Gegenstände	560-650	12	15	15	13	14	17	10	10	14
A	Ü. Können oder Wissen	650-700	10	10	10	8	9	8	8	10	9
L	Andere ü. Momente	700-750	11	8	12	10	10	6	18	12	9

Leander Petzoldt

MÄRCHENFORSCHUNG IN ÖSTERREICH

Angeregt durch die Brüder Grimm setzte in fast allen europäischen Ländern um die Mitte des 19. Jahrhunderts eine breite Sammeltätigkeit ein, die sich dem Volkslied und mit besonderer Intensität dem Volksmärchen und der Sage zuwandte. Auch die Anfänge der Märchenforschung in Österreich sind eng mit den Bemühungen der Brüder Grimm, insbesondere Jacob Grimms, verbunden, die ›Poesie des Volkes‹ d.h. die mündliche Überlieferung zu retten und zu sammeln. Ihr Verdienst liegt vor allem darin, einen Stoff, der durch die Aufklärung geringschätzig als *Ammenmärchen* abgewertet worden war, in seinem Wert erkannt und der wissenschaftlichen Forschung zugänglich gemacht zu haben. Die Impulse, die von den Brüdern Grimm ausgingen, sind in ihrer innovativen Wirkung kaum zu unterschätzen. Im Jahr 1812 war der erste Band ihrer »Kinder- und Hausmärchen« erschienen, die sie etwa seit 1807 systematisch gesammelt hatten; der zweite Band, der 1815 erscheinen sollte, war in Vorbereitung. In diese Zeit fiel eine Reise Jacob Grimms nach Wien, wo er sich fast elf Monate aufhielt. Im September 1814 reiste Jacob Grimm in kurhessischen diplomatischen Diensten zum Wiener Kongreß. Als »Diplomat wider Willen« (Denecke 1984, 50), fühlte er sich in seiner Rolle als Legationssekretär keineswegs wohl, denn es zog ihn mehr zu Büchern und Bibliotheken als zur städtischen Wiener Gesellschaft. So kam eine Empfehlung Clemens Brentanos gerade recht, die ihm dieser über Achim von Arnim zukommen ließ, und die ihn mit einem Kreis Gebildeter, Literaten, Antiquaren, Buchhändlern, Ärzten und Künstlern bekannt machte. Dieser Kreis, der sich in dem in der Wollzeile nahe dem Stephansdom gelegenen Gasthaus *Zum Strobelkopf* traf, beschäftigte sich mit altdeutscher Literatur, Büchern und Handschriften. Wohl auf Betreiben Jacob Grimms wurde »Im Gedanken, daß unter dem gemeinen deutschen Volk ... eine unglaubliche Kraft von Sage, Lied und Spruch hafte«, hier in Wien am 28.12.1814 eine Gesellschaft gegründet, die sich »zur Erinnerung an den Ort und die Gelegenheit ihrer Stiftung den Namen Wollzeiler Gesellschaft« (ebda, 36) gab. Erst vor einigen Jahren konnte die Gründungsurkunde der »Wollzeilergesellschaft« im Laßbergschen Nachlaß in der Badischen Landesbibliothek Karlsruhe aufgefunden werden (Sign. Hs. 2914; vgl. Schupp 1983). Sie wurde am 4.1.1815 von 11 Mitgliedern unterschrieben. Die Gesellschaft setzte sich zum Ziel, »ganz besonders sowohl die vielfachen Ammen- und Kindermährchen von Riesen, Zwergen, Ungeheuern, verwünschten Königssöhnen und erlösten Königstöchtern, Teufeln, Schätzen und Wünscheldingen ...« zu sammeln und aufzuzeichnen (ebda).

Daneben richtete die Gesellschaft ihr Augenmerk auch auf die Sammlung von Volksliedern, Sagen, Schwänken, Sitten und Bräuchen, Rechtsgewohnheiten, Aberglauben und Sprichwörtern, »Alles dieses muß getreu und wahrhaftig ohne Schminke und Zuthat aus dem Mund der Erzählenden gefaßt, und ... auf das umständlichste aufgenommen werden« (Schupp 1983, 37). In zwölf Punkten gibt die Gründungsurkunde bis ins Detail gehende Anweisungen für die Sammeltätigkeit und weist auf mögliche Gewährsleute hin. Hirten und Fischer, alte Weiber, Pfarrer, Ferien-Studenten, Kandidaten und Schulmeister. Von ihnen, die dem »Volk« am nächsten standen, erhoffte man sich Aufzeichnungen von Märchen, Sagen und Volksliedern.

Im Februar 1815 ließ die Gesellschaft ein »Circular wegen Aufsammlung der Volkspoesie« drucken, das sich im Text eng an die Aufzeichnungen der Gründungsurkunde hielt. (Vgl. Facsimile mit Nachwort von Kurt Ranke, ed. Ludwig Denecke, Kassel 1968). Das Circular wurde zunächst an die Mitglieder der Gesellschaft verteilt, die es in ihrem Namen an neue Mitglieder und Korrespondenten weitergeben sollten.

In der »Wollzeilergesellschaft« (fälschlich auch als ›Märchengesellschaft‹ bezeichnet, vgl. Mailly 1938) und dem »Circular« können wir die Anfänge der Erzählforschung in Österreich sehen. Wenn auch die erste Ausgabe der »Kinder- und Hausmärchen« (KHM) noch keine Märchen aus dem österreichischen Raum enthielt, so konnte man in dem 1815 publizierten zweiten Band bereits das Märchen vom »Bruder Lustig« finden, das der Redemptorist Georg Passy, ein Mitglied der Wollzeilergesellschaft in Wien »aus dem Munde einer alten Frau« aufgezeichnet hatte. Auch das Märchen von den »Sieben Raben« (KHM 25), ebenfalls als Erzählung von den sechs Schwänen in Wien aufgezeichnet, fand in veränderter Form Eingang in diese Ausgabe. In den Anmerkungen des dritten Bandes zeigen sich vermehrt die Ergebnisse von Jacob Grimms Wiener Aufzeichnungen. Zu insgesamt 11 Märchen bringt er Varianten aus Wien bzw. Österreich (Schmidt 1974, 17-20). Zweifellos ist es das Verdienst Jacob Grimms, »die österreichischen Volksforscher und Literaturfreunde zum Sammeln von Volksdichtung angeregt zu haben«, schreibt Anton von Mailly, und er fährt fort: »Es hat aber den Anschein, daß die engeren österreichischen Fachgenossen Grimms seine Märchengesellschaft aus dem Grunde nicht unterstützen wollten, weil sie wahrscheinlich die Absicht hatten, das von ihnen erforschte Volksgut selbst herauszugeben ...« (a.a.O. 29).

Erst rund sieben Jahre später erschien die erste eigenständige Sammlung österreichischer Volksmärchen von Franz Ziska (Ziska 1822), einem Wiener, der insgesamt dreizehn Volkserzählungen in Wiener Mundart als Nacherzählungen veröffentlichte. Von der Anlage her war dies eine vorzügliche Sammlung, die freilich nur wenige echte Märchenstoffe enthielt. 1843 übernahmen die Brüder Grimm eines dieser Märchen, nämlich »Der Schneider und da Ries« aus Döbling, in ihre Kinder- und Hausmärchen (KHM 183).

Der Einfluß der Brüder Grimm auf die europäische Erzählforschung ist unübersehbar, von Finnland bis Sizilien und von Portugal bis Sibirien wirkten die Impulse, die sie gegeben hatten, und in fast allen europäischen Ländern fanden sich Gelehrte und Sammler, die das Märchengut ihrer Völker aufzeichneten. Insbesondere Jacob Grimm war es, der die wissenschaftlichen Beziehungen zu Österreich und darüber hinaus zu den Osteuropäischen Ländern pflegte. In Österreich entstanden Sammlungen die, in bewußter Anlehnung an die »Kinder- und Hausmärchen« der Brüder Grimm, bis in den Titel hinein deren Bestrebungen folgten. »Er ist das Vorbild für die Sammler in den österreichischen Alpenländern« schrieb Leopold Schmidt (Schmidt 1974, 27) und so nimmt es nicht Wunder, wenn der junge in Meran geborene Ignaz Vinzenz Zingerle (1825-1892), angeregt durch die Grimmschen Märchen, während seiner Zeit als Gymnasiallehrer in Innsbruck um die Mitte des vorigen Jahrhunderts, sich mit Märchen und Sagen zu beschäftigen beginnt. Die Früchte dieser Beschäftigung sind die, unter Mithilfe seines Bruders, 1852 veröffentlichten »Kinder- und Hausmärchen aus Tirol« (Zingerle 1852), von denen er ein Exemplar »als Zeichen meiner unbegrenzten Verehrung« (Rogenhofer-Suitner 1989, 49) an Jacob Grimm schickte. In seinem Begleitbrief vom 17.2.1852 bezeichnete Zingerle die KHMT als »ersten Band eines Sammelwerks«, nämlich »Tirols Volksdichtungen und Volksgebräuche«, dem zwei Bände mit Sagen folgen sollten und schreibt: »Wenn das Unternehmen sich Ihres Beifalls erfreuen könnte, würde das die sammelnden Brüder sehr ermuthigen und zu neuem Streben anspornen« (ebda). Noch deutlicher zeigt sich der Einfluß Grimms in dem Begleitbrief Zingerles zum zweiten Band Sammlung »Kinder- und Hausmärchen aus Süddeutschland« (Zingerle 1854) an Wilhelm Grimm, der Märchen aus Nordtirol (Außerfern, Ötztal, Inntal, Zillertal) und Südtirol (Etschland) enthält: »Wie ein Schüler eine Arbeit zagend dem hochgeehrten Lehrer übergibt, so überreiche ich Ihnen meinen neuen Versuch. Sie, geehrtester Herr, und Ihr hochverdienter Herr Bruder sind unsere Lehrer und Meister. Sie gaben die Veranlaßung zur vorliegenden Sammlung, die seit zwölf Jahren trotz allen Hohnes und aller Hemmnisse fortgeführt wurde« (Brief vom 4.12.1854, Rogenhofer-Suitner, ebda).

Offensichtlich bestand zu dieser Zeit in der gelehrten Welt noch immer eine gewisse Animosität gegenüber der Beschäftigung mit Volksmärchen, und Zingerle befürchtete, »daß es noch viele in und außer unserem Vaterlande gibt, die über solche Nachrichten (= einen dritten Band herauszubringen) lächeln …«; er setzte die »Erforschung unserer eigenen Vorzeit«, die er in den Märchen und Sagen repräsentiert sah, gegen die »schmutzigen Geschichten der sogenannten klassischen Mythologie«, mit denen die deutsche Jugend angesteckt werde. Auch Wilhelm Grimm ging auf diesen Rechtfertigungszwang ein und tröstete Zingerle in einem Brief vom 30. Dezember 1854 mit den Worten: »Was kümmern uns die, welchen das verständnis von dem werth der alten Überlieferungen fehlt! …« (Petzoldt 1992, 338f).

Der rege Briefwechsel Zingerles mit den Brüdern Grimm wurde bis zum Tode Wilhelms 1859 und danach mit der Familie fortgeführt, ja er vertieft sich zu einer Familienfreundschaft, die sich auch auf die Kinder, insbesondere Hermann und Rudolf Grimm, übertrug (Rogenhofer-Suitner, a.a.O. 44f).

Mit ihren Tiroler Märchen- und Sagenbänden (die »Sagen aus Tirol« waren bereits 1850 erschienen) legten die Brüder Zingerle das Fundament für die wissenschaftliche Beschäftigung mit der Volkserzählung, die über Tirol hinaus ihre Wirkung entfaltete. Zudem hatten die beiden Brüder über und mit ihren Korrespondenten und Gewährsleuten so intensiv gesammelt, daß späteren Sammlern in Tirol kaum mehr neue Stoffe (Typen) begegneten, und es bestenfalls gelang, Varianten bekannter Typen aufzuzeichnen. Hier spielt zudem, wie häufig zu beobachten, das Problem der Rückkopplung hinein, die Tatsache nämlich, daß in dem Maße, in dem die Sammlungen Zingerles populär und als Texte, in Schul- und Märchenbüchern abgedruckt wurden, diese auch wieder ins Volk zurückflossen und nacherzählt wurden. Es kommt hinzu, daß in den Anfängen der Beschäftigung mit der *Volkspoesie* die Begriffe Märchen und Sage recht unscharf verwendet wurden. Was gemeinhin unter dem Stichwort *Märchen* erschien, waren keineswegs Volksmärchen in philologisch-volkskundlichem Sinn. Erst die Brüder Grimm bemühten sich um eine typologische Systematik, aber noch lange sollten, wie nicht nur das Beispiel der Sammlung Ziskas zeigt, die Gattungen beliebig vermischt und das Märchen als Oberbegriff für alle Arten von Volkserzählungen verwendet werden.

Im Tiroler Raum mit der Universitätsstadt Innsbruck konzentrierten sich um die Mitte des vorigen Jahrhunderts die Bemühungen um die Sammlung und Publikation von Märchen und Sagen. 1854 gab Josef Hammerle (1821-1907) Bibliothekar und Redakteur die »Sagen und Märchen aus Tirol« heraus (Hammerle 1854). Sie waren zur Hauptsache im Oberinntal gesammelt und durch Hammerle moralisierend im Ton der Volkserzählung überarbeitet. (Genauere Nachweise zu den Tiroler Sammlern bei Petzoldt 1992).

Zwei Jahre nach Hammerle veröffentlicht der »Novellist und Volkskundler« Martinus Meyer (1821-1897) sein »Sagenkränzlein aus Tirol« (Meyer 1856) und 1891 die Südtiroler Sammlung »Schlernsagen und Märchen« (Meyer 1891). Seine Sammlungen stellen aufgrund der breiten Schilderungen des Volkslebens bedeutende volkskundliche Quellen dar. Zu erwähnen ist in diesem Zusammenhang auch Joh. Nepomuk Mahl-Schedl, Ritter von Alpenburg (1806-1873), der vor allem durch seine »Mythen und Sagen Tirols« (1857) bekannt wurde.

Mit dem Südtiroler Raum beschäftigte sich Christian Schneller (1831-1909), in der Nähe von Rovereto geborener Dichter und Heimatforscher und seit 1869 Landesschulinspektor für Tirol. Er gibt 1867 »Märchen und Sagen aus Wälschtirol« heraus, die er I.V. Zingerle widmet (Schneller 1867). Insgesamt enthält diese Sammlung 60 Sagen und Märchen, die mit einem ausführlichen Variantenanhang und Quellenangaben versehen sind. Auch hier dienten die Sammlungen der Brüder Grimm als Vorbild, was besonders auch in Hinsicht auf die mythologische Deutung der Sagen zutrifft.

Auch der in Meran geborene Alois Menghin (1856-1918) publizierte 1884 einen Beitrag »zur deutschen Götterlehre und Sagenkunde« unter dem Titel »Aus dem deutschen Südtirol«, eine Sammlung ohne wissenschaftlichen Anspruch. Sehr viel intensiver als das Märchen wurden in Tirol und Vorarlberg

Sagen gesammelt und veröffentlicht. Hier ist vor allem, für Vorarlberg, der Arzt Franz Josef Vonbun (1824-1870) zu nennen (Strasser 1993). Er veröffentlichte neben seinen hervorragenden Sagensammlungen auch »Märchen aus Vorarlberg« (Vonbun 1855). Vonbun stand in engem Kontakt mit den Brüdern Grimm, Wilhelm Wolf und Franz Simrock, ebenso mit Ignaz Zingerle, den er in Innsbruck während seines Studiums kennengelernt hatte. Vonbun, dessen z.T. in Mundart aufgezeichneten Sagensammlungen von hohem wissenschaftlichen Wert sind, war ein Humanist und vielseitiger Reiseschriftsteller und Mundartdichter.

Wie Vonbun publizierte auch Adolf Dörler seine »Märchen aus Vorarlberg« vor allem in Zeitschriften (Dörler 1906, 1908).

Für Südtirol sind die wertvollen Sageneditionen von Johann Adolf Heyl (1849-1927) »Volkssagen, Bräuche und Meinungen aus Tirol« (Brixen 1897) zu nennen, sowie die in unzählbaren Auflagen erschienenen »Dolomitensagen« (Wolff 1913) von Karl Felix Wolff (1879-1966). Bei der ladinischen Bevölkerung des Fassatales sammelte Hugo de Rossi (1875-1940) seine »Märchen und Sagen aus dem Fassatale« (Rossi 1984), die erst lange nach seinem Tod in unseren Tagen publiziert werden konnten. Hans Fink veröffentlichte ein kleines Bändchen selbstgesammelter Volkserzählungen aus Südtirol (Fink 1969). Mit den Publikationen von Heyl und Wolff kann man die Epoche der als Feldforschung betriebenen Sammeltätigkeit von Volkserzählungen im wesentlichen als abgeschlossen betrachten.

Erst in den vierziger Jahren unseres Jahrhunderts sollte noch einmal unter dem Druck der Optionszeit Feldforschung in Südtirol betrieben werden (s.u.).

Der fleißigen Sammelarbeit der Bibliothekare, Ärzte und Schulmänner verdankt Tirol und Südtirol einen Fundus von Volkserzählungen, von dem die Forschung noch heute zehren kann. Andererseits muß freilich festgestellt werden, daß dieses Material bis heute nicht wissenschaftlich aufgearbeitet wurde, da die Interessen der akademischen Volkskunde sich im wesentlichen auf das Gebiet der materiellen Volkskultur beschränkten; dies gilt, mit wenigen Ausnahmen, für die gesamte österreichische Volkskunde der Vergangenheit.

Die österreichischen Landschaften sind, was das Sammeln und Aufzeichnen von Märchen betrifft, sehr unterschiedlich repräsentiert. So intensiv wie in Tirol wurden nur in wenigen anderen Landschaften Österreichs Märchen aufgezeichnet, denken wir etwa an den Seckauer Benediktinerpater Romuald Pramberger, der im steirischen Obermurtal einen umfangreichen Märchenschatz zusammentrug. Er selbst veröffentlichte daraus nur 29 Märchen (Pramberger 1946), aber fast alle Herausgeber, die nach ihm Märchen publizierten, zehren von ihm. Seine Aufzeichnungen, die sich auf das gesamte Volksleben und die steirische Volkskultur beziehen, sind in 26 Folianten handschriftlich im Johanneum, Graz, archiviert. Sechs seiner Texte wurden von Paul Zaunert in dessen Buch »Deutsche Märchen aus dem Donaulande« (Zaunert 1926) publiziert sowie in Viktor von Gerambs Sammlung »Kinder- und Hausmärchen aus der Steiermark« (Geramb 1948).

Schon um die Mitte des vorigen Jahrhunderts hatte der Pfarrer Anton Meixner in der Steiermark begonnen, Märchen zu sammeln, die er 1864 in einer handschriftlichen Sammlung »Des Volkes Sagen und Gebräuche« niederlegte. Die Sammlung befindet sich im Steirischen Landesarchiv (Hs 1090). Einige Märchen Meixners publizierte Anton Schlossar in seinen »Cultur- und Sittenbildern aus der Steiermark« (Graz 1885). Auch das Steirische Volkskundemuseum, Graz, bewahrt mit dem Nachlaß von Franz Ferk eine wertvolle Sammlung von Volkserzählungen auf.

Ebenfalls um die Mitte des vorigen Jahrhunderts publizierte Valentin Pogatschnigg einige »Märchen aus Kärnten« in der Zeitschrift »Carinthia« (Pogatschnigg 1865/66). Damit wies er auf den Märchenreichtum dieser Landschaft hin, der leider nicht systematisch erhoben wurde. 1884 erschien ein Bändchen von Franz Franziszi »Märchen aus Kärnten«, eine Sammlung, die freilich keine Herkunftsnachweise enthält und auch in der Auswahl der Texte sehr unkritisch ist (Franzisi 1884).

Einige wenige Märchen (ca. 20) publizierte Georg Graber in seinem Band »Sagen und Märchen aus Kärnten« (Graber 1935), für die er freilich keine Herkunftsnachweise (außer dem Hinweis auf Pogatschnigg und Franziszi) gibt. Lediglich Bünker, der in Kärnten geboren ist, konnte im Liesertal (bei Spittal/Drau) noch etwa ein Dutzend Märchen aufzeichnen, von denen die meisten in überregionalen Sammlungen publiziert wurden (Petzoldt 1991). Nach dem zweiten Weltkrieg veröffentlichte Elli Zenker selbstgesammelte Märchen aus Kärnten (Zenker 1975) sowie Märchen der deutschsprachigen Siedler in Ungarn (Zenker 1956).

Von besonderer Bedeutung für die österreichische Märchenforschung sind die Sammlungen Johann Reinhard Bünkers (1863-1914), der 1897 Schwänke, Sagen und Märchen in heanzischer Mundart gesammelt hatte, die er 1906 als Buch publizieren konnte (Bünker 1897, 1906). Bünker war Lehrer in Ödenburg und ließ sich von dem Straßenkehrer Tobias Kern, der 1831 geboren war, rund 122 Geschichten erzählen, die er in dessen Mundart, d.h. in der Mundart der deutschen Bewohner des Raumes um Ödenburg (Sopron) aufgezeichnet hatte. Rund sechzig dieser Erzählungen sind Märchen, die Kern, der Analphabet war, in seiner Jugend in Niederösterreich und später im Burgenland gehört hatte. Im Gegensatz zu Pramberger, der seine Märchen zum Teil nach dem Gedächtnis aufschrieb und oft frei bearbeitete, liegt mit der Sammlung Bünkers eine der ersten authentischen, in der Mundart des Erzählers exakt wiedergegebene Märcheneditionen vor.

Neben gut repräsentierten Landschaften sind der Westen Österreichs, Vorarlberg, aber auch das Salzburger Land und Oberösterreich, was Märchen betrifft, relativ schwach vertreten, was nicht bedeutet, daß diese Landschaften und ihre Bevölkerung ärmer an Erzählgut gewesen wären als andere. Aber es fanden sich hier, abgesehen von Karl Haiding, der in den sechziger Jahren diese Lücke für Oberösterreich zu schließen versuchte (Haiding 1969), weniger engagierte Sammler der ersten Stunde, die das Erzählgut aufgezeichnet hätten, als in anderen Landschaften. Aus Niederösterreich, Böhmen und Mähren publizierte der aus Westfalen stammende spätere Direktor des kaiserlichen Lehrerseminars in Wien, Theodor Vernaleken, 1864 seine »Kinder- und Hausmärchen« (Vernaleken 1864), die, wie er schreibt, »dem Volke treu nacherzählt« seien. Der Band enthält über vierzig Märchen mit Herkunftsangaben und Erläuterungen.

Nach dem Zweiten Weltkrieg waren es vor allem Karl Haiding und Karoly Gaál, die noch Feldforschung betrieben und Märchen (sowie Sagen) aufzeichneten. Während Gaál hauptsächlich bei der magyarischen Bevölkerung des Burgenlandes sammelte (Gaál 1970), edierte Haiding bereits 1953 eine Sammlung von 75 Märchen in seinem Buch »Österreichs Märchenschatz« (Haiding 1953), die er mit ausführlichen Anmerkungen versah.

Über drei Jahrzehnte hindurch sammelte Haiding Volkserzählungen und konnte auf diese Weise einen repräsentativen Überblick über den Märchenbestand Österreichs gewinnen. Schon in den dreißiger Jahren wandte sich sein Interesse als Sammler und Feldforscher auch den Erzählern und Erzählerinnen (Haiding 1953, 1963) sowie dem Vorgang des Erzählens selbst (Performanz) und den außersprachlichen Elementen des Erzählens wie Mimik und Gestik zu (Haiding 1955). Neben Haidings Werk, sieht man von der frühen Sammlung österreichischer Märchen von Karl Haller ab (Haller 1915), gibt es nur wenige überregionale österreichische Märchenausgaben, die als repräsentativ gelten können. Nach den »Donaulandmärchen« von Paul Zaunert (Zaunert 1925) erschienen in der gleichen Reihe der »Märchen der Weltliteratur« die »Österreichischen Märchen« von Ingo Reiffenstein (Reiffenstein 1979) mit 61 Texten sowie die neuere Ausgabe von Leander Petzoldt »Märchen aus Österreich« (München 1991, vgl. auch: Petzoldt 1992 b), der im wesentlichen Material bringt, das mit wenigen Ausnahmen nicht in den beiden vorangehenden Bänden erschien. Der Band gibt mit 74 Texten einen repräsentativen Überblick über das Märchengut des Landes Österreich in seinen heutigen Grenzen. Dabei wurde versucht, alle Landschaften ungeachtet ihrer unterschiedlichen *Märchendichte* angemessen zu berücksichtigen. Zu erwähnen sind noch die bis heute kaum angemessen gewürdigten Forschungen und Sammlungen zur Folklore bzw. Volkserzählung der Südslawen von Friedrich Salomon Krauss (Krauss 1883/84) mit 140 Märchen und Sagen sowie seine Historischen Quellenschriften.

Das Erzählgut der burgenländischen Zigeuner konnte 1943 durch Johann Knobloch in wortgetreuen Tonaufnahmen dokumentiert werden (Haiding 1971, 100). In den Jahren 1964 und 1965 konnte Karoly Gaál das Erzählgut der Kroaten im südlichen Burgenland auf Tonband aufnehmen (Gaál 1983).

Eine umfangreiche Sammlung von Volkserzählungen aus Südtirol, vorwiegend Sagen, aber auch etwa zwei Dutzend Märchen konnten in den Jahren 1940/41 durch Willi Mai mit dem Tonband und stenographisch aufgenommen werden. Anlaß war die Dokumentation des Kulturguts der deutschsprachigen Bevölkerung in der sogenannten Optionszeit (in der die Bewohner Südtirols vor die Wahl gestellt wurden, für Deutschland zu optieren und auszuwandern oder italienische Staatsbürger zu werden). Wie aus dem Forschungsbericht von Dr. Willi Mai hervorgeht (Direder-Mai 1993, S. 226-230), sammelte er im Auftrag der Stiftung »Ahnenerbe« ab Mitte September 1940, mit einmonatiger Unterbrechung, bis Ende Mai 1941. »Es wurden Beobachtungen über die Art des Erzählens, des Erzählers, der Erzähler- und Hörerkreise und über die glaubensmäßige Einstellung des Gewährsmannes und der Gemeinschaft zu den Geschichten gemacht«, schreibt Mai in seinem Forschungsbericht. Insgesamt besuchte Mai über 90 Orte in Südtirol und konnte über 2000 Texte aufzeichnen. Der größte Teil der Sammlung, den die Witwe des 1945 an der Ostfront gefallenen Sammlers in den Wirren der letzten Kriegstage aus dem brennenden Berlin im Rucksack gerettet hatte, harrt noch der wissenschaftlichen Auswertung. Lediglich die Märchen und ein Teil der Sagen wurden publiziert (Direder-Mai 1991, 1993). Das Eigentum an der Sammlung wurde von der Witwe des Sammlers notariell der »Gesellschaft für Tiroler Volkskultur« in Innsbruck übertragen. Diese Gesellschaft führt seit 1984 zusammen mit dem »Arbeitskreis Brunnenburg« regelmäßig im Oktober jeden Jahres ein »Symposion zur Volkserzählung« auf der Brunnenburg/Dorf Tirol durch. Hier treffen sich Erzählforscher aus verschiedenen europäischen Ländern, um in Südtirol über Probleme der (alpenländischen und internationalen) Erzählforschung zu diskutieren. Die Vorträge und Referate der ersten sieben Symposien sind bereits publiziert (Petzoldt, de Rachewiltz 1987, 1989, 1993).

Leider gilt auch heute noch, zwanzig Jahre nach Karl Haidings Bericht über »Die Volksmärchenforschung in Österreich«, das, was er damals schrieb: »Von dem einstigen Märchenreichtum Österreichs ist mangels einer zielbewußten, öffentlich geförderten Feldforschung, wie sie mehrere Nachbarstaaten aufzuweisen haben, nur ein zufallsbedingter Bruchteil geborgen worden« (Haiding 1971, 104).

Was für die Sammel- und Editionstätigkeit zutrifft, gilt mehr noch auch für die wissenschaftliche Auswertung bzw. die Beschäftigung mit den Märchen überhaupt. Relativ wenige Untersuchungen befassen sich mit der Erzählforschung. So die (ungedruckte) Dissertation von Elfriede Rath »Studien zur Quellenkunde und Motivik obersteirischer Volksmärchen aus der Sammlung Pramberger« (Rath 1949). Die Sammeltätigkeit der Brüder Zingerle wurde in Innsbruck von Helga Suitner untersucht (Suitner 1952). Eine zusammenfassende Darstellung wurde in der Zeitschrift »Der Schlern« publiziert (Rogenhofer-Suitner 1987).

Bis nach dem Zweiten Weltkrieg wurde die Märchenforschung auch in Wien gefördert, durch Emil Karl Blümml, der in seinen »Beiträgen zur deutschen Volksdichtung« (Blümml 1908) auch einige Märchen publizierte, sowie Karl von Spieß, dem wir eine Monographie über das Märchen verdanken (Spieß 1917) und Edmund Mudrak (Mudrak 1933, 1953). Vor allem aber war es Leopold Schmidt, der in zahlreichen Veröffentlichungen Grundlegendes zur Interpretation von Erzählmotiven und Erzählstoffen aus fast allen Gattungen der Volksdichtung beigesteuert hat (Schmidt 1963). Seine vergleichenden Studien zur Volkserzählung fußen auf einer umfassenden Kenntnis des Materials und großem kulturhistorischen Wissen.

Es ist bedauerlich, daß in Österreich bis heute kein zentrales Archiv besteht, das die Volkserzählung der österreichischen Bundesländer einschließlich der ehemaligen Kronländer sammelt und archiviert und so einer wissenschaftlichen Auswertung zugänglich macht, ähnlich dem »Zentralarchiv der deutschen Volkserzählung« in Marburg, das Gottfried Henssen gründete. Eine Chance für die Erzählforschung bietet sich mit dem »Institut für Europäische Ethnologie« an der Universität Innsbruck, wo als schwerpunktmäßiger Forschungsbereich die vergleichende internationale Erzählforschung betrieben wird. 1992 trafen sich hier über dreihundert Wissenschaftler aus aller Welt zum Kongreß der »Internationalen Gesellschaft für Volkserzählungsforschung« (ISFNR). Hier sind auch langfristig mehrere Forschungsprojekte zur Erzählforschung in Österreich angesiedelt.

Es ist hier nicht der Raum, detaillierter auf die Märchen- oder gar auf die Erzählforschung in Österreich einzugehen. Eine große Zahl von Persönlichkeiten wäre noch zu nennen, die sich um die Märchenforschung verdient gemacht haben, von Julius Maximilian Schottky, Johann Wurth, Adalbert Hein, Josef Latzenhofer, Norbert Riedl bis zu Amand Baumgarten, um nur einige zu nennen. Sie alle haben, wenn auch oft mit unzulänglichen Mitteln, Märchen und meist auch Sagen gesammelt und veröffentlicht. Der wissenschaftliche Wert vieler dieser Aufzeichnungen und noch mehr der Publikationen ist oft zeitbedingt und muß heute neu bestimmt werden, aber ihnen gebührt das Verdienst, vieles, was sonst verloren gegangen wäre, gerettet und einem weiten Kreis wieder zugänglich gemacht zu haben.

Julio Camarena

DAS ZAUBERMÄRCHEN IN PORTUGAL

Die Geschichten von Trancoso

Der brasilianische Folklorist Câmara Cascudo berichtet in seinem Vorwort zu einer Anthologie portugiesischer Märchen, daß im Norden seines Landes – der bekanntermaßen altertümliche Erzählformen konserviert – das Märchen als »Geschichte von Trancoso«[1] bezeichnet wird. Es handelt sich dabei um einen Ausdruck, der bereits im 17. Jahrhundert bezeugt ist und der in dem ›anderen‹ Portugal sehr gebräuchlich war.

Die so weit verbreitete und althergebrachte Bezeichnung ist gerechtfertigt und ehrt das Andenken an Fernandes Trancoso, einen Schriftsteller aus der Region der Alta Beira in der zweiten Hälfte des 16. Jahrhunderts, der in seinen »Contos e Histórias de Proveito e Exemplo«[2] verschiedene traditionelle Themen miteinander verband, die im wesentlichen aus zwei Quellen stammen: den mittelalterlichen hispanischen Exempeln (Disciplina clericalis, Libro de ejemplos, El Conde Lucanor sowie Libro del caballero Zifar) und den italienischen Novellen (Il Novellino, Decameron, die Novelle von Bandello sowie Hecatomminthi) oder ihre Nachahmungen (El Patrañuelo von Timoneda)[3], oder anderen Werken, die aus der Volksüberlieferung gespeist sind.

Unter den 39 Märchen, aus denen sich die Sammlung zusammensetzt, kann man zahlreiche Erzählungen von Volkshelden finden. Zählt man den Titel des Werkes hinzu, der gewählt wurde, um solche Stoffe aufnehmen zu können, in denen Probleme aufgeworfen werden, deren Lösung einfallsreiche Entscheidungen abverlangt, so ist das nicht weiter überraschend: es stimmt mit der schriftlichen Tradition der didaktischen Märchen überein. Das Bemerkenswerteste an Fernandes Trancoso jedoch (nämlich das, was sein Werk innerhalb des hispanischen Panoramas der Epoche als etwas Außergewöhnliches erscheinen läßt), beruht darauf, daß es ihm gelingt, trotz der literarischen Normen verschiedene Zaubermärchen aufzunehmen. Dabei hebt er ihre moralisierenden Botschaften hervor, löst die phantastischen Elemente heraus und ersetzt sie durch religiöse. Dies ist z.B. der Fall in der Erzählung, die der folgenden Heiligenlegende vorausgeht: »Sie besagt, daß es sehr gut ist, die Heiligen und ihre Reliquien zu ehren und große Feste zu feiern und daß Gott und seine Heiligen es vergelten werden. Sie handelt vom Sohn eines Händlers, der mit Gottes und der Heiligen Hilfe König von England wurde.«[4] Dann folgt eine bemerkenswerte Version des bekannten Märchentyps »Die aus Sklaverei befreite Königstochter« (AT 506A). In dieser Erzählung wird einem Heiligen, dessen Reliquien vom Helden aus den Händen ›ungläubiger‹ Mohammedaner entrissen worden sind, die Rolle des übernatürlichen Helfers zugesprochen, die sonst für gewöhnlich vom »dankbaren Toten« übernommen wird. Doch damit nimmt Trancoso eine in der iberischen Folklore gut bezeugte Variante auf[5]. Dank einer so heiligen Intervention gelingt es dem Helden, obwohl er aus dem Haus des Vaters verstoßen worden ist, dessen Wohlstand zu vergrößern und schließlich eine Sklavin zu kaufen; die entpuppt sich als Tochter des englischen Königs, mit der er sich nach einigem Auf und Ab vermählt.

Der soeben geschilderte Fall ist ein typischer Muster- und durchaus kein Einzelfall. Man betrachte ein anderes Beispiel: auf die Maxime hin (die mit Mühe aufrechterhalten wird), »Daß wir nicht an unserer Arbeit verzweifeln sollen und auf Gott vertrauen, daß er uns so versorgen wird, wie eine tugendhafte Königin es mit zwei Schwestern gemacht hat, die es nicht waren, wovon das folgende Märchen handelt«[6], kann man eine in Portugal verbreitete Version des bekannten Märchens »Die Goldkinder« (AT 707) lesen. Man hat es aber der in volkstümlichen Versionen üblichen Zauberelemente entblößt, indem man die Anklage der Missetaten, die von den eifersüchtigen Tanten befohlen wurden, in den Mund einer Botin gelegt hat.

Die philologisch-ethnologische Periode

Abgesehen von dem einen oder anderen weiteren Text von Trancoso[7] oder von dem einen oder anderen Mysterienspiel von Gil Vicente[8] gibt es kaum weitere *contos de encantos* (Zaubermärchen) bzw. *contos de fadas* (Feenmärchen), wie in Portugal die Zaubermärchen genannt werden, die in die geschriebene Literatur aufgenommen worden sind. Man muß vielmehr bis zum letzten Viertel des 19. Jahrhunderts warten, ehe die Gelehrten allgemein Kenntnis von den Werten der Volksüberlieferung der unteren Klassen nehmen und sie – einschließlich der Märchen – zu verschriftlichen versuchen.

Nach dem Vorbild der zu Beginn des 19. Jahrhunderts in Deutschland von Jacob und Wilhelm Grimm veröffentlichten Arbeiten und unter dem Einfluß der damals herrschenden Geistesströmungen (hauptsächlich der Theorien der »vergleichenden Mythologie« von Max Müller, Angelo de Gubernatis und George Cox) nahmen sich eine Reihe von Gelehrten Sammlung und Erforschung der Volksmärchen vor, so Gonzenbach, Imbriani und Pitrè in Italien, Luzel in Frankreich, oder Maspons y Labrós und Machado y lvarez in Spanien. In Portugal gebührt dieses Verdienst hauptsächlich Adolfo Coelho, Consiglieri Pedroso, Teófilo Braga und Leite de Vasconcellos.

Auch wenn Teófilo Braga 1870 die ersten Belege mit drei Zaubermärchen gab, die er in seine Studie über Volksmärchen aufnahm[9], war die früheste Sammlung dieser fruchtbaren Periode die der »Contos populares portugezes«[10], die Adolfo Coelho ein Jahrzehnt später gesammelt hat. Es handelt sich um eine Serie von 75 Märchen, von denen ein Teil (26) aus dem Mund von Erzählern des einfachen Volkes und eine Mehrzahl (49) – wie der Herausgeber selbst erklärt – aus der Feder von Gebildeten stammt. Damit sind seine Schwestern sowie der Historiker und spätere Herausgeber seiner Sammlungen, Consiglieri Pedroso, gemeint, die den Großteil des gesammelten Materials verschafften.

Trotz der genannten Einschränkungen ist die Sammlung bemerkenswert, wie sehr auch Adolfo Coelho das portugiesische Märchen mit Begriffen belegte, die heutzutage aus der Perspektive eines Jahrhunderts Feldforschung ungerechtfertigt streng erscheinen. Zur unvollständigen Kenntnis des Repertoires der Volksmärchen zu jener Zeit (seine Sammlung umfaßt kaum 40 von heute 150 bekannten Typen von Zaubermärchen) kommt noch die schriftliche Bearbeitung der meisten Stücke hinzu. Aus diesem Grund lassen sich die Erzählungen kaum als authentische Quellen auswerten. Unter den 39 Zaubermärchen, aus denen die Sammlung besteht, ist das Märchen »Der Prinz mit den Eselsohren« besonders hervorzuheben: es ist eine der beiden einzigen iberischen Versionen, die man vom Typ »Midas mit den Eselsohren« (AT 782) kennt[11]. Aber gerade wegen ihrer Seltenheit ist diese Variante kritisch zu beurteilen. Ähnlich das Märchen »Die verzauberten kleinen Schuhe«[12], das – unabhängig vom »Sneewittchen« der Brüder Grimm – das Vorhandensein einer mündlichen Tradition des Typs »Schneewittchen« (AT 709) beweist. Es handelt von einer auf ihre Schönheit stolzen Wirtin (anstelle einer Königin) mit Maultiertreibern als Gästen, die die Funktion des Zauberspiegels übernehmen und einer Bande von Räubern (anstelle von Zwergen), um nur die bedeutsamsten Motive in der iberischen mündlichen Tradition zu erwähnen. Im Gegensatz zu diesen originellen Eigenständigkeit zeigt »Der Löffelhändler«[13] das genaue Gegenteil: womöglich ist er sogar die iberische Version des Märchentyps »Rettung durch die Schwester«, die besser zu der Charakterisierung des Typs AT 311 paßt.

Zweifellos verdienten andere Märchen ebenfalls hervorgehoben zu werden[14]. Aber es mögen stellvertretend die drei kommentierten als Beleg für die Beurteilung dienen, mit der man die Ergebnisse der Sammelarbeit eines Sprachwissenschaftlers wie Adolfo Coelho bewertet hat. Sein Beitrag im Bereich der Märchenforschung beschränkte sich nicht auf das Gesagte. Vielmehr entwikkelte Coelho immer wieder auch die Theoriebildung zum Märchen: er untersuchte seinen Ursprung und seine Beziehung zum Mythos, die Methodologie für ein vergleichendes Studium von identischen Erzählungen bei verschiedenen Völkern. Dabei verband Coelho die Axiome sowohl der Diffusionisten als auch der Evolutionisten. Was die Schlußfolgerungen zum portugiesischen Märchen betrifft, so sind die meisten Thesen auch heutzutage noch in der selben Weise gültig, wie sie es damals waren. Dazu gehören: die Konservierung von lusitanischen Versionen alter Eigentümlichkeiten, die in anderen Literaturen fehlen oder sich geändert haben; oder die Existenz eines engeren Repertoires, das man in den bekannten oder übersetzten fremdländischen Sammlungen nicht wiederfindet.

Unter den weiteren Forschern ist Coelhos schon erwähnter Mitarbeiter zu nennen, Zófimo Consiglieri Pedroso (Professor für Universalgeschichte der geisteswissenschaftlichen Fakultät der Universität von Lissabon). Er setzte Coelhos Arbeit fort, indem er selbst gesammelte Erzählungen zu veröffentlichen begann. So wurde von ihm 1882 durch die Folk-Lore Society/London eine erste Lieferung von Materialien in einem kleine Band mit dem Titel »Portugueze Folk-Tales« veröffentlicht, von denen 15 dem portugiesischen Publikum zum ersten Mal in der »Revista Lusitana« präsentiert wurden, allerdings erst 15 Jahre später[15]. Ein zweiter Band mit 46 Texten, von denen viele lediglich skizzenhaft oder in geradezu unvollständigen Versionen vorliegen[16], erschien 1906, diesmal auf Portugiesisch in der »Revue Hispanique« (XIV, 115-240), die der französische Gelehrte Gaston Paris herausgab. Schließlich wurden 1910 beide Serien unter dem Titel »Contos Populares Portuguezes« vereinigt, auf dessen korrigierte und erweiterte Neuauflage von 1978 sich die folgenden Verweise beziehen.

Selbst wenn die Versionen der erstmals in der französischen Zeitschrift veröffentlichten Serie alles andere als einen lobenden Kommentar verdient haben, kann man der Gesamtausgabe Lob und Bewunderung nicht vorenthalten. Das gilt vor allem für die neu hinzugekommenen Stücke und besonders für »Das Mädchen mit der Rose auf der Stirn«[17] – ein Märchen, das aufgrund seiner Einzigartigkeit hier kurz zusammengefaßt wird: Die Schwester eines Prinzen wird, nachdem sie unter einem Rosenstrauch gelegen hat, auf magische Weise schwanger. Sie bringt insgeheim ein Mädchen mit dem Zeichen einer Rose auf der Stirn zur Welt. Als das Mädchen herangewachsen ist, schickt die Mutter es zur Schule, verbietet ihm aber ausdrücklich, sich erkennen zu geben. Als sie jedoch die Stickerei, die vom Prinzen während eines Besuchs in der Schule in Auftrag gegeben worden war, als Überschreitung ihres Verbotes zu erkennen vermeint, schlägt sie ihrer Tochter einen Kamm in den Kopf und tötet sie. Daraufhin steckt sie sie samt ihrer Ausstattung in einen Sarg, den sie in einem Palastgemach einschließt. Den Schlüssel vertraut sie ihrem Bruder an und trägt ihm auf, das Zimmer nicht zu öffnen. Doch nach dem Tod der Schwester heiratet der Prinz, und seine Gemahlin öffnet eines Tages das Gemach, in dem sie das Mädchen mit der Rose auf der Stirn beim Sticken findet. Aus Eifersucht läßt sie es heraus und macht es zu ihrer Sklavin. Daran ändert sich auch nichts, bis der Prinz (der von einer Reise einen Altarstein für seine unbekannte Nichte mitgebracht hat) ein Zwiegespräch zwischen dem Mädchen und dem Stein belauscht, aus dem die zurückliegenden Leiden hervorgehen. Dadurch erfährt der Prinz die Wahrheit und bestraft seine grausame Frau. Wie bereits angelegentlich der spanischen Texte bemerkt, stimmt das Märchen (über die isolierte Episode mit dem Altarstein hinaus) mit »Stein der Geduld« (AT 894.IV) überein, das im romanischen Raum wenigstens seit dem 16. Jahrhundert – der Epoche von »La schiavotta« von Basile – bis in die Gegenwart hinein gut bekannt ist[18].

Auch wenn das genannte Märchen herausragt, so dürfen doch verschiedene andere nicht verschwiegen werden. Erwähnt sei noch »Der verzauberte Riese«, dessen Traditionalität – selbst wenn bei Aarne-Thompson nicht verzeichnet – bewiesen wird durch einige spanische mündliche Versionen[19]. Einen ähnlichen Befund zeigt das Märchen »Die drei blauen Steinchen«, in dem der mediterrane Typ AT 938A (»Besser in der Jugend«)[20] sich überlagert mit dem iberischen (Boggs 706*B) [eine Mutter, die fälschlicherweise angeklagt wird, ihr Kind aufgegessen zu haben][21] – eine überaus häufige Kombination mit der bereits erwähnten Schlußepisode von AT 894.IV (»Stein der Geduld«). Und wenn die vorherigen Texte ein Paradigma einer spezifisch iberischen mündlichen Tradition sind, so ist »Die Spinne« dasjenige einer spezifisch portugiesischen[22]. Im Gegensatz dazu ist »Die Tanten«[13] eine äußerst verbreitete Variante von »Die drei Spinnfrauen« (AT 501), ohne die es vielleicht unmöglich wäre, von einer iberischen Tradition des Märchens zu sprechen, unabhängig von den »Drei Spinnerinnen« der Brüder Grimm.

Seine herausgeberische Tätigkeit gab Consiglieri Pedroso eine hinreichende Grundlage für seine Theorie des Volksmärchens, seiner Klassen und Merkmale, der Notwendigkeit einer wissenschaftlichen Klassifizierung, der Bedeutung der Varianten für das vergleichende Studium eines Märchens usw. Was diese Arbeit anbelangt, so sind seine Thesen über das sich gleichbleibende Grundschema, das der unendlichen Variabilität der Zaubermärchen zugrundeliegt, von besonderem Interesse[24]. Darin erweist sich Pedroso als Vorläufer der Arbeiten und Schlußfolgerungen von Vladimir Propp über die Morphologie des Zaubermärchens. Hinsichtlich der Bestimmung der verschiedenen Episoden eines Märchens und seinen Varianten hat Pedroso auch bereits die Richtung eingeschlagen, die Stith Thompson mit der Veröffentlichung seines Motiv-Index verfolgte.

Ein Jahr nach der Veröffentlichung der englischen Übersetzung wurden die »Contos tradicionaes do Povo Portuguez« des Philologen Teófilo Braga[25] veröffentlicht. Es handelt sich um eine Sammlung von 250 Erzählungen, von denen mehr als 50 reine Zaubermärchen sind. Wenn die Gesamtausgabe von Consiglieri Pedroso wegen der Qualität ihrer Texte und der Seltenheit der darin enthaltenen Typen herausragt, so die seine nicht weniger. Man beachte »Der Glöckchenrock«, eine Variante der »Schlafenden Schönen« (AT 410), die neben zwei weiteren iberischen volkstümlichen und der literarischen »Sole, Luna e Talia« von Basile beweist, daß das Märchen im romanischen Bereich – entgegen der Auffassung bedeutender Volkskundler – eine alte mündliche Tradition aufweist[26]. Das Märchen »Die drei Feen«[27] ist die Weiterentwicklung eines Types wie AT 705 (»Vom Fisch geboren«), jedoch mit dem Motiv T511.1.1 (Empfängnis durch Apfel) anstatt von T511.5.1 (Empfängnis durch Fisch). Diese Fassung ist bemerkenswert: obwohl sie in anderen romanischen Ländern noch nicht aufgezeichnet wurde, ist sie doch in Portugal gut bekannt. Das läßt sich jedenfalls aus den 5 veröffentlichten Varianten schließen, unter denen diejenige von Braga die erste gewesen ist[28]. Anders verhält es sich mit den »Sieben Verzauberten«. Hierbei handelt es sich um einen vorwiegend romanischen (und mediterranen) Typ, eine Variante des Zaubermärchens AT 898 (»Sonnentochter«) in seiner Weiterentwicklung »Das sprachlose Mädchen«, von dem eine portugiesische Variante und innerhalb des hispanischen Bereichs eine weitere aus Puerto Rico bekannt sind[29].

Auch wenn im folgenden nochmals auf diesen Typ zurückzukommen sein wird, muß man schon hier den Philologen Leite de Vasconcellos nennen, der seit Ende das 19. Jahrhunderts eine Arbeit verfolgte, die teils auf Sammlungen und Forschungen und teils auf der Herausgabe der 1887 gegründeten und späterhin geleiteten »Revista Lusitana« beruht. Diese Zeitschrift setzte seine Lehre noch nach seinem Tode im Jahre 1941 fort.

Ethnographisch-volkskundliche Forschungen im 20. Jahrhundert

So wie die »Revista Lusitana« in ihrer ersten Periode mit philologischen und ethnologischen Arbeiten die Lehre von Leite de Vasconcellos bis zur letzten Nummer von 1941/43 fortsetzte, so spiegelt eine andere Monatsschrift zwischen Januar 1899 und Juni 1904 die Lehren von Adolfo Coelho, Teófilo Braga, Carolina Michaëlis de Vasconcellos und anderen berühmten Mitarbeitern wieder. Es ist die von Ladislau Picarra und Dias Nunes gegründete »A Tradição« aus Serpa, die zuverlässig und gewissenhaft eine größtmögliche Zahl von portugiesischem ethnographischem Material sammeln wollte.

Abgesehen davon wurde in ihren Nummern ein halbes Dutzend Märchensammlungen veröffentlicht, von denen einzelne zwar von geringem Interesse sind[30], andere aber hervorragen wie »Contos populares alemtejanos« von Antonio Alexandrino[31] und vor allem die Sammlung gleichen Titels, die von Thomas Pires stammt[32]. In dieser zuletzt genannten Sammlung kann man so interessante Märchen finden wie den »Becher aus Gold«, eine Version des Typs AT 516C (»Amicus and Amelius«), von dem man nur eine weitere portugiesische kennt[33], und »Der liederliche Hannes«, eine Variante von »Die Prinzessin im Sarg« (AT 307), die in Westeuropa selten ist, in Portugal aber mit mindestens sieben registrierten Versionen relativ häufig vorkommt[34].

Ebenfalls in der Zeitschrift »A Tradição« erschien eine erste Serie von Märchen von Athaide d'Oliveira, die im darauffolgenden Jahr in »Contos Tradicionaes do Algarve«[35] erneut abgedruckt wurde. Diese Sammlung aus 440 Märchen, von denen mehr als 150 Zaubermärchen sind, ist zweifellos die wichtigste der in Portugal veröffentlichten, und zwar aufgrund einer doppelten Außergewöhnlichkeit: einerseits sind die abgedruckten Versionen oftmals einzigartige Varianten ihres Typs. Andererseits ist die Qualität der Texte einmalig. Da eine bis in die Einzelheiten gehende Aufzählung der Märchen, die es verdienten hervorgehoben zu werden, zu umfangreich wäre, muß die kurze Feststellung genügen, daß die Sammlung aus der Algarve mehr als ein Dutzend Zaubermärchen-Typen[36] zum portugiesischen Märchen-Repertoir beiträgt, die sonst fehlen würden. Es zeigt sich auch, daß einige Märchen der Sammlung die Existenz von mannigfaltigen Versionen einiger volkstümlicher Typen bestätigen, die im Katalog von Aarne-Thompson fehlen oder schlecht beschrieben sind und darum in den Katalog aufgenommen werden müßten. Das ist der Fall bei »Der übernatürliche Priester«, eine Variante des Typs 311*A (nach Boggs), der bereits kommentiert wurde und von Stith Thompson schlecht beschrieben worden ist, da er ihn als Typ 408A* aufgenommen hat[37].

Das Märchen »Die drei Verzauberten im Meer« ist die Fassung eines verwikkelten Zaubermärchens, das wegen seinem Fehlen bei Aarne-Thompson hier skizziert werden soll: 1. Ein König und eine Königin streiten über das Geschlecht eines Tieres, das sie in der Ferne sehen 2. Ermüdet von der Auseinandersetzung, schickt der König seine Frau, die schwanger ist oder ein Kind hat, in die Verbannung 3. Mutter und Kind gelangen auf eine Insel, die nur von Affen bewohnt ist. Deren König nimmt sie zu sich in seine Höhle, wo er mit der Mutter verkehrt und ein zweites Kind von tierischer bzw. tier-menschlicher Natur zeugt 4. Die Mutter flieht mit dem menschlichen Kind in einem Schiff, das an der Insel angelegt hat. Der Affenkönig reißt schließlich den Bastard-Sohn in Stücke und wirft die menschlichen Teile ins Meer 5. Das Schiff läuft auf Grund und der Sohn versinkt im Meer. Dort trifft er eine Meerjungfrau, die ihm ein äußerst wertvolles Geschenk macht. Er wird vom Kapitän zurückgelassen 6. Die in einen Vogel verwandelte Meerjungfrau rettet ihn und zeigt ihm zwei Bäume, deren Blätter denjenigen, der an ihnen riecht, wahlweise alt oder jung werden lassen 7. Als alter Mann verkleidet nimmt er an einer Armenspeisung teil, die der König – sein Vater – gibt. In deren Verlauf erzählt er seine Geschichte und beweist sie, indem er wieder seine jugendliche Gestalt annimmt. – Dieses kompositorische Schema ist erst zeitgenössisch in der luso-brasilianischen Folklore und teilweise in der spanischen nachgewiesen worden, obwohl man von seiner Existenz seit dem 16. Jahrhundert durch die literarischen Werke von Lope de Vega und Antonio de Torquemada weiß[38].

Schließlich ist aus der Sammlung von Athaida d'Oliveira eine Reihe von Märchen hervorzuheben, die bemerkenswerte Varianten von Märchen-Typen darstellen, die in der westeuropäischen mündlichen Tradition fehlen. Dies ist der

Fall bei dem Märchen »Die Tochter des gierigen Königs«, einer Version des bereits zitierten seltenen Typs »Vom Fisch geboren« (AT 705)[39]. Das Märchen »Die Prinzessin der Schmucksteine« ist eine Variante des Typs »Der wegen seiner schönen Frau Beneidete« (AT 465). Abgesehen von 5 bekannten Varianten aus Portugal hat man von diesem Märchen keine Beweise, daß es über einige sephardische oder hispanoamerikanische Belege hinaus in den umliegenden Ländern erzählt worden wäre[40].

Unter den Texten, die in der »Revista Lusitana« erschienen sind, ragen die »Contos populares de Évora« von Bernardino Barbosa[41] hervor. Es handelt sich um eine Sammlung von 36 Märchen, von denen 16 Zaubermärchen sind, zum Teil mit interessanten Aspekten. Dies ist z.B. der Fall bei dem Märchen »Guimar und der Knabe«[42], einer Variante des Typs AT 313C, die eine Besonderheit enthält, die mit einiger Häufigkeit in iberischen Versionen vorkommt: die vergessene Braut gibt nämlich dem Helden das Gedächtnis zurück, indem sie mit Zauberkraft bewirkt, daß ein Stier der königlichen Herde erst weitergeht, als sie ihm erinnernde Worte über vergangene gemeinsame Abenteuer zuflüstert. Ein weiteres Beispiel gibt das Märchen »Aus einem Apfel wurde ich erschaffen«[43], eine Fassung des Typs AT 705, der bereits öfters genannt worden ist. Oder auch das Märchen »Der Prinz und der Schneider« (O principe e o alfaiate), eine Variante von AT 516 (»Treuer Johannes«).

Nach dem Erscheinen von Évora vergingen mehrere Jahrzehnte, ehe neue Sammlungen von Volksmärchen gedruckt wurden. Die beiden inhaltsreichsten erschienen dabei jeweils in eine ethnologische Studie eingefügt. Die eine, die aus 11 Texten bzw. zwei Zaubermärchen besteht, wurde von Lopes Dias der »Ethnografia de Beira« beigefügt[44]. Ähnliches gilt von der Sammlung, die Manuel Joaquim Delgado in seinem Werk »A Etnografia e o Folklore no Baixo Alentejo« (Lisboa 1956, 141-185) präsentiert, in der 10 von 26 Erzählungen Zaubermärchen sind.

In den Jahren von 1877 bis 1940 entstand eine der größten Sammlungen der volkstümlichen portugiesischen Erzählkunst, wie aus den postumen Erklärungen der Herausgeber der Edition hervorgeht, nämlich die von Leite de Vasconcellos[45]. Von den 674 Märchen, die diese Sammlung neben einer beachtlichen Zahl von Sagen enthält, sind ungefähr 100 Zaubermärchen. Unter ihnen befinden sich einige so interessante, wie die Nummern 126 und 337, die die einzigen westeuropäischen Varianten des Typs »Das versteinerte Königreich« (AT 410*) bringen[46]. Ebenso einzigartig ist Nr. 304, eine Fassung des Märchens von der auf eine Affeninsel verbannten Königin, dessen Episoden bereits angeführt wurden. Auch wenn kein anderes Märchen außergewöhnlich ist wie dieses, ist es doch gerechtfertigt, einige andere bemerkenswerte Varianten von seltenen Typen zu erwähnen: so entspricht Nr. 316 dem Typ AT 304 (»Nachtwachenabenteuer«)[47], Nr. 190 gehört zum bereits erwähnten Typ AT

307. Die Nummern 105, 106 und 121 sind Varianten des mediterranen Typs 425D (»Gratiswirtshaus«)[48]. Die Nummern 122, 313 und 314 gehören alle zum iberischen Typ AT 435*[49]. Die Nummern 305 und 306 sind Vertreter des ebenfalls bereits zitierten Typs AT 465. Schließlich ist Nr. 312 eines der beiden portugiesischen Märchen, die als Typ 550 von Aarne-Thompson katalogisiert sind (»Vogel, Pferd und Königstochter«)[50].

Den Herausgebern der von Leite de Vasconcellos im Laufe seines Lebens zusammengetragenen Sammlung, Alda da Silva Soromenho und Paulo Caratão Soromenho fiel die Aufgabe zu, eine Reihe von unveröffentlichten Volksmärchen vorzulegen, die aus verschiedenen Quellen stammten: einerseits aus den Diplomarbeiten, die zwischen 1954 und 1973 an der geisteswissenschaftlichen Fakultät der Universität von Lissabon vorgelegt worden sind, und andererseits aus den Nachforschungen, die von Forschergruppen des Serviço Cívico »Trabalho e Cultura« im Laufe des Jahres 1975 durchgeführt wurden. Sie erbrachten eine Fülle von Material. Hierzu konnten auch die außerordentlichen Sammlungen hinzugenommen werden, die von Michel Giacometti bzw. von Manuel Viegas Guerreiro erstellt wurden.

Die Vielzahl von Texten, die über einen so ausgedehnten Zeitraum zusammengetragen wurden (in jedem Fall jüngeren Datums und aus ganz unterschiedlichen Quellen stammend), läßt die gegenwärtige Lage der Bewahrung des portugiesischen Märchens als einigermaßen hoffnungsvoll bewerten. Der Bestand umfaßt 734 Märchen, von denen annähernd 150 Zaubermärchen sind, einschließlich einiger bemerkenswerter Versionen jener so seltenen Typen, von denen im Verlauf dieses Berichts immer wieder die Rede war (wie Typ 311*A von Boggs oder diejenigen von AT 304, 307, 425D, 465, 705, 894, usw.). Zu erwähnen ist noch derjenige Typ, der sein Kompositionsschema dem Märchen »Cezilia«[51] gibt. Er handelt von einem Mädchen, dem der Fluch auferlegt wird, bei ihrer Heirat in eine Schlange verwandelt zu werden. Diesen Zauber kann nur eine Freundin von ihr nehmen, die heimlich ihren Platz einnimmt und bestimmten Verhaltensweisen folgt. Von der komplexen Handlung, die in AT nicht aufgenommen ist, kennt man in der gesamthispanischen Folklore mindestens 9 Varianten. Alle stellen einen sehr stabilen Typ dar und stammen aus verschiedenen Ländern: Portugal, Spanien, Brasilien, Chile und – wegen einer sephardischen Version – sogar aus Jugoslawien[52].

Das Märchen »Der Prinz« ist die Weiterentwicklung einer Überlagerung der bekannten Typen »Vampir« (AT 363) und »Ägyptisches Brudermärchen« (AT 318) – beide außerordentlich selten. AT 363 fände sich das erste Mal in Westeuropa, wenn man die beiden katalanischen und toskanischen Versionen, die bei AT angeführt werden, zurückweist, weil sie nicht im mindesten zur Charakterisierung des Typs passen, wie sie im Katalog gegeben ist. Ganz ähnlich verhält es sich mit AT 318, von dem im besagten Raum nur eine baskische

Version vorliegt[53]. Erwähnenswert ist auch das Märchen »Der arme Patenonkel«, eine beachtenswerte Variante, die die charakteristischen Episoden des ebenfalls im romanischen Raum seltenen, aber bekannten Typs »Des Prinzen Wünsche erfüllt« (AT 652 vgl. KHM 116 »Die Nelke«), aufweist[54]: ein kinderloses Königspaar verspricht, daß es – falls es doch ein Kind bekommen sollte – als Pate den ärmsten Mann erwählen würde; dessen Gabe für sein Patenkind, mit dem alle seine Wünsche erfüllt werden; die Entführung des Kindes durch ein verräterisches Dienerpaar; mit Hilfe der Frau die Verwandlung des Dieners in einen Hund; glückliches Ende.

Schließlich sind zwei weitere Erzählungen zu erwähnen. Die Märchen »Die Rache des Verliebten« und »Die Furzkräuter« sind ähnlich selten[55]; bekannter sind sie als »Fiddevav« (AT 593). Hierin wird auf die Zauberkraft einiger Kräuter angespielt, die dem Helden erlauben, die Verwandten seiner Angebeteten nach Wunsch unter Blähungen leiden zu lassen.

Einige Schlußfolgerungen

Wenn bisher ausschließlich jene Märchentypen behandelt worden sind, die sporadisch in einigen Sammlungen erschienen sind, um eine Vorstellung von der Situation des Zaubermärchens in Portugal zu geben, so sollte man doch andere nicht geringschätzen, die – nach der Zahl ihrer veröffentlichten Varianten zu schließen – von den Erzählern bevorzugt werden. So sind von dem Typ AT 303 wenigstens 23 Varianten veröffentlicht worden, von AT 408 deren 18, von AT 425A deren 17, von AT 516 deren 16, von AT 301B deren 15, von AT 302 bisher 15, von AT 402 seither 15, von AT 884A deren 15, von AT 707 bislang 14, von AT 326A* bislang 14, von AT 313C deren 14, von AT 327A deren 12, von AT 400 bisher 12, von AT 325 bisher 11 Varianten und so weiter bis zur Zahl von 152 verschiedenen Typen von Zaubermärchen, deren Präsenz in Portugal von den Sammlungen, die hier beschrieben wurden, belegt wird.

Zweifellos ist es notwendig zu klären, daß in die Übersicht drei Blöcke von Märchen aufgenommen worden sind. Der wichtigste wurde gebildet aus den Typen AT 300 bis 749. Berücksichtigt als Zaubermärchen wurden aber auch solche, die außerhalb dieses Bereichs katalogisiert worden sind, jedoch dem gleichen morphologischen Grundschema zugehören, und in denen Zauberelemente vorkommen, wie es z.B. bei den Typen 780, 790B, 884A, 894, 898, 938A und 1391 der Fall ist. Schließlich konnte ich 14 Erzähltypen nennen, die bei AT fehlen, die aber in der romanischen, hispanischen, aber vor allem in der lusitanischen mündlichen Tradition stabil nachgewiesen werden können.

Um das portugiesische Repertoir von Zaubermärchen annähernd zu vervollständigen, ist es angebracht, auf diejenigen Typen hinzuweisen, die ihm spezifische Merkmale verleihen. Selbstverständlich und in nicht geringem Maße tragen dazu die 14 angeführten Erzähltypen bei, die die Formulierung je eines neuen Typs erforderlich machen. Läßt man sie aber einmal beiseite, so ist auf ein Repertoir von AT-Typen für einen regionalen Bereich hinzuweisen, das auf die Kommunikation zwischen der portugiesischen mündlichen Tradition und derjenigen der umliegenden Länder schließen läßt. Varianten von Typen wie 311B* (»The Singing Bag«), 312C (»Devil's Bride Rescued by Brother«), oder der häufige, bereits erwähnte Typ 326A*, 332B* (»Death and Luck«), der ebenfalls schon genannte 425D, der genauso häufige 431B* (»Girls Follow Breadloaf«)[56], 435* (»The Dumb Princess Disenchants the Prince«), 516C (»Amicus and Amelius«), 533* (»The Snake Helper«), 571C (»The Biting Doll«), der relativ häufige Typ 705 (»Born from a Fish«), der sehr häufige 884A (»A Girl Disguised as a Man is Wooed by the Queen«)[57], 898 (»The Daughter of the Sun«) und 938A (»Misfortunes in Youth«), sind eindeutige Beweise für ein spezifisch hispanisches, romanisches oder mediterranes Repertoir.

All dies ist ein Beweis für die Existenz von spezifischen Repertoires kleinerer geographischer Räume. Man kann ein mediterranes feststellen; wenn man weiter faßt, ein romanisches; natürlich auch ein hispanisches; und sogar ein iberisches – das heißt, alles Bereiche, die über den nationalen hinausgehen. Auf analoge Weise kann man, wie es auch nicht anders zu erwarten war, eine Reihe von Merkmalen feststellen, die ein portugiesisches Repertoire definieren und es von anderen unterscheiden.

Übersetzung von Bianca Segura García und Klaus Schäffauer

Ion Taloş

VOLKSMÄRCHEN UND VOLKSMÄRCHENERZÄHLEN IN RUMÄNIEN

Wer sich mit der rumänischen Märchenforschung beschäftigen will, muß einige Faktoren berücksichtigen. Da ist zunächst zu bedenken, daß die Schriftlichkeit der rumänischen Sprache erst spät einsetzt (ältester Beleg 1521), was zur Folge hatte, daß sich die mündliche Kultur außerordentlich günstig entwickeln konnte. Zudem: die Rumänen bilden in Südosteuropa eine romanische Insel, d.h. seit dem Ende des 3. Jahrhunderts leben sie von den anderen Romanen getrennt; ihre Sprache und ihre Volkskultur kam mit der der Slaven und der Ungarn in Kontakt. Das forderte die nationale und die internationale Forschung heraus, die Eigentümlichkeit des rumänischen Volks zu erfragen, d.h. die Sprache, aber auch die Trachten, die Bräuche und die dämonologischen Sagen wurden schon Ende des 18. – Anfang des 19. Jahrhunderts intensiv untersucht und sind zu den wichtigsten Argumenten der Romanität und Kontinuität der römisch-dakischen Bevölkerung im heutigen Rumänien geworden. Schließlich: die Volks- und Hochkultur entwickelten sich in Rumänien harmonisch, die Schriftlichkeit ist der Mündlichkeit in vielfacher Hinsicht verpflichtet.

Die Märchensammlungen. Ein historischer Überblick

Der Geschichtsschreiber Ion Neculce suchte in der historischen Volkssage der Rumänen Belege für sein Werk und stellte Anfang des 18. Jahrhunderts die erste rumänische Sagensammlung zusammen (46 Texte). Die erste schriftliche Fixierung eines rumänischen Volksmärchens datiert jedoch bereits vom 28. März 1797, 15 Jahre vor dem Ersterscheinen der KHM. Es ist das Rätselmärchen »Geschichte eines weisen Helden, der sich mit einer gelehrten Kaisertochter unterhält« (AT 851 A), das Märchen von Turandot.

Zu Beginn des 19. Jahrhunderts genoß das Volksmärchen bei den rumänischen Intellektuellen eine sehr hohe Einschätzung. 1831 zeichnete T. Cipariu 10 Volkserzählungen (4 Märchen, 4 Schwänke, 2 Anekdoten) auf. Um die gleiche Zeit schrieb der ungarische Schriftsteller János Zeyk 6 Märchen, die er während seiner Kindheit im rumänischen Dorf Cuci in Siebenbürgen hörte.

Die erste großangelegte Märchensammlung verdanken wir jedoch Arthur Schott. Der gebürtige Stuttgarter arbeitete 1836-1841 und 1844-1850 als Verwalter des Landgutes Bissingen im Banater Dorf Iam. Kurze Zeit nach seiner Ankunft im Banat begeisterte sich Schott für die rumänische Volksprosa und sammelte insgesamt 32 Märchen, 19 Schwänke und 14 Sagen. Die von ihm bis 1841 aufgezeichneten Texte wurden von seinem Bruder Albert, Professor für Philologie und Geschichte an einem Stuttgarter Gymnasium, mit wissenschaftlichem Apparat versehen und für den Druck vorbereitet. Die Sammlung erschien unter beider Namen 1845 bei Cotta in Stuttgart und Tübingen; die während seines zweiten Aufenthalts in Banat aufgezeichneten Erzählungen publizierte Arthur Schott allein 1857-1859 in der Zeitschrift »Hausblätter« von W. Hackländer und E. Höfer. Die Schott-Sammlung dient heute noch der internationalen Märchenforschung als eine der wichtigsten Quellen der rumänischen Märchen.

Um die Mitte des vorigen Jahrhunderts entwickelte sich das Interesse der Rumänen für ihr Märchen ziemlich rasch: in den 50er Jahren sammelte I.G. Sbiera in der Nordbukowina, D. Boer im Kreis Satu Mare, M.V. Stănescu Arădanul in Siebenbürgen und im Banat; in den 60er und 70er Jahren trug I. Micu Moldovan mit seinen Schülern in Blaj die vielleicht reichste Sammlung von Volksliedern und -erzählungen aus Siebenbürgen zusammen. Weitere Märchensammlungen aus verschiedenen Regionen Siebenbürgens verdanken wir I. Pop Reteganul, At. M. Marienescu, Şt. Cacoveanu, M. Pompiliu, I. Slavici, T. Frîncu – G. Candrea sowie einigen siebenbürgisch-sächsischen Intellektuellen, wie Franz Obert und Pauline Schullerus, die ihre Sammlungen, wie Schott, in deutscher Sprache veröffentlichten. Verdienstvoll ist auch die Sammlung von Fr. Müller, die siebenbürgisch-sächsische, ungarische und rumänische Sagen enthält.

Auch in Muntenien und der Moldau begannen die Forscher um 1850 Märchen aufzuzeichnen. Wichtiger als die Sammlung von Teodor Stamati (1851) sind die von N. Filimon, Petre Ispirescu, Mihai Eminescu, I.C. Fundescu, S. Fl. Marian, Dumitru Stăncescu, G. Dem. Teodorescu, E. Sevastos, G. Pitiş, I.C. Măldărescu u.a., auch wenn einige von ihnen erst später gedruckt wurden.

In den letzten zwei Jahrzehnten des 19. Jahrhunderts macht sich das Bestreben bemerkbar, volksliterarische Texte phonetisch zu schreiben. Nicht nur die Handlung sollte unverfälscht sein, auch die Texte sollten ihr phonetisches Gewand tragen. A. Densuşianu und andere bestanden darauf, daß die Texte nach dem Vortrag genau aufgezeichnet werden müßten. A. Stavri stenographierte seine Texte, T. Frîncu – G. Candrea sowie M. Canianu paßten das rumänische Alphabet der dialektalen Sprechart an, während G. Alexici ein spezielles Alphabet mit diakritischen Zeichen verwandte. Viele Märchensammler blieben aber bei der alten Methode, d.h. sie redigierten die Texte, die ihnen die Volkserzähler mitteilten. Dadurch entwickelten sich zwei Typen von Märchenforschern: die Gelehrten und die Amateure. Die Gelehrten erstellten Märchensammlungen, die von Wissenschaftlern sehr geschätzt wurden; wegen der phonetischen Transkription konnten sie aber vom Publikum nicht gelesen werden. Die Amateure bearbeiteten ihre Sammlungen, damit sie vom breiten Publikum gelesen werden, aber die Gelehrten lehnten sie zum Teil ab.

Die Annäherung der Folkloreforschung an die Philologie erlebte Anfang des 20. Jahrhunderts bei Ovid Denausianu und seiner Bukarester Schule einen ihrer Höhepunkte. Von nun an faßten immer mehr Wissenschaftler die Volkserzählungen phonetisch ab.

Zur gleichen Zeit brachte die Leipziger Schule unter Gustav Weigand neue Impulse in die Folklore- bzw. Märchenforschung. Weigand selbst untersuchte die rumänischen Dialekte südlich der Donau, einschließlich die Volksliteratur dieser Dialekte, und bildete in Leipzig Dialektforscher wie Pericle Papahagi und Theodor Capidan aus, die ihre Kräfte auch der Märchenforschung widmeten. Papahagi sammelte aromunische, Capidan megleno-rumänische Märchen. Auch die rumänischen Minderheiten in den benachbarten Ländern wurden seit Jahrhundertbeginn von G. Giuglea und G. Vîlsan untersucht.

In Rumänien selbst wurden viele Volkserzählungen u.a. von C. Rădulescu Codin, T. Pamfile, Aurel Vasiliu, D. Furtună, Şt. St. Tuţescu, T. Bălăşel, N.I. Dumitraşcu, S.T. Kirileanu sowie von Iosif Popovici, P. Ugliş-Delapecica, I. Bota, L. Ciorbea, E. Novacovici, L. Costin, S. Rusu gesammelt und publiziert.

Je größer die Anzahl der Märchensammler wurde, desto eindeutiger war, daß nicht das ganze Erzählmaterial gedruckt werden kann. So gründete Ion Muşlea im Rahmen der Rumänischen Akademie das Folklore Archiv in Cluj/Klausenburg (1930) als staatliche Institution.

Dessen Aufgabe war, die Feldforschung zu organisieren und zu intensivieren, ausgewähltes Material zu publizieren, noch nicht publiziertes Material der nationalen und internationalen Forschung zur Verfügung zu stellen.

Nach dem Zweiten Weltkrieg und insbesondere nach 1947, als das Königreich abgeschafft und die Republik ausgerufen wurde, war die Märchenforschung in Rumänien direkt oder indirekt verboten und das Märchen aus den Schulbüchern ausgewiesen. War die Angst daran schuld, daß das Volksmärchen die Entstehung des neuen Menschentypus hätte verhindern können? Nein, aber man versuchte, selbst die Erinnerung an die politische Institution Königtum zu verwischen. Erreicht hat man diesen Zweck bekanntlich nicht. Die Leute erzählten ihre Märchen weiter, und die Märchenforscher zeichneten mehr oder weniger insgeheim neue Texte auf. Als Anfang der 60er Jahre die Situation etwas gelockert wurde, konnte Ovidiu Bîrlea seine monumentale Märchensammlung publizieren. Dieses dreibändige Werk enthält 153 Texte, die auf Tonband aufgenommen und sehr genau transkribiert wurden. Es gibt die Mimik und die Gestik der Erzähler wieder, faßt sämtliche Texte in deutscher Sprache zusammen und bringt 50 Erzählerporträts, wodurch es auch zum Vorbild für die internationale Märchenforschung wurde.

In den 70er und 80er Jahren sind in Rumänien mehrere Märchensammlungen erschienen. Einige enthalten früher aufgezeichnete Materialien, andere dagegen sind das Ergebnis neuerer Feldforschungen und zeugen von dem nun erreichten Stadium des Volkserzählens. Drei davon sollten hier erwähnt werden: die von M.M. Robea mit 90 Texten, die von I. Nijloveanu mit 185 und die von Gheorghe Vrabie mit 64 Texten. Die Folklore-Institute in Bukarest, Cluj und Iaşi bewahren darüber hinaus weiteres ungedrucktes Erzählmaterial auf.

Methoden der Feldforschung

I. Neculce trug seine Sagen aus zum Teil mündlichen, zum Teil schriftlichen Quellen zusammen, T. Cipariu und J. Zeyk erzählten im Alter Texte, die sie in ihrer Kindheit hörten. Aus mündlichen Quellen sammelte Arthur Schott, ursprünglich über einen Dolmetscher, später direkt aus dem Munde der Erzähler.

Zeitungsredaktionen, Kirche, Schule sowie Privatleute wie M.V. Stănescu Arădanul, At.M. Marienescu u.a. haben Aufrufe an die Lehrer und Priester verschickt, damit sie Folklore-Texte aufzeichnen und diese den Fachleuten anbieten sollten. Erwähnt sei auch die Aktion des Blajer Gymnasiums unter T. Cipariu und I. Micu Moldovan, mit Hilfe ihrer Schüler Märchen und andere Volksdichtung zu sammeln.

Die am meisten verbreitete Feldforschungsmethode war die, daß die Märchensammler die Erzähler direkt befragten und die Texte nach ihrem Vortrag aufschrieben, doch hatte diese Methode den Nachteil, daß nur wenige Gemeinden untersucht werden konnten.

Eine größere Mobilisierung der potentiellen Feldforscher brachte die Fragebogenmethode. Große Persönlichkeiten stellten Fragebogen zusammen und verschickten sie in viele Ortschaften des Landes. Der sprachwissenschaftliche Fragebogen von Bogdan Petriceiscu Hasdeu 1885 und der historische von N. Densuşianu 1895 brachten Folklorematerial (z.T. Volksprosa) aus 773 bzw. 1111 Ortschaften zusammen. Nach 1930 verbreitete Ion Muşlea 14 Fragebogen, die z.T. auf die Klärung einiger speziellen Typen-Fragen (z.B. der Schwank vom alten Hildebrand u.a.) zielten. Er bekam 875 Antworten. Eine der letzten Aktionen dieser Art unternahm I.H. Ciubotaru, der 1971 einen allgemeinen Fragebogen in über 1700 Moldau- und Bukowinadörfer verschickte und aus 580 Ortschaften Antworten bekam.

Alle auf dieser Weise gesammelten Folklorematerialien sind nur teilweise bekannt. Die Antworten auf die Fragebogen von Hasdeu und Densuşianu können auf Grund der von Muşlea und Bîrlea bzw. Fochi erstellten Typologien bearbeitet werden, die auf die Fragebogen von Muşlea und Ciubotaru liegen in den Folklore-Archiven in Cluj bzw. Iaşi.

Hinsichtlich der mechanischen Aufnahmen sind die Erzählforscher im Vergleich zu den Volksliedforschern im Nachteil. Denn die Volksliedforscher konnten schon zu Beginn des Jahrhunderts zumindest Fragmente von Liedern auf Wachszylindern aufnehmen (Bartók u.a.), später haben sie sogar Schallplatten herstellen können (C. Brăiloiu). Die Erzählforscher dagegen konnten erst nach dem Zweiten Weltkrieg mit Tonbandaufnahmen beginnen.

Die Erzähler

Die ersten Generationen von Folkloreforschern notierten Erzählungen, ohne Informationen über ihre Gewährsleute zu geben. Erst Arthur Schott erwähnte die Namen seiner Erzähler und deren Berufe, wie folgt: Florika, eine Weingartenhüterin in Oravița; von Maderspach, »Probierer des Bergwerks in Sasca«; Mihaila Popowitsch, Geistlicher in Iam; weitere Erzähler waren der Pandur George Stojan, der Gemeindediener Traila Saritraru, die Bauern Mihaly Lazar und Meila Pup, der Jurastudent Drăguescu sowie ein »Bartscherer«; sogar von Ferdinand Graf von Bissingen in Iam konnte Schott Erzählungen aufzeichnen, die er von seinen rumänischen Dienstboten hörte. Wie man sieht, konnte man im vorigen Jahrhundert aus dem Munde aller Berufe und Nationalitäten, von Bauern bis zu Großgrundbesitzern, von der Gartenhüterin und dem Gemeindediener über den Bartscherer und Panduren bis zu Geistlichen, Studenten und Bergwerkangestellten Märchen aufzeichnen. Die Erzähler waren sowohl Rumänen als auch »Illyrer« und Deutsche.

Ein erstes Erzählerporträt stellte D. Boer zusammen als er 1858 ein schönes Märchen von Micu Chișu Ilie aus Sărăuad, Kr. Satu Mare, aufschrieb: dieser war 50 Jahre alt, hatte keine Kinder, besaß keinen Boden, war Diener und Kirchensänger und spielte gerne Karten. 1866 veröffentlichte At. M. Marienescu das Porträt des Balladensängers und Erzählers Mărcea Giuca aus Ticvaniu Mic, Kr. Caraș-Severin, in dem er dessen Biographie, Folklorequellen, Vortragsanlässe, Repertoire usw. beschreibt. Nicht alle Erzählforscher achteten jedoch auf ihre Gewährsleute. Viele notierten lediglich den Namen des Vortragenden oder den Ort der Aufzeichnung.

Eine größere Beachtung fanden die Erzähler bei den Mitarbeitern der soziologischen Schule in Bukarest, wo die Folkloreforscher von der Methode des Musikethnologen C. Brăiloiu lernten. Dort untersuchte I.C. Cazan zum ersten Mal unter statistischem Gesichtspunkt das Erzählphänomen in einem rumänischen Dorf (Drăguș, Kreis Brașov). In der besten Brăiloiu-Tradition untersuchte Ovidu Bîrlea Biographie, Vorbilder, Repertoire usw. seiner Gewährsleute und veröffentlichte 50 Erzählerporträts. Ähnlich verfuhren u.a. M.M. Robea (48 Erzählerporträts) und I. Nijloveanu (16 Erzählerporträts).

Erzählgelegenheiten

Die Märchensammlungen der letzten Jahrzehnte bringen wichtige Informationen über die Erzählgelegenheiten dieser Zeit. Von den Erzählern Bîrleas haben ihrer Erklärung nach 15 beim Entfernen von Maiskolbenblättern, 13 bei der Armee bzw. Gefangenschaft, 12 bei Spinnabenden, 8 in den Waldarbeiterhütten, 7 bei der Totenwache, 5 beim Viehweiden Märchen erzählt; lediglich 4 erzählten Kindern, 2 auf der Almwirtschaft, 2 unterwegs, 2 bei der gegenseitigen Arbeitshilfe (clacă) und je 1 im Gefängnis, bei den Hochzeiten, in der Schnapsfabrik sowie als Emigrant in Amerika oder als Gefangener in Sibirien.

Die Gewährsleute von M.M. Robea erzählten hauptsächlich in den Spinnabenden (9), in Waldarbeiterhütten oder im Hause für Kinder (je 6), »im Dorf«, unterwegs und beim Viehweiden (je 3); weitere Erzählgelegenheiten waren: »in Bukarest«, beim Militär, auf der Sennhütte (je 2), bei der gegenseitigen Arbeitshilfe, den Hochzeiten, im Spital, in der Ziegelbrennerei sowie während der Weinbauarbeiten (je 1).

Am wichtigsten sind die Erzählgelegenheiten, die im Dorf stattfinden (Entfernen von Maiskolbenblättern, Spinnabende, Totenwache), die im Leben aller Erzähler sehr oft wiederkehren. Die Erzählgelegenheiten, die außerhalb des Dorfes stattfinden, sind von geringerer Bedeutung.

Die Funktionen des Erzählens

Bekanntlich erleichtert das Erzählen die Arbeit, entfernt die Müdigkeit, vertreibt den Schlaf, schafft eine günstige Arbeitsathmosphäre, hilft dazu, daß die Leute ihre Sorgen für eine Weile vergessen. Außerdem erfüllt es eine erzieherische Funktion.

Die rumänische Volksliteratur zählt zu den wenigen in Europa, wo das Erzählen nicht nur profane, sondern auch magische Funktionen aufweist. Schon Ende des 19. Jahrhunderts taucht in der Märchenliteratur der Glaube auf, daß das Erzählen eine magische Kraft habe. In einer Erzählung aus der Bukowina wird gesagt, daß der Versuch des Teufels, an einem Abend in drei Häusern hineinzugehen, erfolglos blieb, weil es in jedem der Häuser jemanden gab, der Märchen erzählte. Der Teufel folgerte: in dem Haus, in dem jeden Abend ein Märchen erzählt wird, gleichgültig ob kurz oder lang, ist es weder mir noch meinen Kumpanen möglich, hineinzugehen. Anfang dieses Jahrhunderts erscheint dieses Motiv in Zusammenhang mit der Gastfreundschaft: das Haus, in dem drei Leute Unterkunft bekommen haben und in dem jeder ein Märchen erzählt, wird gegen den Bösen geschützt, da sich die Märchen in Flammen verwandeln und das Haus umringen. Andere Informationen besagen, daß in dem Haus, in dem Märchen erzählt werden, Gott zugegen ist. Das Märchenerzählen wird sogar mit den vierzig Seelenmessen gleichgesetzt. Dieser Glaube scheint unter den Schafhirten besonders lebendig gewesen zu sein: wenn der Hirt drei Märchen in einer Schäferei erzählt hat, dann nehmen sich die Märchen an der Hand und umkreisen die Sennerei so, daß der Böse sich nicht nähern kann.

In Maramuresch setzte man das Märchen einem Gebet gleich: wenn ein Schafhirt das Gebet »Die Geschichte der Heiligen Jungfrau« jeden Tag morgens und abends von der Paarungszeit der Schafe bis zum Lammen ausspricht oder wenn er in derselben Zeit jeden Abend ein anderes Märchen erzählt (d.h. insgesamt etwa 100 Märchen), dann bekommt er ein wunderbares Lamm, das ihm in der Nacht zu Weihnachten oder zu Ostern, wenn sich die Himmel öffnen, sein Schicksal vorhersagt.

In den Ostkarpaten herrschte ebenfalls die Meinung, daß der Teufel nur *die* Hütte betreten kann, in der keine Märchen erzählt werden; daher gingen die Hirten nie schlafen, bevor sie ein Märchen erzählten. Es wird auch gesagt, daß demjenigen, der Märchen erzählt, die Sünden vergeben werden. Tagsüber sollte man jedoch keine Märchen erzählen, sonst gehe dem Erzähler das Hemd kaputt oder er bekomme Eiterbeulen auf die Lippen.

Zwei Erzähltypen zeugen weiter von der magischen Kraft des Erzählens bei den Rumänen. Es geht um »Die Geschichte des Ignat« (AT 812*). Sie erzählt, wie ein armer Mann namens Ignat, der kein Schwein hatte, um es zu Weihnachten zu schlachten, ein Schwein kaufen ging. Ihm begegnete ein Herr (der Teufel), der bereit war, ihm 9 Schweine gegen den »Unbekannten« von zu Hause zu geben, wenn er seine Fragen nicht beantworten könnte. Der »Unbekannte« war das Kind, das die Frau des armen Mannes in dessen Abwesenheit von zu Hause zur Welt brachte. Als der Teufel kam, seine Belohnung abzuholen, stellte er am Fenster 7 Fragen, die Ignat nicht hätte beantworten können. In dem Haus bekam aber ein alter Mann, Unterkunft, der kein anderer war, als Gott selbst. Gott beantwortete die Fragen an Stelle des Ignat, und der Teufel mußte mit leeren Händen umkehren. Seitdem hat Ignat seinen Feiertag am 20. Dezember, an dem man nicht arbeiten darf oder man darf es lediglich, wenn man am Morgen die hier zusammengefaßte Geschichte erzählt. Auch am Abend desselben Tages dürfen die Frauen nur spinnen, wenn vorher ein Kind oder ein junges Mädchen diese Geschichte erzählt hat.

Der zweite Erzähltypus stellt die Qualen bzw. die Geschichte des Brots oder des Hanfs dar (AT 1199 A) und hat dieselbe Funktion, nämlich die bösen Kräfte bis zum ersten Hahnenschrei fernzuhalten.

Der gegenwärtige Stand des Märchens und des Erzählens

Die große Anzahl von Märchensammlungen, die in letzter Zeit erschienen sind sowie das unedierte Prosamaterial, das die Facharchive aufbewahren, zeigt schon, daß das Erzählen in Rumänien noch relativ lebendig ist. Der gegenwärtige Stand des Märchens und Erzählens kann aber am besten nach folgenden Kriterien untersucht werden:

a das Alter der Erzähler allgemein

b die Rolle des Zaubermärchens innerhalb des Erzählungsrepertoires

c das Alter und der Umfang des Repertoires der Erzähler von Zaubermärchen

d die Stellung der Gewährsleute dem Inhalt des Zaubermärchens gegenüber

Um diese Fragen beantworten zu können, wählen wir vier der bekanntesten Märchensammlungen aus, die Ergebnisse der Feldforschungen zwischen 1950 und 1975 darstellen. Es sind die Sammlungen von Ovidiu Bîrlea, M.M. Robea, I. Nijloveanu und Gheorghe Vrabie.

Folgende Tabelle soll das Alter der Erzähler allgemein veranschaulichen:

Sammlung	bis 20 Jahre alt	bis 40	bis 50	bis 60	bis 70	über 70
Bîrlea	2	5	11	7	12	13
Robea	4	6	5	5	18	11
Nijloveanu	9	4	5	4	9	14
Vrabie	-	-	4	2	4	4
Insgesamt	15	15	25	18	43	42

Es ist festzustellen, daß die meisten Erzähler über 60 Jahre alt sind, doch fehlen keineswegs jüngere, wie solche zwischen 40 und 60; die Zahl derer, die unter 40 bzw. unter 20 sind, ist sogar nicht zu unterschätzen.

Die große Zahl der älteren Gewährsleute ist z.T. auch durch äußere Umstände zu erklären, denn viele Feldforscher befragen nur ältere Leute, entweder weil sie sich von ihnen mehr Material versprechen oder weil diese sich in der Regel zu Hause aufhalten, während die Jüngeren bei der Arbeit sind. Die 30 Erzähler unter 40 Jahren, 15 davon sogar unter 20, dürften Gewähr dafür bieten, daß das mündliche Tradieren mindestens noch eine Generation anhalten wird.

Interessante Aufschlüsse liefert uns die Zahl der Zaubermärchen in den erwähnten Sammlungen im Vergleich zu den anderen Gattungen der Volksprosa, was aus der folgenden Tabelle ersichtlich ist.

Sammlung	Tiermärchen	Zaubermärchen	Novellenartige Märchen	Schwänke/ Schwankmärchen	Sagen	Andere Gattungen
Bîrlea	17	73	7	38	12	6
Robea	2	73	4	5	6	-
Nijloveanu	2	90	22	48	23	-
Vrabie	5	26	16	4	3	-
Insgesamt	26	262	49	95	44	6

In allen vier Sammlungen ist das Zaubermärchen am stärksten vertreten. Subjektive Faktoren, die berücksichtigt werden müssen, wie z.B. die besondere Aufmerksamkeit, die die Feldforscher dem Zaubermärchen schenkten, können die Zahlen nur insofern relativieren, daß die Zahl der Varianten anderer Gattungen hätte größer werden können.

Wenn wir die Erzähler von Zaubermärchen getrennt nach der Größe ihres Repertoires und nach ihrem Alter untersuchen, kommen wir zu folgenden Ergebnissen. Bîrleas Anthologie, die in den 50er und zu Beginn der 60er Jahre entstand, enthält viele Erzähler von Zaubermärchen. Einer der besten war der 46jährige Gh. Zlotar (Fundu Moldovei, Kr. Suceava), der Bîrlea 33 Zaubermärchen erzählte (12 davon wählte Bîrlea für sein Werk aus). Zlotar hatte überhaupt kein Interesse an anderen Prosagattungen. Der 42jährige Emilian Fieraru (Dorna Cîndreni, Kr. Suceava) erzählte 37 Texte, darunter 33 Zaubermärchen, 1 Schwank und 3 Tiermärchen. Von dem 40jährigen Vasile Sabo (Racşa, Kr. Maramuresch) hat Bîrlea »fast 40« Erzählungen aufgenommen, »die meisten davon Zaubermärchen.« Selbst von dem 20jährigen Gh. Nicolae Micuda (Albeşti, Kr. Argeş), registrierte Bîrlea 32 Texte, die meisten davon waren »Märchen im eigentlichen Sinne«, allerdings viele vom Buch gelernt. Der einzige Gewährsmann über 60 Jahre, Iancu Duroi, 64 (Bugheade-Sus, Kr. Argeş), erzählte Bîrlea 27 Zaubermärchen, andere Gattungen interessierten ihn nicht.

Aber Bîrlea begegnete auch Gewährsleuten, die fähig waren, verschiedene Gattungen zu erzählen: von Petre Puţ, 77 (Deseşti, Kr. Maramuresch) nahm er 85 Texte auf, darunter 43 Schwänke, 28 Märchen sowie andere Gattungen der Volksprosa; Moise Săracu, 52 (Poiana Răchiţele, Kr. Hunedoara) erzählte 26 Texte, darunter 10 Märchen, 1 Tiermärchen und 15 Schwänke, während Gh. Rădoiaş, 67 (Bătrîni, Kr. Prahova) 52 Schwänke und nur 2 Märchen vortrug.

Ähnliche Ergebnisse bietet die Sammlung von Gheorghe Vrabie, die Mitte der 60er Jahre gemacht wurde. Zwar macht er keine Angaben über die Größe des Repertoires seiner Gewährsleute, noch können wir annehmen, daß es nicht viel größer ist als das, was er veröffentlicht. Demnach haben drei Gewährsleute je 5 Zaubermärchen erzählt: I. Foitoc, 70 (Titeşti, Kr. Vîlcea), C. Nicolae, 62 (Slatina, Kr. Olt) und D. Stana, 46 (Slatina, Kr. Olt); 4 Texte hat N. Roşu, 78 (Domneşti, Kr. Argeş), 3 Texte Oprescu, 66 (Titeşti, Kr. Vîlcea), 2 Texte N. Dumitru, 74 (Slatina, Kr. Olt) und 1 Text Gh. Ologea, 46 (Slatina, Kr. Olt) erzählt.

Die Sammlungen von I. Nijloveanu und M.M. Robea kamen in den 60er und den 70er Jahren zustande. Nijloveanu sammelte 28 Zaubermärchen, 9 novellenartige Märchen und 7 Schwank-Märchen von Maria Bănică, 71 (Slatina, Kr. Olt) und 13 Zaubermärchen, 1 novellenartiges Märchen, 1 Tiermärchen sowie 4 Schwänke und 2 Sagen von Maria N. Lupu, 71 (Milcov, Kr. Olt). Beide Gewährsfrauen sind über 70 Jahre alt. Es darf jedoch nicht unerwähnt bleiben, daß diese Sammlung sich dadurch auszeichnet, daß 9 Gewährsleute unter 20 Jahre alt sind.

Der beste Gewährsmann von M.M. Robea ist der 46jährige Ilie Alexandru Floca (Stroeşti, Kr. Argeş), der dem Feldforscher neben anderen Gattungen 29 Zaubermärchen erzählte. Die anderen Erzähler verfügen über ein kleineres Repertoire von Zaubermärchen, genauer gesagt: ihr Repertoire zählt bis zu 12 Zaubermärchen.

Es liegen noch keine Ergebnisse der Feldforschungen der 80er Jahre vor. Anzunehmen ist, daß durch die sog. Modernisierung der Dörfer, in Wahrheit eine Dorfvernichtung, das Erzählen und insbesondere das Zaubermärchen in den betroffenen Dorfgemeinschaften an Bedeutung verloren hat. Und in anderen Ortschaften? Auch dort hat das »goldene Zeitalter« seine Spuren hinterlassen. Die traditionellen Erzählgelegenheiten (die Spinnabende, das Entfernen von Maiskolbenblättern u.a.) sind vielerorts abgeschafft worden oder erloschen. Die Kollektivierung des Bodens trug paradoxerweise dazu bei, daß es gemeinschaftliches Arbeiten kaum noch gegeben hat. Im allgemeinen wurden die rumänischen Dörfer immer jugendleerer. Junge Leute zogen endgültig in die Stadt, weil sie im Dorf keine Chance mehr hatten oder gingen auf die Schule bzw. zum Studium, ein Teil von ihnen pendelte täglich zwischen Dorf und Arbeitsplatz in der Stadt.

Die wahren Folgen dieser Umwälzungen der 80er Jahre für die Volkskultur werden wir erst später feststellen können. Sicher ist, daß das kulturelle Leben des Dorfes in diesen Jahren verarmte. Ob die Volkserzählung je zu einem neuen Leben erwachen wird? Die früheren »Störfaktoren« sind zwar verschwunden, doch sind andere nicht schon im Entstehen begriffen?

Von den früheren Erzählgelegenheiten ist jedenfalls wenig übrig geblieben – die Totenwache, die gegenseitige Arbeitshilfe (clacă), das Soldatenleben und die Feiertage mit ihren verschiedenen Versammlungsmöglichkeiten sind immerhin noch da. Das Erzählen der Pendler in Zug oder Bus sowie das Erzählen für Kinder müßte in dieser Zeit zugenommen haben, doch liegen dazu noch keine Untersuchungen vor.

Viele Erzähler betrachten das Märchen als Lüge. Einige wie Matei Marin Căldăraru (Ciobotea, Kr. Argeş), Gh. Zlotar (Fundu Moldovei, Kr. Suceava) glauben jedoch, daß die Märchenereignisse einmal stattgefunden haben; letzter fügt noch hinzu: die Märchenereignisse fanden vor 3000 Jahren statt. Andere wie Maria Bănică (Slatina, Kr. Olt) sagen zumindest, daß es noch nicht bekannt wäre, ob alles das stattgefunden hat oder nicht.

Folklorismus

Der Folklorismus begann in Rumänien schon Anfang des Jahrhunderts, als viele Dörfer ihren eigenen Chor und ihre eigene Tanzgruppe hatten und sogar Tourneen nicht nur innerhalb, sondern auch außerhalb des Landes unternommen haben. Es bestand also ein internationaler Folklorismus, wie es ihn auch in anderen Ländern gegeben hat.

Nach 1964 – und zwar als Gegenreaktion zu den früheren Tabus, die das Volkslied nicht ausschlossen – kannte der Folklorismus in Rumänien eine Entwicklung besonderer Art. Auf Anordnung des Regimes entstanden die sog. »neuen Volkslieder«, in Wahrheit ganz simple Verse auf dem Geschmack der Partei und des Diktators, die nicht vom Volk geschaffen, jedoch ihm zugeschrieben wurden. Sie glorifizierten immer mehr die Partei, den Sozialismus und die diktatorische Familie. Der vom Regime organisierte Wettbewerb »Cîntarea României« brachte eine Art Staatsfolklorismus zustande, der systematisch, die sowieso prekäre Situation des dörflichen Kulturlebens verschlimmerte und zwar dadurch, daß es das Ziel verfolgte, *den* Teil der Folklore am Leben zu erhalten, der die diktatorische Familie befriedigte. Dieser Teil der Folklore, genauer gesagt, das Volkslied und der Volkstanz, wurde extrem politisiert.

Was geschah mit der Volkserzählung? Zum Glück paßte sie nicht ins Programm der »Minikulturrevolution«, wie es inoffiziell hieß, und erlitt dadurch praktisch keinen direkten Politisierungsschaden.

Das Märchen und die Medien

Die Medien treten in der Regel erst dann in Aktion, wenn das Märchen nicht mehr in seiner ursprünglichen Weise tradiert wird. Sie versuchen, das Märchen zu ›retten‹.

Andere Aspekte des volkstümlichen Lebens wurden schon in den 30er Jahren in Rumänien verfilmt – dem Märchen gegenüber blieben die Medien relativ gleichgültig. In Rundfunk, Fernsehen oder Film wurden zwar schon einige Märchen inszeniert – es handelte sich aber fast ausschließlich um Kunstmärchen oder um stark bearbeitete Volksmärchen. Den Forschern standen nur selten Möglichkeiten zur Verfügung, Erzähler in ihrem Milieu zu filmen. Lediglich die Televiziunea Română (TVR) verfügte über Gerät und gebildetes Personal, das in der Lage gewesen wäre, solche Filme zu realisieren. Aber die von TVR hergestellten Filme beziehen sich hauptsächlich auf Bräuche, Lieder und Tänze, oder auf die »materielle Volkskultur«. Das Märchen interessierte auch die TVR wenig.

Einen Märchenfilm schuf F. Simon, mit Hilfe des Instituts für den Wissenschaftlichen Film (IWF) in Göttingen 1969 und in Zusammenarbeit mit dem Bukarester Wissenschaftler C. Bărbulescu. Gegenstand dieses Films ist der Vortrag von Gh. Rădoiaş aus Bătrîni, Kr. Prahova, der zwei Schwänke (AT 947 und AT 1835) erzählte und ein satirisches Volkslied rezitierte. Weitere mehr als 40 Filme, die IWF in Rumänien drehte, haben Aspekte des täglichen Lebens, Bräuche u.a. zum Inhalt.

Eine bemerkenswerte Produktion von Schallplatten mit Märchen verdanken wir »Electrecord«-Bukarest. Allerdings geht es hier nicht um wissenschaftliche Aufnahmen, sondern um Buchtexte, z.T. Inszenierungen einiger Märchen, die von Ispirescu, Creangă oder Slavci im 19. Jahrhundert veröffentlicht wurden.

Noch besser vertreten sind die Märchen aus anderen Volksliteraturen, so die Märchen von Charles Perrault, von den Brüdern Grimm, Wilhelm Hauff, Hans Christian Andersen oder ungarische, russische, japanische, orientalische Märchen. Fast 50 Schallplatten, 5 Alben (je 5 Schallplatten) sowie 30 Kassetten wurden insgesamt publiziert.

Einige Märchenstudien

Dieser Beitrag kann nicht abgeschlossen werden ohne die Märchenuntersuchungen von Lazăr Şăineanu, Adolf Schullerus und Ovidiu Bîrlea wenigstens kurz zu erwähnen.

Ende des 19. Jahrhunderts lag schon so viel Märchenmaterial in Rumänien vor, daß die Zeit für eine erste Synthese gekommen war. 1895 entstand »Basmele române«, das monumentale Werk von Lazăr Şăineanu, dem 500 Märchenvarianten zugrunde liegen. Şăineanu war damals einer der am besten informierten Märchenforscher in Europa. Er verglich die rumänischen Märchen mit den antiken Mythen sowie mit den Märchen der benachbarten und der übrigen romanischen Völker. Sein Werk hat seine Bedeutung bis auf den heutigen Tag nicht verloren und ist in seiner Art mit den »Anmerkungen zu den Kinder- und Hausmärchen der Brüder Grimm«, von Johannes Bolte und Georg Polívka vergleichbar.

1928, fast gleichzeitig mit der internationalen Märchentypologie »The Folktale« von Antti Aarne und Stith Thompson (AT), erschien Adolf Schullerus' »Verzeichnis der rumänischen Märchen und Märchenvarianten«.

Inzwischen ist es veraltet, doch wurde die neue Märchentypologie, die C. Bărbulescu erarbeitete, noch nicht publiziert.

Ovidiu Bîrlea ist der bedeutendste Forscher des rumänischen Märchens überhaupt. Er hat intensive Feldforschungen betrieben, er hat die mühsame Transkriptionsarbeit nicht gescheut, er hatte ein besonderes Gefühl für die Folkloregesetze. Er leistete die schon erwähnte Märchenanthologie, eine kleine Enzyklopädie der rumänischen Märchen (1976) und widmete der Volksprosa einen beträchtlichen Teil seiner allgemeinen Darstellung der rumänischen Folklore (1981). Mit Bîrleas Werke erreichte die rumänische Märchenforschung einen neuen Höhepunkt.

Rumänische Märchen in deutscher Übersetzung

Wie gesehen, haben Deutsche und Siebenbürger Sachsen nicht selten rumänische Märchen gesammelt und veröffentlicht. Arthur Schott, Franz Obert oder Pauline Schullerus sind nur die Wichtigsten von ihnen.

Mite Kremnitz, Otto Hauser, M. Löpelmann, Al. Dima, Constantin-Virgil Gheorghiu gaben Märchentexte heraus, die von anderen aufgezeichnet wurden. Die beste Sammlung rumänischer Märchen in deutscher Übersetzung verdanken wir jedoch Felix Karlinger und Ovidiu Bîrlea. Sie erschien 1969 unter dem Titel »Rumänische Volksmärchen« und enthält einige Texte aus den Sammlungen von Schott (3) und Schullerus (5), die ursprünglich in deutscher Sprache gedruckt wurden sowie je einen Text aus den Sammlungen von I. Creangă, I. Slavici, I. Pop-Reteganul und S.Fl. Marian, die schon früher in Übersetzung vorlagen. Den besonderen Wert der Sammlung machen aber die 15 der insgesamt 29 Texte, die zum ersten Mal in deutscher Übersetzung gedruckt werden und zwar die erste schriftliche Fixierung eines rumänischen Märchens (1797), 9 der Bîrlea-Sammlung entnommenen Texte – ihre rumänische Fassung wurde 1966 publiziert – und 5 Texte, die von F. Karlinger, B. Mykytiuk und M. Block außerhalb Rumäniens aufgezeichnet wurden und nur in Übersetzung bekannt sind.

Eine sehr schöne Sammlung ist auch die »Rumänische Märchen außerhalb Rumäniens«, die F. Karlinger 1982 herausgab. Sie enthält Texte aus Kaukasus (1), Bessarabien (4), Mazedonien (9), Albanien (1), dem jugoslavischen Banat (1) und aus Istrien (4). Mit dieser Arbeit lenkte F. Karlinger die Aufmerksamkeit der Märchenforscher auf die rumänischen Gemeinschaften außerhalb des Landes, die kaum bekannt waren.

Zusammen mit Emanuel Turczynski stellte F. Karlinger die wichtige Sagensammlung »Rumänische Sagen und Sagen aus Rumänien« (1982) zusammen und ermöglichte den Zugang der internationalen Forschung zu dieser volksliterarischen Gattung.

Isidor Levin

MÄRCHEN IN RUSSLAND

Im Rahmen dieses Buches ist vorzugsweise über den europäischen Teil Rußlands mit Rückblick auf die letzten 100-140 Jahre märchenkundlich zu berichten. Das russisch überlieferte Erzählgut, wohlbekannt von der Weißmeerküste und Karelien her, ist jedoch gleichfalls in Asien jenseits des Uralgebirges, verbreitet; es wird in Weißrußland und in der Ukraine mundartlich zu hören gewesen sein, ähnlich an der Ostsee und entlang der Wolga, und wurde auch in anderen Sprachen aufgezeichnet. Die Märchen gelangten ziemlich spät zu den Russen, da sie eine verhältnismäßig junge Nation sind – sowohl aus dem tatarisch-islamischen Südosten, wie auch aus dem Westen, nämlich aus Mitteleuropa und zwar zugleich mit dem byzantinischen, christlich-orthodoxen, auch weltlichen Schrifttum.

Obwohl historisch gesehen der russische Sprachraum untrennbar zum genuinen eurasischen Märchenareal gehörte, ist es noch umstritten, ob überhaupt und wieviele Märchen nur bei Russen vorkommen, eventuell in Rußland erdichtet wurden, oder zumindest welche Märchen eine spezifisch russische Fassung erhielten. Infolge mangelhafter Quellenlage und anderer, wenig einleuchtender methodologischer Gründe, blieben leider derartige Fragen rechtzeitig ungeklärt.

Immerhin muten Allerweltsmärchen nicht nur den Russen, wenn sie sie in ihrer Muttersprache hören, sondern sogar den Ausländer, der ›russische‹ Märchen in Übersetzung liest, (auch wenn der Inhalt ihm ohnehin schon in seiner Muttersprache vertraut war) recht eigentümlich, wohl wegen des Stils, russisch an. Diese merkwürdige Illusion, welche ja die Internationalität des Märchengutes gewährleistet, ist lediglich psychologisch abgesichert, verleitet jedoch auch Gelehrte, nach dem *Nationalen* in den Märchen zu fragen. Eine Antwort wird wohl der Leser in diesem Buch erwarten und darin enttäuscht sein. Russisch zu nennen sind Märchen, insofern ihre Stoffe lediglich in dieser *Sprache* erzählt und beim Volke heimisch sind.

Anders als mitunter in der Poesie, zwingt die Sprache wohl keine Bilder und Inhalte den Märchen direkt auf. Im Gegenteil, die Verbreitung der Märchenstoffe in historisch faßbarer Zeit bereicherte nachträglich die verschiedenen Sprachen mit den gleichen Bildern und Gestalten, auch Redensarten. Leider werden derart sekundäre, ubiquitäre Erscheinungen ins Raum- und Zeitlose projiziert, mit etymologischen und mythologischen Hypothesen verknüpft und schließlich entweder als psychologische Universalien oder/und als nationale Spezifik mystifiziert. Die Registrierung exotischer isolierter *Motive* (Dümmling als jüngster der drei Söhne wird glücklich; Häuschen auf Hühnerfüßchen;) oder *Namen* der Gestalten (z.B. Baba Jaga), so auffallend und oft sie im russischen Märchengut auch vorkommen mögen, sind nicht dazu angetan, hier ein Repertoire primär inhaltlich zu charakterisieren. Und mit der Auflistung von Einleitungs- und Schlußformeln, auch sonst formelhafter Wendungen, die sich schwer übersetzen lassen, ist es auch nicht getan. Es ist nicht angemessen, aus dem eurasischen Märchengut just ›nationale‹ Repertoire allein anhand der Sprache abgrenzen zu wollen; es ist auch nicht tragbar, überhaupt externe Grenzen (wie etwa rassische oder gar klassenhafte, ideologische) dem Erzählgut aufzudrängen. Sachlich und formell, jedenfalls pauschal läßt sich der Gegenstand *russische Märchen* schwerlich umreißen.

Die Sprachen, oder richtiger die Erzähler (bei aller Mannigfaltigkeit beider) sind befähigt, einen vorgegebenen, mehrfach rezipierten Stoff, etwa ein Märchengeschehen, in verschiedenem Sprachgewand mehr oder weniger geschickt, adäquat zum Ausdruck zu bringen; denn was eigentlich unverstanden, fremd blieb, wird ersetzt, verändert, angepaßt und umgedeutet. Diese *Varianz,* welche während der Rezeption entsteht, macht den wesentlichen Gegenstand der Folkloristik als Wissenschaft aus. Just darauf sollten Märchenleser achten.

Wie sollte man also die Aufgabe, das Märchengut eines Volkes darzustellen, hier erfüllen? Am sichersten ist, über Märchengut in einem begrenzten Sprachraum eben anhand von Aufzeichnungen der Märchen selbst (unter Berücksichtigung der Karte und der statistischen Repräsentativität der Belege) zu urteilen, wenn gleiche, dieselben Erzählungen in verschiedenen Fassungen vorliegen. Fleißige Gelehrte haben zahlreiche sogenannte »Typenmonographien« geliefert, worin Tausende von Aufzeichnungen *eines* Märchens motivisch verglichen wurden, ganz gleich wo, wann, wie, in welcher Sprache und wofür diese Belege aufgenommen wurden. Dies diente ihnen – man kann heute dem Material viel mehr entnehmen – zur Klärung der Geschichte des jeweiligen Erzählstoffes, insbesondere zur Ermittlung des Entstehungsortes und der Entstehungszeit, zugleich des Umfangs und ursprünglichen Inhalts – nämlich anhand der Veränderungen, die während der Überlieferung dieses Märchens stattgefunden haben. Aufgrund dieser wenig benutzten Vorarbeiten ließe sich streng synchronisch betrachtet ermitteln, ob gewisse Veränderungen, d.h. Fassungen zahlreicher gut erforschter Märchen, sich typisieren, eventuell auch *lokalisieren* oder sonstwie verallgemeinern lassen und ob sie daher explizit als *national* anerkannt werden können. Das wäre der exakte heute gangbare Weg, der zur Darstellung des europäischen Märchengutes und darüber hinaus zur tieferen Einsicht in die Kultur führt. Dieser Weg wurde noch nicht eingeschlagen. Es ist stattdessen üblich geworden, nicht Erzähler und Hörer nachprüfbar zu explorieren, sondern Experten, etwa Sammler, Herausgeber, sogar Kulturfunktionäre über ihre mehr oder weniger subjektiven Vorstellungen in bezug auf den Stand der Märchenüberlieferung als Teil der Kultur ihrer Heimat zu befragen. Die gebotene Reflexion eines Kulturphänomens, wie es die Märchenüberlieferung ist, bleibt als Dokument nicht nur orts- und zeitbedingt (was unter Umständen dem Historiker willkommen wäre), sondern die Aussage steht und fällt meistens mit einer bestimmten unbewußten, kaum sachgerechten Geschichtsphilosophie und -soziologie, besonders wenn durch die jeweilige Sehweise die Urteile bewußt parteilich, konjunkturbedingt sind. Darum fällt es schwer, den gegenwärtigen Stand der Märchentradition in Rußland ohne Rücksicht auf die Geschichte der letzten 100-140 Jahre, nämlich aufgrund textexterner Äußerungen, nachzuvollziehen oder auch nur kurz zu umreißen. Man muß sich also mit solchen Aussagen wie mit einem erfragten gesellschaftlichen ›Märchenbild‹ oder mit sonstigen Lehrmeinungen sehr kritisch auseinandersetzen. Das erfordert einen Rückblick auf die Wissenschaftsgeschichte, die erst die märchenkundlichen Daten liefert, und darum auch Rücksicht auf Ideologiekritik, weil Märchen dazu gebraucht wurden.

In der Nachfolge der Brüder Grimm, als die aufkommende Volkskunde Europas sich noch komplex mit verschiedenen Altertümern, Mundarten, Sach- und Wortgut und so auch mit Märchen, aber auch mit Milieuforschung befaßte, war es erklärtes Ziel der volkskundigen Patrioten auch in Rußland, die aufgeklärte (weniger als in Westeuropa überfremdete, ›verwelschte‹) Oberschicht durch Bücher und Kunst mit der Welt des eigenen gemeinen Volkes und anderer Völker bekannt zu machen. Auch die Schriftsteller, Musiker, Opern- und Ballettszenographen weckten beim Publikum, allerdings durch Verfremdung, das ästhetische Interesse für Märchen, zuerst orientalischer, jedenfalls fremder Völker, danach auch für russische Erzählstoffe. So entstand auch in Rußland eine niedliche volkstümelnde Literatur, Musik und märchenfreudige bildende Kunst für die europäisch gebildete Oberschicht, die Ländereien und (bis 1861) leibeigene Bauern besaß, und schon deshalb auch ihre erzählte Welt von Kindheit an gewissermaßen unmittelbar kannte.

Allmählich verbreitete sich, wie bereits in den Städten, eine bestimmte Lesefertigkeit auch unter dem lange noch illiteraten bäuerlichen Volke. Dem sind die ersten Aufzeichnungen mancher Märchenstoffe zu verdanken, sieht man von wenigen früheren Notizen mancher Ausländer und Liebhaber von Exotik ab. Seit dem 18. Jahrhundert wurden schon allerlei Bilderbogen und Groschenhefte mit abenteuerlichen Geschichten im städtischen Geschmack für die Dienstboten und Soldaten, d.h. für das Volk, auf den Jahrmärkten feilgeboten. Diese Lektüre, meistens anonym hergestellt und mitunter deutsches Erzeugnis, war zwar russisch, sprachlich etwas gehoben stilisiert, doch der Inhalt war fast immer mehr oder weniger exotisches Lehngut. Aus diesen Quellen floß vieles (durch abgedankte Soldaten, Hausdiener, Händler und Landstreicher) ins mündliche einheimische Repertoire auch der Bauerndörfer hinein und wurde später als russisches Märchengut aufgezeichnet. Dieses – wie man in aufgeklärten Kreisen meinte – minderwertige Schrifttum einerseits und die Märchenbearbeitungen durch Schriftsteller und Dichter der schönen Literatur andererseits konnten in keiner Hinsicht die Gelehrten, nämlich Philologen in der Mitte des 19. Jahrhunderts, befriedigen. Angesichts der Ausbreitung der Lesefertigkeit (immerhin wurde in Rußland stets mehr gehört und erzählt als geschrieben und gelesen) und der zunehmenden Veränderungen des Geschmacks – was man als Verfall einschätzte – bemühten sich

Volkskundler, die *mündlich* überlieferten, guten alten ›echten‹ Märchen aufzuzeichnen und möglichst unverfälscht herauszugeben. Ihre Ausgaben waren wohl weder für das Volk, noch für die Oberschicht, sondern als *Dokumentation* für die Hand interessierter Gelehrter und elitärer Liebhaber gedacht. Auf diesem Gebiete wurden in Rußland, früher als in Westeuropa, die kühnsten Pläne Jacob Grimms überboten und realisiert.

Die Kaiserlich Russische Geographische Gesellschaft (gegründet 1845) in Petersburg und manche gelehrten Vereine in Moskau entfalteten, teils von den zivilen und kirchlichen Behörden unterstützt, eine ausgedehnte Sammelaktion von Märchen und anderen volkskundlichen Belegen. Ein wichtiger Teil der damals aus vielen Orten zusammengetragenen Märchenkollektion wurde später durch Alexander Afanasjew (1826-1870), der kein Feldforscher war, für den Druck vorbereitet und mitunter stark bearbeitet von 1855 bis 1863 herausgegeben (auch in deutscher Übersetzung zugänglich). Die Sammelarbeit aus dem Volksmunde und insbesondere die Veröffentlichung wurde trotz Afanasjew bald viel sachkundiger und sehr sorgfältig fortgesetzt. So wurde die Textgrundlage für die allseitige Märchenforschung geschaffen.

Die Märchensammler vor 100 bis 140 Jahren – es waren meistens Volks- bzw. Landeskundler, seltener Mundartforscher rsp. Philologen – haben (im Unterschied zu den Feldforschern folgender Generationen) noch selbst Märchen in der Kindheit gehört, einige sahen auch die Archivbestände durch und waren mit dem publizierten, auch ausländischen Märchengut – freilich auch mit Theorien – vertraut. Sie begaben sich daher in entlegenere Gegenden des riesigen Zarenreiches, in der (damals noch romantischen, heute schon nüchternen) Überzeugung, daß die eigentlichen Märchenschätze möglichst fern von den Städten, und zwar unter den Bauern als Mutterschicht *noch* im Umlauf sein dürften. Sie erwarteten anfangs sogar unbekannte Märchen, suchten landschaftsgebundene Erzählstoffe, die sie vor dem Vergessenwerden retten wollten. Grundlegend als Wortgutsammler wirkte Wladimir Dahl (Dalj) (1801-1872), dessen große Märchenkollektion Afanasjew zukam. 1860 bis 1862 gab Iwan Chudjakow über 100 Märchen aus Zentralrußland heraus. Aus dem gleichen Raum stammen 54 Texte, die 1864 E. Čudinski herausgegeben hatte. 1884 erschienen 183 Volkserzählungen, die Dmitri Sadownikow (1847-1883) an der Wolga sammelte. Neuartig war das Sammelverfahren von A. Erlenwein, der als Volksschullehrer Märchen von Kindern aufzeichnen ließ. Diese Sammlung erschien sogar in zwei Auflagen, 1863 und 1882. Die Methode machte später in Estland durch Walter Anderson Schule.

Zum ernsten akademischen Anliegen wurde das Sammeln von Märchen und ihre Edition um die Jahrhundertwende. Erwähnt seien: Alexej Schachmatow (1864-1920), der zahlreiche Märchen als Sprachproben im Norden aufzeichnete; Nikolai Ončukow, der in Karelien Märchen um ihrer selbst willen sammelte und 1908 herausgab, wobei er seine sachkundigen Beobachtungen über den Stand der Märchentradition publizierte; I. Cejtlin hat in der Gegend von Archangelsk Märchen gesammelt und davon auch 17 Texte ebenda veröffentlicht. Russisch-Karelien und die Weißmeerküste interessierte die Märchenkundler lange, weil dort damals noch alte erzählende Lieder gesungen wurden. Noch die Brüder Boris und Juri Sokolow fahndeten im Gebiet von Beloosero nach guten Sängern und Märchenerzählern; sie haben aus ihren Erträgen 1915 zahlreiche Märchen und Beobachtungen publiziert. Anscheinend haben sie, vor allem Jurij, der seinen Bruder überlebte und zum Wortführer der Folkloristen in Moskau avancierte, das Interesse für die Persönlichkeit des Märchenerzählers konjunkturmäßig gefördert. Diese Richtung wurde durch Mark Asadowskis (1888-1954) Kollektion aus dem Munde *einer* sibirischen Märchenerzählerin in der sowjetischen Folkloristik verankert, zumal diese Monographie durch Walter Andersons Vermittlung in deutscher Übersetzung in der FFC-Reihe in Helsinki erschienen ist. Erwähnt zu werden verdient auch Mark Asadowskis Märchenanthologie aus dem Jahre 1931f., da sie auch einen ausführlichen Bericht über den Stand der Märchenüberlieferung (und zwar vorzugsweise anhand seiner eigenen Beobachtungen der Erzähler) enthält. Diese Ausführungen ergänzen den Bericht von Alexander Nikiforow (erschienen 1930, hrsg. von O. Kapiza). Seine große Märchenkollektion, wiederum aus Karelien, ist teilweise viel später posthum von Wladimir Propp herausgegeben worden.

Ohne das Primat des Stoffes zugunsten der Erzählerperson (!) aufzugeben, dabei aber auf brauchtümliche und lokale Züge in den Märchen achtend, bereiste Dmitri Zelenin die Gebiete von Perm und Wjatka im Auftrag der Geographischen Gesellschaft, deren Manuskriptbestände er beschrieb; er gab 1914-1915 über 200 mustergültig edierte Märchentexte heraus, ebenfalls mit scharfen Beobachtungen über das Märchenerzählen versehen.

Die Sammelarbeit wurde auch in den dreißiger und den folgenden Jahren fortgesetzt; die Berichterstattung über den Stand der Märchenüberlieferung, die von zuverlässigen Kennern schon damals als untergehend bezeichnet wurde, konnte jedoch nicht mehr übertroffen werden.

Den ertragreichen Sammlern bis zu den dreißiger Jahren des 20. Jahrhunderts, die durch ihre sorgfältig dokumentierten Märchenkollektionen das russische Märchenrepertoire zugänglich und dadurch eine ausgedehnte internationale vergleichende Märchenforschung möglich gemacht hatten, war schon damals die Überraschung beschert, daß es so gut wie keine neuen, völlig unbekannten Märchen zu hören gab. Sie stellten ferner fest, daß schon um die Jahrhundertwende gedruckte Bilderbogen und Groschenhefte, (nicht nur Bovo d'Antona, die »schöne Magelone« oder Jeruslan-Lazarewič, eigentlich die Rustem-Erzählung, die man auch in Europa kannte), freilich auch biblische Stoffe, Heiligenlegenden und mondäne Abenteuergeschichten märchenhaft nacherzählt wurden. Manche Erzähler gaben (bewußt oder unbewußt) Geschichten aus Gallands »Tausend und eine Nacht« (früh in russischer Übersetzung verbreitet), auch aus den »Kinder- und Hausmärchen« der Brüder Grimm, sogar Kunstmärchen Puschkins, Jerschows oder Aksakows als uralte »russische Märchen« zum besten.

Die kapitalen Publikationen jener Zeit beweisen, daß die geographisch orientierten Märchensammler – trotz persönlicher Nostalgie und vielleicht aus ästhetischen Vorurteilen heraus – den künftigen Wert solcher trivialer Unterhaltungsstoffe als synkretistische Kulturphänomene gut eingesehen hatten und zu würdigen lernten und auch lehrten. Dies sei erwähnt, um den Begriff *Märchen* (= skazka) bei den Begründern des Fachs und die Bezugnahme auf die Berichte zu problematisieren.

Vom geographischen Ansatz her wurde es seitdem üblich, die russischen Märchen in landschaftlichen Bänden, nach Bezirken und Dörfern, darin nach Erzählern gegliedert, herauszugeben. Man bemühte sich stets, geübte, mitunter berufliche Märchenerzähler (in der Mitte des 19. Jahrhunderts, sogar nachweislich früher, hielten sich manche Gutsbesitzer derart Erzähler und Fußkratzer als Schlafmittel!) herauszufinden – ein vernünftiges Verfahren, das methodologisch später überstrapaziert werden sollte. Die gesunde, einleuchtende Vorstellung von erkennbaren Kulturräumen, noch ganz frei einerseits von Stammestheorien und andererseits von totalitär-nationaler, moderner gesagt ›ethnischer‹ Auffassung, förderte die philologisch rühmliche Gepflogenheit, auch bereits bekannte Märchen wieder und wieder aufzuschreiben, zumindest um ihre Verbreitung zu belegen, vielleicht auch, um Märchenlandschaften zu ermitteln.

In Frankreich und Deutschland hat man den wissenschaftlichen Wert solcher Dokumentationen für die Märchenkunde viel später, wenn nicht zu spät erkannt. In Finnland, aber schon in Rußland förderte das Vorhandensein mehrerer Aufzeichnungen *eines* Märchens aus verschiedenen Orten die Einführung der *Philologie* – die man sonst anhand des antiken Schrifttums oder der Bibel betrieb – in die Märchenforschung, was bald mustergültig für die Literaturwissenschaft überhaupt wurde.

Vorteilhaft für die Repräsentativität der frühen Märchenkollektionen war die damals unverhoffte, jetzt evidente, in Rußland später vernachlässigte Praxis, Märchen nicht nur von älteren Leuten, sondern auch von Jugendlichen, ja sogar von Kindern aufzuschreiben, gleichgültig aus welchen vorwissenschaftlichen Überlegungen. Man gab sich Mühe, die angeblich ›lebenden Reste‹ des Märchenguts aus möglichst vielen Orten und von Erzählern verschiedenen Alters und Geschlechts aufs Papier herüberzuretten, wobei man sich viel von dem Edisonschen Phonographen erhoffte, denn manchen Sammlern lag es nahe, die Märchentradition bei den Russen gegen Ende des 19. Jahrhunderts schon als bereits verkümmert zu nennen. Sie waren aber noch weit davon entfernt, das russische Märchengut autochtones, nationales Erbe prähistorischer Herkunft zu nennen (trotz dilettantischer Lehrmeinungen Afanasjews und anderer »Mythologen« der Märchenkunde, meistens deutscher Zunge). Sie scheuten sich daher auch nicht, in ihre Publikationen russischer Märchen auch solche Texte (mitunter noch gesondert) aufzunehmen, die zwar in russischer Sprache, jedoch von Nicht-Russen erzählt wurden (z.B. Zelenin). Diese Praxis kann der frühen russischen ›positivistischen‹ Märchenkunde nicht hoch genug angerechnet werden. Die Errungenschaften der theoretisch freibleibenden russischen Märchendokumentation wurden für die völkerkundliche Feldforschung im Zarenreich (d.h. auch an der Ostsee und in Polen) mustergültig. Dies wirkte sich entschieden positiv auch auf die Märchenkunde in Europa aus.

Der folkloristische Betrieb, das Sammeln und Herausgeben der Folklore, wurde auch nach der Verdrängung der ehemaligen Oberschicht, unter sowjetischen Umständen, fortgesetzt. Die alten Bilderbogen und Lesestoffe verschwanden allmählich. Zuerst, während des Bürgerkrieges, wurden neue Inhalte in alter Form, als Bilderbogen stilisiert, angeboten. Die Mündlichkeit konnte sich behaupten. Doch gemäß der Kulturpolitik wurde die hohe Literatur dem Niveau der neuen Leser und Führer angepaßt, so daß der Funktion, ja der Form nach die neue (mitunter zu) schöne Literatur das überlieferte Märchengut ersetzen konnte und vermutlich sollte.

In den dreißiger Jahren wurden die wissenschaftlichen und auch die heimatkundlichen Vereine aufgelöst, sämtliche Aktivitäten der Parteidiktatur unterstellt, Verlage wurden schließlich verstaatlicht, ihr Angebot scharf überwacht, Lehre und Forschung unter immer weiter verstärkte doktrinäre Kontrolle gestellt. Die bisherige, naturgemäß harmlose märchenkundliche Tätigkeit fand zuerst eine kurze Zuflucht in der »Märchenkommision«; diese war der verstaatlichten Geographischen Gesellschaft, danach der Akademie der Wissenschaften der Sowjetunion unterstellt.

Im Sog der rationalistisch-aufklärerischen, betont antireligiösen dirigistisch durchgeführten »Kulturrevolution« der dreißiger Jahre gerieten die überlieferten, herkömmlichen geistigen Werte, u.a. Märchen, Lieder, vor allem Sagen und Bräuche, zuerst unter den Bann, wenn freilich mit wechselnder Begründung. Es galt zunächst das Allmenschliche, vor allem die menschliche Psyche, als schädliche idealistische Fiktion zu *entlarven* – das war der zielbewußte Slogan der offiziellen Wissenschaft jener Zeit. Auch war man darauf aus, überall das militant Klassenhafte, den Primat des Kollektivums nachzuweisen. Von Marx und Freud angehaucht, hoffte man, daß durch die Enthüllung der Wurzel auch die ›erklärte‹ historische Erscheinung entwurzelt und vernichtet würde. Auch eine scheinbar gelehrte Beschäftigung mit Märchen war ideologisch darauf ausgerichtet ›zu entlarven‹, nicht zu pflegen, sondern zu vernichten. Die bürgerliche Kultur samt ihrer Träger sollte ausgemerzt, die bäuerliche, märchenfreundliche, ipso facto ›rückständige‹ Kultur durch die machbare, angeblich natürliche Evolution überholt, wo nötig überrollt werden und somit der neuen, also fortschrittlichen, selbstverständlich proletarischen Kultur zur ewigen Blüte in der klassenlosen Menschheit verhelfen. So lautete das Parteiprogramm. Diese maximalistische, vulgärmarxistische Doktrin beherrschte die sowjetische Wissenschaft, lenkte die pädagogische Praxis, züchtete und mitunter züchtigte auch die Märchenforscher. Doch diese rigorose Zeitspanne hielt nicht lange: allmählich, infolge einer Wende in der Konjunktur, gelang es, eine gezielte, formalisierte Volkstümelei und damit auch die national verstandene Folkloristik wieder zu legalisieren, um damit dem, wie es hieß, »der Form nach nationalen, dem Inhalt nach sozialistischen Aufbau« zu dienen. Die Märchen wurden seit Mitte der dreißiger Jahre nicht mehr bekämpft, sondern notdürftig als Wunschdichtung der entrechteten Armen ausgelegt. In einem diktatorischen »Arbeiter- und Bauernstaat« seien Märchen zwar historisch überflüssig geworden, aber, den wahrwerdenden Kommunismus prophetisch vorwegnehmend, als Ausdruck *vergangener* ›Sehnsüchte und Wünsche‹ nach Gerechtigkeit und Wohlergehen auf Erden, behalten die Märchen als *Kunst* einen ästhetischen, ja sogar erzieherischen, d.h. indoktrinatorischen, weil klassenhaften Wert. Diese pauschale ideologische, rechtfertigende Auslegung der Gattung – (typisch für marxistisch-leninistische Folkloristik!) – wurde durch Erzählungen vom Muster »Schlaraffenland«, durch Motive, in denen der Bösewicht (sc. eingefleischter Klassenfeind) mit dem Tode bestraft und der gutmütige scheinbare Dummkopf (sc. Verkörperung des tugendhaften Volkes) zum gerechten Herrscher wird, sowie in Anlehnung an ein Stalin-Wort belegt und für die Märchenforschung verbindlich gemacht. (Diese angestrengte Exegese wurde nach dem Zweiten Weltkrieg auch in deutschen Landen exerziert, etwa in den Schriften von Gert Kahlo, Waltraut Woeller, Gisela Burde-Schneidewind, Siegfried – und später auch Armin - Neumann.) Also, nach einem ideologischen Hin und Her wurde die Beschäftigung mit Märchen – wie auch manche formellen Nationalismen in der Sowjetunion – legitim, solange sie der klassenhaften Auslegung im zugewiesenen Rahmen untertan blieb. Und weil es sich um Wortkunst, letztlich doch um Literatur handelte, hatten Märchen als realistisch im Sinne des »sozialistischen Realismus« zu gelten, der ja das Leben wie es sein soll, also grundsätzlich märchenhaft und wundergläubig, zu beschreiben hatte. Dem entsprechend wurden die sichtlich phantastischen Dinge in den Märchen als ›Widerspiegelung der Wirklichkeit‹ kurzerhand gedeutet, bzw. – wenn auch zögernd – als ›realistische Symbole‹ feilgeboten. In diese spitzfindige Märchendeutung wurden etliche Generationen von Folkloristen ein- und hochgeschaukelt. Die Märchenkunde wurde allmählich von der prähistorischen »Ethnographie« abgetrennt, der Philologie enteignet und schließlich der neuetablierten Literaturwissenschaft ausgeliefert.

Es wurde liberalistisch erwartet, daß sich am Leben gebliebene Gelehrte der älteren vorrevolutionären Generation von ihrem angestammten Stand und von manchen Lehrmeinungen öffentlich distanzierten. Es lag für Mutationswillige also nahe, durch Beschäftigung mit Folklore eine Volksverbundenheit und klassenhaftes ›neues Denken‹, das nur eingeborenen Proleten eigen ist, sich angedeihen zu lassen oder nur zur Schau zu bringen. Schließlich mußte ja jedermann sein karges Brot als Angestellter irgendwo verdienen. Die Beschäftigung mit Märchen war von jedem Standpunkt aus harmlos und erforderte auch kein besonderes Fachwissen. Märchenforschung hatte in der SU gesellschaftlich gute Chancen, denn sie ließ sich in die Volksaufklärung einfügen.

Durch die universitäre Zersplitterung der Kulturforschung, vor allem der Volkskunde in mehrere Teilgebiete, etwa in eine historische oder sogar prähistorische Ethnographie à la Morgan/Engels, die aber bald der Verherrlichung der *Gegenwart* im Dienste der Propaganda frönte und als Ethnogenese getarnt Annexionen zu rechtfertigen hatte, ferner in eine Disziplin »Volksdichtung« (wohin die Märchen gehörten), wurde die Folkloristik in eine propädeutische Hilfsdisziplin der muttersprachlichen, weitgehend entphilologisierten Literaturkunde verwandelt. Die Katheder-Folkloristen wurden zu Literaten, deren Lehrtätigkeit und Schriften – so hieß es programmatisch – in Diensten der Partei beim Aufbau des Kommunismus zu stehen hatten. Märchenkunde als Philologie (wie jede Geisteswissenschaft um ihrer selbst willen, oder aus Neugier, etwa der Wahrheit halber) wurde als volksfremder ›Formalismus‹ unterbunden. Die sowjetische Märchenforschung – so lauteten nach 1936 (wegen der NS-Machtübernahme in Deutschland) die Lippenbekenntnisse – hatte sich von der stets zu entlarvenden und nie genug zu bekämpfenden ›bürgerlichen‹, (eigentlich überhaupt ausländischen) Wissenschaft kraß, möglichst alternativ zu unterscheiden. Mit dieser ›ehrenvollen‹ historischen Aufgabe wurde die jüngere ideologisch leichtfertige Generation damals leicht fertig, da die fremdsprachige, teils auch einheimische wissenschaftliche Literatur sicherheitshalber schwer zugänglich wurde. Es war leicht, maßgebende Thesen zu produzieren.

Die germanistische Volkskunde plädierte lange für die Erbguttheorie. Die sowjetische Folkloristik wurde hingegen auf die Theorie der stadialen Evolution, wie sie mit Hegel und Marx untermauert wurde, eingeschworen. Statt nach Relikten (survivals), wurde nach Innovationen gefahndet, die als Überbau der neuen wirtschaftlichen Basis entwachsen sein mußten. Gegen die Einsicht Hans Naumanns, den man nur nach einigen Stichworten kannte, nämlich vom ›gesunkenen‹ Kulturgut, das von der Oberschicht stammt, wurde Kultur stets als Produkt der Unterschicht deklariert, das sich die Ausbeuterklasse mitunter aneignet. Da sich die Märchenkundler im Westen seit Anfang des 20. Jahrhunderts sehr eingehend und vergleichend mit der *Varianz* befaßten, die während der Rezeption (sei es von oben nach unten oder umgekehrt) offensichtlieh durch Verbreitung von Erzählstoffen von Land zu Land entsteht, wozu man über Sprachkenntnisse und weltweite Verbindungen verfügen muß, machten sowjetische Folkloristen aus der Not aufgezwungener Isolation eine karrieristische und theoretisch willkommene Tugend. Sie widmeten sich der *Invarianz* im beschränkten einheimischen Material, um nichts weniger als *universale* Gesetzmäßigkeiten zu entdecken, da man kraft sozialer Herkunft und Parteilichkeit und vermöge des Marxismus-Leninismus hierfür ausgerüstet und berufen zu sein glaubte. Man suchte nicht nur die Folklore allein, sondern auch die Folkloristik, mit Rückwirkung auf das 19. Jahrhundert, als Tummelplatz ideologischer Klassenkämpfe innerhalb einer dialektisch-materialistischen Literaturgeschichte darzustellen. Aus mehreren Gründen schien es angezeigt, vorderhand den ›Folklorismus‹ aufzuarbeiten, d.h. sowohl die

Verwendung von Märchenstoffen in der schönen Literatur, als auch den Eingang der individuellen Literatur in das mündliche volksläufige Repertoire.

So konnte die sowjetische Märchenkunde trotz widriger Umstände einen, wenn auch beschränkten philologischen Charakter wiedergewinnen, ohne freilich den mittlerweile verlorenen Anschluß an die internationale Komparatistik zu erreichen. Gleichzeitig entfaltete sich ein fast direktiver Folklorismus in der Schriftstellerei, die sich durch Adaption von Märchenstoffen kennzeichnete und Volkstum bezeugte, was auch der Theorie gerecht war.

Gegen Ende der dreißiger Jahre wurde in der SU (vielleicht zum ersten Male in der Welt) »Folklore« als Einführung in das Lehrfach Literatur, teils auch Geschichte in das Unterrichtsprogramm der Grund-, Mittel- und Hochschulen fest eingebaut. Da wurde eine flüchtig geäußerte Meinung Maxim Gorkis, die er unter anderem auf dem Gründungskongreß des gleichgeschalteten Schriftstellerverbandes in Anwesenheit A. Ždanows vorgetragen hatte, als verbindliche Weisung aufgefaßt. Seines Erachtens geht die Literatur stets autochton aus Volksdichtung hervor. (Das war historisch gesehen nur einmal der Fall, nämlich in Mesopotamien, in Sumer, wo die Schrift erfunden wurde; ansonsten entwuchs in Europa *eine* Literatur dem schon vorhandenen Schrifttum in anderen Sprachen.) Zur gleichen Zeit äußerte sich Gorki löblich über die Sammlung von Märchen und versuchte, sie eschatologisch auszulegen. Darauf und bezugnehmend auf die von Stalin verkündete Zuwendung zum Volksschaffen, wider nihilistische Haltung und linke Verneinung in Sachen Kultur, insbesondere überlieferter Folklore, konnte man gut bauen: Folklore wurde schleunigst ›in‹; es wurden in den Behörden Anweisungen zum Unterricht der Folklore genehmigt. Dementsprechend, wie es sonst zwecks Vermeidung privater Lehrmeinungen an sowjetischen Hochschulen üblich geworden ist, wurden verbindliche Lehrbücher und Anthologien herausgegeben, worin u.a. auch Märchen behandelt wurden. Allerdings mußte man die Programme und Lehrbücher verschwenderisch oft revidieren und auf die generelle Zakkenlinie der Partei untertänigst gleichschalten. Wohl auf keinem Gebiete sind so viele Lehrbücher verfaßt worden wie für die Folkloristik. Immerhin wurde durch den gesamten Schul- und Literaturbetrieb den folkloristischen Aktivitäten, der Sammlung und Edition von Märchen, staatlich stark Vorschub geleistet, was zur gleichen Zeit nicht einmal in Deutschland mit sehr ähnlicher völkischer Absicht erreicht worden war.

Die akademische vergleichende Märchenkunde (man könnte sie auch als ›genetische‹ bezeichnen) indes geriet schon Ende der dreißiger Jahre samt der komparativistischen Kulturgeschichte, Psychoanalyse und sogar Naturwissenschaften (u.a. Genetik) in höchste ideologische Not, die sich für maßgebende Folkloristen gleich in der Nachkriegszeit gefährlich zugespitzt hatte. Und zwar wie folgt.

Die unverkennbare Ähnlichkeit der Märchen, aufgenommen in verschiedenen Sprachen bzw. bei verschiedenen Völkern, ist bekanntlich genetischer Natur, eine Folge der Diffusion, schlicht gesagt der *Entlehnung*. Gewisse sowjetische Märchenforscher wollten dies aus ideologischen Gründen nicht wahrhaben und bemühten sich schon frühzeitig es wegzudisputieren. Die Diffusionstheorie englischer Provenienz galt als imperialistisch. Während und infolge des Zweiten Weltkrieges wurde der Sowjetimperialismus jedoch gerechtfertigt und gut geheißen. Solange es sich also um den Einfluß der Russen auf ihre Nachbarvölker handelte (damals panslavistisch verstärkt), galt Entlehnung ausnahmsweise als angemessene historische Tatsache. Wenn es aber nahe lag zu beweisen, daß auch die Russen ihre Märchen entlehnt haben könnten, witterte man darin einen Frevel, nämlich ›vaterlandslosen Kosmopolitismus‹ als Widersacher des ›proletarischen Internationalismus‹, d.h. Hochverrat. Die Inquisition gegen Ketzer flackerte auf.

Wladimir Propp (1895-1970) wurde wegen seiner 1946 veröffentlichten Dissertation »Die historischen Wurzeln des Zaubermärchens« gerügt, obwohl sie selbstverständlich im besten Einklang mit allem, was damals als Marxismus galt, konzipiert war. Mark Asadowski, führender Folklorist, damals Professor an der Universität Leningrad und Leiter der Abteilung Folklore des Instituts für russische Literatur an der Akademie, wurde des Mangels an russischem Patriotismus bezichtigt und aller seiner Posten enthoben, weil er noch in der Vorkriegszeit u.a. die französische Übersetzung von Grimms »Vom Fischer und seiner Frau« als Quelle für eines der Versmärchen Puschkins nachgewiesen hatte. Damit war Grünlicht für rotes Hin und Her, ausgesprochen gegen jede vergleichende Märchenphilologie und für vorgefaßte nationalistische, quasi sozialistische Märchendeutung mehr als gegeben. Zahlreiche Artikel und Lehrbücher bezeugen das Elend der Folkloristik jener noch anhaltenden Zeit. Es wurde indoktriniert, daß ›das Russische Märchen‹ in Urzeiten, autochton, entstanden sei. Realistisch spiegele es die unnachahmliche russische Wirklichkeit und/oder die tugendhafte ›russische Seele‹ (zugleich die Sehnsüchte der Werktätigen, seinerzeit Ausgebeuteten) wider, und zwar so, wie es der sowjetischen Belletristik eigen zu sein habe.

Um die internationale Identität der Überlieferung gut bekannter Märchenstoffe zu erklären und um die von Ždanow entfesselte, nicht widerrufene Kosmopolitenjagd zu entgiften, d.h. die gehässige Kampagne gegen Komparatismus, überhaupt gegen ›westliche‹ Gesinnung, wurde in den fünfziger Jahren eine alte vulgärmarxistische These, die man noch Ende der dreißiger Jahre für überwunden hielt, wieder lanciert. Demnach können oder vielmehr müssen dank ähnlicher ökonomischer und sozialer Zustände (der ›Basis‹!) – was man gemeinhin als Feudalismus, Kapitalismus, Sozialismus bezeichnet – (im ›Überbau‹!) auch identische geistige Gebilde, etwa Märchen, mehrmals, vielerorts und unabhängig voneinander entstehen.

Zur postumen Ehrenrettung Ždanows und auch nach dem Tode Stalins wurde diese berüchtigte These in den sechziger Jahren von offiziellen sowjetischen Delegationen auf internationalen Kongressen noch programmatisch vorgetragen. Kein Geringerer als der Germanist Victor Schirmunski (1891-1971) machte seine Autorität und seinen guten Ruf als Literaturwissenschaftler für die schlechte Sache dienstbar, als es gar nicht mehr opportun war. Ungeschickterweise hat er diese s.E. ökonomisch, stadial determinierte Identität expressis verbis in der Märchenüberlieferung (eigentlich die Nacherzählung *eines* Märchens in verschiedenen Sprachen bzw. Regionen) methodologisch der *genetischen* Verbindung (die er sonst tolerierte) entgegengesetzt und mit dem bereits mehrfach besetzten, ursprünglich theologischen Terminus ›typologische Ähnlichkeit‹ bezeichnet. Weil sowjetische Folkloristen neuerdings die Übereinstimmung von Märchenfassungen sogar bei benachbarten Völkern modisch mit *typologischer Ähnlichkeit* apostrophieren, um die Entlehnung eines Märchens vom lieben Nachbar zu bestreiten – und das könnte für die europäische Märchengemeinschaft kurzerhand geltend gemacht werden – ist es nützlich, Grundsätzliches zu klären, zumal sowjetische Lehrmeinungen lange genug auch in deutschen Landen indoktriniert wurden.

Eine mehrmalige Entstehung eines bestimmten Märchens, aus was für Gründen immer, wirtschaftlichen oder psychologischen, ist trotz eifrigen Bemühens nicht nachgewiesen worden. Jedes Märchen hat seinen Entstehungsort und eine bestimmte Entstehungszeit, die man freilich aufgrund vorhandener Zeugnisse nicht immer eindeutig ermitteln kann. Die Märchen sind auch kein genprogrammiertes Erbgut, wie es von der Sprache, wohl auch nur sehr bedingt, behauptet wurde. Ein Märchen, von einem Dichter erzeugt, wird – wenn und wo es Beifall hat – wie eben anderes Kulturgut auch in historischer Zeit übernommen und von den folgenden Generationen weiter gepflegt und nur in diesem Sinne ›vererbt‹. Märchen werden dem veränderten Geschmack angepaßt oder ausgelöscht. Die Märchentradition trennt also die Völker nicht, sondern eint sie. (Nebenbei bemerkt: die gutgemeinte Lehre von nationalen Ökotypen ist methodologisch überstrapaziert.) Infolgedessen ist auch die Märchenkunde eine explizit internationale Wissenschaft geworden. Es war darum immer verkehrt, sie nationalistisch zu mißbrauchen, wie es in Deutschland versucht wurde, in Rußland aber noch geschieht.

Kraft des schwülen Hangs zum Mystizismus heute in Rußland dürfte wohl der (auch in der ehemaligen DDR mitkultivierte parteigefesselte) Vulgärmarxismus bald überrollt, wenn auch noch nicht methodologisch bei den dortigen abgedankten Märchenfunktionären überholt sein. Doch anders als in der deutschen Volkskunde gibt es in Rußland keine einzige Arbeit zur Bewältigung der mutatis mutandis gemeinsamen NS-Mentalität. Diese Ideologie wuchert noch bewußt oder unbewußt in Lehre und Forschung auf dem Gebiete der russischen Märchenkunde. Es gibt keine Anzeichen dafür, daß die russische Folkloristik – die Geisteswissenschaft überhaupt – entmythologisiert und vom extremen Nationalismus frei wird. Paradoxerweise bot die ausländische Russistik hier keine »Entwicklungshilfe«, sie wirkt sogar hemmend. Die Folgen linker und rechter Ideologien in der Märchenforschung (und in der Märchenpflege!) sind wahrlich zu einer gesamteuropäischen problematischen Erscheinung geworden, die man tunlichst untersuchen sollte. Die Slawisten in Deutschland und die Germanisten in Rußland meiden immer noch jene revisionistische Konsequenz, die die zünftige internationale Märchenkunde bietet.

Das angekündigte Ziel dieses Buches ist die Darstellung der gegenwärtigen Lage der Märchenüberlieferung bei den Völkern Europas. Um diese gewiß fällige Aufgabe zu erfüllen, würde der gründliche Märchenforscher die vergleichende Analyse von *Katalogen* vergeblich suchen, weil es sie leider nicht gibt. Der fundamentalistische Märchenliebhaber wird eher die Texte womöglich im Original vorziehen; er ist aber praktisch auf bearbeitete Editionen derselben, vielleicht gar in Übersetzung angewiesen – es gibt einige Tausend publizierter russischer Märchen. Nur wenige werden die Möglichkeit haben, einzelne lebende Märchenerzähler kennenzulernen und so das ganze Volk zu hören … Das wären also drei, mehr oder weniger direkte Wege (von abnehmender Zuverlässigkeit, aber zunehmendem Vergnügen), welche insgesamt zum genannten Ziel führen, nämlich Klarheit über den Zustand der *primären* Märchenüberlieferung in *einem* Lande zu gewinnen, will man auf den vierten kürzeren Weg, auf Demoskopie, d.h. auf eine repräsentative Umfrage der Bevölkerung vorläufig noch verzichten. Allerdings darf man nicht die *sekundäre* Verwendung der Märchen in anderen modernen Medien, wie Funk, Theater, Film aus dem gewonnenen allgemeinen Bild verlieren.

Das impressionistische Verfahren – und sei es etwa das eines großen Kenners der Märchenwelt, wie es einst Friedrich von der Leyen war – nämlich ausgewählte Züge aus publizierten Märchentexten mit Beobachtungen zweiter Hand zu einem Gesamtbericht über die problematische Abstraktion »*Das* russische Märchen« zu verweben, dürfte heute nicht mehr akzeptabel sein, obwohl es als Zeitdokument für die Märchengemeinde unterhaltsam zu lesen bleibt. Die objektivistische Übersicht der Märchendokumentation in Rußland, von Walter Anderson für Bolte und Polivkas »Anmerkungen zu den Kinder- und Hausmärchen der Brüder Grimm« (Band V) geschrieben, reicht bis zu den dreißiger Jahren, sie muß also fortgesetzt werden. Für die nachfolgende Zeit gibt es auch in russischem Schrifttum keine empfehlenswerte Gesamtdarstellung der Märchentradition und deren Erforschung dortzulande. Sie könnte jedoch mit Hilfe der umfassenden Bibliographie der russischen Folklore von Mikaela Melc kritisch erarbeitet werden.

MÄRCHENVERZEICHNISSE – durchaus nicht gleichgültig, nach welchem Prinzip erstellt – sollten der internationalen vergleichenden Märchenforschung dienen, indem sie eine zuverlässige Information über die Verbreitung der Märchenstoffe in einem bestimmten Raum geben.

Nach einigen mißglückten Versuchen russischer Gelehrter, Märchen zu identifizieren, Varianten zu erfassen und diese Kollektianeen herauszugeben, erstellte Nikolai Andrejew (mit starker Beteiligung seines Lehrers Walter Anderson) einen Märchenkatalog aufgrund von über zwanzig guten publizierten Quellenwerken, gemäß Antti Aarnes »Verzeichnis«. Dieses wertvolle Nachschlagewerk erschien 1929 bei der Geographischen Gesellschaft und diente später in der Sowjetunion als Grundlage zur Erschließung verschiedener (nicht nur russischer) Märchensammlungen, vorzugsweise für die Hand der Märchenkundler im Ausland; denn in Rußland wurden aus vielen Gründen so gut wie keine Typenmonographien verfaßt. Russische Belege wurden, dank dem Katalog von Andrejew (= AaAn) und der 2. Ausgabe von Aarne-Thompson (= AaTh), die zum Katalog der Kataloge wurden, im Ausland immer mit untersucht. Wer den Standort russischer Märchenfassungen im europäischen Raum klären will, sollte diese Monographien und einschlägige Märchenverzeichnisse durchsehen.

Der nächste Versuch, den reichen publizierten Märchenstoff Rußlands typologisch zu erfassen, wurde in der neuaufgelegten Großedition russischer Märchen Afanasjews (in 3 Bänden) 1936-1940 durch Juri Sokolow, Mark Asadowskij und hauptsächlich von Nikolai Andrejew mustergültig unternommen. Übrigens ersetzt leider diese Textausgabe (mit veränderter Numeration) nicht völlig die Erstausgabe von Afanasjew, wie es Walter Anderson nachgewiesen hatte. Doch die (meistens von Andrejew verfaßten) Kommentare mit Hinweisen auf zahlreiche schwer zugängliche Parallelen (zusätzlich zu Bolte und Polivkas »Anmerkungen« und AaTh) hätten normalerweise in der SU Schule machen und das Interesse für märchenkundliche Stoffgeschichte wekken können. Das war wegen des Isolationismus nicht der Fall. Typenverzeichnisse nach AaAn bzw. AaTh wurden hauptsächlich für akademische Märchenbücher angelegt. Andrejew starb in Leningrad zu Beginn der Blockade am Hunger. Die Erstellung von Typentabellen wurde fast 20 Jahre unterbrochen. Um zu verstehen, wie niedrig das wissenschaftliche Niveau der russischen Märchenforschung nach dem Kriege, während und infolge der ›antikosmopolitischen‹, nationalistischen Aktion geworden war, sei ein Satz von N. Komovskaja betr. Andrejewscher Kommentare zitiert: »Was die Kommentare (sc. Afanasjewsche Neuausgabe) angeht, so können sie dem Leser nicht empfohlen werden, denn sie sind in formalistischer Art zusammengestellt.« Man sollte wissen, daß unter der Beschuldigung ›Formalismus‹ viele Künstler und Gelehrte zu Tode gehetzt wurden. Vielleicht wegen derartiger Ausfälle (oder vom Verlag gezwungen) hat Wladimir Propp, der Kummer gewohnt war, in der nächsten Ausgabe der Märchen Afanasjews (die die vorige ebenfalls nicht ersetzen konnte) die wertvollen Kommentare leider nicht übernommen. Er hat aber (trotz seiner notorischen Angriffe gegen das Verfahren Aarnes, Märchen zu katalogisieren) nützliche Hinweise auf jüngere Märchenpublikationen laut AaAn gegeben, wobei er die Inhaltsangaben der Märchentypen von Andrejew stillschweigend teilweise änderte.

Die Aversion gegen internationale Zusammenarbeit überhaupt und auf dem Gebiete der Märchenforschung insbesondere, wurde erst in den sechziger Jahren entschärft.

1979 haben Lev Barag, I. Bereowskij, K. Kabaschnikow, N. Nowikow ein Typenverzeichnis für publizierte Märchen aus Großrußland, Weißrußland und der Ukraine (mythischerweise im Retrostil als ›ostslawische Märchen‹ benannt), zusammengestellt. Dieses nützliche, wenn auch im Detail oft unzuverlässige Werk krankt an ›Speziesmacherei‹; da wimmelt es von scheinbar ›neuen‹ angeblich ›ostslawischen‹ Typen und Subtypen, was von einer oberflächlichen Kenntnis der Märchentypologie zeugt. Angeblich wurden über 3000 Texte erfaßt, eine beachtliche Leistung jedenfalls, obwohl die Arbeitsmethodik und die gesamte Redaktion (verantwortlich zeichnete K. Čistow) viel zu wünschen übrig lassen. So ist die instruktive Kritik Walter Andersons zur 2. Fassung des AaTh den Autoren anscheinend, wie vieles andere, entgangen. Übersehen oder ignoriert wurden so manche Typenverzeichnisse für das russische Märchengut, u.a. das im Archiv der Russischen Geographischen Gesellschaft. Der Katalog Barags & al. wird mechanisch sogar von der »Enzyklopädie des Märchens» übernommen, was angetan ist, die Märchendokumentation gelegentlich zu verwirren. Es wäre vonnöten, dies bei der Ausgabe eines zumindest Europäischen Märchenkatalogs zu beherzigen. Eine wissenschaftliche typologisch-statistische Darstellung des russischen Märchenrepertoires fehlt. Nur für das Archiv in Petrosawodsk (Russisch-Karelien) wurde ein Typenverzeichnis der *Manuskript*bestände vorgelegt.

Die Publikation von Märchen u.a. rezenter Aufzeichnungen wurde auch in der 2. Hälfte des 20. Jahrhunderts (trotz oder dank theoretischer Fachsimpelei) traditionell fortgesetzt. Diese Texte machen einen Bruchteil der gesammelten jüngeren Kollektionen aus, die in die Tausende gehen. Sie zeugen von Glanz und Elend der russischen Märchenedition, freilich auch der Märchenkunde.

Die gängige Art sowjetischer Märchenedition ist, die bearbeitete, ästhetisch zensurierte, ideologisch filtrierte *Anthologie*. Ein Beispiel: im Bande russischer Volksmärchen vom Ural (Swerdlowsk 1959) verkünden die Herausgeber P. Galkina, M. Kitainik und N. Kuschtum dankenswerterweise ungeniert, daß sie aus einer Erzählung »Vom stolzen Aggej« die »biblischen Ideen entfernt haben« (so p. 221). Dabei haben die Folkloristen übersehen, daß diese Sage in der russischen Literatur mehrmals bearbeitet wurde (etwa V.M. Garschin, Leo Tolstoi, Alexej Remisow, – s. die Hamburger Dissertation »Das Sujet vom stolzen Kaiser in den ostslavischen Volks- und Kunstliteraturen« von Manfred Dahlke, 1973). Wem war also mit der Entstellung gedient?

Eine gute Auswahl seiner authentischen Märchenaufzeichnungen vom Weißmeer bot Dmitri Balaschow 1970. (Aus dieser MS.-Kollektion erschienen mehrere Texte in deutscher Übersetzung in der Ausgabe »Zarensohn am Feuerfluß«, hrsg. von Isidor Levin, erschienen 1984 beim Erich Röth Verlag in Kassel.) Auch bei ihm gibt es manch plumpe Verschönerungen harmloser Schlüpfrigkeiten, wofür Erna Pomeranzeva verantwortlich zeichnete. Doch diese Prüderie läßt sich noch rechtfertigen.

Gute Texte mit genügender Dokumentation (72 Märchen in Karelien in extenso aufgezeichnet und 557 angezeigt) haben A. Rasumowa und Senkina in Petrosawodsk 1974 herausgegeben. N. Onegina hat 77 Märchentexte (in Pudož/Karelien 1932-1983 aufgezeichnet) in extenso publiziert und weitere 269 Texte angezeigt. Darüberhinaus hat N. Onegina noch 801 Märchenaufzeichnungen annotiert. Von G. Simina wurden, jedoch ohne typologische Analyse, brauchbare Märchentexte aus Pinega/Karelien (Archangelsk 1975), herausgegeben.

Kurz verwiesen – weil in der Bibliographie von M. Melc noch nicht aufgenommen – sei auf eine umfangreiche Märchenedition von der russischen Bevölkerung Sibiriens (präpariert von P. Matwejeva und in Novosibirsk in den 80er Jahren erschienen). Beachtenswert ist eine Sammlung von Schwänken (die man dortzulande seit Generalsekretär Malenkows Zeiten als ›satirische Märchen‹ bezeichnet), die N. Sobolewa 1981 in Nowosibirsk veröffentlicht hat.

In der Nachkriegszeit ließ sich ein ausgesprochen theoretisch bedingtes Interesse für die Folklore der Russen jener Gebiete an der Ostsee (Lettland und Estland) bemerken, welche an die Sowjetunion angeschlossen worden und zwischen 1918 bis 1944 von Rußland praktisch isoliert waren. Die dortigen Märchen erwiesen sich als am wenigsten ergiebig, d.h. eigenartig. Intensiv wurden Märchen bei den sogen. Nekrasow-Kosaken gesammelt, einer Gruppe russischer Heimkehrer aus der Türkei, wo sie eine Sprachinsel bildeten. F. Tumilewič hat bei diesen Altgläubigen im Laufe mehrerer Jahre angeblich 500 Märchenaufzeichnungen gemacht und rd. ein Fünftel davon publiziert. (Genauere Angaben und Typenanalyse s. Levin in »Hessische Bll. für Volkskunde« 1962, 191-205). Wer darin genuin russische, altertümliche Stoffe oder wenigstens eigentümliche Märchenfassungen entsprechend bestimmter Archaik in Sprache, Sitte und Brauch erwartete, dürfte enttäuscht sein, faßt man das türkische Repertoire ins Auge. Das ist sehr lehrreich.

Was die textexterne Information, etwa die Berichte über den Zustand der Märchentradition in einer bestimmten Ortschaft angeht, so unterscheiden sich die jüngsten Ausgaben der Märchenbücher sehr. Das dürfte nicht nur von der Kompetenz des Herausgebers abhängen, sondern auch von den Gepflogenheiten des jeweiligen Verlags, insbesondere in der Provinz. Diese quantitativen Sachzwänge lassen sich begreifen.

Es gibt nach wie vor kein einheitliches Modell einer Märchenedition in der Welt. Anstatt textkritische Anmerkungen mit präzisen Angaben über Provenienz der Aufzeichnungen zu bieten, wird in manchen Märchenbüchern Drukkerschwärze für Ideologiekritik in Form von Deutungen vergeudet. So wurden Tiermärchen z.B. zur Moralisation mißbraucht. Die banale konjunkturhafte Indoktrination wird als ›Erschließung des ideeisch-künstlerischen Inhalts‹ ausgegeben. Es steht nun zu erwarten, daß diese Tendenz erkannt und überholt wird.

Die Ausgabe von Märchenbüchern war für die russischen Verlage sehr einträglich. Sehr starke Auflagen wurden schnell verkauft, vornehmlich in den Städten. Bei der russischen bäuerlichen Bevölkerung ließ sich ein besonderes Interesse für Märchenbücher, obwohl sie recht preiswert waren, nie beobachten. Wenn schon, dann wurden andere Bücher neugierig gelesen. Märchen kannte man auf dem Lande ohnehin, und man war gewöhnt sie zu hören. Der Vertrieb von Märchenbüchern läßt sich als Indiz für den Stand der Märchentradition vorsichtig auswerten. Denn die Veröffentlichung von Märchenbüchern dürfte selbstverständlich Ergebnis einer *Sammel-* und Sytematisierungsarbeit sein. Wie steht es damit in Rußland? Die erträgliche Sammelarbeit, die man jedoch kaum Feldforschung nennen kann, weil sie keine Systematik und fast keine Experimente, keine Demoskopie kannte, wurde auch nach den dreißiger Jahren im größeren Umfang als je zuvor fortgesetzt. Diese Aktion wurde anfangs kraft der Erwartung stimuliert, ›neue‹ sozialistische Märchen im Volke zu entdecken. Aufzeichnungen von Folklore, meistens Märchen, Lieder und Schnaderhüpferl (= častuschki), gehört zur bezahlten Pflichtpraxis im Fach »Volksdichtung« der Studenten an den Fakultäten für Sprache und Literatur. Außer den Hochschulen befaßten sich damit auch einige Institute der Akademie der Wissenschaften. Die Mitarbeiter wurden meistens in entlegene Ortschaften, aber auch in industrielle Siedlungen ausgeschickt und mitunter angehalten, vormals Innovationen, später jedoch Relikte aufzunehmen. Diese Kollektionen liegen meistens in Kladde brach, denn es gibt bis dato im sonst streng zentralisierten Staat kein Zentralarchiv und keine durchgehende Dokumentation für russische Folklore. Nur ein Bruchteil wurde im Druck zugänglich, selten werden unveröffentlichte Kollektionen, in Gestalt eines Katalogs bekanntgemacht. (Eine rühmliche Ausnahme: Propps Übersicht über die sehr wertvolle Kollektion Nikiforows.)

In den Jahresgaben der Reihe »Russki Folklor« – spezielle folkloristische Zeitschriften gibt es seit den vierziger Jahren nicht mehr – wurden Berichte über die Sammlung u.a. von Märchen publiziert, doch bei allem Nutzen der gebotenen Information mangelt es an primärer Dokumentation, es fehlt oft eine auswertbare, vergleichende Statistik, und auch die Typologie der gesammelten Märchen bleibt ziemlich unbekannt, vermutlich, weil die Sammler und deren Betreuer der Handhabung von Katalogen nicht mächtig sind. Man lehrt und lernt es nicht.

In Eigendynamik der Behörden wurde die Sammelarbeit konservativ auch in den achtziger Jahren fortgesetzt und zwar mit der guten Absicht, eine gleichmäßigere Information über das gegenwärtige Märchengut zu erlangen. Typisch für die bürokratische Mentalität war das Verlangen eines A. Rosow nach Übersichtlichkeit und leider auch nach *Kontrolle* über die Folklore auf Staatsebene. Als Parteinovize zu jener Zeit plädierte K. Čistow in allem Ernst für die Einführung von Lizenzen zwecks Aufzeichnung von Folklore, analog der Verfügung für Jäger oder Goldsucher, die, bevor sie ins Feld ziehen, erst eine Erlaubnis von zuständiger Behörde erhalten müssen ... Diese scheinbar züchtige Anregung kam einer zu belohnenden Denunziation der Amateursammler gleich! Glücklicherweise wurde dieses ›epochale‹, kaum lohnende Projekt, wie auch viele andere, die die Freiheit der Forschung unterbinden konnten, nicht realisiert.

Sieht man einmal von verlegerischen Ambitionen ab, so ist eine Fülle von Märchenaufzeichnungen, die das allgemeine Niveau der Märchenüberlieferung dokumentieren, unter gewissen Umständen gar nicht erwünscht. In den letzten Jahrzehnten wurde die russische märchenkundliche Publizistik von zwei Richtungen beherrscht, die man auch in Deutschland kennt: zum einen von der national-sozialistischen ›Blut und Boden‹-Ideologie, die hüben und drüben als Reaktion auf komparatistische, also schimpflich kosmopolitische Kulturforschung anzusehen ist; zum anderen vom Strukturalismus, der angeblich den Vulgärsoziologismus mit seinem stadial-evolutionistischen Denken überwindet. Beide Richtungen arbeiten im Grunde ahistorisch mit vielen Abstraktionen und Hypostasen, sie lassen sich daher zuweilen fast mühelos mit der staatlichen Doktrin integrieren. Dafür brauchte man überhaupt keine Kollektionen, noch weniger Stoffkataloge. Da genügten wenige Beispiele, um daraus modo geometrico ›Strukturen‹ abzunötigen, sei es universaler oder nur nationaler Art. Und was die Märchendeuter angeht, so waren sie (nicht nur in Rußland) in Hinsicht Textgrundlage sehr anspruchslos.

Märchenerzähler als Träger lebender Tradition, vor allem ihr Einfluß auf das von ihnen Erzählte, interessierten russische Forscher seit jeher. Diese Richtung, die mit dem Namen Mark Asadowski nachhaltig verknüpft war, machte auch in Deutschland durch Gottfried Henßen Schule und wurde auch von Alfred Cammann gepflegt. Faszinierend sind die Beobachtungen über einzelne Märchenerzähler in Südeuropa von dem hervorragenden Philologen und Märchensammler Felix Karlinger. Die zahlreichen Präsentationen einiger mehr oder weniger begabter russischer Märchenerzähler (meistens als Dissertationen vorgelegt) mögen den Wert soziologischer Fallstudien behalten. Es sei aber angemessen, über diese russische märchenkundliche Gepflogenheit etwas Grundsätzliches zu sagen.

Die älteren russischen Volkskundler waren nicht nur gute Kenner der Stoffe, sondern scharfe Beobachter der Erzähler. Sie versuchten sehr ausführlich, ihre Gewährsleute zu charakterisieren, vor allem als Menschen. Erst viel später, um die Mitte des 20. Jahrhunderts, ist daraus hervorgegangen, was man gemeinhin als *Märchenbiologie* apostrophiert. Charakterologie indes ist eine psychologische Angelegenheit, wozu Methode vonnöten ist. Im Grunde bleibt die Charakteristik einer Erzählernatur zwiespältig. Einerseits werden Beobachtungen zum Habitus der Erzählerpersönlichkeit geboten, dabei schilderten die Volkskundler gerne auch das Milieu, eruierten den Lebenslauf, freilich kamen sehr spärlich auch interviewartige zünftige Fragen und Antworten vor. So wertvoll diese Angaben, wenn sie unvoreingenommen dargeboten werden, auch sind: sie bleiben doppelt subjektiv und textextern, auch wenn man die Beobachtungen gerade zur Erhellung des Inhalts der Texte benutzt. Andererseits versuchte man in Rußland sehr häufig, den *Erzähler* anhand der *Erzählung* vermöge des Märchentextes zu charakterisieren. Obwohl, im Prinzip, just dieser Weg für die Märchenforschung von Belang hätte sein sollen – der Erzählung und nicht dem Erzähler gebührt Priorität – ist diese Art der Charakteristik bzw. Typologie der Erzählerpersönlichkeiten nur in Ansätzen vorhanden (z.B. bei Nikiforow); sie ist auch nie konsequent durchgeführt worden, weil dieses Konzept von der positivistischen Literaturwissenschaft kurzerhand übernommen wurde. Es wird lediglich vom Personalstil, meistens vom Einfluß des Erlebten und Erlernten auf die Auswahl des Repertoires, auf den Inhalt der Erzählungen geschrieben, ohne die behandelte Erzählung mit anderen Fassungen des gleichen Stoffes, aus dem Mund anderer (und sei es unbegabter Erzähler), und zwar zur gleichen Zeit, in der gegebenen Gegend zu vergleichen. Die textuelle, scheinbar kreative Spezifik des Erzählers, die personbezogen charakterisiert werden sollte, erweist sich oft genug als Reproduktion der mitunter dürftig rezipierten Fassung anderer Erzähler. Einleuchtender wirkt die gebotene Typologie der Erzähler, wenn diese Charakteristik nicht aufgrund *einer* Märchenfassung, sondern auf *Repertoire*ebene motivanalytisch und statistisch durchgeführt wird. Etwa wenn es sich um die nachweisbare Bevorzugung bestimmter Gattungen, Thematik oder Motive, kurz um den Geschmack einer Person handelt. Leider wird eben die Geschmacksbildung selbst von den Autoren räumlich, zeitlich und sozial gar nicht problematisiert.

Ganz unabhängig von der guten erzpositivistischen Absicht, die Beziehung von Märchen und Wirklichkeit mittels der Erzählerperson zu erforschen, ist nicht zu verkennen, daß der Erzähler als Subjekt ziemlich leicht zum Objekt ideologischer Manipulation seitens linientreuer Folkloristen reduziert werden konnte. Das förderte eben sehr stark die sogenannte ›Märchenbiologie‹. Die eigentliche Bedeutung des Märchenerzählers als Realisator und *Tradent* des Überlieferten, wurde paradoxalerweise bei der Beschäftigung mit dem konkreten Erzähler herabgesetzt, zugunsten der Aufwertung seiner kaum verifizierten Kreativität, die willkürlich jedesmal vorausgesetzt und vermarktet zu werden pflegte. Ganz entgegen dem kollektivistischen Pathos sowjetischer Kulturforschung widmen sich viele russische Märchenforscher nach älteren literarischen Gepflogenheiten gerade der Erzählerpersönlichkeit, welche sich individuell oder doch gruppenspezifisch im erzählten Märchen spiegeln soll. Der sowjetische Märchenerzähler wurde in den dreißiger Jahren kurzerhand zum Repräsentanten des Volkes stilisiert, er wurde nicht nur fast zum Schöpfer seiner Märchen erklärt (und darum angehalten, zeitgemäße Erzählungen zu schaffen), sondern auch gelegentlich in den privilegierten Schriftstellerverband aufgenommen als Beweis des demokratischen Wesens dieser Behörde, (aus der man zünftige Wortkünstler von Zeit zu Zeit exkommunizierte). Diese mitunter illiteraten Erzähler wurden von Folkloristen bevormundet und bekanntgemacht. Von nun an durfte man mehr oder weniger manipulierte Märchenbücher solcher Erzähler in Großauflagen unter ihrem Namen herausgeben: etwa Märchen von Korgujew durch A.N. Nečajew, von Kowaljow durch E. Hofmann (= Pomeranzeva), von Korolkowa durch V. Tonkow (Woronesch 1941), von Kuprijanicha durch A.M. Novikowa und I. Ossowecki, von Magai durch L. Eliasow (Ulan-Ude 1968). Es gibt unterschiedliche Ausgaben dieser Art, die allesamt für die sowjetische Märchenkunde eigentümlich waren.

So beglückend es auch sein mag, einen guten Märchenerzähler zu hören, die Fahndung nach *Meistern* in der 2. Hälfte des 20. Jahrhunderts wirkte auf die Sammelarbeit doch bedenklich. Nach alter patriarchalischer, romantischer Gepflogenheit sucht man jetzt noch ältere Leute auf, um Märchen von ihnen aufzunehmen. Man vergißt aber gern, daß diese Senioren schon seinerzeit im Genuß sowjetischer Schulen und des Kinderfunks waren und erwachsen wurden, als die natürlichen, herkömmlichen Erzählgemeinschaften bereits nicht mehr bestanden.

Um die Verbreitung von Märchen zu explorieren, pflegte A. Nikiforow in Karelien (wie es früher schon Kaarle Krohn in Finnland tat) allein die Bekanntschaft mit bestimmten Märchen unter der Bevölkerung zu registrieren, ohne die Erzählung vollständig aufzuzeichnen. Dieses sehr nützliche Verfahren in der Feldforschung wurde kraft des Erzähler-Personenkultus vernachlässigt. Aber nicht nur deshalb ist es kaum möglich, über den Stand der Märchentradition in Rußland exakt zu berichten.

Im Raum von Karelien und in anderen entlegenen Randgebieten gab es noch Erzähler, die noch vor kurzem mehrere Dutzend Märchen kannten. Sie verdienten damit nicht nur Liebe und Ansehen, sondern gelegentlich auch etwas zum täglichen Brot dazu. Nicht einmal das Repertoire solcher Erzähler, wie etwa A. Melechowa aus der Gegend von Archangelsk oder D. Aslamow in Ostsibirien, die angeblich je 300 Märchen kannten, wurde vollständig aufgenommen, geschweige denn gedruckt. Es ist allemal bequemer, über die kreativen Eigenschaften eines Erzählers zu reden, als dieses textlich zu dokumentieren. Nicht einmal der Stellenwert eines Stoffes, sowohl für den Erzähler als auch für einen Hörerkreis, wurde erörtert. Es scheint auch keine exakte Methodik der Lösung dieses echten Problems zu geben.

Jelena Schastina, weiland Professorin für russische Literatur in Irkutsk, hat sich in den siebziger Jahren bemüht, den Stand der Märchentradition in den Fußstapfen Asadowskis am Lenafluß zu untersuchen. Wie ihr Landsmann interessierte sie sich für die Person der Erzähler und für die Kontinuität der lokalen Märchenrezeption, insbesondere in der Familie. Dabei informierte sie sich über den Einfluß einer Erzählerin auf die Hörerschaft. Für diese Publikationen kann man nur dankbar sein. Es bleibt nun übrig, dieser verdienten Sammlerin mehr Erfahrungen in der internationalen Erzählforschung, insbesondere auf dem Gebiete der soziologischen Umfrageforschung (Demoskopie) zu wünschen.

Die Betreuer der ›Märchenmeister‹ befleißigten sich, den geistigen Wohlstand der Tradition zu beweisen. Behauptet wurde, was zu der amtlichen Doktrin der Kulturfunktionäre paßte. Das Stichwort lautete stets ›Entwicklung‹.

Die heikle Frage, ob sich die sogenannte ›Kulturrevolution‹ der zwanziger und dreißiger Jahre positiv oder negativ auf die Volkskunst, insbesondere auf das mündliche Wortgut, etwa Märchen ausgewirkt habe, wurde apriori doktrinär entschieden, ohne empirisch erlangte Tatsachen zu wünschen, geschweige denn zu prüfen. In den vierziger und fünfziger Jahren galt es an maßgebenden Stellen als ausgemacht, daß die Märchen (von denen schon im 19. Jahrhundert bezeugt wurde, sie wären bereits in Verfall geraten) ausgerechnet nach, d.h. infolge der Revolution, wie auch sonst die klassenbewußte Kultur des Volkes, unter der parteigeleiteten Diktatur des Proletariats bekanntlich nicht degradieren können, sondern zum ewigen Blühen verdammt sind. In Sachen Kultur und Literatur/Folklore glaubten die Gelehrten, nur noch eine Evolution vom Guten zum Besseren nachweisen zu müssen. Besonders fruchtbar, so hieß es in zahlreichen Erklärungen, wirkte auf Leib und Seele der Bauern die schnell durchgeführte Kollektivierung der Landwirtschaft, die angeblich das Volk zum materiellen Wohlstand und in den Genuß geistiger Werte, u.a. der Wortkunst brachte ... Festivals der Volkskunst, mitunter mit Vorträgen von Märchenerzählern, sollten das demonstrieren!

Die offensichtlich verschlechterte Überlieferung der Märchen (wohl infolge der Zerstörung der Erzählgemeinschaften und Bauernhöfe durch Landflucht, auch infolge der Dezimierung der Bevölkerung durch Hunger und Repressionen) wurde in den Lehrbüchern der Folklore und in Leitartikeln verschwiegen. Das Märchenerzählen konnte noch in entlegenen Dörfern, in Bootschaften und Handwerkerbetrieben einigermaßen gedeihen – mehr noch in Zwangsarbeitslagern, in die seit den dreißiger Jahren zahlreiche Bauern eingesperrt wurden. Das Erzählen diente der abendlichen Unterhaltung vor dem Einschlafen. Während des Zweiten Weltkrieges wurden Bauern und Handwerker aus den annektierten ehem. polnischen und baltischen Gebieten, erst unter deutscher, dann unter sowjetischer Besatzung in Arbeitslager eingeliefert. Diese Leute gewährleisteten eine traurige Kontinuität der freien märchenfreudigen Erzählgemeinschaften.

Genau so, wie das wiederholte Erzählen die Märchen verfestigt, bringt sie der Mangel an Hörern in Vergessenheit. In Zeiten verschärfter Repressionen war es an vielen Orten, etwa in Zechen oder in Wohnblöcken, nicht ungefährlich ›Versammlungen‹ abzuhalten, und sei es, um harmlose Märchen, geschweige denn Witze zu hören. All das führte zum Untergang mehrerer Traditionen, die auch durch den Kabelfunk verdrängt wurden. Im riesigen Lande gab es täglich vom frühen Morgen bis in die späte Nacht aus dem Lautsprecher manches zu hören.

In der Märchenüberlieferung zeichnete sich die Erscheinung des *Zersagens* ab. Vormals in sich schlüssige Märchen wurden von mäßigen Erzählern, die aber als ›Repräsentanten des Volkes‹ (wie etwa Kowalew aus undurchsichtigen Gründen) erkoren wurden, ziemlich verhunzt. Dies und ähnliche Phänomene, die man vor 1917 stets als Verfallssymptome wertete, wurden von einem offiziösen Lehrbuchautor namens V. Morochin unverschämt als »höhere Entwicklungsstufe der Erzählkunst« deklariert und von zahlreichen Lehrern parteilinientreu den Studenten eingeschärft. Diese Lehrmeinungen wurden auf Zitate aus L. Breschnews Verkündigungen gestützt, die aber letztenendes auf Stalin und Kaganovič (da sie mehrmals Offenbarungen über Folklore äußerten) zurückgehen. Demnach gibt es für die Evolutionisten und Funktionäre von der Folkloristik überhaupt kein Zersingen und Zersagen, sondern nur ein Zurechterzählen und Zumbestenschleifen, wie bei Diamanten. In der Welt, also auch in der des Märchens, herrschte eine ›Entwicklung‹, ein Vervollkommnen vor allem der Kultur des werktätigen Volkes.

Ferner wurde gelehrt, daß die Märchen völlig der erhabenen Wirklichkeit des realen Sozialismus entsprächen: da werden gute Taten als Heldenmut gerühmt, sie sind von Ideen des Kollektivismus und der Freundschaft der Völker durchdrungen – (dies in einem Lehrbuch!). Kurz, in den siebziger Jahren werden die Märchen zu Predigtmärlein für vorgeschriebene Tugenden und nationale Selbstbeweihräucherung.

Zu Lenins Zeiten wurden Märchen udgl. als soziale Wunschdichtung ausgelegt. Unter Breschnew strengte man die Leninsche »Widerspiegelungstheorie« an, um zu beweisen, daß die Märchen realistisch sind und den nun erreichten Wohlstand künstlerisch darstellen. Milieuschilderung wurde lange als erwünschter ›Realismus‹ hochgespielt. Irreale Kunst paßte nicht ins Konzept. Erst neuerdings fühlte sich auch Jelena Schastina (bezüglich russischer Märchen am Lenafluß, die sie reichlich gesammelt hatte) genötigt zuzugeben, daß diese realistischen Einschiebsel die Märchentradition nur zu zerstören drohten. Aber auch sie versuchte trotz besserer Einsicht, doktringetreu diese realistischen Glossen als ›Kreativität‹ zu bewerten, mit der findigen Begründung, daß dadurch die Hörer veranlaßt werden, an das Märchengeschehen zu glauben. Dieser krause Gedanke sollte hier nur zeigen, wie und was die Dialektik und der Glaubensartikel von der totalen Evolution in der Exegese der Märchen zu bieten hatte. Solche Anstrengungen dürften dort noch als wissenschaftlich gelten! So steht es in einem Lehrbuch, wonach noch jetzt unterrichtet wird, daß im Märchengut der Russen überhaupt keine Spur des Verfalls zu beobachten ist: Kontaminationen, d.h. die Verstrickung mehrerer Märchen in eine Geschichte, sogar Konfabulationen wären also ›Ergebnis des Lebens‹, wohl auch eine höhere ›Entwicklungsstufe‹ der Märchentradition.

Wahr ist vielmehr, daß die Märchen in der Ära des realen Sozialismus auch in Sibirien, im Altai-Gebiet jenseits des Ural, wo man das Urtümliche zu suchen pflegte, ziemlich in Vergessenheit geraten sind. Und das gleiche bezeugt Victor Gussew für das Gebiet von Kostroma auch diesseits des Ural, wo er trotz Recherchen keine Märchenerzähler mehr ausfindig machen konnte. Die Expedition des Instituts für Ethnographie der Akademie der SU fand keine Märchenerzähler in Lettland (1962) – wo es eine altgläubige russische Bevölkerung gibt, die erst nach dem Zweiten Weltkrieg richtig unter sowjetische Macht geriet. Keine Erzähler wurden im Gebiet Wladimir (1962-1965) entdeckt. Ähnliche Zeugnisse gibt es für das Gebiet Kaluga und für Westsibirien. Die Beobachtungen von V. Mitrofanowa bestätigen diese pessimistischen Ausführungen. Da man von ihr und ihresgleichen ganz andere Behauptungen erwarten durfte, verdienen die erwähnten Feststellungen in Sachen Traditionsschwund auch Vertrauen.

Völlig isolierte Märchenlandschaften, ähnlich oder gar entsprechend der Landkarte der Mundarten oder Konfessionen (d.h. Altgläubige), scheint es bei den Russen nicht zu geben. Eher schon werden russische Züge in lettischen, estnischen und finnischen Märchen wahrgenommen, wie übrigens noch mehr türkische bei den Russen jener Kontaktzone, wohin diese verhältnismäßig spät im Zuge der Expansion und späterer Umsiedlungen im 20. Jahrhundert gerieten.

Wohl alle sowjetischen Märchenforscher als Literaturwissenschaftler sehen in den verschiedenen Märchen die Realisation *einer Gattung,* die nach ihrem Dafürhalten fast als lebendiger Organismus reichlich mit Bewußtsein und Eigendynamik begnadet sein soll. Demnach ist die Frage nach dem Stand der Märchentradition mit Überlegungen russischer Forscher zur Existenz der Gattung zu erläutern. Schon Wladimir Propp hat vor einem Menschenalter versucht, sämtliche Zaubermärchen nur auf Grund 100 russischer gedruckter Texte auf eine Gattung zu reduzieren. Möglicherweise hat er vom Inhalt her, auf die Erzähler ganz verzichtend, den Verfall von Märchen beschrieben; denn Gattung als epigonenhaftes Gebilde ist an und für sich schon der Untergang, besonders wenn es lange überliefert wird. Erna Pomeranzewa hat im Unterschied zu Propp mehrere Märchenerzähler gehört, sie hat das russische Märchengut vom lebenden Umgang her ziemlich gut gekannt, es aber hegelianisch zu hypostasieren neigte. Sie hat ihre Ausführungen über Erzähler (insbesondere Kowalew) und ›Gattung‹ in einem Aufsatz dargelegt (s. Deutsches Jahrbuch für Volkskunde, Erster Band, Jahrgang 1965, Teil II, p. 265-274). Daraus sei auszugsweise nur die Schlußfolgerung zitiert, die nach 25 Jahren erst recht stimmen dürfte: »... Wie lebendig das Volksmärchen auch noch sein mag, sein Schicksal ist besiegelt; langsam, aber sicher wird es ... verschwinden und von Kunstmärchen, Erzählung und Novelle verdrängt werden ... Es mag paradox klingen, aber je begabter ein Erzähler ist, je klarer sein schöpferisches Element und neues Gestaltungsprinzip in den traditionellen Märchen zum Ausdruck kommt, desto stärker offenbart sich in seinem Werk der Zerfall des Märchens.« Als Marxistin sieht die Autorin darin kein Ende, sondern eine Evolution, sie fährt fort: »Die Volkskunst tritt in eine neue Epoche ein. Die Kunst des Märchenerzählens wird durch neue Formen des künstlerischen Laienschaffens abgelöst und die mündliche Dichtung allmählich von der Literatur verdrängt, denn sie kann nicht mehr die führende Kunstrichtung eines gebildeten Volkes sein. Damit erreicht die Volkskunst eine neue Entwicklungsstufe. Unsere zeitgenössischen Erzähler stehen an der Schwelle dieser neuen Volkskunst des gesprochenen Wortes. Deshalb muß man ihre Werke um so sorgfältiger sammeln, aufzeichnen und analysieren, nicht nur, um der Nachwelt das reiche Erbe zu erhalten, das uns die Volkserzähler durch Jahrhunderte überliefert haben, sondern auch um gleichzeitig die neuen Elemente festzuhalten, die hier die Schranken der jahrhundertealten Tradition durchbrechen.«

Diese Empfehlung darf man ruhig beherzigen, auch wenn die gutgemeinte Begründung methodologisch ungut ist.

Lesebücher sind dem Wesen nach kein adäquates, wenn auch sehr früh angewandtes Medium für die Verbreitung von Märchen. Die Produktion russischer Märchenbücher wurde in der Sowjetunion gegen Ende der dreißiger Jahre offiziell auf das Schulalter eingestellt, freilich erschienen auch wissenschaftlich brauchbare Ausgaben, sowie elitäre Schmöker, u.a. aus Fremdsprachen übertragen. Die Wendung zum Märchen- und Kinderfreundlichen war ein Novum, denn nach der Revolution wurden Märchen, ja das Märchenhafte schlechthin kurzerhand als schädlich für die Erziehung eines klassenbewußten Sowjetmenschen erklärt. Die Vorschulkinder wurden während der diversen Reformen mit eigens hierfür massenweise publizierten Vorlesestoffen erzogen, die erklärterweise die alten Märchen und rührseligen Erzählungen ersetzen sollten. Denn darin agierten Zaren und passierten Wunder, was nach Kirche riecht. Der Märchenheld war zur Identifizierung für Proletenkinder nicht geeignet, denn schließlich pflegte er eine Prinzessin zu heiraten und auch sonst reich zu werden, was kein guter Mensch, der Doktrin zuliebe, sein darf. Die Verwandtschaft mancher Märchen mit russischen Heiligenlegenden und Mirakeln einerseits, sowie mit der ›bürgerlichen‹ Trivialliteratur andererseits wurde an den zuständigen pädagogischen Stellen, nicht zuletzt von Lenins Witwe mit Bedenken wahrgenommen. Die Zuchtwarte von der Volkserziehung bekämpften aufs schärfste die märchenhafte Ironie eines kinderfreundlichen Dichters wie Kornej Čukowski (1882-1969), der durch seine originellen Verserzählungen einen Umweg für den Einzug der Märchen in die Kinderliteratur ebnete. Allmählich, infolge der konservativen Wendung im Erziehungswesen, gaben die Verlage die altbewährten Märchendichtungen der Klassiker heraus (vor allem Puschkin, dessen Jubiläum 1938 großartig gefeiert wurde, aber auch Jerschow). In starken Auflagen wurden die Märchen der Brüder Grimm, Hauffs, Andersens für Kinder herausgegeben, auch Märchen verschiedener Völker wurden adaptiert in Übersetzung verbreitet; gelegentlich wurden präparierte deutschsprachige Texte aus den Kinder- und Hausmärchen der Brüder Grimm in die Lehrbücher für Deutsch eingeführt. In den Städten wurden wieder Märchen gelesen, den ganz Kleinen vorgelesen, also gehört, wie einst.

Das neue Massenmedium, das Radio, hat seit den dreißiger Jahren landesweit den Genuß der Märchen popularisiert. Namhafte Wortkünstler trugen Märchen im Kinderfunk vor, seltener kamen echte Märchenerzähler zu Wort. Allmählich begannen Schriftsteller, allerlei Märchenstoffe für Hörspiele, bald auch für Filme, hauptsächlich Zeichenfilme zu verfassen. Dies schloß an die ältere Tradition des Märchentheaters, mitunter der Märchenoper an, die ursprünglich gar nicht für Kinder, sondern für Erwachsene in Rußland bestimmt war. Schon zu Katharaina II. Zeiten sah man auf den Bühnen gern singende und tanzende Bauernmädel und glückliche Schäfer, ebenso in der Malerei und auf Teppichen, die ja gewollt märchenhaft wirkten. Die Komponisten M. Glinka (1804-1857) und N. Rimski-Korsakow (1844-1908) schufen originelle Märchenopern, wozu sie gern Puschkins Märchenbearbeitungen als Libretto benutzten. *Ein* Aufzug in der Oper war stets dem Tanz gewidmet. So war es durchaus natürlich, daß der Komponist P. Schaikowski reine Märchenballette für den Ballettmeister Petipas auf französische, westliche Libretti verfaßte, die weltberühmt wurden. So machten just die Musiker die Märchen beim Publikum aufs neue beliebt. Auch die Hörspiele und die Aufführungen von Märchen im neuen Kindertheater waren sehr oft von Musik begleitet.

Fast in jeder Bezirksstadt gibt es Theater für Jugendliche, sie bereisen auch viele Dörfer und bieten ständig auch Märchenstücke zur Unterhaltung und Anregung der Phantasie. Manche internationale Stoffe, etwa »Der Schüler aus dem Paradies« im Marionettentheater, »Schneewittchen« und andere Grimmsche Märchen, wurden dadurch sehr populär und verdrängten die einheimische Tradition. Märchen wurden lieber gespielt gesehen als mühsam gelesen.

Bahnbrechend wurde die Weltpremiere von Maurice Maeterlincks »Der blaue Vogel« in Moskau als solide dramatische Aufführung für jung und alt. Dem folgten einige Märcheninszenierungen von Gozzi. Sehr erfolgreich wirkte Jewgeni Schwarz (1896-1958), der Perraults »Rotkäppchen« (1937) und einige Erzählungen Andersens für das Theater bearbeitete. Erst 1956 konnte sein eigenes märchenhaftes Stück mit dosiertem Tiefsinn, »Das gewöhnliche Wunder«, in Leningrad uraufgeführt werden.

Das Märchentheater, das Radio und neuerdings das Fernsehen erreichten auch jene Generationen in den Städten, die keine Märchen in der Jugend mehr zu hören bekommen hatten; das gilt auch für die Drehbuchautoren, die Motive und Episoden aus Allerweltsmärchen mitunter mehr gekünstelt als kunstvoll verarbeiteten. Verfilmt wurden nach zahlreichen Hörspielen die Kunstmärchen, die eher sagenhaft am Ural spielen, von Pavel Bažow (1879-1950). Weltbekannt durch seine Märchenfilme wurde Alexander Rou (1906-1973), der gerade russische Stoffe dargestellt hat.

In den letzten Jahren wird täglich eine Unmenge von Zeichentrickfilmen ausgestrahlt. Da entstand ein üppiger, synkretistischer Folklorismus, ein Märchenland, in dem alles verfügbar wurde. Viele Zeichentrickfilme, angeblich für Kinder kreiert, sind hintergründig für intelligente Erwachsene gemeint, so die Filme von Juri Norstein. In den vierziger Jahren forderte man auch von Märchenstücken ethnographischen Realismus, russische Milieuschilderung und zugleich ein handfestes Morale, auf daß man lerne, daß nur durch nützliche und harte Arbeit, keinesfalls dank magischer Helfer und guter Zauberer der Sowjetmensch glücklich werde. Daß die Darstellung von Bühnengestalten, besonders aus den Märchen, speziell für Kinder, Phantasie und kreative Freiheit braucht, wollten die folkloristisch vorbelasteten Rezensenten des Märchenfilms nicht wahr haben. Es war gar nicht leicht, den geforderten Realismus, eigentlich Naturalismus etwa in Oper und Ballett zu mildern. So ward das Geschäft mit Märchen für Theaterleute und Filmmacher mitunter gar gefährlich. Das berühmte »Es war einmal …« der erzählten Zeit führte bald in eine scheinbar reale, stilisierte altrussische Vergangenheit. Doch der Hofstaat, in dem der Herrscher grausam und dumm ist, durfte gerade nicht in Rußland spielen, damit man nicht versucht werde zu vermuten, es sei eine Anspielung auf gegenwärtige Zustände dortzulande. Diese prekäre Situation – die vermutlich auch das normale Märchenerzählen implizierte – zwang die Regie, immer deutlicher zu moralisieren. Und das droht allemal die Kunst des Märchens und den Genuß zu verderben. Eine tiefe Umwälzung war nötig, um den abstrakten Stil und die ironische Verfremdung der Märchen zu erlauben.

Die Errichtung von Märchenplätzen für Kinder in den städtischen Parks, wo es Häuschen auf Hühnerfüßchen, Burgen und sogar hölzerne Märchengestalten in drolligen Farben gibt, die in den siebziger Jahren serienweise aufgestellt wurden, ist gewiß nicht geeignet, die Märchenwelt *im* Menschen aufzubauen. Eher umgekehrt: dieser Pappdeckelrealismus hemmt die Phantasie und materialisiert, kommerzialisiert die Geistigkeit, die das Wesen jeder Kunst ausmacht …

Märchen wirken auf das Denken und Fühlen der Menschen, der märchenhafte Wunderglaube bestimmt ihr Handeln. Durch Märchen also können Menschen noch heute einander näher kommen. Obschon Märchen massenweise und lange fast in der ganzen Welt verbreitet waren und sind, haben sie nicht die Vermassung veranlaßt. Es ist die Macht, die aus Menschen eine Masse macht. Die individuelle Fähigkeit, Märchen als Kunst zu genießen, ist es, welche die für Menschen nötige *geistige* Affinität, quer durch Länder, Zeiten, Sprachen und Religionen, bildet. Dieses Phänomen ist eurasisch, antik, und man sollte es jetzt und für die Zukunft in Schutz nehmen.

Ursula Brunold-Bigler

Schweizer Märchensammler

Der Schwerpunkt dieses Beitrags über die Aktivitäten der bedeutendsten schweizerischen Märchensammler liegt gemäß den Tendenzen der aktuellen historisch orientierten Forschung auf der Quellenkritik. Nicht zuletzt soll im Hinblick auf die zukünftig noch näher zusammenrückenden europäischen Nationen der Viersprachigkeit des Kleinstaates Schweiz Rechnung getragen werden.

Deutsche Schweiz

Otto Sutermeister (1832-1901), Lehrer an der Kantonsschule in Aarau, orientierte sich bei seinen 1869 erstmals herausgegebenen »Kinder- und Hausmärchen aus der Schweiz«[1] nicht nur hinsichtlich des Titels am Vorbild der Brüder Grimm. Gleich ihnen beschränkte er sich nicht auf das Märchen, sondern bekundete Offenheit gegenüber andern Gattungen wie Sagen, Parabeln, Dummenschwänken, Lügengeschichten, Kleinkindererzählungen und religiösem Erzählgut. Wie die Grimms verwertete er Quellen von unterschiedlichster Qualität und Herkunft. Als weitere Gemeinsamkeit ist die stilistische Homogenisierung der Quellen zu nennen, nach Sutermeisters Auffassung eine »angemessene(r) Gestaltung zu Kinder- und Hausmärchen«. Diesen Gedanken faßte er in folgende Worte: »Aus den Druckquellen wurde ferner Manches bei Seite gelassen, was sich einer genaueren Betrachtung als das Produkt irgend eines schöngeistigen Falschmünzers verrieth; ebenso wurde auch schon jeder künstliche Zusatz fern gehalten, durch welchen etwa ein Märchen um die seiner Gattung ursprünglich eigene Einfachheit, Unschuld und prunklose Reinheit gebracht worden war; und endlich wurde auf den einfachsten Redestil zurückgeführt, was der einzelne Erzähler in subjektiver Willkür für Feinheit, Geist, Witz, Gefühl u.dgl. gehalten hatte.«[2] Die Kommentare des ersten historisch-kritischen Märchenforschers der Schweiz, Samuel Singer (1860-1948)[3], belegen mit erschreckender Deutlichkeit, daß die verschiedenen Eindringlinge, die sich zwischen die erzählende Person und dem von Sutermeister publizierten Text geschoben haben, den Authentizitätsgehalt der meisten Erzählungen auf ein absolutes Minimum reduzierten. So entnahm Sutermeister seine Aschenputtel-Version (Nr. 9) der Sammlung von Alois Lütolf (1824-1879)[4], welcher die Erzählung von Niklaus Felder (1821-1888), Professor für Naturkunde an der Kantonsschule Luzern, erhalten hatte. Singer beurteilt schon die Felder-Lütolfsche Vorlage als schlecht und vor allem unvolkstümlich erzählt und vermutet zwischen dem Erzähler und Felder einen geistlichen Beiträger[5]. Was die »alte Spinnerin zu Escholzmatt«[6] in Entlebuch dem damals elfjährigen Niklaus Felder wirklich erzählt hat, bleibt vor lauter Textmanipulation im dunkeln.

Singer hielt vorerst »s'Einzig Töchterli« (Nr. 49) als ein von Bernhard Wyss, Lehrer an der Knabenschule Solothurn, den Brüdern Grimm nacherzähltes Kunstmärchen, fand indes eine sehr ähnliche Variante aus Lobenfeld im Großherzogtum Baden[7]. Mit großer Wahrscheinlichkeit stammt die von Bernhard Wyss notierte Erzählung aus dem Mund der über achtzigjährigen Anna Maria Lack-Berger von Niederbuchsiten. Doch auch diesem Märchen liegt eine wesentlich später erfolgte Nacherzählung zugrunde, wie aus Wyss' Erinnerungen hervorgeht: »Sie mochte mich immer gern leiden, weil ich schon als sechsjähriger Bube zu ihrer und meiner nicht geringen Freude die lauretanische Litanei auswendig hersagen konnte. Da setzte ich mich denn oft zu ihr und wir plauderten, bis sich Gelegenheit fand, an das geheime Wunderkästchen zu klopfen. Mit liebenswürdigem Selbstgefallen und der größten Naivität erzählte sie dann fromme Legenden und abergläubischen Quark, deklamirte muntere und schwermütige Volkslieder und haarsträubende Zauberformeln, Alles bunt durcheinander und legte dabei eine Gedächtnisstärke an den Tag, die Bewunderung verdiente.«[8]

Mit »Schweiz« meint Sutermeister die Deutschschweiz, denn von 63 Nummern stammen bloß zwei aus einem anderssprachigen Gebiet. Bei diesen von Ferdinand Vetter (1847-1924), Kantonsschullehrer in Chur, eingesandten Texten handelt es sich um erstmals publizierte Märchen aus der Raetoromania; sie sollen aus dem Munde »zweier Hirtenjungen aus Scarl« (Unterengadin) aufgezeichnet worden sein (Nrn. 47 und 51). Als Schüler des dialektkundigen Ernst Ludwig Rochholz (1809-1892)[9] bildete sich Sutermeister viel auf seine Mundartkenntnisse ein: »Selbstverständlich bedurfte die Mundart, wie sie die verschiedenen Texte boten, vielfach einer durchgreifenden Revision; und hier befand sich der Herausgeber mehr als einem seiner Erzähler gegenüber in dem Vortheil, daß ihm die oft so wesentlich varirenden Formen der lokalen Idiome heimisch und vertraut«[10], ja er glaubte sogar die Texte seiner verehrten Vorbilder verbessern zu müssen: »Selbst in den Grimmschen Schweizer[11] Märchen, die sonst unverändert in unsere Sammlung hinüber genommen wurden, mußten neben unzähligen Druckfehlern auch oftmals mundartwidrigste Formen korrigiert werden ...«

Robert Wildhaber und Leza Uffer, die Herausgeber der Anthologie »Schweizer Volksmärchen«[12], vertrauten blindlings den von Sutermeister vorgegebenen Mundartkenntnissen. Erst der Rezensent des Sammelbandes, der Schweizer Märchenforscher Max Lüthi, brachte ans Licht, daß der Schreibtischgelehrte Sutermeister dem Volk überhaupt nicht aufs Maul geschaut hatte: »Eine Überprüfung der von Sutermeister mundartlich wiedergegebenen Texte wäre zu empfehlen gewesen; seine Orthographie, aber auch seine Syntax sind da und dort fragwürdig. Druckfehler hätten bei den wenigen im Dialekt erzählten Märchen besonders sorgfältig ausgemerzt werden müssen.«[13] Doch auch Lüthi unterließ es, in seiner Rezension zu erwähnen, daß dank Melchior Sooodärs (1885-1955) »Zelleni us em Haslital« den Herausgebern neun sorgfältig in Mundart notierte Märchentexte zur Verfügung gestanden hätten[14].

Der Spitalpfarrer von Altdorf, Volkskundler und Lokalhistoriker Josef Müller (1870-1929) fragte seit 1909 vor allem die ihm als Seelsorger anvertrauten pflegebedürftigen Menschen nach traditionellen Geschichten. Seine dreibändige Sagensammlung verhalf ihm zu bis heute anhaltender Berühmtheit[15]. Dank der von Daniela Walker besorgten Edition eines Manuskripts im Nachlaß Müllers kamen nun auch 43 Märchen aus dem Urnerland ans Licht[16]. Die Gewährsleute des Sammlers, darunter zahlreiche jüngere Frauen, kannten vor allem die Schattenseiten des Lebens. Als Korrespondent des »Schweizerischen Idiotikons« achtete Müller auf eine präzise Wiedergabe des Dialektes, wodurch die vielfältige mündliche Ausdrucksweise seiner Gewährsleute gebührend zur Geltung gelangt[17].

Robert Wildhaber und Leza Uffer brachten in ihrer Anthologie »Schweizer Volksmärchen« 14 Texte aus der Sammlung »Sagen und Märchen aus dem Oberwallis« von Johannes Jegerlehner (1871-1937)[18]. Wildhaber bezeichnete die Publikation des Lehrers und passionierten Freizeitfolkloristen als eine besonders charakteristische Sammlung, deren Texte: »aus erster Hand stammen«[19]. Sicherlich aus Jegerlehners Hand stammt die Niederschrift in Hochdeutsch, die durch eine arge Dehnung und Stilisierung gekennzeichnet ist. Die positive Bewertung der Herausgeber fußt freilich auf Jegerlehners Behauptung »mustergültige« Märchenerzähler gefunden zu haben, unter denen er den Kräutersammler Johannes Treyer und den Gewalthaber (Gemeindepräsidenten) und ehemaligen Schafhirten Pauli Zeiter, beide in Ems im Turtmanntal, namentlich hervorhebt[20]. Dazu kommt, daß Jegerlehners Sammlungen zum einen für das »Handwörterbuch des deutschen Aberglaubens« verzettelt wurden, zum andern Hanns Bächtold Stäubli (1886-1941) zusammen mit Samuel Singer die Motiv-Indices, ein Verzeichnis der Märchentypen nach Antti Aarne sowie komparatistische Querverweise auf schweizerische und außerschweizerische Materialien beibrachte. 1961 erfolgte eine weitere Aufwertung durch die Wissenschaft, indem sie als einzige Schweizer Sammlung im AT-Typenverzeichnis[21] figuriert. Erst Josef Guntern, der in den 1970er Jahren Volkserzählungen im Oberwallis sammelte, deckte die Fragwürdigkeit der Jegerlehnerschen Märchen auf: ausgerechnet in Ems, wo die besagten »Mustererzähler« wohnten, bekam der Sammler kurz vorher gelesene oder gar erfundene Geschichten zu hören[22].

Französische Schweiz

Der französischsprachige Nordjura gilt nicht nur als märchenreiche Gegend der Schweiz, sondern weist mit seinen »fôles« (von lat. *fabula*) eine weitere Besonderheit auf. »Fôles« können als Erzählungen charakterisiert werden, die ein dominierendes wunderbares und zugleich ein humoristisches Element enthalten. Als Sammler treten der Volksliedforscher Arthur Rossat (1858-1918) und der in Patois schriftstellernde Lehrer Jules Surdez (1878-1964) hervor.

Rossat stieß während seiner um 1900 getätigten Feldforschungen auf keine lebendigen Erzählgemeinschaften mehr, und die befragten Greise erinnerten sich nur noch vage und bruchstückhaft an die »vieux récits«[23]. Obwohl Rossats Texte in Patois notiert sind, darf angesichts der erwähnten Tatsache eine wortgetreue Aufnahme aus dem Volksmund bezweifelt werden: mit großer Wahrscheinlichkeit hat Madame Fenk-Mouche, Sekundarlehrerin in Porrentruy, der Juradialekte besser kundig als der Lausanner Rossat, die Gedächtnisfragmente zu ganzen Erzählungen umgearbeitet. Rossats zweite »treue und ergebene« Mitarbeiterin war Bertha Pheulpin, Postangestellte in Miécourt[24]. Sie entstammte einer Familie mit reicher Erzählkultur und hörte die mitgeteilten Geschichten von ihrem 1822 geborenen Vater, der sie wiederum von seiner Großmutter vernommen hatte[25]. Aus dem Munde von »Marguerite chez le Tout-Blanc«, einer alten Schneiderin, die circa 80jährig starb, hörte sie das Märchen vom »Fröschlein mit dem roten Halsband«[26], eine Version zu AT 405A* (Enchanted Girl Disenchanted by Lover). Die von Bertha Pheulpin notierten »fôles« weisen eher einen hohen Echtheitsgrad auf.

Jules Surdez behauptete 1940, die gehörten Volkserzählungen fünfzig Jahre früher ohne Retuschen direkt aus dem Munde von Dialektsprechern aufgezeichnet zu haben[27]. Die sprachliche und inhaltliche Zuverlässigkeit der Materialien erscheint beim Nachrechnen verschwindend klein, denn ein Zwölfjähriger bewältigt doch kaum die Transkription der schwierigen jurassischen Dialekte. Als 1885 sein Großvater mütterlicherseits, Xavier Chappuis, im Alter von 56 Jahren starb, war Surdez sogar bloß siebenjährig[28]. Zu Papier gebracht wurden also nicht die Ausdrucksformen des Volksmundes, sondern die Nachschreibungen, wenn nicht Neuschöpfungen eines Schulmeisters! Das tatsächliche Alter der von Surdez befragten Personen, die generell als »Greise«[29] bezeichnet werden, bleibt ein ungelöstes Rätsel. 1890 waren seine Schwiegereltern Guillaume Macquat und Marie Macquat-Faivre 57- und 50jährig; die Mutter des Sammlers, Marie Surdez-Chappuis, zählte 29 Jahre. Der Schreiner Justin Joly war 41jährig, Henri Genin 39jährig. Der Schneider Céléstin Choulat zählte 51; Arnold Willemin, ein »boshafter Buckliger« 59 Jahre – von »Greisen« kann also zu diesem Zeitpunkt nicht die Rede sein. Welche Erzählungen auf Kindheitserinnerungen und welche auf direkte Befragungen zurückgehen, bleibt wohl für immer ungeklärt, zumal Gilbert Lovis, an und für sich mit profunden Kenntnissen über den Nordjura ausgestattet, die Chance einer historisch fundierten Edition des Nachlasses von Jules Surdez[30] nicht wahrgenommen hat. Doch auch der Märchenanthologie von Robert Wildhaber und Leza Uffer hätte im Fall Surdez eine Prise Quellenkritik gewiß nicht zum Schaden gereicht.

Italienische Schweiz

Der erste Sammler von Tessiner Märchen, Vittore Pellandini, war als Herausgeber eines Dialektwörterbuches von Arbedo mit der Sprache des Volkes vertraut. Er veröffentlichte die Resultate seiner Erhebungen teilweise in Dialekt, doch leider publizierte er auch in einem geschliffenen Literaten-Italienisch. Über seine Gewährsleute machte er keinerlei Angaben[31].

Der Romanist Walter Keller (1882-1966) fand auf seiner Märchensuche im Tessin während der zwanziger Jahre bei der Lehrerin Luigia Carloni-Groppi (1872-1947) uneingeschränkte Unterstützung. Sie stellte Keller ihre 1911 in Dialekt notierten Erzählungen zur Verfügung und übersetzte für ihn Mundarttexte ins Schriftitalienisch. Eine zweite wichtige Persönlichkeit, die Keller während seiner Sammeltätigkeit traditionelle Geschichten lieferte, war der Lehrer und Bauer Silvio Savi (1877-1963). Diese beiden Beiträger bilden die Hauptquellen der Publikationen »Tessiner Märchen« von 1927 und »Tessiner Sagen« von 1930. Die Neuherausgabe dieser Bändchen erfolgte 1940 zusammen unter dem Titel »Am Kaminfeuer der Tessiner; Sagen und Volksmärchen«. Der Vergleich der Kellerschen deutschen Fassung mit den von seinen Tessiner Helfern notierten Erzählungen deckt vor allem die moralisierenden Purifizierungen der deutschen Edition auf[32]. Ein wichtiges Verdienst Kellers besteht indes darin, daß er als erster Schweizer Sammler die sozialhistorische Aussagekraft seiner Märchen betont hat. Diese erzählen nach ihm »vom Leben auf den Alpweiden, vom Käsebereiten in der Sennhütte, vom mühsamen Holzhacken in den Kastanienwäldern, vom Heuen an schroffen Felshängen, von der Oelmühle zuhinterst im Tal, vom Fischen am blaugrünen See, vom Hinabwandern mit der Gerla [Rückenkorb] zum Markt, von den Spinnstuben beim knisternden Kaminfeuer, aber auch vom Auswandern in ferne Länder und von der Heimkehr mit einem kleinen Sparbatzen. Auffallend viele Märchen fabulieren von einem unverhofft gefundenen Glück. Da wird etwa erzählt, wie ein armer braver Bauernbursche durch Klugheit und Tüchtigkeit viel Geld findet oder sogar eine Königstochter zur Frau gewinnt. Diese Sehnsucht nach einem sorgloseren Dasein ist begreiflich bei einem Volk, das hart arbeiten muß, um dem kärglichen Boden das zum Leben Nötige abzuringen.«[33]

Pia Todorović-Strähl und Ottavio Lurati übersetzten für ihre 1984 erschienene Anthologie »Märchen aus dem Tessin«[34] nicht nur aus dem Nachlaß von Luigia Carloni-Groppi bisher unpublizierte Texte ins Deutsche, sondern steuerten gar zur Hauptsache eigene Aufnahmen bei. Die bedeutendste Märchenfrau, Jolanda Bianchi-Poli (*1921) aus Brusino, arbeitete einstmals als Hausmädchen im Kinderheim »Istituto di Sorengo«, welches der Leitung von Cora Carloni, der Tochter der genannten Märchensammlerin Luigia Carloni-Groppi, unterstand. Jolanda Bianchi-Poli nahm einige von diesen Frauen erzählte Märchen in ihr eigenes Repertoire auf.

Rätoromanische Schweiz

Sämtliche Märchensammlungen aus der bündnerischen Raetoromania entstanden aus der Einsicht, daß die rätoromanischen Idiome längerfristig gefährdet waren und geschützt werden mußten. Wirksamstes Signal zur permanenten Verteidigung einer Kleinsprache gegen die wachsende Dominanz des Deutschen gab der Kulturhistoriker, Sozialpolitiker und Mitbegründer der katholischen Universität Freiburg i. Ue. Caspar Decurtins (1855-1916)[35] mit seiner 13bändigen »Rätoromanischen Chrestomathie«[36]. Dem Nachdruck dieser monumentalen Sammlung von »vorbildlichen« Sprachdenkmälern wurde 1985 ein Band mit Materialien aus dem Schamsertal beigesellt, um sämtliche rätoromanischen Regionen zu dokumentieren[37]. Die Zahl von Caspar Decurtins und seinem Beiträgerkreis erhobenen Märchen beläuft sich somit auf 165. Die Mehrheit der dienstbaren, leider bis auf wenige Ausnahmen unsichtbar gebliebenen Geister stellte das zu idealistischen Einsätzen erzogene weibliche Geschlecht: »Besonders waren es die Frauen, die Bauerstochter, die neben ihrem Gebetbuche wenige Bücher kennt, wie das Fräulein, das die Dichter der großen Nachbarvölker im Urtext liest, die uns mit sinnigem Verständnis und tatkräftiger Hand bei der beschwerlichen Sammelarbeit unterstützten.«[38] Eine dieser Helferinnen, Luisa Caduff-Camenisch (1879-1964) in Morissen, erzählte dem Sagensammler Arnold Büchli (1885-1970) über ihre Begegnung mit Caspar Decurtins: »Ich habe für ihn schon, als ich in die Realschule ging, gesammelt und nachher, als ich verheiratet war, wieder: canzuns [Lieder], proverbis [Sprichwörter], detgas [Sagen].« Nach der Meinung dieser Gewährsfrau hatte Decurtins zwar nicht die Lieder, wohl aber die Sagen vor dem Druck bearbeitet[39]. Leza Uffer, der bedeutendste Märchensammler der Schweiz, hegte in gleicher Weise Bedenken gegenüber der editorischen Qualität der Texte: »Wir haben nicht volle Gewähr für eine einwandfreie Wiedergabe der Volkserzählungen durch diese Mitarbeiter. Und in der Tat zeigt eine genauere Untersuchung der Erzählungen sogleich deutliche Unterschiede im Stil.«[40] Decurtins hatte schon um 1870, angeregt durch die Mythologien Jacob Grimms und Karl Simrocks[41] und möglicherweise herausgefordert durch die Sutermeistersche Sammlung, als Gymnasiast in der Surselva, seiner engeren Heimat, 40 Märchen gesammelt. 20 Beispiele übersetzte er ins Deutsche und sandte sie Dietrich Jecklin (1833-1891), der sie 1874 im ersten Bändchen seiner Sagenanthologie »Volksthümliches aus Graubünden« abdruckte. Wie sehr Jecklin den jugendlichen Eifer für die Volkspoesie zu schätzen wußte, geht aus seinen Äußerungen hervor: »Durch den Umstand, daß mein früherer Mitarbeiter und ehedem für Geschichte und Sage sehr thätige Dr. iur. [er promovierte zum Dr. phil.] Casp. Decurtins die trügerische Bahn der Politik betreten, und die Forschungen über Volksthümliches an den Nagel gehängt hat, bleibt dieser dritte Theil der bündnerischen Volkssagen leider ohne seine sonst anerkannt wertvollen Mittheilungen.«[42] Eher ist zu vermuten, daß Decurtins nicht mehr als Beiträger Jecklins arbeiten wollte, sondern gezielt für sein Lebenswerk, die »Rätoromanische Chrestomathie«, zu sammeln begann. Von den befragten Personen sind nur zwei bekannt: der 1901 verstorbene Tona Sonder (genannt »Tona da Burvain«), der zu seinen Zuhörern Leute aus der weiteren Umgebung zählte. Von ihm stammen zwölf Märchen[43]. Gieri Grischott (*1836) von Ferrera, nach seinem Haus »Gieri la Tscheppa« genannt, war Kleinbauer und Vater von zehn Kindern. Der Lehrer Steafan Loringett befragte ihn 1913 im Auftrage von Caspar Decurtins und publizierte zehn Märchen des vor dem Ersten Weltkrieg im Schams talbekannten Erzählers[44].

Der mythologiebegeisterte »Sohn surselvischer Berge«[45] vertrat vorerst die Auffassung vom Germanenerbe im rätoromanischen Märchen, folglich machte Decurtins es sich zur Aufgabe, diese Spuren aufzudecken: »... Dietrich von Berne zieht aus, den Drachen zu besiegen, ja der alte Wuotan steigt wieder herab zu den Menschenkindern, und Idun hütet die goldenen Äpfel unsterblicher Jugend. Sogar die Schwanenjungfrau, das holde Duftgebilde im uralten eddischen Liede, Wölundarkwidha, winkt auf rätischer Alpenhöhe und umkost den rauhen Hirten mit süßem Geflüster.«[46] Später wandte er sich der Wandertheorie zu und kombinierte damit avant la lettre die Frage nach den Oekotypen, den »verschiedenen kulturellen Ausprägungen eines Erzähltypus, nach dem nationalen Kostüm und der landschaftlichen Sonderart, die sich in Form und Inhalt manifestieren kann«.[47] Die neuere Komparatistik hatte Decurtins ermöglicht, die rein auf die germanische Mythologie konzentrierte Sichtweise zu erweitern: »In unserer Publikation findet sich eine große Anzahl jener Märchentypen, welche die vergleichende Folkloristik als über die ganze Welt verbreitet nachgewiesen hat. Aber diese von Volke zu Volk wandernden Stoffe erhielten ein spezifisch rätoromanisches Gepräge; ja der Inhalt selbst wird in einzelnen Märchen, z.B, in jenem von den drei Winden [AT 400], so umgestaltet, daß die Märchenform mit mythischen Figuren aus der rätischen Gebirgswelt ausgefüllt wird.«[48]

Neben Caspar Decurtins engagierte sich der Redaktor Gian Bundi (1872-1936) für die Wiedererstarkung des Märchenbewußtseins in der Raetoromania. Von 1901-1906 publizierte er in der Zeitschrift »Annalas«[49] Märchen aus Bever im Oberengadin, die er in seiner Kindheit gehört hatte. Seine Tante Anna Cavegn-Giovanoli war eine »Meisterin der Erzählkunst«: »Wenn sie erzählte, so lauschten wir Kinder mit offenem Mund und offenen Ohren, denn sie hatte die Gabe, Alles so lebhaft vor uns zu stellen, als trage es sich gerade zu ... Sie selbst hatte den Schatz von Märchen, über den sie in jüngeren Jahren verfügte, von der Botenfrau und Näherin Anna Engel in Bevers, die im Hause meiner Großmutter ›auf die Stör‹ kam, zur großen Freude der Kinder, die dann auch aus den Nachbarhäusern herströmten. Diese Nann' Engel habe über hundert Märchen erzählt, ohne sich je zu irren oder von einem ins andere zu verwirren. Sie war eine brave Jungfer, die die Kinder liebte, und bis in ihr Alter hinein mit einem Handkarren von Bevers nach Samaden auf Kommissionen ging oder in den Häusern Näharbeiten verrichtete.«[50] Leider gab Bundi die Geschichten dieser ersten mit Namen bekannten rätoromanischen Märchenfrauen in stark bearbeiteter Form wieder, dies gilt besonders für seine Übersetzungen ins Schriftdeutsche[51]. Von ihm stammen auch die Texte zu den Märchenopern »Die schöne Bellinda« und »Der Glasberg« des schweizerischen Komponisten Hans Huber (1852-1921)[52].

Die Forschung kann heute feststellen, daß die »Biologie«[53] des Märchens immer stärker ins Zentrum der Interessen gerückt ist; einige Marksteine auf diesem Wege seien erwähnt: Anordnung der Texte nach Informanten, Entdekkung der Erzählerpersönlichkeit, Heraushebung der Bedeutung sowohl aktiver wie passiver Traditionsträger, Analysen des Zusammenspiels von Erzähler und Erzählgemeinschaft, Untersuchung der Gesamtpersönlichkeit eines Erzählers, Hinwendung von text- zu kontextorientierter Forschung und Betonung des Performanzvorgangs[54]. Der Romanist Leza Uffer (1912-1982) hat in seiner 1935 begonnenen, wegen der Kriegswirren erst zehn Jahre später publizierten Dissertation alle diese Fragen mehr oder weniger kräftig angeschnitten. Schon aus dem Titel der Arbeit hört man das Signal zu einem neuen Aufbruch: »Rätoromanische Märchen und ihre Erzähler. Neugesammelte romanische Märchen«[55]. Uffer wollte nicht nur der Forschung »einwandfrei volksmündliche Texte« zur Verfügung stellen, sondern gleichzeitig die »soziologische Funktion« des Erzählers[56] erhellen. Um die Erzählungen wortgetreu notieren zu können, entwickelte Uffer eine eigene Kurzschrift[57]; seit 1952 benützte er das Tonband[58].

Aus der Rückschau des Forschers geht deutlich hervor, daß seine Märchen in einer Ausnahmesituation erhoben worden sind, erzählt wurde nicht in einer aufeinander abgestimmten lebendigen Gesprächsrunde, sondern dem Sammler, und die Gewährsleute waren alles alte Menschen, das heißt isolierte Traditionsträger, die sich über den emsig ihre Geschichten notierenden jungen Mann freuten. Seine rekonstruierenden Recherchen führten zu einer genauen Datierung der großen Traditionsruptur: »Die erzählende Dorfgemeinschaft gehört auch im rätoromanischen Gebiet, selbst im entlegensten Bergdorf, schon seit vierzig bis sechzig Jahren der Vergangenheit an. Das Erzählen an den langen Winterabenden im Hause eines anerkannten und regelmäßig aufgesuchten Dorferzählers hörte in unseren Tälern nach Ausbruch des ersten Weltkrieges fast auf einen Schlag auf. Die Männer von zwanzig bis fünfzig Jahren mußten zur Grenzbesetzung einrücken. Die zumeist aus der landwirtschaftlichen Bevölkerung rekrutierten Bündner Gebirgstruppen standen vor allem im Winter wochen-, ja monatelang unter den Waffen. Bei den älteren, nicht mehr wehrpflichtigen Männern aber verdrängten zuhause die von den Tageszeitungen vermittelten Berichte von den kriegerischen Ereignissen – die eifrig kommentiert wurden – das Märchen- und Sagenerzählen immer mehr aus der Winterstube. Auf den Maisässen konnte sich das abendliche Erzählen im Frühjahr und Herbst noch etwas länger halten. Die ›aclas‹ werden von der Post nicht bedient, sodaß in dieser Zeit der Maisässbauer die Tageszeitung höchstens an Sonntagen sieht, wenn er zum Kirchgang und um Nahrungsmittel zu holen für einige Stunden ins Dorf hinuntersteigt.«[59] Es versteht sich von selber, daß eine in den dreißiger Jahren entstandene Studie nicht ohne die »Dorfgemeinschaft« idyllisierende Tendenzen auskommt, doch läßt Uffer auch Menschen zu Wort kommen, die aus materieller Not die Produktion der alltäglichen Ressourcen über die traditionelle Kommunikationskultur stellen mußten: »Jungfrau Cadonau entstammt einer armen Familie. Sie mußte mit

13 Jahren Verdienen gehen und hat bis in ihr hohes Alter immer als Magd ihr Brot verdient. In ihrer Familie wurden keine Geschichten erzählt. Sie erinnert sich nicht, daß je einmal Vater oder Mutter etwas erzählt hätten. ›Nous eran povers a vevan betg taimp a peda da rachintar istorgias.‹ (›Wir waren arm und hatten weder Zeit noch Muße, um Geschichten zu erzählen.‹)«[60]

Durch die Sammeltätigkeit Uffers, die sich bis in die sechziger Jahre hinein erstreckte, erhöhte sich die Zahl der im rätoromanischen Sprachgebiet notierten Märchen auf 410.[61] Diese in der Tat erstaunliche Märchenpräsenz begründet der Sammler damit, daß der rätoromanischen Dorfgemeinschaft in ihrer ausgeprägten Eigensprachlichkeit »nur das literarische Eigengewächs der volksmündlichen Überlieferung« zur Verfügung gestanden hätte[62]. Die Nachklänge der Romantik sind bei dieser Äußerung deutlich zu vernehmen, doch arbeitet Uffer realitätsbezogen die Einflüsse der Lektüre deutscher und italienischer (Märchen-)Bücher heraus: nahezu sämtliche bewußte Erzähler und Erzählerinnen waren zugleich fleißige Leser! Zudem ist in Betracht zu ziehen, daß die frühe und gezielte Rettungsaktion der rätoromanischen Elite die Märchenkultur nochmals zum Blühen gebracht hat.

Katalin Horn

MODERNES MÄRCHENERZÄHLEN IN DER DEUTSCHSPRACHIGEN SCHWEIZ

Als ich auf dem Kongress der »Europäischen Märchengesellschaft« über das Thema »Märchenerzähler – Erzählgemeinschaft« 1981 den inzwischen verstorbenen Schweizer Märchensammler Leza Uffer fragte, ob im Bündnerland noch heute Märchen erzählt würden, winkte dieser ungeduldig ab. Er bemerkte mit verbitterter Stimme, daß man sich heutzutage nur über Börsenberichte unterhalte.

Nun, ganz so schlecht ist es um die Märchen in der Schweiz nicht bestellt. Die Lage ist freilich ähnlich wie im größten Teil Europas: das ursprüngliche Leben der Volkserzählungen als fester Bestandteil des ländlichen Gemeinschaftslebens ist abgestorben. Die mündliche Überlieferung ist tot. An ihre Stelle tritt jedoch langsam, wie in vielen anderen hochindustrialisiserten Ländern, eine neuartige Tradition. Im Folgenden soll ein kurzer, sich auf persönliche Interviews gründender Überblick über die deutschschweizerische Märchenszene gegeben werden.

Es ist nicht auszuschließen, daß neben den spontan erwachten Bedürfnissen und neben einem gewissen Einfluß der »Europäischen Märchengesellschaft«, die Arbeit Max Lüthis in der Wiedergeburt des Märchens hierzulande ebenfalls eine nicht zu unterschätztende Rolle spielte. Denn Lüthi war nicht nur ein auf der ganzen Welt geschätzter Gelehrter, er war auch – im besten Sinne – ein ›Propagandist‹ der Volksmärchen. Er hielt nebst anderen Tätigkeiten auch Rundfunkvorträge (zusammengefaßt in den beiden Bändchen »Es war einmal … Vom Wesen des Volksmärchens«, 1962, und »So leben sie noch heute. Betrachtungen zum Volksmärchen«, [3]1989), die sich »an einen weiten Kreis von Hörern [richteten], an Mütter, Väter, Erzieher überhaupt, darüber hinaus an jeden, der das Märchen um seiner selbst willen gern hat.«

Als erste nennt Lüthi »Mütter, Väter, Erzieher«. Dies ist insofern von Bedeutung, als eine der wichtigsten Motivationen der ›Erneuerungsbewegung‹ in der Erkenntnis gründet, daß »Kinder Märchen brauchen«.

So berichtet eine ehemalige Kindergärtnerin und Mutter von drei Kindern, wie der Gemeindepfarrer sie einmal an einem Bazar erzählen hörte und sie darauf fragte, ob sie Märchenerzähler-Kurse für Mütter anbieten könnte. Denn, so der Pfarrer, diese sollten ihren Kindern wieder Märchen erzählen. Die einstmals geschätzte Schülerin Lisa Tetzners im Kindergärtnerinnen-Seminar sagte bereitwillig »Ja«, und von dieser Zeit an hat sie nicht nur erzählt, sondern auch Kurse für Eltern, Krippenleiterinnen, Kindergärtnerinnen, für Jugendgruppen u.a. gegeben.

An dieser Stelle bereits müssen wir das erste wichtige Merkmal der neuen Erzähltätigkeiten festhalten: die meisten befragten Frauen sind nicht nur als

Erzählerinnen, sondern auch als Vermittlerinnen einer ›angewandten Märchenkunde‹ rührig. Dies hängt damit zusammen, daß sie die Polyfunktionalität der Märchen ganz bewußt wahrnehmen und in Kursen, Selbsterfahrungsgruppen und anderen Veranstaltungen das helfende Potential des Märchens nutzbar machen wollen.

Das zweite wichtige Merkmal besteht darin, daß zwar eine neue Überlieferung des Erzählens, nicht aber eine der Texte entsteht. Denn die Texte werden aus Büchern gelernt. Die Kreativität der Erzählerinnen besteht aber nicht nur im Wie des Erzählens, vielmehr sind sie schriftstellerisch, dichterisch oder wissenschaftlich (Wegleitung zum Märchen, Editionstätigkeit, Diplomarbeit) tätig. Sie produzieren u.U. Tonband- und Schallplatten-Aufnahmen, setzen ihre Märchenträume in Kunstgegenstände um, begleiten ihre Erzählungen mit Musik und anderen Stimmungsmachern wie Kerzen, Tücher, Steine.

Weiter ist anzumerken, daß spontane Erzählsituationen selten vorkommen. Erzählt wird in Bazaren, Geschäften, Buchhandlungen, in Bildungstätten, bei Einladungen in Privatwohnungen, in Altersheimen, Schulen und bei etlichen anderen Gelegenheiten. Doch berichtet eine Erzählerin auch, daß sie auf einer langen China-Reise, offenbar improvisierend, Märchen erzählte.

Dem neuen Textverständnis entsprechend ist die soziale Zusammensetzung der Erzählerinnen von großem Interesse: waren etwa die Erzählerinnen und Erzähler Leza Uffers Tagelöhner, ein Landwirt, ein Schuster, eine Magd, ein Maurermeister u.ä., so kommen die Erzählerinnen heute (wie in Deutschland!) vornehmlich aus pädagogischen und/oder sozialen Berufen: sie sind oder waren Lehrerinnen, Religionslehrerinnen, Kindergärtnerinnen, Erzieherinnen, Sozialarbeiterinnen. So hängen ihre ursprüngliche Ausbildung und ihr Märchenverständnis ganz eng zusammen. Dieses oben schon kurz erwähnte Märchenverständnis hat zur Folge, daß die befragten Erzählerinnen das Märchen sowohl für Kinder als auch für Erwachsene sehr hoch einschätzen. Sie haben folgende Ziele bei ihren erzählerischen und lehrenden Veranstaltungen:

- Erzählen um des Erzählens willen, für Kinder und Erwachsene.

- Die Erzählerinnen möchten Kunst und Fähigkeit des Erzählens weitergeben, das Märchen in der Schulpraxis sicherer anwenden lehren. Zielgruppe dieser Bemühungen sind Eltern, Großeltern, Erzieher, Lehrer. Wichtige Aufgabe kommt dem Märchen in der Erwachsenenbildung zu.

- Die Märchenerzählerinnen wollen verschiedene Generationen mit Hilfe der Märchen einander näher bringen.

- Ganz allgemein sollen Märchen Lebenshilfe leisten: im Gruppengespräch und in Selbsterfahrungsgruppen werden Märchen zum Medium der Selbstbegegnung, Identitätsfindung, Selbsterkenntnis und der Selbstwertstärkung. (Diese Arbeit wird freilich nicht nur von Erzählerinnen, sondern auch von Psychologen oder Laienpsychologinnen verrichtet.)

- Die therapeutische Wirkung der Märchen wird auch bei kranken und/oder alten Menschen, bei Behinderten geschätzt. Neuerdings wurde der Verfasserin gegenüber ein Versuch erwähnt, mit Märchen Drogenprophylaxe zu treiben.

- Mit Hilfe von Märchen wollen die Erzählerinnen wichtige Lebensthemen zur Sprache bringen (Generations- und Altersprobleme, Gut und Böse, Grausamkeit u.ä.m.), Weisheit vermitteln und dadurch zum richtigen Handeln animieren.

- Eine wichtige Aufgabe besteht in der Stärkung der Bande zwischen Natur und Mensch: in den von Umweltorganisationen veranstalteten »Schweizer Waldwochen« etwa spielt das Märchen eine vornehme Rolle. Hier zeigt sich, daß das Märchen nicht nur als emotionales Gegengewicht zur einseitigen ›Kopflastigkeit‹ geschätzt, sondern auch als kognitives Mittel wahrgenommen wird. Märchen werden somit als Instrumente genutzt, die zur Verinnerlichung wichtiger Überlebensstrategien dienen können.

- Märchen werden auch durch Medien verbreitet: verfilmte Märchen (Kino, TV) kommen vor allem aus dem Ausland. Da jedoch in der deutschsprachigen Schweiz die Umgangssprache der jeweilige Dialekt einer Stadt oder Landschaft ist, kommt den einheimischen Märchenerzählerinnen, den städtischen Bühnen, den Tonträgern und Lokalradios eine wichtige Rolle in der sprachlichen Identitätsfindung vor allem der Kinder zu, welche der Schriftsprache noch nicht ganz mächtig sind.

Zusammenfassend können wir feststellen: es bleibt nach wie vor ein Desiderat, das zeitgenössische Märchenerzählen in der französischen, italienischen und rätoromanischen Schweiz zu untersuchen. In der deutschsprachigen Schweiz haben die berufsmäßigen, schauspielerisch ausgebildeten Märchentanten und Märchenonkel in der vorläufig noch nicht sehr großen Gruppe beherzter Erzählerinnen ›Konkurrenz‹ erhalten. Diese neuen Erzählerinnen haben eine fast schon vergessene Kommunikationsform wiederentdeckt und sie zu neuem Ansehen gebracht.

Jan-Öjvind Swahn

MÄRCHENFORSCHUNG IN SKANDINAVIEN

Während der ersten Hälfte des vorigen Jahrhunderts, als die Nationalromantik und damit das Interesse für die volkstümliche Kultur Skandinavien erreichte, unterschied sich die politische Situation im Norden durchgreifend von der heutigen. Es gab nur zwei selbständige Staaten – Schweden und Dänemark. Island war ein Teil des dänischen Reiches, Norwegen war mit Schweden in einer aufgezwungenen Union vereint und Finnland kürzlich dem russischen Imperium einverleibt worden, was in Schweden ein nationales Trauma hinterlassen hatte. Die Dänen fühlten sich von Preußen durch die schleswig-holsteinische Frage schwer bedroht, und in Schweden gedieh eine augenfällige antirussische Stimmung. Der Nährboden für Manifestationen der nationalen Eigenart war überall in den nordischen Ländern sehr günstig, und in diesem Zusammenhang erwachte auch der Wunsch, die Schätze der einheimischen Volksdichtung einzusammeln[1]. Diese Tätigkeit wurde – wie in den meisten europäischen Ländern – zunächst auf die Volkspoesie gerichtet. Erst um 1840 wurden auch die Märchen einbegriffen, noch später die Sagen.

Ältere Quellen: einige traditionsgeschichtliche Hauptzüge

Altnordische Quellen berichten über das Erzählen von *Stiefmuttermärchen*, aber wovon diese handelten, hat niemand für erwähnenswert gehalten[2]. Zu den wichtigsten indirekten Beweisen, daß die mittelalterlichen Volksmärchen inhaltsmäßig der Motivwelt der späteren Aufzeichnungen entsprachen, gehört natürlich, daß eine Vielzahl mittelalterlicher literarischer Werke auf Märchenmotiven fußt, die oft ziemlich vollständig wiedergegeben sind. Man braucht nur das »Grotte-Lied« der älteren Edda zu nennen[3], sowie mehrere der sogenannten »Fornaldar-Sagas«[4], doch haben diese Quellen in erster Linie Bedeutung für den westnordischen Raum. Aus dem ostnordischen Sprachgebiet gab schon um 1200 der dänische Geschichtsschreiber Saxo Grammaticus eine Reihe von Geschichten wieder[5], die unverkennbar auf Märchenmotiven bauen, doch muß man zuweilen – wie in dem berühmten Fall der wahrscheinlich byzantinischen Hamlet-Sage – aus guten Gründen bezweifeln, daß er seine Inspiration nordischer Überlieferung entnahm. Unter den schwedischen Quellen wäre »Das altschwedische Legendar« zu nennen, aber die Märchen die dort erscheinen sind sicherlich direkte Anleihen bei entsprechenden kontinentalen Märchen[6].

Nichtsdestoweniger kann man die Behauptung wagen, daß das Mittelalter und die nächtsfolgenden Jahrhunderte eine wichtige Rolle für das skandinavische Volksmärchen gespielt haben, nicht zuletzt dadurch, daß die Märchentradition Schwedens und Dänemarks während dieser Zeit durch Entlehnungen aus der deutschen volkstümlichen Erzählkunst bereichert wurde[7]. Im Westen wurde dagegen die Märchenüberlieferung besonders von der Berührung mit den Kelten, vor allem mit den Iren und den Schotten, beeinflußt. Sehr stark war dieser Einfluß im frühen Mittelalter – wie vermutlich auch in der Wikingerzeit – wo man allerlei keltische Züge z.B. in Edda- und Sagadichtung und in der Mythologie verspüren kann[8]. Noch im 19. Jahrhundert traten in Island oft zwei nebeneinander lebende Fassungen der Volksmärchentypen auf – eine einheimisch-nordische und eine die sich aus der keltischen Tradition herleiten läßt[9]. In Schweden, Dänemark und bis zu einem gewissen Maße auch in Norwegen waren es dagegen deutsche Vorbilder, die entsprechende Parallelen schufen. Während des *18. Jahrhunderts* wurden die nordischen Volksmärchen auch auf literarischem Wege durch die französischen Feenmärchen beeinflußt[10]. Charles Perraults berühmte Märchen erschienen frühzeitig und in vielen Auflagen als Volksbücher, und dadurch erhielten wir in der skandinavischen Überlieferung nicht selten eine neue Redaktion eines Märchens (so etwa »Aschenbrödel«), die in gewissen Fällen die alte, einheimische fast verdrängte. Während des *19. Jahrhunderts* waren es vor allem die Märchen der Brüder Grimm, die durch die Einwirkung des gedruckten Wortes auf die nordische Tradition eine gleichartige Rolle spielten.

Einsammeln, Sammler, Aufbewahrung, Ausgaben

In den nordischen Ländern fällt die Ära des Märchensammelns zwischen 1840 und die Jahrhundertwende. Vor 1840 gibt es so gut wie keine Texte, und im 20. Jahrhundert hat man eigentlich nur fragmentarische und Bookloremärchen aufzeichnen können[11]. Es gab einige Reliktgebiete, wo das Erzählen etwas länger weiterlebte, vor allem im nördlichen Norwegen, in Westschweden, auf den Färöer. Von den Texten, die während gut eines halben Jahrhunderts gesammelt wurden, liegt heutzutage noch das allermeiste unveröffentlicht in den zahlreichen Volkskundearchiven. Über die Sammlungen und die Tätigkeiten dieser Institutionen wird in verschiedenen Handbüchern Bericht erstattet.

Dänemark hat keine *klassische* Sammlung von Volksmärchen. Vielleicht hat es damit zu tun, daß Hans Christian Andersen (1805-75) 1835-72 eine Gattung von genialen Kunstmärchen schuf, die das Interesse des Publikums von den volkstümlichen Märchen ablenkte[12]. In Dänemark standen außerdem besonders lange und auffallend die Balladen im Zentrum der folkloristischen Sammel- und Forschungsarbeit. Svend Grundtvigs (1824-83) großartige und musterhafte Ausgabe der dänischen Volkslieder wurde ab 1853 die hervorragendste Manifestation der dänischen Volkskunde des 19. Jahrhunderts[13]. Im Schatten dieser Leistung begann aber allmählich auch das Volksmärchen zum Vorschein zu kommen, und Grundtvig gab 1854-61 eine große dreibändige Anthologie mit allerlei Volksüberlieferungen heraus[14], darunter viele Märchen. Er legte dazu mit seiner Sammeltätigkeit den Grundstein des großen Märchenarchivs, das seit 1905 zur »Dansk Folkemindesamling« in Kopenhagen gehört, die ab 1921 als staatliches Institut arbeitet[15]. Grundtvig schuf auch (ab 1861) eine Märchensystematik, die zu den allerersten ihrer Art gehörte und eine Anzahl Märchentypen definierte, die später Antti Aarne bei der Arbeit mit dem internationalen Typenkatalog auswertete[16].

In der ersten Ausgabe (1818-23) dänischer Volkssagen von Just Mathias Thiele (1795-1874)[17] wurden auch einige Märchen gedruckt, und das allererste dänische (und skandinavische) eigentliche Märchenbuch erschien schon 1823, war von Mathias Winther (1795-1834) herausgegeben[18] und wurde die Inspirationsquelle für Hans Christian Andersen. Andere frühe dänische Sammlungen waren die von Klaus Berntsen (1844-1927)[19] und Jens Kamp (1845-1900)[20], dessen Originalaufzeichnungen im Kopenhagener Folklorearchiv aufbewahrt sind, wenn auch in sehr schlechtem Zustand.

Der wichtigste dänische Volksdichtungssammler war aber Evald Tang Kristensen (1843-1929)[21]. Er war Volksschullehrer in Jütland, nicht weit von Viborg, in einer Gegend, wo die Volksüberlieferung damals noch sehr reich war. Er begann damit, für Grundtvig Lieder und Liedermelodien aufzuzeichnen, und als Grundtvig starb, wurde eine Gesellschaft gegründet, die 1884-89 für ihre Mitglieder eine Zeitschrift mit Kristensen als Redakteur, »Der Schatzgräber«[22], herausgab. Er veröffentlichte dort an die 600 Märchen und außerdem eine Menge Sagen, Kinderreime, Rätsel usw.

Kristensen zeichnete in Jütland wenigstens 2 500 Märchen auf und dazu eine Unzahl von Sagen – mehr als 22 000 wurden in zwei Serien mit zusammen 12 Bänden publiziert[23]. Von seinen Märchenaufzeichnungen veröffentlichte er 13 Bände[24], die aber nur einen geringen Teil der von seiner Hand niedergeschriebenen Texte im dänischen Folklorearchiv enthalten. Kristensens Märchen geben meistens die mündliche Erzählkunst gut wieder und sind mit ihrem drastischen Humor nicht immer ganz salonfähig. Über Kristensens Märchen hat Bengt Holbek eine umfangreiche analytische Studie verfaßt.

Die spätesten dänischen Märchenaufzeichnungen, die veröffentlicht sind, stammen von der Insel Bornholm in der Ostsee[25] und von der Halbinsel Odsherred in nordwestlichem Seeland[26]; beide sind hinsichtlich der Volkskultur als Reliktgebiete zu betrachten.

Drei Versuche, eine allgemeine dänische Volksmärchenanthologie, ein Gegenstück zu beispielsweise Asbjørnsens & Moes norwegischer oder Hyltén-Cavallius' Stephens schwedischer Sammlung zu schaffen, sind nennenswert. Grundtvig gab 1876-84 drei Bände Märchen heraus[27]. In dieser Ausgabe hat er die Märchentexte nach denselben Grundsätzen redigiert, die er für seine Balladenedition benutzte – er wollte die *Grundformen* vorlegen und meinte, daß die Grundform alle in den verschiedenen Aufzeichnungen vorhandenen Motive umfaßt hätte und also die denkbar längste Version sei. Dadurch hat er z.B. Motive, die in der mündlichen Überlieferung nur in Jütland *oder* auf den Inseln vorkommen, in ein und dasselbe Märchen eingebaut[28]. Axel Olrik besorgte von 1913 an eine vierbändige Sagen- und Märchenausgabe mit guten Kommentaren[29], und Hans Ellekilde (1891-1966, Archivar des Folklorearchivs) begann 1928 eine mehr wissenschaftliche Edition von ungedruckten Aufzeichnungen mit ausführlichen Anmerkungen, in der die dänischen Parallelen verzeichnet sind[30]. Leider wurde sie schon nach dem ersten Heft abgebrochen und nie zu Ende geführt.

Der erste, der authentisches Märchenmaterial von den *Faröern* veröffentlichte, war der Probst und Philologe Venceslaus Ulricus Hammershaimb (1819-1909), der zuerst in Kopenhagener gelehrten Zeitschriften hauptsächlich Sagen publizierte[31], später aber das große Sammelwerk »Færøsk Anthologi« herausgab[32]. Die dort befindlichen Märchen stammen aber einer Sammlung, die der Sprachforscher Jakob Jakobsen (1864-1918) aufgezeichnet hatte. Jakobsen wurde wegen seiner Untersuchung der nordischen Sprache der Shetländer (»Norn«)[33] international berühmt. Er sammelte 1892 und 1898 während zwei Reisen unter den Inseln Sagen und Märchen, von denen er beinahe 200 mit ausführlichen Anmerkungen veröffentlichte[34]. Später sind neue Aufzeichnungen u.a. in der literarischen Zeitschrift »Varain« gedruckt worden. Noch in den letzten Jahrzehnten hat die Schwedin Åsa Nyman mehrere Märchen aufgezeichnet und teilweise auch publiziert[35]. Eine Anthologie in Englisch mit guter Einleitung hat 1980 John F. West herausgegeben[36].

Mit isländischen Märchen verknüpfen wohl die allermeisten die langen mittelalterlichen Erzählungen, die man besser »Sagas« nennt, die »Familiensagas«, wie Nials oder Egil Skallagrímssons Saga, die »Fornaldar-Sagas« (d.h. »Altertums-Sagas«; unter *Altertum* versteht man die Zeit vor der norwegischen *Landnam* ab 874; diese Sagas spielen sich also nicht in Island ab), wie Ragnar Lodbroks oder Orvar Odds Saga, und die mehr *historischen* »Bischofs- und »Königs-Sagas«[37]. Diese ästhetisch bemerkenswerten Texte aus dem 13. und 14. Jahrhundert sind aber nicht *Volksmärchen* im eigentlichen Sinne des Wortes, sondern literarische Produkte einer kurzlebig aufblühenden isländischen Hochkultur, auch wenn einige von ihnen auf ältere mündliche Überlieferungen zurückgehen können – wie *viele* und *in welchem Grad* ist ein fortwährender Streitgegenstand zwischen Folkloristen, Philologen und Literaturhistorikern[38]. Die meisten Sagas sind als eine Art historischer Romane aufzufassen, oder vielleicht – aus folkloristischem Gesichtswinkel – als lange Sagenketten oder -konglomerate. Daß besonders die Fornaldar-Sagas mit bestimmten definierbaren Volksmärchentypen verwandt sind, ist jedoch unbestreitbar[39], und selbstverständlich enthalten die Familien-Sagas eine große Menge von Volksglauben, Volkssitten und anderem volkskundlichem Stoff.

Das Interesse für die Märchen der gegenwärtigen Tradition wurde auch in Island durch die Brüder Grimm geweckt. Der isländische Pionier hieß Jón Árnason (1819-88) und war Pfarrsohn aus Nordisland. Er wurde im Laufe der Zeit Lehrer und Bibliothekar in Reykjavík und bekam Magnús Grímsson

(1825-60) als Mitarbeiter seiner folkloristischen Tätigkeit, einen sonderbaren Mann, dem es bei seiner geistlichen Arbeit nicht fremd war, Schauspiele zu Verfassen, Lehrbücher der Physik herauszugeben oder Mähmaschinen zu konstruieren[40]. Beide hatten mit Begeisterung die Grimmschen Märchen gelesen und sich dafür bestimmt, gemeinsam ein entsprechendes Werk mit isländischen Märchen zu schaffen. Aber erst nachdem sie einen deutschen Märchenenthusiasten, den Rechtshistoriker Konrad von Maurer (1823-1902), kennengelernt hatten, der Island besuchte und selbst eine Isländische Sagensammlung herausgab[41], konnten sie ihre Pläne verwirklichen. Maurer half ihnen nicht am wenigsten dadurch, daß er ihnen einen Verleger in Leipzig verschaffte. Ihre Sammeltechnik war vielleicht ein wenig primitiv, aber geprägt von den Schwierigkeiten, auf die Personen mit begrenzter Zeit und wenig Mitteln stoßen mußten, wenn sie auf der verkehrsdünnen Insel Feldarbeit leisten wollten. Sie machten ihre Schüler in der Lateinschule in Reykjavík, die ja später fast überall im Lande Beamte werden sollten, zu Mitarbeitern beim Einsammeln; diese zeichneten in den Gegenden, wo sie tätig wurden, die Märchen, die sie fanden, auf und schickten sie zu Árnason und Grímsson[42].

Nach dem Tod Grímssons stellte Árnason das Manuskript der großen Sammlung fertig, und das Werk erschien 1862-64 in zwei prächtigen Bänden[43]. Es wurde eine mächtige Stütze der älteren Folkloristik in Europa und einer der hervorragendsten Klassiker der wissenschaftlichen Volksmärchendokumentation. 1954-61 wurde eine neue, wissenschaftlich edierte und mit neuen Texten ergänzte Auflage der Sammlung in Reykjavík herausgegeben. Ein Werk, das als Einführung in die isländische Volksmärchenüberlieferung sehr wichtig ist, wurde von der Deutschen Adeline Ritterhaus geschrieben[44]. Sie hat außer den von Árnason gedruckten Märchen auch seine nicht publizierten Texte in der Nationalbibliothek in Reykjavík benutzt und davon oft ausführliche und kommentierte Zusammenfassungen gemacht.

Nach Árnasons Tode wurde sein Werk allmählich von anderen, u.a. von seinem Verwandten Ólafur Davídsson (1862-1903)[45], in verkleinertem Maßstab weitergeführt. Die Volksmärchenbücher, die später in Island veröffentlicht wurden, sind alle im Vergleich mit Árnasons Sammlung klein. Dank Einar Ólafur Sveinssons Katalog in der Serie FFC sind die isländischen Märchenvarianten leicht zu finden[46]. Sveinsson hat auch ein vortreffliches Buch über die isländischen Volksmärchen geschrieben, die bisher beste Einführung in diesem Gegenstand[47]. Wer nicht Isländisch lesen kann, wird an die ausführliche Einleitung seines Kataloges verwiesen. Neben den oben angeführten, älteren deutschen Übersetzungen gibt es auch neuere[48].

In *Norwegen* wurden die beiden Studienfreunde, der Theologe Jørgen Moe (1813-82) und der Mediziner Peter Chr. Asbjørnsen (1812-85), durch den Sagensammler Andreas Faye (1802-69) und durch die Grimmsche Sammlung dazu inspiriert, sich dem Dokumentieren der damals sehr lebendigen Märchentradition ihres Landes zu widmen. Von 1837 an sammelten sie – hauptsächlich während der Sommerferien – viele Texte, vorwiegend aus den Gegenden nördlich von Oslo, und begannen 1841 mit einem sehr bescheidenen Heft die Märchen herauszugeben[49]. Sie waren selbst sehr begabte Erzähler und gestalteten die Aufzeichnungen nach ihren eigenen sprachlichen und stilistischen Idealen um. Da sie Motive aus verschiedenen Varianten zusammenfügten, wurden die Märchen im Druck oft ziemlich lang. Die Form, die sie den Texten verliehen, stimmte mit dem Geschmack der Mitwelt gut überein, und so wurde die Sammlung durch ihre volkstümlichen Redensarten und viele Wörter aus den Mundarten eine für die Erneuerung der norwegischen Schriftsprache bahnbrechende Arbeit; sie trug mit dazu bei, Norwegisch gegen Dänisch zu profilieren. Von den beiden war Asbjørnsen an den Scherzmärchen und den Sagen am meisten interessiert, während sich Moe vor allem den Wundermärchen widmete. Die wichtigste Auflage ist die zweite, aus dem Jahre 1852[50], denn dort haben sie auch eine Auswahl von Varianten in Zusammenfassung wiedergegeben, und sie ist mit einer umfassenden Einleitung von Moe versehen. Von den beiden verließ Moe binnen kurzem den folkloristischen Wirkungsbereich, um eine Karriere als Geistlicher zu machen – er brachte es bis zum Bischof. Asbjørnsen dagegen, der nie eine seiner ärztlichen Ausbildung gemäße Tätigkeit ausübte, ging zu zoologischen und botanischen Studien über, setzte aber seine volkskundliche Arbeit fort und veröffentlichte u.a. zwei Bände mit Sagen[51] und dazu ein Märchenbuch guter Qualität, die sogenannte Alleinsammlung[52].

Nach der Pionierleistung Asbjørnsens und Moes folgte eine lange Reihe örtlich begrenzter Sammelarbeiten, deren Ergebnisse oft auch veröffentlicht wurden. Zu den besten zählen die Märchen, die Moltke Moe (1859-1913), ein Sohn Jørgen Moes, in der Provinz Telemark aufzeichnete[53]. Andere Sammler und Herausgeber des 19. Jahrhunderts waren Johannes Skar (1837-1914)[54], Th. S. Haukenaes (1840-1922)[55] und Hans Ross (1833-1914)[56].

Ein fleißiger Sammler und dazu origineller Analytiker des norwegischen Märchenstils war der Museumskonservator Rikard Berge (1881-1969), der Zehntausende von Manuskriptseiten hinterließ, aber auch bedeutende Sammlungen herausgab[57].

Vor dem ersten Weltkrieg hatte man in der nördlichen Hälfte von Norwegen eigentlich nur samische (lappische) Märchen gesammelt, aber glücklicherweise war das Volksmärchen unter den Norwegern in diesen Gegenden noch in den zwanziger Jahren des 20. Jahrhunderts lebendig, und man machte zu dieser Zeit hier sehr wertvolle Aufzeichnungen. Besonders der Bauer Knut Strompdal aus Velfjord in Helgeland (1881-1954) dokumentierte gründlich die Volksdichtung seiner Heimat[58]. Die nordnorwegischen Märchen unterscheiden sich in vieler Hinsicht stilistisch von den sonstigen nordischen Märchen. Sie sind realistischer, oft mit der Lebensweise der Küstenbewohner verknüpft und vom Seemannsmilieu geprägt.

Im Jahre 1967 begann die Herausgabe einer stattlichen Reihe von Märchenbüchern, wobei jeder Band früher unveröffentlichte Märchen aus einer bestimmten Gegend enthält[59], dazu ausführliche Anmerkungen u.a. Paralleltexte. Herausgeber sind die hervorragendsten Märchenforscher Norwegens, so Reimund Kvideland, B. Alver, Olav Bø und Bjarne Hodne. Bis heute erschienen 12 Bände. Durch diese Leistung wurde Norwegen, was Volksmärchendokumentation betrifft, anderen skandinavischen und nichtskandinavischen Nationen Vorbild. Auf deutsch liegen mehrere Anthologien vor[60].

Schon 1921 veröffentlichte Reidar Th. Christiansen (1886-1971) ein Verzeichnis der norwegischen Volksmärchenaufzeichnungen, gedruckten wie handschriftlichen[61]. Es war das erste dieser Art, bei dem man durch ein Kodesystem den Inhalt jedes einzelnen Märchens – wenn auch nur in groben Umrissen – feststellen konnte. Ein neues Verzeichnis von Ørnulf Hodne ist hauptsächlich bibliographisch angelegt, gibt aber auch Auskünfte über Erzähler, Sammler und Herausgeber der Märchen[62]. Bei Vorschlägen zu Märchentypen, die in Aarnes & Thompsons Index nicht vorhanden sind, wird der Inhalt der Märchen ausführlich wiedergegeben.

Das systematische Sammeln von Märchen aus der lebendigen *schwedischen* Volkstradition begann um 1840 und war direkt durch die Grimmsche Pionierarbeit inspiriert. Die Widmung an die Brüder Grimm, mit der Gunnar-Olof Hyltén-Cavallius (1818-89) und George Stephens (1813-95) ihre Märchenausgabe (wie auch Asbjørnsen & Moe und Árnason) einleiteten, ist bezeichnend. Hyltén-Cavallius war um die Mitte des 19. Jahrhunderts die dominierende Gestalt in der schwedischen Volkskunde; seine umfassenden Sammlungen von Märchen und Sagen, die bisher nur teilweise in einer großen Ausgabe volkskundlicher Quellenschriften der Gustav Adolfs-Akademie vorliegen, sind ein Grundstein der Märchen- und Sagenforschung in Skandinavien[63]. Eine 1844-49 gedruckte Auswahl ist das erste schwedische Märchenbuch und die klassische Sammlung des Landes[64]. Leider ist die Sprache der Texte sehr wenig volkstümlich, weil Hyltén-Cavallius bestrebt war, altertümliche Wörter und Ausdrucksweisen anzuwenden, um dadurch den Märchen ein mittelalterliches oder sogar altnordisches Gepräge zu verleihen. Diese Übertreibungen wurden in den späteren Ausgaben stark gemildert, und seine Märchen haben nicht zuletzt in der Sprachform, die sie in verschiedenen Kinderbüchern erhielten, große Popularität erreicht. Hyltén-Cavallius zeichnete selbst viel Stoff auf, ließ aber auch andere für sich arbeiten, wodurch einige sehr wichtige Sondersammlungen, von den Traditionsträgern selbst zusammengestellt, zustande gebracht wurden.

Während Hyltén-Cavallius einen allgemein-schwedischen Märchenkodex schaffen wollte, beschränkten sich seine Nachfolger meistenteils auf ein mehr begrenztes Gebiet. Auf der Insel Gotland brachte Per Arvid Säve (1811-87) um 1850 ziemlich einmalige Sammlungen zustande, aus denen die Märchen und Sagen erst in den fünfziger Jahren unseres Jahrhunderts herausgegeben wurden[66]. Säve besaß ein für seine Zeit ungewöhnliches und sehr weitreichendes Verständnis für die wichtige Rolle der Traditionsträger. So verdanken wir ihm allerlei wertvolle Daten über nicht weniger als fast 750 Gewährsleute, dazu auch Milieuschilderungen und Biographien.

Für die Jahrzehnte nach 1860 ist besonders die Sammeltätigkeit zu nennen, die von den sogenannten »landsmålsföreningar« (d.h. Mundartvereine) an den Universitäten in Lund und Uppsala ausging. Ein Großteil ihrer Texte wurde in der in jeder Hinsicht bedeutenden Zeitschrift »Svenska landsmål« veröffentlicht.

In den achtziger Jahren des 19. Jahrhunderts arbeiteten drei Volksdichtungssammler von hoher Qualität, Nils Gabriel Djurklou (1829-1904), August Bondeson (1854-1906) und Eva Wigström (1832-1901).

Djurklou war einer der Pioniere der schwedischen Heimatbewegung und gab mehrere volkskundliche Schilderungen heraus, darunter 1883 eine Sammlung »Märchen und Abenteuer« aus den Provinzen Nerike, Westmanland und Wermland[67]. In seiner Art, die Märchen herauszugeben, unterschied er sich stark von Hyltén-Cavallius: er gebrauchte ein mundartlich gefärbtes, oft sehr humoristisches Sprachgewand, womit er die Texte so burlesk wie möglich machen wollte.

Bondeson, ein Gothenburger Arzt, unternahm als Student in Uppsala eine Reihe von Aufzeichnungsreisen und sammelte dabei eine große Anzahl von Märchen. Ebenso wie Djurklou ›verbesserte‹ er den Stoff, um ihn so unterhaltend wie möglich zu machen. Das beste seiner Märchenbücher – und eines der hervorragendsten der schwedischen Folklore überhaupt – ist das Resultat eines sommerlichen Aufenthaltes in der Provinz Dalsland, westlich vom Wänersee[68]. Dort verbrachte er seine Zeit bei einigen guten Traditionsträgern aus den sozial gesehen niedrigsten Schichten des Bauernstandes, Kätnern, ausgedienten Soldaten und Kleinhäuslern. Er gab nicht nur deren Märchen wieder, sondern stellte das Erzählen auch in sein rechtes Milieu hinein und machte die Funktion der Volksdichtung in der alten Gesellschaft deutlich[69].

Eva Wigström lebte ihr ganzes Leben lang in Schonen, Südschweden, und schilderte zuerst das Volksleben in Novellenform. Heute sind diese Produkte, die für jene Zeit typisch waren, vergessen, aber Eva Wigströms Vermächtnis lebt durch ihre rein volkskundlichen Sammlungen[70]. Da stößt man besonders auf Sagen und Volksglauben, aber auch auf eine Menge zwar literarisch frisierter, zweifelsohne der mündlichen Vortragsform ziemlich nahestehender Märchen. 1985 wurde ein wiedergefundenes Manuskript ihrer Hand mit lauter Märchen veröffentlicht[71].

Nach der Jahrhundertwende waren es vor allem die volkskundlichen Archive und Universitätsinstitute in Stockholm, Lund, Uppsala und Gothenburg, die Volksdichtung systematisch einsammelten. Doch war jetzt das Erzählen von traditionellen Märchen bereits im Aussterben, und die Texte, die noch aufgezeichnet werden konnten, waren wissenschaftlich wie ästhetisch von sehr geringem Wert. Einen letzten Versuch, die noch fortlebenden Reste der schwedischen Erzähltradition zu retten, machte der damalige Dozent Waldemar Liungman (1883-1978) in den zwanziger Jahren durch Aufruf in den Lokalzeitungen, wodurch die »Liungmansammlung« des Folkloreinstituts in Gothenburg zustande kam. Sie ist von sehr unterschiedlicher Qualität; die besten Texte wurden im ersten Teil eines zweibändigen Märchenwerkes herausgegeben (im zweiten Band mit unveröffentlichten Texten aus anderen Archivsammlungen ergänzt)[72]. Ein Verzeichnis der schwedischen Märchen, vergleichbar den norwegischen oder isländischen gibt es nicht, doch hat Liungman im dritten (Kommentar-)Band seiner Edition tabellarisch kurzgefaßt den Inhalt der wichtigsten schwedischen Märchensammlungen angegeben[73]. Diese Tabelle ist in der deutschen Übersetzung des Buches leider nicht vorhanden[74].

Hier muß auch daran erinnert werden, daß in Finnland eine Minderheit von 350 000 »Finnland-Schweden« lebt, die Schwedisch als ihre Muttersprache haben. Sie bewohnen hauptsächlich die Inseln und das Küstenland in den südwestlichen Teilen des Landes; so ist beispielsweise die Bevölkerung der Ålands-Inseln 100% schwedisch. Die Verbindung der nyländischen Studenten an der Universität in Helsingfors führte in den siebziger Jahren des vorigen Jahrhunderts eine Sammeltätigkeit in ihrer Heimat durch und gab später in der Schriftserie »Nyland« zwei große Bände Märchen und Sagen heraus[75]. Dic »Schwedische Literaturgesellschaft« in Finnland, ein sehr wohlhabender Verein, der u.a. ein großes Volkskundearchiv in Helsingfors unterhält, begann 1917 das Herausgeben einer mächtigen Reihe mit systematisiertem, aber nur spärlich kommentiertem Aufzeichnungsmaterial, die jetzt etwa dreißig Bände (einige mit über 1 000 Seiten!) umfaßt[76]. Die ersten vier Bände enthalten Märchen; in zwei Bänden (Reihe A:1-2)hat man alle in dem Archiv zu dieser Zeit befindlichen Märchenaufzeichnungen in Zusammenfassungen wiedergegeben, während man in den zwei übrigen Bänden (Reihe B:1-2) besonders ›gute‹ Versionen von allen in Finnlands schwedischer Volksüberlieferung vorkommenden Märchentypen in extenso veröffentlichte[77].

Die ältere volkstümliche gedruckte Literatur, Volksbücher und kleine Hefte mit Märchen (gewöhnlich nur ein einziges Märchen auf einem einzigen Bogen gedruckt, sogenannte »skillingtryck«, d.h. »Schillingsdrucke«, denn der Preis war nur ein Schilling), wurde in Dänemark besonders stark beachtet: man hat sie in einer vierzehnbändigen Reihe mit ausführlichen Kommentaren und Anmerkungen herausgegeben – vermutlich die beste Ausgabe derartiger Literatur in der Welt[78]. In Schweden veröffentlichte P.O. Bäckström ein zweibändiges Werk, zwar jetzt veraltet[79], aber doch besser als das, was es in den meisten Ländern an Ausgaben solcher Drucke gibt. Eine schwedische Reihe von Volksbüchern aus den vierziger Jahren dieses Jahrhunderts ist schön anzusehen, doch fehlen leider Kommentare[80].

Forschung

Obgleich die Sammler des 19. Jahrhunderts – besonders Jørgen Moe (die Einleitung der Auflage von 1852) – auch eine analysierende Einstellung zu den Märchentexten, die sie sammelten, hatten, kann man doch vor dem 20. Jahrhundert kaum von Märchen*forschung* im eigentlichen Sinne sprechen. Der eine oder andere Literaturhistoriker oder Philologe hatte schon früher besonders die mittelalterlichen Texte, die man mit dem Volksmärchenstoff verknüpfen konnte, behandelt; diese Forscher gehörten offensichtlich meistens zu der Schule, die in Benfeys Nachfolge den Ursprung der Märchen in der indischen Dichtung suchte[81].

Der erste Wissenschaftler, der einen Lehrstuhl für Folkloristik bekleidete, war Moltke Moe, der schon 1885 – 26 Jahre alt – Professor der Dialektologie und Folkloristik wurde[82]. Seine Tätigkeit als Märchenforscher war aber sehr bescheiden. Nennenswert ist jedoch sein Aufsatz über »Die mythische Denkweise«[83], in dem er behauptet, daß es ein primitives, naives Denken nicht nur in eine fernen Urzeit gäbe, sondern in allen Zeiten, und damit auch die Möglichkeit für das Entstehen neuer Märchen. Sein Freund, der Däne Axel Olrik (1864-1917), ab 1897 Dozent, 1913 Professor der Folkloristik in Kopenhagen, war um so fleißiger und außerdem ein guter Organisator, der u.a. das dänische Folklorearchiv (1905) und dessen Förderverein gründete. Er widmete sich zuerst den Balladen, danach den Heldensagen und der Mythologie[84], hatte aber schon 1892 eine Untersuchung über die Märchen Saxo Grammaticus veröffentlicht[85] und 1894 einen von den Märchentheorien der englischen Anthropologie beeinflußten Aufsatz über Rotkäppchen[86]. 1904 zeigte er in seiner kleinen Monographie über »König Lindwurm« (AT 433B)[87], daß er Diffusionist geworden war und zwar der *finnischen* historisch-geographischen Schule. Wichtiger war aber seine Abhandlung über die »epischen Gesetze«, die (besonders unter den Strukturalisten) immer noch ganz aktuell ist und öfters übersetzt und neugedruckt wurde[88].

Nachdem diese beide Pioniere allzu früh gestorben waren, sollte es in Norwegen und Dänemark lange dauern, ehe die Märchenforschung wieder auf akademischem Niveau ausgeübt wurde. In Schweden dagegen bekam der Schüler Olriks, Carl Wilhelm von Sydow (1878-1952), 1910 eine Dozentur für Folkloristik und wurde bald einer der führenden Märchenforscher der Welt, wenn auch heftig umstritten[89].

Von Sydow begann im Geist der finnischen Schule und schrieb zum einen eine Abhandlung über die »Spinnmärchen« (AT 500 und 501)[90], zum anderen eine Analyse von an und für sich weitaus beständigerem Wert über einige Erzählungen der Snorra-Edda, u.a. die von Thor bei Utgårda-Loki[91]. In der letzgenannten behandelte er eines der Themen, auf die er in seiner Märchen- und Sagenforschung sein ganzes Leben lang zurückkommen sollte, nämlich die Frage nach der Abhängigkeit der nordischen Volkstradition von keltischen, besonders irländischen Vorbildern[92]. Bis in die zwanziger Jahre beschäftigte sich von Sydow vornehmlich mit den altgermanischen Heldensagen[93] und konnte dabei das hohe Alter feststellen, das etliche der nordischen Märchentypen haben müssen. Während die zu jenem Zeitpunkt noch immer aktuellen Theorien Benfeys und der finnischen Schule hinsichtlich der indischen Heimat der Märchen oft das Mittelalter als diejenige Periode hervorhoben, die vor allen anderen für die Wanderung der Märchentypen verantwortlich sei, gelangte von Sydow mehr und mehr dazu, das Erbe aus vorgeschichtlicher Zeit als den entscheidenden Faktor anzugeben, Diese Auffassung untermauerte er auch durch mehrere Studien über die *Biologie* des Märchens und zeigte, daß die langen Wundermärchen kaum in der Weise von Mund zu Mund verbreitet worden sein konnten, wie die finnische Schule es behauptet hatte[94]. Er machte auch auf den Unterschied in der Ausformung des gleichen Typs in verschiedenen Ländern aufmerksam, sowie auch darauf, daß es dabei nicht immer benachbarte Länder waren, welche die am engsten verwandten Formen zeigten. Auf verschiedenen Wegen gelangte also von Sydow zu der Überzeugung, daß das Märchen bedeutend weiter zurückreicht als in das Mittelalter, und er fand die wahrscheinlichste Erklärung für seine Verbreitung darin, daß es einmal Gemeinbesitz der indoeuropäischen Völker gewesen und mit diesen bei ihrer Ausbreitung über Europa und Teile des Orients mitgewandert sei[95]. Um diese Theorie wahrscheinlich zu machen, versuchte er das indoeuropäische Märchen auch stilistisch von anderen Märchenkulturen abzugrenzen und verglich die *gerade* Konstruktion der europäischen Märchen mit z.B. den *gewundenen* Märchenstruktur der semitischen Völker[96]. Von Sydow meinte, daß die Märchentypen während ihres langen Vererbungsganges innerhalb der verschiedenen indoeuropäischen Kulturen geographisch abgrenzbare Sonderformen, *Ökotypen*, gebildet hätten, die in jeder Beziehung von dem lokalen Kulturmilieu geprägt worden seien[97]. Dadurch hätten sie sich mehr und mehr von den Formen des gleichen Typs in den angrenzenden Kulturräumen entfernt, bis man allmählich zuweilen die verschiedenen Ökotypen als selbständige Typen aufzufassen begann[98]. Diese Erb- und Ökotypen-Theorie von Sydows stieß auf harten Widerstand u.a. bei deutschen Forschern, und außerdem paßte sie gar nicht in das Theoriengebäude der finnischen Schule, was zu vielen und langen Polemiken zwischen von Sydow und Vertretern der finnischen Schule, wie Waldemar Liungman, führte[99].

Während der dreißiger und vierziger Jahre führte von Sydow diese seine Vorzeitsperspektive weiter in einem Versuch, in der Märchenüberlieferung auch Reminiszenzen einer noch älteren, prä-indoeuropäischen Märchentradition zu entdecken[100]. Diese Bemühungen müssen jedoch als ziemlich mißlungen gelten, besonders deshalb, weil er in seiner Analyse von recht veralteten archäologischen Theorien ausging, wie z.B. bezüglich der sogenannten »Megalithkultur« in Eurasien. Endlich muß auch angemerkt werden, daß von Sydow der erste Funktionalist der schwedischen Volkskunde war und in seinen Analysen von Glaubensvorstellungen und Festsitten wie auch der Erzählkunst stets den *Sitz im Leben* des betreffenden Kulturelements suchte[101].

Genauso wichtig wie von Sydows eigene Forschung war vielleicht der Umstand, daß er als ein äußerst anregender Lehrer eine Schule von Märchenforschern in Lund begründete. Der erste, der bei ihm seinen Doktor machte, war Helge Holmström (1891-1921), der 1919 eine Abhandlung nach der finnischen Methode über das Schwanjungfraumärchen (AT 400) verteidigte[102].

Danach folgten Waldemar Liungmans Dissertation – auch typisch *finnisch* – über »Die Prinzessin in der Erdhöhle« (AT 870)[103] und Sven Liljeblads (geb. 1899, 1939-1989 in den USA tätig) über die Märchen mit toten Helfern[104]. Das letztgenannte Werk war die erste Märchenmonographie, in der von Sydows Erbtheorie überprüft wurde. Liljeblad war jedoch weiterhin sehr an den *Urform-Begriff* der finnischen Schule gebunden, und der methodische Kompromiß, der sich daraus ergab, war nicht sonderlich geglückt,

Zu von Sydows Schülern gehörte auch Anna-Birgitta Rooth, später Professorin in Uppsala (geb. 1918). Sie hat zum einen eine bedeutende Monographie über die Aschenbrödelmärchen geschrieben[105], in der sie, wie man fast sagen kann, höchst radikal von der Ökotypentheorie ihres Lehrmeisters abrückt zugunsten einer Methodik, mit der sie sich der finnischen Schule näherte, jedoch in einer bedeutend feinfühligeren und mehr volkskundlich betonten Haltung. Zum anderen hat sie auch stilistische Studien, die die Probleme der Volksdichtung überhaupt behandeln, vorgelegt[106]. In den sechziger Jahren konzentrierte sie sich in immer größerem Ausmaß auf die nordamerikanischen Indianervölker und auf die Inuit; dabei stützte sie sich in den Studien über deren Erzählkunst in Mythen und Märchen auf umfassende eigene Feldarbeiten[107]. Unter ihrer Ägide entstand in Uppsala eine neue Schule von jungen Märchenforschern, die sich in erster Linie den Kurzformen der Erzählkunst, wie Tierfabeln und Fabliaux, zuwandte, wie auch dem besonderen Erzählen unter Kindern[108]. Rooth gründete in Uppsala ein »Ikonographisches Archiv«[109], und ein paar Uppsalaer Dissertationen kombinierten, mit dessen Hilfe, verbale und ikonographische Perspektiven[110]. Das Witzeerzählen in der Schule wurde Gegenstand einer Lunder Dissertation von Björn Roos[111].

Zu von Sydows Schülern gehörte auch der Verfasser dieser Übersicht (geb. 1925). Mein Debut als Märchenforscher mit einer Untersuchung über das Amor- und Psychemärchen (1955)[112] war teilweise ein Versuch, die führenden Theorien, inklusive von Sydows Ökotyptheorie, einer Bewertung zu unterwerfen, ausgehend von dem umfassendsten Märchenmaterial zu einem und demselben Typ, das seinerzeit erreichbar war. Die Untersuchung hat möglicherweise ihren Zweck erfüllt – das heißt zu zeigen, daß die meisten Theorien uns einen Teil, aber auch nur einen Teil der Wahrheit bieten konnten. Nunmehr bin ich von der Ökotypentheorie in von Sydows Abfassung und kombiniert mit seinem Kopfsprung in die Urzeit, abgerückt[113]. Die Ökotypen dürften zur Sinnenwelt gehören, müssen aber nicht steinzeitsalt sein. Seit der Mitte der siebziger Jahre arbeite ich als Märchenforscher hauptsächlich mit den sehr lebendigen Erzähltraditionen eines *Bergvolkes* in nördlichem Laos und Thailand, den Kammus[114].

Während früher die jetzt mehr als hundertjährigen Märchenaufzeichnungen hauptsächlich für Typenmonographien verschiedener Zielsetzungen gebraucht wurden, wobei die eigentlichen Texte am wichtigsten waren, gibt es heutzutage in Skandinavien auch Forscher, die diese Archivalien dazu benutzten, sich dem Erzähler und dem Erzählen zu nahen und eine Art von sozialem

Kontext zu rekonstruieren. Der erste dieser Richtung war Ragnar Bjersby[115], der eine Untersuchung der Traditionsträger von P.A. Säves gotländischen Märchen erarbeitete; andere Beispiele bieten Bjarne Hodne und Gun Herranen.

Andere ziehen vor, die zeitgenössische Erzähltradition zu studieren. Dieser Schule gehört in Schweden Bengt af Klintberg an, der eine Reihe Aufsätze und Bücher über die jetzt lebende Erzählkunst geschrieben hat[116], der aber auch gern eine historische Perspektive gebraucht und z.B. mit Hilfe des Märchens von der »Frau, die keine Kinder wollte« die Moralvorstellungen einer vergangenen Zeit beleuchtet[117].

Ein Beispiel dafür, daß von Sydows Ökotypentheorie auch außerhalb Schwedens Einfluß ausübte, ist die Dänin Inger M. Boberg (1900-57) die 1928 eine kleine Monographie über den Glasbergsritt[118] und 1934 eine Dissertation über die Pan-Sage[119] veröffentlichte. Ihre bedeutendste Leistung war jedoch ein Motivverzeichnis der isländischen Saga[120].

Auch in Deutschland hatte von Sydow in den dreißiger Jahren – doch ohne irgendwelchen politischen Grund – einen guten Ruf und hatte mehrere fortschrittliche deutsche Forscher unter seinen Schülern, so Elisabeth Hartmann, die in ihrer Dissertation die nordischen Trollvorstellungen untersuchte und dabei von Sydows Methodik und Terminologie benutzte[121]. Ein anderer dänischer Schüler von Sydows war Laurits Bødker (1915-82)[122], 1970 der erste dänische Folklore-Professor nach Olriks Tod und also dessen sozusagen geistiger Enkel. Bødkers Märchenforschung begann mit ein paar Untersuchungen mittelalterlicher Fabliaux- und Scherzmärchen, die sowohl in indischer wie auch europäischer Tradition auftraten[123]. Dieses Interesse an den indischen Märchen führte zu einem sehr verwendbaren Index der indischen Tiermärchen[124] und zu einer sehr reich kommentierten Ausgabe einer alten dänischen Pantschatantra-Übersetzung[125]. In diesen, wie in den meisten seiner Arbeiten, merkt man, daß Bødker seine wissenschaftliche Laufbahn als Philologe begann. Später schrieb er auch einige kleinere Monographien über dänisches Märchenmaterial[126], wobei man seine Neigung zu funktionalistischen Methoden und Zielsetzungen deutlich spürt. Sie kommt auch in den Monographien, die er über einige Märchensammler und -erzähler herausgab, zum Ausdruck[127]. Schwer kritisiert wurde zuerst ein von Bødker verfaßtes terminologisches Lexikon der Volksdichtungsforschung, aber es hat sich doch als sehr brauchbar erwiesen[128]. Ein großer internordischer Erfolg wurde Bødker zuteil – anfangs zusammen mit von Sydow – als es ihm gelang, in Kopenhagen ein »Nordisches Institut für Volksdichtung (NIF)« zu schaffen, dessen erster Leiter er wurde (1959-66). Das Institut befindet sich jetzt in Åbo/Turku in Finnland und unterstützt in vieler Hinsicht nordische Folkloristen bei ihren Forschungen. Wichtig sind auch die nordischen oder internationalen Tagungen, die von NIF veranstaltet werden, und dessen Vorträge in gedruckter Form publiziert wurden[129].

Unter den dänischen Märchenforschern war auch ein Philologe und Literaturhistoriker, der hervorragende Orientalist Arthur E. Christensen (1875-

1945). Er war an den dänischen wie den internationalen Schildbürgergeschichten besonders interessiert und veröffentlichte einige Bücher mit reichlich kommentierten Schwankmärchen dieser Art[130]. Auf Kinderliteratur ist die Literaturhistorikerin Vibeke Stybe spezialisiert, die ein Buch mit literatur- und kulturgeschichtlichen Aspekten der Tierfabeln schrieb[131]. Von den schwedischen Literaturhistorikern, die Volksmärchen behandelt haben, ist vor allem Gustaf Fredén (1898-1987) zu nennen[132].

Die dänische folkloristische Volksmärchenforschung wurde nach Bødkers Tod eigentlich nur von einem einzigen Mann betrieben, Bengt Holbek (1933-1992), der sich aber durch seine großartige Abhandlung über Märchendeutung einen internationalen Namen gemacht hat[133]. Als Material hat er Evald Tang Kristensens Märchen benutzt. Die ›Geräte‹, die er für seine Analyse gebraucht, sind: die syntagmatische Struktur der Märchen (Aufteilung des Herganges in fünf ›Akte‹), die paradigmatische Struktur (ein Würfel, der Rollen bestimmt und Einblick in die thematischen Hauptgegensätze gibt) und die Regel für Symbolproduktion, z.B. die ›Pars pro toto-Regel‹. Mit diesen Geräten ist es nach Holbek möglich, die Beziehungen klarzulegen, die es zwischen den aufgezeichneten Zaubermärchen und der Kulturform, die sie schuf und benutzte, gibt. Holbeks Analyse führte auch dazu, daß er interessante Ähnlichkeiten und Unterschiede zwischen den Erzählern konstatieren konnte.

In Norwegen bekam Moltke Moe in Knut Liestøl (1881-1952) einen Nachfolger als Professor für Folkloristik, der aber hauptsächlich mit den Sagas arbeitete und in Norwegen eine volkstümliche Sagengattung entdeckte, die laut Liestøl der hypothetischen, mündlichen Traditionsform der isländischen Sagas entsprechen könne[134]. Liestøls Nachfolger (ab 1951), Reidar Th. Christiansen (1886-1971) war dagegen in erster Linie Märchenforscher. Er schrieb eine Monographie über »Die beiden Wanderer« (AT 613)[135] widmete sich aber in den vierziger Jahren vor allem dem Problem des Austauschs von Sagen- und Märchenüberlieferungen zwischen Norwegern und Kelten[136]. Der nächste Inhaber von Moes Lehrstuhl, Olav Bø (geb. 1918) hat nur populärwissenschaftlich über Märchen geschrieben[137], doch traten während seiner Amtsperiode zwei neue Märchenforscher auf, die Brüder Ørnulf und Bjarne Hodne. Ørnulf Hodnes Dissertation behandelte Jørgen Moe, seine Märchenaufzeichnungen und die Form, die er den Märchen in seinem und Asbjørnsens Märchenbuch gab[138]. Bjarne Hodne dagegen hat Moltke Moes Aufzeichnungen aus Telemark unter die Lupe genommen und mit Hilfe von allerlei lokalgeschichtlichen und demographischen Quellen ihnen einen Kontext gegeben[139]. Die Erzähler werden greifbar, und die hundertjährigen Aufzeichnungen bekommen neue, unerwartete Qualitäten. Zu derselben Generation von Folkloristen gehört auch Reimund Kvideland, ab 1991 Leiter des Nordischen Volksdichtungsarchives in Åbo/Turku, und Herausgeber von mehreren kommentierten Märchenanthologien[140]. U.a. präsentierte er die Performanzforschung in Skandinavien[141]. Mit sowohl Märchentraditionen als auch Trivialliteratur arbeitete Birgit Hetzberg Johnsen in ihrer Studie über das Motiv der bösen Stiefmutter[142].

Außerhalb der Universitätswelt wirkte der Museumskonservator Rikard Berge in Skien, Telemark; studierte besonders die Erzählkunst an sich[143]. Er gab 1915-35 die Zeitschrift »Norsk folkekultur« heraus, in der er 1915-33 acht wichtige Untersuchungen über den »norwegischen Märchenerzählstil« veröffentlichte[144]. Er unterschied drei *Märchenstile*, den persönlichen, den unpersönlichen und den rhythmischen Stil. Der letztere ist durch das *Repetitionsprinzip* gekennzeichnet, womit Berge sich u.a. auf Dreizahlswiederholung und Standardeinleitungen und -abschlüsse bezieht. An den Schluß dieser Beobachtungen stellte Berge eine monographische Schilderung eines besonders begabten Traditionsträgers.

Die Finnland-Schweden haben In Åbo/Turku ihre eigene, ganz und gar schwedischsprachige Universität, Åbo Akademi, mit einem Institut für Folkloristik (so etwas gibt es heutzutage nicht mehr in Schweden!), in dem auch Forschung betrieben wird. Unter den Arbeiten, die dort durchgeführt worden sind, ist auch eine Abhandlung innerhalb des Gebietes der Performanzstudien und mit einem blinden Traditionsträger der Jahrhundertwende als Objekt[145]. Kürzlich veröffentlichte Ulrika Wolf-Knuts eine Dissertation über die Teufelsüberlieferung in einer schwedischsprachigen Gemeinde in Österbotten und wandte dabei an ihrem Märchenmaterial das Gattungssystem Bausingers kritisch an.[146]

Selbstverständlich wurden auch die nordischen Länder von der Welle der strukturalistischen Märchendeutungen betroffen, aber dieses Umdenken ist unter nicht-folkloristischen Kollegen gewöhnlicher als unter Märchenforschern vom Fach[147]. Dies gilt auch für die von Freud und Jung und ihrem Sprachrohr Bettelheim inspirierte psychoanalytische Märchenauslegung[148].

Jetzige Lage des Märchens in Skandinavien

Das Erzählen traditioneller Märchen in seinem *natürlichen*, ererbten Kontext ist in den nordischen Ländern schon längst verschwunden. Das Interesse des gebildeten und des breiten Publikums für das Märchen*lesen* hat während der letzten hundert Jahre gewechselt. Am Ende des vorigen Jahrhunderts waren die Volksmärchen ein beliebter Lesestoff, was durch eine Vielzahl von neuen, gedruckten Märchensammlungen zum Ausdruck kam. Kurz darauf folgte die Hegemonie der Kunstmärchen und die Auffassung, daß das Volksmärchen nur Kinderliteratur sei. Diese Haltung dauerte bis in die siebziger Jahre, als es wieder möglich wurde, auch einem Leserkreis von Erwachsenen Volksmärchen anzubieten, was vielleicht mit dem Märcheninteresse unter Psychologen und Pädagogen zusammenhing. Die große norwegische Märchenausgabe ist dafür ein Beispiel, ebenso auch die in 50 000 Exemplaren verkaufte schwedische siebenbändige Serie von internationalen Märchen »Bra Böckers Folksagor«. In den letzten Jahren erwachte in Schweden ein neues Interesse für die traditionelle mündliche Erzählkunst. In der kleinen südschwedischen Stadt Ljungby veranstaltet man seit 1990 jährlich das erste *Erzählfestival* Schwedens, das große Beachtung gefunden hat. Solche Märchenfestspiele werden auch in Stockholm geplant, und besonders wird man da die kulturelle Mannigfaltigkeit in den von Einwanderern bewohnten Vororten ausnützen.

In skandinavischen Medien kommen Volksmärchen so gut wie ausschließlich nur als Unterhaltung für Kinder vor. Die Videofilme und Fernsehprogramme mit Märchenthemen stammen meistens aus anderen Ländern, vor allem den USA. Selbstverständlich werden noch *Kunstmärchen* geschrieben, so von Astrid Lindgren.

Julio Camarena

DAS ZAUBERMÄRCHEN IN SPANIEN

Alte Zeugnisse

Es ist bezeichnend für das Zaubermärchen (ebenso für die anderen Erzählungen mündlicher Überlieferung), daß frühe schriftliche Aufzeichnungen fast gänzlich fehlen. So kann man nie mit Sicherheit entscheiden, ob nicht im Laufe der Zeit Dichtungen verloren gegangen sind, die wert gewesen wären, aufbewahrt zu werden. Aus diesem Grund hat eines der größten Anliegen der Forschung schon immer darin gelegen, in der schriftlichen Literatur nach heutzutage vergessenen Dichtungen zu suchen und andererseits heute gut bekannte Formen in die Vergangenheit zu projizieren.

Aus verschiedenen Gründen ist die spanische Literatur – geschichtlich gesehen – nicht sehr empfänglich für Erzählungen gewesen, deren Handlung einen magischen Bezug aufweisen. Dies ist um so erstaunlicher, als seit ihren Anfängen Werke häufig sind, in denen Tieren menschliches Verhalten zugesprochen wird, das, obwohl entfernt von der Wirklichkeit, doch nicht das ist, was man unter *zauberhaft* zu verstehen pflegt. Bei ihrer Erfindung steht, ebenso wie bei den mittelalterlichen Exempeln, eher das erzieherische Anliegen als andere Überlegungen im Vordergrund.

Gleichwohl gibt es einige Ausnahme-Zeugnisse. Ein gutes Beispiel bietet das sogenannte »Buch der Katzen«[1], die spanische Version der »Fabulae« von Odo von Cheriton, die vom Ende des 14. Jahrhunderts stammen. Ihr anonymer Autor hat, gemäß der Auffassung der Epoche von der Eröffnung literarischer Texte, willkürlich ein »Exempel der beiden Kameraden« (Ejemplo de los compañeros) eingefügt – eine eindeutige Version des Volksmärchens, das mit Typennummer 613 (Die beiden Wanderer) im Katalog von Aarne-Thompson bezeichnet ist. Ein anderes Beispiel könnte der anonyme katalanische Roman in Versen »Faula de Frayre-de-joy e Sor-de-plaser«[2] sein, ebenfalls aus dem 14. Jahrhundert stammend, dessen Handlung einen deutlichen Vergleich mit der »Schlafenden Schönen; Dornröschen« (AT 410) zuläßt. Oder schließlich eines der Plädoyer des ratgebenden Fuchses im »Llibre de les bèsties«[3] aus dem 13. Jahrhundert, in dessen Mund Ramón Lluli eine interessante Version des Märchens »Der tiersprachenkundige Mann« (AT 670) legt.

Die Märchen, die in der mittelalterlichen Literatur erscheinen, sind betont vom pädagogischen Inhalt bestimmt, diejenigen in der Literatur der Renaissance dagegen eher von ihrer Handlung, die sie als Exempel geeignet machen, oftmals auch wegen ihrer Komik. In jedem Fall aber trifft zu, was Maxime

Chevaller, Autor eines Verzeichnisses der Volksmärchen der Literatur des 16. und 17. Jahrhunderts[4], zusammenfaßt: »mit Ausnahme des einen oder anderen phantastischen Märchens zeugt ein solcher Beitrag stets von einfachem und realistischem Geschmack«[5].

Obwohl es sich um Ausnahmen handelt, wurden die Märchen von den Autoren der besagten Periode ganz und gar nicht geringgeschätzt. Die bekanntesten wurden in nicht wenigen Fällen als thematische Vorlagen ihrer Werke benutzt, wobei sie sie jedoch im allgemeinen ihrer Zauberelemente entkleideten. So verfuhr Cervantes, um ein augenfälliges Beispiel zu geben, der die Handlung von »Die Unterweltstochter als Helferin bei des Helden Flucht« (AT 313) für die sogenannte »Novelle des Gefangenen«[6] verwandte. Ähnlich verfuhr Tirso de Molina, als er das Märchen »Der beleidigte Schädel (beleidigte Statue)« (AT 470A) im Gastmahl seines »Der Spötter von Sevilla« (El burlador de Sevilla) zum Vorbild nahm. Und Lope de Vega und Calderon de la Barca taten mit dem Märchen »Die befreite Königstochter« (AT 506) in »Don Juan de Castro« und »Der beste Freund der Tote« (El mejor amigo el muerte) das gleiche.

Dieses Vorgehen, das darauf abzielt, ein mehr oder weniger realistisches Milieu wiederzugeben, wird sich bis zur zweiten Hälfte des 19. Jahrhunderts, als die Sammlungen der Brüder Grimm bekannt wurden, nicht ändern. Deren Bekanntwerden war der erklärte Grund, weshalb eine Reihe von Schriftstellern – zuerst die Andalusierin schweizerischer Abstammung Cecilla Böhl de Faber (bekannter unter dem Namen Fernán Caballero)[7], ebenso der Baske Antonio de Trueba[8] und der Katalane Jacint Verdaguer[9] – Kenntnis davon nahm, daß die Volksmärchen gesammelt, studiert und veröffentlicht zu werden verdienen. Damals tauchten ihre ersten Sammlungen auf – mehr oder weniger überarbeitete, mehr oder minder moralisierende, je nach Laune eines jeden. Während Trueba, der noch gewisse Werte anerkennt, urteilt, daß sie »als Werk von Leuten, die der Kunst vollkommen fremd sind«[10] literarischer, moralischer und religiöser Voraussetzungen entbehren, besteht Fernán Caballero, obwohl sie eine bemerkenswerte Romanschriftstellerin ist, auf ihrer Rolle als bloße Sammlerin, indem sie fordert, daß die Märchen ihre eigentümliche und genuine Form nicht verlieren dürften[11].

Die ersten Erforschungen

Dies war dann auch das mehr oder weniger strenge Kriterium derjenigen, die wir Folkloristen nennen werden, auch wenn die Grenze zwischen Märchenerfindern und Märchensammlern nicht immer scharf gezogen werden kann. So bildeten sich in den letzten Jahrzehnten des Jahrhunderts drei Schwerpunkte des Interesses am oralen Märchen, seinen Themen und seinem Stil heraus: ein katalanischer, ein betisch-estremenischer und – aufgrund des Einflusses beider – noch ein galicischer.

In Katalonien liegt der Ausgangspunkt in den Forschungen einer Generation von Volkskundlern, zu der Namen wie Milà i Fontanais, Maspons y Labrós, Sebastián Farnés oder Bertràn y Bròs gehören, deren Sammlungen[12] ungefähr 100 Zaubermärchen oder *rondallas*, wie sie auf katalanisch heißen, vereinigten. Unter ihnen befinden sich großartige Versionen, vor allem in den wichtigsten Sammlungen wie »El rondallari« von Bertràn y Bròs oder »Lo rondallayre« von Maspons y Labrós. Wenn es aber gilt, einen der Texte besonders hervorzuheben, muß man, wegen seiner Seltenheit, den so betitelten »Lo rahim« von Maspons zitieren, eine der beiden spanischen Versionen des unter dem konventionellen Titel von »Amicus and Amelius« (AT 516C)[13] bekannten Typs.

Hierzu gehören auch die auf den Balearen gegen Ende des 19. Jahrhunderts veröffentlichten Kompilationen von Märchen, wie die »Rondayes de Mallorca« des Erzherzogs Luis Salvador von Habsburg-Toskana[14]. Von den Zaubermärchen, den *rondayes maravillosas*, die diese Sammlung enthält, verdient das mit »Es castell de ses roses«[15] betitelte besondere Erwähnung, da es als Variante von »Der dämonische Schulmeister und der Stein der Geduld« (AT 894) angesehen werden könnte[16].

Wichtiger noch als das vorhergehende ist »Aplec de rondaies mallorquines« von Antoni Alcover. Es handelt sich um eine Sammlung, die so reich an außerordentlichen Märchen ist, daß man nicht umhin kann, einige von ihnen zu erwähnen. Da ist »En Bernadet i la reina manilevada«[17], eine Version des Typs »Die verstoßenen Königinnen und die Dämonin« (AT 462), von der im internationalen Katalog sonst nur indische Varianten[18] verzeichnet sind, oder »L'hereu de la corona« und »Es cavallet de set colors«[19], welche die beiden einzigen spanischen Fassungen des Typs »Vaticinium« (AT 517) bzw. »Die Prinzessin auf dem Glasberg« (AT 530) darstellen. Oder »Sa fia del Sol i de la Luna«[20], das, wie man vom Titel ableiten kann, eine Version des mediterranen Zaubermärchens »Sonnentochter« (AT 898) ist, dessen Episode I durch den Mythos von der Begattung Danaes durch den in einen Goldregen verwandelten Gott des Lichtes, Zeus, bekannt ist.

Damals ging bereits derjenige seinen Forschungen nach, der der größte Förderer des Studiums von oralen Märchen in Spanien werden sollte, Antonio Machado y Álvarez, bekannter als »Demofilo«, der Vater von Manuel und Antonio, den beiden berühmten Dichtern der sogenannten »27er Generation«. Und wenn das literarische Werk der Söhne bedeutend ist, so kann es für die Folkloristen doch nicht dasjenige des Vaters in den Schatten stellen.

Tatsächlich legte »Demofilo«, nachdem er 1873 zusammen mit Federico de Castro »Märchen, Sagen und Volksbräuche«[21] veröffentlicht hatte, nicht nur eine überaus vitale Forschertätigkeit an den Tag, sondern auch eine nicht weniger beachtliche Fördertätigkeit des Sammelns und des Studiums der oralen Literatur. Er vereinigte die Veröffentlichung von Büchern und Artikeln mit der Gründung von dazu bestimmten Gesellschaften und der Herausgabe von Zeitschriften, die das Sprachrohr seiner Forschungsabsichten wurden. Die erste war »El Folklore Andaluz«[22], von der 12 Nummern von März 1882 bis Februar 1883 erschienen. In ihr wurde das Studium des Volksmärchens unter vier fundamentalen Gesichtspunkten gesehen, nämlich: Fragebögen für Umfragen, Klassifikationskriterien, Rezeptionen von Werken und europäischen Zeitschriften und selbstverständlich auch die Herausgabe von Texten. Insgesamt beträgt die Zahl derjenigen mit Zaubercharakter, die von der Zeitschrift aufgenommen wurden, sieben; sie waren größtenteils von der Mutter des Volkskundlers, Cipriana Álvarez, gesammelt worden, wobei begründeter Verdacht besteht, daß eine große Zahl von ihnen unveröffentlicht geblieben und heutzutage sogar verloren sind. Unter den veröffentlichten Märchen ist das mit dem Titel »Die Kerzen« (Las velas)[23] zu erwähnen – die Version eines Märchentyps, von dem es (obwohl bei Aarne-Thompson nicht angeführt) Berichte gibt, daß er konstant und variantenreich in der mündlichen romanischen Tradition lebt[24].

Nach dem Erlöschen der andalusischen Zeitschrift gab »Demofilo« die »Biblioteca de las Tradiciones Populares Españolas« (B.T.P.E.)[25] heraus, die, obwohl sie ebenfalls nicht von langer Dauer war, in ihren 11 Bänden immerhin rund 40 Zaubermärchen aufnahm. Von ihnen wurden etwas mehr als die Hälfte von Sergio Hernández de Soto in der Estremadura gesammelt und in Band X veröffentlicht[26]. Besondere Erwähnung verdient »Der schlafende König in seinem Bett« (El rey durmiente en su lecho)[27], eine großartige Version von »Die verdrängte Braut (Nadelprinz)«, AT 437. Man könnte diese Fassung im Hinblick auf die Austauschbarkeit von Episoden und Motiven allerdings auch als AT 894 betrachten. Ein anderes Märchen der Sammlung mit dem Titel »Die kleine Pilgerin« (La peregrinita)[28] könnte man ebenfalls als AT 437 katalogisieren[29].

Auf Anregung von Machado y Álvarez und seinem Kreis von Mitarbeitern wurde unter anderem 1881 die »Asociacion del Folklore Gallego« gegründet, aus deren Schoß die Sammelaktivität von Saco y Arce hervorging. Sein volkskundliches Werk, das ein Dutzend Zaubermärchen einschließt, ist postum herausgegeben worden[30].

Es ist bedauerlich, daß all diese Projekte mit dem ökonomischen Niedergang und dem Tod ihres Förderers zum Erliegen kamen. Die B.T.P.E. stellte ihr Erscheinen ein, die regionalen Gesellschaften lösten sich auf und von da an bis 1930 gab es lediglich zwei Regionen, in denen das Interesse für das Volksmärchen wachgehalten wurde. Eine von ihnen ist die katalanisch-balearische, in der die Veröffentlichung von mehr oder weniger authentischen Sammlungen weitergeführt wurde. Zu nennen ist die von Aurely Capmany[31] zusammengestellte, die zwar nur ein halbes Dutzend, zudem überarbeitete *rondallas* enthält, darunter aber einige Stücke von außergewöhnlichem Interesse. »El dragó de tres caps«[32], eine der beiden einzigen iberischen Versionen[33] des Typs »Schlangenmädchen« (AT 507C). Umfangreicher und eher volkskundlichen Kriterien entsprechend sind die von Serra i Boldú zusammengestellten Märchen[34], wenngleich seine Stücke von eher geringem Interesse sind. Im selben Sinne müßte man die »Rondaies de Menorca«[35] erwähnen, die von Ferrer Ginart gesammelt worden sind.

In den 20er Jahren fängt ein anderes Zentrum mit Interesse für das Märchen an sich abzuzeichnen: das nördliche. Einer seiner prominentesten Förderer, Constantino Cabal, veröffentlichte »Die traditionellen asturischen Märchen«[36] und wandte editorische Kriterien an, die ihn eher den romantischen Schriftstellern aus der Mitte des 19. Jahrhunderts annähern, als den zeitgenössischen Volkskundlern. Die Nachschöpfung, der er die Texte unterzieht, läßt Verdachtsmomente über die Traditionalität einiger von ihnen aufkommen. Das ist der Fall bei »Der Neid« (La envidia)[37], katalogisiert unter dem Typ 455* (»Eifersüchtige Königin blendet Nichten«) im Aarne-Thompson-Katalog, von dem der Verfasser dieser Arbeit jedoch keine weiteren Varianten kennt[38]. Es ist aber nicht der Fall bei der »Verwandlung« (La metamorfosis)[39], einer guten Fassung des schon erwähnten seltenen Typs AT 514 (»Geschlechtswechsel«), noch bei »Die heiratsvermittelnde Katze« (El gato casamentero)[40], die, nach Pino Saavedra[41], die einzige spanische Variante und eine der gezählten hispanischen von »Gestiefelter Kater« (AT 545) ist, unabhängig von »Le maître chat ou le chat botté« von Perrault.

Ein anderer Volkskundler dieses geographischen Bereichs ist Aurelio de Llano Roza de Ampudia, der 1925 seine »Asturischen Märchen«[42] veröffentlichte, eine außerordentliche Sammlung von 200 Märchen, von denen 45 Zaubermärchen sind. Unter ihnen ist wegen seiner Seltenheit das mit »Der Zwerg« (El enano)[43] betitelte hervorzuheben, eine Version von »Die stumme Königstochter entzaubert den Prinzen« (AT 435*), ein nur provisorisch signierter Typ, der sich lediglich auf zwei spanische Versionen stützt, denen man heute aber noch zwei weitere portugiesische hinzurechnen könnte[44].

In derselben Epoche, von 1921 an, begann »Eusko-Folklore«[45] zu erscheinen, eine Monatsschrift von vier Seiten, herausgegeben von José Miguel de Barandiarán, der eine Vielzahl von Ethnotexten auf Baskisch sammelte. Neben Sagen teilte er annähernd 50 Zaubermärchen mit, zu denen auch »The Ogre Blinded (Polyphem)« (AT 1137) zählt, ein Typ, von dem eine große Zahl von Varianten veröffentlicht wurde – alle unabhängig von der Erzählung der Odyssee.

Das Fehlen einer hinlänglich umfassenden Märchensammlung auf Spanisch veranlaßte den Nordamerikaner Aurelio Espinosa, eine Reise nach Spanien zu unternehmen. Als Ergebnis veröffentlichte er zwischen 1923 und 1926 seine »Spanischen Volksmärchen«[46], von denen 75 Zaubermärchen sind, und widmete ihnen eine ausführliche Studie. Unzählbar sind die erwähnenswerten Aspekte einer Arbeit wie dieser, die Vorbild und Modell für die nachfolgenden Volkskundler wurde. Wenigstens zwei Titel sollten nicht übergangen werden: einer ist »El oricuerno«[47], eine eindrucksvolle Fassung von »Geschlechtswechsel« (AT 514) – selten in Spanien; der andere ist »Die einundvierzig Räuber« (Los cuarenta y un ladrones)[48], dessen erster Teil die einzige Variante von »Nachtwachenabenteuer« (AT 304) darstellt.

Der Katalog von Boggs

Die starke Zunahme von Märchen in Sammlungen, Artikeln und literarischen Werken veranlaßte den nordamerikanischen Hispanisten Ralph Boggs, das spanische Typen-Repertoire zu inventarisieren. Das Resultat seiner Forschung war der »Index of Spanish Folktales«[49], 1930 veröffentlicht – einer der ersten demnach, der nach dem Muster des internationalen Katalogs von Aarne angefertigt wurde.

Sein hauptsächliches Verdienst liegt darin, eine erste Überprüfung des Märchen-Repertoires zu sein, das mündlich in Spanien zirkuliert hat: 503 verschiedene Typen, von denen 117 Zaubermärchen sind. Zweitens liegt es darin, gezeigt zu haben, daß ein großer Teil dieses Repertoires Frankreich, Italien und anderen europäischen Ländern gemeinsam ist. Und schließlich darin, einen großen Schritt im internationalen Wissensstand über das Volksmärchen erlaubt zu haben: von den 286 neuen Typen, die Boggs aufstellte, wurden 102 nachträglich in den Katalog von Aarne-Thompson (AT) aufgenommen.

Diese Quantifizierung gibt jedoch nur eine ungenaue Vorstellung von dem tatsächlichen Repertoire, wofür es verschiedene Gründe gibt. Außer der noch geringen Zahl der bis dahin veröffentlichten Sammlungen hatte Boggs mit einer anderen Einschränkung fertig zu werden: er konnte noch nicht über die Studien zum Volksmärchen in der geschriebenen Literatur verfügen, die wir heute kennen[50]. Seinerseits nahm er eine Zahl von strittigen Kriterien an. Zunächst verzichtete er darauf, in der »Definition of material« zu präzisieren, welche Erfordernisse ein Text vereinigen sollte, um als Volksmärchen betrachtet werden zu können. Deshalb stellte er eine große Zahl von neuen Typen auf, indem er sich auf Einzelversionen stützte, mitunter sogar auf literarische Versionen von Märchen, deren Traditionalität bezweifelbar ist oder auf Texte, die noch lebendigen Volksglauben widerspiegeln (an Kobolde, Nymphen und Gespenster), weshalb es angemessener wäre, sie als mythische Sagen zu betrachten, die für wahr gehalten werden, denn als erfundene Märchen. Obwohl er in der Einführung erklärte, für einen sprachlichen und nicht für einen politischen Raum zu sprechen, indem er unter spanischen Märchen nur die in spanischer Sprache verfaßten verstehe, berücksichtigte er jedoch jüdisch-spanische und hispanoamerikanische Märchen nicht.

Forschungen nach Boggs

Indem er das Spanische auf das reduzierte, was kastilisch verfaßt war, ignorierte Boggs die Ergebnisse der Schwerpunkte des Märchenstudiums, die bis dahin beständiger das Katalanische und, obwohl noch im Entstehen, auch das Baskische waren. Und mit dem selben Kriterium würde man auch das Werk von Azkue ausgeschlossen haben, dessen erster Band 1935 erschien[51], auch wenn er im Hinblick auf das Zaubermärchen nicht besonders interessant ist: nur 11 von den 241 baskisch-spanischen Texten sind es. Von da an mußte man fast ein halbes Jahrhundert warten, bis die Forschungen etwas mehr über das Repertoire des in der baskischen mündlichen Tradition vorhandenen Zaubermärchens in Erfahrung bringen würden. Seit 1979 nahm José Maria Satrustegi seine herausgeberischen Aktivitäten mit der Veröffentlichung einer ersten Sammlung von Märchen auf, die als Zaubermärchen betitelt waren, obwohl nur 14 der 24 gesammelten es wirklich sind, da der Rest zur Untergattung der Tiermärchen gehört. Seiner Initiative wurde sukzessive Folge geleistet von José Arratibel, der eine Sammlung von 15 Märchen veröffentlichte, die er als ›alte‹ bezeichnete, darunter neun Zaubermärchen. Später folgte ihm Barandiarán mit einem Band, der eine Sammlung von 21 navarresischen Märchen enthält, von denen sieben Zaubermärchen sind – die selben schließlich, die von Juan Garmendia 1989 veröffentlicht worden sind[52].

Obgleich das Inventar der baskischen Zaubermärchen nicht übermäßig umfangreich ist, lohnt es sich wenigstens, eines hervorzuheben: das so betitelte »Soldadua eta ezko beltz arrigarria« (Der Soldat und die schwarze Zauberkerze)[53] von Barandiarán; dessen letzter Teil stellt seine der romanischen mündlichen Tradition äußerst fremde Kette von Abläufen dar, die sowohl zu den Episoden II und IV von AT 318 (»Ägyptisches Brüdermärchen«) gehört, als auch zu AT 590A (»Die treulose Frau«)[54].

Was den katalanischen Sprachbereich anbelangt, so wurden die Sammelarbeiten und Texteditionen mit der Publikation verschiedener auf den Balearen zusammengestellter Sammlungen[55] fortgesetzt, so der von Roure-Torent, Castelló y Guachs und Isidoro Macabich. Ihnen zuzurechnen sind die von Enric Valor i Vives in Valencia[56] und vor allem die von Amades in Katalonien, dessen *Rondallistica* bereits zitiert wurden. Mit seinen 2215 Texten, Märchen und Sagen, von denen nicht weniger als 224 zur Kategorie des Zaubermärchens gehören, ist er gewiß die größte Sammlung und eine der wertvollsten der in Spanien zusammengestellten. Dem Katalog von Aarne-Thompson kann man seine von Anderson katalogisierte Typologie entnehmen.

Mit der Veröffentlichung dieser Anthologie und der zuvor zitierten Sammlungen wurde das Repertoire von Volksmärchen aus der katalanischen mündlichen Tradition zufriedenstellend belegt. Wie sich aus dem bereits erwähnten Index von Josep M. Pujol ergibt, wurden durch sie insgesamt 117 verschiedene Zaubermärchen bewahrt. Hätte ihn sein zum Teil begründetes Mißtrauen gegenüber der Kollektion von Amades nicht zur Vorsicht bewogen, dann wäre die entdeckte Zahl sogar um 10 weitere Typen gestiegen[57].

Was den galicischen Sprachbereich anbetrifft, so hatten die volkskundlichen Forschungen von Saco y Arce in bezug auf das Zaubermärchen bis zum Jahr 1958 keine Fortsetzung gefunden. Doch jetzt veröffentlichte Laureano Prieto 16 in einer umfangreicheren Sammlung, die er in Viana do Bolo in der Provinz von Orense aufgenommen hatte[58]. Dieser Sammlung folgten 1963 zwei weitere: eine, von einer Gruppe von Lehrern aus Lugo zusammengestellt, die hier von geringem Interesse ist[59], und eine andere, die Lois Carré von 1963 an in der in Oporto herausgegebenen »Revistade Etnografia« veröffentlichte[60]. Bei einer Gesamtzahl von 262 Texten sind 23 Zaubermärchen darin enthalten.

Der unlängst von Rosa Alicia Ramos veröffentlichte Band über das Volksmärchen[61] enthält 45 in Galicien gesammelte Ethnotexte, von denen die Mehrzahl galicisch ist; doch handelt es sich vornehmlich um Sagen. Bedeutend mehr Zaubermärchen enthält eine von Marisa Rey zusammengestellte, derzeit noch unveröffentlichte Sammlung. Unter ihnen befinden sich einzigartige Versionen einiger Typen, wie z.B. AT 571 »Die Prinzessin, die nicht lachen konnte« (La princesa seria; Kleb an)[62].

Für das kastilische Sprachgebiet ist die von Aurelio M. Espinosa Jr. in der Region von Kastilien und León zusammengestellte Sammlung von Bedeutung. Obwohl erst seit 1987 und 1988[63] in vollem Umfang vorliegend, ist sie das Resultat einer Feldforschung, die Anfang März 1936 begonnen wurde und verfrüht am 18. Juli des selben Jahres mit dem Beginn des Spanischen Bürgerkrieges abgeschlossen werden mußte. Von den 509 gesammelten Texten reichen die Zaubermärchen an 74 heran, im allgemeinen in großartigen Versionen.

Von diesem tragischen Datum an bis zu den 50er Jahren gab es einen Bruch in der Veröffentlichung von Märchensammlungen – ohne Zweifel eine Konsequenz der Härte der Nachkriegszeit. Eine rühmliche Ausnahme ist die Sammlung von Curiel Merchán aus der Estremadura[64]. Sein Beruf als Landschullehrer erlaubte ihm, die Märchen unter seinen Schülern zu sammeln. Die politische Säuberung und Deportation, von der er gleich nach Kriegsende betroffen wurde, geben daher Gewißheit, daß diese Märchen zum größten Teil schon zu einem früheren Zeitpunkt zusammengetragen worden sind. Von den 64 Zaubermärchen, aus denen die Sammlung besteht, ist besonders dasjenige mit dem Titel »Aguila, die Schöne« (Aguila la hermosa)[65] zu erwähnen, eine Version der »Schlafenden Schönen; Dornröschen« (AT 410)[66], die neben einer chilenischen, einer portugiesischen und »Sole, Luna e Talia« von Basile[67] beweist, daß es sich um ein Märchen einer alten mündlichen Tradition im romanischen Raum handelt, unabhängig von Perrault[68].

Wie das herausgeberische Innehalten nur gelegentlich unterbrochen wurde, um einzelne Serien von in den Vorkriegsjahren gesammelten Märchen zu veröffentlichen, so war es kaum besser mit den Forschungsaktivitäten bestellt: mit Ausnahme der Tonbandaufnahmen, die Cortés Vázquez zwischen 1947 und 1957 in den Gebieten von Zamora und Salamanca anfertigte, gibt es nur Mutmaßungen über die Feldforschungen, die ohne Zweifel Larrea Palacin damals weiterführte. Diejenigen von Vázquez erschienen in sukzessiv ergänzten Editionen[69], unter denen einige, wie die »Volksmärchen aus Salamanca« (Cuentos populares salmantinos), höchst ergiebig an Zaubermärchen sind: 46 von 161 Märchen dieser Sammlung gehören dazu. Palacin publizierte neben anderen Veröffentlichungen »Märchen aus Cadiz« (Cuentos gaditanos)[70], von denen 10 Zaubermärchen sind.

Bis zu Beginn der 80er Jahre blieben Sammlungen und Forschungen spärlich. Von 1981 an aber entstand eine wahre Flut von Publikationen, die die Landkarte des Zaubermärchens in Spanien vervollständigten – sei es wegen der politischen Normalisierung, die neue Energien für die Forschung freisetzte, sei es infolge der neuen administrativen Verfassung des Staates in autonome Gemeinschaften, die begünstigte, daß die vordem eher abseits gelegenen Institutionen mit Hilfe von Stipendien und Veröffentlichungen die Suche nach Identität zu fördern vermochten. Vermutlich trug beides dazu bei.

In Kastilien und León begann seit 1983 eine Serie von Märchensammlungen zu erscheinen, deren erster Meilenstein die Herausgabe der 63 (davon neun Zaubermärchen) von Joaquin Díaz in Valladolid gesammelten und von Maxime Chevalier aufgezeichneten Märchen war. Ihr folgte eine Ausgabe mit 335 Märchen (darunter 56 Zaubermärchen), die von mir in der Provinz von León gesammelt wurden[71].

Auch wenn die in der leonesischen Feldforschung gesammelten Zaubermärchen von Interesse sind, so sind sie es, von ihrer Außergewöhnlichkeit her gesehen, nicht so sehr, wie die ebenfalls von mir in Neukastilien aus dem Erzählermunde aufgezeichneten, nämlich in der Provinz von Ciudad Real der autonomen Gemeinschaft von Kastilien-La-Mancha. Von den genau 100 Zaubermärchen soll »Die treue Freundin« (La amiga leal)[72] hervorgehoben werden, eine schöne Version eines komplexen, nicht im Katalog von Aarne-Thompson verzeichneten Typs, von dem jedoch wenigstens 10 etablierte gleichartige Varianten in der pan-hispanischen mündlichen Tradition bekannt sind[73].

Im kastilisch-manchegischen Raum sind später noch weitere Arbeiten erschienen: die Ergebnisse der von Emilio Cortes in der Provinz von Albacete durchgeführten Feldforschung und verschiedene Kompilationen, die von Abraham Madroñal in der Provinz von Toledo hergestellt wurden; zusammengenommen tragen sie ein Dutzend Zaubermärchen bei[74].

Auch in der Estremadura sind neue Sammlungen erschienen: zum einen verschiedene Proben, die von Pedro Montero in der städtischen mündlichen Tradition gesammelt wurden und, noch wichtiger, die von Rodriguez Pastor unter seinen Schülern eines Dorfes zusammengetragenen Texte[75].

Doch in wenigen kastilisch-sprachigen Zonen gab es einen größeren publizistischen Schub von Sammlungen als in Andalusien, wo alle, ebenso wie in der Estremadura, von Dozenten zusammengestellt wurden. Den »Cuentos tradicionales recogidos en la provincia de Cádiz« – einer Serie von 37 von Sandubete 1981 herausgegebenen Märchen (davon 17 Zaubermärchen) – folgten die 1985 von Maria José Porro und Mitarbeitern zusammengestellten »Cuentos cordobeses de tradicion oral« mit 87 Texten (darunter 53 Zaubermärchen). Im folgenden Jahr erschien die erste Lieferung der »Cuentos populares de Baena«, von Juan Naveros herausgegeben, mit 36 Märchen (davon 11 Zaubermärchen) und 1988 die zweite mit 23 (bzw. 9 Zaubermärchen). 1990 veröffentlichten Serafin Espejo und José González Ruiz die »Cuentos y romances populares de la comarca de Linares« mit 27 Märchen (darunter 9 Zaubermärchen). Und schließlich wurde 1972 eine Sammlung von 80 Märchen (bzw. 52 Zaubermärchen) der »Cuentos tradicionales« von Antonio Jiménez Romero zusammengestellt[76].

Schließlich muß in diesem Überblick die riesige Sammlung erwähnt werden, die seit drei Jahren von den Forschern Juan Antonio del Rio und Melchor Pérez Bautista in der Provinz von Cádiz zusammengestellt wird[77]. Bis jetzt beläuft sie sich auf annähernd 1.500 Versionen, darunter eine große Zahl von Zaubermärchen.

Einige Schlußfolgerungen

Aus dem Studium der veröffentlichten Sammlungen wie auch der zugänglichen unveröffentlichten, lassen sich verschiedene Schlußfolgerungen ziehen. Eine davon betrifft das Repertoire der Zaubermärchen. Von diesen kann man feststellen, daß die Zahl von Typen, deren Vorhandensein in Spanien festgestellt wurde (wenn man auch die in kastilischer, in katalanischer, galicischer oder baskischer Sprache zusammengetragenen berücksichtigt), wenigstens an

160 heranreicht. 18 von ihnen müßten, da man ihr beständiges und differenziertes Vorhandensein in verschiedenen mündlichen Versionen bestätigt hat, eine Vergabe von neuen Index-Nummern in den übernationalen Katalogen notwendig machen. Trotz der Unterbrechung der Feldforschung, die einen Stillstand in der Veröffentlichung von Sammlungen hervorrief, ist die Zahl von registrierten Varianten eines jeden Typs hinreichend. Für die in den Provinzbereichen zusammengestellten Sammlungen dürfte die Zahl von inkorporierten Zaubermärchen beachtenswert sein, sieht man einmal von kleinen lokalen Sammlungen bzw. den von Lehrern unter wenig zur Überlieferung langer Texte geeigneten Schülern gesammelten ab (als ob es sich um Hausaufgaben handelte). Es läßt sich vielfach bestätigen, daß in einigen von Interviewern untersuchten ländlichen Bereichen der Tag sehr unglücklich gewesen sein müßte, an dem man nicht wenigstens ein paar Zaubermärchen hätte hören können.

Die am weitesten verbreiteten sind in dieser Rangfolge: »Unterweltstochter als Helferin bei des Helden Flucht« (AT 313), 57 Varianten; »Die drei Orangen« (AT 408), 48 Varianten; »Das gute und das schlechte Mädchen; Frau Holle« (AT 480), 44; »Goldkinder« (AT 707), 42; »Drachentöter« (AT 300), und zwar sowohl als eigenständiger Typ wie auch innerhalb von AT 303; »Die zwei Brüder«, 37; »Gold-, Silber- und Sternenkleid« (AT 510B) gezählt zusammen mit den Fassungen, deren Einführung »Goldmarie-Pechmarie« (AT 480) ist, 34; »Der starke Held und seine Gefährten« (AT 301B), 33; »Herz des Unholds im Ei« (AT 302), 32; »Däumling« (AT 700), 30; »Das Mädchen ohne Hände« (AT 706), 29; »Cinderella; Aschenputtel« (AT 510A), 29; »Mann vom Galgen« (AT 366), 27; »Der Hasenhirt« (AT 570), 26; »Machandelbaum« (AT 720), 26; »Die zwei Brüder« (AT 303), 23; »Der singende Sack« (AT 311B*), 23; »Tierbräutigam« (AT 425A), 23; ... aber »Halbhahn« (AT 715) immerhin noch mit 20 Belegen. Wie man sehen kann, haben nicht alle Märchen die gleiche Verbreitung. Am entgegengesetzten Pol der zitierten findet man jene Typen, von denen man (beinahe) nur eine einzige Fassung registriert hat oder solche, die nicht im Katalog von Aarne-Thompson vorkommen und von denen man verschiedene Versionen aufgezeichnet hat. Alle diese Belege wurden gebührend hervorzuheben versucht in dem Maße, in dem die verschiedenen Sammlungen kommentiert wurden; ich habe deshalb darauf verzichtet Daten zu geben, die oftmals nur eine Wiederholung bedeutet hätten.

Andere Schlußfolgerungen, die man aus der Verbreitung der Märchentypen ziehen kann, ist das Vorhandensein von eigenen Korpora in verschiedenen Gebieten, trotz der Tendenz der Märchen zur Ausbreitung. Das Zaubermärchen »Sonnentochter« (AT 898) das praktisch auf die mediterrane Verbreitung begrenzt ist, wurde bereits angeführt (ebenso wie »Polyphem«, AT 1137, genauso zauberhaft wie »Hänsel und Gretel«, AT 327A), weshalb es die Existenz eines gewiß nicht sehr umfangreichen, grundsätzlich mediterranen Repertoires erahnen läßt. In eingeschränkterem Maße ließ sich das Vorhandensein eines hauptsächlich romanischen Repertoires feststehen: die Versionen der »schlafenden Schönen«, AT 410, wären hierfür ein eindeutiges Beispiel. Und man könnte ebenso ein iberisches Repertoire aufstellen: »Die stumme Königstochter entzaubert den Prinzen«, AT 435*, von dem ich nur eine spanische Variante kenne, aber fünf portugiesische und eine weitere sephardische. Und ein anderes hispanisches: AT 311B*, 326A*, 431B*, 451* + 452*, 455* ...

Analog kann man auch spezifische Repertoires feststellen, innerhalb derer eigene, bestimmter geographischer oder kultureller Bereiche zugehörende vertreten sind. Ebenso läßt sich bestätigen, daß bestimmte Typen, da sie international sind, praktisch begrenzt vorkommen, wie z.B. in Katalonien (das ist der Fall bei den Typen AT 314A bzw. 331 oder 506A); andere sind nördlich begrenzt (AT 470; »Freunde in Leben und Tod« oder 471A »Mönch und Vöglein«) oder konzentrieren sich auf die kastilisch-leonesische Region (AT 650A »Starker Hans«), andere schließlich auf den Nordosten der iberischen Halbinsel, während man im Süden bestimmte Typen feststellen kann, die sich in auffallender Weise auf Andalusien und die spanische Estremadura sowie die portugiesische Algarve beschränken (AT 307 »Prinzessin im Sarg«).

Diese Spezialisierungen rufen auch regionale Varianten hervor. Wenn man das Märchen »Die drei geraubten Köngistöchter« (AT 301) und die Diffusion seiner verschiedenen Subtypen betrachtet, läßt sich eine gewisse Unvereinbarkeit feststellen zwischen der praktisch auf den katalischen Bereich (und in geringerem Maße auf den baskischen) beschränkten Entwicklung von 301A und der im kastilischen Raum so zahlreichen von 301B. Aber alle diese Unterscheidungen sind letztenendes nichts anderes als ein Ausdruck der Verschiedenheit des mit der Universalität der Handlungen und seiner strukturellen Homogenität harmonierenden Volksmärchens.

Übersetzung von Bianca Segura García und Klaus Schäffauer

Antonín Satke

MÄRCHEN IN DER TSCHECHEI UND SLOWAKEI

Märchenstoffe und -motive finden wir bereits in der alttschechischen Literatur. In der ältesten tschechischen, lateinisch geschriebenen Chronik des Cosma (gest. 1125) lesen wir mehrere Fabeln, in späteren alten Literaturdenkmälern begegnen wir häufig literarisch verarbeiteten Novellen und Schwänken; dabei kommen auch Märchenstoffe vor. So erscheint beispielsweise bei Magister Klaret von der Prager Universität – eigentlicher Name Bartolomäus von Chlumec, 14. Jahrhundert – (Dvořák 1976, Wesselski 1928) in seinen versivizierten lateinischen Distichen das gekürzte Sujet des Märchens von den zwölf Monaten, das wir dann aus der slowakischen Tradition des 19. Jahrhunderts kennen und das die tschechische Schriftstellerin Božena Němcová verarbeitet hat (AT 403B). Ein anderes alttschechisches Literaturdenkmal, »Frantova práva« aus dem 16. Jahrhundert, das die Quelle für die Erzählungen Heinrich Bebels ist, enthält außer verschiedenen Schwänken auch das Märchen von dem Schmied Pašek (AT 330 + 800): Der Schmied gelangt dadurch in den Himmel, daß er Sankt Petrus einen Trunk anbietet, und während dieser trinkt, spritzt er ihm Wein in die Augen und springt bis in den Himmel. Dieses ist ein bisher unbekanntes Motiv, vermutlich der tschechischen Volkstradition entnommen.

Tiermärchen, Fabeln und Schwänke finden wir seit ältesten Zeiten und aus späterer homiletischer Literatur in reichem Maße in alttschechischen und slowakischen Beispielerzählungen Sie dienten den Predigern nicht nur als Hilfsmittel. So stellte der Zisterziensermönch K.B. Hiršmencl im 17. Jahrhundert aus verschiedenen gedruckten Quellen und möglicherweise aus dem, was er selbst gehört hatte, eine handschriftliche Sammlung von Schnurren für seine Mitbrüder zusammen, damit sie wenigstens einmal im Jahr, d.h. am Ende der Fastenzeit, »die erlaubten Feiertage nutzten und sich in brüderlicher Liebe erheiterten« (Kurková 1959, 108). Unter den Dutzenden Schnurren und Schwänken finden wir hier auch einige humoristische Märchen über den Meisterdieb (AT 1525). Im 17. und 18. Jahrhundert gelangen auch zahlreiche Stoffe aus den sog. Volkslesebüchlein (Melusine, Fortunatus, Genovefa u.a.m.) in unsere mündliche Tradition.

Erst mit der Romantik und unter dem Einfluß der Brüder Grimm wurde bei uns wie auch in der Slowakei begonnen, Märchen intensiv zu sammeln. In Böhmen bearbeiteten und adaptierten der Dichter K.J. Erben und Božena Němcová die Märchen, jeder auf seine Weise, in Mähren unternahm der Kanonikus B.M. Kulda eine große Sammelaktion und notierte in der Walachei, im mährischen Gebiet eine bedeutende Anzahl Märchen, deren Texte ein relativ zuverlässiges Material für das Folklorestudium sind (Kulda 1963). In der Slowakei begann Mitte des 19. Jahrhunderts eine Einzelaktion, die damals in Europa nicht ihresgleichen hatte: Volksaufklärer und Vaterlandsfreunde schickten auf Veranlassung des Pfarrers S. Reuss in den Ferien ihre Gymnasialschüler aufs Land, um Märchen aufzuschreiben; sie übertrugen sie handschriftlich und ordneten sie zu Unterhaltungsbüchern – insgesamt an die zehntausend Manuskriptseiten verschiedener Genres! Sozusagen im »Samizdat« (Eigenverlag) sollten sie zum Lesen dienen (Polívka, Verzeichnis, 1. Teil). Diese volkstümliche Unterhaltungslektüre sollte der damals entstehenden slowakischen Literatur helfen, und gemäß den Auffassungen der Romantik sah man in der Sprache der Märchen und Volkslieder ein Muster für die Schriftsprache. Diese überarbeiteten Märchen wurden von A.H. Škultéty und P. Dobšinský für eine gedruckte und später mehrfach edierte Sammlung slowakischer Märchen benutzt.

Mitglieder einer philologischen Schule zu Ende des 19. Jahrhunderts, besonders die Schüler von Jiři Polívka, unter ihnen Václav Tille, Fr. Stavař und vor allem J.Š. Kubín, notierten und editierten Märchen zu wissenschaftlichen Zwecken. Josef Kubín sammelte umfangreiches, wertvolles Märchenmaterial im Podkrkonoši (Riesengebirgsvorland), im Kladsko (Glatzer Bergland), später noch eine geringere Menge im Hlučinska (Hultschiner Ländchen) und in Preußen, in den Siedlungen tschechischer Emigranten. In der Slowakei erschienen damals die ersten exakten Niederschriften für dialektologische Zwecke von S. Czambel (1906).

In der Zwischenkriegszeit trat eine gewisse Stagnation beim Sammeln von Prosafolklore ein. Eine Ausnahme bildete die anregende, umfassende Forschungsarbeit der Hörer des Seminars von F. Wollman, der für seine Seminaristen ein Stipendium erwirkte und sie in verschiedene Gebiete Mährens und der Slowakei zum Niederschreiben von Märchen schickte. Leider wurden diese Sammlungen als Ganzes bisher nicht publiziert, die mährischen sind sogar gänzlich verlorengegangen. Die Seminaristen bemühten sich, so viel wie möglich aus dem Repertoire der Erzähler schriftlich festzuhalten, sie fügten deren Lebensläufe bei und sagten auch mancherlei Interessantes über die Haltung der Erzähler zu ihren Märchen. In der Zeit der Okkupation, als die tschechischen Hochschulen geschlossen waren, war es nicht möglich, weitere Forschungsarbeit zu betreiben.

Nach dem Zweiten Weltkrieg wurde mit einer organisierten Erforschung der Prosafolklore begonnen. Aufgezeichnet wurde mit Hilfe von Tonbändern, der Erzählvortrag wurde auf Fotos und Filmstreifen festgehalten, das Augenmerk auf das Leben des Märchens und auf die Beziehung des Erzählers zu seinem Repertoire gelenkt. Solche Forschungen wurden mehrfach durchgeführt. Auch neue Erzähler wurden entdeckt, sogar in den Bergregionen, doch müssen wir hinzufügen, daß sich sehr gute Folkloreträger, also Märchenerzähler, nur in geringem Maße fanden. Außergewöhnlich begabten Erzählern widmete man Monographien (Satke 1958, Kardłubiec 1973, Kosová 1988); das Märchen wurde in zwischenethnischen (Horálek 1979) und interregionalen (Sirovátka 1967) Beziehungen studiert. Es wurde auch in Gebieten aufgezeichnet, in denen es bis dahin nur spärliche Forschungsergebnisse gab (Klimová 1960, Florec-Holý 1960); in den Bergregionen war es noch lebendig (Kladno 1958, Žakarovce 1956).

Außerordentlich günstige Gelegenheiten zum Märchenerzählen gab es in unseren beiden Nationen, aber auch anderswo in Mitteleuropa, vor allem bei den Gesprächen mit den Nachbarn, in den Spinnstuben und beim Federnschleißen, evtl. auch bei anderen Arbeiten, wie z.B. in der Slowakei beim Maisschälen, bei der Arbeit der Holzfäller im Wald. Im Karpatenbogen und in den Beskiden vertrieben sich die Hirten die Langeweile beim Schafehüten, besonders abends in der Almhütte. Der Erzähler Bronda erinnerte sich, daß die Holzfäller für eine ganze Woche, manchmal auch für zwei hinauf in die Berge zogen; an den Abenden wurden die Märchenerzähler unter ihnen zum Erzählen aufgefordert, und wer nicht wollte, wurde gefangen und übers Feuer gehalten, wobei ihm gedroht wurde, man werde ihn versengen. Den Märchenerzählern überließ man den größten Teil der Getränke. Als Bronda schon alt war und nicht mehr arbeiten konnte wie die anderen, nahmen sie ihn *zum Wirtschaften* mit, daß er für sie koche und sich um die Hütte kümmere, und was er nicht mehr selber tun konnte, das taten sie für ihn – nur damit er ihnen erzählte (Kosová, 18).

Aus manchen Gebieten fuhren die Maurer und Tagelöhner für eine ganze Saison zur Arbeit, so aus Hlučinsko (Hultschiner Ländchen) nach Westfalen, nach Warschau, sogar bis nach Litauen, und aus Südböhmen nach Ungarn und Bayern. In den Herbergen wurde abends lange erzählt. F. Poštulka aus dem Hultschiner Ländchen berichtet: wenn beim Erzählen ein Zuhörer einschlief, dann rief der Erzähler »kost« (d.h. Knochen) und die anderen mußten antworten »maso« (d.h. Fleisch), und wer nicht antwortete, weil er eingeschlafen war, der zahlte am nächsten Tag eine »laga« (d.h. »Lage«, nämlich Bier). Manche Wanderburschen erzählten oft für ein Nachtlager und ein Stück Brot. Viele Geschichten merkte sich so a. Chybidziurová, die großartige Märchenerzählerin aus Těšín (Teschen). Rein professionelle Märchenerzähler mit ausgeprägtem Stil hat es bei uns nicht gegeben; es gab allerdings Fälle, wo der Erzähler versuchte, durch Märchenerzählen zu einer Münze oder einer Entlohnung zu kommen. Tille vermerkt, daß der Erzähler zu diesem Zweck das Märchen sogar verlängerte – und damit verpfuschte er es (Tille 1988, 2). Der Märchenerzähler A. Anděl aus Opavsko (Troppauer Gegend) erinnert sich, wie sie als Jungen dem alten Vrbický jeder einen Kreuzer für Tabak brachten, damit er ihnen erzähle; ebenso sammelten die

Kinder auch für den Vater der Märchenerzählerin Żylová aus Těšínsko (Teschener Gegend) manchen Sechser.

Die bekannte Tatsache, daß das Zaubermärchen früher viel beliebter war, sehen wir am Ausmaß und der Zusammensetzung der Erzählerrepertoires, der früheren und der späteren. Bei den Männern überwogen seit der Mitte des vorigen Jahrhunderts die Zaubermärchen, so bei dem mährischen Erzähler J. Kroupa, der sie wunderbar vorzutragen wußte (Kulda 1963, Nr. 65-75), und seit dem Ende des vorigen Jahrhunderts trug auch die Kulíčková solche Märchen bewundernswert und lebendig vor (Kubín 1964), ebenso A. Šrůtková aus Kladsko (Glatzer Land) (Kubín 1908, II).

In der Slowakei behielt das Zaubermärchen sein altertümliches Gepräge bei; umso neugieriger möchte man auf die dortigen Erzähler sein, aber leider erfahren wir darüber weder von den Sammlern noch von den Verfassern der handschriftlichen Codices etwas Näheres. Sicher gab es unter ihnen einzelne begabte Personen, wie es die Märchensammler noch in der Zwischenkriegszeit bezeugt haben. Der erwähnte J. Bronda erzählte überwiegend Zaubermärchen, doch auch ein Erzähler wie J. Ivánič, von dem nur eine geringe Anzahl Märchen niedergeschrieben worden sind, trug sie auf einzigartige Weise vor (Satke 1958, Zur Charakteristik ..., 479).

Wenn auch das Zaubermärchen in der älteren Zeit verhältnismäßig gut vertreten war, so ist doch nicht zu übersehen, daß es außer ihm in den Repertoires der Erzähler schon damals eine beträchtliche Zahl realistischer Märchen, Novellen und Schwänke gab. Je näher der Gegenwart, desto größer wird ihre Zahl. Besonders ersichtlich ist das bei Kubíns Erzählern, denn dieser Sammler wich auch den gepfeffertsten Schwänken nicht aus und notierte davon nicht wenige.

Obwohl es nach dem Zweiten Weltkrieg, in den fünfziger Jahren, so schien, als hätten die Forscher noch eine reiche Ernte an Prosafolklore einzubringen, zeigte sich jedoch nach einiger Zeit, daß sie bereits die letzte Generation erfaßt hatten, die uns das Märchen bis in unsere Tage bewahrt hat. Und solche Erzähler, die man zum guten erzählerischen Durchschnitt rechnen könnte – sei es allein durch Märchen, sei es durch realistische Erzählungen oder Schwänke, die sie in ihr Repertoire aufgenommen hatten – konnten wir an den Fingern einer Hand abzählen. Das belegen uns am besten jene Forscher, die bemüht waren, im Umfeld der ehemaligen Erzähler um Kubín etwas vom Repertoire ihrer Väter und Großväter aufzuzeichnen, das gleiche gilt für die jüngere Generation bei der Aktion von Wollman in der Slowakei. Insgesamt gesehen, war es verschwindend wenig; man erinnerte sich allenfalls an einige Schwänke, das Märchen war nur ausnahmsweise vertreten. Und das war schon vor mehr als dreißig Jahren! Auch darf uns der Umstand nicht beschwichtigen, daß sich bei derlei wiederholten, wiederkehrenden Forschungen ausnahmsweise sogar neue Erzähler fanden. Diese können das Märchen – eine der wichtigsten künstlerischen Äußerungen des Volkes – auch nicht mehr retten (Kubín 1964, 1971; Gašparíková 1986, 166f). Selbst das umfangreiche Repertoire der seinerzeit fünfzigjährigen Glatzer Erzählerin Hornychová, das einige hundert Stoffe umfaßt, war kein Grund für eine hoffnungsvolle Prognose, denn es handelte sich hierbei zumeist um Märchen, die aus tschechischen und deutschen Büchern stammten und durchweg den Inhalt des Gelesenen wiedergaben (Jech 1959).

Dieses Nachkriegsmärchen erstrahlte in den ersten Jahrzehnten nach dem Krieg bisweilen noch in schönem poetischem Gewand als lebendiges Gebilde, das aus der Phantasie des Erzählers vor unseren Augen erwuchs, doch das waren nur seltene Ausnahmen. So war es bei den schlesischen Erzählern Smolka und Ježowicz, zwischen denen es Ähnlichkeiten gibt: bei beiden trat das Zaubermärchen in den Hintergrund, besonders bei Ježowicz, beide verstanden es, lebhaft und nicht selten mit satirischen Seitenhieben ein legendäres Märchen zu erzählen, beide verfügten über genügend humorvolle Geschichten, bei Ježowicz war das Repertoire um ein paar Dutzend Texte aus der Lektüre erweitert, so daß sein aktiver Märchenschatz nicht annähernd so umfangreich war, wie in der Monographie über ihn angegeben wird; man muß etwa zwei Drittel abstreichen (Kadłubiec 1973). Bei Smolka gewann das Märchen auch durch die ausgeprägte Mimik und Gestik dieses Erzählers an künstlerischer Wirkung; das belegen die zahlreichen Fotos, die während des Erzählens von ihm aufgenommen wurden (Satke 1958).

Das Zaubermärchen konnte man jedoch in jüngster Zeit manchmal auch von Erzählern mit kleinerem Repertoire in schöner Wiedergabe hören. Es waren vornehmlich ältere Frauen, die gut erzählen konnten, weil sie den Kindern auch dann noch Märchen erzählten, als die Erwachsenen und die Jugendlichen schon jede Beziehung dazu verloren hatten. Zu ihnen gehört die Erzählerin M. Čudková aus den Teschener Beskiden, die unter den fünfzehn Erzählungen ihres Fundus zehn Märchen hatte, die ausgezeichnet aufgebaut, im Detail ausgearbeitet und mit Emotion erzählt wurden, wogegen ihr Nachbar Ježowicz von der Berglehne gegenüber das Zaubermärchen, das er zumeist in Männergesellschaft erzählte, recht blaß wiedergab, soweit es überhaupt bei ihm vorkam.

Auch in der Slowakei, wo die Märchentradition lebendiger blieb, konnten die Folkloreforscher noch in den achtziger Jahren Nachfolger der älteren Märchenerzähler ausfindig machen, doch waren auch das nur Ausnahmen (Jech 1990, 136). Auch hier stellen wir, so wie überall, die gleichen Ursachen für den Niedergang der Märchen und der mündlichen Dichtung überhaupt fest: es gibt keine Anlässe zum Erzählen mehr, die nachbarlichen Unterhaltungen haben abgenommen, die Menschen leben isolierter, ihr Lebensstil ist ein anderer, ihre Interessen sind andere usw. Der letzte Schlag, der dem Volksmärchen versetzt wurde, ist das Fernsehen.

Betrachten wir die Entwicklung des tschechischen Märchens, so zeigt sich gegenüber der Zeit, als die Sammler es niederzuschreiben begannen, bereits ein Verlust der inhaltlichen und traditionellen Elemente; die Motivierung wird vereinfacht und verflacht, die Zauberwelt schwindet ebenfalls, das Märchen wird ziviler, zuweilen spricht man von der Entmythisierung des Märchens, ja sogar davon, daß es in die Nähe der Groteske rückt (Sirovátka 1969, 277). Es steht fest, daß insbesondere der Aufbau des Zaubermärchens mit den typischen Mitteln der Märchenpoetik geschaffen wurde, auch wenn das tschechische Märchen früher wohl nicht so umfangreich über Mittel wie das Epitheton constans, vor allem das gereimte, die loci communis sowie verschiedene Formeln usw. verfügte, denen wir in größerem Maße in den slowakischen Märchen begegnen. Trotz dieser Zivilisierung und Lockerung der Form ist das Märchen jedoch noch attraktiv für die Zuhörer geblieben, wenn es der Erzähler verstanden hat, die ruhigeren Stellen, die retardierende Handlung mit feinen Details und Episoden, mit solchen Stellen abzuwechseln, wo eine durch Dialoge belebte Dynamik Spannung und Lebendigkeit in die Erzählung bringt und somit die notwendige Retardierung und Gradierung auf anderem Wege erreicht wird (Satke 1958, 51; Sirovátka 1969, 277).

Von der Skala der Märchenpoetik sind als Reste die Anfangsformeln geblieben, die im tschechischen Märchen ganz einfach sind (Es war einmal ein ...); sie ordnen das tschechische Märchen dem westeuropäischen Typ zu. Die Schlußformeln sind nicht allzu sehr entwickelt, aber doch recht vielfältig. Für gewöhnlich haben sich in den einzelnen Regionen bestimmte Typen gefestigt, in der Regel gereimte, wobei einige Erzähler selbständig begonnen und improvisiert haben, wie Frau Kulíčková oder in letzter Zeit die Teschener Erzählerin Chybidziurová (Satke 1984, 33).

Komplizierter ist die formale Seite der slowakischen Märchen. Der Umstand, daß bereits im 19. Jahrhundert die Herausgeber jener handschriftlichen Sammelbände den Stil der Märchen archaisierten und in der Komposition fast durchweg die Gesetzmäßigkeiten der Märchenpoetik, so die dreistufige Wiederholung, beibehielten, und daß die so aufbereiteten Märchen dazu noch wiederholt gedruckt und gelesen wurden (vor allem Dobšinskýs Sammlung), beeinflußte auch die Tradierung in der mündlichen Wiedergabe. Das zeigt, daß es sich hier eigentlich nicht um eine ganz natürliche Entwicklung der Märchenformen handelt. Diese Feststellung mag mehr oder weniger wahrscheinlich sein, sicher aber ist: das slowakische Zaubermärchen muß auch früher ein archaischeres Gepräge gehabt und sich über längere Zeit erhalten haben. In den slowakischen Märchen finden wir auch häufig Wiederholungen, das Epitheton constans, stehende Wendungen im Kontext des Märchens wie auch weiterentwickelte Anfangs- und vor allem Schlußformeln. Besonders begabte Erzähler wußten die Elemente dieser Stilformen zu nutzen und eine eigentümliche, sich in der Tradition bewegende Formel zu schaffen, wie noch in den dreißiger Jahren der Erzähler J. Ivánič: »Und es kam die Zeit, da war der Tag der Hochzeit, die sechs Wochen und acht Sonntage lang dauerte. Und zu so einer vornehmen Hochzeit lädt man auch die armen Leute ein, damit sie sich erinnern, was sich wann in dieser Familie zugetragen hat. So lud man auch mich als armen Mann zu dieser Hochzeit ein. Und ich, glaubt mir, ich hatte kaum ein bißchen getrunken, schon sackte ich untern Tisch. Da fingen die Leute an, nach mir zu treten, mich zu schubsen. Na so was, wer ist denn hier so unanständig? Also, werft ihn doch hinaus!

Aber die Hochzeitsgäste wollten sich einen dummen Scherz machen und kamen überein: ›Wir werden ihn in ein Faß sperren!‹ Da sagt doch der Alte, der Hochzeitsvater: ›Wir können ihn aber nicht mit leeren Händen von der Hochzeit ziehen lassen. Kommt er heim, dann muß er etwas vorzeigen.‹ Sie gaben mir Kuchen in einem Körbchen und Wein in einem Sieb und nagelten mich in einem Faß ein. Und schafften mich in dem Faß ans Ufer, an den Šeba-Fluß, und ließen mich dort fahren, damit ich schnell nach Hause käme.

Na, und so rumpelte ich in dem Faß das Ufer hinab. Und unter diesem Ufer war ein papierenes Land. Doch das Faß holperte über die Steine, bis es zersprang. Die Kuchen ergossen sich auf das papierene Land. Na, und das Land wurde naß von diesen Kuchen, und durch das Sieb, das große, runde, lief der Wein und weichte das Land auf.

Na, und ich schaue mich um: das Körbchen ist entzwei, die Kuchen sind breitgegossen, und ich suche überall die Kuchen und den Wein, um wenigstens etwas von der so vornehmen Hochzeit nach Hause zu bringen. Noch waren in dem Faß ein paar Schlucke, in denen ich mich gewälzt hatte (in denen ich gelegen hatte). Wie ich mich so strecke, kippt das Faß auf einmal um, und ich krieche heraus. Da will ich gleich heimgehen, aber ich war nicht ganz nüchtern, und es wurde schon dunkel und ich hatte mich in dem papierenen Land verirrt, befand mich auf einem Felsen, das papierene Land zerriß, da war ein großes Loch, und ich fiel bis hierher, und nun ist Schluß.« (Satke 1958, II).

Das stoffkundliche Studium hat gezeigt: das tschechische wie das slowakische Märchen gehören zu den Märchen des mitteleuropäischen Typs, das tschechische steht den polnischen und deutschen nahe, wogegen zu den slowakischen eher die Märchen aus dem südöstlichen Mähren neigen, außerdem weisen die slowakischen Märchen bestimmte Verbindungslinien zu denen der Ostslawen und des Balkans auf (Horálek 1979, 205, Jech 1984, 450).

Wenn das Märchen in den letzten Jahrzehnten aus der warmen Bauernstube durch die Türe ausgezogen und im Munde der Erzähler verstummt ist, so ist es dort in anderer Form wieder durchs Fenster eingezogen: es meldet sich im Radio und im Fernsehen, in geistreichen, farbenfrohen Inszenierungen, doch der Mund der Erzähler öffnet sich dabei nicht. Heute kommt die mündliche Literatur im tschechischen wie im slowakischen Milieu auch anders zur Geltung: sie präsentiert sich auf großen Veranstaltungen mit verschiedenen sog. Volkserzählern – das sind vor allem Amateurhumoristen, die auf den unterschiedlichsten Podien auftreten, zumeist bei Lieder- und Tanzfestivals. Hier allerdings erwartet die tausendköpfige Zuschauer- und Zuhörerschaft kein Märchen, sondern eine lustige Geschichte, ein Schwank und ein Witz. Selbst das humoristische Märchen setzt sich in solchen Fällen nicht durch, da es viel zu lang ist. Für derartige Zwecke wählen diese Interpreten ihr Material aus verschiedenen Quellen: aus der mündlichen Tradition wie aus Gedrucktem; es sind nicht immer volkstümliche Geschichten, und auch die Erzähler stammen nicht immer aus volkstümlichen Kreisen. Sie bereiten ihre Geschichten vor, lernen sie auswendig, und ihr Auftritt ist fast der eines Schauspielers – nur die Volkstracht, in der sie auftreten, soll ihnen den Stempel der Volkstümlichkeit geben (Fojtík-Sirovàtka 1956, 203).

Es gibt allerdings auch echte Volkserzähler, deren Wurzeln in der Tradition stehen, so den hervorragenden Dudelsackpfeifer und Sänger P. Zogata aus den Teschener Beskiden. Wenn er zwischen der langen Reihe von Liedern, die er mit dem Dudelsack begleitet, verschnaufen muß, erzählt er ab und zu einen Schwank, den er selber ganz im volkstümlichen Geist geschaffen hat. So übernimmt er beispielsweise die Rolle eines Schäfers, der noch nie in der Stadt war, und als er das erstemal dort hinkommt, bricht schon die Dunkelheit herein und er muß bei einem Freund übernachten. Er hat keine Ahnung vom elektrischen Licht, bemerkt aber, wie auf einen Knopfdruck seines Freundes das Licht angeht. Als er schlafen geht, drückt er auch, aber auf den Wasserhahn, das Wasser läuft, und in seiner Angst beginnt er es in der Mütze aufzufangen und aus dem Fenster zu schütten, schafft es aber nicht, springt schließlich hinaus und flüchtet in die Berge. Und dabei schwört er, nie wieder in die Stadt zu gehen. Dieser Schwank von Zogata dürfte wohl kaum Goethes »Zauberlehrling« entlehnt sein, denn Zogata hat außer Zeitungen nichts gelesen.

Es gab auch Erzähler, die sich Märchen aufschrieben, sie zu einer literarischen Form umarbeiteten und mittels ihrer Phantasie auf der Grundlage bekannter Motive neue Märchen schufen. So waren für die südböhmische Erzählerin M. Bínová ihre geschriebenen Märchen Trost und Flucht in eine andere Welt, als sie jahrelang ihren ans Bett gefesselten Mann pflegen mußte. Und in der Slowakei schrieb Z. Selecká eine Art Familienchronik, in die sie Märchen einflocht; und da sie Stickerin und Weberin ist, illustrierte sie diese lange Komposition sogar selbst mit Motiven volkstümlicher Stickereien

(Gašparíková 1986). Als B. Vaněk aus Slezsko (Schlesien) sah, daß wir an seinen improvisierten Münchhausiaden Interesse hatten, dachte er sich welche aus – sogar sein Aufenthalt im Konzentrationslager Dachau hat ihn zu einer Geschichte inspiriert, in der er auf einer Wolke aus dem KZ bis in sein Heimatdorf reist. Er war Bergmann, und auf der Grundlage der Erzählungen über den Berggeist schrieb er (und erzählte auch) ein Märchen vom Kohlenkönig, in das er seine Erfahrungen aus dem Bergmannsleben einbrachte (Radostná země / Frohes Land / 1958, 46 und 1961, 34).

Solche neuen Geschichten und Schwänke, selbst der so geschickt gemachte Schwank von Zogata, greifen nicht mehr, denn die Gesellschaft nimmt sie nicht mehr als ihr eigen an, und sie können nicht mehr einem Veränderungsprozeß unterliegen.

Verschiedene Volkserzähler traten nach dem Zweiten Weltkrieg im Rundfunk und später auch im Fernsehen auf, doch erzählten sie dabei keine Märchen; dafür gibt es hier für Inszenierungen von Volksmärchen einen festen Platz. Im Rundfunk hält man sich mehr an erzählte Texte, denn der Text wird gelesen und mit Musik begleitet, während sich das Fernsehen oft, ähnlich einer Theaterinszenierung, von der ursprünglichen Vorlage entfernt. Die kurzen Fünfminuten-Szenen der Gutenacht-Sendungen im Fernsehen sind zumeist Animationsfilme, in denen nur selten Motive oder Gestalten aus Märchen erscheinen.

Am zuverlässigsten leben die Märchen heute fort in den Märchenbüchern für Kinder und Jugendliche. Zu den beliebtesten zählen bei den kleinen tschechischen und slowakischen Lesern die Märchen der Klassiker – Erben, Němcová, in der Slowakei Dobšinský. Nach dem Zweiten Weltkrieg wurden die Niederschriften der Folkloreforscher eine Beute verschiedener Bearbeiter, die mit mehr oder meist weniger Erfolg bemüht waren, sie in die Schriftsprache zu übertragen. Von der Vielzahl der Autoren sei aus jüngster Zeit Fr. Lazecký genannt, der in drei Bänden Märchen aus dem schlesischen Gebiet nacherzählt hat, so daß sein Märchenwerk dem Umfang nach von regionaler Monumentalität ist.

Viele Folkloreforscher waren auch bestrebt, Märchen der Volkstradition nachzuerzählen. Sie wußten, daß ein Märchen, das erzählgetreu niedergeschrieben ist, nicht verändert werden darf: deshalb behandelten sie die Originale mit größerer Rücksicht. Von den Nacherzählern unter den Folkloreforschern ist besonders Oldřich Sirovátka zu nennen.

In der Zwischenkriegszeit ziemlich verbreitet waren illustrierte Märchen in Form fliegender Blätter, die in den Lebensmittelläden auch auf dem Lande erhältlich waren. Damals gab es auf dem Dorf noch keine Buchhandlungen, so daß die fliegenden Blätter, manchmal den Kunden unentgeltlich als Reklame mitgegeben, dort in gewisser Weise die Funktion eines Märchenbuchs erfüllten.

Comics verarbeiten meist abenteuerliche Sujets für Jugendliche; das Märchen hat zu ihnen heute keinen Zugang. Die Kinder greifen viel häufiger nach Comics als nach gedruckten Märchenbüchern, denn der schlagwortartig verknappte Text der Geschichte bereitet ihnen weniger Lesearbeit, die begleitenden Bilder ersparen ihnen oft das Nachdenken, nehmen ihnen jedoch das tiefere Erleben des künstlerischen Wortes der Märchentexte. Dadurch wird das Märchen unterbewertet, und die Sprache der Kinder wird leider nicht durch deren kernige Rede bereichert. Darin sehen wir den eher negativen Einfluß der Comics. Mehr Zugang hat das Märchen durch Schallplattenaufnahmen gefunden, wobei neben den bereits erwähnten Klassikern die Märchen von J. Čapek bei Kindern besonders beliebt sind. Auch bei uns wird das Märchen heute durch Kassettenaufnahmen und Videorecorder verdrängt.

Das Märchen hat auch unsere bedeutendsten Komponisten inspiriert: schon Dvořáks bekannteste Oper »Rusalka« ist in der Märchenwelt angesiedelt (auch wenn der Wassermann ein dämonisches Wesen ist). Und das Libretto zu seiner Oper »Čert a Káča« (Der Teufel und Katja) behandelt den bekannten Stoff vom Teufel, der nicht von einem bösen Weib loskommen kann (AT 1146). Zu der sinfonischen Dichtung »Zlatý Kolovrat« (Das goldene Spinnrad) regte ihn eine Ballade von K.J. Erben an, dieser wiederum schöpfte den Stoff aus der Märchentradition. B. Martinů schuf in seiner Reihe musikalischer Ballettbilder in dem Zyklus »Špalíček« (Das Stöckel) das wunderschöne Ballett von einem Schmied, der Seelen aus der Hölle rettet (AT 330A). J. Suk schließlich schrieb das bekannteste tschechische Melodram »Radůz und Mahulena« nach dem Motiv des slowakischen Märchens von dem Mädchen, das in einen Baum verwandelt ist.

Von der Vielzahl bildkünstlerischer Gestalter sei J. Lada genannt, dessen gezeichnete Märchenfiguren (er hat selbst auch Geschichten, so eine über Wassermänner, geschrieben) in ihrer Schlichtheit den Märchen am nächsten stehen.

Übersetzung von Astrid Philippsen

Ágnes Kovács – Katalin Benedek

DIE GESCHICHTE DER UNGARISCHEN VOLKSMÄRCHENSAMMLUNG

Über Aufzeichnungen der mündlich überlieferten ungarischen erzählenden Dichtkunst prosaischen Charakters existieren bereits aus dem 18. Jahrhundert Angaben. Die Sárospataker Volksmärchensammlung im Manuskript, die Aufzeichnungen von János Szeles und das Diarium Pál Virágs sind schon vereinzelte Anzeichen des Erkennens und Interesses für die Volksmärchen. Von einer gezielten Sammlung kann aber erst seit Beginn des 19. Jahrhunderts gesprochen werden, und zwar als Ergebnis des Fleißes und der Begeisterung György Gaals, dem Archivar Miklós Eszerházys. Er hatte wahrscheinlich bereits in jungen Jahren Märchen aufgezeichnet und begann, nach Wien gekommen, unter Wirkung der Märchensammel- und Interpretationstätigkeit der Brüder Grimm, eine ernsthafte Sammelaktion: er führte Verhandlungen und einen regen Schriftwechsel, um für das Ausland einen repräsentativen Band ungarischer Volksmärchen zusammenzustellen und herauszugeben; Nach einer mehr als zehn Jahre dauernden, nicht sehr erfolgreichen Forschungstätigkeit lernte er zufällig einen alten, ausgedienten Soldaten kennen, der »außer zu erzählen nichts anderes verstand«, und der ihm zu vielen Märchen verhalf. Dadurch konnte er in seinem bereits gesammelten Material viele Fehler ausmerzen und richtigstellen. Er selbst hätte lieber – wie er schreibt – die einfachere, volkstümlichere Art gewählt, war aber gezwungen, sich dem Geschmack des Lesepublikums anzupassen und seine Märchen nach der musäusschen Methode zu schreiben.

Die ersten ungarischen Volksmärchensammlungen erschienen in deutscher Sprache, weil mit einer ungarischen Leserschaft nicht zu rechnen war. György Gaal[1], Alajos Mednyánszky[2] und János Majláth[3] veröffentlichten ihre Sammlungen in deutsch, um dem Ausland zu zeigen, daß auch die Ungarn eine nationale Dichtkunst haben.

In den Jahren zwischen 1831 und 1837 setzte die Akademie der Wissenschaften durch mehrere Aufrufe die im heutigen Sinne verstandene folkloristische Sammeltätigkeit in Gang. Eine beträchtliche Menge von Material wurde eingereicht, und bald darauf begann sich, auf Initiative des Dichters und Ästheten János Erdélyi, die Kisfaludy-Gesellschaft mit dem Gedanken der Herausgabe einer Volksdichtkunst-Ausgabe zu befassen; János Erdélyi lenkt durch seinen am 3. Dezember 1843 gehaltenen Vortrag über die ungarische Volksdichtkunst die Tagung dahingehend, daß ein »die gesamte ungarische Volksdichtkunst betreffender Sammelaufruf verabschiedet wird und Schritte unternommen werden«, um das im Archiv der Ungarischen Wissenschaftlichen Gesellschaft aufbewahrte Material zu veröffentlichen. Zwischen 1846 und 1848 erscheinen drei Bände »Volkslieder und Sagen«, die aus dem Material, das aufgrund des Sammelaufrufes eingegangen war, zusammengestellt worden waren.

Die Bewegung, die sich die Verbürgerlichung, den gesellschaftlichen Fortschritt und die literarische Europäisierung zum Ziel gesetzt hatte und sich seit den dreißiger Jahren des 19. Jahrhunderts immer intensiver entwickelte, der während der Revolution und des Unabhängigkeitskampfes von 1848/49 und auch danach aktive Baron Alajos Mednyánszky, der Historiker László Kőváry und der katholische Bischof Arnold Ipolyi betrachten die Volksdichtkunst als Quelle der nationalen Dichtung, als Ausdruck der nationalen Religion; sie sammeln Märchen, damit es den ungarischen Poeten nicht an nationalen Themen mangele. Arnold Ipolyi entwirft außerdem noch aus dem von ihm gesammelten Material eine großangelegte Mythologie.

János Arany lenkt in seiner Kritik, die er über die Sammlung »Originale Volksmärchen« von Lászlo Merényi schreibt, die Aufmerksamkeit auf die dichterischen, künstlerischen Schönheiten der Volksmärchen[4]. Nach János Arany müsse der Sammler so wie der beste Märchenerzähler sein, er müsse über die Fähigkeit verfügen, das Märchen nicht nur dem Inhalt, sondern auch der Form nach getreu zu erhalten.

Die klaren Richtlinien János Aranys verleihen János Kriza neuen Aufschwung. Er sammelt im Szeklerland, und bald erscheint der erste Band seiner Sammlung »Wilde Rosen«, in dem der Pastor Kriza unter Mitwirkung seiner Sammlungshelfer (meistens Lehrer) Volksmärchen aus dem Gebiet Háromszék (Drei Stühle) und Udvarhelyszék (heute: Rumänien) veröffentlichte und zwar in einer noch heute unübertroffenen künstlerischen Abfassung[5].

Nach Direktiven János Aranys erstellt sein Sohn László Arany die Sammlung »Originale Volksmärchen«, und auch die Herausgeber der »Sammlung Ungarischer Volksdichtung« (MNGy), László Arany, Pál Gyulai, Gyula Varga und Gyula Sebestyén, halten sich daran[6]. In den Bänden dieser Ausgabe werden die Märchen in der Sprache des Volkes des jeweiligen Sammelgebietes, aber literarisch abgefaßt, herausgegeben. Von den einzelnen Bänden dieser Serie seien hinsichtlich der Authentizität und ihres ästhetischen Wertes Band I bis III, VII, IX, X, XII und XIV hervergehoben.

In den letzten Jahrzehnten des 19. Jahrhunderts unternimmt Lajos Kálmány den Versuch, Volksmärchen textgetreu aufzuzeichnen und zu publizieren. Seine großen Erfahrungen, die er bei seiner Sammeltätigkeit erworben hatte, führen ihn zu der Erkenntnis, daß er die wortwörtliche Authentizität und den ästhetischen Rang nur garantieren kann, wenn er nur Märchen ausgezeichneter Märchenerzähler notiert, denn sonst sind die aufgezeichneten Texte von inhaltlichem Gesichtspunkt zwar gut zu benutzen, haben aber von der Form her keinen literarischen Wert. In Band II seiner zuletzt erschienenen Sammlung »Traditionen« veröffentlicht er den Märchenschatz eines einzigen Märchenerzählers aus Egyházaskér (Komitat Torontál, heute Jugoslawien)[7].

Béla Vikár verdanken wir es, daß in Ungarn erstmals in Europa um die Jahrhundertwende Volksmärchen und -lieder mittels maschineller Tonaufnahme festgehalten wurden. Allerdings lassen diese Fonografwalzen hinsichtlich der Tonqualität manches zu wünschen übrig, und infolge der veränderten technischen Einrichtungen kann man sie nur in tontechnischen Laboratorien vor einer begrenzten Zuhörerschaft abspielen.

1938 wurde dank Gyula Ortutay mit der Herausgabe einer Schallplattenserie der Volksdichtung begonnen. Er begann als Redakteur beim Rundfunk Ende der dreißiger Jahre unter Mitarbeit von László Lajta, Béla Bartók und Zoltán Kodály eine großangelegte Volksdichtungssammelaktion zu planen. Sie holten ausgezeichnete Sänger, Märchenerzähler, darunter auch den seither berühmt gewordenen, legendären Mihály Fedics, ins Studio des Ungarischen Rundfunks und fertigten von ihren schönsten Stücken Tonaufzeichnungen und davon dann Schallplatten von sehr guter Qualität. Sie brachten 42 Schallplatten mit bäuerlichen Volksmelodien, 30 Schallplatten mit Volksmärchen, 5 Schallplatten mit religiösen Volksgesängen und 2 Platten mit Kinderspielen heraus. Ziel Gyula Ortutays war es, das Material der Schallplatten zusammen mit einer Fotographie und einer ausführlichen individuellen Soziographie herauszugeben und so einen neuen authentischen Korpus der Sammlung ungarischer Volksdichtung zu schaffen. Diese Vorstellungen konnten allerdings nicht vollständig verwirklicht werden, wie auch die geplanten Bände über die Erzähler nicht erscheinen konnten; nur die Volksmärchenplatten von einzigartigem Wert kamen auf den Markt[8].

Béla Bartók war es, der die Aufnahmen und Aufzeichnungen der Volksmusik für die Schallplatten dieser Serie fertigte. Er erkannte, daß es einer präzisen, sich auf die Tonhöhen, das Vortragstempo, den Rhythmus, die Betonung, den inneren Takt erstreckender Taxonomie, der möglichst genauesten Aufzeichnung der Ausschmückungen des Vortrages bedarf, um die Vortragseigenarten der verschiedenen Völker, in den verschiedenen Gebieten und der einzelnen Vortragenden unterscheiden zu können. Unter Berücksichtigung dieser Gesichtspunkte wurde es möglich, jegliche Eigenart der Vortragsmethode zu analysieren.

Diesem Beispiel folgend hat Gyula Ortutay die Märchen nicht nur wortgetreu festgehalten, sondern sie auch dem Ton nach für die Nachwelt erhalten. Allerdings wurde eine wissenschaftliche Analyse der Vortragsweise ähnlich der von Béla Bartók ausgearbeiteten Methode nicht vorgenommen.

Der bedeutende Sprachwissenschaftler Lajos Hegedüs begann in Pécs mit der Aufnahme von Märchen an Ort und Stelle, in natürlicher Umgebung und führte dann in den fünfziger Jahren eine breitangelegte, sich auf sämtliche Dialekte erstreckende lokale volkssprachliche Sammlung durch. Seine Tonaufnahmen – darunter viel wertvolles Material der Volksdichtung – werden im Tonarchiv des Sprachwissenschaftlichen Instituts der Ungarischen Akademie der Wissenschaften aufbewahrt. Außer dem Tonarchiv des Ungarischen Rundfunks existieren nur wenige Tonarchive in Ungarn, die Material der Volksdichtung, fachgerecht behandelt und registriert, besitzen. Da wären das Tonarchiv des Ethnographischen Museums in Budapest und des András-

Józca-Museums in Nyiregyhása zu erwähnen. Außer dem Sprachwissenschaftlichen und dem Musikwissenschaftlichen Institut der Ungarischen Akademie der Wissenschaften hat auch das Ethnographische Institut angefangen, ein Tonarchiv zu gründen, dessen Material allerdings in erster Linie Forschungszwecken dient.

Die Aufzeichnung von Märchentexten hat in Ungarn in den vergangenen 150 Jahren einen großen Aufschwung genommen; Georg von Gaal, János Erdélyi und Arnold Ipoly hatten das Material noch aus zweiter und dritter Hand übernommen; sie modifizierten die eingesandten Texte, ergänzten sie und nahmen Materialumgruppierungen vor. Die von ihnen gesammelten Märchen sind zum größten Teil nur dem Inhalt nach Volksmärchen, der Form, aber besonders der Sprache nach sind sie zeitgenössische Literatur. János Majláth und László Merényi versuchen dann darüber hinaus, ihre Bände durch selbst erfundene Details, manchmal vollständige Texte, noch märchenhafter zu gestalten. Aufgrund der starken Kritik, die János Arany über László Merényi geschrieben hatte, ertönt die wirkliche Stimme des Volkes in ihren Volksmärchensammlungen. Die Sammler der zweiten Hälfte des Jahrhunderts, János Kriza, László Arany und Elek Benedek, schreiben dann ihre Märchen bereits nach dem Vorbild des Volksmärchens. Durch ihre Bände wird das Interesse der Leserschaft auf die dichterischen und sprachlichen Schönheiten des ungarischen Volksmärchens gelenkt und sie sind es, die den Kindern anstelle der bisher in den Lese- und Kindermärchenbüchern verbreiteten deutschen Kunstmärchen das ungarische Volksmärchen in die Hände geben.

Verglichen mit der klassischen Periode des Sammelns von ungarischen Volksmärchen bedeuten die dann folgenden 10 bis 15 Jahre einen gewissen Rückschlag. In diesen Jahren war die Zielsetzung die wortgetreue Authentizität. Lajos Kálmány hatte ein sehr gutes Gefühl und Geschick beim Sammeln; Antal Horger, der Herausgeber von Bd. X der MNGy, gelang es ebenfalls, die Anliegen der Volksdichtung und der Sprachwissenschaft in seiner Sammlung zu vereinen. Die ihnen dann folgenden Sammler – es sei hier an die zum größten Teil als Manuskript erhalten gebliebenen Sammlungen der Ungarischen Abteilung der Folklore Fellows gedacht – konnten das Märchensammeln weder technisch, noch künstlerisch, noch literarisch bewältigen. Ein Teil ihrer aufgezeichneten Märchen hinterläßt den Geschmack eines Schulaufsatzes, der andere Teil ist infolge des Diktierens verzerrt, abgeflacht, farblos, grundlos verlängert. Die Zahl der in den Zeitschriften »Magyar Nyelvör« und »Ethnographia« sowie in den verschiedenen Mundartenstudien mit phonetischer Treue aufgezeichneten Texten ist sehr gering und selbst für den Experten infolge der vielen linguistischen Zeichen nur schwer zu nutzen.

Die ersten Sammlungen Gyula Ortutays und die Bände der »Neue Sammlung Ungarischer Volksdichtung« (ÚMNGy) sind nicht nur darum von Wert, weil sie künstlerisch wertvolle, authentische Texte des Volkes vermitteln, sondern auch darum, weil über die Texte hinaus die Aufmerksamkeit ausdrücklich auf diejenigen gelenkt wird, die sie pflegen und beleben, nämlich auf die

Märchenerzähler. Band I enthält das die regionalen Eigenheiten Nordostungarns aufzeigende Material des Mihály Fedics, eines seine Zeit überlebenden, marginalen Märchenerzählers[9]. Ein wurzelloser Wanderer war Péter Pandur, dessen Märchengut Band III und IV beinhalten[10], und die in einer Industriestadt lebende verwitwete Bäuerin, die Frau des József Tóth Szöke, erzählt in Band X[11]. Ihre Märchen weisen bereits keine gesellschaftliche Relevanz mehr auf – meint Linda Dégh[12]. Im Gegensatz dazu ist Band II eine kleinregionale Anthologie aus dem Komitat Baranya[13] bzw. umfassen die anderen Bände das in einem gesellschaftlichen Kontext stehende Material eines Märchenerzählers der Gemeinschaft je eines Dorfes und zwar Band V und VI das aus dem Dorf Ketesd[14], Band VIII und IX das aus dem Dorf Kakasd[15] und Band III das aus dem Dorf Rozsály[16]. Die Bände XIII bis XV bieten das außerordentlich umfangreiche Repertoire des an den Rand seiner Gesellschaft gedrängten Zigeunermärchenerzählers Lajos Ámi aus Nordostungarn[17]. Den sich auf das gesamte Ungarntum Jugoslawiens erstreckenden mundartlichen Sammelertrag bildet Band XVI; Band XIX enthält zwei Märchenbände[18], Band XVII ist wiederum der Niederschlag des riesigen Märchenschatzes eines einzigen belesenen Märchenerzählers, dem von Mihály Tombácz[19]. Band XX und XXI vermitteln das Märchengut der sechziger Jahre aus Karcsa im Gebiet Bodrogköz, das aus 700 Märchen, in der Mehrheit Zaubermärchen, besteht. Hier kommen die Märchenerzähler aus allen gesellschaftlichen Schichten: Hirten, Bauern, Zigeuner und Knechte[20]. In Band XXII sind die Märchen und Sagen aus Bodrogkeresztur im Komitat Zemplén veröffentlicht, die Aufnahmen wurden im Kreise der Bewohner von Altersheimen und solcher Dorfbewohner gefertigt, die sich aus verungarisierten Karpato-Ukrainern und Slowaken zusammensetzen und die die Glaubenswelt und Volksdichtung stark beeinflußten. Das Material ist also der kulturelle Niederschlag des Aufeinanderwirkens mehrerer Volksgruppen[21]. Im bisher letzten Band, dem Band XXIII, wird das Märchengut aus dem Gebiet Ung, einem von Slowaken und Ungarn bewohnten ungarischen Sprachgebiet in Nordostungarn (vom Gesichtspunkt der Ungarn aus ein Randgebiet) herausgegeben, und zwar auf Grund der Sammlungen in den letzten 5 Jahren[22].

Das von Gyula Ortutay und Lajos Hegedüs begonnene Festhalten der Märchen auf dem Grammophon bzw. Tonbandgerät ist von riesiger Bedeutung. Es bietet die Möglichkeit, daß der gute Märchenerzähler die Märchen in seiner gewohnten Umgebung, vor seiner gewohnten Zuhörerschaft und in seinem gewohnten Tempo erzählt. Der Text wird durch das Aufzeichnen nicht verzerrt, im Falle eines guten Erzählers und gut gewählter Bedingungen können alle inhaltlichen und formalen Werte, ja darüber hinaus sogar die Eigenheiten des Vortragens lückenlos festgehalten werden.

Von Beginn an strebten die ungarischen Märchensammler danach, ein umfassendes Bild vom Märchenschatz je einer Gebietseinheit, meistens des Gebietes, in dem sie selbst geboren waren, zu geben. So wurde die Märchendichtung des Széklerlands durch János Kriza und Elek Benedek, die der Umgebung von Szeged durch Lajos Kálmány[23], die von Besenyötelek und Umgebung[24], sowie im Gebiet des Komitats Baranya die der Pécser Umgebung[25] durch János Berze Nagy, die von Hétfalu im Komitat Brassó (heute: Rumänien) durch Antal Horger[26], die des Gebietes Nyirség durch Gyula Ortutay und die des Gebietes Sárrét durch József Végh[27] dokumentiert.

Anhand der älteren Sammlungen kann man, alle Zweifel ausgeschlossen, feststellen, daß es gewisse thematische und stilistische Abgrenzungen gibt. Wenn man sich den Manuskriptnachlaß von Arnold Ipolyi, János Kriza und Lajos Kálmány genau betrachtet, wird klar, daß sich innerhalb einer geschlossenen Zeiteinheit im Gebiet Csallóköz, in der Umgebung Szeged und im Szeklerland gewisse bestimmte Märchentypen in einer jeweils anderen Vortrageweise erhalten haben. Unter dem derzeitig gesammelten Material gibt es mehrere regionale Märchenmonographien. József Végh veröffentlicht aus dem Gebiet Sárrét im Komitat Bihar eher die Märchen, die für die Märchenwelt dieses Gebietes charakteristisch sind, er vergißt aber auch die Märchenerzähler nicht, die im Zusammenhang mit den Märchen bestehenden Bräuche und deren gesellschaftlichen Hintergrund. János Berze Nagy, Redakteur der »Baranyai Magyar Néphagyományok«, veröffentlichte mit Hilfe von Pädagogen des Komitates Baranya rund 500 prosaische Volksdichtungstexte in typologischer Reihenfolge aus 64 Gemeinden in der Umgebung von Pécs. Vom thematischen Gesichtspunkt aus gibt er ein vollständiges Bild vom Märchenschatz eines geographisch einheitlichen Gebietes; seine gut zu vergleichenden Anmerkungen verdienen besondere Aufmerksamkeit. Peter Villányi sammelte zwischen 1981 und 1986 im Rahmen der an der Universität Debrecen seit 1960 regelmäßig stattfindenden Gömörer Forschungen in Nordungarn prosaische epische Volksdichtung, ebenso im bis 1918 zum Komitat Gömör-Kishont gehörenden, heute an der ungarisch-tschechoslowakischen Grenze gelegenen Zabar im Komitat Nógrád[28]. In Band XX der »Ethnographie von Gömör« veröffentlichte er nur ein Drittel des in seinem Besitz befindlichen Materials, nämlich die Zaubermärchen; es ist geplant, das weitere Material verschiedener Kunstgattungen in einem folgenden Band zu publizieren. Der Autor informiert über den Märchenschatz der Gemeinde Zabar, der eine kulturelle Verwandtschaft mit dem des Barkó- und Palócz-Gebietes in Gömör, Nógrád und Borsod aufweist und der im Ungarischen Märchenkatalog zu finden ist. Er äußert sich über alle die Typenparallelen, die in den Gemeinden der für die Volksgruppe der Paláczen oder Barkó gehaltenen Komitate gesammelt wurden, ebenso über die Merkmale der Zaubermärchen aus Zabar, über die Gelegenheiten den Erzählers, über die Daten der veröffentlichten Märchen, über die wertvollen, ergänzenden Bemerkungen während der Aufnahmen und teilt seine eigenen Reflexionen mit.

Forschungsgeschichte

Die ersten märchentheoretischen Schriften waren Versuche zur Aufdeckung des Märchenursprungs und Klassifizierungsexperimente (Imre Henszlmann 1847)[29], Kritiken an den Richtungen der Märchentheorie, die Bestimmung der Hauptgattungen, die Charakterisierung ihrer ethnischen Eigenarten, das Übereinstimmen und Vergleichen mit den Märchen anderer Völker (László Arany 1867).[30]

Lajos Katona war in Ungarn der Begründer der vergleichenden historischen Folklore[31]. Seine Schüler wurden später mit der finnischen geographisch-historischen Methode bekannt, die sie dann auch bei der ungarischen Märchenforschung anwandten. Mit der psychoanalytischen Deutung einiger Märchen und Motive befaßte sich Géza Róheim[32].

Die seit 1872 erscheinenden Bände der »Sammlung Ungarischer Volksdichtung« (MNGy) sind ein Beweis für die Bestrebungen nach gesteigerter Treue beim Aufzeichnen der Volksdichtung. Autoren textphilologischer Studien führten Untersuchungen im Zusammenhang mit dem Stil der Volksmärchen durch und analysierten, wie sich die mündliche Überlieferung gestaltete. Aber auch der Geist der finnischen Schule wirkte weiterhin. Die bedeutendsten ungarischen theoretischen Feststellungen der modernen Folklore[33] sind auf Károly Marót zurückzuführen. Mit philologischen Methoden arbeitete János Honti: er befaßte sich mit vergleichenden Untersuchungen der Märchentexte und ihrer historischen Analyse[34]. In den vorlandnahmezeitlichen Schichten des ungarischen Volksmärchens erforschte Sándor Solymossy in einzelnen Motiven Fragmente der urzeitlichen Glaubenwelt[35].

Solange ausschließlich der bloße Märchentext den Mittelpunkt der Untersuchungen bildete, stand die geographisch-historische, auf stabile Typen bezogene Forschung im Vordergrund. Nach dem theoretischen Vorbild von M. Asadowskij (sic!) bemühte man sich in der »Budapester Schule« vermehrt um das Individuum des Erzählers und seinen Kontext. Gyula Ortutay[36], Linda Dégh[37], Ágnes Kovács u.a. untersuchten das Märchenerzählen als kommunikativen Akt. Im Mittelpunkt ihrer Veröffentlichungen stand jeweils die Lebensgeschichte eines einzelnen Erzählers. Sie untersuchten die spezifischen Charakteristika der Märchen jeden Erzählers und fanden heraus, daß sie sich nach Texttreue oder Veränderung, Länge der Erzählung und schließlich nach ihrem Repertoire unterschieden. Auch die Zuhörer beeinflußten den Erzähler und seine Stoffe. Deutlich wurden Unterschiede zwischen lediglich reproduzierenden und eher kreativen Märchenerzählern, auch zwischen männlichen und weiblichen Märchenerzählern.

So wird *Erzählen* als ein *Prozeß* verstanden, der sich zwischen dem schöpferischen Individuum des Erzählers und seinem Publikum abspielt. Je nach Erzählgelegenheit kann sich dieses aus sehr verschiedenen sozialen Schichten zusammensetzen: Bauern, Tagelöhnern, Hirten, Fischern, Zuhörern in Krankenhäusern, Kasernen, Gefängnissen etc. In den fünfziger und sechziger Jahren war solchen Zuhörern das Überlieferte noch allgemein bekannt, so daß sie dem Erzähler weiterhelfen konnten, wenn dieser einmal steckenblieb. In den siebziger und achtziger Jahren verblaßte allerdings die Erinnerung an die überlieferten Texte mehr und mehr. Und das führte auch zu einer geringeren Wertschätzung des Märchens. Die Folge war, daß man die früher für wahr gehaltenen Zaubermärchen als Lügengeschichten einstufte. Die früher als verbindlich geltende moralische Wertordnung lockerte sich. Die an bloßer Unterhaltung orientierte Massenkommunikation breitete sich immer mehr aus.

Ein anderes wichtiges Gebiet der ungarischen Märchenforschung war die Typisierung und Katalogisierung von Märchentexten. János Honti gab 1928 das »Verzeichnis der publizierten ungarischen Volksmärchen«[38] heraus, Berze Nagy 1957 zwei Bände »Ungarische Volksmärchentypen«[39]. Nach dem Zweiten Weltkrieg begann Ágnes Kovács[40] auf Anregung Gyula Ortutays mit einem Katalog der Ungarischen Märchen. Die geplanten elf Bände fassen sowohl das gedruckte wie das archivalisch erfaßbare Manuskriptmaterial zusammen[41]. Darin sind auch die Sammlungen ungarischer Märchen außerhalb der Landesgrenzen enthalten. Károly Gaál, Sozialethnologe an der Universität Wien, erforschte die Erzählkultur der drei im Burgenland zusammen lebenden Ethnien (Deutsche, Ungarn und Kroaten) innerhalb der beiden Gesellschaftsschichten, der Lohnarbeiter und der Bauern. Da zwischen diesen keine sprachlich-nationalistische Rivalität, sondern ein kultureller Austausch bestand, ergaben sich Unterschiede eher aufgrund wirtschaftlicher Gegebenheiten. Pfarrer und Lehrer erwiesen sich als innovative Persönlichkeiten einer Gemeinde. Gaál hat seine Teilergebnisse in mehreren Bänden publiziert[42]. Bei der Analyse von 445 Erzähleinheiten hat er nicht nur den Text berücksichtigt, sondern auch das Verhältnis zwischen Erzähler und Zuhörer aufgezeigt. Dabei ergaben sich interessante Beobachtungen: die Bauern hielten nichts vom Märchenerzählen, sondern betrachteten es als Nichtstuerei. Unter den Taglöhnern wurde das Märchenerzählen – meist von Männern – noch ausgeübt. Die gemeinsame Abendunterhaltung der Lohnarbeiter erfolgte auf zwei Kommunikationsebenen: die Gesellschaft der Alten unterhielt sich leise miteinander, während die anderen mittleren Alters und vorwiegend Männer sich lärmend und lustig unterhielten: Märchen, Lieder, Rätsel wechselten einander ab. Die Frauen erzählten ihren Enkelkindern zu Hause Märchen, aber untereinander auch Glaubenssagen und Legenden. Abergläubische Geschichten hielten nur die Älteren für wahr. Die Menschen mittleren Alters und die Jugendlichen faßten sie als Märchenerzählungen auf. Unter den im heutigen Rumänien lebenden Ethnologen befaßte sich József Faragó mit märchenphilologischen Untersuchungen. Olga Nagy mit gesellschaftlich-ästhetischen und Gabrielle Vöö mit strukturell-semootischen. Alle drei waren Mitarbeiter des Folklor-Instituts im rumänischen Klausenburg (Cluj), wo sie mit ihrer Sammel-, Herausgeber- und Archivierungstätigkeit hervorragende Arbeit geleistet haben.

Klassisches Märchengut des 19. Jahrhunderts und Repertoire-Analysen eines Märchenerzählers aus der Mitte des 20. Jahrhunderts hat József Faragó veröffentlicht[43]. Olga Nagy trat mit dem in den sechziger Jahren gesammelten Märchenschatz aus Szék bei Klausenburg hervor[44], Gabrielle Vöö machte sich einen Namen mit der Systematisierung der ungarischen Schwänke in Rumänien und mit deren Edition in verschiedenen Anthologien[45]. Beim Lehrstuhl für ungarische Sprache an der Universität Ujvidék (Jugoslawien) wurde im Lauf von dreißig Jahren aus jedem von Ungarn bewohnten jugoslawischen Gebiet eine Märchensammlung angelegt. In zwei Bänden sind die dortigen Gegebenheiten für das Märchenerzählen durch Olga Penavin untersucht worden[46]. Deutschsprachige Anthologien aus den von ihr betreuten Beständen publizierte Ágnes Kovács: Ungarische Volksmärchen. 1966 (MdW). – Der grüne Recke. Ungarische Volksmärchen (mit Betonung schamanischer Elemente). 1986 (GdV Bd. 51).

Das zweite Leben der Volksmärchen

Die wiederentdeckte Volkskultur wird in mannigfacher Weise in das alltägliche Leben integriert. So hat die Volksdichtung den ihr gebührenden Platz nicht nur in der Lektüre, sondern – mehr noch – in Rundfunk- und Fernsehsendungen, in Filmen und Tonbandaufnahmen erhalten. Zahlreiche Schallplatten mit ungarischen Märchen, aber auch mit solchen von Grimm und Andersen sind – leider oft in nicht zum Volksmärchen passender Vortragsweise – erhältlich. Der ungarische Rundfunk sendet täglich zehn bis fünfzehn Minuten Volksmärchen und Märchenbearbeitungen aus Ungarn und aller Welt.

Für die ungarische »Tanzhaus«-Bewegung ist charakteristisch geworden, in den Tanzpausen für Kinder und Erwachsene Märchen zu erzählen. Vom Filmstudio Pannonia wurde eine Zeichentrickfilmserie von fast vier Dutzend ungarischer Volksmärchen erstellt, bei deren Auswahl aus authentischem Material Ágnes Kovács mitwirkte. Mit diesem Archivmaterial bestritt sie 1983 auch die sehr populären Schallplatten »Die bis zum Himmel reichende Bohnenranke« und 1984 »Prinz Aschenbrödel«. Károly Bari sammelte, übersetzte und redigierte originale Zigeunervolksmärchen und gab sie 1988 als Schallplatte heraus. Ebenso haben mehrere professionelle Vortragskünstler Märchenschallplatten herausgebracht, die auf authentischen originalen Märchenaufzeichnungen beruhen. Die Hochschule für Lehrerbildung in Zsambek begann 1988 mit der Ausschreibung von Märchen-Erzählwettbewerben für zukünftige Lehrer und Kindergärtnerinnen aus ganz Ungarn, für die das Wissen von den Märchen und das Erzählen im Lehrplan vorgeschrieben ist.

Durch den schon Ende der siebziger Jahre und 1983 erweiterten Lehrplan für Literaturunterricht wurde die Märchenmorphologie nach Vladimir Propp und Eleaser Meletinski in die Praxis umgesetzt: Erzsébet Csikesz (»Errate mein Märchen«[47]) führt aus, daß das Märchenerzählen am besten gelehrt werden kann, wenn man stufenweise vom einfachen Formelmärchen und Kettenmärchen etc. bis zum komplizierteren Tiermärchen, Novellenmärchen und Zaubermärchen weitergeht, die dann wiederum zu literarischen Werken führen können. Aus diesem Lehrplan ergaben sich generell verbesserte Lehrergebnisse.

ANMERKUNGEN UND BIBLIOGRAPHIEN

Lutz Röhrich: Märchen und Märchenforschung heute

Bibliographie

Enzyklopädie des Märchens. Handwörterbuch zur historischen und vergleichenden Erzählforschung (bisher 7 Bde.), Berlin und New York 1977-1993

Doderer, Klaus (Hrsg.): Über Märchen für Kinder von heute. Weinheim und Basel 1983

Holbek, Bengt: Interpretation of Fairy Tales (FFC 239). Helsinki 1987

Lüthi, Max: Märchen. 8. Aufl. bearbeitet von Heinz Rölleke (Sammlung Metzler 16), Stuttgart 1990

Röhrich, Lutz: Märchen und Wirklichkeit. 5. Aufl. Wiesbaden und Stuttgart 1990

Solms, Wilhelm und Oberfeld, Charlotte (Hrsg.): Das selbstverständliche Wunder. Marburg 1986

Tatar, Maria: The Hard Facts of the Grimms' Fairy Tales. Princeton/N. J. 1987

Uther, Hans-Jörg (Hrsg.): Märchen in unserer Zeit. Zu Erscheinungsformen eines populären Erzählgenres. München 1990

Wehse, Rainer (Hrsg.): Märchenerzähler – Erzählgemeinschaft. Kassel 1983

Ludwig Denecke: Märchen verbinden die Völker

Anmerkungen

1 Mitschrift von Karl Goedeke (Staats- und Universitätsbibliothek Göttingen, Ms. hist. litt. 4r. Vgl. Gustav Roethe: Jacob Grimms Vorlesungen über deutsche Literaturgeschichte. In: Nachrichten der Ges. der Wiss. Göttingen, phil.-hist. Klasse 1899, 508-548). In der Mitschrift von Friedrich August Reitze (Gesamthochschul-Bibliothek, Landesbibliothek und Murhardsche Bibliothek der Stadt Kassel, Kasseler Grimm-Sammlung 79) heißt es: »Manche gedruckte Bücher zerstieben wie Spreu und sind des Untergangs zeitig. Auf der anderen Seite lebt Manches im Volk, was zur Literatur gehört, ohne aufgeschrieben zu sein.«

2 Heinrich von Kleist an Wilhelmine von Zenge. Würzburg, 14. Sept. 1800. Kleist: Werke. Hrsg. von Erich Schmidt, Bd 5, bearb. von Georg Minde-Pouet, 124

3 Kinder- und Hausmärchen. Gesammelt durch die Brüder Grimm. Vergrößerter Nachdruck der zweibändigen Erstausgabe von 1812 und 1815 nach dem Handexemplar des Brüder Grimm-Museums Kassel mit sämtlichen handschriftlichen Korrekturen und Nachträgen der Brüder Grimm sowie einem Ergänzungsheft: Transkriptionen und Kommentar. In Verbindung mit Ulrike Marquardt von Heinz Rölleke. Göttingen 1986. Bd 1, XVIII f. Wilhelm Grimm: Kleinere Schriften. Bd 1, 327.

4 Ebenda, XIII; Kl. Schr. 1,324

5 Ebenda, XX; Kl. Schr. 1,327

6 Ebenda, XI; Kl. Schr. 1,323. Das Deutsche Wörterbuch (Bd X/I. 1905, Sp.2209) verzeichnet als Modewörter der Zeit: Sphärengesang, -harmonie, -klang, -lied, -melodie, -musik, -rauschen, -reigen, -sang, -tanz.

7 Ebenda, XIV; Kl. Schr. 1,325

8 Ebenda

9 Ebenda, XV; Kl. Schr. 1, 325. Zu *edel* s. Jacob Grimm in: Deutsches Wörterbuch, Bd III. 1862, Sp.25-27

10 Ebenda, XVIII; Kl. Schr. 1,326

11 Gerd Hoffmann: Der Sagen- und Märchelsammler »Lothar« war Ferdinand Grimm. In: Brüder Grimm Gedenken 3. 1981, 435-444

12 Kinder- und Hausmärchen. Gesammelt durch die Brüder Grimm. 2. verm. und verb. Auflage. 3. Band Berlin 1822, 145 f. und 441

13 Kinder- und Hausmärchen, gesammelt durch die Brüder Grimm. Große Ausgabe. 6. verm. und verb. Auflage. Göttingen 1850. Bd 1, LXII-LXXII, hier LXII. Wiederholt in Kinder- und Hausmärchen. 3. Band, 3. Aufl., Göttingen 1856, 405-414. Wiederabdruck in: Kinder- und Hausmärchen. Ausgabe letzter Hand mit den Originalanmerkungen der Brüder Grimm. Hrsg.

von Heinz Rölleke. Stuttgart 1980. (Universal.Bibliothek Nr.3193). Bd 3, [417]-[426], hier [417].

14 Volksmärchen der Serben. Gesammelt und hrsg. von Wuk Stephanowitsch Karadschitsch. Ins Deutsche übersetzt von dessen Tochter Wilhelmine. Mit einer Vorrede von Jacob Grimm. Berlin 1854, VII. = Jacob Grimm: Kleinere Schriften. Bd 8, 387

15 René van de Zijpe: Die erste niederländische Übersetzung Grimmscher Märchen von 1820. In: Brüder Grimm Gedenken 2. 1975, 168-182

16 Ruth Michaels-Jena: Edgar und John Edward Taylor, die ersten englischen Übersetzer der Kinder- und Hausmärchen. In: Brüder Grimm Gedenken 2. 1975, 183-202. Lothar Bluhm: Sir Francis Cohen/Palgrave. Zur frühen Rezeption der Kinder- und Hausmärchen in England. In: Brüder Grimm Gedenken 7. 1987, 224-242

17 Mary Ørvig: Bröderna Grimms sagor i Sverige. In: Bröderna Grimm. Sagor. Fullständig utgåva. Stockholm 1981, XI-VIV, hier XII.

18 Schon Wilhelm Grimm hat das anschaulich dargestellt in seiner »Einleitung. Über das Wesen der Märchen« im 1. Band der 2. Auflage der Kinder- und Hausmärchen, 1819 (Wilhelm Grimm: Kleinere Schriften 1, 333-358) sowie in seinen »Allgemeinen Betrachtungen« 1850 (wie Anm.13)

19 Felix Karlinger: Scheeweißchen und Rosenrot in Sardinien. Zur Übernahme eines Buchmärchens in die volkstümliche Erzähltradition. In: Brüder Grimm Gedenken 1. 1963, 585-593. Klaus Roth und Juliana Roth: Die Kinder- und Hausmärchen der Brüder Grimm in Bulgarien. Zur Rezeption von Übersetzungsliteratur 1894-1947. In: Kulturelle Traditionen in Bulgarien. Bericht über das Kolloquium der Südosteuropa-Kommission 16.-18. Juni 1987 Göttingen 1989, 217-233, hier 223. Die anderen Beispiele ungedruckt.

20 Die Sammlung einheimischer Märchen begann in den europäischen Ländern ganz vorwiegend erst um die Mitte des 19. Jahrhunderts. Sie wird gern *der Romantik* zugeschrieben, doch erzeugte diese nur eine Teilnahme und Aufnahmebereitschaft. Der konkrete Ausgangs- und Ansatzpunkt war das eigenwillige Werk der Brüder Grimm. Vgl. Johannes Bolte und Georg Polívka: »Sammeltätigkeit in Europa«, in: Dies.: Anmerkungen zu den Kinder- und Hausmärchen der Brüder Grimm. 5. 1932 (Neudr. 1963), 1-191.
Die weltweite Ausbreitung des Märchens ist anschaulich dokumentiert in den Textsammlungen des Eugen Diederichs- und des Erich Röth-Verlags; wissenschaftlich in der von Kurt Ranke in Göttingen begründeten, allumfassenden »Enzyklopädie des Märchens« (Berlin 1977 ff.).
Übersetzungen Grimmscher Märchen sind bibliographisch erfaßt in den Bänden des »Brüder Grimm Gedenken«: Bd. [1] 1963 Ungarn; Bd. 3. 1981 Italien, Griechenland; Bd. 6. 1986 Polen; Bd. 8. 1988 und 9. 1990 Jugoslawien; Bd. 10. 1993 Litauen, Rumänien. Für Schweden s.o. Anm.17, XXI-XXXVI

Yordanka Kočeva: Bulgarien

Anmerkungen

1 Die erste, wenn auch stark vereinzelte Veröffentlichung eines bulgarischen Märchens findet 1826 statt: S. Milutinovič: Srbijanka (Die Serbin). Lpz. 1826; aufgezeichnet 1817 in Vidin.

2 vgl. P. Syrku: Ein bibliographischer Beitrag zur bulgarischen Märchenliteratur. In: Archiv für Slav.Philologie 6 (1882), 130-133

3 Vassil D. Čolakov: Bŭlgarskij naroden sbornik (Bulgarischer Volkssammelband). Bolgrad 1872, 247-260

4 Ljuben Karavelov: Pamjatniki narodnogo byta bolgar (Denkmäler des Volkslebens der Bulgaren). Bd.I. Moskau 1861

5 Ilija R. Blŭskov: Chitŭr Petŭr I (Listiger Peter). Rusčuk 1873

6 K.A. Šapkarev: Sbornik ot narodni starini. 3: Bŭlgarski narodni prikazki i verovanija (Sammlung von Volksaltertümern. 3. Bulgarische Volksmärchen und -glaube). Plovdiv 1885

7 Sbornik ot bŭlgarski narodni umotvorenija 8-9 (Sammlung bulgarischen Volksschaffens). Sofia 1892-94

8 P. Lavrov – Jiří Polívka: Vyd. Lidové povidky jihomakedonské. Zrukopisů St. Verkovičovych. (Mazedonische Volksmärchen. Aus den Aufzeichnungen von St. Verkovič). Prag, 1932. Vgl.

Stefan Verkovič: Opisanie byta bolgar, naseljajuščich Makedoniju (Beschreibung der Lebensweise der in Mazedonien wohnenden Bulgaren). Moskau 1868

9 V. Grigorovič: Materialy dlja izučenija narodnoj slovestnosti (Materialien zur Erforschung der Volkssprache). Moskau 1863, 15; A. Dozon: Chansons populaires bulgares inédites (Unveröffentlichte bulgarische Volkslieder), Paris 1875; V. Kačanovskij: Pamyatniki bolgarskogo narodnogo tvorčestva (Denkmäler das bulgarischen Volksschaffens), Moskau 1882

10 N.S. Deržavin: Bolgarskie kolonii v Rossii. č.2. Jasyk. (Die bulgarischen Kolonien in Rußland. 2. Teil. Sprache). Petrograd 1915; A. Mazon: Contes slaves de la Macédoine sud-occidentale (Slavische Märchen von Südostmazedonien). Paris 1923, Documents, contes et chansons slaves de l'Albanie du Sud (Slavische Dokumente, Märchen und Lieder aus Südalbanien), Paris 1936

11 Bŭlgarsko narodno tvorčestvo (=BNT). Sofia 1963. Band 9: Prikazki vŭlšebni i za životni (Zauber- und Tiermärchen), hrsg. von A. Karalijčev/V. Vŭlčev. Band 10: Bitovi prikazki i anekdoti (Novellenmärchen u. Schwänke), hrsg. von P. Dinekov/S. Stojkova. Band 11: Narodni predanija i legendi (Volksüberlieferungen und Legenden), hrsg. von C. Romanska/E. Ognjanova.

12 Bulgarska narodna poezija i proza. Sofia 1982. Band 6: Narodni prikazki (Volksmärchen), hrsg. von L. Parpulova/D. Dobreva. Band 7. (1985): Predanija, legendi, poslovizi, gatanki. (Sagen, Legenden, Sprichwörter, Rätsel), hrsg. von Y. Kozeva/V. Kuzmanova

13 Kyrill Haralampieff (MdW 1971); Elena Ognjanova: Märchen aus Bulgarien. Insel Verlag, Leipzig 1987

14 Hilde Fey: Märchen aus Bulgarien, Frankfurt a/M 1977; Das Mädchen aus Kalk. Märchen vom Balkan. Frankfurt a/M 1986; Schüler aus der BRD malen bulgarische Volksmärchen. Sofia 1989

15 M. Dragomanov: Slavjanskite skazanija za požertvuvane na sobstveno dete (Die slawischen Sagen von der Opferung des eigenen Kindes) In: SbNU I (1889), 65-96; id.: Slavjanski varianti na edna evangelska legenda (Slaw. Varianten einer Evangelienlegende). In: SbNU 4 (1891) 257-270; id: Zabeležki vŭrchu slavjanskite religiozni i etičeski legendi (Bemerkungen über die slaw. religiösen u. ethischen Legenden). In: SbNU 7 (1892) 245-310, 8 (1892) 257-314; 10 (1894) 3-68, 11 (1894) 511-516

16 D. Matov: Prikazkata za pravinata i krivinata (Das Märchen über das Recht und das Unrecht). In: Knižici za pročit 6 (1895) 22-34; Beležki vŭrchu bulgarskata narodna slovestnost (Bemerkungen zur bulg. Volkssprache). In: SbNU 10, (1894), 268-323

17 Y. Ivanov: Bogomilski knigi i legendi (Bücher und Legenden der Bogomilen). Sofia, 1925 (Neuausgabe 1970). id: Starobulgarski razkazi (Altbulgarische Erzählungen). Texte, Übersetzung in Neubulgarisch und Anmerkungen. Sofia, 1935

18 Jiří (Georg) Polívka: Beleži kŭm prikazkite v Šapkarevija »Sbornik ot bulgarski narodni umotvorenija« (Notizen zu den Märchen in Šapkarevs »Sbornik ...« In: SbNU 18 (1901), 605-640. id: Mag'osnikŭt i negovijat učenik (Der Zauberer und sein Schüler). In: SbNU 15 (1898) 393-448; id. Le chat botté. Sravnitelna folklorna Studija (Der gestiefelte Kater. Eine vergleichende Folklorestudie). In: SbNU 16-17 (1900) 782-841

19 M. Arnaudov: Poteklo i srodstvo na narodnite prikazki (Genesis und Verwandtschaft der Volksmärchen). In: ibid., 75-153

20 M. Arnaudov: Narodnata prikazka (Das Volksmärchen). In: id: Očerci po bŭlgarskija folklor 2. Sofia ^{2}1969, 5-74

21 L. Parpulova: Bŭlgarskite vŭlšebni prikazki. Vŭvedenie v poetikata (Die bulgarischen Zaubermärchen. Einführung in die Poetik). Sofia 1978; V. Kuzmanova: Personažŭt, svŭrzan sŭs zadavaneto na trudni zadači v bŭlgarskite vŭlšebni prikazki (Der Held in den bulgarischen Zaubermärchen, mit dem die schweren Aufgaben zusammenhängen). In: Izvestija na etnografskija Institut i Muzej 16 (1975) 337-359; Karel Horálek: Bulharský folklor a česká folkloristika (Die bulgarische Folklore und die tschechische Folkloristik). In: Československo-bulharské vztahy v zrcadle staletí, hrsg. von B. Havránek. Prag 1963, 314-333; id.: Slovanské pohádky (Slaw. Märchen). Prag 1964; id.: Beitrag zur balkanischen Märchenkunde. In: Fabula, 7, 1964, 1-32; Orientalische Märchen in der balkanischen Überlieferung. In: Les études balkaniques, 2, Prag, 1967, 69-86; id.: Märchen aus »Tausend und eine Nacht« bei den Slaven. – Fabula, 10, 1969, 155-190

22 L. Parpulova: Čudesnite dŭrveta v bŭlgarskite vŭlšebni prikazki (Die Zauberbäume in den

bulgarischen Zaubermärchen). In: Bŭlgarski Folklor, 6, 1980, Heft 3, S. 12-24; D. Burkhart: Aspekte des Weiblichen im bulgarischen Tier- und Zaubermärchen. In: Fabula 23 (1982), 207-220

23 U. Dukova: Das Bild des Drachen im bulgarischen Märchen. In: Fabula. Berlin 1970, Bd.11, 209-252

24 Y. Kočeva: Ostatŭzi ot zabrana (tabu) v bŭlgarskija pesenen i prozaičen folklor (Relikte des Tabu in den bulgarischen Volksliedern und -märchen). In: Bŭlgarski folklor I, 1975, Heft 2, 50-62; id.: Izola ijata v bŭlgarskite vŭlšebni prikazki (Die Isolation in den bulgarischen Zaubermärchen). In: Folklor i obštestvo. Problemi na bŭlgarskija folklor, Sofia 1977, 133-143

25 I. Georgieva: Bŭlgarska narodna mitologija (Bulgarische Volksmythologie), Sofia 1983; A. Stojnev: Bulgarskite slavjani. Mitologija i religija (Die bulgarischen Slawen. Mythologie und Religion). Sofia 1988

26 E. Russkova: Poetika na smešnoto v bulgarskite narodni prikazki. Prikazki za chitrezi. (Die Poetik des Komischen in den bulgarischen Volksmärchen. Märchen über Schlauköpfe), Sofia 1987

27 L. Daskalova – D. Dobreva – Y. Kočeva – E. Mizeva: Katalog na bŭlgarskite narodni prikaski (Katalog der bulgarischen Volksmärchen) im Druck, eine deutschsprachige Ausgabe wird mit Hilfe der Märchenstiftung Walter Kahn vorbereitet.

28 Rossitza Angelova: Kŭm vŭprosa za sŭvremennoto sŭstojanie na bŭlgariskite narodni prikazki, predanija i legendi (Zur Frage des heutigen Zustands der bulgarischen Volksmärchen, Überlieferungen und Legenden). In: Izvestija na Etnografskija institut i muzej 7 (1964) 37-52; Christo Vakarelski: Betrachtung über das heutige bulgarische Volksmärchen. In: DHJbfVk.6 (1960) 349-352; C. Romanska: Ergebnisse der gegenwärtigen Erforschung der bulgarischen Volksmärchen und ihre zukünftigen Aufgaben. In: Laogr. 22 (1965) 424-430; L. Daskalova – D. Dobreva – Y. Kočeva – E. Mizeva: Nabljudenija vŭrchu sŭvremennoto sŭstojanie na narodnata proza v Blagoevgradski okrŭg. (Beobachtungen über den heutigen Zustand der Volksprosa im Blagojevgrad-Gebiet). In: SbNU LVIII, Sofia 1985, 5-23; E. Mizeva-Kolarska: Die Thematik des lebendigen Erzählens in Bulgarien. In: Fabula 31, 1990, 76-84

29 Rossitza Angelova: Izpŭlnitel i zritel-slušatel v bulgarskija folklor (Der Ausführende und der Zuschauer/Zuhörer in der bulgarischen Folklore). In: Folklorŭt i narodnite tradizii. Problemi na bŭlgarskija folklor. Bd.2, Sofia 1976; id.: Kontinjuitet i promeni vŭv folklornata prosa (Kontinuität u. Veränderungen in der Volksprosa). In: Bŭlgarski Folklor, 13 (1987), 17-26

30 D. Petkanova-Toteva: Damaskinite v bŭlgarskata literatura (Die sog. Damaszener Sammelbände in der bulgarischen Literatur). Sofia 1965; Id.: Apokrifna literatura i folklor (Apokryphe Literatur und Folklore). Sofia 1976; S. Nikolova: Pateričnite razkazi (Die Geschichten aus dem Paterik). Sofia 1980

31 S. Stojkova: Literatura i Folklor (Edin slučaj na literaturno pronikvane vŭv folklora). (Literatur und Folklore. Ein Beispielsfall von literarischer Einwirkung auf die Folklore). In: Ezikovedsko-etnografski izsledvanija v pamet na akad. Romanski. Sofia 1970, 755-766

32 L. Parpulova: Prerazkazanite narodni prikazki – formi na sŭvremenno sŭštestvuvane na folklora (Die nacherzählten Volksmärchen als zeitgenössischen Formen der Existenz der Folklore). In: Bŭlgarski Folklor 3, 1977, H.2, 3-13; I. Kovačeva: Da razkažeš prikaska (Ein Märchen zu erzählen). Sofia 1985

33 P. Dinekov: Meždu folklora i literaturata (Zwischen der Folklore und der Literatur). In: Bŭlgarski Folklor, 2, 1976, Heft I, 3-13

34 J. u. Kl. Roth: Formi, sjužeti i žanrove na bŭlgarskata narodna literatura. (Formen, Sujets und Genres der bulgarischen Volksliteratur). In: Bŭlgarski Folklor, II, 1985, H. 2, 63-78; Kl. Roth: Die mündliche Tradition und die Entwicklung der bulgarischen Popularliteratur. In: Festschrift für Wolfgang Gesemann. Neuried, Hieronimus-Verlag, 1986, 305-317

35 Y. Kočeva: »Glasovete vi čuvam ...« (Ženata kato razkazvač na folklorna proza) (»Ich höre eure Stimmen ...« Die Frau als Erzählerin von Volksprosa). In: Bŭlgarski Folklor, 15 (1989), H.4

36 Kl. Roth: Märchen als Lesestoff für alle. Populare Märchenbüchlein in Bulgarien. In: Dona Ethnologica Monagensia. Leopold Kretzenbacher zum 70. Geburtstag. Hrsg. von H. Gernd, Kl. Roth u. G.R. Schroubek. München 1983, 267-289

37 Elin Pelin: Kosači (Schnitter). In: Razkazi. Sofia 1904

38 Dobŭr večer, mili deza. Prikazki, basni i smeški, razkazani pred mikrofona na Radio Sofia ot N. Balabanov (Guten Abend, liebe Kinder. Märchen, Fabeln und komische Geschichten, im Radio Sofia von N. Balabanov erzählt). Sofia 1940

Bibliographie

Y. Kočeva: Prosaični žanrove. In: Ethnographija na Bŭlgarija. Bd.III. Sofia 1985, 267-287
P. Dinekov: Bŭlgarski folklor I. Sofia 1959 (^{2}1972)
C. Romanska: Slavjanski folklor. Sofia 1963
dies.: Ergebnisse der gegenwärtigen Erforschung der bulgarischen Volksmärchen und ihre zukünftigen Aufgaben. In: Laogr. 22 (1965) 424-430
R. Angelova: Sŭstojanie na izsledvanijata na bŭlgarskata narodna proza (Der Stand der Forschung zur bulgarischen Volksprosa). In: Problemi na bŭlgarskija Folklor. Sofia 1972, 195ff.
Ch. Vakarelski: Bulgarische Volkskunde. Berlin 1969

Lutz Röhrich: Märchensammlung und Märchenforschung in Deutschland

Bibliographie

Aarne, Antti und Thompson, Stith: The Types of the Folktale (=FFC 184). Helsinki ^{2}1961 (AT)
Becker, Siegfried: Zur Geschichte und Perspektive der Erzählforschung. Ein Bericht über Bestand und Aufgaben des Zentralarchivs der Deutschen Volkserzählung, in: Zs. f. Vkde. 86 (1990), 203-215
Beit, Hedwig von: Symbolik des Märchens. Versuch einer Deutung. 3 Bde. Bern 1952-1957
Bolte, Johannes und Polívka, Georg: Anmerkungen zu den Kinder- und Hausmärchen der Brüder Grimm. 5 Bde. Leipzig, 1913-1932, Neudruck Hildesheim 1983 (BP)
Bottigheimer, Ruth, B.: Grimm's Bad Girls and Bold Boys. New Haven and London 1987
Doderer, Klaus (Hrsg.): Über Märchen für Kinder von heute. Weinheim/Basel 1983
Ehrismann, Gustav: Märchen im höfischen Epos, in: Beiträge zur Gesch. d. dt. Sprache u. Lit. 30 (1905), 14-54
Enzyklopädie des Märchens. Handwörterbuch zur historischen und vergleichenden Erzählforschung, hrsg. von Kurt Ranke, zus. mit H. Bausinger, R.W. Brednich, W. Brückner, M. Lüthi, L. Röhrich, R. Schenda. Berlin/New York 1977 ff. (=EM)
Fabula. Zeitschrift für Erzählforschung. (hg. v. Kurt Ranke et. al., Göttingen), später von R.W. Brednich und H.-J. Uther, Berlin 1959 ff.
Fink, Gonthier-Louis: Naissance et apogée du conte merveilleux en Allemagne 1740-1800. Paris 1966
Gehrts, Heino: Das Märchen und das Opfer. Untersuchungen zum europäischen Brüdermärchen. Bonn 1967
Ginschel, Gunhild: Der Märchenstil Jacob Grimms, in: Dt. Jahrb. f. Vkde. 9 (1963), 131-168
Holbek, Bengt: Interpretation of Fairy Tales (FFC 239). Helsinki 1987
Karlinger, Felix: Märchenerzähler und Nacherzähler in der Romania, in: Festschrift Gerhard Rohlfs. Tübingen 1968, 257-268
Karlinger, Felix (Hrsg.): Wege der Märchenforschung (= Wege der Forschung 255). Darmstadt 1973
Karlinger, Felix: Geschichte des Märchens im deutschen Sprachraum. Grundzüge, Darmstadt ^{2}1988
Kreutzer, H.-J.: Der Mythos vom Volksbuch. Stuttgart 1977
Laiblin, Wilhelm (Hg.): Märchenforschung und Tiefenpsychologie, (Wege der Forschung 102). Darmstadt ^{3}1986
Leyen, Friedrich v.d.: Das Märchen, Heidelberg ^{4}1958
Lüthi, Max: Das europäische Volksmärchen. Form und Wesen. Bern und München ^{6}1978
Lüthi, Max: Das Märchen (Sammlung Metzler) 8 Aufl. bearb. von Heinz Rölleke. Stuttgart 1990
McGlathery, James M. (ed.): The Brothers Grimm and Folktale. Urbana/Chicago 1988
McGlathery, James M.: Fairy Tale Romance. The Grimms, Basile and Perrault. Urbana and Chicago 1991
Moser, Dietz-Rüdiger: Theorie- und Methodenprobleme der Märchenforschung, in: Jahrb. für Volkskunde 3 (1980), 47-64
Moser-Rath, Elfriede (Hrsg.): Predigtmärlein der Barockzeit. Berlin 1964
Moser-Rath, Elfriede: Gedanken zur historischen Erzählforschung, in: Zs. f. Vkde 69 (1973), 61-81
Oberfeld, Charlotte und Peter Assion (Hrsg.): Erzählen – Sammeln – Deuten. Den Grimms zum Zweihundertsten. Marburg 1985
Ranke, Kurt (Hrsg.): Schleswig Holsteinische Volksmärchen. 3 Bde., Kiel 1955-1962

Ranke, Kurt, Manfred Grätz und Elfriede Moser-Rath: Art. Deutschland in: EM III, 447-569
Rehermann, Ernst Heinrich: Das Predigtexempel bei protestantischen Theologen des 16. und 17. Jahrhunderts. Göttingen 1977
Röhrich, Lutz: Märchen und Wirklichkeit. Wiesbaden 1956 (^{4}1979)·Übersetzung ins Englische unter dem Titel »Folktales and Reality« Bloomington/Indiana 1991
Röhrich, Lutz: Die Märchenforschung seit dem Jahre 1945, in: Dt. Jahrb. f. Vkde. 1 (1955) 279-296, 2 (1956) 274-319, 3 (1957) 213-224
Röhrich, Lutz: Erzählungen des späten Mittelalters und ihr Weiterleben in Literatur und Volksdichtung bis zur Gegenwart. 2 Bde. Bern und München 1962 und 1967
Röhrich, Lutz: Sage und Märchen: Erzählforschung heute. Freiburg 1976
Röhrich, Lutz: Erzählforschung, in: Rolf W. Brednich (Hrsg.): Grundriss der Volkskunde. Berlin 1988, 353-379
Röhrich, Lutz und Wienker-Piepho, Sabine (eds.): Storytelling in Contemporary Societies (= Scriptoralia 22). Tübingen 1990
Rölleke, Heinz (Hrsg.): Die älteste Märchensammlung der Brüder Grimm. Colog y – Genève 1975
Röllke, Heinz: Die Märchen der Brüder Grimm. Eine Einführung. München, Zürich 1985
Scherf, Walter: Lexikon der Zaubermärchen. Stuttgart 1982
Uther, Hans-Jörg (Hrsg.): Katalog zur Volkserzählung, 2 Bde. München, N.Y., London etc. 1987
Uther, Hans-Jörg (Hrsg.): Märchen in unserer Zeit. München 1990
Tatar, Maria: The Hard Facts of the Grimm's Fairy Tales. Princeton/N.J. 1987
Wesselski, Albert: Märchen des Mittelalters. Berlin 1925
Wesselski, Albert: Versuch einer Theorie des Märchens (Prager deutsche Studien 45). Reichenberg 1931
Zipes, Jack: The Brothers Grimm. N.Y. and London 1988

Kristin Wardetzky: Märchenforschung in der DDR

Bibliographie

Ginschel, Gunhild: Der Märchenstil Jacob Grimms. In: Deutsches Jahrbuch für Volkskunde, Jg. 1963, Bd.9, 131-169
dies.: Der junge Jacob Grimm. 1805-1819. Berlin 1967, ^{2}1987
Neumann, Siegfried: Ein mecklenburgischer Volkserzähler. Die Geschichten des August Rust. Berlin 1968, ^{2}1970
ders: Lebendiges Erzählen in der Gegenwart. Befunde und Probleme. In: Volkskundliche Gegenwartsforschung. Berlin 1969, 157-165
ders.: Volkserzähler unserer Tage in Mecklenburg. Bemerkungen zur Erzähl-Forschung in der Gegenwart. In: Deutsches Jahrbuch für Volkskunde. Jg.1969, Bd.15, 31-49
ders.: Mecklenburgische Volksmärchen. Berlin 1971
ders.: Eine mecklenburgische Märchenfrau. Bertha Peters erzählt Märchen, Schwänke, Geschichten. Berlin 1974, ^{2}1976
ders.: Plattdeutsche Märchen. Volkserzählungen aus Mecklenburg. Rostock 1978
ders.: Richard Wossidlo und die mecklenburgische Volksdichtung. In: Kikut Jg. 1980, Bd.5, 3-17
ders.: Zur Entstehung und zum Charakter der Grimmschen »Kinder- und Hausmärchen«. Bemerkungen aus volkskundlicher Sicht. In: Sitzungsberichte der Akademie der Wissenschaften der DDR. Gesellschaftswissenschaften. Jg. 1985, Nr.6/G., 55-65
ders. (Hrsg.): Es war einmal ... Volksmärchen aus fünf Jahrhunderten. Bd.1 und 2. Rostock 1987
ders.: Mecklenburgische Erzähler der Gegenwart und ihre Märchen. In: Märchen in unserer Zeit. Zu Erscheinungsformen eines populären Erzählgenres. Hrsg. von Hans-Jörg Uther. München 1990, 102-115
Propp, Wladimir: Märchen der Brüder Grimm im russischen Norden. In: Jahrbuch für deutsche Volkskunde. Jg.1963, Bd.9, 104-113
Steinitz, Wolfgang: Über die deutsche Volksdichtung. Leipzig/Jena 1954
ders.: Die volkskundliche Arbeit in der Deutschen Demokratischen Republik. In: Kleine Beiträge zur Volkskunstforschung. Leipzig 1955
ders.: Lied und Märchen als »Stimme des Volkes« (Herder). In: Deutsches Jahrbuch für Volkskunde. Jg.1956, Bd.2, 11-33

Sieber, Friedrich: Wünsche und Wunschdichtung im späten deutschen Zaubermärchen. In: Jahrbuch für deutsche Volkskunde. Jg.1957, Bd.3, 11-31

Strobach, Hermann (Hrsg.): Deutsche Volksdichtung. Leipzig 1987

Wardetzky, Kristin: Märchen – Lesarten von Kindern. Frankfurt/M 1992

Woeller, Waltraud: Der soziale Gehalt und die soziale Funktion der deutschen Volksmärchen. In: Wissenschaftliche Zeitschrift der Humboldt-Universität zu Berlin, Gesellschafts- und sprachwissenschaftliche Reihe. Jg. X (1961) 4/5 und Jg.XI (1962)

dies.: Die Bedeutung der Brüder Grimm für die Märchen- und Sagenforschung. In: Das Werk der Brüder Grimm. Sonderdruck aus der Wiss. Zeitschrift der Humboldt-Universität Berlin, Gesellschafts- und sprachwissenschaftliche Reihe. Jg. XIV (1965), Heft 4, 507-514

dies.: Märchen. In: Deutsche Volksdichtung. Eine Einführung. Hrsg.: von Hermann Strobach. Leipzig 1979, [2]1987, 118-155

dies. (Hrsg.): Deutsche Volksmärchen. Leipzig 1987 (mit ausführlichem Vorwort der Herausgeberin)

Ziel, Wulfhild: Der »Erzähler« im Text der Kinder- und Hausmärchen der Brüder Grimm – ein Beitrag zum poetologischen Erfassen künstlerischer Gestaltungsmittel im Zaubermärchen. In: Humboldt-Grimm-Konferenz. Protokollband Teil III, Berlin: Humboldt-Universität, Sektion Germanistik, 1986, 77-88

Pille Kippar: Die estnischen Volksmärchen

Bibliographie

Aarne, Antti: Estnische Märchen- und Sagenvarianten. FFC 25. Helsinki, 1918

Anderson, Walter: Kaiser und Abt. Die Geschichte eines Schwanks. FFC 42. Helsinki, 1923

Anderson, Walter: Zu dem estnischen Märchen vom gestohlenen Donnerinstrument. Tartu, 1940

Annist, August: Fr.R. Kreutzwaldi »Eesti rahva ennemuistsete juttude« algupära ja kunstiline laad. (Der Ursprung und der künstlerische Charakter der »Estnischen Märchen« von F.R. Kreutzwald). Tallinn, 1966

Hurt, Jakob: Vier Abhandlungen über seine folkloristische Tätigkeit. (Beiträge von V. Pino, R. Mirov, Ü. Tedre, M. Hiiemäe). Preprint KKI-63. Tallin, 1989

Kippar, Pille: Könna opetused (AT 150 A*). Muinasjututüübi AT 150 läänemeresoome-balti redaktsioon. (Resumé: Des Frosches Ratschläge). In: ESA (Jahrbuch des Estnischen Folklorearchivs) 19/20 (1973-1974), 263-289

Kippar, Pille: Varese naisevött, AT 243* (Die Krähe heiratet). In: Rahvasuust kirjapanekuni. Uurimusi rahvaluule proosaloomingust ja kogumisloost. Tallinn, 1985, 83-100

Kippar, Pille: Estnische Tiermärchen. Typen- und Variantenverzeichnis. FFC 237. Helsinki, 1986

Kippar, Pille: Über den internationalen Hintergrund der estnischen Tiermärchen. In: Volkserzählungen und kulturelle Identität. Zusammenfassungen I. 9. Kongress der Internationalen Gesellschaft für Volkserzählungsforschung. Budapest 10.-17.6.1989, 121

Kippar, Pille: Estonskie skazki o zivotnyh. (Estnische Tiermärchen. Verbreitung und internationaler Hintergrund). Tallinn (Manuskript/Dissertation), 1990

Kreutzwald, Friedrich R.: Eesti rahva ennemuistsed jutud. (Estnische Volksmärchen). Helsinki 1866, Tallinn 1967

Loorits, Oskar: Das Märchen vom gestohlenen Donnerinstrument bei den Esten. In: ÖES Toim, 1930

Loorits, Oskar: Vanarahva pärimusi (Auswahl estnischer Märchen und Sagen). Tartu, 1934

Loorits, Oskar: Estnische Volkserzählungen. Berlin, 1959

Masing, Uku: Artikel »Esten« in »Enzyklopädie des Märchens«, Bd. 4, 1984, 479-491

Raudsep, L.: Antiklerikale estnische Schwänke. Typen- und Variantenverzeichnis. Tallinn, 1969

Salve, K. – Sarv, V.: Setu lauludeqa muinasjutud (Setukesische Märchen mit Liedern). Tallinn, 1987

Talvet, J. (Hrsg.): The Piper. A Selection of Estonian Fairy Tales. Tallinn, 1987 (deutsch 1989, spanisch 1989, russisch 1990, englisch 1990)

Viidalepp, Richard: Eesti muinasjutte ja muistendeid (Estnische Märchen und Sagen). Tartu, 1934

Viidalepp, Richard: Von einem großen estnischen Erzähler und seinem Repertoire. In: Acta Etnologica 3 (1937), 158-173

Viidalepp, Richard: Muinasjutud (Märchen), 376-411. In: Eesti rahvaluule ülevaade (Grundriß der estnischen Folklore), Tallinn, 1959
Viidalepp, Richard (Hrsg.): Eesti muinasjutud. (Estnische Volksmärchen). Koostanud V. Mälk, I. Sarv ja R. Viidalepp. Tallinn, 1967 (deutsch 1980, 1990)
Viidalepp, Richard: Mina-vorm muinasjuttudes ja naljandites, 69-82. In: Rahvasuust kirjapanekuni. Uurimusi rahvaluule proosaloominqust ja koqumisloost. Tallinn, 1985

Anmerkungen

1 Zur Sammelarbeit s. die Beiträge von M. Hiiemäe und V. Pino in Hurt 1989
2 Das Buch wurde von J. Talvet herausgegeben und erschien auch in russischer und spanischer Übersetzung.
3 S. Lätt und L. Raudsep haben antikirchliche und antireligiöse Schwänke untersucht. Mit Spottgeschichten über das Familienleben haben sich R. Põldmäe und A. Krikmann befaßt.
4 Das Buch enthält ein englisches Resumé, »Setu folk tales with songs«, 198-201
5 Kippar 1990
6 Salve – Sarv 1987
7 Die Veröffentlichung ist in der Reihe »Suomalais-ugrilaisen Seuran Aikakauskirja« (SUSA Nr. 73, Helsinki) erschienen.
8 Ahlqvist nahm vier Märchen in seine mokzamordwinische Grammatik (1861) auf, Orlov veröffentlichte Märchentexte in seinem Überblick über die Sprache, Geschichte und Statistik des Gouvernements Simbirsk (1866).
9 Unter den Herausgebern seien Schachmatow, Kawtaskin, Jewsewjew und Maskajew erwähnt.
10 Finnische Sammler und Herausgeber waren A. Genetz (1889), V. Porkka (1895), G.J. Ramsted (1902), Y. Wichmann (1909, 1913, 1931), H. Paasonen (1939), K. Donner, P. Siro (1939).
11 Diese Märchen hat Ödön Beke in seinen Werken veröffentlicht, die 1931 in Oslo, 1934 in Wien, 1938 in Helsinki, 1939 in Tartu und 1951 und 1961 in Budapest erschienen. Die Veröffentlichungen von Ernst Levi erschienen 1925 und 1926 in Hannover.

Satu Apo: Die finnische Märchentradition

Bibliographie

Aarne, Antti: Verzeichnis der Märchentypen. FFC 3. Helsinki 1910
Aarne, Antti – Thompson, Stith: The Types of the Folktale. A Classification and Bibliography. FFC 184. Helsinki 1961, ^{2}1964
Apo, Satu: Ihmesadun rakenne. Helsinki 1936 (a), English summary
Apo, Satu: Questions arising in the comparative study of magic tales. In: Journal of Folklore Research 23. 1986 (b), 177-186
Apo, Satu: The twoworlds of the Finnish fairytale. Observations on the folk and literary tradition of the 19th century. In: ARV. Scandinavian Yearbook of Folklore 44. 1988, 27-48
Haavio, Martti: Soumalaisten kansansatujen keruun ja julkaisemisen alkuvaiheet. In: Kalevalaseuran vuosikirja 46. 1966, 32-77
Herranen, Gun: Aspects of a blind storyteller's repertoire: auditive learning – oral tradition. In: Le conte, pourqoui? comment? – Folktales, why and how? Comité d'éd. Geneviève Calama-Griaule, Veronika Görög-Karady & Michèle Chiche. Paris 1984, 511-525
Holbek, Bengt: Interpretation of Fairy Tales. Danish Folklore in a European Perspective. FFC 239. Helsinki 1987
Honko, Lauri: Finnland. In: Enzyklopädie des Märchens. Bd.4, Sp.1157-1179. Berlin-New York 1984
Hägglund, Tor-Björn – Hägglund, Vilja: Lohikäärmetaistelu suomalaisten kansansatujen pohjalta. Helsinki 1985
Klein, Robert (Hrsg.): Das weiße, das schwarze und das feuerrote Meer. Finnische Volksmärchen. Kassel 1966 (GdV Bd. 34)
Konkka, Unelma S. (Hrsg.): Karelskije narodnyje skazki. Moskva-Leningrad 1963
Konkka, Unelma S. – Tupitsyna, A.S. (Hrsg.): Karelskije narodnyje skazki. Juznaja Karelija. Leningrad 1967
Krohn, Kaarle: Bär (Wolf) und Fuchs. Eine nordische Tiermärchenkette. Helsingfors 1888

von der Leyen, Friedrich: Die Welt der Märchen. Bd.2. Düsseldorf 1954
Meyer, Gustav (Hrsg.): Finnische Märchen. Weimar 1887
Pentikäinen, Juha: Oral Repertoire and World View. An Anthropological Study of Marina Takalo's Life History. FFC 219. Helsinki 1978
Rausmaa, Pirkko-Liisa (Hrsg.): Suomalaiset kansansadut I. Ihmesadut. Helsinki 1972
Rausmaa, Pirkko-Liisa (Hrsg.): Itäinen ja läntinen satuperinne Suomessa. In: Kalevalaseuran vuosikirja 53, 1973, 121-136
Rausmaa, Pirkko-Liisa (Hrsg.): Suomalaiset kansansadut 2. Legenda – ja novellisadut. Helsinki 1982
Rausmaa, Pirkko-Liisa (Hrsg.): Suomalaiset kansansadut 3. Sadut tyhmästä paholaisesta. Helsinki 1990
Salmelainen, Eero: Suomen Kansan Satuja ja Tarinoita I-IV. Helsinki 1852-1866
Simonsuuri, Lauri – Rausmaa, Pirkko-Liisa (Hrsg.): Finnische Volkserzählungen. Berlin 1968
Virtaranta, Pertti (Hrsg.): Annastuuna aikanansa. Annastuuna Korkeemäen muistitietoa Tyrväästä. Helsinki 1969
Virtaranta, Pertti (Hrsg.): Kultarengas korvaan. Vienalaisia satuja ja legendoja. Helsinki 1971

Anmerkungen

1 Haavio, 40-41, vgl. auch Honko
2 Haavio, 65
3 Rausmaa 1972, 20
4 Rausmaa 1972, 20, 43
5 von der Leyen, 45
6 Apo 1986a, 348. – Die erste Schilderung des Märchenerzählens in der finnischen Folkloristik stammt aus dem Jahre 1833 und stellt einen 7-8jährigen karelischen Jungen als Erzähler vor. Der Sammler Elias Lönnrot beschreibt, wie der Junge sich gestenreich in die Erzählung von einen Adler hineinlebt, der sich mit dem Helden auf dem Rücken immer höher von der Erde aufschwingt. – Haavio, 66-70. Angaben über Kinder als Märchenerzähler macht auch Juha Pentikäinen, 265-267
7 Apo 1986a, 68-69. Vgl. Holbek, 167-169
8 Apo 1989, 31-32
9 Apo 1986a, 58-63
10 Rausmaa 1972, 28
11 Geographisch-historisch vergleichende Untersuchungen von finnischen Folkloristen zählt beispielsweise Lauri Honko in seinem Überblick auf. Zur Kritik an diesen Untersuchungen vgl. Apo 1986b
12 Herranen 1984
13 Als Beispiel sei die Deutung der finnischen Drachentötermärchen (AT 300) genannt, die Tor-Björn Hägglund und Vilja Hägglund 1985 vorlegten.
14 Vgl. Pentikäinen, 265-267
15 Einen Eindruck vom Märchenerzählen in Karelien im 20. Jahrhundert vermitteln neben der Erzählerforschung von Juhani Pentikäinen auch die wissenschaftlichen Anthologien von Konkka und Tupitsyna; sie enthalten Texte in karelischer Sprache nebst russischer Übersetzung, einen Überblick und einen Kommentarteil. Durchgehend finnischsprachig ist die von Pertti Virtaranta herausgegebene Anthologie »Kultarengas korvaan« (Einen Goldreif ins Ohr); die meisten dort veröffentlichten Märchen sind auf Tonband aufgezeichnet worden.
16 Krohn 1888; Rausmaa 1972, 1982, 1990b
17 Von den Herausgebern deutschsprachiger, auch wissenschaftlichen Zwecken dienender Anthologien haben beispielsweise Gustav Meyer – Emmy Schreck und Robert Klein Texte von Salmelainen verwendet.
18 Der Film wurde 1976 fertiggestellt. Die Regisseure waren Heikki Partanen, Katarina Lahti und Riitta Rautoma.
19 Als Texter trat der Märchenautor Raul Roine auf, die Zeichnungen stammten von Aarre Nopsanen und Risto Mäkinen.

Nicole Belmont: Märchenforschung in Frankreich

Bibliographie

Bladé, Jean Francois: Contes populaires de Gascogne. 3 Bde. Paris 1885

Belmont, Nicole: Paroles paiennes. Mythe et folklore des frères Grimm à Paul Saintyves. Paris 1987

Bremond, Claude: Les Bons récompensés et les méchants punis. Morphologie du conte merveilleux français. Sémantique narrative et textuelle. Paris 1973

Cosquin, Emmanuel: Contes populaires de Lorraine. Paris 1887

Courtes, J.: Le Conte populaire: poétique et mythologie. Paris 1986

Delarue, Paul: Les contes merveilleux de Perrault et la tradition populaire. Bulletin folklorique d'Ile-de-France. 1951, 191-201, 221-228, 251-260, 283-291; 1952, 348-357; 1953, 511-517

Delarue, Paul – Tenèze, Marie-Louise: Le Conte populaire français. 4 Bde. Paris 1957-1985

Fabre, Daniel – Lacroix, Jaques: La Tradition orale du conte occitan. 2 Bde. Paris 1973-1974

Gaidoz, Henri: De l'influence de l'académie celtique sur les études de folklore. Recueil du Centenaire de la Société nationale des Antiquaires de France. Paris 1904, 135-143

Greimas, Algirdas Julien: De Sens. Paris 1970

Joisten, Charles: Contes populaires du Dauphiné. 2 Bde. Grenoble 1971

J.F. Luzel: Légendes chrétiennes de la Basse-Bretagne. 2 Bde. Paris 1881

J.F. Luzel: Contes populaires de Basse-Bretagne. 3 Bde. Paris 1887

Millien, Achille – Delarue, Paul: Contes du Nivernais et du Morvan. Paris 1953

Perbosc, Antonin: Contes de Gascogne. Paris 1954

Pinies, Jean-Paul (Hrsg.): Le Conte de Tradition orale dans le Bassin méditerranéen. Actes des Rencontres de Carcassonne. Carcassonne 1986

Saintyves, Paul: Les Contes de Perrault et les récits parallèles. Paris 1923

Sand, George: Légende rustiques. Verviers 1975 (1. Auflage 1858)

Sebillot, Paul: Le Folk-Lore. Littérature orale et ethnographie. Paris 1913

Soupalt, Ré (Hrsg.): Französische Märchen (MdW)

Tenèze, Marie-Louise: Littérature orale narrative. L'Aubrac. Etude ethnologique, linguistique, agronomique et économique d'un établissement humain. Paris,ed. du CNRS 1975, Bd.5

Tenèze, Marie-Louise: Frankreich. Enzyklopädie des Märchens. Bd.5, 62-89

Tenèze, Marie-Louise: A la mémoire de P. Delarue. Arts et traditions populaires, Juli-Dezember 1958, 289-307

Tenèze, Marie-Louise – Hüllen, Georg: Begegnung der Völker im Märchen. Bd. 1 Frankreich-Deutschland. Münster 1961

Verdier, Y.: Grands mères, si vous saviez ... Le Petit Chaperon rouge dans la Tradition orale. Cahiers de littérature orale Nr.4 1978, 17-55

Zeitschriften

Mélusine. 11 Bde. 1877-1912

Revue des Traditions populaires. 32 Bde. 1886-1918

Cahiers de littérature orale. 1977 ff.

Reihen

Littératures populaires de toutes les nations. 47 Bde. Paris 1881-1903

Contes et chansons populaires. 44 Bde. Paris 1881-1930

Contes merveilleux des provinces de France. 7 Bde. Paris 1953-1956

Récits et contes populaires. 29 Bde. Paris 1978-1981

Filmographie

La Belle et la Bête (Jean Cocteau). 1945

Peau d'Ane (Jacques Demy). 1970

Anmerkungen

1 Delarue-Tenèze: Le Conte ... Bd.1. Paris 1957, 29
2 Gaidoz: De l'influence ... Paris 1904, 140f.
3 Luzel: Légendes chrétiennes ... Paris 1881, Bd.1., IVf.
4 Sebillot: Le Folk-Lore. Paris 1913, 29

5 ebd. 32
6 Sand: Légendes ... Verviers 1975, 16
7 Tenèze: A la mémoire ... 1958, 294
8 Brief von Kurt Ranke an Paul Delarue, vgl. Anm.7, 295
9 Tenèze: Littérature orale ... Paris 1975, 65
10 Piniès: Le Conte ... Carcassonne 1986, 85
11 Delarue-Tenèze: Le Conte ... Bd.1 Paris 1957, 36

Jurjen van der Kooi: Das Zaubermärchen im Niederländischen

Bibliographie

Cox-Leick, A.M.A. – Cox, H.L.: Märchen der Niederlande (Die Märchen der Weltliteratur). Düsseldorf/Köln 1977

Berg, M. van den: 140 Jaar volksverhaalonderzoek in de provincie Antwerpen. In: Volkskunde 84 (1984), 121-183 (mit deutscher Zusammenfassung)

Dekker, A.J.: 150 Jaar Nederlands volksverhaalonderzoek. In: Volkskundig Bulletin 4 (1987), 1-28

Graaff, Wendy de, u.a. (Hrsg.): Op de stroom van de rivier. Over vertellen. Haag 1989

Kooi, Jurjen van der: Volksverhalen in Friesland; lectuur en mondelinge overlevering; een typencatalogus. Groningen 1984 (mit englischer Zusammenfassung)

Kooi, Jurjen van der – Meerburg, Babs A. Gezelle: Friesische Märchen (Die Märchen der Weltliteratur). München 1990

Meyer, Maurits de: Vlaamsche sprookjesthema's in het licht der Romaansche en Germaansche kultuurstroomingen. Leuven 1942

Meyer, Maurist de: Le conte populaire flamand; catalogue analitique et repertoire des épisodes et éléments des contes; »motif-index« (FFC 203). Helsinki 1968

Poortinga, Ype: Das Sammeln von Volkserzählungen in Westfriesland. In: Friesisches Jahrbuch 1973, 143-158

Sinninghe, Jacques R.W.: Katalog der niederländischen Märchen-, Ursprungssagen-, Sagen und Legendenvarianten (FFC 132). Helsinki 1943

Stalpaert, H.: Westvlaamse wondersprookjes. Brugge 1977

Top, S.: De historische context van Gust. Lamerants »Vlaamsche Wondervertellingen uit Fransch-Vlaanderen«. In: Volkskunde 77 (1976), 30-51 (mit deutscher Zusammenfassung)

Leander Petzoldt: Märchenforschung in Österreich

Bibliographie

Blümml, Emil Karl: Beiträge zur deutschen Volksdichtung. Wien

Bünker, Johann Reinhard: Heanzische Schwänke, Sagen und Märchen, in: Zeitschrift des Vereins für Volkskunde VII, 307 ff. und 396 ff. 1908

Ders.: Niederösterreichische Märchen, in: Zeitschrift für österr. Volkskunde III, 90 ff. u. 217 ff. und IV (1898), 28 ff., 173 ff., 238 ff. u. 283 ff. 1897

Ders.: Schwänke, Sagen und Märchen aus dem Burgenlande, in heanzischer Mundart, Leipzig. 1906 (Neu herausgegeben von Karl Haiding, Graz 1981)

Ders.: Was mir der alte Mann erzählte, Märchen aus dem Burgenland. Mönchengladbach 1929

Bünker, Otto: Märchen und Schwänke der Heanzen, dargestellt an Reinhard Bünker, in: Güssinger Begegnung, Die Volkserzählung im Südosten Altösterreichs, Ein Tagungsbericht. Eisenstadt, 11 ff. 1976

Denecke, Ludwig: Die Brüder Grimm. Kassel 1984

Direder-Mai, Marianne u. Petzoldt, Leander (Hrsg.): Märchen aus Südtirol, gesammelt von Dr. Willi Mai, Bozen 1991

Dies.: Sagen aus Südtirol. München 1993

Dörler, Adolf: Märchen und Schwänke aus Nordtirol und Vorarlberg, in: Zeitschrift des Vereins für Volkskunde XVI, 278 ff. 1906

Ders.: Sagen und Märchen aus Vorarlberg, in: Zeitschr. f. österr. Volkskunde 14, 81-96 u. 155-167. 1908

Dörrer, Anton: Märchen und Märchenforschung in Tirol, in: Die Freundesgabe, Jahrbuch der Gesellschaft zur Pflege des Märchengutes der europäischen Völker e.V. o.O., 4-12. 1963
Fink, Hans: Volkserzählungen aus Südtirol. Münster 1969
Franziszi, Franz: Märchen aus Kärnten. Klagenfurt
Gaál, Georg von: Märchen der Magyaren. Wien 1922
Gaál, Karoly: Die Volksmärchen der Magyaren im südlichen Burgenland. Berlin 1970
Geramb, Viktor: Kinder und Hausmärchen aus der Steiermark. 3. Aufl. Graz 1948
Graber, Georg: Sagen und Märchen aus Kärnten. Graz 1935
Haiding, Karl: Erzähler des Dorfes, in: Deutsche Volkskunde I, 48-57. 1939
Ders.: Österreichs Märchenschatz. Wien 1953
Ders.: Träger der Volkserzählung in unseren Tagen, in: Österr. Zeitschrift f. Volkskunde 56, 24-36. 1953
Ders.: Von der Gebärdensprache der Märchenerzähler. (FFC 155) Helsinki 1955
Ders.: Ländliche Erzählertypen, in: Zeitschr. d. Hist. Ver. f. Steiermark 54, 117-133. 1963
Ders.: Märchen und Schwänke aus Oberösterreich. Berlin 1969
Ders.: Die Volksmärchenforschung in Österreich, in: Karoly Gaál (ed.): Ethnographia Pannonica, 95-104. 1971
Ders.: Volkserzählung in der Steiermark, in: Zeitschr. d. Hist. Ver. f. Steiermark 65, 117-133. 1974
Ders.: Märchen und Schwänke aus dem Burgenlande. Graz 1977
Haller, Karl: Volksmärchen aus Österreich. Wien, Stuttgart und Leipzig 1915
Hammerle, Alois Joseph: Sagen und Märchen aus Tirol. Innsbruck 1854
Karlinger, Felix: Grundzüge einer Geschichte des Märchens im deutschen Sprachraum. Darmstadt 1983
Krauss, Friedrich Salomon: Sagen und Märchen der Südslaven, I-II, Leipzig 1983/84
Latzenhofer, Josef: Märchen und Schwänke aus Österreich und Ungarn, in: Blümml, Emil K., Quellen und Forschungen zur deutschen Volkskunde, Bd.VI, Beiträge zur deutschen Volksdichtung, Wien, 109ff. 1908
Mailly, Anton v.: Die Wiener Märchen Gesellschaft, Eine vergessene Wiener Literatur-Runde, in: Österr. Rundschau IV, 27ff. 1938
Meyer, Martinus: Sagenkränzlein aus Tirol. Pest/Wien 1856
Ders.: Schlernsagen und -Märchen. Innsbruck 1891
Mudrak, Edmund: Märchen und Sage, in: Bausteine zur Geschichte, Völkerkunde und Mythenkunde Jg. 1933
Ders.: Märchen und Sage im Alten Testament, in: Altkatholisches Jahrbuch 1953
Petzoldt, Leander (Hrsg.): Märchen aus Österreich. (Die Märchen der Weltliteratur) München 1991
Ders.: Von der Wirklichkeit des Unwirklichen. Historische und gegenwärtige Aspekte der Volkserzählung in Tirol. Selbstverlag des Instituts für Volkskunde der Universität Innsbruck. Innsbruck 1992
Ders.: Gedanken zu Ignaz Vinzenz Zingerle, in: Mitteilungen aus dem Brenner-Archiv 11, 11-17. 1992
Ders.: Märchen aus Österreich, Frankfurt (Fischer Tb.) 1992
Petzoldt, Leander u. Rachewiltz, Siegfried de: Studien zur Volkserzählung, Berichte und Referate des 1. u. 2. Symposions zur Volkserzählung/Brunnenburg 1984/85. Frankfurt 1987
Dies.: Der Dämon und sein Bild, Berichte und Referate des 3. u. 4. Symposions zur Volkserzählung/Brunnenburg 1986/87. Frankfurt 1989
Dies.: Das Bild der Welt in der Volkserzählung. Berichte und Referate des 5.-7. Symposions zur Volkserzählung/Brunnenburg 1988-90. Frankfurt 1992
Pogatschnigg, Valentin: Märchen aus Kärnten, in: Carinthia, Jg. 1865/66
Pramberger, P. Romuald: Märchen aus Steiermark. 2. Aufl. Seckau 1946
Rath, Elfriede: Studien zur Quellenkunde und Motivik obersteirischer Volksmärchen aus der Sammlung Pramberger. Diss. Wien 1949
Reiffenstein, Ingo: Österreichische Märchen. Düsseldorf/Köln 1979
Rogenhofer-Suitner, Helga: Bemerkungen zu den Märchen- und Sagensammlungen der Brüder Zingerle, in: Der Schlern 61, 95-412. 1987
Dies.: »was kümmern uns die, welchen das verständnis von dem werth der alten überlieferung fehlt!« (Wilhelm Grimm), Der Briefwechsel zwischen den Brüdern Grimm und Ignaz Vinzenz Zingerle 1852-1859, in: Mitteilungen aus dem Brenner-Archiv 8, 44-66. 1989

Rossi, Hugo de: Märchen und Sagen aus dem Fassatale. Vigo di Fassa (hrsgg. von Ulrike Kindl) 1984

Schmidt, Leopold: Die Volkserzählung, Märchen, Sage, Legende, Schwank. Berlin, darin Kapitel Märchen, 21-106. 1963

Ders.: Wunder über Wunder. Gesammelte Studien zur Volkserzählung. (Raabser Märchenreihe Band 1) Wien 1974

Ders.: Die Brüder Grimm und der Entwicklungsgang der österreichischen Volksunde, in: Brüder Grimm-Gedenken 1963, Marburg 1963, 309-311; Nachdruck in: Leopold Schmidt (ed.), Wunder über Wunder, Wien 1974, 9-18 (hiernach zitiert)

Ders.: Johann Reinhard Bünker und die Erforschung des Volkserzählgutes im Burgenland (Mitteilungen des Instituts für Gegenwartsvolkskunde, Nr.6) Wien 1979

Schneller, Christian: Märchen und Sagen aus Wälschtirol. Innsbruck 1867

Schupp, Volker: »Wollzeilergesellschaft« und »Kette«, Impulse der frühen Volkskunde und Germanistik. Marburg 1983

Spieß, Karl: Das deutsche Volksmärchen. Leipzig und Berlin 1917

Spieß, Karl u. Mudrak, Edmund: Deutsche Märchen – Deutsche Welt. Berlin 1939

Strasser, Peter: Ein Sohn des Tales. Franz Joseph Vonbun als Sammler und Editor Vorarlberger Volkserzählungen. Frankfurt, Berlin 1993

Suitner, Helga: Die Geschichte der Tiroler Sagen und Märchensammlungen. Diss., Innsbruck 1952

Vernaleken, Theodor: Kinder- und Hausmärchen. Wien, (2. Aufl. als Kinder- und Hausmärchen aus den Alpenländern. Wien/Leipzig 1896) 1864

Vonbun, Franz Josef: Märchen aus Vorarlberg, in: Zeitschr. f. Mythologie und Sittenkunde 2, 173. 1855

Zaunert, Paul (Hrsg.): Deutsche Märchen aus dem Donaulande (Märchen der Weltliteratur). Jena 1926

Zenker-Starzacher, Elli: Es war einmal, Deutsche Märchen aus dem Schildgebirge und dem Buchenland. Wien 1956

Dies.: Der Senavogel und andere Kärntner Märchen. Klagenfurt 1975

Zingerle, Ignaz und Joseph: Kinder- und Hausmärchen aus Tirol. Innsbruck 1852

Dies.: Kinder- und Hausmärchen aus Süddeutschland. Regensburg 1854

Zingerle, Ignaz Vinzenz: Ein Märchen aus dem Oberinntal, in: Zeitschr. f. Mythologie un Sittenkunde 1, 367. 1854

Ziska, Franz: Österreichische Volksmärchen. Wien 1822

Julio Camarena: Das Zaubermärchen in Portugal

Anmerkungen

1 Luis da Câmara Cascudo: Os Melhores Contos Populares de Portugal. Rio de Janeiro 1969, 17-18

2 Goncalo Fernandes Trancoso: Contos e Histórias de Proveito e Exemplo [1575]. Texto integral conforme a edição de Lisboa, 1624. Prefácio, leitura de texto, glossario e notas per João Palma Ferreira. Lisboa 1974

3 Idem, op. cit., vgl. die Anmerkungen zu den Märchen II, 1 und 8; III, 4; III, 6-8

4 Que diz que honrar aos Santos e Suas Reliquias e fazer-lhe grandes festas é muito bom e Deus e os Santos o pagam. Trata de un filho de un mercador que, con ajuda de Deus e dos Santos, veio a ser Rei de Inglaterra (Idem, Id., II, 2)

5 Von dieser religiösen Variante sind zwei weitere Versionen bekannt: F. Xavier d'Athaide Oliveira: »A Cativa de Berberia«, in: Contos Tradicionaes do Algarve, 2. Bde. Tavira und Porto 1900 und 1905, 44; und »Ses tres flors«, in: Aplec de Rondaies Mallorquines d'en Jordi d'es Racó (Mn. Antoni Maria Alcover), 24 Bde. ([endgültige Ausgabe:] Palme de Mallorca 1936-1976), X, 5-33

6 Que não desesperemos nos trabalhos e confiemos em Deus que nos proverá como fez uma rainha virtuosa com duas irmãs que o não eram, de que se trata no conto seguinte (Idem, Id., II, 7)

7 Vgl. I, 13, das als ursprüngliche Variante des Märchens »Glück und Reichtum« (AT 736) betrachtet werden kann.

8 Wie das mit dem Titel »A Donzella da Torre«, das von Teófilo Braga zitiert wird.

9 Es handelt sich um die Märchen »As Três Cidras do Amor« (AT 408), »O Aprendiz de Mago« (AT 325) und »A Cacheirinha« aus »Estudos da Idade Média«. Porto 1870

10 Lisboa 1879, neu aufgelegt als: Adolfo Coelho: Contos Populares Portugueses (mit einem Vorwort von Ernesto Veiga de Oliveira). Lisboa 1985. Diverse Texte erschienen – wenigstens auszugsweise – in F.A. Coelho: Contos nacionaes para crianças. Porto 1883 (ein Werk, das jedoch nicht eingesehen werden konnte).

11 »O principe com orelhas de burro«, 50. Die andere: Contos Populares Portugueses (Inéditos), estudo, coordenação e classificicacão por Alda da Silva Soromenho e Paulo Caratão Soromenho, 2 Bde. Lisboa 1984 und 1986, 657

12 »Os sapatinhos encantados« (Coelho: Contos, 35)

13 »O colhereiro« (Coelho: Contos, 26)

14 So »Das weiße Schäfchen« (O carneirinho branco), Coelho: Contos, 25, ein seltsamer Untertyp von AT 425 (»Tierbräutigam«), von dem man eine andere Version kennt: F. Xavier d'Athaide Oliveria: Contos Tradicionaes do Algarve. 2 Bde. Tavira-Porto 1900 und 1905) 621; und »Die grünen Feigen« (Os figos verdes), Coelho: Contos, 45, in dem sich verschiedene Typen von AT 610 vereinigen: (»Die heilenden Früchte«), 580 (»Weiberheld«), 580* (»Der unerschöpfliche Beutel«) und der unkeusche, aber deswegen nicht weniger zauberhafte Typ 1391 [oder 870D*] (»Les bijoux indiscrets«), allesamt in der portugiesischen Folklore äußerst selten.

15 Portugueze Folk-Tales, collected by Consiglieri Pedroso and translated from original MS. by Miss Henriqueta Monteiro, with an introduction by W.A.S. Ralston. London 1882 – Pedroso: Contos populares portuguezes colhidos da tradição oral, in: Revista Lusitana, IV. 1895/96, 338-376 und V. 1897/99, 62-77 und 81-88

16 Manchmal auch Versionen von Typen außerordentlicher Seltenheit, wie in Pedroso: Contos, RHi, XIV (1906), 14, eine Zusammenfassung von »Prinzessin im Sarg« (AT 307) oder 21, eine Ausführung von »Nachtwachenabenteuer« (AT 304)

17 »A menina com a rosa na testa« (Pedroso: Contos, 15)

18 Vgl. Anmerkung 16 von »Das Zaubermärchen in Spanien« in diesem Band (= ZmSp)

19 »O gigante encantado« (Pedroso: Contos, 8) Belegt jedoch bei Ralph S. Boggs: Index of Spanish Folktales. FFC 90, Helsinki 1930, Märchentypus 311*A. Vgl. auch ZmSp. Anmerkungen 23 und 24

20 »As três pedrinhas azuis« (Pedroso: Contos, 8). Der Typ AT 938A fängt immer mit einer Missetat an: dem Raub einer Heldin, der nur durch das Eingreifen eines übernatürlichen Agressors möglich ist. Deshalb werden die hispanischen Versionen ausführlich angeführt, obwohl es sich nicht um Zaubermärchen handelt: Teóphilo Braga: Contos tradicionaes do Povo Portuguez. 2 Bde. Lisboa 1914/15, I, 80-82. – Oliveira: Algarve, 61, 103 und 105. – Pedroso: Contos, 5 und 28. – Contos Populares e Lendas coligidos por José Leite de Vasconcellos. 2 Bde. Coimbra 1963 und 1966, 122. – Julio Camarena Laucirica: Cuentos tradicionales recopilados en la provincia de Ciudad Real. Ciudad Real 1984, 128. – Arcadio Larrea Palacín: Cuentos populares de los judíos del norte de Marruecos [Sepharden]. 2 Bde. Tetuan 1952 und 1953, 11 und 27

21 Von Boggs 706*B kennt man noch ein halbes Dutzend hispanischer Versionen. *Portugiesische:* Pedroso: Contos, 28 – Diane Tong: Storie e fiabe degli zingari. Parma 1989, 110-113. – *Spanische:* Aurelio M. Espinosa: Cuentos populares españoles. 3 Bde. Madrid 1946, 104. – Camarena: Ciudad Real, 128. *Sephardische:* Larrea: Marruecos, 11 und 27. *Hispanoamerikanische:* J. Alden Mason und Aurelio M. Espinosa: Porto-Rican Folklore. Folktales, in: The Journal of American Folklore, XXXIX (1926), 297-298

22 »A Aranha« (Pedroso: Contos, 26). Das Märchen findet sich auch bei Oliveira: Algarve, 62

23 »As tias« (Pedroso: Contos, 19)

24 Pedroso: Contos, 40

25 2 Bde. Porto 1883. Die Verweise, die im folgenden angegeben werden, beziehen sich jedoch auf die erweiterte Ausgabe des gleichen Titels. Lisboa 1914

26 »A saia de esquilhas« (Braga: Cuentos, I, 130-131). Vgl. ZmSp. Anmerkungen 65 bis 67

27 »As tres fadas« (Braga: Contos, I, 130-131)

28 Nach der Variante von Braga sind die folgenden veröffentlicht worden: Bernardino Barbosa: Cuentos populares de Evora, in: Revista Lusitana, XVII. 1914, 92-94; Oliveira: Algarve, 66 und 303; Soromenho: Contos, 294

29 »Os sete encantados« (Braga: Contos, I, 91-92). Von der tatsächlichen Weiterentwicklung »Das sprachlose Mädchen« kennt man weitere hispanische Versionen: Oliveira: Algarve, 143; Rafael Ramirez de Arellano: Folklore portorriqueno. Cuentos y adivinanzas recogidos de la tradición oral. Madrid 1928, 75

30 Alvaro Pinheiro: Novellas populares minhotas, in: A Tradição, I (1899), 12-14, 27-29 und 63-64, wobei unter 4 Erzählungen eines ein Zaubermärchen ist; Maria Velleda: Contos Algarvios, ATr, III (1901), 57-61 und 106-107, aus zwei Zaubermärchen bestehend; Luiz Federico: Contos Alemtejanos, ATr, III, mit einem Lügenmärchen; sowie eine Sammlung von 8 Märchen von Athaide d'Oliveira, die zuerst als »Contos Algarvios« veröffentlicht wurde, ATr, I, 127-128, 159-160 und 188-190; II (1900), 61-63, 78-79, 109-11, 173-175 und 192; und III, 27-29, 95-96, 125-126, 158 und 173-174, von denen – außer einem, das zur Untergattung der Heiligenlegende gehört – alle in seine großartige Sammlung aufgenommen worden sind, die im folgenden kommentiert wird.

31 Alexandrino: Contos populares alemtejanos, in: A Tradição, I (1899), 29-30 und 95-96; II (1900), 29-30 und 45-46; sowie III (1901), 45-46, 63-64, 77-78, 138-141 und 155-158, wobei von 15 Texten 5 Zaubermärchen sind.

32 A. Thomaz Pires: Contos populares alemtejanos, in: ATr, IV (1902), 158; V (1903), 40-47, 60-63, 71-73, 78-79, 140-144 und 172-176; VI (1904), 9-15, 28-31, 46-47 und 62-63, wobei von 67 Texten 28 Zaubermärchen sind.

33 »O copo d'Oiro« (Pires: Alemtejano, ATr, V (1903), 72-72). Dazu Oliveira: Algarve, 276

34 »O Ze Estragado« (Pires: Alemtejanos, Atr, V (1903), 78-79). Abgesehen von der bei Thomas Pires zitierten kennt man die folgenden Varianten: Oliveira: Algarve, 159, 234, 270 und 311; Pedroso: Contos, RHi, XIV (1906), 14; Soromenho: Contos, 237; Vasconcellos: Contos, 190

35 Vgl. den bibliographischen Verweis unter Anmerkung 5

36 AT 366 (»The Man from the Gallows«) in Oliveira: Algarve, 79, AT 425B ebd. 160; AT 425P ebd. 289, 313 und 379; AT 467 ebd. 161; AT 471A ebd. 110; AT 502 = 220; AT 506* = 288; AT 513B = 317; AT 514 = 300; AT 530 = 1 und 227; AT 559 = 412; AT 565 = 277; AT 653 = 414

37 »O padre magico« (Oliveira: Algarve, 131). Der Typ AT 408A* (»Devil to Help Gambler in Exchange for One Task Yearly«), dazu geschaffen, die einzige Version zu bezeichnen, die Boggs unter 311*A anführte, wurde aufgrund seiner Sequenzen und zufälligen Motive beschrieben, die vier andere spanische, drei portugiesische und mindestens drei italienische Fassungen der selben Handlung ausschließt (vgl. ZmSp. Anmerkung 24)

38 »As Tres Encantados no Mar« (Oliveira: Algarve, 144). Außer der kommentierten gibt es noch andere volkstümliche Versionen: eine *portugiesische* Vasconcellos: Contos, 304; eine *brasilianische* Sylvio Romero: Contos populares do Brazil. Lisboa 1885, 13 [vgl. 48-49]; sowie eine *spanische:* M. Pérez Bautista und J.A. del Rio: El orangután [Episoden 2-4] (eine unveröffentlichte Version von Bornos-Cadiz). Vgl. Lope de Vega: Los torneos de Aragón, I, in: Obras, Madrid 1916-1930, X, 2a [Episoden 2-3]; Antonio de Torquemada: Jardín de flores curiosas, I. Madrid 1982, 182-185 [Episoden 2-4]

39 »A Filha do Rei Guloso« (Oliveira: Algarve, 66) Vgl. Anmerkungen Nr. 26 und 27

40 »A Princeza das Pedras Finas« (Oliveira: Algarve, 178) – Die anderen *portugiesischen* Versionen sind: Vasconcellos: Contos, 305 und 306; Soromenho: Contos, 257 und 258; *Sephardische:* Cynthia M. Crews: Recherches sur le judeo-espagnol dans les pays balkaniques. Paris 1935, 152-162 (Jugoslawien); Max Grunwald: Tales, Songs & Folkways of Sephardic Jews. Jerusalem 1982, 36; *Hispanoamerikanische* (Robe 465A): Juan B. Rael: Cuentos españoles de Colorado y Nuevo México, 2 Bde. Santa Fe 1977, 191 und 192; Mario Riera Pinilla: Cuentos folklóricos de Panamá. Panamá 1956, 28; Delina Aníbarro de Halushka: La tradición oral en Bolivia. La Paz 1976, 24

41 RLu, XV (1912), 252-262; XVII (1914), 86-113; XVIII (1915), 205-218; XIX (1916), 27-35; XX (1917), 107-118; XXII (1919), 100-107; XXIII (1920), 152-162

42 »Guimar e o infante« (Barbosa: Évora, RLu, XV (1912), 252-262)

43 »Duma maçã fui gerada« (Barbosa: Évora, RLu, XVII (1914, 92-94)

44 Jaime Lopes Dias: Etnografia da Beira (Lendas e romances. Tradiçóes, creanzas e superstiçóes), 8 Bde. Lisboa 1939-1953. Von Interesse sind: VII (1948), 29-31; und VIII (1953), 67-73

45 Vgl. Anmerkung Nr. 20

46 Tatsächlich kannte man nach AT bis 1961 nur neun russische Varianten

47 Außer der Variante von Leite de Vasconcellos sind weitere *portugiesische* bekannt: Braga: Contos, I, vgl. 105-108 und 163-165; Oliveira: Algarve, 167; Pedroso: Contos, 43

48 Auch wenn es sich um einen in Spanien unbekannten Typ handelt, kennt man außer der von Leite de Vasconcellos noch 4 weitere *portugiesische* Varianten: Coelho: Contos, 34; Oliveira: Algarve, 8 und 175; Soromenho: Contos, 110

49 Von AT 435* kennt man zumindest 9 Fassungen. Weitere *portugiesische* Varianten zu der von Leite de Vasconcellos sind Oliveira: Algarve, 61 und 105. *Spanische:* Sergio Hernández de Soto: Cuentos populares de Extremadura, in der B.T.P.E., X. Madrid 1886, 186-199 [zuvor bereits erschienen in B.T.P.E., I, 156-171]. *Jüdisch-spanische:* Emma Adatto: A Study of the Linguistic Characteristics of the Seattle Sefardi Folklore. Diss. Washington 1935, 60-78 (USA); Moshe Attias: The Golden Feather. Twenty Folktales Narrated by Greek Jews. Haifa 1976, 7; Crews: Pays balkaniques, 141-145

50 Das andere nicht reine, findet sich bei Soromenho: Contos, 328

51 Soromenho: Contos, 117

52 Vgl. ZmSp. Anmerkung 72

53 »O principe« (Soromenho: Contos, 117). Vgl. ZmSp. Anmerkungen 53 und 54

54 »O padrinho pobre« (Soromenho: Contos, 320). – Im romanischen Raum sind lediglich 2 weitere *französische* Versionen bekannt: Paul Delarue und Marie-Louise Tenèze: Le Conte Populaire Français, 4 Bde. Paris 1976-1985)

55 Soromenho: Contos, 568 bzw. 569. Es sind einige romanische Versionen verzeichnet. *Spanisch:* Joan Amades: Folklore de Catalunya. Rondallistica. Barcelona 1950, 2068 [abgeschwächt]; Del Río-Pérez Bautista: Juanillo y los peos [unveröffentlicht, aus Cádiz]. *Französisch:* Delarue-Tenèze 593 berichten von sechs Versionen

56 Oder 425F (»Vogel stiehlt Geschmeide des Mädchens«)

57 Oder Typ 514** (»Der Leibarzt«)

Ion Taloş: Rumänien

Bibliographie

Bîrlea, Ovidiu: Antologie de proză populară epică. I-III. Buk. 1966.

Bîrlea, Ovidiu: Mică enciclopedie a poveştilor româneşti. Buk 1976.

Bîrlea, Ovidiu: Folclorul românesc. I-II. Buk. 1981, 1983.

Bîrlea, Ovidiu: Istoria folcloristicii româneşti. Buk. 1974.

Boer, Demetriu; Sănescu Arădanul, Mircea Vasile; Cacoveanu, Ştefan: Poveşti din Transilvania. Cluj-Napoca 1975.

Cantemir, Traian: Texte istroromâne. Buk. 1959.

Capidan, Theodor: Megleno-românii. II. Literatura populară la megleno-români. Buk. 1928.

Cuceu, Ion: Asupra funcţiilor rituale ale povestitului. In: Anuarul de folclor 1, 1980, S. 66-78.

Densusianu, Ovid; Candrea, I.-A.; Sperantia, Theodor D.: Graiul nostru. I-II. Buk. 1906, 1908.

Densusianu, Ovid: Graiul din Ţara Haţegului. Buk. 1915.

Dima, Alexander: Rumänische Märchen in deutscher Übersetzung nach Haupttypen ausgewählt und mit Anmerkungen versehen. Leipzig 1944.

Eminescu, M.: Literatură populară. Buk. 1977.

Fochi, Adrian: Datini şi eresuri populare de la sfîrşitul secolului al XIX-lea. Buk. 1976.

Fundescu, I.C.: Basme, oraţii, păcăliturі şi ghicitori. Buk. 1867.

Furtună, Dumitru: Izvodiri din bătrîni. Buk. 1973.

Gehorghiu, Constantin-Virgil: Rumänische Märchen. Heidelberg 1948

Hauser, Otto: Rumänische Volksmärchen. Weimar 1918.

Ispirescu, Petre: Legendele sau basmele românilor. Buk. 1872, 1874

Karlinger, Felix: Rumänische Märchen außerhalb Rumäniens. Kassel 1982.

Karlinger, Felix; Bîrlea, Ovidiu: Rumänische Volksmärchen. Düsseldorf, Köln 1969.

Karlinger, Felix; Turczynski, Emanuel: Rumänische Sagen und Sagen aus Rumänien. Berlin 1982.

Kremnitz, Mite: Rumänische Märchen. Leipzig 1882.

Löpelmann, Martin: Sagen und Märchen der Rumänen. Leipzig 1937.

Micu Moldovan, Ioan: Poveşti populare din Transilvania culese prin elevii şcolilor din Blaj (1863-1878). Ediţie îngrijită de Ion Cuceu şi Maria Cuceu. Buk. 1987.

Müller, Friedrich: Siebenbürgische Sagen. Kronstadt 1857 (2. Ausgabe Wien, Hermannstadt 1885).
Muşlea, Ion; Bîrlea, Ovidiu: Tipologia folclorului din răspunsurile la chestionarele lui B.P. Hasdeu. Buk. 1970.
Nijloveanu, Ion: Basme populare româneşti. Buk. 1982.
Nişcov, Viorica: Logică şi strategie narativă în basmul popular românesc. In: Revista de istorie şi teorie literară 1989, Nr. 1-2, S. 255-259.
Obert, Franz: Rumänische Märchen und Sagen aus Siebenbürgen. Hermannstadt 1925.
Pamfile, Tudor: Firişoare de aur. Povestiri şi legende din popor. Buk. 1911.
Papahagi, Pericle: Basme aromâne şi glosar. Buk. 1905.
Pop Reteganul, Ion: Poveşti ardeleneşti. Basme, legende, snoave, tradiţii şi povestiri. Buk. 1986.
Popovici, Iosif: Rumänische Dialekte. I. Die Dialekte der Munteni und Pădureni im Hunyader Komitat. Halle 1905
Rădulescu Codin, C.: Făt-Frumos. Poveşti. Buk. 1914.
Şăineanu, Lazăr: Basmele române în comparaţie cu legendele antice clasice şi.
Schott, Arthur und Albert: Walachische Märchen. Stuttgart und Tübingen 1845. Die vollständige Ausgabe: Rumänische Volkserzählungen aus dem Banat. Märchen, Schwänke, Sagen. Neuausgabe besorgt von Rolf Wilh. Brednich und Ion Taloş. Buk. 1971.
Schullerus, Adolf: Verzeichnis der rumänischen Märchen und Märchenvarianten nach dem System der Märchentypen Antti Aarnes. Helsinki 1928.
Schullerus, Pauline: Rumänische Volksmärchen aus dem mittleren Harbachtal. Neuausgabe besorgt von Rolf Wilh. Brednich und Ion Taloş. Buk. 1977.
Simon, Franz; Bărbulescu, Constantin: Gheorghe Rădoiaş aus Bătrîni (Rumänien) erzählt. Göttingen 1974.
Stăncescu, Dumitru: Basme culese din gura poporului. Buk. 1985.
Stroescu, Sabina C.: La Typologie des facéties roumaines. I-II. Buk. 1969.
Teodorescu, G. Dem.: Basme române. Ediţie îngrijită, prefaţă şi rezumate în limba franceză de Stanca Fotino. Buk. 1968.
Ugliş-Delapecica, Petre: Poezii şi basme populare din Crişana. Buk. 1968.
Vasiliu, Alexandru: Poveşti şi legende. Buk. 1927.
Vrabie, Gheorghe: Basmul cu soarele şi fata de împărat. Buk. 1973.
Weigand, Gustav: Die Aromunen. I-II. Leipzig 1892, 1894.

Isidor Levin: Märchen in Rußland

Die Titel des im Bericht behandelten Schrifttums lassen sich ermitteln aus der Gesamtbibliographie »Russkij Folklor«, zusammengestellt von M. Melc, durch die Artikel in der »Enzyklopädie des Märchens« und aus den erwähnten Typenkatalogen.

Ursula Brunold-Bigler: Schweizer Märchensammler

Anmerkungen

1 Kinder- und Hausmärchen aus der Schweiz. Gesammelt und herausgegeben von Otto Sutermeister. Aarau 1869. Die Sammlung enthält 56 Nummern, die zweite Auflage von 1873 wurde um sieben Erzählungen erweitert, ergänzt durch einen Kommentar und Holzschnitte nach Originalzeichnungen von J.B. Weißbrod. Die Zitate erfolgen nach der zweiten Auflage.
2 Sutermeister (wie not. 1) IV
3 Samuel Singer: Schweizer Märchen. Anfang eines Kommentars zu der veröffentlichten Schweizer Märchenliteratur. Unveränderter, berechtigter Nachdruck aus den »Untersuchungen zur neueren Sprach- und Literaturgeschichte«, Heft 3 und Heft 10 [1903/1906]. Mit einem Nachwort von Max Lüthi. München-Pullach/Berlin 1971
4 Alois Lütolf: Sagen, Bräuche und Legenden aus den fünf Orten Lucern, Uri, Schwyz, Unterwalden und Zug. Luzern 1862/65 (Nachdruck Hildesheim 1976)
5 Singer (wie not. 3) 10-12
6 vgl. Eduard Hengartner: Alois Lütolf (1824-1879). In: Sagenerzähler und Sagensammler der Schweiz. Studien zur Produktion volkstümlicher Geschichte und Geschichten vom 16. bis

zum frühen 20. Jahrhundert. Hrsg. von Rudolf Schenda unter Mitarbeit von Hans ten Doornkaat. Bern/Stuttgart 1988, 307-330; hier: 322

7 Singer (wie not. 3) 56

8 Bernhard Wyss: Der Lehrer als Antiquar. In: Aus Schule und Leben. Ernst und Humor in Lehrervereins-Vorträgen. Solothurn 1865, 29-39; hier: 32

9 Niklaus Bigler: Der Aargau im Schweizerdeutschen Wörterbuch. Beispiele zur Organisation des Materialsammelns in einem mundartreichen Kanton. In: Schweizerdeutsches Wörterbuch. Schweizerisches Idiotikon. Bericht über das Jahr 1984, 9-22, hier: 15

10 Sutermeister (wie not. 1) V

11 Siehe dazu: Heinz Rölleke: Schweizerische Beiträger zur Märchensammlung der Brüder Grimm. Zur Herkunft der KHM 165, 166, 167. In: Schweizerisches Archiv für Volkskunde 79 (1983) 129-133 und Martin Heule: Wilhelm Wackernagel als Vermittler von Grimmbeiträgen. Ergänzungen und Korrekturen zu Heinz Röllekes Beitrag über die Herkunft der KHM 165, 166 und 167. In: Schweizerisches. Archiv für Volkskunde 80 (1984) 88-92

12 Schweizer Volksmärchen. Herausgegeben von Robert Wildhaber und Leza Uffer. München 1971

13 M.L. (= Max Lüthi): Schweizer Volksmärchen. In: Neue Zürcher Zeitung Nr.351 vom 31.7.1971

14 Zelleni us em Haslital. Märchen, Sagen und Schwänke der Hasler aus mündlicher Überlieferung aufgezeichnet von Melchior Sooder. Basel 1943. Dazu: Ursula Brunold-Bigler: Melchior Sooder (1885-1955) und seine Zugänge zur bernischen Volkserzählung. In: Schweizerisches Archiv für Volkskunde 85 (1989) 43-72

15 Sagen aus Uri. Aus dem Volksmund gesammelt von Josef Müller. Basel 1926, 1945. Ebenda [2]1969, [3]1978

16 Märchen, Sagen, Schwänke, Legenden aus Uri aus dem Nachlaß Josef Müllers, Altdorf. Einleitung und Edition mit Register von Daniela Walker. Altdorf 1987

17 Ursula Wohlfender: Josef Müller (1870-1929). In: Schenda/ten Doornkaat (wie not. 6) 441-460

18 Sagen und Märchen aus dem Oberwallis. Aus dem Volksmunde gesammelt von J. Jegerlehner. Basel 1913. Dazu: Marianne Preibisch: Johannes Jegerlehner (1871-1937.) In: Schenda/ten Doornkaat (wie not. 6) 461-479

19 Schweizer Volksmärchen (wie not. 12) 258

20 Johannes Jegerlehner: Walliser Sagen. Ein Heimatbuch für jung und alt. Gesamtausgabe. Bern 1959, 7

21 Antti, Aarne/Stith Thompson: The Types of the Folktale. A Classification and Bibliography. Second Revision (FFC 184). Helsinki 1961

22 Josef Guntern: Volkserzählungen aus dem Oberwallis. Sagen, Legenden, Märchen, Anekdoten aus dem deutschsprechenden Wallis. Basel 1979, 908f.

23 Arthur Rossat: »Les Fôles«, Contes fantastiques patois recueillis dans le Jura bernois. In: Schweizerisches Archiv für Volkskunde 15 (1911) 18-43; hier 18-21; 151-177

24 Schweizerisches Archiv für Volkskunde 16 (1912) 113

25 Schweizerisches Archiv für Volkskunde 18 (1914) 81

26 Schweizerisches Archiv für Volkskunde 18 (1914) 85. Rossats Aufzeichnungen siehe not. 23 und Schweiz. Archiv für Volkskunde 16 (1912) 113-128; 17 (1913) 30-51; 18 (1914) 78-93; 19 (1915) 1-12; 20 (1916) 274-282; 22 (1918/19) 60-79. Wildhaber und Uffer brachten in ihrer Anthologie (wie not. 12) 16 ins Deutsche übersetzte »fôles«.

27 Surdez veröffentlichte in folgenden Nummern des Schweizerischen Archivs für Volkskunde: 39 (1941/42) 145-160 und 209-256; 40 (1942/44) 21-48. Hier wird nach dem Sonderdruck: Basel 1942 zitiert. Zur Wiedergabe: 3

28 Gilbert Lovis: Contes fantastiques du Jura. Recueillis par Jules Surdez (1878-1964). Basel 1987, 25

29 Surdez (wie not. 27) 3

30 siehe not. 28

31 Vgl. Vittore Pellandini: Credenze popolari nel Canton Ticino (Arbedo). In: Schweizerisches Archiv für Volkskunde 2 (1898) 30-34. – Racconti di dragoni raccolti nel Canton Ticino. In: Schweizerisches Archiv für Volkskunde 2 (1898) 169-171. – Novellette morali raccolte a Bedano (Ticino). In: Schweizerisches Archiv für Volkskunde 4 (1900) 213-220. – Tradizioni Popolari Ticinesi. Lugano 1911

32 Vreni Traber: Walter Keller (1882-1966). In: Schenda/ ten Doornkaat (wie not. 6) 505-520
33 Zitat nach Walter Keller: Tessiner Sagen und Volksmärchen. Zürich [2]1986, 9. (Neudruck von: Am Kaminfeuer der Tessiner; Sagen und Volksmärchen. Zürich 1940)
34 Märchen aus dem Tessin. Herausgegeben und übersetzt von Pia Todorović-Strähl und Ottavio Lurati. Köln 1984
35 Roman Klinkert/Bettina Büsser: Caspar Decurtins (1855-1916). In: Schenda/ten Doornkaat (wie not. 6) 419-439
36 Caspar Decurtins: Rätoromanische Chrestomathie. Erlangen 1888-1919 (Reprint Chur 1982-1986)
37 Rätoromanische Chrestomathie. Band XIV: La tradiziun populara da Schons. Im Auftrag von Caspar Decurtins gesammelt von Tumasch Dolf und Steafan Loringett, neu herausgegeben von Andreas Joos. Chur 1985
38 Rätoromanische Chrestomathie, Band IV, 9
39 Arnold Büchli: Mythologische Landeskunde von Graubünden. Band 2. Dritte, erweiterte Auflage mit einem Nachwort von Ursula Brunold-Bigler. Disentis 1989, 430
40 Leza Uffer: Rätoromanische Märchen und ihre Erzähler. Neugesammelte romanische Märchen. Ein Beitrag zur rätischen Märchenforschung. Basel 1945, 1
41 Rätoromanische Chrestomathie, Band IV, 10
42 Dietrich Jecklin: Volksthümliches aus Graubünden. Chur 1878, VI
43 Leza Uffer: Märchen, Märchenerzähler und Märchensammler in Romanisch Bünden. In: Schweizerisches Archiv für Volkskunde 57 (1961) 129-147, hier: 137
44 Gian Bundi: Gieri la Tscheppa aus dem Bündnerischen Schamsertal und seine Märchen. In: Schweizerisches Archiv für Volkskunde 33 (1934) 166-178 (mit deutscher Zusammenfassung von neun Märchen). – Die Anthologie von Uffer/Wildhaber (wie not. 12) enthält zehn der »Rätoromanischen Chrestomathie« entnommene Märchen, weitere 34 aus demselben Werk übersetzte Märchen, in: Rätoromanische Märchen. Herausgegeben und übersetzt von Leza Uffer. München 1973
45 Märchen aus dem Bündner Oberlande. Gesammelt und nach dem Räto-Romanischen erzählt von Caspar Decurtins. In: Dietrich Jecklin: Volksthümliches aus Graubünden. Chur [2]1916, 577-627, hier: 581
46 Decurtins (wie not. 45) 580
47 Hermann Bausinger: Formen der »Volkspoesie«. 2., verbesserte und vermehrte Auflage. Berlin 1980, 33
48 Rätoromanische Chrestomathie, Band II, V
49 Gian Bundi: Parevlas engiadinaisas, In: Annalas dalla Società retoromantscha 15 (1901) 215-247; 16 (1902) 337-353; 18 (1904) 269-298; 20 (1906) 133-163
50 Bundi (wie not. 44) 166
51 Gian Bundi: Engadiner Märchen. 2 Bände. Zürich [1902/03]; Aus dem Engadin. Märchen und Schwänke erzählt von Gian Bundi. Bern 1913
52 Leza Uffer: Gian Bundi. In: Enzyklopädie des Märchens. Hrsg. von Kurt Ranke u.a. Berlin/New York 1977ff. Band 2, 1030-1031
53 Linda Dégh: Biologie das Erzählguts. In: Enzyklopädie des Märchens (wie not. 52) Band 2, 386-406
54 Ines Köhler-Zülch: Ostholsteins Erzählerinnen in der Sammlung Wilhelm Wisser: ihre Texte – seine Berichte. In: Fabula 32 (1991) 94-118, hier: 95
55 siehe not. 40
56 Uffer (wie not. 43) 134
57 Uffer (wie not. 40) 5-9
58 Begegnung der Völker im Märchen. Unveröffentlichte Quellen Band 5: Schweiz – Deutschland. Zusammenstellung und Bearbeitung von Leza Uffer. Münster 1972, 11
59 Uffer (wie not. 43) 131
60 Uffer (wie not. 40) 71
61 Siehe die Märchen in »Begegnung der Völker« (wie not. 58, 14 Märchen) und »Las Tarablas da Guarda«. Märchen aus Guarda. Basel 1970 (18 Geschichten)
62 Uffer (wie not. 43) 130

Anmerkungen

1 Johann Georg von Hahn: Griechische und albanesische Märchen. Leipzig o.J. Einen historischen Überblick seiner diesbezüglichen Tätigkeit gibt Georgios A. Megas: Märchensammlung und Märchenforschung in Griechenland seit dem Jahre 1864. DJfV 8 (1962), 153-159. Zu dem albanischen Teil der Sammlung von Hahn bemerkt Megas, daß dieser eigentlich inexistent ist, denn gegenüber 101 griechischen Märchen sind bloß 13 albanische aufgeführt, von denen wiederum nur 4 aus rein albanophonen Gebieten kommen (Elbasan).

2 Jean Pio: Contes populaires grecs publiés d'après les manucrits du dr. J.-G. Hahn et annotés par –, Copenhague 1879

3 Bernhard Schmidt: Neugriechische Märchen, Sagen und Volkslieder. Leipzig 1877

4 Vgl. meinen Nachruf auf G.A. Megas in Fabula 8 (1977), 133-134

5 Georgios A. Megas: Das Märchen von Amor und Psyche in der griechischen Volksüberlieferung. Athen 1971 (Πραγματειες της Ακαδημίας Αθηνων 30)

6 Eine Gruppe von Arbeiten beschäftigt sich mit dem Fortbestand des alten Meleagros-Mythos in den Varianten der neugriechischen Märchen. Vgl. diesbezüglich I.Th. Kakridis, Μελέτες καί ἄρθρα. Thessaloniki 1971, 201-203. Hier sei auch der Band Antiker Mythos in unseren Märchen. Kassel 1984 erwähnt (hrsg. von Wolfdietrich Siegmund), in dem die Referate eines Kongresses, organisiert von der Europäischen Märchengesellschaft in Zusammenarbeit mit dem Lehrstuhl für Volkskunde an der Universität Ioannina in der Hauptstadt des Epirus vom 6.-11.9.1982, veröffentlicht sind. Im speziellen sei auf folgende Referate hingewiesen: Stephanos Imellos: Aus dem Kreis der Polyphemsage in Griechenland; Walter Puchner: Europäische Ödipusüberlieferung und griechisches Schicksalsmärchen; Jan Öjvind Swahn: Psychemythos und Psychemärchen; Ilona Nagy: Die Gestalt des Charon in den ungarischen Märchen; Sebastiano lo Nigro: Von den Mythen des Altertums zu den Märchen des modernen Griechenland. Kongreßbericht von Rainer Wehse in der Fabula 24 (1983), 279-281

7 Vgl. meine Studie in EM 3, Sp.368-369 und ausführlicher die Studie von Minas Al. Alexiadis im Δελτίο Κέντρου Μικρασιατικων Σπουδων 5 (1984-85). Die wichtigsten selbständigen Publikationen von Dawkins: Modern Greek in Asia Minor. Cambridge 1916 (mit Kommentaren des klassischen Philologen W.R. Halliday), Forty five Stories from the Dodecanese. Cambridge 1950, Modern Greek Folktales. Oxford 1953, More Greek Folktales. Oxford 1955.

8 Vgl. Modern Greek Folktales, op.cit., XXIV-XXV; Forty five Stories, op.cit., 20-22. Die Ansichten von Dawkins entwickelt auch G.A. Megas: Der griechische Märchenraum und der Katalog der griechischen Märchenvarianten. In: Internationaler Kongreß der Volkserzählforschung in Kiel und Kopenhagen. Berlin 1961, 199-205

9 Forty five Stories, op.cit., 5 und 17

10 Φρόσω Μ. Ζογρογ: Λεσβίακά παραμυρθια Athen 1978 (Einleitung und Kommentar von M.G. Meraklis).

11 Μαρουλας ΚΛΙΑΦΑ: Παραμυθια της Θεσσλίας Athen 1977 (Einleitung von M.G. Meraklis).

12 Δημ.Σ.ΛΟΥΚΑΤΟΥ: Κεφαλληνιακές παραλλαγές του παραμυθιου της »Σταχτοπουτας«. Κεφαλληνικά Χρονικά 2 (1977), 266-290

13 Vgl. den Artikel »Griechenland« in EM 6 (1988) Sp. 147-148 (Meraklis).

14 Γ.Α.ΜΕΓΑΣ: Το ελληνικό παραμυθι. Αναλυτικός κατάλογος τυπων και παραλλαγων κατά τό συστημα Aarne-Thompson (FFC 184). Τευχος πρωτον: Μυθοι ζωων. Athen 1978 (Veröffentlichungen der Akademie von Athen). Vgl. auch meine Rezension in Fabula 23 (1983), 330-331

15 Als ein von der Tradition sich eher entfernt haltender Schriftsteller überraschte Georgios Ioannu (1927-1985) das Leserpublikum, indem er die Rechte des Individuums auf freie erotische Bindungen verteidigte, auch auf Fragen der Homosexualität eingehend. Zu seinen volkskundlichen Aktivitäten vgl. die folgende Anmerkung.

16) Γιωργος ΙΩΑΝΝΟΥ: Παραμυθια του λαου μας. Athen 1973. Ioannu hat auch einen Band mit Balladen herausgegeben (1970), sowie drei Bände mit Texten von Vorstellungen des bekannten griechischen Schattentheaters Karagiozis (1971), dem auch die Dissertation von Walter Puchner: Das neugriechische Schattentheater Karagiozis. München 1975 (Miscellanea Byzantina Monacensia 21) gewidmet ist. Zu bestimmten thematischen Beziehungen zwischen

Märchen und Karagiozis auch ders.: Οι βαλκανικές διαστάσεις του Καραγκιόζη. Athen 1985, 62-64 und 95-97.

17 Κωστας ΚΑΦΑΝΤΑΡΗΣ: Ελληνικά λαϊκά παραμυθια. Athen 1988. Im ersten gibt es auch eine Einleitung von M.G. Meraklis, im zweiten ein Vorwort von Kafantaris. Hier ist auch die Publikationsreihe anzuführen, die unter dem Titel »Ελληνικά λαϊκά παραμυθια« besorgt von M.G. Meraklis erscheint, der jedem Einzelband auch Epilegomena zugefügt hat. In dieser Reihe ist je ein Band aus Kreta, Kontinentalgriechenland, Akarnanien, Smyrna und der Peloponnes erschienen.

18 So sind z.B. im Zeitraum vom 1.10.87 bis zum 30.9.88 nach Angaben der Επιθεωρηση Παιδ ικης Λογοτεχνίας (1988) folgende Publikationen zu verzeichnen: 89 Romane, 3 »Novellen« (im Griechischen bedeutet dies eine umfangreichere Erzählung), 4 Bände mit Dichtung und Theaterstücken, 27 Bände mit Geschichten und Erzählungen, 46 Bände Märchen, 4 Bände mit Fabeln, 7 mit der Aufschrift »Wissenswertes« und 12 unter dem Titel »Verschiedenes«. In all diesen Kategorien (auch den Märchen) handelt es sich nicht nur um Griechisches. So sind bei den Märchen 2 Bände von den Brüdern Grimm.

19 Vgl. Anm. 16

20 Δημήτρη ΓΙΑΚΟΥ: Ιστορία της ελληνικης παιδικης λογοτεχνίας από το 19ο αιωνα έως σήμερα. Athen [4]1984, 81-82. Vgl. auch Β.Δ.ΑΝΑΓΝΩΣΤΟΠΟΥΛΟΣ: Το έργο της Θείας Λένας. Διαδρομές 3 (1986), 192-195. Zum Kindertheater in Griechenland vgl. auch die Studie von Walter Puchner: Το παιδικό θέατρο στην γλλάδα. βιαδρομές 10 (1988) 94-105

21 Metaxa hat dabei eine Auswahl aus bestehenden Bearbeitungen jeglicher Art (Prosa, Lied, Dialog, Gedichte) getroffen, die von bekannten Literaten angefertigt worden sind.

22 Vgl z.B. G.A. Megas: Some oral Greek parallels to Aesop's fables. Humaniora. Essays in Literature, Folklore, Bibliography. Honoring Archer Taylor. New York 1960, 195-207 (vgl. auch Fabula 23, 331). Die Fabeln des Äsop sind auch heute eine beliebte Kinderlektüre. So z.B. empfiehlt ein Führer durch die Kinderliteratur von Β.ΑΓΓΕΛΟΠΟΥΛΟΥ/Ζωή ΒΑΛΑΣΗ: Διαλέγουμε βιβλία για παιδιά. Για μια βασική βιβλιοθήκη. Athen 1989 nicht weniger als 6 verschiedene Ausgaben der Fabeln des Äsop, die heutzutage im Umlauf sind. Vgl. auch Anm. 26

23 Die Tradition der Grimmschen Märchen bleibt bestimmend. 1988 waren auf dem Büchermarkt mehr als 10 verschiedene Ausgaben zu haben (Angaben der ΕπιθΗωρηση Παιδικης Λογοτε χνίας, op.cit. Anm. 18, 172). Vgl. auch Lampros Mygdalis: Die Brüder Grimm in Griechenland, in: Brüder Grimm Gedenken. Bd. 3 (Schriften der Brüder Grimm-Gesellschaft e.V. 5), Marburg 1981, 391-421; ders.: Die Märchen der Brüder Grimm in Griechenland, in: Hessen – Märchenland der Brüder Grimm (Veröffentlichungen der Europäischen Märchengesellschaft Bd. 5, Kassel 1984, 133-140

24 Über Andersen in Griechenland vgl. γπιθεωρηση Παιδικης Λογοτεχνίας, op.cit., 173-183

25 Wie Anm. 16

26 Puchner (wie Anm. 20, 101) gibt bezüglich der thematischen Gruppen des zeitgenössischen Kindertheaters folgende Kategorien an: Bearbeitungen von Aristophanischen Komödien; religiöse Thematik; zeitgenössische gesellschaftliche Problematiken (z.B. Umweltverschmutzung); provinzrealistische Sittenschilderung. Aus dem Bereich der Fabeln wird auch ein Versuch der Dramatisierung der Fabeln von Äsop angeführt (op.cit., 105 Anm. 114).

27 Zu den griechischen Eigentümlichkeiten vgl. die Epilegomena von G.A. Megas im Band Griechische Volksmärchen der Reihe MdW (wo er auch auf einschlägige Monographien verweist). Recht nützlich sind auch die Ausgaben der Philhellenin und Freundin des griechischen Märchens Marianne Klaar: Christos und das verschenkte Brot. Neugriechische Volkslegenden und Legendenmärchen. Kassel 1963. Regensburg [2]1992; Die Tochter des Zitronenbaums. Märchen aus Rhodos. Kassel 1970; Die Reise im goldenen Schiff. Märchen der Ägäis, Kassel 1977; Pantöffelchen der Nereïde, Griechische Märchen von der Insel Lesbos. Kassel 1987. Die Märchen dieser Bände sind nach dem Klassifizierungssystem von Aarne-Thompson bestimmt und mit sachkundigen Anmerkungen von Diether Röth versehen. Es bleiben noch zwei Dissertationen, »nationale Monographien«, zu erwähnen, die in Ioannina verfaßt wurden: Μηνάς Αλ. ΑΛΕΞΙΑΔΗΣ: Οι ελληνικές παραλλαγές για τον δρακοντοκτόσνο ήρωα (AaTh 300, 301A παι 301B). (Ioannina 1982, und Δέσποινα ΔΑΜΙΑΝΟΥ: Προτυπα γυναιλείας ομορφιας στο ελληνικο λαϊκο παραμυθι. Ioannina 1988.
Abschließend sei noch das Bemühen der Universitäten erwähnt, die Bedeutung des griechi-

schen Märchens ins gebührende Licht zu stellen, sowohl von der Seite der Pädagogik als auch von der Seite der neuerdings als Universitätsfach unterrichteten »Kinderliteratur« (die zum überwiegenden Teil im Rahmen des Unterrichtsfaches »neugriechische Literatur« an den Pädagogischen Fachabteilungen gelehrt wird). Aus dem Bereich der Pädagogik seien hier die Arbeiten von Andreas Michailidis-Nuaros: »Une fable grecque moderne. Athen 1979 angeführt, sowie ders.: Ένα παραμυθι: γενικά προβλήματα και ειδικόστερες παιδαγωγικές αποψε ις. γπετηρίς Φιλοσοφικης Σχολής Πανεπιστημίου Θεσσαλονίκης 21 (1983), 305-362; aus dem Bereich der »Kinderliteratur« sei auf die diesbezüglichen Aktivitäten verwiesen, die sich an der Universität Patras manifestieren (Maria Mirasgezi, Iraklis Kallergis).

Juliette Wood: Volksmärchen in Großbritannien und Irland

Anmerkungen

1 Die Bibliographie wurde ebenfalls nach Regionen geordnet. Um Wiederholungen zu vermeiden, sind Angaben, auf die im Text Bezug genommen wird, durch den Namen des Autors und die Jahreszahl der Publikation gekennzeichnet, die in der Bibliographie folgt. Auf einige wenige Referenzen, die ansonsten in der Bibliographie vermerkt sind, wird nicht ausdrücklich verwiesen.

2 Katherine Briggs gibt einen exzellenten Überblick über diese frühen Materialien in ihrer Einführung zu *Folktales of England* Chicago 1965, siehe auch die Aufsätze in der englischen Sektion der Bibliographie.

3 Dorson; *The British Folklorists*, A History. Chicago 1968. Cf. Kapitel VIII, IX

4 Peter und Susan Berlin: *Inside Stories 4.* Hodder and Stoughton, London 1989. Dieses Kinderlesebuch enthält Geschichten, die Märchen auf die unterschiedlichste Art und Weise berühren, einschließlich Fragen und zukünftige Projekte, die auf die Fähigkeit der Kinder abzielen, Märchen selbst zu erzählen und Erzählungen richtig zu verstehen.

5 Der Vollständigkeit halber muß aber angemerkt werden, daß das Welsh Departement der Universität Wales, College Cardiff, mittlerweile einen akademischen Abschluß (Master of Arts Degree) in Ethnologie ermöglicht. Die akademischen Veranstaltungen dort legen großen Wert gerade auf Volkserzählungen.

6 Es gibt zwei Periodicals, die sich volkskundlichen Studien verschrieben haben: *Bealoideas*, Journal der Irish Folklore Society und *Sinsear,* The Folklore Journal. Beide enthalten auch Artikel über Märchen und andere narrative Genres in Irland.

7 O'Sullivan: *Folktales of Ireland.* Chicago, 1966, xxvii

8 Craig Cairns: *The History of Scottish Literature.* Volume 4, Aberdeen 1987

9 O'Sullivan: *Folktales of Ireland* Chicago 1966, xxvii

10 Tonträgeraufnahmen der Archive der School of Scottish Studies von Erzählungen aller Art werden oft in *Tocher* annonciert.

11 *By the Word of Mouth,* ein 48 Seiten umfassendes Büchlein, wurde unlängst als Begleitlektüre zu einer Fernsehserie herausgegeben, die dem Wiederaufleben der Erzählkultur in Großbritannien Rechnung tragen wollte.

12 Bruford: *The Green Man Of Knowledge,* Aberdeen 1982, vii-x

Bibliographie

Addy, Sidney Oldall: Household Tales with Other Traditional Remains, Collected in the Countries of York, Lincoln, Derby and Nottingham. London und Sheffield 1895

Baring-Gould, Sabine: Curious Myths of the Middle Ages. London 1866, 2. Folge 1868

–: Household Tales. In: W. Henderson: Notes on the Folk-Lore of the Northern Counties of England and the Borders. London 1866

Baughman, Ernest W.: A type and motif-index of the folktales of England and North America. The Hague 1966

Brand, John: Observations on Popular Antiquities. London 1813

Briggs, Katherine Mary: The Anatomy of Puck. Shakespeare's Contemporaties and Succesors. London 1959

–: Pale Hecate's Team. An Examination of the Beliefs on Witchcraft and Magic Among Shakespeare's Contemporaries and His Immediate Successors. London 1962

– und Michaelis-Jena, Ruth (Hrsg.): Englische Volksmärchen. Düsseldorf-Köln 1970
Clodd, Edward: Tom Tit Tot. An Essay on Savage Philosophy in Folk-Tale. London 1898
Clouston, William Alexander: Popular Tales and Fictions, Their Migrations and Transformations. 2 Bde. London, Edinburgh, New York 1887
Cox, Marian Emily Roalfe: Cinderella. Three Hundred and Forty-five Variants ... with Mediaeval Analogues. London 1893
Dorson, Richard: The British Folklorists. London 1968
Gomme, George Lawrence: Folk-Lore Relics of Early Village Life. London 1883
–: The History of Thomas Hickathrift. London 1885
Hartland, Edwin Sidney: English Fairy and Other Tales. London 1890
Jacobs, Joseph: English fairy tales. London 1890
–: More English fairy tales. London 1894
Kneightley, T.: The Fairy Mythology. London 1828
Lang, Andrew (Hrsg.): Grimm's Household Tales. London 1884 (übersetzt von Margaret Hunt). London 1884
–: Myths, Ritual and Religion. London 1887
Newall, Venetia J.: The Ghost Lore of the Jamaican Ethnic Community in Britain. In: SF 20, 1976
–: Artikel Großbritannien. In EM Bd. 6 (1990), 222-239
Porter, J.R.: The Place of the Folklore Society in Folklore Studies. In: Venetia J. Newall (Hrsg.): Folklore Studies in the 20th Century. Woodbridge/totowa 1980
Tylor, Edward B.: Primitive Culture. 2 Bde. London 1871 (deutsch 1873)
Widdowson, J.D.A. (Hrsg. mit G. Benett und P. Smith): Perspectives on Contemporary Legend. Sheffield 1987
Wright, Thomas: Essays on Subjects Connected with the Literature. Popular Superstitions, and History of England in the Middle Ages. London 1846

Bromwich, Rachel: Trioedd Ynys Prydein. The Welsh Triads. Cardiff 1961
Davies, Jonathan Cereding: Folklore of West and Mid-Wales. Aberystwyth 1911
Emerson, P.H.: Tales from Wales. London 1894
–: Welsh Fairy Tales. London 1894
Evans, Silvan: Ystem Sioned. Aberystwyth 1882
Gwyndaf, John R.: Chwedlan Gwerin Cymru (welsh Folktales). In: Amgueddfa 6. 1970
Gwyndaf, R.: The Welsh Folk-Narrative Tradition. In: V.J. Newall: Folklore Studies in the 20th Century. Woodbridge/Totowa 1980
Hetmann, Frederik: Märchen aus Wales. Düsseldorf-Köln 1982 (MdW)
Howells, William: Cambrian Superstitions, Comprising Ghosts, Omens, Witchcraft and Traditions. London 1831
Jackson, K.H.: The International Popular Tale and Early Welsh Tradition. Cardiff 1961
Jones, Gwynn – Jones, Thomas (Hrsgg.): The Mabinogion. London 1948
Jones, Gwinn: Welsh Folklore and Folk-custom. London 1930. Reprint 1979
Owen, Elias: Wesh Folk-lore, a Collection of Folktales and Legends and Legends of Northern Wales. Oswestry and Wrexham 1896
Rhys, John: Celtic Folklore, Welsh and Manx. 2 Bde. Oxford 1901
Squire, Charles: Celtic Myth and Legends. London 1912
Trevelygan, Marie: Folklore and Folkstories of Wales. London 1909
Williams, Ifor: Pedeir keine y Mabinogi. Cardiff 1930

Hunt, Robert: Popular Romances of the West of England. London 1865

Aitken, Hannah – Michaelis-Jena, Ruth (Hrsgg.): Schottische Volksmärchen. Düsseldorf-Köln 1965, [2]1972 (MdW)
Bruford, A.: Gaelic Folk-Tales and Mediaeval Romances. Dublin 1969
Buchan, D.: Scottish Tradition. London, Boston, Melbourne, Henley 1984
Douglas, George: Scottish Fairy and Folk Tales. London 1894
MacDougall, James: Folk and Hero Tales. London 1890
MacInnes, Duncan: Folk and Hero Tales. London 1890

Colum, Padraic (Hrsg.): Treasury of Irish Folklore. New York 1954

Ó Casaide, Séamus: Crofton Croker's ›Irish Fairy Legends‹. In: Béaloideas 10 (1940), 289-291
Croker, T. Crofton: Fairy Legends and Traditions of the South of Ireland. London 1825 (von den Brüdern Grimm als ›Irische Elfenmärchen‹, Leipzig 1826 übersetzt), 2 weitere Bände London 1828
Cross, Tom Peete: Motif-Index of Early Irish Literature. Bloomington 1952
Curtin, Jeremiah: Myths and Folklore of Ireland. Boston 1890
–: Hero Tales of Ireland. Boston 1894
–: Irish Folk-Tales (hrsg. von Séamus Ó Duilearga). Dublin 1944
Danaher, Kevin: Folktales of the Irish Countryside. Cork 1967
Delaney, J.D.: Patrick Kennedy. In: The Past 7 (1964), 9-87
Delargy, J.H.: (= Séamus Ó Duilearga): The Gaelic Storyteller, in: Proceedings of the British Academy Bd. XXXI. London 1946
Dillon, Myles: Irish Sagas. Cork 1968
Ó Duilearga, Séamus (Hrsg.): Leabhar Sheáin I Chonaill. Sgéalta agus Seanchas ó Ibh Ráthach (Südwest-Kerry). Dublin 1948
Ó Faolain, Eileen: Irish Sagas and Folk-Tales. London 1954
Jackson, Kenneth: The international folktale in Ireland. In: Folk-lore 47 (1936), 263-293
Larminie, William: West Irish Folk-Tales and Romances. London 1893
Lysaght, Patricia: Artikel Irland, in EM Bd. 7, 273-284
Mühlhausen, Ludwig: Zehn irische Volkserzählungen aus Süd-Donegal. Halle 1939
–: Diarmuid mit dem roten Bart. Irische Zaubermärchen. Eisenach und Kassel 1956, Kassel ²1976
Ni Dhuibhne, E.: Dublin Modern Legends. An Intermediate Type List and Examples. In: Béaloideas 51 (1983), 55-70
Nutt, David: Celtic Tales. London 1891
–: More Celtic Tales. London 1893
Ó Suilleabháin, S. – Christiansen, Reidar Thoralf: The Types of the Irish Folktale. FFC 188. Helsinki 1963
Ó Sullivan, Sean: Folktales of Ireland. Chicago 1966
Ó Sullivan, Sean: Handbook of Irish Folklore. Dublin 1942
Yeats, William Butler: Irish Fairy and Folktales. London 1892

Giovanni Battista Bronzini: Märchen in Italien

Bibliographie

Basile, Giambattista: Il Pentamerone. Lo cunto de li cunti, Neapel 1634. In der Übersetzung von Benedetto Croce Bari 1925, ³1974. Ausgaben des Textes im Dialekt: Lo cunto de li cunti ovvero Lo Trattenemiento de peccerille de Gian Alesio Abbattutis. Hrsg. M. Petrini. Rom 1976 – Hrsg. Michele Rak. Mailand ²1987
Beduschi, L. (Hrsg.): Il viaggio, la prova, il premio. La fiaba e i testi extrafolklorici. In: La ricerca folclorica 1 (1985)
Bernoni, Domenico Giuseppe: Fiabe e novelle popolari veneziane. Venedig 1873
Bottiglioni, Gino: Leggende e tradizioni di Sardegna. Genf 1922
Bottiglioni, Gino: Vita Sarda. Mailand 1925 (Neuauflage Sassari 1978)
Bronzini, Giovanni Battisti: Valori e forme della poesia popolare italiana nella cultura della prima metà dell'Ottocento. Matera 1960 (Neudruck 1975), Rom ²1986
–: From the Grimms to Calvino: Folk Tales in the Year Thousand. In: Storytelling in Contemporary Societies (hrsg. von Lutz Röhrich und Sabine Wienker-Piepho). Tübingen 1990, 189-198
–: Vittorio Imbriani. In: EM Bd.7 (1991), 89-92
–: Italien. In: EM Bd.7 (1992)
Burke, P.: Cultura popolare nell'Europa moderna. Einführung von C. Ginzburg. Mailand 1978
Busk, Rachel Henriette: The Folklore of Rome. London 1874
Calvetti, A.: Tracce di riti di iniziazione nelle fiabe di Cappuccetto Rosso e della Tre ochine. In: Lares 46 (1980) 487ff.
Calvino, Italo: Fiabe italiane raccolte dalla tradizione popolare durante gli ultimi cento anni e trascritte in lingua dai vari dialetti. Turin 1956 (in deutscher Übersetzung von Lisa Rüdiger Zürich 1975)

Cirese, Alberto Mario – Serefina, Liliana: Tradiziooni orali non cantate. Primo inventario nazionale per tipi, motivi o argomenti. Rom 1975
Comparetti, Domenico: Novelline popolari italiane. Turin 1875
Crane, Thomas Frederick: Italian Popular Tales. Boston/New York 1885
D'Ancona, Alessandro: Poemetti popolari italiani. Bologna 1889
Delitala, Enrica: Fiabe e leggende nelle tradizioni popolari della Sardegna. Sassari 1985
Dodaro, Tatiana: Cunti e storie. La tradizione orale a Campi Salentina. Galatina 1989
Finamore, Gennaro: Tradizioni popolari abbruzzesi. 2 Bde. Lanciano 1882-86
Di Francia, Letterio: Novellistica. 2 Bde. Mailand 1924-25
Di Francia, Letterio: Fiabe e novelle calabresi. In: Pallante 1-3 (1929, 1931, 1934)
Gatto Trocchi, C.: Leggende e racconti popolari di Roma. Rom 1982
Di Giovanni, Gaetano: Cinquanta canti, novelline popolari siciliani. Palermo 1889.
Gonzenbach, Laura: Sizilianische Märchen. Mit Anmerkungen Reinhold Kühlers. Hrsg. von Otto Hartwig. 1-2. Leipzig 1870
Fontana, S.: Märchen und Erzählungen aus Brescia. In: Brescia und sein Territorium (hrsg. von Roberto Leydi und B. Pianta). Mailand 1976, 129-147
Imbriani, Vittorio: La novellaja fiorentina cioè fiabe e novelle stenografate in Firenze dal dettato popolare e corredate di qualche notarella. Neapel 1871
Imbriani, Vittorio: »La novellaja milanese«. Esempi e panzane lombarde raccolte nel Milanese. In: Il propugnatere 4 (1871) 463-471; 5, (1872) 146-157, 286-295, 463-482 (Die beiden Sammlungen wurden in der zweiten Auflage Livorno 1877 zusammen ediert)
Kaden, Woldemar: Unter den Olivenbäumen. Süditalische Volksmärchen (Übersetzungen aus Comparetti. Imbriani, Pitrè) Leipzig 1880
Karlinger, Felix (Hrsg.): Italienische Volksmärchen. Düsseldorf-Köln 1973
Karlinger, Felix (Hrsg.): Das Feigenkörbchen. Volksmärchen aus Sardinien. Kassel 1973
Knust, Hermann: Italienische Märchen. In: Jb.f.roman u. engl. Lit. 7 (1866) 381-401
Köhler, Reinhold: Italienische Volksmärchen. ebd. 8 (1867)
La Sorsa, S.: Fiabe e novelle del popolo pugliese. 3 Bde. Bari-Rom 1927, 1928 und 1941
Mango, Francesco: Novelline popolari sarde. Palermo 1890
Milillo, Aurora: Narrativa di tradizione orale. Rom 1977
Nerucci, G.: Sessanta novelle popolari montalesi. Florenz 1880 und 1891 (Neuauflage Mailand 1977)
De Nino, Antonio: Usi e Costumi abrùzzesi. 3. Band: fiabe. Florenz 1883
Pellizzari, Pietro: Fiabe e canzoni popolari del contado di Maglie. Maglie 1881
Perrone, L.: Italienisch-albanisches Novellengut. Mündlich überlieferte Texte, Florenz 1967
Pirovano, M.: Fiabe in Brianza e altre storie di tradizioni orali. In: Achivi di Lecco 1 (1989) 2-200
Pitrè, Giuseppe: Fiabe, novelle e racconti popolari siciliani. 4 Bde. Palermo 1875 (Neuauflage 1978)
Pitrè, Giuseppe: Märchen aus Sizilien. Übersetzt und hrsg. von Rudolf Schenda und Doris Senn. München 1991
Sanga, G.: La fiaba magica. In: Strumenti critici 19 (1972), 283-307
Schneller, Christian: Märchen und Sagen aus Wälschtyrol. Ein Beitrag zur deutschen Sagenkunde. Innsbruck 1867
Solinas Donghi, B.: La fiaba come racconto, Padua 1976
Targioni-Tozzetti, Giovanni: Saggie di novelline, canti ed usanze popolari della Ciociaria. Palermo 1891
Toschi, Paolo – Fabi, Angelo (Hrsgg.): Fiabe e leggende romagnole. Bologna 1963
Vignoli, C.: Il Folklore di castro de'Volsci. Perugia 1916
Volpi, V.: Märchen aus Bergamo. Unveröffentlichte Sammlung von Antonio Tiraboschi. In: Bergamo und s. Territorium (hrsg. von Roberto Leydi und B. Pianta). Mailand 1977, 343-424
Weber, Carl: Italienische Märchen in Toskana aus dem Volksmund gesammelt. Halle 1900 (Festgabe für Suchier)
Widter, Georg – Wolf, Adolf: Volksmärchen aus Venetien. Mit Nachweisem und Vergleichungen verwandter Märchen von Reinhold Köhler. In: Jb. f. roman. u. engl. Lit. 7 (1866) 1-36, 121-154, 249-290
Zanazzo, Giggi: Novelle, favele e leggende romanesche. 3 Bde. Turin 1907-1910

Typenverzeichnisse

Gianfranco D'Aronco: Indice delle fiabe toscane. Florenz 1953
Sebastiano Lo Nigro: Racconti popolari siciliani. Classificazione e bibliografia. Florenz 1957
S. Orioli: Repertorio della narrativa popolare romagnola. Florenz 1984
C. Rapallo: Fiabe di animali in Sardegna. Indice dei tipi. In: Brads 11 (1982-1983) 85-94
Maria Luigia Rossi: Novelle, barzellette, bazzecole. Florenz 1987
Dominic Peter Rotunda: Motif-Index of the Italian Novella in Prose, Bloomington 1942
C. Del Monte Tammaro: Indice delle fiabe abruzzesi. Florenz 1971

Die italienischen Märchen im Mondadori-Verlag Mailand

Piemontesische Märchen. Ausgewählt von G.L. Beccaria, übersetzt von G. Arpino. 1982
Ligurische Märchen. Ausgewählt von P. Boero, übersetzt von B. Solinas Donghi. 1982
Abruzzesische Märchen. Hrsg. von G. Faggin und C. Sgorlon. 1982
Kalabrische und lukanische Märchen. Hrsg. von L.M. Lombardi Satriani und S. Strati. 1982
Kampanische Märchen. Brag. von Michele Rak und D. Rea. 1984
Toskanische Märchen. Ausgewählt und umgeschrieben von C. Lapucci, Einführung von M. Luzi. 1984
Märchen aus den Märchen. Ausgewählt von M. Verdenelli, übersetzt von G. Bonura. 1985
Märchen aus Rom und aus dem Latium. Hrsg. von E. Casali und S. Vassalli. 1986
Fiabe aus der Romagna und Emilien. Hrsg. von E. Casalli und S. Vassalli. 1986
Lombardische Märchen. Hrsg. von L. Beduschi und M. Cucchi. 1986
Märchen aus Venetien. Ausgewählt und übersetzt von D. Coltro, Einführung von G. Saviane. 1987
Märchen aus Südtirol. Ausgewählt und übersetzt von B. Dal Lago, Einführung von M. Rigoni Stern. 1989
Märchen aus dem Molise. Hrsg. von C. Gatto Trocchi und C. Piersanti. 1990

Jan-Öjvind Swahn: Märchenforschung in Skandinavien

Bibliographie

Herranen, Gun (Hrsg.): tradition (!), dokumentation, arkiv NIF Publications 6. Åbo 1978
Herranen, Gun – Sarressalo, Lassi (Hrsg.): A Guide to Nordic Tradition Archives. NIF Publications 7. Åbo 1978
Holberg, Bengt – Rørbye, Brigitte: Nordisk folkedigtning og folkemusik. NIF Publications 1. Kopenhagen 1972
Kvideland, Reimund – Sehmsdorf, Henning K., in Zusammenarbeit mit Simpson, Elizabeth (Hrsg.): Nordic Folklore. Recent Studies. Bloomington, Indianapolis 1989
Liestøl, Knut (Hrsg.): Nordisk kultur 9A: Folkevisor; von Sydow, Carl Wilhelm (Hrsg.): 9B: Folksägner och folksagor. Stockholm, Kopenhagen, Oslo 1931
Thompson, Stith: Folklore Trends in Scandinavia. In: Richard M. Dorson (Hrsg.): Folklore Research around the World. A North American Point of View. Indiana University Folklore Series 16; Journal of American Folklore 74, 1961

Anmerkungen

1 Lauri Honko (Hrsg.): Folklore och nationsbyggande i Norden. Åbo 1980. (NIF Publications 9)
2 Einar Ól Sveinsson: Verzeichnis isländischer Märchenverianten, mit einer einleitenden Untersuchung. Helsinki 1929. (FF Communications. 83), XVI
3 Jan-Öjvind Swahn: Tradierungskonstanten. (In: Charlotte Oberfeld (Hrsg.): Wie alt sind unsere Märchen? Regensburg 1990, 36 f.)
4 Sveinsson: Op.cit., XXVII ff.
5 Axel Olrik: Märchen in Saxo Grammaticus. (In: Zeitschrift des Vereins für Volkskunde. 2, 1892)
6 Rolf Pipping: Den fornsvenska litteraturen. (In: Nordisk kultur 8, A: Sigurdur Nordal: Litteraturhistoria. Danmark, Finland och Sverige. Stockholm, Oslo & København 1943), 103 ff.
7 Jan-Öjvind Swahn: Jason och Medea i Kråksmåla. (In: Från Småland och Hellas. Studier tillägnade Bror Olsson ... Malmö 1959, 334 f.)
8 Carl Wilhelm von Sydow: Tors färd till Utgård. In: Danske Studier. 1910; ders.: Beowulf och

Bjarke. (In: Studier i nordisk filologi 14, 1923); Einar Ól Sveinsson: Celtic Elements in Icelandic Tradition. (Béaloideas. The Journal of the Folklore Society. 15, 1959)

9 Einar Ól Sveinsson: Verzeichnis, LXII.

10 Jan-Öjvind Swahn: »Beauty and the Beast« in Oral Tradition. (In: Merveillers & Contes. 3, 1989; Waldemar Liungman: Sveriges samtliga folksagor i ord och bild. 3: Verifrån kommer våra sagor? Djursholm 1952, 163 f.)

11 Jan-Öjvind Swahn: Titteliture och Pomperipossa – folksagorna i Folklivsarkivet (In: Folklivsarkivet i Lund 1913-1988. En festskrift till 75-årsjubileet. Red. Nils-Arvid Bringéus. Lund 1988)

12 Eine folkloristische Analyse des Verhältnisses zwischen H.C. Andersen und der Volksüberlieferung findet man in Else Marie Kofod: De vilde svaner og andre folkeeventyr. Sidestykker til syv af H.C. Andersens eventyr. København 1989. (Foreningen Danmarks Folkeminders skrifter 86)

13 Danmarks gamle Folkeviser 1-12. (København 1853-1976)

14 Svend Grundtvig: Gamle danske Minder i Folkemunde, Folkeæventyr, Folkeviser, Folkesagn og andre rester af Fortidens Digtning og Tro ... samlede og udgivne. 1-3, København 1854-61. Neudruck 1-3, København 1970 (Danmarks Folkeminder. 80: 1-3). Von Grundtvig als Forscher und Sammler s. z.B. Jørn Piø: Svend Grundtvig (1824-1883) (In: Biographica. Nordic Folklorists of the Past. Studies in Honour of Jouko Hautala ... Copenhagen 1970; also in Arv. Journal of Scandinavian Folklore. 25/27, 1969-71)

15 Inger M. Boberg: Folkemindeforskningens historie i Mellem-og Nordeuropa. With an English Summary. København 1952-53. (Danmarks Folkeminder. 60:1-3), 199 ff.

16 Astrid Lunding: The System of Tales in the Folklore Collection of Copenhagen. Helsinki 1910. (FF Communications. 2)

17 Just Mathias Thiele: Danske Folkesagn. 1-4. Kjøbenhavn 1818-23. Neue erg. Aufl. Kjøbenhavn 1843

18 Mathias Winther: Danske Folkeæventyr. 1. Kjøbenhavn 1823. Vgl. Boberg, Op.cit., 166

19 Klaus Berntsen: Folke-Æventyr, samlede og udgivne for Skolen og Hjemmet. 1-2. Odense 1873-83

20 Jens Kamp: Danske Folkeminder. Odense 1877; ders.: Danske Folkeæventyr. 1-2. 1879-91. Vgl. Boberg, Op.cit., 185

21 Bengt Holbek & Thorkild Knudsen: Evald Tang Kristensen (1843-1929) (In: Biographica [wie in 14 oben]); Joan Rockwell: Evald Tang Kristensen. A lifelong adventure in folklore. Aalborg & Copenhagen 1982

22 Skattegraveren, et Tidsskrift udg. af Dansk Samfund til Indsamling af Folkeminder. 1-12 und Efterslæt. Kolding 1884-90

23 Evald Tang Kristensen: Danske Sagn som de har lydt i Folkemunde. 1-6. Aarhus 1892-1900; Danske Sagn. Ny Række 1-6. København 1928-36

24 Joan Rockwell: Op.cit., 343-45

25 J.P. Kuhre: Borrinjholmska Sansâger. Bornholmske Folkeæeventyr og Dyrefabler, samlede. København 1938. (Danmarks Folkeminder. 45)

26 Lars Andersen: Folkeeventyr indsamlede i Ods herred. København 1923

27 Svend Grundtvig: Danske Folkeæventyr efter utrykte Kilder. 1-3. Kjøbenhavn 1876-84. Davon wurden 1-2 von W. Leo und A. Strodtmann 1876-79 in deutscher Übersetzung in Leipzig herausgegeben

28 Jan-Öjvind Swahn: The Tale of Cupid and Psyche (Aarne-Thompson 425 & 428). Lund 1955, 71, Anm. 14; ders.: Jason, 334

29 Axel Olrik: Danske Sagn og Æventyr fra Folkemunde. 1-4. København 1913-28. Neue Gesamtausg. København 1928

30 Hans Ellekilde: Vore danske Folkeæventyr, genfortalte. Første Udvalg: Mytiske Æventyr med mandlig Helt. København 1928. (Danmarks Folkeminder. 35)

31 John F. West: Faroese Folk-Tales & Legends. Lerwick, Shetland, 1980, X f.

32 V.U. Hammershaimb: Færøsk Anthologi. 1-2. København 1891. Neudruck København 1947

33 Jakob Jakobsen: Det norrøne Sprog paa Shetland. København 1897. Vgl. West, Op.cit., XI ff.

34 Jakob Jakobsen: Færøske Folkesagn og Æventyr, udgivne for Samfund til Udgivelse af gammel nordisk Litteratur. København 1898-1901

35 Åsa Nyman: Faroese Folktale Tradition. (In: A. Fenton & H. Pálsson (Hrsg.), The Northern and Western Isles in the Viking World. Edinburgh 1984)

36 Op.cit.
37 Verzeichnis, IX ff.
38 Eine Anthologie mit Beiträgen zu dieser Diskussion bietet Else Mundal: Sagadebatt. Oslo, Bergen & Tromsø 1977
39 Verzeichnis, S. XXVII ff.
40 Einar Ól Sveinsson: Jón Árnason (1819-1888) (In: Biographica [wie in 14 oben], 421)
41 Konrad von Maurer: Isländische Volkssagen der Gegenwart, vorwiegend nach mündlicher Überlieferung. Leipzig 1860
42 Einar Ól Sveinsson: Jón Árnason, 426 f.; vgl Boberg, Op.cit., 307
43 Jón Árnason: Íslenzkar jódsögur og æventýri. 1-2. Leipzig 1862-64
44 Adeline Rittershaus: Die neuisländischen Volksmärchen. Ein Beitrag zur vergleichenden Märchenforschung. Halle a.S. 1902
45 Ólafur Davídsson: Íslenzkar jódsögur, safnad. Reykjavík 1895, ^{2}1899
46 Einar Ól Sveinsson: Verzeichnis
47 Einar Ól Sveinsson: Um íslenzkar jódsögur. Reykjavík 1940
48 Reimund Kvideland & Hallfredur Örn Eiríksson (Hrsg.): Norwegische und Isländische Volksmärchen. Berlin 1988; Hubert Seelow (Hrsg.): Sagen und Märchen aus Island. Reykjavík 1980
49 P.Chr. Asbjørnsen & Jørgen Moe: Norske Folkeeventyr samlede. 1-2. Christiania 1842-44
50 P.Chr. Asbjørnsen & Jørgen Moe: Norske Folkeeventyr samlede og fortalte. Anden forøgede Udgave. Christiania 1852
51 P.Chr. Asbjørnsen: Norske huldreeventyr og folkesagn. 1-2. Kristiania 1845-48
52 P.Chr. Asbjørnsen: Norske folkeeventyr. Ny samling. Kristiania 1871
53 Moltke Moe: Folkeminne frå Bøherad. Oslo 1924 (Norsk folkeminnelags skrifter. 9); ders.: Folke-eventyr frå Flatdal. Oslo 1919 (Norsk folkeminnelags skrifter. 20)
54 Jaohannes Skar: Gamalt or Sætesdal 6-7. Kristiania 1913-15. Neue Gesamtausgabe 3. Oslo 1963.
55 Th.S. Haukenæs: Norsk Eventyr-Skat. Samlet og udgivet. [1]-2. Bergen 1888-1903
56 z.B.: H.E. Bergh: Nye Folke-Eventyr og Sagn fra Valdres. Christiania 1879
57 Reimund Kvideland: Rikard Berge (1881-1969) (In: Biographica [wie in 14 oben]). Ausgaben: Norske eventyr og sagn. 1-2. Kristiania 1909-13. Norske Folkeeventyr, samla og sagde. Kristiania 1914
58 Knut Strompdal: Gamalt frå Helgeland. 1. Oslo 1929. (Norsk folkeminnelags skrifter. 19)
59 Norsk eventyrbibliotek 1-12. Oslo 1967-81. Hier sollte auch eine große Anthologie mit Material aus verschieden Quellen und mit einer ausführlichen Einleitung sowie reichen Anmerkungen herangezogen werden: Norske eventyr. Med innleiing og kommentarar ved Olav Bø, Ronald Grambo, Bjarne Hodne og Ørnulf Hodne. Oslo 1982.
60 Reimund Kvideland & Hallfredur Eiríksson: Op.cit.
61 Reidar Th. Christiansen: Norske eventyr. En systematisk fortegnelse efter trykte og utrykte kilder. Utgit. Kristiania 1921 (Norske folkeminne, utgjevne av Den Norske historiske Kildeskriftkommission. 2); gekürzte englische Ausgabe: The Norwegian Fairytales. Helsinki 1922 (FF Communications 46). Christiansen gab später auch – zusammen mit S. Ó Súilleabháin – das bisher größte lokale Märchentypenverzeichnis aus, und zwar das irische: The Types of the Irish Folktale. Helsinki 1963 (FF Communications 188). Er schuf auch eine Sagensystematik, die als ein »Aarne-Thompson Katalog« der Sagen gedacht war: The Migratory Legends. A Proposed List of the Types with a Systematic Catalogue of the Norwegian Variants. Helsinki 1958 (FF Communications 175)
62 Ørnulf Hodne: The Types of the Norwegian Folktale. Oslo, Bergen, Stavanger & Tromsø 1984 (Instituttet for sammenlignende kulturforskning / The Institute for Comparative Research in Human Culture, Oslo. Ser. B: Skrifter 68)
63 Die große Monographie über Hyltén-Cavallius stammt von Nils-Arvid Bringéus: Gunnar Olof Hyltén-Cavallius. En studie kring Wärend och wirdarne. Mit einer deutschen Zusammenfassung. Stockholm 1966 (Nordiska museets handlingar. 63)
64 Gunnar Olof Hyltén-Cavallius & George Stephens: Svenska folk-sagor och äfventyr. Efter muntlig öfverlemning samlade och utgifna. 1 (mehr wurde nicht herausgegeben). Stockholm 1844
65 Jöran Sahlgren & Sven Liljeblad: Mickels i Långhuit sagor, utgivna. Stockholm 1937 (Kungl. Gustav Adolfs Akademien. Svenska sagor och sägner. 1); dies.: Sven Sederströms sagor, utgivna. Stockholm 1938 (Ibid. 2).

66 P.A. Säve: Gotländska sagor, upptecknade. Utgivna av Herbert Gustavson. 1-2. Uppsala 1952-59 (Kungl. Gustav Adolfs Akademien. Svenska sagor och sägner. 10). Seine Sagensammlung wurde in derselben Serie als Nr. 12 veröffentlicht.

67 Nils Gabriel Djurklou: Sagor och äfventyr, berättade på svenska landsmäl. Stockholm 1883

68 August Bondeson: Historiegubbar på Dal. Deras sagor och sägner m.m. upptecknade och utgifna. Stockholm 1886

69 Albert Sandklef: August Bondeson. Folklivsforskaren – författaren. Göteborg & Lund 1956 (Institutet för västsvensk kulturforskning. Skrifter. 2)

70 Eva Wigström ([Sign.] Ave): Folkdiktning, visor, sägner, sagor, gåtor, ordspråk, ringdansar, lekar och barnvisor, samlad och upptecknad i Skåne. København 1880; Folkdiktning, visor, folktro, sägner och en svartkonstbok, samlad och upptecknad i Skåne. 2. Göteborg 1881; Sagor ock [!] äfventyr, upptecknade i Skåne. Uppsala & Stockholm 1884 (Nyare bidrag till kännedom om de svenska landsmålen ock svenskt foklif. 5:1)

71 Eva Wigström: Fågeln med guldskrinet. Folksagor samlade och upptecknade i Skåne. Utg. av Nils-Arvid Bringéus. Höganäs 1985

72 Waldemar Liungman: Sveriges samtliga folksagor i ord och bild. 1-2. Stockholm 1949-50

73 Waldemar Liungman: Sveriges samtliga folksagor i ord och bild. 3: Varifrån kommer våra sagor? Utkast till de svenska folksagornas uppkomst- och utbredningshistoria ... Djursholm 1952, 457 ff.

74 Waldemar Liungman: Die schwedischen Volksmärchen. Herkunft und Geschichte. Berlin 1961. (Deutsche Akademie der Wissenschaften zu Berlin. Veröffentlichungen des Instituts für deutsche Volkskunde. 20). Eine Auswahl seiner Märchen von Bohuslän bis Gotland erschien in deutsch als »Weißbär am See«, Kassel 1965

75 G.A. Åberg: Nyländska folksagor, ordnade. Helsingfors 1887 (Nyland. 2); A. Allardt & S. Perlén: Nyländska folksagor och -sägner, ordnade. Helsingfors 1896 (Nyland. 6)

76 Finlands svenska folkdiktning. 1 ff. Helsingfors 1917 ff. (In: Skrifter utgivna av Svenska litteratursällskapet i Finland, 132 ff).

77 Oskar Hackman: Sagor, referatsamling. 1-2. Helsingfors 1917-20; Anders Allardt: Sagor i urval. 1-2. Helsingfors 1 1917-20

78 J.P. Jacobsen & R. Paulli: Danske Folkebøger fra 16. og 17. Århundrede, udgivne 1-14. København 1915-36

79 P.O. Bäckström: Svenska folkböcker. Sagor, legender och äfventyr, efter äldre upplagor och andre källor utgifne, jemte öfversigt af svensk folkläsning från äldre till närvarande tid. 1-2, 1845-48

80 Jöran Sahlgren: Svenska folkböcker, utgivna 1-8. Stockholm 1946-56

81 Hjalmar Crohns: Den trolösa hustrun i två medeltida sagosamlingar. Helsingfors 1912. (Auch in: Öfversigt af Finska Vetenskaps-Societetens Förhandlingar. 44, 1911/12)

82 Dag Strömbäck: Moltke Moe (1859-1913) (In: Biographica [wie in 14 oben], 341 ff.)

83 Moltke Moe: Det mytiske tænkesæt (In: Samlede skrifter, utgitt ved Knut Liestøl. With a Summary in English. 2. Oslo 1926)

84 Bengt Holbek: Axel Olrik (1864-1917) (In: Biographica [wie in 14 oben])

85 Olrik, Op.cit.; weiter: Axel Olrik: Kilderne til Sakses Oldhistorie. En literaturhistorisk Undersøgelse. 1: Forsøg på en Tvedeling af Kilderne til Sakses Oldhistorie. København 1892 (Teilweise in Aarbøger for nordisk Oldkyndighed. 1892)

86 »Den lille Rødhætte« og andre Æventyr om Mennesker, der bliver slugt levende (In: Naturen og Mennesket. 1894)

87 Axel Olrik: Kong Lindorm (In: Danske Studier. 1904)

88 Axel Olrik: Folkedigtningens episke Love (In: Nordisk Tidsskrift. 1908). Auch in Axel Olrik: Folkelige Avhandlinger, efter forfatterens Død udvalgte og udgivne af Hans Ellekilde. Kjøbenhavn & Kristiania 1919. In Nogle Grundsætninger for Sagnforskning (København 1921. Danmarks Folkeminder. 23) werden die epischen Gesetze ausführlicher diskutiert, doch starb der Verfasser ehe er das Buch vollendet hatte.

89 Gösta Berg: Carl Wilhelm von Sydow (1878-1952). (In: Biographica [wie in 14 oben])

90 Carl Wilhelm von Sydow: Två spinnsagor. En studie i jämförande folksagoforskning. Stockholm 1909-10 (auch in: Archives des traditions populaires suédoises/Svenska landsmål ock [!] svenskt folkliv. Sér. B: 3)

91 wie in 8 oben

92 Carl Wilhelm von Sydow: Iriskt inflytande på nordisk guda- och hjältesaga (In: Vetenskapssocietetens i Lund årsbok. 1920)
93 z.B.: Jätten Hymes bägare (In: Folkminnen och folktankar. 1, 1914); Sigurds strid med Fåvne. Lund 1918 (In: Lunds universitets årsskrift. N.F. Avd. 1: 14: Nr. 16); Hjältesagans framväxt med särskild hänsyn till Sigurdsdiktningen (In: Arkiv för nordisk filologi. 43, 1927)
94 Carl Wilhelm von Sydow: Om traditionsspridning (In: Scandia. 5, 1932); englische Übersetzung in Carl Wilhelm von Sydow: Selected Papers on Folklore, Published on the Occasion of his 70th Birthday. Copenhagen 1948; französische Übersetzung in Travaux du 1er Congrès international de folklore, tenu à Paris ... 1937, Tours 1938
95 Carl Wilhelm von Sydow: Några synpunkter på sagoforskning och filologi (In: Øst og Vest. Afhandlinger tilegnede Arthur Christensen. København 1945; auch in Selected Papers [wie in 94 oben])
96 Carl Wilhelm von Sydow: Das Volksmärchen unter ethnischem Gesichtspunkt [mit englischer Zusammenfassung]. (In: Féil-Sgribhinn Eóin Mic Néill. Dublin 1940; auch in Selected Papers [wie in 94 oben])
97 Carl Wilhelm von Sydow: Geography and folk-tale ecotypes (Béaloideas. 8, 1934)
98 So meint Sven Liljeblad in Die Tobiasgeschichte und andere Märchen mit toten Helfern, Lund 1927, daß die verschiedenen Typen von Märchen mit toten Helfern (AT 505-508) zum Teil eigentlich vom Beginn an Ökotypen waren.
99 z.B. Waldemar Liungman: Till folksagoforskningen metodik. Är den s.k. finska skolans geografisk-historiska metod icke hållbar? (In: Rig. 24, 1941); Ders.: Den finska sagoforskarskolan och karteringsmetoden. Ett genmäle till C.W. von Sydow. (Folkminnen och folktankar 30, 1943).
100 Carl Wilhelm von Sydow: Våra folksagor. Vad de berätta om forntida tro och sed. Stockholm 1941 (Natur och kultur. 146), 18 ff.
101 Carl Wilhelm von Sydow: Die Begriffe des Ersten und Letzten in der Volksüberlieferung mit besonderer Berücksichtigung der Erntebräuche (In: Folk-Liv. 3, 1939; auch in Selected Papers [wie in 94 oben])
102 Helge Holmström: Studier över svanjungfrumotivet i Volundarkvida och annorstädes. Malmö 1919
103 Waldemar Liungman: En traditionsstudie över sagan om Prinsessan i jordkulan (Aarnes 870), 1-2. Göteborg 1925
104 Sven Liljeblad: Op.cit.
105 Anna Brigitta Rooth: The Cinderella Cycle. Lund 1951
106 Anna Brigitta Rooth: Folklig dikthing. Form och teknik. Stockholm, Göteborg & Uppsala 1965
107 Anna Brigitta Rooth: The Importance of Storytelling. A Study Based on Field Work in Northern Alaska. Uppsala 1976 (Studia ethnologica Upsaliensia. 1)
108 Denise Malmberg & Per Peterson: Barntradition. Uppsala 1976
109 Anna Brigitta Rooth: Ikonografiska Arkivet. En presentation av en idé, ett system och en bildbank. Uppsala 1984 (Ikonoteket. 2)
110 Per Piterson: Rävens och tranans gästabud. En studie över en djurfabel i verbal och ikonografisk tradition. Uppsala 1981 ((Studia ethnologica Upsaliensia. 8); Kerstin Rodin: Onda kvinnor och oregerliga hustrur. En etnologisk studie av kontroversiella kvinnobilder. Uppsala 1984 (Studia ethnologica Upsaliensia. 13)
111 Björn Roos: Vitsen med vitsarna.. Historieberättande bland skolbarn. Lund 1986 (Skrifter utg. av Etnologiska sällskapet i Lund. 19)
112 wie in 28 oben
113 wie in 3 oben, S. 50
114 Kristina Lindell: Jan-Öjvind Swahn & Damrong Tayanin, Folk Tales from Kammu. 1-4. London 1977-89
115 Ragnar Bjersby: Traditionsbärare på Gotland vid 1800-talets mitt. En undersökning rörande P.A. Säves sagesmän. Uppsala 1964 (Skrifter utgivna genom Landsmåls- och Folkminnesarkivet i Uppsala. Serie B: 11).
116 Bengt af Klintberg: Råttan i pizzan. Folksägner i vår tid. Stockholm 1986
117 Bengt af Klintberg: Die Frau, die keine Kinder wollte. Moralvorstellungen in einem nordischen Volksmärchen (AT 755). (In: Fabula. 27, 1986)

118 Inger M. Boberg: Prinsessen paa glasbjerget (In: Danske Studier. 1928)
119 Inger M. Boberg: Sagnet om den store Pans død. Uppsala 1934 (Skrifter utg. av Gustav Adolfs Akademien för folklivsforskning. 2)
120 Inger M. Boberg: Motif-Index of Early Icelandic Literature. Ed. J. Helgason. Copenhagen 1966
121 Elisabeth Hartmann: Die Trollvorstellungen in den Sagen und Märchen der skandinavischen Völker. Stuttgart & Berlin 1936 (Tübinger germanistische Arbeiten 23 = Sonderreihe: Studien zur nordischen Philologie. 4)
122 Jan-Öjvind Swahn: Laurits Bødker 1915-1982 (In: Ethnologia Scandinavica. 1983); eine Auswahl seiner wichtigsten Arbeiten bietet Talt og skrevet 1940-1974. København 1975
123 Laurits Bødker: Kvinden der mistede sin næse (In: Folkkultur. 1945)
124 Laurits Bødker: Indian Animal Tales. A Preliminary Survey. Helsinki 1957 (FF Communications. 170)
125 Laurits Bødker: Christen Nielssen, De gamle Vijses Exempler oc Hoffsprock (1618), udgivet. 1-2. København 1951-53
126 Laurits Bødker: Den lange løgn (In: Danske studier. 1954); The Brave Tailor (In: Studies in Folklore. In Honor of ... Stith Thompson. Bloomington 1957)
127 Laurits Bødker: Niels Levinsen, Folkeeventyr fra Vendsyssel. Udgivet. København 1956 (Danmarks folkeminder 68); ders.: Nikolaj Christensen, Folkeeventyr fra Kær herred. Udgivet. København 1963-67 (Danmarks folkeminder 73)
128 Laurits Bødker: Folk Literature (Germanic). Copenhagen 1965 (International Dictionary of Regional European Ethnology and Folklore. 2)
129 Folkloristikens aktuella paradigm, redigerad av Gun Herranen. Åbo 1961 (NIF Publications 10); Folklorens betydelse. Föredrag vid NIF:s fjärde ämneskonferens på Hässelby slott ... 1984, redigerade av Bengt af Klintberg. Stockholm 1987 (NIF Publications 18)
130 Arthur Christensen: Molboernes vise gerninger. København 1939 (Danmarks Folkeminder 47).; Dumme Folk. Danske Skæmteæventyr i International Belysning. København 1941 (Danmarks Folkeminder 50)
131 Vibeke Stybe: I dyreham. Om fabler og børnelitteratur. København 1977
132 Gustaf Fredén: Östan om solen, nordan om jorden. Randanteckningar till folksagans historia. Stockholm 1982.
133 Bengt Holbek: Interpretation of Fairy Tales. Danis [!] Folklore in a European Perspective. Helsinki 1987 (FF Communications. 239) Zusammenfassung in dänisch: Tolkning af Trylleeventyr. København 1989
134 Knut Liestøl: Norske Ættesogor. Kristiania 1922; ders.: Upphavet til den islendske ættesaga. Oslo 1929 (In: Instituttet for sammenlignende kulturforskning. Ser. A: Forelesninger. Xa).
135 Reidar Th. Christiansen: The Tale of the Two Travellers or the Blinded Man. Helsinki & Hamina 1916 (FF Communications 24)
136 Reidar Th. Christiansen: Studies in Irish and Scandinavian Folktales. Dublin & Copenhagen 1959; eine Auswahl seiner wichtigsten Schriften bietet Eventyr og sagn. Oslo 1946
137 Olav Bø: Utsyn over norsk folkedikting. Oslo 1972
138 Ørnulf Hodne: Jørgen Moe og folkeeventyrene. En studie i nasjonalromantisk folkloristikk. Oslo, Bergen & Tromsø 1979
139 Bjarne Hodne: Eventyret og tradisjonsbærerne. Eventyrfortellere i en Telemarksbygd. Oslo, Bergen & Tromsø 1979
140 Reimund Kvideland: Norske eventyr. Utvalde. Bergen, Oslo & Tromsø 1972 (Eventyr i Norden. 1)
141 Reimund Kvideland: Folkloristikkens nye paradigmer: performans (In: Herranen, Gun [Ed.], Folkloristikens aktuella paradigm, redigerad. Åbo 1981. (NIF Publications. 10)
142 Birgit Hertzberg Johnsen: Myten om den onde stemor. Fra folketradisjon til masselitteratur. Oslo, Bergen & Tromsø 1982
143 Reimund Kvideland: Rikard Berge (1881-1969). (In: Biographica [wie in 14 oben]).
144 Außerdem: Norsk sogukunst. Kristiania 1924
145 Gun Herranen: En blind berättare i multidimensionell analys. Berndt Leonard Strömberg 1822-1910. Åbo 1985 (Maschinenschrift).
146 Ulrika Wolf-Knuts: Människan och djävulen. Åbo 1991
147 Irene Engelstad: Fortellingens mønstre. En strukturell analyse av norske folkeeventyr. Oslo, Bergen & Tromsø 1976; Børge Hansen: Folkeeventyr, struktur og genre. København 1971

148 Paul Jan Brudal: Det ubevisste språket. Oslo, Bergen, Tromsø 1984; Michèle Simonsen: Hekse, trolde og bondeknolde. Hvad ved vi om folkeeventyr (?). Kopenhagen 1985

Julio Caramena: Das Zaubermärchen in Spanien

Anmerkungen

1 Libro de los gatos, hrsg. von John E. Keller. Madrid 1958, XXViii
2 La nouvelle de Frère-de-joie et de Soeur-de-plaisir, in: Paul Mayer: Nouvelles Catalanes Inedites. Romania XIII 1884, 266-273
3 Ramón Llull: Llibre de les bèsties. Barcelona 1983, VI
4 Maxime Chevallier: Cuentos folklóricos españioles del Siglo de Oro. Barcelona 1983. Seine Arbeit wird ergänzt in: Veinticino cuentos folklóricos más en textos del Siglo de Oro. La Torre, n.e. I.1. 1987), 111-129
5 Maxime Chevallier: Folklore y literatura: El cuento oral en el Siglo de Oro. Barcelona 1978, 151
6 Cervantes: Don Quijote de la Mancha. 1.XXXIX-XLI, ebenso Los banòs del Argel III
7 Maxime Chevallier: Inventario de los cuentos folklóricos recogidos por Fernán Caballero. In: Revista de Dialectologia y Tradiciones Populares XXXIV 1978, 49-65 (erwähnt ein Dutzend Zaubermärchen)
8 Sie wurden von Montserrat Amores Garcia inventarisiert: Tratamiento culto y elaboracion literaria en los cuentos populares de Antonio de Trueba. Diss. Barcelona 1991, wobei lediglich 4 Zaubermärchen ausgewiesen wurden.
9 Inventarisiert von Joseph M. Pujol und aufgenommen in: Contribúcio a l'index de tipus de la rondalla catalana. Diss. Barcelona 1982
10 Trueba: Prólogo, zu Nuevos cuentos populares. Madrid 1880, XI
11 Fernán Caballero: Prefacio, zu Cuentos y poesias populares andaluces. Sevilla 1859
12 Manuel Milà i Fontanals: Cuentos infantiles (rondallas) en Cataluña, in: Observaciones sobre la poesia popular con muestras de romances catalanes ineditos. Barcelona 1853. – Lo rondallayre. Qüentos populars catalans cleccionats per Francisco Maspons y Labrós. 3 Bde. Barcelona 1871. 1882 und 1875; Ders. Cuentos populars catalans. Barcelona 1885 – Sebastián Farnés: Narraciones populares catalanas. Barcelona 1893 – El rondallary catalá d'en Pau Bertràn y Bròs (posthum) Barcelona 1909
13 Maspons: Lo rondallayre II, 45-47
14 Rondayes de Mallorca. Würzburg 1895
15 ebd. 60-66
16 Giambattista Basile: La schiavotta (Pentamerone II.8) – Joan Amades: Folklore en Catalunya. Rondallistica. Barcelona 1950, 173 – Antoni Alcover Sureda: Aplec de Rondaies Mallorquines, 24 Vol. Palma de Mallorca 1936-1976, XVIII, 33-52 – Zófimo Consiglieri Pedroso: Contos Populares Portugueses. Lisboa [2]1984, 15
17 Alcover: Aplec XV, 5-26
18 Eigentlich war schon eine andere Version veröffentlicht worden: Alejandro Guichot y Sierra und Antonio Machado y Álvarez: Cuentos populares españoles, anotados y comparados, in: Biblioteca de las Tradiciones Populares Españolas I. Sevilla 1883, 172-177. Danach sind außerdem erschienen: Amades: Rondallistica, 84 u. 128. Die von Rafael Sanchez Pérez: Cien cuentos populares. Madrid 1942, 74 erzählt die schon zitierte der B.T.P.E. nach.
19 Alcover: Aplec VI, 73-86; ebd. VI, 5-26
20 Alcover: Aplec II.5-27
21 Cuentos, leyendas y costumbres populares von D. Federico de Castro und D. Antonio Machado y Álvarez. Sevilla 1873 (lediglich 2 Zaubermärchen)
22 Organ der Gesellschaft gleichen Namens, hrsg. von Antonio Machado y Álvarez. Sevilla 1882-1883
23 El Folklore Andalus, 401-404
24 *Spanische Versionen* Sergio Hernández de Soto: Cuentos populares de Extremadura, B.T.P.E. X Madrid 1886, 124-128 – Aurelio de Llano Roza de Ampudia: Cuentos asturianos recogidos de la Tradicion oral. Madrid 1925, 7 – Amades: Rondallistica 18 – »Die Höhlen von Mufre« (Las cuevas de Mufre), unveröftentlichtes Märchen, gesammelt von M. Pérez Bautista und

J.A. del Rio in Cadiz. *Portugiesische Versionen* F. Xavier d'anthaide Oliveira: Contos Tradicionaes do Algarve. 2 Bde. Tavira und Lisboa 1900 und 1905, 131 – Pedroso: Contos, 8 – Alda da Silva Soromenho und Paulo Caratao Soromenho: Contos Populares Portugueses (Ineditos), 2 Bde. Lisboa 1894, 1986, 3-7 *Italienische Versionen* Italo Calvino: Fiabe italiane. Torino 1956, 164 und Fußnote, u.a. mit dem Nachweis einer sizilianischen Variante aus Pitrè, einer lucanischen aus Pistacci und einer abrucensischen aus Finamore.

25 Sie erschien von 1883 bis 1886 in Madrid

26 vgl. Anm 24

27 Hernández de Soto: Cuentos, 106-116

28 ebd. 281-286

29 ebenso Amades: Rondallistica, 131 und Silvio Romero: Contos Populares do Brazil, Lisboa 1885, 13 (erste Erzählung des Papageis, 44-46)

30 Juan Antonio Saco y Arce: Literatura popular de Galicia. Orense 1987

31 Rondallas, erzählt von Aurely Capmany. Barcelona 1904

32 ebd. 5-11

33 Die andere stammt von Amades: El serpent de set caps i set cues. Rondallistica, 10

34 Valeri Serra i Boldú: Aplec de rondalles. Nova recopilacio de rondalles populars catalans. Barcelona 1922 – Ders. Rondalles meravelloses. Barcelona 1924 und Rondalles populars, 18 Bde. Barcelona 1930-1933

35 Andreu Ferrer Ginart: Rondaies de Menorca. Ciutadella 1914

36 Los cuentos tradicionales asturianos. Madrid o.J.

37 ebd. 139-141

38 Obwohl in The Types of the Folktale eine andere chilenische Version zitiert wird (Hansen 455^{xx}A mit Verweis auf die von Ramón A. Laval: Cuentos populares de Chile. Santiago de Chile 1923, 10) erscheint diese weitaus zutreffender als AT 462

39 Cabal: Los cuentos, 77f.

40 ebd. 77f.

41 Yolado Pino Saavedra: Cuentos folkloricos de Chile, 3 Bde. Santiago de Chile 1960-1963, III.396

42 Cuentos asturianos recogidos de la Tradicion oral. Madrid 1925

43 ebd. 18

44 Oliveira: Contos, 386 – José Leite de Vasconcellos: Contos Populares e Lendas. 2 Bde. Coimbra 1963. 1969, 313 (und vgl. 122)

45 José Miguel de Barandiarán: Eusko-Folklore, in: Obras completas II. Bilbao 1946

46 Aurelio M. Espinosa: Cuentos polulares españoles. 3 Bde. Madrid 1946

47 ebd. 155

48 ebd. 156

49 FFC 90. Helsinki 1930

50 John E. Keller: Motif-Index of Mediaeval Spanish Exempla. Knoxville 1949 – James Wesley Childers: Motif-Index of the »Cuentos« of Juan Timoneda. Bloomington o.J. – Ders: Tales from Spanish Picaresque Novels. Albany 1977 – Haim Schwarzbaum: International Folklore Motifs in Petrus Alphonsi's Disciplina clericalis. Sefarad XXI, 1961, 267-299; XXII, 1962, 17-59 und 321-344; XXIII, 1963, 54-73 – Francisco Rodriguez Adrados: Historia de la fábula greco-latina. 4 Bde. Madrid 1979-1987, IV (III), Inventario y documentacion

51 Resurreccion María Azkue: Euskaleriaren yikintza. 4 Bde. Madrid 1935-47, II. Ipuin ta trakurgaiak

52 José María Satrustegi: Itrui miresgarriak. Bilbao 1979 – José Arratibel: Kontu zaarak. Bilbao 1980 – José Miguel Barandiarán: De etnografia de Navarra. San Sebastián 1987 – Juan Garmedia Larrañaga: El pensamiento magico vasco. San Sebatián 1989

53 De etnografia, 53-56 (Übersetzung 57-60) – Eine deutschsprachige Anthologie baskischer Märchen gaben Felix Karlinger und Erentrudis Laserer 1980 (MdW) heraus.

54 Vom gleichen kompositorischen Modell kenne ich nur den 2. Teil von Soromenho: Contos Populares Portugueses (Ineditos), 233

55 J. Roure-Torent: Contes d'Eivissa. Mexiko 1948 – Joan Catelló y Guachs: Rondaies eivissenques. Ciutat de Mallorca 1953 – Ders. Rondaies d'Eivissa. Palma de Mallorca 1955. – Ders. Rondaies i contes d'eivissa. Citutat de Mallorca 1961 – Ders. Rondaies eivissenqes i contes de sa mejora. Palma 1976 – Ders. Rondaies de formentera. Palma 1976 – Deutsch-

sprachige Anthologie »Märchen aus Mallorca« hrsg. von Felix Karlinger und Ulrike Ehrgott 1968 (MdW)

56 Rondalles valencianes. 3 Bde. Valencia 1950-1958 – Ders. Maravelles i picardies: Rondalles valencianes. Valencia 1964-1970 – neu hrsg. mit zusätzlichen Texten: Rondalles valencianes. Valencia 1984-1988 (mit insgesamt 38 Märchen, von denen 18 Zaubermärchen sind)

57 Konkret würde er womöglich folgende Index-Nummern aufgenommen haben: AT 312C (Amades 31), 331 (Amades 202 und 204), 432 (Amades 13.97.138), 437 (Amades 131), 451 (Amades 45), 506 (Amades 197), 507A (Amades 126), 565 (Amades 57), 567 (Amades 61), und 670 (Amades 195)

58 Contos vianeses. Vigo 1958

59 Contos de Lugo. Vigo 1963 (mit 300 Texten, von denen nur 4 Zaubermärchen sind)

60 Leandro Carré Alvarellos: Contos populares de Galiza, in: Rev.de Etn. von I.2. (1963) bis IX.1 (1967)

61 El cuento folklorico: una aproximacion a su estudio. Madrid 1988

62 Ich danke der Forscherin für die Freundlichkeit, mir eine Kopie der Originalmanuskripte überlassen zu haben

63 Cuentos populares de Castilla y Leon. 2 Bde. Madrid 1987, 1988). Im voraus wurde veröffentlicht: Cuentos populares de Castilla. Buenos Aires 1946

64 Cuentos extremeños. Madrid 1944.

65 ebd. 24-28

66 Obschon AT 410 gemäß den Episoden von »La belle au Bois Dormant« von Perrault katalogisiert ist, würde die estremenische Version besser zum toskanischen Typ D'Aronco (316C) passen oder sich mit Typ 709(d) ergänzen, der in seinem 2. Teil mit dem vorherigen übereinstimmt.

67 Pino: Cuentos 42 – Teophilo Braga: Contos, Tradicionaes do Povo Portuguez. 2 Bde. Lisboa 1914-[2]1915, I.8-11 – Basile: Pent. V.5

68 Vgl. die Analysen von literarischen und volkstümtlichen Fassungen in meinem Artikel La bella durmiente en la tradición oral iberica e iberoamericana, R.D.T.P. XL. 1985, 259-278

69 Von den Märchen aus Zamora gab Luis Cortes Vazquez eine erste Lieferung (Veinte cuentos populares sanabreses, R.D.T.P. V.1949, 200-269) heraus, eine Arbeit, die er in seine Legendas, cuentos y romances de Sanabria (Salamanca 1976) aufnahm und später in einer Ausgabe von 1981 revidierte und erweiterte. Aus Salamannca veröffentlichte er zuerst 1955 Cuentos populares en la Ribera des Duero, zu welchen Märchen er im Nachhinein die Cuentos populares en la Sierra de Francia hinzufügte, um endgültig die Cuentos populares salmantinos (2 Bde., Salamanca 1979) herauszugeben.

70 Arcadio de Larrea Palacin: Cuertos populares de Andalucia. Cuentos gaditanos. Madrid 1959

71 Joacquin Diaz und Maxime Chevallier: Cuentos populares de tradicion oral. Valladolid 1983 – Julio Camarena: Cuentos tradicionales de León. 2 Bde. Madrid 1991

72 Julio Camarena Laucirica: Cuentos tradicionales recopilados en la provincia de Ciudad Real. Ciudad Real 1984

73 *Portugiesische*: Oliveira: Contos 177 und vgl. 268 – Z. Consiglieri Pedroso: Contos populares Portuguezes, in: Revue Hispanique XIV, 1906, 32 (= Contos 49, Episode des Anfangs) – Soromenho: Contos 117 *Iberoamerikanische*: Pino: Cuentos folkloricos de Chile 49 – Luis Camara Cascudo: Contos Tradicionais do Brasil. Rio de Janeiro 1946, 110-112. Biblioteca da Vida Rural Brasileira IX. 1981, 5 *Sephardische* Cynthia M. Crews: Recheches sur le judeo-espagnol dans les pays balkaniques. Paris 1935, 80-83 (die Anfangsepisode + AT 956C)

74 Emilio Cortés Ibañez: Cuentos de la zona montañosa de la provincia de Albacete. Albacete [1989] – Abraham Madronãl durán: Cuentos tradicionales toledanos. Homenaje a D. Gernando Jimenez de Gregorio. Toledo 1988, 283-299 – Ders. Cuentos tradicionales recopilados en la comarca toledana de la Jara. R.D.T.P. XLV. 1990, 169-185

75 Pedro Montero: Los cuentos populares extremeños en la escuela. Badajoz 1988 – Ders. Cuentos populares de los barrios de Badajos. Frontera 8. 1990, 34-39 – Juan Rodriguez Pastor: Cuentos populares extremeños y andaluces. Badajos 1990

76 Cuentos de la tradicion oral recogidos en la provincia de Cadiz, veröffentlicht von Juan J. Sandubete. Cadiz 1981 – Maria J. Porro u.a.: Cuentos cordobeses de tradicion oral. Cordoba 1985 – J. Naveros Sánches: Cuentos populares de la comarca de Baena (1. und 2. Serie) Baena 1985 und 1988 – S. Espejo Poyato und J. González Ruiz: Cuentos y romances populares

de la comarca de Linares. Linares 1990 – A. Jiménez Romero: La flor de la florentana. Cuentos tradicionales, gesammelt in Arahal, hrsg. von M. Peréz Bautista und J.A. del Rio. Sevilla 1990

77 Ich möchte hiermit den genannten Forschern meinen Dank dafür aussprechen, daß sie mir eine Kopie ihres maschinenschriftlichen Originalmanuskriptes mit dem wichtigsten Teil ihrer Sammlung überlassen haben.

Ágnes Kovács – Katalin Benedek: Die Geschichte der ungarischen Volksmärchensammlung

Anmerkungen

1 Georg von Gaal: Mährchen der Magyaren. Wien 1822

2 Alajos Mednyánszky: Erzählungen, Sagen und Legenden aus Ungarns Vorzeit. Pest 1829

3 Johan Graf Majláth: Magyarische Sagen und Mährchen. Brünn 1825

4 János Arany: Merényi László: Eredeti népmesék (László Merényi: Originale Volksmärchen). Pest 1862; Rezension in: Szépirodalmi Figyelö II (1861/62) 6-7, 21-23, 36-38. – János Arany: Összes Müvei (Gesammelte Werke) Bd. XI, Budapest 1954, 326-342

5 János Kriza: Vadrózsák (Wilde Rosen). Bd. I, Kolozsvár 1863

6 László Arany: Eredeti népmesék (Originale Volksmärchen). Pest 1862. Erster Herausgeber der MNGy = Magyar Népköltési Gyüjtemény (Sammlung Ungarischer Volksdichtung). Bd. I-XIV, Pest 1872-1924

7 Lajos Kálmány: Hagyományok (Überlieferungen) Bd. II, Vác 1914. Die Märchen wurden von Mihály Borbély erzählt.

8 Pátria-Schallplattenserie. Budapest 1938

9 Gyula Ortutay: Fedics Mihály mesél (Mihály Fedics erzählt). In: ÚMNGy = Uj Magyar Népköltési Gyüjtemény (Neue Sammlung Ungarischer Volksdichtung). Bd. I, Budapest 1940

10 Linda Dégh: Pandur Péter meséi (Péter Pandurs Märchen). Bd. I-II, in: ÚMNGy Bd. III-IV, Budapest 1942

11 Ilona Dobos: Egy somogyi parasztcsalád meséi (Märchen einer Bauernfamilie aus Somogy). In: ÚMNGy Bd. X, Budapest 1962

12 The Budapest School of Folktale Study. Vortrag auf der IX. ISFNR-Konferenz in Budapest 1989. – Dies.: Biology of Storytelling. In: Folklore Publications Group Indiana Univ. 1979, Bd. 7, Nr. 3. – Dies.: Folktales and Society. Story-Telling in a Hungarian Peasant Community. Indiana 1990

13 István Banó: Baranyai népmesék (Volksmärchen aus Baranya). In: ÚMNGy Bd. II, Budapest 1941

14 Ágnes Kovács: Kalotaszegi népmesék (Volksmärchen aus Kalotaszeg). Bd. 1-2, in: ÚMNGy Bd. V-VI, Budapest 1943-1944

15 Linda Dégh: Kakasdi népmesék (Volksmärchen aus Kakasd). Bd. 1-2, in: ÚMNGy VIII-IX, Budapest 1955 und 1960

16 András Béres: Rozsályi népmesék (Volksmärchen aus Rossály). In: ÚMNGy XII, Budapest 1967

17 Sándor Erdész: Ámi Lajos meséi (Märchen von Lajos Ámi). Bd. 1-3, in: ÚMNGy Bd. XIII-XV, Budapest 1968

18 Olga Penavin: Jugoszláviai magyar népmesék (Ungarische Volksmärchen Jugoslawiens). Bd. 1-2, in: ÚMNGy Bd. XVI und XIX, Budapest 1971 und 1984

19 Sándor Bálint: Tombácz János meséi (Märchen von János Tombácz). In: ÚMNGy Bd. XVII, Budapest 1975

20 Géza Nagy: Karcsai mesék (Märchen aus Karcsa). Bd. 1-2, in: ÚMNGy Bd. XX-XXI, Budapest 1985

21 Ilona Dobos: Bodrogkereszturi mesék és mondák (Märchen und Sagen aus Bodrogkeresztur). In: ÚMNGy XXII, Budapest 1988

22 Lajos Géczi: Ungi népmesék és mondák (Volksmärchen und Sagen aus Ung). In: ÚMNGy Bd. XXIII, Budapest 1989

23 Lajos Kálmány: Szeged népe (Das Volk von Szeged). Arad 1881, 1882, Szeged 1891

24 János Berze Nagy: Népmesék Heves Jász-Nagykun-Szolnok megyéböl (Volksmärchen aus dem Komitat Heves und Jász-Nagykun-Szolnok). In: MNGY Bd. IX, Budapest 1907

25 János Berze Nagy: Baranyai magyar néphagyományok (Ungarische Volksüberlieferungen aus Baranya). Bd. 1-3, Pécs 1940

26 Antal Horger: Hétfalusi csángó népmesék (Tschangoische Volksmärchen aus Hétfalu). In: MNGY Bd. X, Budapest 1908

27 Gyula Ortutay: Nyiri és rétközi parasztmesék (Bauernmärchen aus Nyirseá und Rétköz). Gyoma 1935. – József Végh: Sárréti népmesék és elbeszélések (Volksmärchen und Erzählungen aus Sárrét). Debrecen 1944

28 Péter Villányi: Zabari tündérmesék (Feenmärchen aus Zabar). In: Gömör Néprajzá (Ethnographie von Gömör). Bd. XX, Debrecen 1989

29 Imre Henszlman: A népmese Magyarországon (Das Volksmärchen in Ungarn). Magyar Szépirodalmi Szemle 6-15 und 21-24 (1847)

30 László Arany: Magyar népmeséinkröl (Über unsere ungarischen Volksmärchen). Antrittsvortrag bei seiner Aufnahme in die Kisfaludy-Gesellschaft, gehalten am 29. Mai 1867. In: Kisfaludy Társaság Évlapjai, Neue Folge IV (1867)

31 Lajos Katona: Magyar népmesetipusok (Ungarische Volksmärchentypen). Ethnographia 14 (1903) und 15 (1904)

32 Géza Róheim: Hungarian and Vogul Mythology. New York 1954

33 Károly Marót: A népköltészet elmélete és magyar problémái (Die Theorie der Volksdichtung und ihre ungarischen Probleme). Budapest 1949. – Ders.: Az epopeia helye a hösi epikában (Die Stellung der Epopöe in der Heldenepik). Budapest 1964

34 Hans Honti: Märchenmorphologie und Märchentypologie. Folk Liv 1939

35 Sándor Solymossy: Keleti elemek népmeséinkben (Östliche Elemente in unseren Volksmärchen). Ethnographia 33 (1922), vgl. auch »Die Burg auf dem Entenbein«, in: Jürgen Janning-Heino Gehrts: Die Welt im Märchen. Kassel 1984, 123 ff.

36 Die Geschichte der ungarischen Volksdichtungssammlungen. Ungarische Jahrbücher 2 (1948) 175-201 – Ders.: Michael Fedics erzählt. Ungarn 9 (1940) 121-124 – Ders.: Ungarische Volkskunde auf Schallplatten. Ungarn 6 (1941) 368-374 – Ders.: (Hrsg.): Ungarische Volksmärchen. Budapest – Berlin 1957 – Ders.: (Hrsg.): Ungarische Volksmärchen. Steingruben, Stuttgart 1962 – Ders.: Jacob Grimm und die ungarische Folkloristik. Deutsches Jahrbuch für Volkskunde 9 (1963) – Ders.: Die Methoden der ungarischen Volksmärchenforschung. Burgenländische Forschungen. Ethnographia Pannonica (Eisenstadt 1971) 88-94

37 Linda Dégh: Märchen, Erzähler und Erzählgemeinschaft, dargestellt in der ungarischen Volksüberlieferung, Berlin 1962 – Dies.: Folktales and Society, Story-Telling in a Hungarian Peasant Community. Indiana 1990

38 Hans Honti: Verzeichnis der publizierten ungarischen Volksmärchen, FFC 81, Helsinki 1928

39 János Berze Nagy: A mese (Das Märchen). In: A Magyarság Néprajza (Die Ethnographie des Ungarntums). Bd. 3, Szellemi néprajz (Volksüberlieferung). Budapest 1943. – Ders.: Magyar népmesetipusok (Ungarische Volksmärchentypen). Bd. 1-2, Pécs 1943

40 Die ungarische Märchenforschung der letzten Jahrzehnte. Deutsches Jahrbuch für Volkskunde 4 (1958) 453-466. – Dies.: Der heutige Stand der Arbeiten des ungarischen Volksmärchenkatalogs, Artes Populares 4-5 (1979), 147-170

41 MNK = Magyar Népmesekatalogus (Ungarischer Volksmärchenkatalog). Ethnographisches Institut der Ungarischen Akademie der Wissenschaften, Budapest, Hrsg. der Serie: Ágnes Kovács

Bd. 1: Ágnes Kovács – Katalin Benedek: A Magyar álatmesék katalógusa (Katalog der ungarischen Tiermärchent, AaTh. 1-299), 2. verbesserte und erweiterte Aufl., Budapest 1987

Bd. 2: Ákos Dömötör: A magyar tündérmesék katalógusa (Katalog der ungarischen Zaubermärchen, AaTh 300-749), Budapest 1988

Bd. 3: László Bernát: A magyar legendamesék tipusai (Typen der ungarischen Legendenmärchen, AaTh 750-849), Budapest 1982

Bd. 4: Katalin Benedek: A magyar novellamesék tipusai (Typen der ungarischen Novellenmärchen), AaTh 850-999), Budapest 1984

Bd. 5: Veronika Süvegh: A magyar rászedett ördögmesék tipusai (Typen der ungarischen Märchen über den dummen Teufel, AaTh 1030-1199), Budapest 1985

Bd. 5A: Veronika Süvegh: A magyar János szolga-mesék tipusai (Typen der ungarischen Hans-Knecht-Märchen, d.h. der vom Dienstkontrakt mit dem Bösen, AaTh 1000-1029, 1120, 1132), in Vorbereitung

Bd. 6: Ágnes Kovács – Katalin Benedek: A rátótiádák tipusmutatója. A magyar falucsufolók tipusai (Typenverzeichnis der Rátiotiaden. Typen der ungarischen Schildbürgerschwänke, AaTh 1200-1349), 2. verbesserte und erweiterte Aufl., Budapest 1990

Bd. 7A: Gabriella Vöö – Marja Vehmas: A magyar népmesék tréfakatalógusa (Schwankkatalog der ungarischen Volksmärchen, AaTh 1350-1429), Budapest 1986

Bd. 7B: Marja Vehmas – Katalin Benedek: A magyar népmesék trufa- és anekdotakatalógusa (Schwank- und Anekdotenkatalog der ungarischen Volksmärchen, AaTh 1430-1639), Budapest 1988

Bd. 7C: Marja Vehmas – Katalin Benedek: A magyar népmesék trufa és anekdotakatalógusa (Schwank- und Anekdotenkatalog der ungarischen Volksmärchen, AaTh 1640-1874), Budapest 1989

Bd. 9: Ágnes Kovács – Katalin Benedek: A magyar formulamesék katalógusa (Katalog der ungarischen Formelmärchen, AaTh 2000-2400), in Vorbereitung

Bd. 10: Ágnes Kovács – Györgyi Barabás – Katalin Benedek – Katalin Angyal: A magyar népmesekatalógus bibliográfiája (Bibliographie des ungarischen Volksmärchenkatalogs). In Vorbereitung

42 Károly Gaál: Kié lesz a kisködmön? Burgenlandi uradalmi béresek elbeszélökulturája. – Wer erbt das Jankerl? Über die Kommunikationsstruktur der Gutshofknechte im Burgenland. Szombathely 1985. – Ders.: Aranymadár. Burgenlandi magyar falvak elbeszélökulturája (Der goldene Vogel. Kommunikationskultur der ungarischen Dörfer im Burgenland). Szombathely 1988

43 József Faragó: Szegény ember vására. Székely népmesék (Jahrmarkt des armen Mannes. Szekler Volksmärchen). Aus dem Archiv der Zsigmond-Kemény-Gesellschaft in Marosvásárhely. Manuskript 1955. – Ders.: Kurcsi Minya havasi mesemondó (Der alpenländische Märchenerzähler Minya Kurcsi). Bukarest 1969. – Ders.: Alpine Storyteller Mihály Kurcsi. In: ed. by Linda Dégh: Studies in East European Folk Narrative Indiana Univ. Folklore Monograph Series Nr. 25 (1978), 559-617

44 Olga Nagy: Széki népmesék (Volksmärchen aus Szék). Bukarest 1976. – Dies.: Táltos törvénye. A népmese és esztétikum (Schamanengesetz. Volksmärchen und Ästhet). Bukarest 1978. – Dies.: Personality and Community as Mirrored in the Formation of Klára Györi's Repertoire. In: ed. by Linda Dégh: Studies in East European Folk Narrative Indiana Univ. Folklore Monograph Series Nr. 25 (1978), 473-557

45 Gabrielle Vöö: Többet ésszel mint erövel (Mehr mit Verstand als mit Kraft). Bukarest 1969. – Dies.: Tréfás népi elbeszélészek (Volksschwänke). Bukarest 1981

46 Olga Penavin: Jugoszláviai magyar népmesék (Ungarische Volksmärchen aus Jugoslawien). Bd. 2, in: MNGy Bd. XIX, Budapest – Ujvidék 1984

47 Erzsébet Csikesz: Találd ki mesémet! (Errate mein Märchen!). Budapest 1986

ÜBER DIE AUTOREN UND HERAUSGEBER

Dr. Satu Apo (1947), Assistenzprofessorin für Folkloristik an der Universität Helsinki. Hat die finnischen Volksmärchen und die Dichtung im Kalevala-Metrum unter strukturanalytischem und feministischem Aspekt untersucht. Werke u.a.: *Ihmesadun rakenne* (Die Struktur des Wundermärchens), 1986.

Nicole Belmont, Directeur d'études an der École des Hautes Etudes en sciences sociales in Paris und Beraterin beim Laboratoire d'anthropologie sociale. Werke u.a.: Les Signes de la naissance ([2]1983), *Paroles paiennes. Mythe et folklore des fréres Grimm à P. Saintyves* (1986), *Cendrillon. Cahiers de littérature orale* Nr. 25 (Hrsg. 1989).

Dr. Katalin Benedek (1947), Mitarbeiterin des Ethnographischen Instituts der Ungarischen Akademie der Wissenschaften, das die 10 Bände des *Ungarischen Märchenkatalogs* herausgab. Werke u.a.: *Vom Exempel zum Märchen* (1990).

Dr. Maja Bošković-Stulli (1922), Professor em. an der Universität Zagreb, 1963-1973 Direktorin des Instituts für Volkskunde. Werke u.a.: *König Midas hat Eselsohren* (1967), *Usmena književnost* kao umjetnost riječi (Die Volksliteratur als Kunstwerke des Wortes), 1975; mehrere Sammlungen von Volkserzählungen, Sagen und Märchen, darunter *Kroatische* Volksmärchen (1975). Mitherausgeberin der *Fabula*.

Dr. Giovanni Battista Bronzini (1925), Professor für Volkskunde in Bari. Zahlreiche Arbeiten zur Erzählforschung. Herausgeber der Reihen *Classici di Folklore* (Bologna), *Biblioteca di Culture* (Matera) und der Zeitschrift *Lares* (Firenze). Gilt als der führende italienische Volkskundler der kritischen philologisch-historischen Schule.

Dr. Ursula Brunold-Bigler (1950), Herausgeberin des folkloristischen Werkes von Arnold Büchli. Werke u.a.: *Die Sagensammlung der Dichterin Nina Gamenisch von Sarn* (1987), *Melchior Sooder und seine Zugänge zur bernischen Volkserzählung* (1989), *Steuerungs- und Ausblendungsprozesse in der Schweizer Volkserzählproduktion* (1991), *Rekonstruktionsversuche integraler Erzählwirklichkeit* (1992).

Julio Camarena Laucirica (1949), Mitglied der Forschergruppe ›*Quellen der spanischen Ethnographie*‹ des Consejo Superior de Investigaciones Cientificas. Er erarbeitet mit Prof. Maxime Chevallier der Universität Bordeaux einen aktualisierten Katalog der spanischen Volksmärchen.

Dr.Dr.h.c. Ludwig Denecke (1905), Bibliotheksdirektor i.R. Werke u.a.: *Die Brüder Grimm in Bildern ihrer Zeit* (mit Karl Schulte Kemminghausen, [2]1980), *Jacob Grimm und sein Bruder Wilhelm* (1971), *Die Bibliothek der Brüder Grimm* (mit I. Teitge, 1989), *Brüder Grimm Gedenken* (Hrsg. seit 1963).

Katalin Horn (1934), Bibliothekarin und Erzählforscherin in Basel. Artikel und Aufsätze in volkskundlichen und anderen wissenschaftlichen Zeitschriften und Sammelbänden, in der *Enzyklopädie des Märchens. Der aktive und der passive Märchenheld* (1983).

Walter Kahn (1911), Reisebürokaufmann, Mitbegründer und Gesellschafter-Geschäftsführer der Scharnow-Reisen (1953-1964), 1960 Initiator und Mitbegründer des Studienkreises für Touristik, 1985 Stifter der Märchen-Stiftung Walter Kahn. Werke u.a.: *Hinter dem Ende der Welt* (Märchen 1960), *Die Felszeichnungen auf der Farm Etemba* (1965), *Die schlafende Stadt und andere Märchen* (1991).

Dr. Pille Kippar (1935), Leiterin der Volksdichtungsabteilung der Gesellschaft für Muttersprache; lehrt über Volksdichtung an der Pädagogischen Hochschule in Tallinn (Reval). Monographien über die estnischen Volksmärchen (insbesondere Tiermärchen); Untersuchungen zu den finno-ugrischen Volksmärchen und den estnischen Volksbräuchen.

Dr. Yordanka Kočeva (1945), tätig am Institut für Folklore, Sofia. Werke u.a.: *Tabu-Verbote in den bulgarischen Zaubermärchen* (1977), Verfasserin des Teils *Zaubermärchen* (AT 300-750) zum Sujetkatalog der bulgarischen Volksmärchen.

Dr. Jurjen van der Kooi (1943), doziert Volkskunde an der Universität Groningen. Werke u.a.: *Volksverhalen uit Friesland* (1979), *Volksverhalen in Friesland; lectuur en mondelinge overlevering* (1984), *De sprokende kleedwagen* (mit Ph. Bloemhoff-de Bruijn, 1984), *Friesische Märchen* (mit B.A. Gazelle Meerburg, 1990).

Dr. Ágnes Kovács (1919, † 1990), Professorin und Mitarbeiterin des Ethnographischen Instituts der Ungarischen Akademie der Wissenschaften, sammelte und publizierte Märchen der in Ungarn lebenden Rumänen, Slowaken, Zigeuner, Serben und der in der Bukowina lebenden Szekler und Palóczen. Mitherausgeberin des ungarischen Märchenkatalogs. Werke u.a.: *Der grüne Recke. Ungarische Volksmärchen* (Hrsg. 1986).

Dr. Isidor Levin (1919), Professor em. St.Petersburg, Dusanbe, Jerewan. 1989 Preisträger der Märchen-Stiftung Walter Kahn. Werke u.a.: *Etana* (1966). Herausgabe dagestanischer (1965), türkischer (1966), awarischer (1972), ossetischer (1973) Märchen. *Märchen aus dem Kaukasus* ([2]1989), *Armenische Märchen* (1982), *Russische Märchen von der Weißmeerküste* (1984), *Märchen vom Dach der Welt* ([2]1989). Korpuswerk tadzikischer Volksüberlieferung (ab 1970), Beginn des armenischen Korpuswerks.

Dr. Milko Matičetov, Professor em. für Volkskunde, Ljubljana. Veröffentlichungen in vielen Fachzeitschriften.

Dr. Michael G. Meraklis (1932), Professor (1975-1990 Ordinarius) für Volkskunde an der Universität Jannina (1981-1982 deren Rektor). Werke u.a.: *Das Basilikummädchen, eine Volksnovelle.* AT 879 (1970).

Dr. Leander Petzoldt (1934), Professor und Direktor des Instituts für Europäische Ethnologie an der Universität Innsbruck. Werke u.a.: *Der Tote als Gast* (1968), *Vergleichende Sagenforschung* (1969), *Märchen, Mythos, Sage* (1989), *Kleines Lexikon der Dämonen und Elementargeister* (1990).

Dr. Lutz Röhrich (1922), Professor em. und Direktor des Instituts für Volkskunde an der Universität Freiburg und des Deutschen Volksliedarchivs. Werke u.a.: *Märchen und Wirklichkeit* ([4]1979), *Erzählungen des späten Mittelalters* (1962/67), *Das große Lexikon der sprichwörtlichen Redensarten* ([5]1991), *Sage und Märchen* (1976), *Enzyklopädie des Märchens* (Mithrsg. 1977 ff.). 1991 Preisträger der Märchen-Stiftung Walter Kahn.

Dr. Diether Röth (1923), seit 1956 Leiter, 1971-1990 Inhaber des Erich Röth Verlags Kassel. Verleger und Redaktor der *Veröffentlichungen der Europäischen Märchengesellschaft* (ab 1980, 12 Bände), Verleger und Herausgeber der Märchendokumentation *Das Gesicht der Völker* (bisher 48 Bände, von denen er 22 märchenkundlich kommentierte).

Dr. Antonín Satke (1920), Mitglied des Schlesischen Instituts der Tschechoslowakischen Akademie der Wissenschaften in Opava. Werke u.a.: *Pohádky, povídky a humorsky ze Slezcka* (Märchen, Erzählungen und Schwänke aus Schlesien), 1984, *úsmev a smích* (Das Lächeln und das Lachen, schlesischer Volkshumor), 1992.

Dr. Jan-Öjvind Swahn (1925), Professor für Nordische Volkskunde, Lund. Werke u.a.: *The Tale of Cupid and Psyche* (1955), *Svenska folksagor* ([4]1992), *Folk Tales from Kammu* 1-4 (mit Kristina Lindell und Damrong Tayanin, 1977-1989), *Folksagor* 1-7 (1987-88), *Grötrim* (1986), Chefredakteur von *Bra Böckers Lexikon* 1-25 ([4]1991 ff.).

Dr. Ion Taloş (1934), 1968-1985 Leiter der Abteilung für Ethnographie und Folklore in Cluj/Klausenburg. Seit 1986 Dozent am Romanischen Seminar der Universität zu Köln. Werke u.a.: *Das*

Bauopfer in den europäischen Bräuchen und Sagen (1970), *Meşterul Manole. Contributie la studiul unei teme de folclos european* (1973, Bd. 2 im Druck) Aufsätze in rumänischer, deutscher und serbischer Sprache aus dem Bereich der Volksballade Colinde und Erzählung.

Dr. Kristin Wardetzky (1942), Professorin für Sozialpädagogik an der Fachhochschule Darmstadt. Werke u.a.: *Ins Tiefe springen. Gespräche mit Kindern* (1990), *Märchen – Lesarten von Kindern* (1992), Publikationen zur Märchenrezeption von Kindern, zum Umgang mit Spiel und Märchen im Unterricht.

Dr. Juliette Wood, Lektorin für walisische Volkskunde an der Universität von Wales und am College in Cardiff. Veröffentlichungen über allgemeine und speziell keltische volkskundliche Themen; *Motif Index of Welsh Folk Narrative* (im Druck).

Bitte beachten Sie die folgenden Seiten.

MÄRCHENLAND EUROPA

Zaubermärchen aus 32 europäischen Ländern. Ausgewählt von deutschen Märchenerzählern und -erzählerinnen. Herausgeber Märchen-Stiftung Walter Kahn. Redaktion: Karl-Ewald Tietz. 1993. 168 Seiten, Paperback (14,8 x 21 cm) DM 16,80. ÖS 134,40. SFr 16,80. ISBN 3-86137-058-1

Albanien: Pack sie, Scheck, pack sie, Weißfleck – Bulgarien: Die Wohltaten des Holzfällers Dobri – Dänemark: Ederland, die Hühnermagd – Deutschland: Das Waldhaus – Estland: Der Bösen Tochter und das Waisenmädchen – Finnland: Schmied Ilmarinen als Freier – Frankreich: Die drei kleinen Hühnchen – Griechenland: Die Königstochter, die nicht sprach – Großbritannien: Der Hund mit den kleinen Zähnen (England) und Der Page mit dem Silberkelch (Schottland) – Irland: Der Riese mit den fünf Köpfen – Island: Lini, der Königssohn – Italien: Der Unsichtbare Großvater (Venetien) und Du gehst und kehrst nicht wieder (Sardinien) – Kroatien: Das Mädchen von nirgend her – Lettland: Die Hexe auf der Espe – Litauen: Die drei Seelen, der Stern und der Mond – Niederlande: Sieben goldene Federn - Norwegen: Zottelhaube – Österreich: Die weißen Katzerl (Steyermark) – Polen: Ein Ofenhocker wird Prinz – Portugal: Die drei Feen – Rumänien: Der Granatapfelbaum – Rußland: Der Hund des Zaren – Schweden: Lasse, mein Knecht und Die Königstochter, die Angst vor Männern hatte (Lappland) – Schweiz: Die weiße Katze (Graubünden) – Serbien: Das wundersame Haar – Slowakei: Das Sonnenroß – Slowenien: Der Wunderbaum – Spanien: Peters drei Geschenke und Mahistruba, der Kapitän (Baskenland) – Tschechische Republik: Der Scharfäugige und die anderen Gesellen – Türkei: Der schwarze Lala – Ukraine: Von den zwei Königssöhnen – Ungarn: Der ausgediente Soldat und Pintja (Zigeuner)

Wenn ein zusammenwachsendes Europa bald Bestand gewinnen soll, dann müssen die einzelnen Menschen im Volk die einzelnen Menschen im anderen Volk näher kennenlernen. Wenn wir gut zusammenleben wollen, müssen wir uns immer wieder informieren über das, was beim anderen Brauch, Kultur, Leben und Treiben ist. Was Essen und Trinken, Malerei und Bildhauerei, Musik und Literatur betrifft – darüber wissen wir schon recht gut bei den anderen Bescheid. Aber wie sieht es in Bezug auf die überlieferte Volkskunst, auf den in allen Ländern überlieferten Märchenschatz aus? Und gerade dieser bekommt in der heutigen Zeit eine besondere, eine wertvolle Bedeutung. Wir beklagen uns über die wachsende Brutalität, über die blutigen Grausamkeiten im täglichen Leben, in der modernen Jugendliteratur, in Funk und Fernsehen. Namhafte Psychologen haben längst herausgefunden, daß es gerade die Märchen mit ihren Bildern und Symbolen sind, die in erster Linie die heranwachsende Jugend stark machen gegen die Einflüsse dieser Brutalitäten. Psychotherapeuten und Ärzte setzen die Märchen ein in der Therapie bei psychisch kranken Kindern und Erwachsenen.
Die Märchen der verschiedenen Völker zeigen einen großen Grad der Verwandtschaft. Die Wissenschaft hat längst herausgefunden, daß die meisten Märchenmotive unabhängig voneinander aus gleichen menschlichen Erlebnissen und Problemen entstanden sind zu einer Zeit, als diese Völker noch nicht in festen, getrennten Staatengebilden gelebt haben. Einige Märchenstoffe sind auch mit den erzählenden Menschen von einem Volk ins andere gewandert – besonders bei nahen Nachbarn. Auf jeden Fall sind sie in Europa ein gemeinsames Gut, Teil einer gemeinsamen Kultur.
Das Buch kann nur eine grobe Übersicht über den reichen europäischen Märchenschatz geben. Es kann außer guter Unterhaltung nur eine Anregung bieten, sich mit den Märchen des einen oder anderen Volkes zu befassen. Die Auswahl ist nicht durch das subjektive Urteil eines Einzelnen getroffen worden. Durch die Befragung von Märchenkundlern, -erzählern und -liebhabern ist eine Sammlung entstanden, die einen kleinen Eindruck davon gibt, welche Märchen in Deutschland besonders geschätzt werden. Natürlich kann keins davon als typisch für ein Volk bezeichnet werden. Im Gegenteil: In jedem Volk ist die Vielfältigkeit der Märchen geradezu das Typische für sie.

DIE VOLKSMÄRCHEN IN UNSERER KULTUR